本书出版得到华中师范大学政治学一流学科建设经费"创新人才队伍成长"项目和国家社科基金后期项目"中国村民自治的起源与发展：基于典型村庄的政治社会学考察"的资助。

政治科学研究丛书

国家化、地方性与村民自治

任 路 著

中国社会科学出版社

图书在版编目（CIP）数据

国家化、地方性与村民自治 / 任路著 . —北京：中国社会科学出版社，2022.7

（政治科学研究丛书）

ISBN 978 - 7 - 5227 - 0052 - 6

Ⅰ.①国… Ⅱ.①任… Ⅲ.①农村—群众自治—研究—中国 Ⅳ.①D638

中国版本图书馆 CIP 数据核字（2022）第 057108 号

出　版　人	赵剑英
责任编辑	冯春凤
责任校对	张爱华
责任印制	张雪娇

出　　版	中国社会科学出版社
社　　址	北京鼓楼西大街甲 158 号
邮　　编	100720
网　　址	http://www.csspw.cn
发　行　部	010 - 84083685
门　市　部	010 - 84029450
经　　销	新华书店及其他书店

印　　刷	北京君升印刷有限公司
装　　订	廊坊市广阳区广增装订厂
版　　次	2022 年 7 月第 1 版
印　　次	2022 年 7 月第 1 次印刷

开　　本	710×1000　1/16
印　　张	35.75
插　　页	2
字　　数	584 千字
定　　价	178.00 元

凡购买中国社会科学出版社图书，如有质量问题请与本社营销中心联系调换
电话：010 - 84083683
版权所有　侵权必究

目　录

序一 ………………………………………………………… 徐　勇（1）
序二 ………………………………………………………… 史卫民（1）
序三 ………………………………………………………… 郎友兴（1）

第一章　导论 ……………………………………………………（1）
　一　研究缘起：基本问题与自我反思 ………………………（1）
　二　研究现状：理论视野与文献评述 ………………………（9）
　三　研究进路：话语转换与视角选择 ………………………（19）
　四　研究框架：国家化与地方性 ……………………………（23）
　五　核心概念：自治及其概念谱系 …………………………（30）
　六　研究方法：个案研究与结构中的个案 …………………（38）
　七　研究基础：历史资料与田野工作 ………………………（43）
　八　研究个案：村庄概况与制度沿革 ………………………（52）

第二章　近代之前的国家化、地方性与村寨自治 …………（55）
　一　偏远之地：远离国家权力中心的边陲 …………………（56）
　二　郡县国家：传统国家的边陲国家化 ……………………（61）
　三　以土治土：传统国家时期的地方政权 …………………（65）
　四　改土归流：传统时期的地方政权国家化 ………………（73）
　五　村寨之父：地方政权之下的基层社会权威 ……………（80）
　六　争讼不入官府：传统国家的基层社会规则 ……………（89）
　七　听调不听宣：传统国家的基层社会国家化 ……………（95）
　　小结 ……………………………………………………（102）

· 1 ·

第三章　清末民国时期国家化、地方性与村街自治 (105)
- 一　清末以来的地方权力危机 (106)
- 二　地方自治：清末民国时期的现代国家建设 (113)
- 三　地方主义：民国中后期地方政权建设 (120)
- 四　村街自治：民国中后期的基层社会国家化 (125)
- 小结 (133)

第四章　中华人民共和国成立后国家化、地方性与民主办社 (137)
- 一　新中国成立前的农村基层社会危机 (138)
- 二　土地改革时期国家介入、群众动员与民主建政 (144)
- 三　互助组时期的基层社会与民主管理 (160)
- 四　合作化时期的国家化与民主管理 (169)
- 五　人民公社时期基层社会国家化与民主办社 (181)
- 小结 (198)

第五章　改革开放初国家化、地方性与村民自治诞生 (202)
- 一　改革开放前后基层社会国家化退潮 (203)
- 二　重建秩序：公社解体中的传统村寨组织资源 (221)
- 三　村民自治：第一个村民委员会的诞生 (232)
- 四　替代生产队：重组农村基层组织单元 (246)
- 五　村民委员会的理性化与草根性民主 (254)
- 六　从村到国：地方性经验的国家化 (258)
- 小结 (276)

第六章　改革开放以来国家化、地方性与村民自治发展 (281)
- 一　改革开放后非均衡的现代国家建设 (282)
- 二　"乡政村治"：村民自治与人民公社体制接轨 (290)
- 三　基层民主制度化与村民自治立法争议 (297)
- 四　地方性政策与村民自治行政化 (308)
- 五　党的领导、政策示范与建构基层民主 (325)
- 六　迟来的典型：政策示范与草根民主的国家化 (345)

小结 ……………………………………………………………… (378)

第七章 新世纪前后的国家化、地方性与村民自治困境 …………… (382)
 一 现代化进程中非均衡国家化 ……………………………… (383)
 二 自治还是他治：村民自治的行政化 …………………… (391)
 三 税费改革、乡村关系与悬浮型政权 …………………… (406)
 四 自治重心下移：村民与村集体的力量 ………………… (416)
 五 新农村建设："服务国家"下的乡村关系 …………… (431)
 六 走向服务型政权的乡镇政府 …………………………… (442)
 七 扩大基层民主：村民自治的向上发展 ………………… (451)
 八 基层民主过载：村民自治的发展困境 ………………… (463)
 小结 ……………………………………………………………… (470)

第八章 结论与讨论：国家化、地方性和乡村治理 ………………… (474)
 一 村寨自治、村街自治、民主办社与村民自治的纵向
   比较 ………………………………………………………… (474)
 二 国家化与地方性塑造乡村治理历史结构 ……………… (483)
 三 国家化与地方性下村民自治的起源与发展 …………… (499)
 四 基于国家化与地方性基础上未来村民自治的发展 …… (514)

参考文献 …………………………………………………………………… (520)

后　记 ……………………………………………………………………… (541)

序一

内生与内在：历史主义与因果机制的阐释

徐　勇

华中师范大学人文社科资深教授

《中国农村村民自治》于 1997 年出版，迄今已 20 余年，前年修订再版，并多次印刷。[①] 20 多年后终于看到一部具有超越性的著作《国家化、地方性与村民自治》。全书 50 万字。大有"长江后浪推前浪""青出于蓝而胜于蓝"的感觉。最近几年村民自治研究不是太热了，甚至有点"冷门绝学"，但正是在这个话题不是太热的时候，我们才能做一些冷静的思考。

村民自治发源地[②]我去过不下 10 次，是我去过农村最多的一个点。20 年前，我与当时的硕士生徐增阳到广西调查考证村民委员会的起源地，写了《伟大的创造从这里起步——探访中国最早的的村委会的诞生地》，发表于《炎黄春秋》2000 年第 7 期。这为确定村民委员会的最早诞生地提供了依据。当时的文献记录是广西宜山、罗城这一带。一是表示这一带出现了不同形式的村民自治组织；二是不能确定哪个村是最早。后来，包括我们在内的研究者从不同角度寻找到依据。由于各种因素，村民自治一度成为政治和学术热点。但有重大突破性的成果显得很少。真正有创造的学术成果是长时期努力的结果。此书便具有突破性，将 20 年前的研究大大向前推进了一步，也引发了我的进一步思考。

[①] 徐勇：《中国农村村民自治》，华中师范大学出版社 1997 年版；徐勇：《中国农村村民自治》（增订本），生活·读书·新知三联书店 2018 年版。
[②] 广西壮族自治区河池市宜州区屏南乡合寨村。

一是现代政治研究中的历史主义为何必要？现代政治是伴随现代化而兴起的，具有强烈的建构主义和工具主义倾向。在这一倾向下，历史传统是进步的包袱，需要彻底决裂。人的意志凌驾于历史和社会之上。社会完全可以根据人的意志加以改造。但是，这种改造并不总是成功的，甚至付出了巨大的历史代价。斯科特因此提出了"国家为何失败"的重要命题①。

包产到户、乡镇企业和村民自治曾经被视为中国农民的三大创造。②但是，受建构主义影响，人们将这三大创造视之为改革之后的产物，是一种"无根的创造"。《包产到户沉浮录》③和《中国农村村民自治》都只是从政策起点开始写起。正因为如此，这种创造性成果很容易受工具主义支配，从而产生政策摇摆。由此需要有一种新的视角，这就是历史主义。

在历史主义看来，历史过程中产生的现象是有根据的。黑格尔第一命题"存在就是合理的"④。能够在历史进程产生并延续的现象，具有内生性，基于内生的需求。只要这种需求还在，在历史进程中产生的事物就有生命力。尽管一时会被人为中断，但仍然会再生。

自治相对他治而言，是远比他治更为悠久的治理方式。自我治理的基本依据是当事人是自我事务的直接关切者，由当事人直接参与的治理是一种成本最小，能够最大限度体现当事人意志的治理。这就是恩格斯所说的，"一切问题，都由当事人自己解决，在大多数情况下，历来的习俗就把一切调整好了"⑤。自治是基于人的内生需要，并会在历史长河里长期存在。

作为一项国家制度的村民自治产生于改革开放之后，但自治的历史却渊远流长，有深厚的根基。《国家化、地方性与村民自治》这本书的重要贡献便是将村民自治置于历史长河中考察，寻找其历史的源流。

---

① ［美］詹姆斯·C.斯科特：《国家的视角：那些试图改善人类状况的项目是如何失败的》，王晓毅译，社会科学文献出版社2004年版。
② "人民群众是创造历史的真正动力。包产到户、乡镇企业和村民自治，都是在党的领导下我国亿万农民的伟大创造"。江泽民：《全面推进农村改革，开创我国农业和农村工作新局面——在安徽考察工作时的讲话》，《人民日报》1998年10月5日，第1版。
③ 徐勇：《包产到户沉浮录》，珠海出版社1998年版。
④ ［德］黑格尔：《法哲学原理》，范扬、张启泰译，商务印书馆2011年版，序言。
⑤ ［德］恩格斯：《家庭、私有制和国家的起源》，载《马克思恩格斯选集》第4卷，人民出版社2012年版，第109页。

二是政治学研究中的因果机制何以必要？历史主义并不排斥建构主义。历史条件发生变化，历史过程产生的事物也要发生改变。政治学要研究发生了什么，有什么变化？更要研究为什么发生，为什么变化？这就要寻找事物发生和变化的内在依据，也就是因果机制。因果分析在于探寻由什么原因引起什么结果？由此需要寻找最具有解释力的变量因素。自治是一种基于人的内生需要，具有普遍性的治理方式。但作为自治载体的村民委员会为什么最早诞生于广西？之后又发生了什么变化？怎样看待变化？这是我当年写《中国农村村民自治》一书没有考虑的，《国家化、地方性与村民自治》一书给出了很好的探讨。

"国家化"和"地方性"是两个有价值的分析概念。当人类发展到一定程度后，依靠自治已远远不够了，从而产生了国家。国家具有两重属性：一是地域国家；二是国家权力。国家要将权力传递到国家地域上，进行治理，将自然土地变为国家领土，将国家领土上的自然人变为政治性的国民。这一过程就是国家化的过程。国家化是国家权力介入社会的程度和方式。秦始皇统一中国具有标志性，便在于国家权力通过郡县制度，深入到社会生活之中，大大提升了国家化程度。现代国家将国家权力下沉到县以下，进一步推进了国家化。

作为地域国家，分为不同地方。不同地方的自然地理条件造成国家权力对于不同地方的介入程度和方式不一样。秦始皇统一中国实行郡县制，但在一些边缘地方实行初郡制①，即非正式的郡县制。在这些地方，具有高度的自治性。到汉唐以后更是实行多元化的体制，例如在少数民族地区实行的羁縻制度就和内地很不一样。郡县制的一个重要标志就是纳税，但因为国家在这些偏远地方纳税有困难，所以羁縻地区具有高度的自治性，即国家对当地民众的统治更多是象征性的。用一个词叫"官僚—自治制"，也就是说郡县以上实行的是官僚制度，由中央直接委派官僚到地方，也就是自上而下机制。郡县以下实行自治，但这种自治并不完全由民众自治，尚未纳入正式体制之中，这是内地的郡县以下自治制度。在中心地带实行是郡县官僚制，非郡县地带更多的是地方自治，这就使得中国这样超大规

---

① 秦朝在地区管理建制上，首开郡县制。西汉在处理民族问题时也继承并完善了秦朝的郡县制度，实行边郡制。汉朝把边疆地区新设的郡称为边郡或初郡，与中原地区的郡县有明显不同。

模的国家，在国家治理体系上是刚性和弹性的结合。所谓刚性，就是通过自上而下的官僚体制把一个庞大的社会连接在一起，进行自上而下的统合，没有官僚体制来把分散的社会统合在一起，就不能成为一个整体性国家。

韦伯认为官僚制在中国是早熟的①，它是工业社会的产物，这个问题需要重新认识。官僚制并不仅仅是工业社会的产物，而是大规模社会也需要官僚制来统治，但是官僚制统治有一个很大的问题，韦伯的命题并不是完全错误的，就是工业社会才能给官僚社会提供财政支持。所以，对于农业社会而言，官僚制有一个财政负担问题。中国几百年就会发生一次大的变动，就在于民众的负担太沉重了。在农业社会下，如果全面实行官僚体制，小农社会根本无法承担，所以必须要在郡县官僚制之下实行自治社会、自我治理，这样才能使自上而下的刚性和自下而上的弹性结合起来。过去理解的"大一统"好像就是完全由国家来统辖，这一认识恐怕有局限性。

三是政治学研究中的田野调查为何必要？上述有关"地方性"的理论认识来自实地调查，当学者深入到田野时也许会发现已有的很多结论是有局限性的。我在广西调查时，有一个地方叫"三只羊"。当地只给皇帝贡献三只羊，以表示是中国的属民。这些边缘性的地方更多的是依靠地方的自我治理。这就是"地方性"。"地方性"又可称之为"当地性""在地性"。村民委员会得以最先诞生于广西，与"地方性"密切相关。对于村民自治发源地来说，人民公社体制恰恰是嵌入进去的，嵌入自治的历史长河中去的，所以对自治很熟，对管治不熟，这就是当地的特性，所谓的"地方性"。当自上而下的人民公社管理体制一旦松弛，群众自治很快能够接续上。

虽然"国家化"与"地方性"是很有价值的分析性概念，但是需要注意这两个概念并不是一成不变的。国家化、地方性这两个因素都会带来村民自治的变化，当今我们用乡村治理取代村民自治，是因为靠村民自治已经不够用了。村民自治在历史长河中是传统社会的产物，现代国家正在无

---

① 最先系统提出"早熟论"的学者是韦伯，他在分析欧洲刚刚兴起的行政官僚制度时指出官僚制"自从秦始皇以来至当前的中国"便已存在。中国行政官僚体制比西方早了两千多年。[德]马克斯·韦伯：《经济与社会》下卷，林荣远译，商务印书馆1997年版，第287页。

孔不入地渗透到基层，这就是我们面临的新的特点。但新的自治作为一种内生需要，是不是完全被国家所替代、覆盖？这就是我们需要思考的问题。我们应该看到像过去那样的自治空间越来越小，今后的自治可能更多是在国家权力体制下的自治，或者是国家化的自治。"去行政化"是不现实、不可取的，完全由当事人做主的自治形态会发生变化，变为国家化的自治或者在国家法治下的自治，所以要制定《村民委员会组织法》，并适时修订完善。过去，村民委员会诞生之前是一种自然状态，现在进入一个"国家化"的状态，自治的形态也要相应发生变化。因此，我们又能引出另外一个问题，即如何理解非国家形态的自治和国家形态的自治？通过梳理村民委员会发展的历史发现，村民委员会成立之前主要是一种非国家形态的自治，完全按照当事人自我的意志治理，在现代国家建构中的自治，是带有国家形态的自治，这就是我们要研究的新的课题。现在的国家形态自治存在的价值、依据、空间不同。过去引用的国家与社会关系二元对立的分析框架已经远远不够了，需要寻找一种新的分析工具来理解、认识、分析国家形态的自治存在的依据、方式、动力和前景。

当然，本书只是作者"将自治带入国家"的起步之作，基于深度调查与理论思考的学术研究之路还很漫长，期待在未来有更多的突破性的学术成果，继续深耕田野政治学！

是为序。

序二

走出迷茫，村民自治研究的再出发

史卫民
中国社会科学院政治学研究所研究员

本书是对村民自治起源与发展的村庄调查，然后发展出来的一些理论的思考，我觉得都非常重要。华中师范大学田野政治学团队最近一直在研究国家、地方性和基层组织之间的关系，尤其是根据村民自治初期的村庄研究，把村民自治带入整个国家现代化的进程，然后用"国家化"和"地方性"等一些新的理论视野，来分析村民自治的未来发展以及它基本的内在逻辑。

本书其实已经谈到了一个重大的问题，就是从中国古代的机制来了解国家基层的控制的问题。实际上，在整个中央集权的封建王朝时期，中国的国家控制尤其是对基层的控制，相关研究可能是有一点误解，以为其中带有一定的自治成分。其实认真研究中国的国家形态和制度会发现，整个封建王朝的基本形态是官吏与基层组织，利用村社组织包括本书所说的边陲地区的那些村寨组织等来控制地方。这种控制方法的核心要求是保证国家的税收成果，能够通过教化或者是严酷的控制来保证基层的统治秩序，同时把这一切的管理职能全部下放到了县。所以古代用监察机构来控制县级的官员，尤其是基层官员的行为，也是希望在官民的交往中间，让国家控制显得不那么直接，还能够给基层以自主空间。在中国的现代国家转型中，尤其是从民国到中华人民共和国成立之前，确实有过一些改变这样的制度体系的尝试，如走乡村治理道路或是乡镇与保甲制度，以及中华人民共和国建立以来，本书反复强调的人民公社体制的尝试。改革开放之后，在其他尝试不成功的情况下，出现了一个新的制度平台，就是基层自治的这种组织形态或者制度形态。对于这个制度形态的发展，本书的梳理十分到位的，将基层自治的阶段性发展的特征等都讲得透彻，尤其是相关理论思考是很重要的。

但是我也有几个理论的思考，我觉得在整个村民自治发展的几十年中，曾经出现几次重大的迷茫，我进行一个简要的说明。

第一次是选举的迷茫。在村民自治刚开始的时候，尤其是选举特别受重视的时候，我们出现过选举的迷茫，认为选举无所不能，认为只要突破选举这一关，村民自治就万事大吉。因此，我们费了很大的劲，用了将近20年的努力让海选在全国实行，然而，村民自治没有达到理想的状态。现在存了很多当时出版的书，诸位写的和我自己写的都有，当然我们不能说这些书没价值，只是回头看我们付出了辛苦，但是也确实进入了选举的迷茫。

第二次是自治的迷茫。在选举迷茫之后，突然就对自治理论特别感兴趣，出现了自治的迷茫。好像村民自治、居民自治这种自治，不管《村民委员会组织法》怎么规定，它一定要达到一种完美的、纯粹的、自治的一种理想的境界。我们在理论上给了它很多美好的解释，本书讲一个特别重要的问题，就是因为国家的存在，自治是有空间的而不是绝对的，我们幻想的绝对化、完全没有行政干预的自治，在高度中央集权体制的中国这块土地上是不可能的。在中国没有绝对的自治，只有相对的自治。关于自治的迷茫，确实曾经带着我们走过了很长一段时间。

第三次是民主的迷茫。我们想着村民自治要体现民主。但是到现在为止，村民自治体现的民主是什么样的形态，或者理想的民主体验是什么，我们没有认真给过理论上的解释。如果选举民主是多个民主加在一起，那么民主和民主之间是什么关系？基层民主和党内民主，以及国家的行政民主等在基层的交合又是什么关系？在国家治理大的时代背景下，国家如何统合村民自治的这套机制，可能的路径就是本书所说的"国家化"和"地方性"。到底在治理的环境之下或者在治理的体系中，这一理论应该是怎样的担当，从这个意义上来说，本项研究都非常重要。

迷茫了好几年，我现在觉得好像有一点亮光和突破了，因为我找到一个和"国家化"有关的视角，我把它的具体的表现称为"政策化"。其实学界早就注意到这一变化，但是没有真正认识到基层群众自治组织其实是国家政策的末梢，基层组织承担着贯彻执行和保障国家政策这样的重要责任，国家在政策问题上和基层组织紧密地结合在一起，同时也是因为这个重大的责任，使得国家不得不支持基层组织的存在和发展。基层组织既包括了基层的党组织，也包括了基层的自治组织。实际上如果我们承认这一点，就不要再去谈所谓"去行政化"的问题，因为谈"去行政化"，那就是要求"去政策化"。然而，这是不可能实现的，因为大多数的农村政策、政治政策、国家政策都要通过基层组织来实现。我们可以从另外一个角度去讨论问题，就是在国家的政策体系之下看自治组织形态，了解自治组织在多大的程度上能够强化、保障、完善国家的政策体系，例如在政策的参与、决策、执行、评估、纠错层面等发挥基层组织的作用。因为国家政策给基层留下了一定的空间，这一空间有多大和它在经济社会层面怎么呈现？如何与国家的整个政策系统对接？仍然需要进一步的研究和探索。本书谈到希望村民自治研究能走出一条新路，在综合考虑这些问题之后，我们是否能够真正地实现一种再出发或者叫再思考？

是为序。

序三

村民自治的未来空间与现实挑战

郎友兴

浙江大学公共管理学院教授

本书作者是年青一代学人中关注与研究村民自治的杰出代表。他的《国家化、地方性与村民自治》将村民自治研究水平上升到一个新的高度，更何况在村民自治学术热潮过后的冷寂时，能够坚守这个领域并且写出五十万字的大作，实在是件不易的事。

此书基于中国改革开放以来第一个实行村民自治的广西合寨村的个案，以国家化和地方性的分析框架，重新梳理和思考中国村民自治何以产生，为何发展，如何走向成熟的问题。全书共八章，计50万字，特别值得关注的是第一章"导论"，对村民自治及相关的研究作了系统全面的总结与精到的反思，在此基础上提出新的分析框架。这不仅让读者清楚地认识到近四十年村民自治本身与相关研究的进展，并且非常明了本书作者的研究如何推进这个领域的研究，并上升到一个新的研究高度。此外，从近些年来村民自治学术研究的发展历史来看，是一个逐步走向精细化研究的过程，作者将村民自治这一小众话题、冷门话题做的如此细致和新颖，且非常清晰而有逻辑地展示了未来村民自治的发展空间都是非常值得肯定的。

该著作从总体上看具有以下特点：

第一，经验与资料的扎实。《国家化、地方性与村民自治》有非常扎实的文字资料和史料（如清末民国时期的地方志和地方史料、河池市土地改革运动和农业合作化运动口述历史资料、政府调查报告），包括作者自己所做的大量经验调查，都践行了田野政治学的宗旨与一贯风格。

第二，特别强的历史感。书稿里面描述了非常长的历史时段，即便讨论四十年的村民自治，书里面细致的、历史的那种感觉也非常明显，能给读者一个非常清晰的历史画面。可以看出作者是从历史主义的维度出发、带着很强的历史感去研究村民自治，把村民自治置于历史长河中加以考察分析，探寻其历史的源流，而这个历史维度是学术界过去很少切入的。

第三，理论的努力和推进。近些年来，华中师范大学徐勇教授致力于回到历史的情景去构建中国的社会科学的理论，提出一些非常具有挑战性、反思性的概念，比如"祖赋人权"等，出版了《国家化、农民性与乡村整合》《关系中的国家》等著作。《国家化、地方性与村民自治》一书就是以国家化和地方性的分析框架，重新对村民自治作出解释，精细且逻辑周全。在这个分析框架中，"国家化""地方性"是两个富有分析力和解析力的概念。作者对国家化与地方性给出了一个很好的界定与说明。就国家化而言，作者认为，国家化涉及三个层次的关系：一是传统国家中国家权力中心与外在于国家的边陲地带的关系；二是当边陲纳入地方政权管辖后，转化为统一国家内部的中央政权与地方政权的纵向关系；三是国家权力逐渐延伸到基层社会，即国家与基层社会的横向关系，现代国家得以完成其历史使命，此外，作者指出这三个层次并非泾渭分明的过程，在不同历史阶段彼此间相互叠加和交错。相对于国家化，地方性有三个维度：边缘性、分权性和社会性。

此外，还有一个感叹性的东西，现在讨论村民自治，我觉得是带引号的"不合时宜"，特别在现在这样一个网络化的时代里面，村民自治是一个非常小众话题。

第一，村民自治研究从热到冷。村民自治有点"冷门绝学"的味道，但在二三十年前村民自治是一个非常热门、热闹的研究领域。在我上大学时的印象里面，政治学是比较抽象的、比较教条式的，我们学的政治学可能是马克思主义的教条，后来变成西方式的教条，华中师范大学的田野政治学研究者将村民自治带入政治学研究领域，使整个中国政治学鲜活起来，政治学变得有趣、务实、接地气。但是二十年后的今天，村民自治成为"冷门绝学"，此时有一本50万字的著作，非常不容易。

第二，现在整个政治话语包括学术性的话语实际上是变化的，治理的话语是压倒性的、挤压性的。现在谈村民自治是边缘性的，往往把它纳入治理的范畴里面去讨论，治理挤压了原来我们所讨论的自治的空间，现在最多把民主和治理两个联合起来，称为"民主治理"或者是"治理的民主化"。当下核心的话语不是村民自治、不是选举、不是民主，而是治理的问题，整个的学术界，包括官方的政治话语都发生了巨大的变化。在这一个变化的情况下讨论村民自治的体系，非常不容易。

接着，就未来村民自治到底有多大空间的问题发表几点看法。换成另一个语言来表述，实际上就是村民自治在未来面临哪些挑战？或者说村民自治要走下去面临哪些约束条件？从浙江的经验来做一些梳理。

第一个是当下的"一肩挑"的问题。2021年的时候，参加浙江省民政厅的农村社区建设评估，发现如何让"一肩挑"能够顺利地完成给工作人员带来很大压力。官方没有明确规定要实现100%的村委会书记兼任村主任，但是他们工作的目标是增强的，下面的基层的压力是非常之大的，"一肩挑"是短暂的举措还是整个制度安排这值得追问。不知道现在村委会选举进入什么状况，至少从浙江村委会选举的角度来看，地方官员和农民谈的都不是自治的话语。浙江全省开始全面进行村委会换届选举，在"一肩挑"的制度安排下，自治及其价值性就被稀释了，或者说农民对于"一肩挑"下的选举到底有多大的意义，可能是有怀疑的。如果"一肩挑"是一个长期的、刚性的制度安排，这对所谓自治空间是有一些挑战的。

第二个是浙江的"并村运动"。之前有很多关于自治单位的下沉的研究，包括华中师范大学的学者在四川等地进行自治单位下沉到自然村的研究，但是浙江恰恰是反方向发展的。2018年，浙江开始新一轮的"并村运动"，原来温岭的一个村，变成一个由四个村合成约8000人的一个大村，原来的村"两委"干部几十号人，现在变成一个大村的话，怎么样构建村"两委"和处理村与村之间的关系都变成一个很大的问题。据说浙江台州那里镇被撤了，变成了一个村，由镇变村可见其力度之大。"并村运动"对自治体而言，是城市化的反方向。浙江在"并村运动"中面临的挑战是不是未来在全国也会存在？这便与我们所认知的自治下沉完全不同。

第三个是村庄的社区化趋势。浙江的农村社区有很多的类型，比方说一村一社区、多村一社区、一村多社区等，浙江省很明显的特征是往社区化方面去发展。在社区化的发展趋势里面，村民自治它的空间在哪里？实际上村民自治有被架空的风险。撇开"一肩挑"以外，村民和村的主要的关系是靠村的公共服务连接起来的。浙江省经济比较发达，很多公共服务都搞"最多跑一次"或者"最多跑一地"。为了治理秩序的问题，可能要走向一个"父爱主义"。浙江实际上有大量的经济支撑以后，提倡强化、做强、做实社区化，面临的这一系列问题都是需要加以研究的。

第四个是随着城市化、社会流动增加导致共同体的解体和重构。实际上，村民自治需要一个相对自足的体系，就是说自治体系它需要自己的资源，需要自己的自治体系，需要自己的自治主体。在城市化、社区化和社会流动的大背景下，社区化建设的抑制性增加以后，相对自治的体系就不再存在。现在，村庄越来越依赖于政府，越来越依赖外部因素，比如在浙江，乡贤等外来因素是嵌入自治体里面的，村庄共同体的重构是比较清楚的。

第五个是在村庄共同体重构过程中，村民自治的空间在哪里？这是一个是值得思考的问题。整个基层治理的逻辑是比较清晰的，治理的逻辑是占压倒性的。在这样一个治理逻辑占压倒性地位的乡村地区，无论是政府的官员还是村干部，还是其他人都形成了一个共识。在这样的一个情况下，村民自治到底怎么生存、发展和拓展，这也是一个问题。

第六个是临时性的后疫情时代的问题。在疫情期间展示出的国家权力的扩张是无与伦比的，但是这个现象也不仅仅是中国的，而是在全球公权力、国家权力、政府权力都有所扩张。我们花了那么多的人力物力做的健康码，难道疫情结束就弃之不用了？为什么不把它延伸到公共服务上来？权力在疫情防控之下不断地扩展，在全球性灾难面前个体面对扩权无能为力，在数字化时代里面没有任何的讨价还价的空间。在防疫的背景之下，国家权力强大起来具有正当性、法律性，政府直接的权力的扩张或借党支部等类似机构的扩张很常见，公权力一旦渗透进入基层中去再退出来是困难的。这些问题都是我们需要进一步思考的。

最后，四十年前到今天国家发生很多的变化，如何以"国家化"和"地方性"这些概念去解释中国的村民自治的过去、现在和未来，需要将国家化、地方性的新形态拓展进来。四十年前的国家化和今天的国家化有很大不同，我们过去交粮交租是国家化，现在的国家化采用的是直接的、有效的大数据等方式。对于"地方性"或者"农民性"的问题，实际上，在浙江很多地方是有很大的变化，浙江的乡土社会已经完全嵌入现代性的社会之中，嵌入市场、行政化的体系、城市文明之中，所以地方性的形式也多种多样。中国的这种地域差异性，进行比较和推论的时候也会显现出来。在浙江，政府对农村的设想、构想、期待，和中部、西部还是有很大的距离和不同。面对"国家化""地方性"出现的新形态、新方式时，地方治理需要建立新的机制，寻找新的手段和资源，以便维持富有差异性的基层自治系统的运转。

是为序。

第一章 导论

20世纪80年代兴起的村民自治引起了一次学术热潮,村民自治被称为中国的"草根民主",几乎每个从事农村研究的学者都去关注它、研究它、分析它,从而将村民自治的研究推向了一个小高峰。不同的学者从不同的学术背景、理论关注和研究视角出发对村民自治进行了全方位的研究,也产生了丰硕的研究成果,期刊、专著、研讨会等不一而足。当热潮告一段落,村民自治在民主话语的光环下遭遇"成长的烦恼"和"发展困境"后,人们的欣喜和期待变成了怀疑和失落,随之而来的是研究的冷寂。回过头来研究村民自治,还是村民自治的起源与发展这样基本性的问题,是否有必要。凡是对村民自治有所研究的学者都或多或少地对历史背景、发展阶段等进行过论述,更有专门研究村民自治的学者写出诸如《村民自治通史》和《村民自治史》等专著。四十年后,继续研究村民自治的基本问题,是否能够在已有的基础上再进一步,或者只是复述前一阶段的研究,尚难预料。毕竟村民自治相对来说是一个比较成熟的研究领域,曾经集聚了中国学界一大批优秀学者,产生了一大批优秀成果,如何推陈出新将是所有研究村民自治的后来者必须面对的问题,当然,前期大量扎实的研究也为后来者提供了坚实的基础,人们常说热话题需要冷思考,本研究则是冷话题的再思考,将村民自治的研究接入国家治理乡村社会的框架之下,从历史的远镜头逐步拉到当下的近镜头,追溯、回顾、观察、分析和展望中国村民自治。

一 研究缘起:基本问题与自我反思

关于研究村民自治起源与发展的必要性,只要从村民自治产生之后所引起的争论中就能够找到充足的理由。从最初对村民自治诞生的合理性争论，到后来村民自治发展进路的方向性争论等贯穿于整个村民自治研究历程，具体来看，主要围绕三个问题展开：村民自治是意想不到的偶然产物，还是意料之中的必然趋势；村民自治是农民的创举，还是领导的意志；村民自治是农村社会内生，还是国家外部推动。

（一）村民自治是意想不到还是意料之中

景跃进认为："村民自治是为了解决人民公社解体后，中国农村普遍出现的治理危机而采取的应急措施，然而在实践的过程中却收到了意想不到的政治结果。"① 为什么是意想不到的结果呢？一方面在当时政治体制改革的大背景下，对于中国民主政治的探索，国家民主显然更受瞩目，包括人民代表大会制度的恢复以及党和国家领导体制的改革等方面，对村民自治不曾有多少人关注。即使有学者去关注也是从基层政权建设的角度出发，没有将村民自治纳入基层民主的视角。曾任民政部基层政权司司长的王振耀承认："在农村自治的初始阶段，他和他同事并没有清楚地认识到农村自治的民主意义。"② 然而，村民自治以一种顽强的生命力在最偏远最落后的农村社会发展起来，当很多人回过头来关注村民自治的时候，它已经从一隅之地走向全国，仿佛是一夜之间出现的"草根奇迹"。另一方面，多数人不曾预料到在最不可能的农村社会中诞生了最受期待的民主探索。这源于一直以来对农民和农村的固有看法，农民是"历史的弃儿"，农村是"城市的保留地"等，民主应该在城市，在市民中先普及，而不是农村和农民。党国印认为："中国乡村民主自治是史无前例的事件。我们几乎没有现代国家的直接经验作为参考系来对这一事件进行评论，因为没有一个国家的民主政治制度是从农村开始的，更没有在与中国相似的历史条件下从农村开始进行政治改革的经验。"③ 正因为如此，人们对村民自治的出现没有思想准备，所以在村民自治研究的最初阶段，质疑与否定的声音不断，认为村民自治是理论的怪胎，是超越农村政治社会发展的"早产儿"。

与之相对，从农村经济体制与国家民主化的发展趋势来看，村民自治

---

① 景跃进：《村民自治与中国特色的民主政治之路》，《天津社会科学》2002年第1期。
② 郎友兴：《政治精英与中国的村民自治：经验与意义》，《浙江社会科学》2006年第6期。
③ 党国印：《"村民自治"是民主政治的起点吗？》，《战略与管理》1999年第1期。

的产生也在意料之中。最早系统研究村民自治的学者徐勇认为:"村民自治兴起的直接动因是 80 年代初开始的农村经济体制改革和国家民主化进程。"① 在前村民自治时期,高度集中的人民公社体制将农户家庭嵌入蜂窝状的组织结构之中,组织军事化、行动战斗化、生活集体化,农民失去生产经营的自主权。然而,以家庭联产承包责任制为主要内容的农村经济体制改革将生产经营权下放给农户,农户成为生产经营的主体,不仅获得生产经营自主权,而且成为相对独立的利益个体,从而直接动摇了人民公社体制的基础。因此,王旭认为:"联产承包责任制和市场经济体制重构了农村基层社会,村治方式的选择必须解决村治的合法性问题。"② 原来的公社管理体制与自主的农户不相适应,于是出现了一系列问题,比如,社会治安失序、公共设施失修、集体资产失管等。为了与新的农村经济基础相配套,也为了接续处于瓦解的公社管理体制,急需一种新的组织形式来恢复农村的秩序。同时,徐勇也认为:"如果说经济体制改革为村民自治创造了必要的经济条件,那么,国家民主化进展则直接推动了村民自治的兴起。"③ 党的十一届三中全会后,整个国家的政治氛围趋向缓和,以往政治挂帅和阶级斗争为纲的做法得到纠正,更加注重政治生活中的民主。邓小平认为:"当前这个时期,特别需要强调民主。因为在过去一个相当长的时间内,民主集中制没有真正实行,离开民主讲集中,民主太少。"④ 十一届六中全会通过的《关于建国以来党的若干历史问题的决议》提出:"逐步建设高度民主的社会主义政治制度,是社会主义革命的根本任务之一"。随后党的十二大报告指出:"社会主义民主要扩大到政治生活、经济生活和社会生活的各个方面,要发展各个企业、事业单位的民主管理,发展基层社会生活的群众自治。"

对村民自治抱有期待的人更倾向于认为村民自治是意料之中的事情,或者说带有某种历史的必然性,那些不看好村民自治的人则认为村民自治有太多的意想不到,带有很大的偶然性。不可否认的是村民自治确实已经

---

① 徐勇:《中国农村村民自治》(增订本),生活·读书·新知三联书店 2018 年版,第 21 页。
② 王旭:《乡村中国的基层民主:国家与社会的权力互动》,《二十一世纪》1997 年 4 月号。
③ 徐勇:《中国农村村民自治》(增订本),生活·读书·新知三联书店 2018 年版,第 23 页。
④ 《邓小平文选》第 2 卷,人民出版社 1994 年版,第 144 页。

产生，如果要真正弄清楚村民自治何以形成，则需要客观地追溯其起源与发展，回到最初产生村民自治的地方，寻找村民自治之所以产生的条件。正如马克思所说："人民自己创造自己的历史，但是他们并不是随心所欲地创造，并不是在他们自己所选定的条件下创造，而是直接碰到的、既定的、从过去继承下来的条件下创造。"①

（二）村民自治是农民创举还是领导意志

在村民自治的质疑声中，有人认为，邓小平同志从来没有提"村民自治"，村民自治是彭真从"山西局部地区理想主义者口袋里掏出的东西"②，村民自治唯一的支持者是彭真③，村民自治只是个别领导者的政治浪漫主义而已。这就涉及村民自治的第二个争论，即村民自治的创造主体是农民还是领导。从农民的角度来看，按照官方的意识形态学说，人民群众是历史的创造者，于是，村民自治与包产到户、乡镇企业一起，成为党领导下亿万农民的伟大创造。同时，从最早一批村民自治组织成立来看，确实是农民自发的创造。以最早产生村委会的宜山县三岔公社合寨大队为例，当时分田到户后生产队干部基本躺倒不干，陷入无人管事的地步，尤其是农村社会治安恶化，聚众赌博和入室盗窃等问题令吃饱饭的农民晚上睡不着觉。在问题倒逼之下，一些自然村的农民自己行动起来，联络村里的党员和生产队长决定自己来管理自己的事情，与以前公社层层任命干部相比，农民决定以召开群众大会的方式来选举干部，组成了村委会。其后，合寨其他自然村也相继成立村委会。几乎同一时间，宜山县北牙公社㻞村大队冷水村、罗城县小长安公社牛毕大队也出现了村委会组织，之后扩展到柳州、来宾等地。由此可见，在最初的村民委员会形成过程中农民的自发行动起着关键性的作用。曾经实地探访最早村民委员会的徐勇也认为："村民自治是农民的首创行为，在实行村民自治过程中，农民群众又创造了民主选举、民主决策、民主管理和民主监督的形式"④，并提炼出农民改变中国和创造性政治的分析框架，

---

① 《马克思恩格斯选集》第1卷，人民出版社1995年版，第585页。
② 傅伯言、汤乐毅、陈小青：《中国村官》，南方日报出版社2001年版，第30页。
③ 沈延生：《村政的兴衰与重建》，《战略与管理》1998年第6期。
④ 徐勇：《农民改变中国：基层社会与创造性政治——对农民政治行为经典模式的超越》，《学术月刊》2009年第5期。

他认为："农民作为社会被改造者，为改变自己的生活和命运，以其一系列的自主行为，不断突破政策和体制障碍，并创造出新的替代性体制模式，从而表现出伟大的作为和历史首创精神。"[1]

再从领导者的角度来看，村民自治能够从地方经验上升为全国性的制度，确实离不开领导者的支持，在某种程度上领导者的意志也深刻地影响了村民自治的发展。虽然邓小平没有直接提及村民自治，但是从党和国家领导体制改革的论述，以及前后一系列讲话精神来看，邓小平并没有明确反对村民自治。再从村民自治进入中央文件和宪法法律来看，邓小平作为党的领导集体的核心，没有他的支持或者默认，村民自治写入宪法和法律是不可能的，应该说村民自治与领导者是密切相关的。彭真是村民自治的积极推动者。他之所以热衷推动村民自治，一方面是他认识到"文化大革命"中权力过度集中所带来的危害，从而对权力下放和发扬民主有一种切身的期待；另一方面是从做好本职工作的目的出发，对当时主管中央政法工作的彭真来说，改革开放后农村体制转型所带来的组织涣散与社会治安混乱是他关心的焦点问题。当时，在广西宜山县、罗城县一带出现村民自治组织比较好地解决了农村社会治安的问题，这引起彭真的高度重视，并委派全国人大常委会和民政部进行调查。在1982年中央政法工作会议上，他讲道："村民委员会过去是有过的，中间一个时期没有，近几年有些地方又建立起来了，是群众自治性组织，大家订立公约，大家共同遵守，经验是成功的，应普遍建立。"[2] 同时也提出："各地可以根据实际情况采取多种形式的试验，待经验比较成熟后，再做比较研究，并制定村民委员会条例。"[3] 这一讲话为新生的村民委员会以及村民自治开了"路条"，更为重要的是村民自治不仅要推广，而是要上升为法律制度。1982年宪法第111条规定："城市和农村按居民居住地区设立的居民委员会或村民委员会是基层群众自治性组织"。在随后进行的村民委员会立法工作中，彭真通过自己的影响力，推动着整个立法进程，特别是在1987年全国人大常委会讨论《村民委员会组织法》法律草案的时候，彭真做了很多工作，经过

---

[1] 徐勇：《农民改变中国：基层社会与创造性政治——对农民政治行为经典模式的超越》，《学术月刊》2009年第5期。

[2] 《彭真文选》，人民出版社1991年版，第431页。

[3] 《彭真文选》，人民出版社1991年版，第432页。

三次人大常委会议，一次全国人民代表大会审议，法律最终以试行的方式通过。在《村民委员会组织法（试行）》实施期间，原来的争议并没有减少，反而出现更多的不同意见。1989年政治风波过后，村民自治的质疑声达到最大，认为村民自治是资产阶级自由化的产物，应当废止《村民委员会组织法（试行）》。在存废的关键时期，中央决策层的领导对村民自治表态支持，宋平在听取有关汇报时针对村民自治的一些争论作了重要指示："关于村民自治的问题，宪法已经定了，《村民委员会组织法》已经定了，定了的就是按法去办。不要搞抽象的争论。要按《村民委员会组织法》办，通过实践，总结经验，逐步完善。"[①] 为加强对村民自治的领导，在山东莱西召开全国第一次村级组织建设工作座谈会，确立了以党支部为核心的村级组织建设体系和村民委员会制度建设，并以会议纪要的形式转发全国，中央层面关于村民自治的争论才告一段落。

不论是农民的创举还是领导的意志，这两个主体都贯彻于整个村民自治中，与领导的作用相比，农民的作用也许并不明显，却制约着村民自治在农村社会的生长。当前，村民自治制度体系和组织架构都已经相当完备，领导者对村民自治的影响相对减少，而农民的影响日益增加，是未来村民自治发展的关键因素。因而，研究村民自治的起源和发展还需从基层社会的角度进行深入地挖掘，回顾村民自治的创举是如何形成的，明晰村民自治过程中农民扮演的角色。

（三）村民自治是社会内生还是国家推动

关于村民自治的动力来源构成了第三个争论，即村民自治动力是农村社会内生，还是来源于国家外部的推动。前者主要从农村经济社会自主性来展开，这种自主性一直以来存在于农村之中。在自然经济阶段，农民的生产生活交往有很大的放任性，正如《击壤歌》所言：日出而作，日入而息；凿井而饮，耕田而食，帝力何有于我哉？[②] 不过，在自由散漫之外，面对自然环境的危险和农业生产的不确定性，农民也尝试着建立自我管理的组织，最为明显的是以血缘关系为纽带的宗族组织，以地缘关系为纽带

---

① 傅伯言、汤乐毅、陈小青：《中国村官》，南方日报出版社2001年版，第32页。
② 佚名：《击壤歌》。

的村社组织，以信缘关系为纽带的庙会组织等。应该说在"皇权不下县"的时代，农村基层社会维持着内在的秩序。只是随着现代国家的建构以及商品经济的发展，农村逐步进入更加广阔的国家和市场环境中，农村经济社会自主性被削弱，相比之下，国家权力下乡对农村的改造更明显和更直接。清末民初的国家建设带来的是国家政权的内卷化①，新中国通过土地改革和合作化运动，到人民公社时期形成了对农村的覆盖与渗透，建立起动员力极强的政治经济体制。在人民公社体制内高度集中的经济社会体制从生产安排、收益分配、生活管理和交往规则等方面对农民进行无所不包和无所不在的管控，不单是基层干部，就连普通农民都能够感受到国家权力的存在。虽然农村经济社会缺乏最基本的自主性，而农民对于经济社会自主的追求从未停止。一方面是人民公社时期农民以偷盗、出工不出力、瞒产私分等"反行为"来抵制公社制度；另一方面是只要有一点自主性，农民就想方设法去扩大和巩固它，这也是为什么包产到户几经沉浮后依然能够在农村发展起来的原因。改革开放后，国家首先将经济自主权下放给农民，经济的自主性带来利益结构的分化，被遮蔽的家庭和个人利益得以显性化。为了维护相对独立的利益，农民组成村民委员会进行自我管理，由此产生最初形态的村民自治。金太军等认为："社会自主性的加强导致基础性结构的变化，使国家与社会分离越来越明显，而对此两者进行整合的制度选择就是村民自治。"② 反过来，村民自治能否在农村扎根生长也有赖于农村内生的自主性能否形成，尤其是对于普通农民而言。吴毅将此作为村民自治的前途所在，他认为："非治理精英的壮大和有效的公共参与标志着在强国家治理模式未改变的状况下村庄社会力量的增强。中国农村村民自治的前途，也许正赖于此。"③

---

① 杜赞奇的"国家政权的内卷化"是指国家机构不是靠提高旧有或新增机构的效益，而是靠复制或扩大旧有的国家与社会关系——如中国旧有的赢利型经纪体制——来扩张其职能。当内卷化的国家政权无能力建立有效的官僚机构，从而使国家政权失去对于官僚收入的监督和控制，官僚们越来越看重公务中的额外收入，自身渐渐半经纪化了，忘却了国家利益，进一步阻碍了国家机构的合理化，国家政权的内卷化达到了极点。这样，国家权力的延伸只能意味着社会的进一步被压榨和破产，导致了国家与社会关系的恶性循环。参见［美］杜赞奇《文化、权力与国家——1900—1942年的华北农村》，王福明译，江苏人民出版社2003年版，第50—52页。

② 金太军、董磊明：《村民自治研究的兴起与拓展》，《社会科学研究》2000年第3期。

③ 吴毅：《村治中的政治人——一个村庄村民公共参与和公共意识的分析》，《战略与管理》1998年第1期。

如果将村民自治视为新生事物，区别于以往农村自我管理组织的话，那么从这一基点出发，村民自治更多的是国家外部推动的结果。应星在评价村民自治时提出："村民自治虽然最初源于个别村庄自身的创造，但它由于种种原因迅速被体制接纳后，是自上而下地由政府将其赋予大多数村庄的，因此它基本上可以说是乡土社会中的一个外生变量。"[①] 再从村民自治的制度变迁角度来看，郁建兴等认为："虽然村民自治起源于群众的自发行为，具有诱致型制度变迁的初始特点，但是大多数村民自治的相关制度都是由国家各级部门通过行政网络推广到全国各地的，而且在推广这些制度的过程中对原生的制度作了选择和改造。"[②] 另外，在村民自治走向全国的过程中，政府的主动性是不能忽视的，试点与示范活动为村民自治迅速普及起了关键作用。徐勇认为："中国的民主化进程得以在经济发展较为落后的农村取得出乎意料的成就，与政党和政府扮演的积极主动角色密切相关。倘若没有国家有关村民自治示范的政策导向，没有地方政府组织系统的强力推动，村民自治所要求的民主选举、民主决策、民主管理和民主监督是不可能迅速落实到社会基层的。"[③] 很明显，将村民自治归为国家外部推动是从制度形态来说的，对于那些在公社体制瓦解后，社会秩序松弛，农民又没有相应的管理组织的农村地区，村民自治肯定是一个陌生词。在村民自治推进过程中，如同以前的农村基层管理体制转型一样，农民只是被动地接受了另一个管理组织，至于村民自治对于自己的意义却不甚明了。村民自治是政府实现基层组织重建的一个手段而已，用以替代公社体制解体之后带来的农村治理真空。国家外部推动村民自治的目的决定了村民自治的发展路径，群众自治组织向行政化组织转变，重新确立国家对乡村社会的有效管理。村民自治的组织体系，比如治安保卫委员会、民兵营、计划生育委员会、人民调解委员会等都在一定程度上对口乡镇政府的相应职能部门，承担着各类行政管理任务，成为乡镇的"腿脚"。由此，从村民自治的整个发展与实际效果来观察，村民自治中国家的色彩表现得

---

① 应星：《评村民自治研究的新取向——以〈选举事件与村民政治〉为例》，《社会学研究》2005 年第 1 期。

② 郁建兴、黄红华：《村民自治研究的研究》，《学术月刊》2002 年第 8 期。

③ 徐勇：《民主化进程中的政府主动性——对四川达川市村民自治示范活动的调查与思考》，《战略与管理》1997 年第 3 期。

更充分。在农村社会内生与国家外部推动之间，一些人将村民自治的未来寄托于农村社会内生，探讨农村社会的发育改变国家与农村的关系的可能性，进而让村民自治回归农村社会。然而，村民自治被当作一项政治任务，变成国家目标后，村民自治已经与社会内生相距甚远。事实上，国家外部推动村民自治主要是制度规则的下乡，为农村社会预设一套管理体系，时刻面临着"制度空转"的风险。

总言之，国家能够把村民自治迅速推向全国，但不一定能有效地深入乡村社会。唯有进入村民自治的实践中，才能够厘清国家与农村社会在村民自治中的互动村民自治是否有效运转，以及如何能够有效运转。"正如任何民主化进程一样，村民自治的发展不会一帆风顺，更不会收到立竿见影的功效。对村民自治合理性的争论也会一直延续下去。"[1] 上述争论并不是全然对立，而是基于不同的研究观点、立场和方法所做的学术主张，有助于拓宽研究视野，增强学术对话，为后续研究提供源源不断的灵感。

二 研究现状：理论视野与文献评述

当回顾历年来村民自治的研究文献，其中关于村民自治起源与发展的研究并不算少，凡是与村民自治有关的专著或者论文多少都会谈及村民自治的产生与动力等，从中可以窥见不同学科背景和研究经历的学者对于村民自治的不同看法和观点。总的来说，有四种主要的视角：一是从民主政治视角切入，认为村民自治是基层民主政治建设的产物；二是从现代国家建构的视角分析，认为村民自治是现代国家整合乡村社会的方式；三是从政治主体出发，把村民自治看作政治精英与农民的创造性政治；四是从政治经济学出发，将村民自治解释为经济社会转型之下的制度变迁。

（一）基层民主政治建设的产物

村民自治之所以能够引起广泛的关注是因为它的民主色彩，被称为

---

[1] 徐勇：《论中国农村"乡政村治"治理格局的稳定与完善》，载《徐勇自选集》，华中理工大学出版社1999年版，第125页。

"草根民主"。在早期研究村民自治的成果中，中国基层政权研究会中国农村村民自治课题组撰写的《中国农村村民委员会换届选举制度》《中国农村村民代表会议制度》《中国农村村民委员会法律制度》三个研究报告，以及《中国农村村民自治》一书对村民自治进行了系统的研究和梳理，指出村民自治的出现让中国农村进入民主政治建设的新时期。徐勇认为："农村村民自治作为基层直接民主的一个有效形式，对于促进社会主义民主政治建设有着十分积极的意义，它不仅有利于充分调动和激发广大农民群众的政治积极性和主动精神，提高农民的民主素质，而且是现阶段社会主义民主政治建设的起点和突破口之一。"[①] 项继权也认为："当人们致力于自上而下从国家高层推进国家政治体制改革的同时，村民自治及村级民主选举可能成为推动中国政治体制改革及国家民主化的一条风险小、震动小、渐进性但又具有全面性、持久性和深刻性的自上而下的改革之路。"[②] 一些乐观的研究者更是提出："村民自治中民主实质内容对我国民主政治制度的作用，即认为村民自治的民主是对村庄场域内的公共资源的一种支配方式，而国家政治民主是对国家场域内的政治资源的一种支配方式，两者是同质的。"[③] 从整体来看，金太军认为："政治学界对村治研究往往是从推进农村基层民主化的方位进入的，他们倾向于将扩大基层群众参与，推进农村政治民主化和中国的政治民主化作为村级治理的功能目标。"[④] 期待村民自治所代表的基层民主政治建设能够向更高层次的民主建设迈进，推动乡级乃至更高一级的民主实践。

对此持谨慎态度的研究者认为为什么不是国家民主，而是基层民主？基层民主作为整个国家民主进程的一部分，能否独立发展为民主的起点？党国印指出："村民自治与民主政治起点不能画等号，村民自治所体现的乡村民主政治应该是全社会民主政治的有机组成部分，而不是独立于全社会的'自治民主'，乡村政治改革应该是全社会政治变革的最后一个环节，

---

① 徐勇：《中国农村村民自治》（增订本），生活·读书·新知三联书店2018年版，导论，第6—8页。
② 项继权：《中国乡村的"草根民主"》，载吴重庆、贺雪峰主编《直选与自治——当代中国农村政治生活》，羊城晚报出版社2003年版，第37—38页。
③ 郁建兴、黄红华：《村民自治研究的研究》，《学术月刊》2002年第8期。
④ 金太军、董磊明：《村民自治研究的兴起与扩展》，《社会科学研究》2000年第3期。

乡村社会很难产生推动全社会政治变革的力量。"① 村民自治与整个国家的行政化目标并不相符，在实际中也运行困难，群众自治的前途未卜。② 这些对村民自治本身及其民主价值的批判促使研究者们在热闹中的冷思考，以平和的心态来看待村民自治。徐勇认为："作为草根民主的村民自治的民主价值是有限度的，村民自治的形式示范效应远远大于其实质性。"③ "村民自治最重要的价值就是在民主进程中，建立起一系列民主规则和程序，并通过形式化民主训练民众，使民众得以运用民主方式争取和维护自己的权益，从而不断赋予民主以真实内容。对于中国的民主化进程来说，一方面必须重视为民主创造的外部条件；另一方面更不可忽视经济发展过程中民主形式实践，通过在民主形式实践中建立民主规则和程序，训练民众，为民主创造内在的条件，逐步实现由形式化民主到实体性民主的转换。"④ 源于村民自治对于中国民主政治的意义，国际学术界高度关注中国村民自治，不过，国外学者对村民自治的民主性质是持保留态度的，特别是对村民委员会选举。欧博文认为："中国的村民还没有转变成公民，还处于臣民与公民之间的位置，而且他们从来就没有享有彻底的公民权利。"⑤ 墨宁也认为："不管从概念还是从时间看，非竞争性的村民自治选举大多不是公共政策的竞争，目前的村民选举是被组织起来的，其投票结果是完全可以预测的，或者选择范围是受到限制的。"⑥ 事实上，村民自治并没有能够进一步持续性地向上扩展。正如戴维·赫尔德所言："民主思想的历史是奇特的，而民主实践的历史则是令人困惑的。"⑦

（二）现代国家建构下的乡村整合

郁建兴认为："在从'政治民主'的视角观察和分析村民自治出现困

---

① 党国印：《"村民自治"是民主政治的起点吗？》，《战略与管理》1999年第1期。
② 沈延生：《村政的兴衰与重建》，《战略与管理》1998年第6期。
③ 徐勇：《草根民主的崛起：价值与限度》，《中国社会科学季刊》2000年夏季号。
④ 徐勇：《中国民主之路：从形式到实体——对中国村民自治价值的再发掘》，《开放时代》2000年第11期。
⑤ 郭正林：《国外学者视野中的村民选举与中国民主发展：研究述评》，《中国农村观察》2003年第5期。
⑥ 郭正林：《国外学者视野中的村民选举与中国民主发展：研究述评》，《中国农村观察》2003年第5期。
⑦ ［英］戴维·赫尔德：《民主的模式》，燕继荣译，中央编译出版社1998年版，第1页。

境时，有研究者渐渐转换了视野，从寻找村民自治与国家政治民主体制的'同'，转而强调国家与社会的'异'，试图找出促进民主制度建设的另一途径。他们除了承认国家对村民自治的介入和巨大影响外，还看到了村庄作为一支独立的力量，与国家进行着一种独立的对话和博弈。"① 但是村民自治能争取到多少独立的社会空间呢？吴重庆认为："国家在利益权衡中的绝对优势决定了'国家'可以随时作出是否及多大程度上介入'基层社会'的抉择，国家一贯的利益取向也决定了并不因为基层社会的自治空间的大小而改变'国家'与'基层社会'关系的性质。"② 由此可见，一味地强调村民自治中的社会独立性与农村社会发育不足的客观现实相矛盾，虽然可以认为村民自治的起源是农村社会获得自主性的表现，但是对于整个村民自治的发展来说，国家的作用明显要大于社会的作用。毛丹认为："国家不是缩小了在农村的控驭范围，而是改变了对村里的控驭方式——至多是在改变经济控驭方式的同时，减少了对乡村社会事务的过多和过于直接的介入。国家不想管的事可以不管，想管的时候随时可以管起来。"③ 吴理财更进一步提出："村民自治的推行，并非国家从乡村社会的退出，相反则是国家真正深入乡村社会的表现，实际上是一种国家政权在乡村社会的重建的形式。"④ 于是在回归国家的话语体系之下，对于村民自治的研究转向现代国家构建的理论视角。一些研究者从国家建设理论出发认为："在现代化背景下国家政权建设的目的是将国家权力延伸到社会，并进行动员和资源汲取，乡村社会不可能摆脱国家的控制及其依附地位，国家也不可能允许乡村社会有更多的独立性和自主权，乡村社会也不可能真正出现民主自治。村民自治将妨碍国家权力对乡村社会的渗透和控制，阻碍乡村的现代化、政治制度化和国家一体化。"⑤

事实上，在后续研究中，徐勇接受了现代国家建设的研究思路，他认为，村民自治发生在 20 世纪 80 年代初，其背景是现代国家对乡土社会的

---

① 郁建兴、黄红华：《村民自治研究的研究》，《学术月刊》2002 年第 8 期。
② 吴重庆：《孙村的路："国家—社会"关系格局中的民间权威》，《开放时代》2000 年第 1 期。
③ 毛丹：《乡村组织化和乡村民主——浙江萧山市尖山下村观察》，《中国社会科学季刊》1998 年第 2 卷。
④ 吴理财：《村民自治与国家政权建设》，《学习与探索》2002 年第 1 期。
⑤ 沈延生：《村政的兴衰与重建》，《战略与管理》1998 年第 6 期。

整合。20世纪以来，国家一直试图对孤立分散的乡土社会进行整合，由此有了所谓"政权下乡""政党下乡"等一系列政治行为。当然，这种政治整合并不是人民公社时期的"全能主义"，而是在改革开放背景下产生的新型国家整合，意味着国家整合乡村的方式发生了深刻的变化。村民自治则是这一系列政治行为之一，所不同的则是基于国家赋权于民。如果说家庭承包赋予了经济自主权，那么，村民自治赋予了农民社区公共事务的自治权。具体来看，实行家庭联产承包责任制以后，国家难以再通过政社合一的人民公社控制经济社会资源来治理农村，国家有限的财力也不可能使所有农村基层组织行政化。在这种背景下，国家通过下放权力，运用深藏于农村社会中的自组织力量，自己管理自己，调动农民群众的积极性，重建国家在农村社会的权威。[①] 这一视角有助于解释村民自治发展中国家的主动性以及村民自治本身的行政化倾向，然而对于村民自治起源却缺少说服力，公社体制松弛后，国家体制性权力明显上移，这时产生了村民自治这种农村基层组织形式，并不是国家有意为之，而是社会自生的。于是，徐勇进一步从现代国家建构的非均衡性出发，把现代国家细分为民族—国家与民主—国家两个层面，民族—国家是国家权力向乡村社会广泛覆盖和深入渗透，对农村社会自主力量进行行政吸纳，这就是一个行政化或者说组织重建的过程，民主—国家则与农民民主权利觉醒以及社会发育联系起来，依赖于国家的行政放权、权利保障和社区重建来推动现代国家与农村社会的互动，决定着未来村民自治成长和深化的途径与机制。[②]

总而言之，村民自治是现代国家整合乡村社会的方式，由于过于强调国家中心主义，不可避免会忽视农村社会的作用，之后尝试着从现代国家

[①] 徐勇：《现代国家的建构与村民自治的成长——对中国村民自治发生与发展的一种阐释》，《学习与探索》2006年第6期；《"政权下乡"：现代国家对乡土社会的整合》，《贵州社会科学》2007年第11期；《"政党下乡"：现代国家对乡土的整合》，《学术月刊》2007年第8期；《"行政下乡"：动员、任务与命令》，《华中师范大学学报》（人文社会科学版）2007年第5期；《"法律下乡"：乡土社会的双重法律制度整合》，《东南学术》2008年第3期；《"政策下乡"及其乡土社会的政策整合》，《当代世界与社会主义》2008年第1期；《"服务下乡"：国家对乡村社会的服务性渗透》，《东南学术》2009年第1期。

[②] 徐勇：《"回归国家"与现代国家的建构》，《东南学术》2006年第4期；《村民自治的成长：行政放权与社会发育——20世纪90年代以来中国村民自治发展困境的反思》，《华中师范大学学报》（人文社会科学版）2005年第2期；《村民自治的深化：权利保障与社区重建——21世纪以来中国村民自治发展的走向》，《学习与探索》2005年第4期。

与农村社会的互构中减轻村民自治中国家建构色彩，寄希望于国家进一步放权后农村社会的发育。不过，这种分析框架更多是立足于应然角度，至于现代国家与农村社会如何互动，又是如何推动村民自治的发展等问题并没有过多论述，由此留下了一个可以继续深挖的学术空间。

（三）体制转轨时期的创造性政治

不论是国家视角，还是社会视野，主要是以宏观大时段的分析为主，将村民自治化约为经济社会大背景下的必然过程，带有结构制度主义的特点，由此忽略了具体历史进程中人的主体作用，人从来不是被动地顺从历史，而是积极主动地书写历史。为什么是农民而不是市民产生自治的需求，与世界民主化的一般规律不一致。农民是否是民主的促进力量。党国印认为："民主政治是传统乡村社会开始解体后产生的需要，但传统乡村社会只是整个传统社会的一部分，而在整个处于转变时期的社会中，乡村社会转变最慢，乡村社会的民主政治应在工业社会之后产生，与工业社会相伴随的是中层阶级成为民主政治的主要动力，而在传统社会解体不彻底的地方，农民还有可能成为民主政治的反对力量。"①

在历史唯物主义中，对人的主体性的关照一直是官方意识形态的重要言说。在村民自治起源与发展的研究中，大部分学者或多或少会肯定农民的创造性在村民自治中的意义，常常将村民自治的产生表述为人民群众伟大创造的结果。致力于村民自治研究的辛秋水认为："乡村社会不仅拥有民主存在和发展的可供利用的资源和条件，农民自身也有着发展民主的强烈需求和实践民主的能力。"② 邓小平曾经专门强调，中央好的政策都是从实践中来的，他说："农村搞家庭联产承包，这个发明权是农民的。农村改革中的好多东西，都是基层创造出来，我们把它拿来加工提高作为全国的指导。"③ 之所以有这样的表述，是因为作为村民自治组织载体的村民委员会，缘起于 20 世纪 80 年代初农村出现治理困境后农民的自发创造。从后续发展角度来看，村民自治更多是国家推动的一种制度变迁过程，以代替原有的人民公社体制。在中国总体性社会中，任何体制转变从始至终都

---

① 党国印：《"村民自治"是民主政治的起点吗？》，《战略与管理》1999 年第 1 期。
② 辛秋水：《村民自治：第三次农村包围城市》，《荆门职业技术学院学报》1999 年第 5 期。
③ 《邓小平文选》第 3 卷，人民出版社 1993 年版，第 382 页。

离不开国家和政府的作用，并集中表现为自上而下的政策灌输，政策是具有多层次的体系，在中央没有明确的政策下达地方的时候，具有一定的政策灵活性，尤其是分权式改革和意识形态管制放松给予地方足够的自主性，对于直接面对农村社会治安混乱、公共事业无人管理的地方政治家来说意义重大，因为他们从实用主义角度出发，以解决实际问题为归宿，进而在有限的范围内直接推动地方的改革。村民委员会的建立就是地方政治家的务实行动。为此，有学者也认为："村民自治是党政官员探索新时期解决农村社会矛盾方式的政策性结果。中国村民自治的启动是地方性政治人物与村民自治政策交互作用的一个不平衡的发展过程。"[1] 更有学者强调政治精英在村民自治走向全国的决定性作用。郎友兴认为："作为一项制度，如果没有改革家将广西农民的经验制度化，制定相应的法律、法规、规章及相关政策，并予以贯彻的话，村民自治及其发展是不可能实现的。也就是说，如果没有各级政治精英们的形塑，农村自治就不可能发生，即便出现也不可能得以巩固和发展。中国的政治精英在村民选举中起到了推动作用，从而促进了中国的乡村民主。"[2]

农民创造论和政治精英推动论对于村民自治来说都有解释力，同时又不能完全解释。村民委员会确实有由农村自发建立的，为体制转变提供了一个选项，从全国范围内看，这个选项能够成为最后的结果始终离不开政治家或者说政治精英们的推动。政治精英对于村民自治的作用主要在于村民自治上升为国家政策，以及从地方探索走向全国普及，但是农民决定着村民自治能否有效运作。政治精英和普通大众对于村民自治的差异是应然状态和实然状态的差异。综合两种论调，部分学者承认村民自治是大众与精英互动的结果。在国家介入村民自治的制度供给的过程中，广大农民也在不断进行制度供给创新。唐兴霖等指出："中国农村基层民主制度的供给过程是农民的主动性制度创新与国家强制性制度供给相结合的过程。"[3] 从整体来看，互动论对村民自治的起源与发展的解读是比较公允的，不

---

[1] 王振耀、白钢、王仲田：《中国村民自治前沿》，中国社会科学出版社2000年版，第3—5页。

[2] 郎友兴：《政治精英与中国的村民自治：经验与意义》，《浙江社会科学》2006年第6期。

[3] 唐兴霖、马骏：《中国农村政治民主发展的前景及困难：制度角度的分析》，《政治学研究》1999年第1期。

过，互动论将看似对立的两个论调简化为一个整体，但关键是如何在村民自治过程中挖掘大众与精英之间的互动过程和机制，互动又是如何形塑村民自治本身的。

（四）经济社会转型中的制度变迁

前面从基层民主化、国家整合乡村和创造性政治等进行的解释都带有一定的指向性，不是社会的自主性，就是国家的主动性，抑或者是国家与社会的互动性，容易出现简单的二分法，用设定的理论范式来简化现实，以至于具体什么国家，什么社会只是理论上的符号而已。得益于原来马克思主义政治经济学的缘故，最开始从事村民自治研究的学者们在寻找村民自治合理性的时候，不约而同地将经济社会背景纳入其中。村民自治是改革开放后出现的经济社会转型带来政治制度变迁，与马克思主义的经济基础决定上层建筑的观点相符，学者们的借用也就顺理成章。徐勇认为："改革是以新的体制取代旧体制的制度变迁过程。而任何制度变迁都是在特定的历史背景下发生的，并会形成初始的路径。这一初始的路径对于制度变迁的过程和结果都将构成重要影响。任何一种政治社会现象及其形成发展的内在动因都深深地潜藏于经济社会之中。"[1] 1980年农村改革后，国家在农村地区推行了家庭联产承包责任制，由于这一政策的施行，"三级所有、队为基础"的人民公社体制逐渐失去了其存在的组织形态和经济基础而趋于解体。随着人民公社体制的解体，在我国许多地方的农村出现了一定程度的社会失序、道德真空、公益事业无人关心及社会治安恶化等混乱局面。为此，徐勇从农民的角度认为："为因应农村改革后村级治理的无序和混乱局面，广西壮族自治区宜山和罗城两县的村民自发建立了村民委员组织。"[2] 对于具体的经济社会背景，众多学者都认为村民自治得以在20世纪80年代的中国兴起，有其内在的动因和背景。一些学者偏重于政治体制本身对村民自治产生的影响，虽然他们也承认经济体制变迁的重要性，但是看重国家的民主法制建设。村民自治活动是农村管理制度和

---

[1] 徐勇：《"绿色崛起"与"都市突破"——中国城市社区自治与农村村民自治的比较》，《学习与探索》2002年第4期。

[2] 徐勇：《农民改变中国：基层社会与创造性政治——对农民政治行为经典模式的超越》，《学术月刊》2009年第5期。

农民组织制度的重大创新。王仲田等也认为："村民自治是政治关系变革和农村社会主义民主法制建设的必然要求，是农民民主意识和民主能力提高的必然结果。"①

与国家民主化的话语不同，另一些学者从经济体制改革来解释村民自治产生的必然性。经济是村民自治运行的主要机制和基本因素，尤其是分户经营以及由此产生的相对独立的经济利益，赋予农民更多的自主权。十一届三中全会为村民自治提供重大的思想理论背景、原则和方针，以及民主法治建设的重视等，为村民自治创造了所需要的宽松自由的大环境。不过，农民与国家的距离毕竟遥远，更直接地与农民发生关系的是1978年开始的包产到户，经济制度的变革成为村民自治产生的内驱力。赵秀玲认为："包产到户打破了人民公社一大二公体制，使得农民获得了自由和主体性。基于承包合同的契约关系的确立，推动了农民的个性、平等和独立意识产生。"② 与国内重视经济体制改革不同，国外学者关注经济发展水平与村民自治的关联性，欧博文认为，经济发展与村民自治正相关，越是富裕的村庄，越容易实施村民自治。"我的田野调查和中国的统计数据表明，符合标准的村级组织不成比例地出现在显得富有及有更多集体企业的村庄中。"③ 戴慕珍则认为："高度的经济发展不一定带来实行民主改革的热情"，"在经济发展水平与村级民主实施规则过程之间可能存在着反向关系"④。此外，还有艾泼斯坦的曲线相关认为："经济发展与村民自治并不是直线性的，在中等经济发达程度的村庄中村民委员会的选举最有活力且是最成功的。"⑤ 史天建进一步修正提出："凸形曲线关系，较高的经济发展率会加速减少中国农村保持半竞争性选举的可能性，即一个县城的经济发展率越高，该县的村子中实行

---

① 王仲田、詹成付：《乡村政治——中国村民自治的调查与思考》，江西人民出版社1999年版，第2—3页。

② 赵秀玲：《村民自治通论》，中国社会科学出版社2004年版，第21—31页。

③ Kevin O'Brien. Implementing Political Reform in China's Villages. The Australian Journal of Chinese Affairs 32 July, 1994：47.

④ Jean C. Oi. Economic Development, Stability and Democratic Village Self – Governance. . In China Review 1996, eds. Maurice Brosseau et al Hong Kong：Chinese University of Hong Kong Press, 1996, 137.

⑤ Amy B. Epstein. Village Election in China：Experimenting with Democracy. In Crisis and Reform in China, ed. E. Bliney New York：Nova Science Publisher, In, 1991, 150 – 151.

半竞争性选举的可能性就越低。"①

如果从政治经济学角度出发,那么为什么不是小岗村产生村民自治,而是合寨村产生村民自治?草根民主与经济发展之间的关系,为什么偏远落后地区的村民自治能够发展起来?对于学界来说,农村经济体制改革无疑是村民自治最有说服力的原因之一。毕竟,在时间维度上,村民自治是分田到户后出现的,于是大胆推论两者之间的因果关系。因为有学者认为家庭联产承包责任制为主,统分结合的生产经营体系是村民自治的经济基础。这样的一种假说很容易被证伪。如果假说成立,是否意味着最早开始包产到户的地区应该最早出现村民委员会?显而易见,安徽并不是最早产生村民委员会的地方。另外,有学者认为是农村经济体制改革释放了农民的经济自主性,不过,广西相比于江浙或沿海一带来说,农民的经济自主性并不会强多少,甚至更依附于集体。是不是说村民自治与农村经济体制改革没有关系呢?也不能这样认为,至少说村民自治与农民经济自主性之间是有相关关系的。农民经济自主性与其说直接影响村民自治的产生,还不如说是摧毁了原有的人民公社体制为村民自治的诞生奠定了基础。这种解释相对来说更为准确。王旭认为:"联产承包责任制和市场经济体制重构了农村基层社会,村治方式的选择必须解决村治的合法性问题。"② 人民公社自上而下的授权和任命在新的经济社会背景下缺少合法性,而由村民自己选举为特征的村民自治组织成为解决之道。另外,基层政权下移到生产大队或生产队,无疑会增加国家的财政负担,对于进行现代化建设的国家来说,这是比较困难的。③ 在政治和经济的大背景外,其他因素也促成村民自治的产生。包产到户后的秩序失调和治安问题是村民自治产生的直接原因。此外,还包括去阶级化和农村教育发展等社会文化因素的影响。④ 于是,村民自治制度代替日益解体的公社制度便具有多重合理性。

---

① Shi Tianjian. Economic Development and Village Elections in Rural China. Journal of Contemporary China, Vol. 8, No. 22 (1999): 436.
② 王旭:《乡村中国的基层民主:国家与社会的权力互动》,《二十一世纪》1997年4月号。
③ 郭云春、刘梅芳:《利益博弈下的乡村治理——透视村民自治的新视角》,《社会》2003年第2期。
④ 赵秀玲:《村民自治通论》,中国社会科学出版社2004年版,第21—31页。

三 研究进路：话语转换与视角选择

几乎所有对村民自治进行总结和回顾的研究都会涉及村民自治起源和发展，因为研究者的主题并不在于解释村民自治的起源和发展，所以只是对此问题进行了简要的回答，将其归因于国家的民主化进程、乡村社会的整合、农村政治社会的变迁等，这些观点对起源和发展无疑具有重要的启发意义。然而，前述研究集中于国家建构、社会自治、基层民主等宏观角度，但是这些宏观因素是如何相互作用，其内在的过程和机制是什么值得进一步研究。本书在充分利用和借鉴已有研究成果的基础上，从民主话语转向治理话语，从宏观分析转到微观过程，从国家与社会对立到国家与社会互构，从历史事件到地方社会，对之前的研究视角做一个补充与综合。

（一）从民主话语到治理话语

村民自治的研究引起广泛关注，源于村民自治对中国民主进程的意义，反过来，众多的研究者又从民主话语来分析论述村民自治，形成了研究村民自治的基层民主视角，侧重于村民自治蕴含的民主性质、对于中国民主建设的贡献、民主制度的建构以及运行绩效。对于村民自治本身的研究为外在的民主价值所代替。经历一段热议后，学者们从价值层面的讨论回到实践层面，从民主问题转向治理问题。根据应星的梳理，他认为："最早从村民自治的外生价值转向内在机制的，是华中地区一批可称为乡土派的学者。他们怀有对乡土社会的深厚感情，对村民自治这一新生事物抱以很高的期待，但他们强调的是自治对于解决当前特定背景下农村社会实际问题的能力，而非对中国民主化进展的意义。"[①] 一方面村民自治注重治理导向，而非民主导向。仝志辉认为："乡村民主的治理化是村级选举的人选确定不以是否体现民意和依照民主原则选择而定，而是以是否有利于实现对村庄治理目标而定，决定这些人选的民主程序的贯彻程度也以是

[①] 应星：《评村民自治研究的新取向——以〈选举事件与村民政治〉为例》，《社会学研究》2005年第1期，第210—211页。

否会有利于治理目标实现而定。"① 另一方面，村民自治注重效果导向，而非价值导向。唐兴霖等认为："中国农村社会面临着公共产品供给的短缺问题。为解决这一问题，80年代初一些地方基层组织体系处于瘫痪状态时，农民就创造了自己管理自己的村民自治的组织形式——村民委员会。"② 村民自治是在政府政策的支持下，依靠村集体和村民的力量，解决农村出现的实际问题，满足公共服务需求。基于同样的思路，关于村民自治起源与发展也必须从村庄公共秩序的构建、公益事业的建设和政府政策的贯彻等方面入手，以有效治理为主线看待村民自治的发展，进而将村民、村委会、乡镇政府等主体置于村民自治的过程中，避免民主话语对村民自治的遮蔽，毕竟民主并不是村民自治的唯一价值，对于农民来说，生计比民主更加重要，因此需要从村民自治在解决农村社会公共问题的角度去寻找治理的价值。

（二）从宏观结构到微观过程

现有的学术研究对村民自治的起源和发展都有回顾和展望，整体上以宏观的结构性分析居多，将村民自治的起源化约为国家与社会的转型，尤其是改革开放后政治经济社会的巨变；或者追溯自治的传统，试图将村民自治解释为传统自治的接续。当然，这些宏观结构性分析有助于了解村民自治产生的重要背景，但是如果将村民自治起源作为一个严格的学术问题，那么必须更加仔细地去研究实践形态的村民自治。因为在如何理解村民自治这点上，宏观结论所针对的村民自治是国家制度形态的村民自治，而实践形态的村民自治则需要从分析村民委员会的产生，逐渐上升为国家法律制度，再回到村庄的一系列过程，以及过程中的相关行动者。实际上，在反思早期村民自治的制度主义视角后，一批学者主张回到微观社会实践，吴毅等华中乡土派的学者提出："我们力图通过整体的观察与研究，揭示村民自治制度运作与村庄社会内部性质之间的相互关系，只有这样，

---

① 仝志辉：《村委会选举中的乡村关系和乡村民主的治理化》，中国社会科学杂志社和荆门职业技术学院农村发展研究所联合主办的"转型期乡村社会性质研究"学术研讨会论文，2001年7月14日至16日。

② 唐兴霖、马骏：《中国农村政治民主发展的前景及困难：制度角度的分析》，《政治学研究》1999年第1期。

才有助于全面准确地评价乡村治理下的村民自治制度,也才有可能真正帮助这一制度的完善。"① 对于村民自治的发展阶段,已经有不同的划分方法,但是更多是从外部事件,比如法律文件的出台来确定村民自治的发展过程,这是与前面对村民自治的理解相一致的。如此,不论是村民自治的起源,还是其发展都是从宏观制度层面来理解,都容易陷入对村民自治应然性的假定,而对实践状态的村民自治缺少足够的关注。更进一步讲,对村民自治起源和发展所作的宏观结论仍然需要到微观过程中进行验证,探讨诸多宏观因素是如何在微观过程中起作用,其内在的机制和过程是什么,将宏观结构与微观过程结合起来,实现"从偶然的选择到具有结构性的偶发事件"②的转变。正如吉登斯所说:"社会结构并不是不变的框架、僵死的制约,而是一个反复卷入到社会再生产过程之中的规则和资源,因此,它既是人的行动得以进行的前提与中介,同时又具有转换性,可以随行动者的活动需要转换为许多不同的模式和外观,也可能随行动者在具体情节中使用而改变。"③

(三) 从中心主义到互构主义

一直以来,围绕村民自治的研究始终在国家与社会之间寻找合适的解释框架。社会中心主义者仿佛从村民自治中看到了公民社会的影子,因为村民自治产生于人民公社解体后,国家权力上移,农村社会自主性增强,此时的村民自治代表着社会自我组织的力量。随着农村社会的发展,村民自治也将不断向前发展。然而,村民自治的实际情况却很复杂,农村公民社会并未如期出现,在村民自治背后也难以找到社会力量的存在。事实上,在村民自治走向全国的过程中,起决定性作用的是国家的力量。与之相应,在"回归国家"的理论背景下,村民自治被解释为现代国家对乡村社会的整合,于是,对村民自治的研究转向现代国家建构,与村民自治相关的各种制度都是国家建构的产物,偏向于国家中心主义。中国的乡村民

---

① 吴毅、贺雪峰、罗兴佐、董磊明、吴理财:《村治研究的路径与主体——兼答应星先生的批评》,《开放时代》2005年第4期。

② Terry L. Karl and Philippe C. Schmitter. Modes of Transition in Latin American, Southern and Eastern Europe. International Science Journal, No. 128 (1991): 270 – 271.

③ 参阅 [英] 安东尼·吉登斯《社会的构成》,李康、李猛译,生活·读书·新知三联书店1998年版。

主中，通过基层选举，村落自治谋求与国家力量的抗衡的可能性和内容几乎都微乎其微。① 然而，农村社会对于村民自治的影响确实是存在的，毕竟，村民自治并不是外在于农村社会的，除了国家建构外，社会的培育也逐步成为村民自治研究者的共识，不然就很难理解国家推动的制度为什么在基层社会出现空转。最后，对于村民自治的解释走上第三条道路，即国家与社会之间的"相互构建"，以区别于国家中心主义和社会中心主义。这种分析视角试图综合国家中心主义和社会中心主义的分歧，从更加全面的角度来理解村民自治。如何来展现国家与社会的"相互构建"才是关键，国家是如何塑造社会，社会又是如何影响国家。对村民自治起源和发展的研究应该回到国家与社会互构的角度，作为村民自治场域的村落社会既是国家管理农村社会的基本单位，又是农民社会生产生活交往的基本单元。

（四）从历史事件到地方社会

对于历史起源的研究，有两种主要的研究路线，一种是历史的；一种是地方社会的。按照历史的研究路线，必然要追溯最早的源头，找到与其相似的历史图像，进而分析比较其产生和发展。由此构建出各种似是而非的"起源偶像"，倾向于从遥远的历史相似性中去寻找原因。对于村民自治来说，有的学者认为广西壮族社会的自治传统伏脉千里，延续至今。确实，在广西龙胜一带仍有此遗风，寨老、都老、款头等在村寨公共生活中若隐若现。那么，村民自治的诞生是不是这种历史传统的现代转换呢？如果单从外在形态来说，两者有相似的地方，比如，会众公议，定纷止争等，但也有众多的差异。更为重要的是村民自治与都老、寨老制等有前后承接的关系，或者只是历史的惊人相似而已。这需要回到村民自治产生的地方社会中，找到现实的源头。因为地域社会研究最大的贡献是将具体的历史事件置于当时当地的场域内，在大的历史结构和小的行动者之间构筑起勾连的纽带。② 当然，如何来解释这个纽带却存在不少选择。首先是经

---

① 毛丹：《乡村组织化和村民民主——浙江萧山市尖山下村调查》，《中国社会科学季刊》1998年春季卷。
② [美]周锡瑞：《义和团运动的起源》，张俊义、王栋译，江苏人民出版社1995年版，第361—368页。

济纽带，前文中提到村民自治是分田到户后农民经济自主性的结果便是一例。其次是文化纽带，即村民自治是过往壮族村寨自治传统的延续，深藏在壮族的文化之中。最后是社会纽带，村民自治是基层社会秩序的自生自发，在原有秩序解体后，自然生长出的社会秩序，进而重新组织基层社会。这些起源假设只有深入地方社会才能找到真实的答案。历史人类学者陈春生认为："区域社会的历史脉络，蕴含于国家制度和国家'话语'的深刻理解之中。如果忽视国家的存在而侈谈地域社会研究，是难免'隔靴搔痒'或者'削足适履'的偏颇的。"[①] 由此可见，"国家在场"背景下的地方社会研究进路有助于更富有情境地理解村民自治的起源和发展。

四 研究框架：国家化与地方性

在研究进路的四重转换之后，本书试图将村民自治回归到地方社会历史结构中国家治理农村基层社会方式这一元命题上。村民自治归根结底是一种关于农村基层公共权力的分配与运行的制度，作为制度形态的村民自治是基层群众的自治制度，涉及农村基层公共权力分配的方式，是国家基本政治制度之一。村民委员会属于国家基层建制单位，村民自治属于整个国家治理体系的一部分，因此，村民自治具有鲜明的国家性，这种国家性具有深厚的历史性，如果村民自治置于更为广阔的历史情境之下，那么村民自治从属于现代国家建构这个更为宏观的历史结构，萦绕在一个更为宏大的时代命题之下，即国家如何实现对农村基层社会的控制、渗透与整合，如何将农村基层社会纳入到整个国家权力体系之中，可以将这一历史过程称之为"国家化"。

（一）国家化

对于国家化的研究主要来自政治学，尤其是在"回归国家"的背景下对于国家建构的思考，探讨现代国家如何产生，以及路径等，对于中国国

---

① 陈春生：《走向历史现场》，黄海妍：《在城市与乡村之间——清代以来广州合族祠研究》，生活·读书·新知三联书店2008年版，总序，第5页。

家建构的思考也产生了大量的研究成果。有学者对此进行了细致的梳理。[①]具体来说，第一种是传统统治意义上的边疆"内地化""王化"和少数民族"汉化"。第二种是现代性意义上的"社会"的"国家化"。出于对"社会"的不同理解，又可以细分为三种更小的类型。第一，社会学和人类学研究中的"社区国家化"，沿袭着社会行动和理性化、现代化的脉络，国家化过程富有连续性，因而也是"有机"的。第二，政治学研究中的基层社会"国家化"，沿袭着社会组织和集体化的脉络，国家化过程表现出跳跃性，因而只能是"强制"的。第三，政治社会学研究中的"社会国家化"。国家化指具有现代特性的国家将国家意志输入包括传统社会在内的各个部分，使得社会国家化。[②] 第三种是民族国家建构意义上的"国家化"。前提是把国家化的源动力确定为现代国家（等同于民族国家），"国家化"就是现代（民族）国家取代并主导社会的过程。有研究者认为所谓国家化，是指国家尤其是现代民族国家成为社会典型形式的过程。[③] 不过，以国家建构理论来思考中国乡村社会的国家整合则相对集中于一批研究者，其中，徐勇率先明确地从乡村整合角度提出和使用"国家化"，并进行了系统的论述。[④] 他认为国家化是国家一体化，又可称为国家整合，它是指构成国家的各个组成部分和要素形成一致性，并处于相对协调的状态，从而构成完整和稳定的政治共同体的过程和结果。[⑤]

上述分类和分析始终围绕"国家化"来展开，包括传统国家的内地化、基层社会国家化以及民族国家建构等，不过在使用"国家化"时，仍然需要一个更加综合性和可操作化的界定，因此，不得不回到国家概念本身，那么对于什么是国家，并不一定有统一的认识，但是不可否认的是国家是人类社会目前为止最有效的公共权力集装器。以此为基础，国家化突

---

① 刘金海：《关于"国家化"的一些思考》，未刊稿，2020年1月6日华中师范大学中国农村研究院"田野政治学"学术沙龙第一期上的发言，对于"国家化"的概念进行了学术史的回顾，并做了细致的分类，此处使用刘金海教授的学术分类。
② 徐勇：《国家化、农民性和乡村整合》，江苏人民出版社2019年版，第5页。
③ 鄢庆丰：《中国村庄社区转变的理论脉络与经验——以1980年代前川西平原大成村庄社区共识的理解与复述为例》，博士学位论文，华中科技大学，2012年，第55页。
④ 具体参阅徐勇《国家化、农民性和乡村整合》，江苏人民出版社2019年版。
⑤ 徐勇：《现代国家建构中的非均衡性和自主性分析》，《华中师范大学学报》（人文社科版）2003年第5期。

出表现为两个方面：一是将分散的权力集中化，即把分散在社会、地方或边缘的各类公共权力集中到国家手中，由此建立国家的主权性，与其他各类主体相比，国家权力具有至上性、唯一性和权威性，任何其他权力都不能够挑战国家权力，各种边陲地带的部族首领、头人，地方政权或基层社会的乡绅等都必须服膺于国家权力。二是高度集中的国家权力的渗透化，即国家权力能够有效地进入边陲地带、基层社会和地方政权，进行广泛的政治动员，由此形成强大的国家治理能力。具体来看，国家化包括以下三个不同的面向。

一是在中心与边陲关系上，进入历史时期，在政治与权力、资源与生存的较量中，各级统领人类社会的界限和圈层相继形成，我们将这些圈层统称为行政区。① 由于行政区与非行政区的差异，国家权力在空间上并不是均匀分布的，集聚政治权力的地域成为国家统治的核心地带，而周边乃至边陲地带所集聚的政治权力减弱。葛剑雄在研究历史中国的范围时认为："作为地域概念的'中国'一开始限于黄河中下游，随着统一国家的形成，疆域的扩展和经济文化的开发，中国的概念是不断变化和扩大的。一般来说，一个中原王朝建立了，它主要统治区就可以称为中国，而在它统治区的边远地区以及统治区之外就是夷、狄、蛮，就不是中国。"② 作为政治权力的最高形式的国家是一个权力中心不断向周边扩展其影响力和支配力的过程，这个过程即"边陲国家化"，在传统时期，国家更多的是地域或文化共同体，而非政治共同体，为此，吉登斯认为："只有现代民族—国家的国家机器才能成功地实现垄断暴力工具的要求，而且也只有在现代民族—国家中，国家机器的行政控制范围才能与这种要求所需的领土边界直接对应起来。"③ 国家化最终的目标是基于暴力的垄断对国家领土进行有效的行政管理，在国家领土范围内国家权力无远弗届，不因为空间距离远近而影响到国家权力强弱，此阶段即现代国家取代传统国家的阶段。

二是在中央与地方关系上，恩格斯认为："国家和旧的氏族组织不同

---

① 韩茂莉：《十里八村：近代山西乡村社会地理研究》，生活·读书·新知三联书店2017年版，第7页。
② 葛剑雄：《普天之下——统一分裂与中国政治》，吉林教育出版社1989年版，第21页。
③ ［英］安东尼·吉登斯：《民族—国家与暴力》，胡宗泽、赵力涛译，生活·读书·新知三联书店1998年版，第20页。

的地方，第一点就是它按照地区来划分它的国民。……第二个不同点，是公共权力的设立。"① 国家化是为了实现有效的行政管理而按地域划分国民，将国民组织到各级政权机关之中，由此形成自中央到地方各个层级的权力体系。哈贝马斯认为："合理的国家机构表现为：依据一种集中的和稳定的税赋体系；控制一种集中领导的军事权力；垄断立法和法律的权力；通过一种专职官员统治形式组织行政管理。"② 作为国家权力代表的政权机构其内在是有层级性的，中央政府作为整个国家权力的代表，而地方各级政府则是国家权力的组成部分，在中央政府的行政管辖之下，行使着地方国家权力。由此，国家化必须将作为国家权力代表的中央政府和作为国家权力组成的地方政府整合在统一的国家政权体系之中。

三是在国家与基层社会关系上，政治权力是社会权力的一种类型，最初形态的政治权力是嵌入社会之中，之后逐渐脱离社会，并且凌驾于社会之上，而成为一种具有独立性的强制性权力，将原本分散于社会中的权力集中起来，并对社会进行控制和渗透等。正如马克斯·韦伯对国家的概括："国家对于社会暴力的合法垄断，将原先归属于各类社会群体的暴力收归国家行使，从而确定国家对于社会权力的集中，即国家是一种持续运转的强制性政治组织，其行政机构成功垄断了合法使用暴力的权力，并以此维持秩序。"③ 为此，最早提出国家化概念的徐勇认为："国家化视作一个过程，标志着国家整体和代表国家主权的中央权威日益深入地渗透于社会领域，并支配整体社会。"④

总的来看，国家化即由传统国家向现代国家转型的过程，在中心与边陲、中央与地方、国家与基层社会三个层次上实现国家转型。国家表现为分布于社会的权力集中于国家，同时国家权力广泛渗透到基层社会。一个以国家为主体的政治系统中，国家化涉及三个层次的关系：首先是传统国家中国家权力中心与外在于国家的边陲地带的关系，其次是当边陲纳入地方政权管辖后，转化为统一国家内部的中央政权与地方政权的纵向关系，

---

① 《马克思恩格斯选集》第4卷，人民出版社1995年版，第170—171页。
② 陈嘉明等：《现代性与后现代性》，人民出版社2001年版，第137页。
③ ［德］马克斯·韦伯：《经济与社会》，转引自王焱编《宪政主义与现代国家》，生活·读书·新知三联书店2003年版，第31页。
④ 徐勇：《"回归国家"与现代国家建构》，《东南学术》2006年第4期。

最后是国家权力逐渐延伸到基层社会，即国家与基层社会的横向关系，现代国家得以完成其历史使命。当然，上述三个层次并非泾渭分明的过程，在不同历史阶段彼此间相互叠加和交错。

（二）地方性

与之相对，作为实践形态的村民自治是农村基层群众的自发秩序与自主治理，具有鲜明的草根性，与历史上一再出现的各种类型的自主治理具有内在的相似性和历史的延续性。这类自主治理产生于传统国家及其向现代国家转型的过程中边缘地带、基层社会、地方行政等地方性的应对，概括来说是在面对统一的国家化冲击下地方性的一种集中体现。此外，自主治理来自于实践层次，而实践本身具有空间性，任何实践都离不开具体的时空设定，进而使得国家化不可避免遭遇到地方性的阻滞，而对于地方性的吸纳和超越是国家能否真正完成特定历史阶段国家化任务的重要标志。

有关地方性的研究主要来自于人类学的研究，社会学家布迪厄将这些社会成员所置身的地点、环境、社会舞台及其空间统称为"场域"。场域既可以是地理上的，又可能是功能上的，还可是文化价值观上的。[1] 吉尔兹则根据在东南亚的田野调查，提出地方性知识的概念，认为地方性知识是一种具有本体地位的知识，即来自当地文化的自然而然的、固有的东西；与西方知识、现代知识、普遍知识相对照的，与当地人紧密联系的不能够脱离具体的人、地点和内容的知识体系。[2] 然而，场域或者地方性知识本身是相对模糊的概念，被中国研究者广泛借用来解释中国社会。不过，"地方性"概念则更多是从中国本土事实出发提炼的概念，在论述乡土社会的时候，费孝通提到："乡土社会的生活是富于地方性的。地方性是指他们流动的范围有地域上限制，在区域间接触少，生活隔离，各自保持着孤立的社会圈子。"[3] 费孝通主要是从农民生活或交往上的特点来使用

---

[1] 参阅［法］皮埃尔·布迪厄《实践理论大纲》，高振华、李思宇译，中国人民大学出版社2017年版。

[2] 参阅［美］克利福德·吉尔兹《地方性知识》，王海龙、张家宣译，中央编译出版社2004年版。

[3] 费孝通：《乡土中国 生育制度》，北京大学出版社1998年版，第175页。

"地方性",并未做更加具体细致的分析。吴毅分析川东双村长达一个世纪变迁后认为,影响村庄权威和秩序的基本因素可以归纳为"现代性、国家和地方性",新中国成功地利用"革命"工具战胜了"地方性",完成了民国未完成的任务。① 可是,地方性隐约地代表着乡村社会或者村落社会,并未有明确的所指,而且是与国家相对的一个概念。徐勇在研究国家对乡村社会整合中,提出了农民性的概念。他认为:"与国家相对的地方性是指地方行政关系和地方性知识或资源等。一方面是传统国家意义上的地方性,在帝国体制下,尽管皇帝拥有绝对权力,但并不意味其垄断所有权力资源。皇权可以支配、控制和影响地方,但并不能完全遮蔽地方,地方仍然存在一定的自主空间。皇权一直试图消灭地方性,但地方性从来都没有被消灭过,皇权从未真正实行绝对统治。"② 另一方面是进入现代国家之后地方性表现为:"地方性事务日益增多,民众与地方有效治理的关联性愈来愈强。随着统一的政府、统一的法律、统一的民族阶级利益和统一的关税等国家统一性的建立,民众利益的实现与地方治理密切相关,大量公共服务和公共福利最终要依靠地方政府实施,地方的决策权和执行权增大。由此就出现了所谓的'地方性复活'。但这种地方性已不是传统封建时代相互割据的地方性,而是在中央统一领导下的地方性。"③ 上述研究对地方性有一个相对清晰的界定,在本项研究中笔者将地方性视作与国家化相对的一个概念,除了地方行政关系、地方性知识等以外,概括为如下三个层面。

一是边缘性。国家权力在空间上表现为聚集性,在权力中心配置着更多的国家暴力工具,如王朝的统治核心地带都城或京畿,或税赋主要来源地等。徐勇指出:"传统中国的社会基础是一个个分散孤立、互不联系的家庭与扩大了的家庭—村庄等构成。在这一个个分散孤立的家庭村落之上有一个庞大的君主专制官僚体系,拥有绝对权力的君主通过居住在地域性

---

① 吴毅:《村治变迁中的权威与秩序:20世纪川东双村的表达》,中国社会科学出版社2002年版,第361—369页。
② 徐勇:《现代国家建构中的非均衡性与自主性分析》,《华中师范大学学报》(人文社会科学版)2003年第5期。
③ 徐勇:《国家化与地方性背景下的双向型县域治理改革》,《探索与争鸣》2009年第11期。

城市的官僚实施统治。"① 由于地理空间阻隔或者交通条件所限，离权力中心越远的地方，受权力中心影响越小，正所谓"山高皇帝远"，魏特夫说："中国古代集权国家管理上的局限性，在行政效果递减原则下，中国集权国家管理程度已经超过了效益的最高值，但仍只能实现所谓的'部分管理'，中国古代的集权国家的权力，也有国家鞭长莫及的领域，人民享有一定程度的自由。"② 由此，边缘具有一定的自主性和独立性，在服从权力中心统治的基础上保有一定的自主空间，而权力中心也通过主权与治权的分离，将治权委于当地的地方人物，允许他们代行相关国家权力，自行任命官吏，处理政事，甚至包括税收、征兵等都假手于地方人物，只需要通过定期的朝贡觐见、服从中央王朝或者紧要时的提供武力帮助等维系与权力中心的关系。当然，这种由于地域空间带来的边缘性会随着经济社会的转型而改变，尤其是现代国家建设，逐渐将边陲纳入整个国家边界之内。

二是分权性。在统一的国家内部存在着层次性，尤其是对于超大规模的国家而言，必须通过分层治理才能够实现国家的有效治理，为此，要建构多层次的委托代理关系，突出表现为从中央到地方的各级行政区划等，中央政府代表国家掌握着作为整体象征的国家权力，而实际上国家权力的执行则依靠于各级行政机构，地方各级政府具有一定的自主性，受到地方利益的影响，也与地方官僚自利性相关，中央政府一直试图去控制这种自主性和自利性的取向，但是在缺少制度性约束的条件下，中央政府与地方各级政府始终存在权力收放的钟摆问题，适度分权的结果是制度性的地方自治，过度分权可能导致地方主义或地方割据等。不论是传统国家还是现代国家，权力的分割始终是关系到中央与地方关系的核心问题。

三是社会性。国家并不是外在于社会而存在的，但是国家并不能够与社会画等号，国家有其内在的边界，社会自有其生长的空间。一方面是国家权力的外在性，吉登斯指出："即便是中央集权的官僚帝国，国家也极少'干预'经济生活，绝大多数农民是在独立于政治中心所发生的一切这

---

① 徐勇：《国家化、农民性与乡村整合》，江苏人民出版社2019年版，第31页。
② [美]卡尔·魏特夫：《东方专制主义：对于极权力量的比较研究》，徐式谷等译，中国社会科学出版社1989年版，第105、110、281页。

种状态下从事劳作的。"① 在此基础上，徐勇认为："由于自给自足的小农经济，地方和基层社会处于自治状态，中央集权只是一个与民众日常生活无关的外壳。"② 另一方面是小农社会的内向性，在乡村社会，个人生活的面向是向内的，以家庭为本位的。在一切同外部世界的关系上，中国人始终优先考虑相应层次的内圈；换句话说，就是以家庭对象相邻的村社，以相邻的村社来对抗城镇，以省的联合或方言地区的联合以对抗民族。无论在经济生活还是政治生活中，都是如此。③ 与之相应，"传统中国的治理结构有两个不同部分，其上层是中央政府，并设置了一个自上而下的管制系统，其下层则是地方性的管制单位，由族长、乡绅或地方名流掌握。"④ 至现代国家时期，不论如何强调国家的作用，或者将国家渗入社会当中，并不能完全取而代之。既然如此，唯一的办法是如何去影响、支配或者控制社会，以达到服从于国家的目的。在现代国家建设进程中，这一趋势更加明显，国家以前所未有的力量深入社会，各种的法令、政策等改变着从家庭到社群的状况，国家权力的进入带来基层社会本身的反作用，家庭、邻里、社群等进行相应的调整，发挥着相应的社会功能，国家权力本身难以应对高度复杂的社会需求，不得不寻求与社会的合作，基层社会的民众也有更多的机会来制约国家权力，以此保持基层社会的自主性。

五 核心概念：自治及其概念谱系

在整个国家治理乡村社会的进程中，出现了众多以"自治"之名来指称乡村治理形态的概念，虽然这些概念背后的时空设定不尽相同，但是在概念上却容易出现混用。一方面是将西方政治语境中的"自治"或"地方自治"借用到中国乡村治理实践中，将村民自治理解为"村自

---

① ［英］安东尼·吉登斯：《民族—国家与暴力》，胡宗泽、赵力涛译，生活·读书·新知三联书店1998年版，第85页。

② 徐勇：《国家化与地方性背景下的双向型县域治理改革》，《探索与争鸣》2009年第11期。

③ ［法］安德烈·比尔基埃等主编：《家庭史》2，袁树仁等译，生活·读书·新知三联书店1998年版，第308页。

④ 王先明：《近代绅士》，天津人民出版社1997年版，第21页。

治"，或者用马克思主义的"社会自治"来解释中国村民自治，将村民自治看做超越国家组织的社会自我管理方式；另一方面是将历史语境中的宗族、乡绅或头人治理概括为传统乡村社会的自治，以此作为当下村民自治的历史镜像，佐证村民自治实际是传统乡村自治的现代转型，那么，对于上述类似概念的辨识和区分有助于明确村民自治的内涵和特征，更重要的是上述诸多有关"自治"的概念不仅仅是一种知识体系，而且是一种历史实践体系。从历史的长时段来看，在中国乡村治理的历史谱系中陆续出现过"乡绅自治""地方自治""社会自治""村民自治"等不同形态，为此，更需要对概念进行适当的界定，为后续讨论设定具体的概念坐标。

（一）自治

自治的思想是奇特的，而自治的实践却是令人困惑的。从历史上出现的各种自治实践来说，自治并非一个明确的事实，而是包括一类思想和实践的总和。不过，从自治的核心要素来看，首先是自主性，来自个人、群体、团体等自主支配和控制自己的行为，不为外在力量所强制或限制等，否则便是"他治"，而非"自治"，因此，自主是自治的前提条件，缺乏自主就无所谓自治。为此，韦伯认为："自治意味着不像他治那样，由外人制定团体的章程，而是由团体的成员按其本质制定章程（而且不管它是如何进行的）。"[①] 其次是自力性，即依靠自己的力量来进行自我管理，能够凭借自己的力量处理所面对的各类问题，当然根据自治的范围，处理问题的能力会有范围大小和力量强弱之分，但是自治强调个体或团体等自主参与，因此，自治往往称之为民主的基础，科恩认为："民主的实质是社会成员参与社会的管理，它就是自治""民主是一种社会管理体制，以社会为范围的自治或自主就是民主。"[②] 最后是自律性，即个人、群体或团体具有自主的地位，依靠自己的力量处理各类问题，也能够自觉承担相应的责任与义务，遵守自治的结果，并约束自己的行动。为此，戴维·赫尔德认为："自治意味着人类自觉思考、自我反省和自我决定的能力。它包括

---

① ［德］马克斯·韦伯：《经济与社会》（上卷），林荣远译，商务印书馆1997年版，第78页。

② ［美］科恩：《论民主》，聂崇信、朱秀贤译，商务印书馆1988年版，第6、9页。

在私人和公共生活中思考、判断、选择和根据不同可能的行动路线行动的能力。"①

因此，对于什么是"自治"，并不是一个容易界定的概念。根据《布莱克维尔政治学百科全书》的定义，自治是实行自我管理的国家，或国家内部享有很大程度独立和主动性的机构；在政治思想领域，这一术语现在常常用来指个人自由的一个方面。②最终不得不对"自治"进行了一个综合性的概括，包括在国家层次上的民族自治，国家内部的地方自治，以及个体层面的自主等。由此可见，"自治"是一个内涵丰富的概念谱系，可以形成各种概念组合，如地方自治、民族自治、城邦自治、社会自治等等，为此，在使用"自治"一词的时候，需要明确区分不同情境下的自治概念。

（二）地方自治

在王建勋专门编选的《自治二十讲》中探讨西方不同历史时期不同学者对于"自治"的讨论，大多数是从"地方自治"的角度来使用"自治"这一概念。这是与西方社会自治实践的产生与发展分不开的，西方话语中的"自治"实际上源于中世纪的城市自治，在西欧封建社会的晚期，由于手工业和商业的发展，封建庄园缝隙中出现了近代城市，城市虽然处于封建领主的管辖之下，并承担各种封建义务，如捐税等，但与庄园中的农奴相比，城市市民由于手工业和商业有更多的财富积累，与封建领主的斗争中，通过赎买的方式免除特定的封建义务，并以获准特许状的方式保持城市的自治权，其后城市自治权的不断扩大和巩固，逐渐塑造了西方地方自治的格局。③因此，在那个"城市的空气使人自由"④的时代，城市自治

---

① [英]戴维·赫尔德：《民主的模式》，燕继荣等译，中央编译出版社1998年版，第380页。

② [英]戴维·米勒、韦农·波格丹诺：《布莱克维尔政治学百科全书》，邓正来译，中国政法大学出版社1992年版，第49页。

③ 雷勇：《西欧中世纪的城市自治——西方法治传统形成因素的社会学分析》，《现代法学》2006年第1期。

④ 中世纪欧洲谚语，当时的自由城市重新界定了人的状态和价值，伴随自由城市的出现，吸引了大量渴望自由的农奴前往城市，逐渐形成一个习惯法，只要农奴在城市居住超过101天，农奴便可以获得自由，即使主人也不能再抓回去，这就是"城市的空气使人自由"一语的由来。

成为一种对抗封建领主权力的分权方式。此外,西欧城市市民自治权除了地方自治外,还有团体自治的形式,雷勇认为:"中世纪行会组织在其内部管理上实行民主,由选举出来的代表负责执政。通常设立一个享有审议权的行会全体大会以及支持执政或其他主要行政官的小议会,由行会官员组成一个仲裁法庭,要求行会成员在去法院诉讼之前得先到这个仲裁法庭。"① 正是从中世纪的城市自治和团体自治的基础上生长出现代意义上的地方自治。当然,这种地方自治经历了传统封建国家、绝对主义国家向现代国家转型后所形成制度性的地方分权体系,作为现代国家基础性的政治制度之一,为宪法和法律所确认和保障的中央政府与地方政府之间权力分割关系。因此,地方自治是相对于中央政府对于全国的绝对控制而言的。它是对集中制国家体制的突破。② 在具体的地方自治形式上,英美国家地方自治坚持人民自治论,认为自治权利属于天赋权利,国家不能干涉,并且必须加以保护,由此确立地方自治对于中央政府的相对独立。欧陆国家地方自治侧重于团体自治,地方自治权利不是先赋的,而是国家所赋予的,国家可以对自治权利进行撤换、调整等。③ 由此可见,地方自治是在宪法和法律约束下的地方政权相对于中央政权的独立性和自主性,以实现"地方之人用地方之财办地方之事"的目的。

(三) 乡村自治

对于中国而言,并未有西方世界的地方自治实践,也没有地方自治的概念,地方自治也是直到近代才与"欧风美雨"一起进入中国政治话语体系,在此之前,与地方自治相类似的是地方割据,这种国家权力的分割并不是制度性,而是冲突性的,甚至导致中央政权的分崩离析,与地方自治相去甚远。与此同时,对于"大一统"传统的中央帝国来说,不可能出现西方社会的城市自治,因为中国的城市是政治性的城市,是政治统治的核心,所以外在于中央政权政治统治之外的自由城市不可能存在。不过,在国家权力不及的乡村社会却存在着某种自主的空间。为此,桑玉成认为:

---

① 雷勇:《西欧中世纪的城市自治——西方法治传统形成因素的社会学分析》,《现代法学》2006年第1期。
② 许崇德:《各国地方制度》,中国检察出版社1993年版,第2页。
③ 徐增阳:《自治:传统与现代的比较》,《经济社会体制比较》2008年第1期。

"自治是国家政治的相对物,当着我们谈论国家政治的概念时,我们强调的是这个国家的最高的公共权力,而这个公共权力涉足不到或者不去涉足的地方,自治的概念就产生了。"[1] 在中国语境中谈论自治意味着在强大国家政权之外的部分,或者说自治是剩余的、忽略的或不愿涉足的自主空间,因此并不存在一个能够对抗强大国家权力的充足的、明确的或不能让渡的自治空间,这是中国历史语境中的自治与西方地方自治最大的不同。当地方自治概念引入中国,并在清末新政中日益普及,最终形成近代历史上蔚为大观的地方自治运动,以寻求政治和社会的革新的时候,一些立足于中国本土文化的有识之士认为自治不必舍近求远,其实,在中国传统乡村社会中历来有所谓"乡党之人治乡党之事",即乡村自治,对此梁漱溟认为:"许多事情乡村皆有办法;许多问题乡村皆自能解决;如乡约、保甲、社仓、社学之类,时或出于执政者之倡导,固地方人自己去做。"[2] 费孝通将中国政治称之为"双轨政治",除了止于县政的官僚统治这一自上而下的轨道外,县政以下由地方上的乡绅等治理,由此形成自下而上参与的轨道。[3] 正是从乡绅在地方社会中的作用出发,费正清将传统中国的乡村治理称为"绅士之治"[4]。秦晖对传统乡村自治概括为宗族自治,他认为:"国权不下县,县下惟宗族,宗族皆自治,自治靠伦理,伦理造乡绅。"[5] 与之相反,不少学者对于乡村所谓的"自治",不论是乡绅自治还是宗族自治,提出不同的看法。吉尔伯特·罗兹曼认为:"十九世纪以来某些西方观察家提出:中国的村社是'地方自治主义式的民主'或者是一种'自由的、自我管理的社团'。这种想法已绝对不可信。"[6] 瞿同祖也认为:"在清代中国,地方权力只是在官吏与士绅之间进行分配。"[7] 刘泽华在论述专制权力的社会基础时认为:"国家利用行政手段强制束缚农民于

---

[1] 桑玉成:《自治政治》,生活·读书·新知三联书店1994年版,第3页。
[2] 梁漱溟:《梁漱溟全集》(第5卷),山东大学出版社1992年版,第585页。
[3] 费孝通:《乡土中国》,上海人民出版社2007年版,第275—293页。
[4] 参阅[美] 费正清《美国与中国》,张理京译,世界知识出版社1999年版。
[5] 秦晖:《传统十论:本土社会的制度文化与其变革》,复旦大学出版社2003年版,第3页。
[6] [美]吉尔伯特·罗兹曼主编:《中国的现代化》,陶骅等译,上海人民出版社1989年版,第78页。
[7] 瞿同祖:《清代地方政府》,范忠信等译,法律出版社2011年版,第319页。

土地上面；另一方面，国家还干预小农的家庭形态。"① 对于中国是否存在自治，上述两种观点都有各自的事实依据，但是所指向的并不是同一对象，传统乡村社会的"自治"与地方自治并不能画等号，彼此之间存在着明显差异。温晋城在论述中国地方自治历程时特意做了区分，他认为："我国古代所谓自治，虽守望、振贷、书院、善堂、社仓等类，历代皆有由地方人民自办者，然非出于国家法律之规定，而为地方之习惯，政府不加干涉而已。至清末颁布《城镇乡地方自治章程》，吾国地方始有近代自治之法令。依据此项法令之自治，亦可谓为吾国地方自治之开始。"② 基于此，与地方自治的概念不同，乡绅自治或宗族自治等乡村自治概念基于中国传统乡村社会实践基础上的一种概括和总结，比照近代地方自治思想，反过来重新发现乡土社会的"自治"，实际上是传统国家不愿意也不能够进入乡村社会所形成的一种治理形态。

（四）社会自治

如果对中国历史上的自治实践进行简单归类，传统中国是乡村自治，近代中国是地方自治，现代中国则是社会自治，主要是受到马克思主义的自治思想影响。作为马克思主义的奠基人，马克思从劳动异化和国家异化出发，提出了社会自治的思想，他认为："自治在实质上意味着劳动者本人成为自己劳动的主人，他作为自由联合的生产者决定着社会共同体的整个发展，这样剩余劳动就真正成了必然劳动，简言之，自治就是历史性地克服当代资本主义（垄断资本主义或国家资本主义）制度中存在的经济异化和政治异化。"③ 为此，马克思的自治思想的核心内涵是劳动者不仅要占有生产资料，而且要直接掌握劳动生产的过程，参与到整个劳动过程中，最终劳动成果也必须由劳动者分配。未来的共产主义社会是自由人的联合体，是群众自己管理自己，不需要任何强制的社会自治。无产阶级国家对人民的管理被人民的自治取代。尔后在巴黎公社的实践中，马克思进一步总结了无产阶级建立政权的经验，丰富了有关社会自治与国家政权的思

---

① 刘泽华：《专制权力与中国社会》，天津古籍出版社2005年版，第104—105页。
② 温晋城：《地方行政与自治》，合作经济月刊社1953年版，第8页。
③ 李嘉恩：《〈自治是不断革命〉书介》，载《当代外国政治书摘》（第4辑），东方出版社1987年版，第172—176页。

想。他认为："公社——这是社会把国家政权重新收回，把它从统治社会、压制社会的力量变成社会本身的生命力；这是人民群众把国家政权重新收回，他们组成自己的力量；这是人民群众获得社会解放的政治形式，这种政治形式代替了被人民群众的敌人用来压迫他们的假托的社会力量（被人民群众的压迫者所篡夺的力量，原为人民群众自己的力量，但被组织起来反对和打击他们）。"① 为此，在社会自治形式上，马克思寄希望于公社，将公社作为工人群众的自治组织，公社将成为甚至最小村落的政治形式，生产者的自治政府，是工人阶级执掌政权的形式。在公社中，实现政治自治与经济自治的有机统一等。

　　受限于当时具体的历史条件，马克思并未对社会自治的范围、形式以及与国家政权关系等作出规定，但是为后续社会主义实践奠定了思想基础。列宁在俄国革命实践中丰富和发展了马克思的自治思想，在《苏维埃政权当前的任务》中他提出："实际上，民主集中制不但丝毫不排斥自治，反而以必须实行自治为前提。"② 在组建各级苏维埃政权组织形式外，他还强调：只是通过"委托人民代表在代表机关中实行民主是不够的。要建立民主，必须群众自己立刻从下面发挥主动性，实际参加一切国家生活"③。对于具体方式，他提出："把极广大的劳动群众吸引来参加管理工作，并制定出种种形式使全体劳动者参加管理国家和建立国家制度的工作，只有这时候，社会主义革命才能巩固。……如果具备这样的条件，它就会成为伟大的力量。"④ 由此，赋予人民参与经济、社会和政治生活中各项公共事务的权利。前南斯拉夫在铁托时期实行社会自治，一方面是全国所有政权组织、经济组织和社会组织都成为自治单位，在这些自治单位中，实现直接民主；另一方面自治范围扩大到整个社会后，弱化了政权组织的权威和国家的统一领导。⑤ 新中国成立后，马克思列宁主义的自治思想贯彻到中国革命实践中，在生产资料公有基础上，人民有权参与各类公共事务，比如在城市工厂中，工人有权参与工厂的经营管理，在农村公社中，社员有

---

① 《马克思恩格斯选集》第3卷，人民出版社1995年版，第95页。
② 《列宁全集》第34卷，人民出版社1986年版，第139页。
③ 《列宁全集》第24卷，人民出版社1986年版，第141页。
④ 《列宁全集》第28卷，人民出版社1986年版，第399页。
⑤ 刘丹：《乡村民主之路——中国农村基层直接民主的发展及其法制化》，湖南人民出版社2001年版，第100页。

权参与农业生产管理等，出现诸如"民主办社"等制度。当然，在具体的实践中，相关原则并没有完全贯彻落实，却是对马克思主义社会自治思想的一次重要尝试。

（五）村民自治

村民自治是改革开放之后中国农村社会出现的自治形式，既不是来自自治思想，也不是来自制度引进，而是来自中国农村实践。因此，徐勇认为："村民自治兴起前缺乏足够的理论准备，兴起后缺乏足够的理论支持，由此造成村民自治的理论与实践严重脱节和滞后的状况。"[①] 正是由于村民自治所具有的实践性特点，不能归类到地方自治、乡村自治或社会自治中任何一类，以至于被称为"理论的怪胎"，因为找不到村民自治之所以存在或者延续的理论资源，村民自治能否称得上"自治"尚有待斟酌和推敲。如果从自治的核心要素出发来识别和判断自治，在自治这个变量型概念的尺度衡量之下，村民自治与社会自治的思想相接近，从基层社会生活中推进农民群众的参与，加上村民概念所附属的集体土地成员权的意涵，以及作为劳动者的村民对于村庄公共事务的参与等，强化了其社会自治的色彩，无怪乎，为村民自治寻找理论渊源时，不少学者会倾向于社会自治，但是与马克思主义语境下的社会自治有所差别，尤其是村民自治发生在农村社会，并非超越国家的政权组织形式，只是从农民群众参与基层社会生活的角度来看，带有社会自治的某些取向。

此外，村民自治与传统乡村自治也有本质的区别。徐勇系统梳理后认为："一是村民自治是在现代国家建设过程中产生的，它是伴随政权下乡和政党下乡之后民主下乡的结果。村民自治属于国家组织体制的内在组成部分。其次，村民自治的主体是全体村民，而不是少数精英。传统的乡村精英自治与传统国家的专制权力在实质上是一致的。现代村民自治与现代国家的主权属民原则和参与性治理在实质上是一致的。"[②]

村民自治与地方自治相隔更远，与西方社会基于"人民自治"和"公

[①] 徐勇：《中国农村村民自治》（增订本），生活·读书·新知三联书店2018年版，导论，第13页。

[②] 徐勇：《现代国家的建构与村民自治的成长——对中国村民自治发生与发展的一种阐释》，《学习与探索》2006年第6期。

民社会"的理念不同，中国村民自治的力量从始至终都不是体制的反对者，而是体制的合作者。村民自治是国家与社会合作的产物，并不是单一的社会或者国家行为。地方自治是中央政府与地方政府在充分划分权力基础上所形成的扁平式治理结构，大量公共事务由自治机构自下而上承担，与中央政府进行有效的分权。村民自治是在单一制国家体系下，自上而下层层嵌套的金字塔式行政管辖体制，大量公共事务在中央政府的安排下一级一级共同承担，村民自治仍然处于乡镇政府行政管辖之下，并规定村民委员会需要协助乡镇政府的行政工作，村民自治主要是处理行政村范围内与村民利益相关的公共事务，并未涉及国家政治权力的分权等，也不直接涉及乡镇行政事务等。在上述比较分析之后，村民自治独树一帜，成为自治概念谱系中一种新的类型，对此，徐勇在《中国农村村民自治》一书中，对村民自治的定义和内容做了具体的论述，他认为："中国农村村民自治是农村基层人民群众自治，即村民通过村民自治组织依法办理与村民利益相关的村内事务，实现村民的自我管理、自我教育和自我服务。它包括以下内容：（1）自治的主体是农村居民，村民享有自主管理本村公共事务的民主权利；（2）自治的地域范围是村，即与农村居民生活联系十分紧密的社区，这是农村社会最基本的组织单位；（3）自治的内容为本村范围内实现自我管理、自我教育和自我服务，有效地处理与村民利益密切相关的本村公共事务，将社会主义民主落实到最基层，保证国家对农村基层社会的有效治理。"[①]

六　研究方法：个案研究与结构中的个案

在一项研究中，研究方法至关重要，同样的研究主题因为研究方法选择的差异会产生不一样的研究成果。对于研究方法而言，没有彼此之间高低之分，只有方法是否适用的差别。本书的主题是村民自治起源和发展，在宏观上已经形成众多的观点，在文献梳理中均已经提及。在此基础上，

[①] 徐勇：《中国农村村民自治》（增订本），生活·读书·新知三联书店2018年版，第2—3页。

本书初期尝试着从个案研究入手，以典型村庄为个案，深入解读村民自治起源与发展的过程，回答村民自治何以可能，又是如何发展，进而把握中国村民自治的显著特征和未来趋势。之所以采用个案研究方法，主要是基于以下考虑。

个案研究与其他研究方法相比不存在价值高低，是基本的研究方法。在人文社会科学研究中，对于普遍真理的追求一如自然科学一样，人文社科研究成果必须要立足于普遍性的规律或者内在的逻辑之上。为此，对于个案研究始终存在着争议。从单个个案或者几个个案的结论能否推及整体，即超越个案的问题。如果不能超越个案，那么个案研究只是在众多个案研究之上再增加一个精致的个案而言，并不能对学术研究起到接力棒式的发展，其意义必然有限。对于个案研究的诸多质疑，是否意味着个案研究的终结呢？列宁认为："在社会科学问题上有一种最可靠的方法，它是真正养成正确分析这个问题的本领，而不致淹没在一大堆细节或争执意见之中所必需的，对于用科学眼光分析这个问题来说是最重要的，那就是不要忘记基本的历史联系，考察每个问题都要看某种现象在历史上怎么产生，在发展过程中经过了哪些主要阶段，并根据它的这种发展去考察这一事物现在是怎样的。"[①] 个案研究侧重于共时状态的社会结构的描述，对于历时性的展现不够，对于有着悠久农耕文明历史的中国村落来说，历史维度对于理解村落具有重要的价值，个案研究似乎不适应中国村落。其实不然，个案研究反而在迅速增加。究其原因，个案研究本身是具有价值的。首先，个案研究贴近社会事实，以总体的社会事实来处理研究主题，尽可能地触及村民自治起源与发展过程中那些破碎的、沉默的日常生活和普通人群，与线性的精英历史叙述划清界限。正如黄宗智所说："实践历史要比理论历史贴近历史实际，而正是面对历史实际，我们才可能跳出百年来中国的自我否定和理论与现实的隔离状态。"[②] 其次，个案研究是其他研究的基础，正如费孝通对个案研究所作的评价："对这样一个小的社会单位进行深入研究而得出的结论不一定适应于其他单位。但是这样的结论却可以用做假设，也可以作为其他地方进行调查时的比较材料。这就是获得真

---

① 《列宁全集》第37卷，人民出版社1986年版，第61页。
② ［美］黄宗智：《过去和现在：中国民事法律实践的探索》，法律出版社2009年版，第7页。

正科学结论的最好方法。"① 最后，个案研究可以超越个案，对于个案研究结论如何推向更广领域是学术界一直在思考的问题，逐步形成了个案中的概括、多个案比较、结构中的个案以及其他比较成熟的解决之道。为此，贺雪峰认为："能否以小见大，完成以个案为研究对象走出个案的'惊险跳跃'，能否在宏观历史的大背景下对个案进行描述和解读，必须做好两方面的工作：一方面，理解自上而下的政策、制度、法律是如何制定并在乡村社会实施下来的；另一方面，理解乡村社会对这些政策、制度和法律的反应以及这种反应的结果、过程和机制。"② 因此，应该肯定个案研究在人文社科研究中的价值与地位。此外，王铭铭在社区研究中提出："在国家与社会关系变迁的历史过程之中，对汉人社区内部社会秩序、行动、互惠以及它们与外在政治、社会、文化的互动加以考察，可以建构一部有益于理解大社会及其变动的社区史。"③ 个案研究在村民自治研究领域产生一系列研究成果，是有效的研究方法。村民自治研究是与个案研究方法结合得比较紧密的研究领域。作为最早进入村民自治研究领域的华中师范大学张厚安、徐勇等都不约而同地采用案例研究方法，从书斋走向田野，形成独具风格的研究作品，如《中国农村村级治理》《中国农村村民自治》等，在他们的带动下，围绕村民自治和乡村治理产生了一大批有影响的研究成果。随着村民自治研究的深入，研究者更加自觉地采用个案研究方法，吴毅的《村治变迁中的权威与秩序——川东双村的表达》以及于建嵘的《岳村政治：转型期农村政治结构研究》是个案研究的经典，透过两个村庄近百年的村庄政治史，反映了村治中的权威、秩序和结构等宏大问题，有助于理解中国农村治理的变迁，以及变迁背后的影响因素。在单个案例的基础上，部分学者也进行了多个案的比较，项继权的《集体经济背景下的乡村治理》和仝志辉的《选举事件与村庄治理》等采用多个案的比较。前者选取三个集体经济各异的村庄，分析不同集体经济村庄治理的变化，从而建构集体经济与乡村治理的内在关联性。后者则以四个村的村委会换届选举为切入点，分析换届选举中的精英动员、派性参与和家族竞争等对村庄治理带来的影响。此外，吴绍田的《解读村民自治》、朱炳祥的

---

① 费孝通：《江村经济——中国农民的生活》，商务印书馆2002年版，第26页。
② 贺雪峰：《什么农村，什么问题》，法律出版社2008年版，自序，第10页。
③ 王铭铭：《村落视野中的文化与权力》，生活·读书·新知三联书店1997年版，第8页。

《村民自治与宗族关系研究》等都使用个案研究方法。至于人类学者对中国农村社会变迁，以及历史学者对中国政治史的个案研究就更加丰富多样。为此，从个案研究所取得的研究成果来看，个案研究是人文社会科学领域比较成熟的研究方法。

个案研究适合于村民自治起源与发展的研究，是合适的研究方法。如前所述个案研究与其他研究方法没有价值高低之分，但是任何研究都存在研究方法的使用问题，使用何种研究方法取决于研究主题，即研究方法的适应性。之所以采用这种研究方法，而不是其他方法是因为这种方法有助于把握研究主题，揭示内在的规律性。本书的主题是村民自治的起源与发展，之前的研究成果侧重于展现村民自治的宏观背景，并将村民自治起源归于经济、社会、政治等因素，缺少对于村庄历史的准确把握。李培林认为："已有的村落现实类型的比较，多半都只是一种横截面的或共时性的比较，因为缺乏对纵深面或历时性过程的比较解释力，这些缺陷都限制了村落现实类型的对话能力。"[①] 只有通过社区史的手法对典型村庄进行历时性的叙述和分析，才能够进一步加深对宏观历史的理解。对于村民自治的发展阶段，大部分的研究成果是以外在于村庄的法律、制度或者政策文件的出台作为划分标准，缺少以村民自治生长阶段为界限的划分。郭亮在对合寨村进行研究时认为："村庄（村寨）作为一级完整的单位，其自身拥有一套完整的生长逻辑；况且村庄（村寨）处于国家与社会交叉的特定场域，有利于我们思考自上而下的国家权力与自下而上的民间力量的持续博弈。"[②] 只有剖析个案村庄的村民自治历程，将国家的政策和法律还原到村庄，才能够了解实践形态的村民自治。对于村民自治的研究大都是书面历史的集合体，作为村民自治主体的村民，他们如何看待村民自治，又是如何理解村民自治等，需要从口述历史的角度出发，发现村民自治中村民的声音，才能够比较完整地表述村民自治的复线历史，包括当事人、研究者以及官员等对村民自治起源与发展的不同理解。

从事个案研究的学者的落脚点并不在个案本身，而是思考如何能够超越个案或者说走出个案，因此，在个案研究之外，本书试图将个案置于更

---

① 李培林：《村落的终结——羊城村的故事》，商务印书馆2004年版，第8页。
② 郭亮：《桂西北村寨治理与法秩序变迁——以合寨村为个案》，博士学位论文，西南政法大学，2011年，第8页。

加宏大的结构当中,以此来反观结构中的个案,结构性的因素是如何影响到个案本身,如此能够将个案与整个结构联系起来,同时通过个案来理解结构,关注结构并不陷入结构决定论之中,从个案中分析结构性要素如何作用于个案,个案如何去应对结构性的约束,每个个案都是特殊性的存在;但是作为个案,从属于某一类的存在,必然具有类的共性,或者说受到结构性的影响。除了类的共性外,个案的个性是对结构性因素的反作用,单一个案只是个性的存在,而结构中的个案则能够作为类的共性的存在,如此也能够将宏观性结构与微观个案结合起来,既能够描述中国乡村治理的个性特征与动态过程,又能够描述乡村与国家的统合与分异。

一是个案结构中的典型个案。村民自治本身是以村庄为单位,上文已说明村庄是合适的研究单元,但是在全国数十万个村庄中选择一个村庄去研究村民自治,那就必须选择最具有代表性的村庄个案,才能够最大限度地展现结构性因素对于个案村庄的影响。此外,作为典型个案的村庄在中国政策试验和典型示范等政策路径之下,必然吸引着更多的政治注意力,在这个过程中,相关国家政策的试点都在个案村庄中有相对集中的呈现,研究者能够更加清晰地认识到结构性要素是如何改造个案村庄,个案村庄及其民众又是如何应对结构性的约束。对于个案村庄所发生的这些事情,将它们当作一个复杂的过程来观察。

二是横向结构中的个案。本书虽然立足于乡村治理,但是将乡村治理置于国家治理结构当中,即便是在传统国家时期,对于乡村治理的讨论,不论是乡绅自治,还是宗族自治,实际上都离不开对于国家所设定的结构性因素。当然,国家设定的结构性因素在范围和力量上有所差异,实际上是与个案村庄所处的地方社会联系在一起,为此,在横向结构中需要进一步考察个案所处的地方社会的地方性特征,如何影响国家结构性因素,同时塑造个案村庄,将个案村庄所处的地方社会结构性因素也考虑其中。如此,能够更加清晰地解释个案村庄所处的结构性因素,既不会将国家结构性因素代替地方社会结构性因素而简单将个案村庄视作国家治理的单元,也不会从社会结构性因素代替国家结构性因素而简单将个案村庄比照国家不在场下的社会组织单元,从而能够展现更加多重结构性因素中个案村庄的乡村治理实践。

三是纵向结构中的个案。在横向结构性因素外,纵向结构性因素是时间性的影响，为了能够将横向结构性因素对个案的影响凸显出来，将时间性纳入个案研究当中，并根据不同时段将纵向结构进行区分，在传统时期时间是相对停滞的，进入现代时期时间是快速拨动的，因此，越往前的时段划分得越长，越往后的时段划分得越短。将整个乡村治理划分为不同的阶段，再通过纵向的历史比较分析横向结构性因素的变化对乡村治理带来的深刻影响，最后从历史延续性角度去思考乡村治理的转型，将其接入到整个国家治理乡村社会的大历史之中。

当然，上述研究方法的尝试服务于所要讨论的主题，从村民自治的起源与发展扩展到整个农村基层治理样态的转换与变迁，以此接续到更为宏大和悠远的结构性因素中，将村民自治起源和发展不单单作为当代的理论命题，而是从传统农村社会一直延续下来的基本问题。之所以要研究个案所处的结构，最终的目的是跳出"当下村民自治"来研究村民自治，从"历史的村民自治"来探讨村民自治，关注那些从历史延续下来的结构性因素如何塑造不同时段的农村治理，至今又是如何继续影响着当下的村民自治。

七 研究基础：历史资料与田野工作

为了从历史长时段对村民自治产生和发展进行研究，本书前半部分主要是对个案所处历史结构进行研究，研究资料主要来自于历史资料，核心内容包括以下三个部分。

一是《广西壮族社会历史调查丛刊》等系列成果。在 20 世纪 50 年代，中央政府为了推动少数民族地区发展，推进社会改革和社会主义建设，制定民族政策，需要对民族地区的社会历史情况进行调查和了解，为此，曾经在 1953 年、1956 年组织各地大专院校的民族学、社会学和人类学等学者对壮族地区的少数民族进行社会历史调查，以县或乡为调查单位，收集经济、社会和文化等方面原始资料，在改革开放后整理成册，进行修订增补后陆续编辑出版，成为研究壮族地区少数民族的重要参考资料。当然，这些社会历史调查主要目的并非学术研究，而是为现实政治服务，部分数据并不准确，但是其中部分内容是对传统壮族农村社会治理资源的调查与整理,对于认识和了解传统国家时期壮族地区的"土司""都老""寨老"等传统制度具有重要的文献价值,为此,本书对其中与"村寨自治"相关的内容进行仔细的研读,注意同类资料的前后印证,力图更加全面系统地展现壮族地区农村治理的历史形态与发展变化。

表 1-1　　　　　　　　　广西壮族社会历史调查丛刊

册	调查报告	相关内容
1	《天峨县白定乡壮族政治及生活习俗的调查》	劳役地租、乡规民约、乡老
1	《龙胜各族自治县龙脊乡壮族社会历史调查》	族规族罚、寨老、乡规民约、团总与头人
1	《南丹县拉易乡壮族农业及副业生产状况的调查》	税赋
1	《环江县龙水乡壮族社会历史调查》	乡规民约
2	《南丹县壮族社会历史调查》	土官衙门、官族、土官承袭、禁革例规、编组保甲、土司学堂
2	《百色县两琶乡壮族社会历史调查》	村老
3	《都老制——父权制和农村公社的残余——广西上思县三科村壮族解放前都老制的调查》	都老
3	《广西武鸣县双桥乡壮族社会历史调查》	大老、公正人
3	《广西上思县思阳乡壮族社会历史调查》	村老
4	《安平土司》	土官与土民、劳役地租、禁革例规、村老
4	《下雷土司》	禁革例规
4	《恩城土司》	编组保甲
5	《宜山县洛东乡壮族社会历史调查》	款头
5	《田东县檀乐乡壮族社会历史调查》	父老、乡约
6	《武鸣县邓广乡壮族社会历史调查》	父老、大老
6	《武鸣县清江乡壮族社会历史调查》	父老

二是清末民国时期的地方志和地方史料等。主要集中在清末新政的地方自治,尤其是从旧桂系的"桂人治桂"到新桂系推进"三自"政策时的各类讲话、计划或总结等历史材料,遗憾的是未能获得更加具体详细的个案、访谈或口述历史资料,所以只能尽量从当时主政者角度去阐述"村街自治"的制度形态,侧重于从应然的角度来思考"村街自治"是地方国家

建设的一部分，同时，从新桂系官方的总结性的调查报告中反思整个"村街自治"所面临的困境和问题，有助于更加客观真实地分析"村街自治"，在一定程度上将应然的"村街自治"拉回到实然的"村街自治"。

三是河池市土地改革运动和农业合作化运动口述历史资料等。陈春生认为："'口述资料'中发现的历史不会比官修的史书更接近'事实真相'，百姓的'历史记忆'表达的常常是他们对现实生活的历史背景的解释，而不是历史事实本身。口述历史能够更深刻地理解过去如何被现在创造出来。理解同样也是作为'历史记忆'资料的史书，其真正的意义所在及其各种可能的'转换'。"[①] 2015年以来，华中师范大学中国农村研究院组织对全国范围内土地改革、农业合作化运动以及人民公社运动的亲历者进行"以土为生"六十年口述史调查，主要内容涉及中华人民共和国成立之后至改革开放前农民土地问题以及农村基层治理等，随着农村经济政治的一体化，与土地相关的经济问题实际上与农村基层治理紧密结合在一起，为此，本书充分利用与桂西北大体一致的河池市范围内的土地改革和集体化运动当事人口述历史调查资料，展现此一历史阶段农村基层治理的状况。

表1-2　　河池市各地土地改革和集体化运动当事人口述史资料

序号	被访人	地点	时间	访谈人	口述资料编码
1	吴有才	宜州市同德乡下围村	2015年11月25日	普绍菊	PSJ20151125WYC
2	韦绍希	宜州市同德乡下围村	2015年11月24日	普绍菊	PSJ20151124WSX
3	覃桂超	宜州市同德乡下围村	2015年11月18日	普绍菊	PSJ20151118QGC
4	韦庆春	宜州市同德乡下围村	2015年11月24日	普绍菊	PSJ20151124WQC
5	欧彩奎	宜州市同德乡冷水村	2015年11月18日	普绍菊	PSJ20151118OCK
6	覃桂华	宜州市同德乡冷水村	2015年11月20日	普绍菊	PSJ20151120QGH
7	韦茂群	宜州市同德乡廖歌屯	2015年11月22日	普绍菊	PSJ20151122WMQ
8	蒙有林	宜州市同德乡山仔村	2015年11月25日	普绍菊	PSJ20151125MYL
9	覃正书	宜州市庆远镇水利屯	2015年11月17日	普绍菊	PSJ20151117QZS
10	黄智	宜州市庆远镇畔塘屯	2015年11月17日	普绍菊	PSJ20151117HZ

① 陈春生：《走向历史现场》，载黄海妍《在城市与乡村之间——清代以来广州合族祠研究》，生活·读书·新知三联书店2008年版，总序，第7页。

续表

序号	被访人	地点	时间	访谈人	口述资料编码
11	蒙玉花	宜州市屏南乡合寨村	2016年7月25日	龚城	GC20160726MYH
12	韦二妹	宜州市屏南乡合寨村	2016年7月22日	龚城	GC20160722WEM
13	罗仁胜	巴马瑶族自治县甲篆镇好合村	2019年1月20日	韦东	WD20190120LYS
14	田景琼	凤山县凤城镇弄者村	2018年2月13日	姚正毅	YZY20180213TJQ
15	邵德丰	凤山县凤城镇弄者村	2018年2月13日	姚正毅	YZY20180213SDF
16	班述伟	凤山县金牙乡上牙村	2018年2月12日	胡晓慧	HXH20180212BSW
17	张玉秀	凤山县金牙乡上牙村	2018年2月11日	胡晓慧	HXH20180211ZYX
18	黄桂春	巴马县那桃乡那敏村	2018年7月24日	黄秋艳	HQY20180724HGC
19	黄丫晶	巴马县那桃乡那敏村	2018年8月12日	黄秋艳	HQY20180812HYJ
20	黄布权	巴马县那桃乡那敏村	2018年7月24日	黄秋艳	HQY20180724HBQ
21	韦兆能	环江县大才乡同进村	2016年2月3日	韦春婉	WCW20160203WZN
22	韦田喜	环江县大才乡同进村	2016年1月28日	韦春婉	WCW20160128WTX
23	韦永安	环江县大才乡同进村	2016年2月14日	韦春婉	WCW20160214WYA
24	覃绍兵	环江县大才乡大麻村	2016年2月5日	韦春婉	WCW20160205QSB
25	韦妈广	环江县大才乡同进村	2016年2月12日	韦春婉	WCW20160212WMG
26	徐祖赐	金城江区侧岭乡唐埔村	2018年7月24日	徐杨柳	XYL20180724XZC
27	莫秀琼	金城江区侧岭乡唐埔村	2018年7月25日	徐杨柳	XYL20180725MXQ
28	韦锦标	金城江区教育社区	2018年8月5日	陈翠	CC20180805WJB
29	田银梅	天峨县八腊乡甘洞村龙马屯	2018年7月27日	管晶晶	GJJ20180727TYM
30	何朝龙	天峨县八腊乡龙峨村	2018年8月14日	管晶晶	GJJ20180814HCL
31	韩代丰	天峨县八腊乡甘洞村张家坨屯	2018年7月19日	管晶晶	GJJ20180719HDF
32	黄美飞	东兰县武篆镇那论村	2019年2月15日	黄惠	HH20190215HMF
33	黄启亮	东兰县武篆镇那论村	2019年2月17日	黄惠	HH20190217HQL
34	吴泽任	东兰县武篆镇那论村	2019年2月16日	黄惠	HH20190216WZR

后半部分是对于结构中的个案进行的研究，主要是改革开放后村民自治的产生与发展，相对来说有比较丰富的历史资料，为此，在研究过程中尽可能地收集与之相关的各种类型的历史资料，此外进行相应的田野调查和深度访谈等，主要的研究资料来自于以下五个部分。

一是各种政府调查报告。四十多年前谁也不曾料想到一个大山深处的合寨村能够进入共和国的史册。合寨村之所以够进入历史，是因为它成立了中国第一个村民委员会，由此开启了中国基层民主的先河，被称为"静悄悄的革命"。由于合寨村在村民自治历史上的地位，自然吸引了众人的目光。最早进入合寨村的是各级政府组成的调研组，对各地出现的村民自治组织进行实地调查和研究，为此撰写了一大批调研报告，包括宜山县贫协《关于部分农村成立村委会的情况调查》、河池地区转发的《合寨大队村委会、罗城县牛毕大队新回村委会情况调查》，广西壮族自治区联合调研组的《关于宜山、罗城两县村委会的报告》等。这些调研报告主要是对最早一批的村委会进行描述性的研究，总结村委会的做法、成效、问题和建议，从而为各级政府的决策提供必要的参考。对于学术研究而言，诸如此类的调查报告在村民委员会产生的第一时间进入现场，收集了有关村民委员会起源的最初资料，积累了宝贵的历史记录。更重要的是研究者能够从各级政府的调研行为、调研报告内容等方面了解当时政府对于村民委员会的态度，透视村民委员会是如何一步一步进入各级政府议事日程，最终上升到国家政策法律的。如此，便能够从政府或者说国家的视角来分析村民委员会的发展，这是合寨村作为研究个案的最大优势之处。有优势必然也有劣势，此类调查报告由于主题的限制，集中于村委会本身，对村委会产生的背景、原因和过程缺少深入细致的描写，主要是一些政府汇报性的资料。

表1-3　　　　广西壮族自治区和河池市相关党政干部访谈资料①

序号	被访人	地点	时间	访谈人	口述资料编码
1	吴股长	河池市罗城县民政局	2000年3月19日	徐勇	XY20000319WGZ
2	韦绍宗	河池市宜州市民政局	2000年3月20日	徐勇	XY20000320WSZ
3	何科长	柳州市民政局	2000年3月21日	徐勇	XY20000321HKZ
4	周瑜泰	广西壮族自治区民政厅基层政权处	2000年3月22日	徐勇	XY20000322ZYT

---

① 2000年3月16日至30日，华中师范大学中国农村研究院徐勇教授为了研究村民自治的起源和发展，对广西壮族自治区民政厅、宜州市民政局、罗城县民政局、融水县民政局、柳州市民政局、武鸣县民政局等相关领导干部进行访谈，同时收集了大量文件档案资料等，对于了解村民自治起源和发展过程中地方政府和职能部门的行为有重要的价值，在此表示感谢！

续表

序号	被访人	地点	时间	访谈人	口述资料编码
5	周瑜泰	广西壮族自治区民政厅基层政权处	2000年3月24日	徐勇	XY20000324ZYT
6	江书中	广西壮族自治区民政厅	2000年3月22日	徐勇	XY20000322JSZ
7	韦永华	广西壮族自治区民政厅基层政权处	2000年3月26日	徐勇	XY20000326WYH
8	王副局长	南宁市武鸣县民政局	2000年3月27日	徐勇	XY20000327WFJZ
9	陆股长	南宁市武鸣县民政局	2000年3月27日	徐勇	XY20000327LGZ
10	王国屏	柳州市融水县民政局	2000年3月30日	徐勇	XY20000330WGP
11	陈副局长	柳州市融水县民政局	2000年3月30日	徐勇	XY20000330CFJZ

二是各类纪实性报道和作品。随着村民委员会的普遍建立，合寨村与其他村一样回归常态，有关村民自治的创新一个接着一个，众多的"第一村"不断涌现。当大家回过头来关注合寨村的时候，已经是第一个村民委员会诞生十八年之后的事情了。合寨村再次为世人所关注，源于对第一个村民委员会的寻访。在1998年之前，对于村民委员会的诞生地普遍认为是宜山和罗城一带，究竟哪个村产生第一个村民委员会是未知的。于是，《乡镇论坛》杂志社记者米有录等前往宜山等地寻访第一个村民委员会，最终确定合寨村是最早产生村民委员会的地方，分别撰写了《把农民群众的伟大创举刻在丰碑上》，《静悄悄的革命从这里开始——寻访全国第一个村委会》等长篇报道，对第一个村委会产生的前前后后进行了比较细致的描写，并采访了事件当事人，获得比较丰富的第一手材料。此后，以合寨村村民自治为对象的报道屡见于报端，包括《村级民主政治变革从这里起步》，《壮族农民的伟大创举》等，这些报道在一定程度上填补了之前政府调研报告的不足，使得研究者获得村民自治起源的背景知识、当事人的想法和行为等信息。整体上，这些新闻报道虽然不是从学术目的出发，其中也有许多不够准确的地方，但是为后续的学术研究提供了一些有益的线索。在新闻报道之外，还有两部对合寨村进行纪实文学创造的作品，算是对前面新闻报告的一个总结，分别是《震惊世界的广西农民》和《走进共和国史册的小村》，两书的作者结合现有的一些资料，以合寨村为创作对象，介绍合寨村的基本情况，梳理合寨村村民委员会诞生的过程，以及村

民委员会的历史意义等。作为纪实文学作品，不能苛求作者以学术的眼光来分析合寨村的村民自治，其中一些访谈和事件经过实地调查证实后对于研究者来说依然具有一定的参考价值。

三是众多的学术研究论文。真正对合寨村村民自治起源进行学术研究的是徐勇的《探访村民自治的发源地——广西宜州合寨村最早的村委会诞生追记》，以事实为依据集中讨论村民委员会的起源，提出村民委员会的发明权在村民，后由当地党委政府冠名，是农民和政府互动的结果。之后，广西本地的一些学者对合寨村的村民自治进行总结和挖掘，包括黄贤的《广西河池市村民自治与农村和谐社会建设研究》，从整个河池市村民自治的发展阶段入手，阐述村民自治的起源及其对农村社会和谐的意义。黎莲芬的《我国村民自治的发展历程、经验与展望——以广西合寨村为例》，回顾合寨村村民自治的进程，展望村民自治的未来等。韦广雄的《村民自治是建构农村和谐社会的制度保证》、覃举东的《村民自治与农村社会和谐——广西合寨村的调查》、郭亮的《桂西北村寨治理与法秩序变迁——以合寨村为个案》等。这些研究成果都对合寨村村民委员会的产生和发展进行了论述，其中郭亮以合寨村为重点对桂西北地区乡村治理的历史演变和村民自治的兴起和发展进行了全方位的研究，是新近比较系统的研究成果。

四是持续的田野调查。华中师范大学中国农村研究院研究团队对合寨村进行了持续的研究，2009年以来，已经连续十年对合寨村进行跟踪观察，对相对固定的农户进行全方位的问卷调查，包括家庭基本情况、经济生活、政治参与和文化状况等，重点对村委会基本状况、村委会换届选举、村民代表会议和村务监督等进行过专题的调查，为本书奠定了一定的基础。在2014年7月至9月间，笔者前往宜州市屏南乡合寨村进行实地调查，分别与市、乡镇有关干部围绕合寨村村民委员会的诞生、后续发展进行开放式的访谈，一方面印证以前的研究成果是否有出入；另一方面尽量补充新的访谈资料。进入合寨村实地调查当年参与村民委员会成立的发起人、退休的村干部、现任村干部、村民小组长和普通村民等，可惜的是在最早发起成立村民委员会的当事人中，有的已经过世，有的卧病在床，就在调研期间就有以前的退休干部离世。历史当事人越来越少，作为研究者必须尽快抢救这段行将消失的历史。为此，笔者尽自己最大的能力去寻找当事人，跑遍所有村屯，访谈数十位当事人，并整理数万字的访谈要点，用以弥补档案资料不全，将访谈资料与文献资料结合起来，彼此对照印证。

表1-4　河池市宜州市屏南乡合寨村等村组干部和村民访谈资料①

序号	被访人	地点	时间	访谈人	访谈资料编码
1	韦焕能	河池市宜州市屏南乡合寨村果作屯	2000年3月16日	徐勇	XY20000316WHN
2	蒙国总	河池市宜州市屏南乡合寨村村委会	2000年3月16日	徐勇	XY20000316MGZ
3	蒙国平	河池市宜州市屏南乡合寨村村委会	2000年3月16日	徐勇	XY20000316MGP
4	蒙光新	河池市宜州市屏南乡合寨村果地屯	2000年3月16日	徐勇	XY20000316MGX
5	蒙宝亮	河池市宜州市屏南乡合寨村果地屯	2000年3月16日	徐勇	XY20000316MBL
6	贾社宝	河池市罗城县小长安镇牛毕村村委会	2000年3月17日	徐勇	XY20000317JSB
7	彭振才	柳州市羊角山乡水南村	2000年3月21日	徐勇	XY20000321PZC
8	李健明	南宁市武鸣县双桥镇杨李村	2000年3月27日	徐勇	XY20000327LJM
9	韦焕能	河池市宜州市屏南乡合寨村果作屯	2009年11月10日	陈沛奇等	CPQ20091110WHN
10	韦向生	河池市宜州市屏南乡合寨村	2009年11月11日	陈沛奇等	CPQ20091111WXS
11	韦剑锋	河池市宜州市屏南乡合寨村	2009年11月10日	陈沛奇等	CPQ20091110WJF
12	罗凤秋	受河池市宜州市屏南乡合寨村	2009年11月12日	陈沛奇等	CPQ20091112LFQ

---

① 2009年的村民访谈是广西师范大学政治与行政学院基层民主建设课题组陈沛奇、苏荣玲、陆相龙、朱雪萍、覃菲、陈芝贤等在2009年11月8日至15日期间对广西宜州市屏南乡合寨村进行实地调查所做的文字记录，特辑录在此，构成本书的资料来源，在此表示感谢！

续表

序号	被访人	地点	时间	访谈人	访谈资料编码
13	蒙绍贤	河池市宜州市屏南乡合寨村拉垒屯	2014年8月5日	任路	RL20150805MSX
14	韦春利	河池市宜州市屏南乡合寨村新村屯	2014年8月13日	任路	RL20140813WCL
15	韦鹏舞	河池市宜州市屏南乡合寨村果作屯	2014年8月6日	任路	RL20140806WPW
16	蒙国意	河池市宜州市屏南乡合寨村果地屯	2014年8月10日	任路	RL20140810MGY
17	蒙国总	河池市宜州市屏南乡合寨村果地屯	2014年8月9日	任路	RL20140809MGZ
18	兰锦宣	河池市宜州市屏南乡合寨村果作屯	2014年8月12日	任路	RL20140812LJX
19	蒙建安	河池市宜州市屏南乡合寨村拉垒屯	2014年8月6日	任路	RL20140806MJA
20	蒙光新	河池市宜州市屏南乡合寨村果地屯	2014年8月11日	任路	RL20140811MGX
21	蒙国顺	河池市宜州市屏南乡合寨村果地屯	2014年8月10日	任路	RL20140810MGS
22	蒙成顺	河池市宜州市屏南乡合寨村果地屯	2014年8月8日	任路	RL20140808MCX
23	蒙桂能	河池市宜州市屏南乡合寨村果地屯	2014年8月7日	任路	RL20140807MGN
24	韦焕能	河池市宜州市屏南乡合寨村果作屯	2014年8月4日	任路	RL20140804WHN
25	韦敏高	河池市宜州市屏南乡合寨村果律屯	2014年8月7日	任路	RL20140807WMG
26	罗炳权	河池市宜州市屏南乡合寨村大村屯	2014年8月16日	任路	RL20140816LBQ
27	蒙金纯	河池市宜州市屏南乡合寨村乾朗屯	2014年8月12日	任路	RL20140812MJC

五是档案材料。在驻村调查期间，前往宜州市民政局、档案馆、全国村民自治展示中心等机构查阅相关档案，尽量收集第一手原始资料。此外，合寨村比较重视档案资料建设，在村委会的档案柜里分类保存着近十年来的档案资料，包括党务、村务、财务等，这些琐碎的资料是合寨村村民自治的历史见证，另外在村部阁楼和老干部的笔记里还收集到了更久远岁月里的工作资料。当然任何研究者都有着对资料的渴求，但是资料又是无法寻尽的。幸运的是合寨村丰富的研究资料和前辈学人扎实的研究成果让后来者鼓足勇气，去尝试分析研究村民自治起源和发展这一基本问题，唯愿此研究不辜负村民自治研究的前行者。

八 研究个案：村庄概况与制度沿革

合寨村所处桂西北大致与如今广西壮族自治区河池市相对应，河池市辖9县2区，共有164个乡（镇）、1498个村委会、146个社区、13913个村民小组。区域面积3.35万平方公里，总人口383万，其中农村人口298.6万。合寨村位于广西壮族自治区河池市宜州区[①]屏南乡东南部的大石山区，西接柳江县土博镇，东临忻城县欧洞乡，距屏南乡政府所在的屏南街8公里左右，与西接土博镇相距20公里，与东临的欧洞乡相距8公里，是柳江、忻城和宜州交界地带，东西两面都是连绵的高山，南北走向是延伸4公里左右的坪坝长廊，地形狭长，发源于村南高山的泗柳河穿过坪坝，沿着泗柳河两侧形成的小块平地散布着12个自然村，从南到北依次是肯塄屯、乾朗屯、新村屯、大村屯、拉垒屯、果地上屯、果地下屯、果律屯、果前屯、果作屯、板甘屯、南台屯。如果以合寨村村部所在位置为基点的话，距最北端的南台屯2公里，距最南端的肯塄屯2公里，相对集中的自然屯归为片，前四屯为上片，以前称"龙寨片"，中间四屯为中片，后四屯为下片，以前称"顶寨片"，各自然屯分布在山间狭长地带，为群山所环抱。

2014年，合寨村总面积有33.4平方公里，全村1050户，人口4653

[①] 1993年前称宜山县，1993年改称宜州市，2016年后改设宜州区。

人，耕地面积3578亩，其中水田1664亩，旱地1914亩，人均耕地面积仅有0.83亩，森林面积3860亩，其中集体林地面积3000亩，主要种植作物有双季稻、玉米、甘蔗、桑蚕等。全村处于大石山区，土地相对贫瘠，属喀斯特地貌，蓄水不便，于是，在肯塄屯修建里洞水库，拦蓄泗柳河的河水，改善了灌溉条件，但是在人多地少的约束下，可耕地面积有限，石山难以开发，村民只能在缓坡地种点玉米、桑树和甘蔗，河两岸的耕地种植水稻，解决吃饭问题，从土地里讨生活的合寨村民并不容易。

合寨村也是以壮族为主体的少数民族聚居区，人口中95.3%是壮族，地名以壮语来命名的，比如，"乾朗"，因地形形似磨槽；"肯塄"，因建在山脚塄上边；"南台"，即台地之意；"果地"，"果"在壮语中意指"植物的通称"，"地"是因住在此地，生根结果，"果地"即"植物茂盛之地"；"板甘"，"板"是村的意思，"甘"是岩洞，"板甘"指的是岩洞下的村子。从合寨12个自然村村名来看，这些村大都是自然形成的聚落，因此村名与地貌地物相联系，在长期历史演进过程中，村民逐渐形成以自然村为单位的生产生活共同体。在自然村之上的行政建制单位经历了一次又一次的调整与变动，但是自然村作为行政建制的次级单元始终没有改变。

追溯合寨村的历史，有正式文字记载的是明代，今合寨村所属南乡里，为永定长官司管辖，清雍正年间归里苗分县，而宜山境内的土司在清宣统二年（1910）裁废，归入宜山各区管辖。在1949年前，合寨村的12个自然村分属于3个村公所：果作、果前、板甘、南台属于合吉村公所，果地、果律、拉垒属合集村公所，大村、新村、肯塄、乾朗属龙寨村公所。1950年至1957年，在原来3个村公所的基础上，成立合龙乡，分为3个村，即原来3个村公所的范围。1958年至1961年合龙乡改为合龙大队，隶属于三岔公社，在自然村内划分若干生产队。1962年至1965年，又恢复为合龙乡，划小生产大队。1966年后，当时的工作队认为"合龙"意指"村村有龙"，有迷信之嫌。既然是多个村寨合在一起，于是改为合寨大队，辖41个生产队，一直到人民公社体制撤销为止。在1980年，合寨大队下面果地、果作自然村率先成立村民委员会，随后，合寨大队各自然村相继成立村民委员会，到1984年合寨大队改为合寨村民委员会，下面各自然村成立村民小组，1987年属于从三岔镇分出来的屏南乡，同年9月

29日合寨村委会改为合寨村公所,12个自然村则成立村民委员会,至1995年广西"撤所建委",回到1984年后的建制格局,并沿用至今。合寨村在1980年成立第一个村民委员会,先后获得2003年自治区、河池市"村民自治模范村"、2004年司法部和民政部联合颁发"民主法制示范村"、2005年全国"村务公开、民主管理先进村",2005年时任民政部部长李学举视察合寨村,寄语合寨村村民自治发展,认为:"合寨村不仅是村民自治的开创者,还要成为继续深化村民自治的开拓者。"

第二章　近代之前的国家化、地方性与村寨自治

为什么是桂西北而不是其他地方出现村民自治，不少学者从地方社会的角度来思考村民自治产生的社会根源。广西本土的学者从地理空间与政治统治内在关系角度认为桂西北有村寨自治的历史传统，桂西北地处偏远，国家统治力量有限，无法实现直接的管辖，便采取间接统治的策略。新中国成立之前，中央统治者对广西少数民族采取"因俗而治""无为而治"的政策，使得这一地区成为国家治理的"盲区"——"生居荒服，宜以不治治之"，这一政策迫使广西少数民族不得不自发创建维护社会秩序的自我管理机制。[①] 所谓的自发秩序是指由于桂西北乃至广西处于边缘地带的特点，少数民族依靠寨老、都老、款头等建构权威与秩序。与传统汉族地区以士绅阶层和血缘家族治理不同的壮族农村的自治制度——寨老、都老制，普遍存在于广西壮族地区，而且一直延续到1949年前，有些地方甚至延续到新中国成立初期。"这一表现为内在整合、自我运行功能的乡村自治制度，是一种具有民主色彩浓厚、以乡约为核心实行治理、民主决策以及村民监督特征，表现出比宗族、乡绅等汉族地区传统的农村自治制度更多合理性和有效性，这种机制的合理性和有效性，在传统壮族农村，一直发挥着社区自我管理的作用。"[②] 有学者甚至将其称为："原始自治体系，即在离封建政治、经济中心较远的地方，一些壮人以'壮老'为

[①] 黎莲芬、袁翔珠：《历史与实践：广西村民自治的若干法律问题研究》，广西师范大学出版社2011年版，第27页。

[②] 陈洁莲等：《民主壮族——中国壮族乡村民主自治研究》，广西人民出版社2009年版，第61页。

核心聚族而居，实行以'壮老制'为核心的带原始公社色彩的自治体制。"①

总之，上述研究从桂西北的村寨自治传统入手，认为桂西北是一个远离中心地的边缘地带，不仅地理位置偏远，而且土地贫瘠，生存环境恶劣，长期以来处于传统国家统治的边陲，在政治上相对封闭和孤立，保留着深厚的传统村寨自治的历史底色，构成村民自治诞生的地方社会基础，以至于将传统时期的村寨自治与当前的村民自治进行类比，村寨自治及其内在资源构成了村民自治产生的重要渊源。虽然并没有直接证据证明两者的内在关联性，但是两者处于同一地方社会当中，与国家权力中心地带相比，桂西北等汉壮交融地带确实存在着更为丰富的传统自治资源，比如都老、寨老、石牌、议团等。不过，村寨自治所处的历史社会结构是明确的，即在传统国家时期国家权力难以有效地渗透于广阔的边陲地带所形成的特定乡村治理形式，有其特定的历史情境。

一 偏远之地：远离国家权力中心的边陲

与现代国家统一的主权相比，传统国家的外部是一个分散分裂互不联系的世界，其内部也处于一种分散分裂互不联系的状态。②传统国家的分散分裂首先是地理空间影响的结果，成为国家一体化的重要影响因素，正因为如此，大山大川往往成为传统国家的分界，中国历史上有不少划江而治的政权，更有"山高皇帝远"的俗语。因此，在传统国家时期，地理空间与政治统治的关系更为明显。

（一）山川旷远

与中央王朝核心统治区域相比，桂西北山区地形所形成相对封闭的地理空间深刻地影响着传统国家形态，越是传统的国家，越受制于自然地理等因素。正如吉登斯所说："中国是那种军队的作用既在于击退入侵者或

---

① 张声震主编：《壮族通史》（中），民族出版社1997年版，第757页。
② 徐勇：《国家化、农民性与乡村整合》，江苏人民出版社2019年版，第20页。

扩充国家的领土、又在于维持内部治安的少数大型传统国家之一。然而，中国一如其他地方，垄断国家机器的这种暴力工具的愿望，永远只能部分地得以实现。"① 其重要限制性原因之一就是"运输和传播手段"，山川阻隔无疑是传统国家时期交通和传播的重要制约。

一是空间性。传统国家统治在空间上存在着核心区与边缘区的差异。韦伯认为："政权地域的各个部分，离统治者官邸愈远，就愈脱离统治者的影响；行政管理技术的一切手段都阻止不了这种情况的发生。"② 一国之内，国家权力有都城与边陲之分，一县之内有县城与乡野之别，国家权力更多地集中在统治者居住的都城或者县城。在马克斯·韦伯看来："事实上，中华帝国正式的皇权统辖权只施行于都市地区和次都市地区。出了城墙之外，中央权威的有效性便大大地减弱乃至消失。"③ 这是因为空间距离的延长势必增加国家统治的成本，与之相应的是国家统治力量的弱化。对于超大规模的国家来说，如何应对庞大的疆域始终是一个难题，即便是再强大的中央政权也无法真正做到对边陲的统治，因此，传统国家并没有完整清晰的国界，只有远离中心的边陲，传统国家对于边陲的治理只能保持在以官府所在的县城及其城厢地带，无法覆盖整个所管辖的范围，因此，也就没有明显的边界，只有或多或少感受到的国家权力而已，对于老百姓来说，国家权力是遥远的，村落生活和地方权力才是民众生活的主轴。

二是通达性。针对空间距离所带来的国家权力不及的问题，传统国家可以通过修筑官道、开凿人工运河等方式来加强国家内部各个部分的空间联系，及时将中央王朝的命令传达到地方，以便组织动员地方上的赋税徭役等，为中央王朝战争、治水、筑城以及官僚体系等运作提供必要的资源基础，地方上官员的呈奏也能够及时地递送中央政权，以便中央政权及时地应对地方上的灾荒和民乱等，维持地方上的稳定，保证国家统治秩序，如此，随着官道和驿站递传体系的延伸，传统国家权力能够进入边陲地带。为此，早在秦朝时期，秦始皇就修筑驰道和渠道等，以便加强统一的

---

① [英] 安东尼·吉登斯：《民族—国家与暴力》，胡宗泽、赵力涛译，生活·读书·新知三联书店1998年版，第67页。
② [德] 马克斯·韦伯：《儒教与道教》，洪天富译，江苏人民出版社2003年版，第110页。
③ [德] 马克斯·韦伯：《经济与社会》（下卷），林荣远译，商务印书馆1997年版，第375页。

中央集权国家对地方的控制。也正是在秦代，通过征用民力，开凿了沟通长江水系和珠江水系的灵渠，秦王朝得以将政权延伸到岭南地区，桂西北才逐渐归为王化之地。

然而，维系超大规模国家的官道和驿站等系统并非均衡分布，主要集中在中央王朝腹地，并且相比于平地而言，山区地势高低起伏，地形支离破碎，道路需要更多的人力物力进行修缮，依靠边缘地区的农业资源，难以形成完善的路网，导致道路的通达性较差，在同等距离情况下，国家权力较弱。交通基础设施属于国家基础性权力的范畴，正是由于国家基础性权力有限，国家专断性权力自然也难以延伸下去。

三是分散性。由于交通通达性的问题，导致国家权力集中性有限。韦伯认为："同一切处于不发达的交通技术条件下的世袭制国家组织一样，中国的行政管理的集中化程度也十分有限。"[1] 费孝通也认为："广阔的大陆交通网络很差，权力只是名义上集中，而不是事实上集中。"[2] 桂西北属于典型的山区，俗称"八山一水一分田"，绵延的山地导致交通通达性受限，与之相关的国家基础性权力有限。即便桂西北的地方政权归附于中央王朝，也不可能依照腹地的方式加以统治，只能"因俗而治"，有的时候地方政权常常成为化外之地，因为莽莽山地天然阻隔了中央王朝的专制权力。即便是当地的地方政权也难以有效管辖地方社会，散落各处山间的村村寨寨自成小天地，形成村寨的权威人物，诸如村老、寨老、头人、都老等，地方上的权力支离破碎，中央王朝的权力只是名义上或者挂名而已，实际上起作用的却是地方和村落里的头人等。

（二）边缘地带

桂西北的偏远不仅是从地理位置所做的直观判断，更是从整个地区系统所做的比较分析。在地理位置上，桂西北处于广西，位于西南边陲，且绵延着大片的山地，在地理环境上与周边地区相对隔离开来，由此形成相对封闭的地理环境，深刻地影响着桂西北的社会经济文化。地理环境的封闭使得桂西北地区与周边地区的经济联系、人口流动、社会文化交流等受

---

[1] ［德］马克斯·韦伯：《儒教与道教》，王荣芬译，商务印书馆1995年版，第98页。
[2] 费孝通：《中国绅士》，中国社会科学出版社2006年版，第115页。

第二章 近代之前的国家化、地方性与村寨自治

到明显的限制,是一个与中央王朝腹地不一样的边缘地带,由此形塑出独特的经济社会文化体系。

首先,在经济区位上,城镇是地区经济发展的中心,也是区域经济联系的纽带,在桂西北地区,附属于自然经济的初级市场体系已经发展起来,出现了众多的街圩、集镇,以及官衙所在的县城等。施坚雅曾经根据市场结构将封建社会晚期的中国分为九大相对独立的区域,分别是华北区、西北区、长江上游、长江中游、长江下游、东南沿海区、岭南区、云贵区、满洲区。在每一个大区内,有以大城市为主的中心地和受城市辐射的地区系统,从而构建了地域社会研究的重要基础。[1]"施坚雅模式"仍然有助于理解中国的地域差异。从九个大区之间的差异来看,与北方相比,南方的商品化和整个市场体系发育较快,其中岭南地区在中国经济发展中发挥了举足轻重的作用,日渐成为除长江下游地区和东南沿海地区外另一个逐渐兴起的经济中心。然而,桂西北虽属于岭南区,与相邻的广东相比,却是岭南区的边缘地带,以广州为中心地的珠江流域受粤东山区所阻隔对广西的影响有限。在广西范围内,逐渐发展起来的南宁、柳州、桂林等城市构成整个广西地域社会的中心地带。桂西北于岭南区和云贵区的接合处,地处广西西北边陲、云贵高原南麓,东连柳州、南接南宁,西与百色相邻,北部与贵州黔南相依,远离南宁、桂林等城市,接受中心地辐射带动有限,处于区域经济的洼地。

其次,在社会发展上,有历史以来,西南地区生活着众多的少数民族,被中央王朝称之为"蛮夷",区别于作为华夏正统的汉民族,形成所谓的"华夷之分"。西南地区的少数民族经济社会发展水平和风俗习惯与中央王朝腹地的汉民族有着明显的差异,在社会发展阶段仍然保留原始氏族社会残余,地方上的头人不仅占有大量的土地,而且占有农民本身,农民承担着繁重的劳役负担等,农民与地方头人之间有着依附关系,而汉族地区从早期国家开始逐渐摆脱了原始氏族社会的部落头人制度,土地等资源相对自由地流动,地主与农民之间除了土地租佃等经济关系外,并不存在人身隶属,也不承担各种无偿的劳役等。桂西北正处于汉族与苗、瑶、壮等少数民族的交界地带,在桂西北境内有不少少数民族聚居区,有壮、

---

[1] 参阅 [美] 施坚雅《中华封建社会晚期的城市研究》,叶光庭等译,中华书局2000年版。

瑶、仫佬等少数民族，在瑶族的俗语中经常提到"先有瑶，后有朝"，壮、瑶等族直到封建社会晚期，虽然经过多次改土归流，但是在偏远的少数民族地区，土州土县仍然有所保留，与之相对的一系列的劳役和人身依附等存续下来。

最后，在文化区位上，正是由于经济社会的独特性，形成桂西北特殊的文化，曾经有学者对桂西北地区文化进行归纳，其突出的特点为多元性。陆卓林认为："桂西北是岭南文化与荆楚文化的交融点、黔文化与桂文化的交合处，加之该区域是少数民族与汉族杂居区，本土文化与异域文化的交汇、多民族的不同历史积淀和文化习俗的渗透、杂糅，使桂西北形成一个多元有机又独具特色的'文化场域'。"① 与汉族地区所盛行的儒家文化不同，桂西北地区大量保留着本民族的一些文化形式和文化符号，深刻影响着少数民族的日常生活，如乡规民约等习惯法，正因如此，长久以来，少数民族头领等习惯于按照本民族的风俗加以统治。

（三）地贫民瘠

任何国家的统治首先是以捐税为前提的，依靠捐税来供养官吏，以实现对地域社会的管辖，处理地方事务等，而传统国家时期，大部分税收取之土地税，可供课税的耕地面积、单位产量和耕作制度等影响着土地税收，而税收的多少则影响着官吏的多少，进而决定国家统治力量的大小。

一是桂西北地处偏僻山区，梯田多，平地少，山地和丘陵占总面积8/10，平原仅占1/10，通俗的说法是"八山一水一分田"。据嘉庆二十五年（1820）统计，整个广西有耕地898万亩，人口770多万，人均耕地1.16亩。② 人均耕地少，再加上地势西北高、东南低，蓄水不变，耕地缺水，相对贫瘠。为此，葛剑雄从地理环境论述国家统一与分裂时认为："西南地区虽然早在秦汉时期设置郡县，但是土司州县一直维持到清朝，除了民族因素之外，山区不适宜农业生产是统治者不急于将这些地区收入正式版图的重要原因。"③

二是除了土地贫瘠之外，桂西北地区的民众要抵御自然灾害带来的侵

---

① 陆卓林：《"桂西北作家群"的文化思索》，《理论与创作》2001年第3期。
② 民国重修《桂平县志》卷二十九。
③ 葛剑雄：《普天之下：统一分裂与中国政治》，吉林教育出版社1989年版，第46页。

袭。与水有关的旱涝是桂西北地区经常遇到的自然灾害。根据《宜州市志》的记载，宜山从万历四十六年到民国十七年间，有 14 次较为严重的旱灾，不仅粮食歉收，而且出现断粮死人的情况，几乎每个季节都有干旱。同时旱涝接踵而至，大涝之后逢大旱，大旱之后又大涝，自乾隆四十九年到新中国成立前发生特大水灾 5 次，房屋倒塌，百姓以野草充饥。①

三是生产技术低下，生产力受到限制，农民虽然终年都卖力干活，但还不能逐年增产，使得桂西北成为广西最为贫穷的地区之一。当地民歌唱道："苦油油，竹筒挂在扁担头，早晨得来夜晚煮，免得老鼠打冤仇。"②时人曾如此描绘当地的贫瘠："地带蛮夷，山川旷远，人物稀少，事力微薄，一郡不当浙郡一县。"③

因此，在传统时期，广西所属的岭南地区是整个国家的边陲，远离中央王朝统治中心，国家权力鞭长莫及的未开化的蛮夷之地，而桂西北更是广西最为偏远地区之一，远离地区中心，历史上处于汉壮交界，过于偏远贫瘠，无法供养足够的官吏，以至于在地方历史文献里经常称为"最为难治"，作为国家权力代表的官吏时常出缺，或者久不赴任，甚至到清末时，由于广西开发较晚，经济落后，生活水平低下，作为朝廷官吏多不愿意前往任职，以至于一些偏远地区设县而无官，难以进行有效的管辖，造成了国家统治力量的缺失，桂西北由此在政治统治上形成相对封闭和孤立的状态。

二　郡县国家：传统国家的边陲国家化

作为地域性国家的中国是在漫长的历史时期形成的。徐勇将设郡置县作为地域型国家的重要手段，他认为："早期的国家规模不大，以人口相对集中的城为中心。郊野属于政治权力的边缘地带。经历数百年春秋战国时代，至秦始皇，多个诸侯国统一为一个超大规模的帝国。地域规模的急剧扩大，促使国家在中央权力集聚的首都以外的各个地区设立郡县，代为

---

① 宜州市地方志编纂委员会：《宜州市志》，广西人民出版社 1998 年版，第 86—88 页。
② 覃国生、梁庭望、韦星朗：《壮族》，民族出版社 1984 年版，第 27 页。
③ 周去非：《岭外代答》，杨武泉校注，中华书局 1999 年版，第 7 页。

行使中央权力,由此将国家权力传递到各个地方。"① 这一历史过程可以称为"郡县化",以郡县为基础的地域国家化,即国家权力从统治中心向边陲地带的延伸,使得边陲地带逐渐纳入到统一的国家之内。作为曾经的边陲,桂西北乃至整个广西也经历了郡县化的历史过程。

(一) 蛮地与郡县

中国是一个多民族的国家,在早期国家时期,周边环绕着其他族群,以汉族为主的统治族群将概称为"蛮地",最早见诸史书记载的是根据方位所称呼的"南蛮、北戎、东夷、西狄"等,彼此之前并没有明确的界限,随着战争、经济文化交流等,逐渐纳入中央王朝的天下体系,从开始的异族异邦,过渡到藩属,再到归附中央王朝,最终比照中央王朝腹地的统治模式,建立郡县,进而实现传统国家对于边陲的统治。回溯地方建制变迁的历史将会清晰地发现地域国家化的整体趋势,同时这个过程并不是设立郡县便完成,而是经历了蛮地与郡县,再到蛮地,重回郡县等过程。

首先是蛮地作为藩属内附于中央王朝的阶段。桂西北是古越人的居住地,当时称为"百越"。根据《吕氏春秋·恃君篇》记载:"扬汉之南,百越之际",《汉书·地理志下》又称:"自交趾至会稽七八千里,百越杂处,各有种姓。"《桂海虞衡志》记载:"广西经略使所领二十五郡,其外则西南诸蛮。蛮之区落,不可殚记;姑记其声文相接,帅司常有事于其他者数种,曰羁縻州洞,曰瑶,曰獠,曰黎,曰蜑,通谓之蛮。"② 至秦始皇统一六国后,南征蛮夷,置郡县,开始将桂西北纳入中央王朝的管辖范围内。不过,在百越之地,中央王朝的力量非常有限,除了少数郡治所在地,如桂林郡、象郡外,其他大部分地方都是蛮地,属于化外之地。一遇到改朝换代的动乱时期,中央王朝自顾不暇,百越便脱离中央政权,割据一方。为此,中央王朝统治者一方面整顿兵戈,进军百越,威服百越;另一方面采取"以其故俗治,毋赋税"的政策,尊重越人的风俗习惯,以达到"和集百越"的战略目标。据史书记载,战国时期,秦昭襄王与西南地区少数民族约定:"复夷人顷田不租,十妻不算,伤人者论,杀人雇死倓

---

① 徐勇:《国家化、农民性与乡村整合》,江苏人民出版社2019年版,第385页。
② 范大成:《桂海虞衡志》,齐治平校补,广西民族出版社1984年版,第33页。

钱。"① 从那时起，中央王朝开始利用壮族的习惯法对其进行间接统治。历代对西南少数民族大体采取"因俗而治"的策略。"争讼不入官府，即入，亦不得以律例科之。"② 在经历秦末的割据之后，至汉武帝时期，通过出兵南越，广置郡县，再一次将百越之地纳入王朝的统治之下。此时，桂西北的宜州所处的地区方才建立定周县，是桂西北最早的建制县。魏晋南北朝时期，中央政权进一步在蛮地设郡县，与之相应的是有很多的郡县变成蛮地，比如定周县。当时中央王朝对于桂西北的统治并不稳固，为数不多的郡县之外，大部分属于所谓的蛮地，由中央王朝直接管辖的地域范围有限，中央权力也难以延伸到郡县之外的地方，即便是郡县，也可能由于中央统治的虚弱而沦为蛮地，中央王朝并不能进行稳定持续的统治。

（二）羁縻与土官

"大一统"的中央王朝在继续设置郡县的同时，采取"以土治土"的统治策略，任用当地土著头人等充任羁縻州府的官员，允许其世袭，而由中央王朝加以名义上的委任，在形式上纳入中央王朝的统治，与中央王朝腹地最大的区别是官吏自任，租税不供，文告不行。"其人为苗为瑶为伶为僮为侗错处并居，言语不通，衣服异制，历代皆羁縻之，为刑教所不及。"③ "三代以前惟以德服，汉唐而后或顺或叛，羁縻而已。"④ 隋唐时期，统一的中央政权加强了对壮族地区的统治，对于久设郡县的地方置官吏、征赋税，进行直接统治，对于山区则"以夷制夷"，设置羁縻府州县，以当地首领为官长，进行间接统治，比如当时桂西北设置庆元府，羁縻温泉州、羁縻藩州、羁縻琳州等。在羁縻之地，虽贡赋，版籍多不上户部，类似于一种朝贡体系，获得政治上相对独立的地位。

两宋继续沿用羁縻制度，开始在桂西北地区全面建立土官制度。根据《壮族简史》所述："因其疆域，参唐制，分析其种落，大者为州，小者为县，又小者为峒，凡五十余所。推其长雄者为首领，籍其民为壮丁。"⑤ 在

---

① 常璩：《华阳国志》（一），卷1，巴志，中华书局1985年版，第3页。
② 田汝成：《炎徼纪闻》，卷四，蛮夷·苗人，商务印书馆1936年版，第55页。
③ 周诚之：《龙胜厅志》，台湾成文出版社1967年版，第31—32页。
④ 佚名：《贺县志》，台湾成文出版社1967年版，第71页。
⑤ 本书编写组：《壮族简史》，民族出版社2008年版，第41页。

两宋土官制度基础上，本身源于少数民族的元朝统治者建立土司制度，在桂西北设立庆远军民安抚司，统领羁縻州县，由当地土酋担任土官，"皆赋役之，比于内地"，中央政权对于土司的管辖侧重于赋役，同时，"土官有罪，罚而不废"，给予土官以政治特权，保证其世袭权力。《凤山县志》有载："自划分土地，设土司而治。以土地为土官食米，国家不给饷。于是，土司区域，土官为当然地主。凡政治制度，特因地制宜，其所设的佐杂统领、参将、参戎各员，总哨、哨目、头人、苏老、保正、榄头各级，至皇兵、士兵、值番、夫役、马草、厕所等基层，就以管辖所有之土地，除留肥美若干处为土官养印官族膳田外，其余均划为份，按等级给予土地，由各级员兵自耕自食。"① 对于边陲地带少数民族的治理采取"以土治土"的方式，承认当地在发展程度和风俗习惯的基础上进行治理。

至明初继续采取土司制度。根据《明史》记载："西南夷来归者，即用原官授之，让土司照旧分管地方，从本俗职权以行，对蛮夷土官，不改其旧，顺俗施政。洪武七年，西南诸蛮夷朝贡，多因元官授之，稍与约束，定征徭差之法。渐为宣慰司者十一，为招讨司者一，为宣抚司者十，为安抚司者十九，为长官司者百七十有三。其府州县正二属官，或土或流，皆因其俗，使之附辑诸蛮，谨守疆土。"② 明洪武年间规定，土官三年觐见朝贡一次，广西土官所贡方物是马、犀角、孔雀尾、象牙、蚺蛇胆、金银器皿、青红宝石、玉石、金戒索、各色绒线、降香、花藤席等。

（三）土司与流官

明朝开始实行"土流并设"的制度，虽然土司的主官以土人为主，但是中央政权任命官员进行辅佐，土司除了上缴税赋外，还需要供中央政权"驱调"，土司制度日益发展完善。明亡清兴，清承明制，土司得以保留。至清朝中期，土司制度在"改土归流"中才日趋衰落，中央王朝逐渐裁废土司，代之以中央政权任命的定期轮换的流官，实现与内地并轨的管理方式。不难看出，明代之前的汉唐宋主要依靠少数民族的羁縻来对地方进行间接性的管理，到元明后，才出现土司制度，改变了过去羁縻制，国家权

---

① 黄文观纂:《凤山县志》第七编，1946年油印本。
② 张廷玉:《明史》，卷76，职官志。

力有条件地进入地域社会,并没有摆脱"以土治土"的方略,后来改土归流对于县以下的地方控制仍然有限,在县以下保留了很多的土司地区。

从整个历史过程来看,不论是羁縻还是土官,最终的目的是归于郡县,纳入中央政权的统治之下。县是中国政治结构中比较稳定的一级行政单位,如果以县的数量作为郡县国家化的衡量标准,可以比较明显地看到整个郡县化的进程。自秦开始,广西境内设置有临尘、中留、零陵和布山4个县。汉代在广西先后设立约23个县。三国时广西大部分地属吴,约设39个县。隋代,广西先后设85个县。五代时广西约设155个县。宋代约53个县,元代约51个县,明代约48个县。清宣统末,广西县数49个、县级政区数43个。[1] 不过,通过羁縻、土司到郡县制将广西纳入中央政府统治地域,并未完全实现国家权力对于桂西北地域社会的有效管理。一方面地瘠民贫的桂西北无法供养足够的官僚,无形之中弱化了传统国家国家化的种种努力。因此,到清代大规模改土归流之后,依然存在流官不就的局面。"因其避远,知县终年不至,苗姓不知有官。"[2] 乾隆年间,广西巡抚奏报:"太、思、庆、泗、镇五府,烟瘴佐杂缺出,借调无员。"[3] 另一方面是当地少数民族地区统治不易,据《粤西偶记》记载:学使者于州郡,例无统辖,礼貌视他上官不同。粤西悖慢成习,更出意表。忆在马平,水米俱绝者一日。在苍梧求鸡子一二十枚不可得,诘之则曰此地不产此,其实鸡声里巷相闻也。试日不送烛,呼其胥役,问之则已逃矣。一二等生员,当给赏以示鼓舞,州县往往具文,云久已奉裁,应将何项钱粮支给,反相诘难焉。[4] 因此,常常将桂西北称为"难治之区"。

三 以土治土:传统国家时期的地方政权

正因为桂西北乃至广西最为难治,在传统时期,中央王朝设立郡县之

---

[1] 韦晓:《历代县行政长官在广西设置简况》,《广西地方志》2007年第4期。韦晓论文中所举宋、元、明三代广西县数,应不包括土属县行政建制。
[2] 《清实录》大清高宗纯皇帝实录卷之一百三十七乾隆六年二月下。
[3] 《清实录》大清高宗纯皇帝实录卷之一百三十九乾隆六年三月下。
[4] 陆祚蕃:《粤西偶记》,中华书局1985年版,第3页。

外，主要采取"以土治土"的统治策略，将地方之权委以当地世袭的土官之手，土官对地方保有相当大的自主权力，由此形塑了独特的地方治理体系，具有鲜明的地方性特征。

（一）土官衙门

与中央王朝腹地的地方政权一样，土官设立了隶属于自己的地方政权组织体系，称之为"土衙"。在桂西北的一些土州土县中，普遍建立了土官衙门，在县级政权建设中充分吸收了中央王朝腹地的制度框架，建立了类似的县级"三班六房"的衙门组织体系。以南丹土州为例，一是刑名、钱谷等师爷，协助土官策划土州内一切事务，代土官处理各种案件，负责起草和处理各种往来公文或告示，但不能坐堂审案。二是书办或录事，抄录案文、口供、缮写公文、传票等。三是账房，登记各项来款开支等。四是户房负责清查户口，管理百姓户籍等。五是门房负责催夫派款、收发信件等。六是差房，看守犯人，下乡传讯案件，负责催收粮税等。七是兵房，有亲兵，负责警卫，捉拿盗贼，维持社会秩序等。[①]

当然，在具体的设置上彼此间会有所差异，但是土官衙门机构基本上覆盖了地方政权所涉及的刑名、钱谷、文书、缉盗等职能，世袭的土官能够借助于土官衙门对地方进行统治。在此过程中，土官衙门的胥吏差役等由土官任用，刑名师爷等由土官花钱粮雇佣，兵丁杂役等由土官所辖的下属充任，土官赐予土地，下属以履职代役，从土官衙门的组织和人员等来说，与内地官衙无异。土官衙门治下划分为不同区域，如南丹州的四化八方，分成不同的行政层次，直到最小的村寨为止。每个层级由世袭土官任命的土目担任，土目与土官是上下级的隶属关系，不过与汉族地区不同，土目与土官在身份等级上形成一种高度的人身依附关系，土目的土地和身份特权等来自土官，整个土州土县的地方行政系统依赖于土官与土目的依附关系，并借助这种私属关系来运转，带有土司制度的底色。

（二）政治等级

在土司地区中，土官的行政系统依赖于人身依附关系，这种人身依附

[①]《南丹县壮族社会历史调查》，载广西壮族自治区编辑组《中国少数民族社会历史调查资料丛刊》修订编辑委员会：《广西壮族社会历史调查》（二），民族出版社2009年版，第38页。

关系源自土司社会的身份等级制度，由此确立每一个人的社会身份和政治责任，以及附着在身份上的政治权力和义务关系等，由此使得整个地方社会获得一种内在的政治秩序。土官无疑处于社会等级制的顶端，依据政治权力和社会身份，形成高低贵贱的身份秩序，这种等级秩序以土官为圆心，随着血缘关系、人身依附和隶属关系等逐渐向外展开，与之相对应的是社会地位、土地财富分配、政治特权等一系列的秩序关系。

一是土官。根据南丹州末代土官莫浦自述，宋室以广西边远，不易治理，置同化外，不甚重视，以土人已受羁縻，与屯田官兵相习惯，故不另再委官来，多此麻烦。从此就使屯田官兵世执其事，以后就成为世袭土官。① 土官在其所辖地区具有最高的权力，不仅占有大部分的土地，而且控制着大量的人口，并将土地和人口分配给自己的部属，由此形成土官与下级扈从隶属关系，扈从承担着为土官提供兵役或其他劳役的责任，依附于土地之上的农民则需要为土官及其扈从提供无偿的劳役等，缴纳贡赋等，建立类似于封建领主的人身依附，处于最高层的土官及其家族享受着封建特权，正如安平土司的社会历史调查报告所叙述：

> 在土州，土官袭职时，所属村长、村老等带领村民抬着烧猪、羊、鸡、鸭和各种贺礼及金钱，到土官衙门道贺。当土官升堂受印时，土官先祭拜神灵祖先，后念朝廷批注的袭职告示。在旁边的司仪高呼："用印一颗，风调雨顺；用印两颗，国泰民安；用印三颗，连升三级。"土官祭毕，依次接受各屯吏目和百姓的叩拜，此后每年正月初九，土官举行开印仪式，各村的郎首等头人带礼前来参拜。土官下乡远行，开道的差役先行要喝，路旁行人迅速让道回避，村屯头人率领各户老人，跪在村头迎接，低头高呼："官来了，官来了"，待土官进村，还要对坐轿或骑马的土官磕三个头，才敢起身。村里家家户户都已经收拾了晾晒的衣物杂物，管束着男女老幼不能出外走动。成年男子依次到土官歇处参拜，都不能坐凳，盘坐在地上聆听。土官若要在村里留宿，村民便忙着杀鸡宰猪，备办丰盛的酒菜供应，都小心

---

① 《南丹县壮族社会历史调查》，载广西壮族自治区编辑组《中国少数民族社会历史调查资料丛刊》修订编辑委员会：《广西壮族社会历史调查》（二），民族出版社2009年版，第126页。

翼翼伺候，唯恐因冒犯或怠慢，招致意外的横祸。所有的花销，都由头人向村民摊派。①

二是官族。围绕土官之外的是官族，土官亲族分居后，土官将部分土地分配给亲族管辖。因此，在官族内部，土官是官族的族长，裁决官族内部的大事，替人调解纠纷等，如果不能了结的纠纷，至每年春秋大祭时由土官当众裁决。对于违反族规者，分别处以罚款、退门，以至除族等处分。官族有各自的田产，除向土官缴纳少量的田赋外，一概免除夫役和贡纳，官族的土地可以在内部继承和典卖等。外卖的土地，要经族老允许，才能进行。无子继承遗产者，不得招赘，须由近亲子弟过继继承。如果争执不行，由户长或族长调解，指定过继者继承。② 官族设立田庄，凡是居住和生活在官族土地上的农民奉土官亲族为庄主，自称庄丁，每年向庄主缴纳地粮和棉花等物品，作为"认主"的礼物，并为庄主提供各种无偿的劳役。庄主有权处理庄内一切争端与纠纷。③ 由此形成以土官为主的封闭的官族统治集团，牢牢占据着土司地区政治经济社会权力的中心。

三是土目，即土官的各级扈从，充任土官所辖地域各级头目，如哨目、亭目、苏老、保正等，这一群体并非官族，却是土官统辖地方的助手。根据广西壮族社会历史调查资料，土目原本是土官的下属，跟随土官来到辖地，土官领有土地之后，为了有效地统治地方，将下属分配到各地险要地形驻守，初期为军事目的，后来兼具有行政功能，正如军事征伐之后产生的封建领主制度一样，由土官向下分封，授土授民。土目成为土官在地方或村寨的代理人，拥有自己的田地，此类田地被称为"官田"，不需要缴纳税赋，同时免除向土官承担的劳役，土目将田地交给农民租种，农民缴纳钱粮。

四是土民，其中分为两个部分，普通的农民有自己的田地，除了向土官缴纳税赋之外，并不需要提供无偿的劳役，田地也能够自由买卖，但是

---

① 《安平土司》，载广西壮族自治区编辑组《中国少数民族社会历史调查资料丛刊》修订编辑委员会：《广西壮族社会历史调查》（四），民族出版社2009年版，第19—20页。
② 《安平土司》，载广西壮族自治区编辑组《中国少数民族社会历史调查资料丛刊》修订编辑委员会：《广西壮族社会历史调查》（四），民族出版社2009年版，第20页。
③ 《南丹县壮族社会历史调查》，载广西壮族自治区编辑组《中国少数民族社会历史调查资料丛刊》修订编辑委员会：《广西壮族社会历史调查》（二），民族出版社2009年版，第8页。

田地数量较少，属于自耕农，在政治上也没有权力，是从官族或土目家族分化出来。农民买到官族不服劳役的田地，获得完整的土地所有权，土民世代种植土官的役田的耕作权，发生典卖后，附着在土地上的劳役和贡纳也随之转移。此外，土民是没落的官族成员，当地俗语有"三代为官（族），五代为民"的说法，五代以后的官族，与一般自耕农相同。另外的土民则是无地或少地的田丁或役力，通过租种土官、土目等田地为生，并承担繁重的劳役负担，为土官提供各种形式的劳役和贡赋等，生活在整个土司社会的最底层，在服饰上不能穿白色衣物，在住房上不能使用青瓦，在婚姻上不能与官族通婚等，这些都是身份等级之间不能逾越的相应规制，田丁或者役力如果违反上述规则，将受到土官和土目的严厉惩罚。

（三）共同劳役

土官统治的经济基础依赖于领主土地制及其之上的劳役地租，与实物地租相比，土官更加倾向于劳役地租，由此形成了以劳役为基础的土地制度。在土司地区，田地一般分为官田与私田，私田一般为官族私庄和普通农民所拥有的田地，不纳税也不需要承担劳役，但是只占整个土地地区田地的小部分，而大部分的田地都是名目繁多的"官田"，官田属于土司和哨目所有，在南丹县拉易乡，根据承担的劳役或粮赋不同，分为粮田、夫田、哨田、营田、米桶田等，租种田地的农民必须承担对应的劳役。在天峨县白定乡，土官治下的土地主要分为粮田和私田，仅粮田有税赋，而私田是免除税赋，耕种粮田的农民在土官下乡时做抬轿、挑担等劳役，[①] 对于农民而言，几乎每个月需要给土官服劳役，如安平土司下利屯，挑夫送礼、送干柴、送艾草、抬土官赴圩或外出等。与实物地租相比，劳役地租以支配农民劳动力为前提，失去流动迁徙的自由，农民被紧紧地束缚在土官和土目的土地上，此外，土官和土目的土地相对集中于一些官庄或私庄，形成各种聚落性的村寨，村寨多归属于某一土官或土目，以村寨为单位共同承担劳役等，无形之中强化了村寨作为政治责任单位的作用，村寨不仅是土民生产生活的基本单位，而且是土地产权的基本单位，更是承接

---

① 《天峨县白定乡壮族政治及生活习俗的调查》，载广西壮族自治区编辑组《中国少数民族社会历史调查资料丛刊》修订编辑委员会：《广西壮族社会历史调查》（一），民族出版社2009年版，第4—5页。

土官劳役负担的基本单位。

安平土司下利屯全年服劳役安排①

正月初一，每户送柴一担，共 16 担。还出挑夫一人到外地送礼。

正月十九，土官举行当年的"开印"仪式时，每户送干柴一担。

正月二十九，采集称为"样艾"的艾草送到衙门，作为做糍粑的配料。

正月初三，每户一人上官坟做杂役等，农奴因为服役，将自己上坟的日子改在次日进行。

四月，派四人抬土官去赴歌圩另派两人挑土官的衣物等。

五月三日或四日，每户送衙门一担柴。同时送去用三角麦烧成的禾灰和粽叶，作为做凉粽的配料。

七月十四日，每户送官家芋头 20 斤，还要出夫一人，送土官外出。

八月十五，全屯送 2 斤蜂蜜给官家。

九月九，每户出一人上官坟做杂役等。还要采摘本地仅有的一颗被封为官树的"那玛果"送进衙门。

十一月冬至，每户送干柴一担。

十二月底，每户送干柴一担。

（四）例规制度

在中央王朝以土治土过程中，土官世袭其职，俨然是地方上的主宰，依靠土官衙门等地方政权机构，掌握着行政、司法等权力，同时占有大量的土地财富等，容易形成尾大不掉的地方势力，在明朝时期，曾经发生过土司的叛乱，中央王朝平定之后废除土司，并加强对土司的管辖，以防止地方上的土官对中央政权可能的威胁和挑战，在未发生叛乱的土司地区，中央政权也通过一系列的措施来制衡土官的权力。

首先，通过土官承袭例控制土官世袭权力，每代土官承袭职位，都需

---

① 《安平土司》，载广西壮族自治区编辑组《中国少数民族社会历史调查资料丛刊》修订编辑委员会：《广西壮族社会历史调查》（四），民族出版社 2009 年版，第 36 页。

要报请朝廷批准，查明由嫡子承袭，无子者转由其弟其侄袭职。中央政权虽然不能直接委派官员管理土司地区，但是能够对承袭土官职位予以干预，并在形式上履行委任土官的职责，对世袭土官的人选产生一定的影响，并在这个过程中逐渐扩展中央政权的作用。

根据南丹县壮族社会历史调查所收集的明清两代"土官承袭例"的记录①，对于土官承袭做出相应的规定：一是详细罗列土官世系宗谱，地方官具结报送有司衙门，核查批准。二是根据土官承袭者对朝廷的功劳逐级授权，权管、署职、实授，尤其是兵粮完足，逐次议加，如果行为不检、与邻近地方冲突、向朝廷缴纳的钱粮兵马逾期，将追夺土官职位并进行惩罚。三是土官子弟交结地方生事，不能影响地方治安等。四是对土官进行加级考核，按照上级衙门所开列的禁革事项进行。五是承袭者由本省有司衙门给予记号纸一张，详细写明宗支子派和职责等，承袭时前往衙门核查，并将承袭年月等填写在记号纸上，以此作为承袭的凭据。五是土官承袭需要经过各级汉官衙门转文上交，例如南丹土官要经过河池承审、庆远府、柳江道到桂林藩司四级。由此，中央政权可以影响到土官的承袭和任职等。

其次，通过禁革例规控制土官对土民的征派。对于土官来说，土司的身份等级和劳役等是土官统治的基础，对于底层农民来说，则意味着沉重的负担，这些劳役和贡纳等有可能成为土司地区变乱的祸端。因此，中央政府对土官衙门和土官家用的征派进行具体区分，定下例规，禁止和革除一些劳役等，额定一些征派，以此来限制土官对于农民的征收和派款等。具体来看：

一是公私分开。在土司地区有许多禁革碑文或额定劳役碑文等，大多是由土司上级汉官衙门所颁布，整理当地土官征派的劳役等，将土官衙门与土官个人的征用分开，禁止土官以土官衙门的名义向农民征派。正如下雷土司《奉宪应留革碑记》中所叙述："应革者，官不得复兴，民不得再添。倘土官不肖，土民即据实开列某款现加若干常例又增了某款，呈送到府，必为严行惩办，如或土民疲顽、土恶抗违，土官即秉公呈报某款现欠

---

① 《南丹县壮族社会历史调查》，载广西壮族自治区编辑组《中国少数民族社会历史调查资料丛刊》修订编辑委员会：《广西壮族社会历史调查》（二），民族出版社2009年版，第36—37页。

若干，某章差某项，拿送到府，亦必尽法究惩。"①

二是列举革禁。对于偏远地区的土司，保持土官的同时，采取措施逐个革除裁减土官的特权，特别是奴役和贡纳，并制成规例碑，在安平土司，具体包括限制"田例""额例""米""柴""马""婚丧"等贡纳。革除"柴炭""站马""闰月米""硝磺""瓦草""鱼花"等贡纳。对于夫役则用钱抵役。②

三是自请革除。在颁布规例碑的同时，一些土官也自行地提出禁革所辖村屯的劳役和贡纳等，比如南丹莫姓土司在同治年间自行免除了一村屯的部分劳役，在婚姻和丧葬等方面给予一定的优待，以示恩荣，并将村内公事委托给村老等，准许其秉公办理，可以自行送官处理，不需要经过土目等。莫姓土官特将其禁革之事刻成碑文，昭告村屯土目和村民等遵守。当然，上述自行革除本身是有条件的，在下面碑文中叙述村老等服劳役的功劳，同时每年按时上交钱粮，事实上，是以上纳钱粮逐步代替服役。

世袭南丹州正堂加五级记录五次莫，为安抚归内事，照得蛮上村民韦□□、韦秉、韦富等人在署服役日久，为人忠厚，矢慎矢谦，办事有功，本州体念该民每年上纳□□银四两正，年清年款，该村事务准尔秉公排解，不得作奸等事情。尔办清白，如不能（自）行送官，不干□（哨）目之事。至于署"衙"本官，不敢阳奉阴违，是为至要外，合行为此碑给该民子孙，一权（疑错）□□凡尔红白喜事，准开伞旗，凡署内一切公项，照依前事，不得争论，自有劳责，不负本州恩施之至意也。凛之慎之，毋违特□切切。同治三年十月十三日③

最后，通过定期考核和土民上告例规控制土官的行为不检。例规控制土官的禁革例规并不能够保证土官按照例规所列举的征派，为此，时常出

---

① 《下雷土司》，载广西壮族自治区编辑组《中国少数民族社会历史调查资料丛刊》修订编辑委员会：《广西壮族社会历史调查》（四），民族出版社2009年版，第162页。
② 《安平土司》，载广西壮族自治区编辑组《中国少数民族社会历史调查资料丛刊》修订编辑委员会：《广西壮族社会历史调查》（四），民族出版社2009年版，第44页。
③ 《南丹县壮族社会历史调查》，载广西壮族自治区编辑组《中国少数民族社会历史调查资料丛刊》修订编辑委员会：《广西壮族社会历史调查》（二），民族出版社2009年版，第23页。

现土官违反例规而加派征用等，对此，中央政权以及土官所属的省衙门都有权进行干预，并废除土官加征的不合理劳役或派款等。

在土官承袭例规中明确加级考核的依据，土官除了对于中央政权的责任和义务外，如钱粮兵马等，还包括对下级民众的征派等不能超出例规，一旦征派过重，容易导致地方生乱，影响地方的稳定和秩序，最后不得不由中央政权来弭平地方变乱，所以上级衙门对土官是否按照所禁革事项办理进行考核。此外，中央政权允许地方上的村寨头人等到土官上级汉官上告，以此获得所辖土司地区土官执行例规的情况，以此来约束土官的行为，同时也能够保持中央政权对土司地区的监督。比如在桂西北地区，土官一般包括土府、土州和土县等层级，统一归属于广西布政司衙门管辖，土官治下的农民如果对土官征派等不服可以到桂林上告，布政司衙门会直接干预土官征派，明令其取消相关的征用派款等，而土官必须遵照执行，否则根据承袭例规，行为不检可能会被追夺土官之职，根据禁革例规，强加征派将面临上级衙门考核等。

四　改土归流：传统时期的地方政权国家化

随着统一的中央政权日渐巩固，为了加强对土司地区的控制，在明清开始逐渐地实行"改土归流"，大致分为两种方式：一是对于叛乱地区的土司在镇压之后直接废除土官，改设流官，直接纳入中央政权的统治。二是渐进的改土归流。在保留土官的同时，增设汉官，辅佐土官，并对土司地区的汉人进行管辖，经过一段时间之后再改土归流，废除土官衙门，直接由中央政权委派的流官进行治理。在重新编户的基础上，土民向汉官衙门缴纳税赋，以代替向土官提供的劳役地租，汉官衙门之下重新编组基层组织，以代替具有人身隶属关系的土目，与之相应的是在文化上推广儒学，开科取士，将土官、土目、土民等纳入大共同体之中，最终实现地方政权的国家化。

（一）汉官衙门

改土归流最先是对土司政权的改造，在官制和衙门机构等方面进行改造，取代土官衙门的地位，在土司地区逐步建立了隶属于中央政权的地方政权机构。

第一类是设置汉堂，辅助土官治理地方。在土官衙门外的汉官，负责管理土司地区汉人事务，比如南丹县的汉官是同治年间因为土官袒护亲族，对亲族与百姓的纠纷处理不公平，导致老百姓上告要求清朝官府委派汉官一起治理地方。为此，汉官有权监督土官，对土司地区统治进一步加强，汉堂衙门有文案一人，协助汉堂办事，司门一人，传达，递送公文，亲兵一棚，炊事一人。因为土官衙门仍然存在，所以汉堂的机构比较简单，与土官衙门并设，将中央政权延伸到土司地区，汉官由中央政权所任命，比照内地州县进行治理。

第二类是设置弹压官，取代土官治理地方。在土司地区设立临时的弹压官，代替原来的土官，取消土官衙门的重叠机构，解除大部分差役和牢狱兵丁，留任协同办事的师爷和部分衙役。过去衙门无偿使用的夫役被革除，弹压衙门官员自己出钱雇用夫役，过去地方向土官的贡纳全部消除，改成按田亩向弹压衙门缴纳粮税。

第三类是设置分府分县，与土官分区治理地方。理苗分府分县由州府同知、县丞等分任，在环江县龙水乡所属理苗分府安化厅管辖，有刑名师爷负责起草文稿，账房师爷管理财政及钱粮，照磨管理档案卷宗，还设置了吏、户、礼、兵、刑、工六房，各房设员办事。如龙胜县在乾隆五年设立理苗分府，专理行政事务，设藩、臬、道等机构分管军事和民刑事等，待地方平靖后撤销，再派官员设立龙胜厅。

从清末到民国初年，在少数民族地方政权上，土官、弹压、县知事三者的权力差异集中体现了改土归流的地方国家化作用，将世袭的土官改为中央政权任命的流官，原本掌握在土官手中大量的权力被收归到中央政权，流官所代表的地方政权只不过是国家政权在地方上的必然延伸。具体来看，在政治上土官世袭，世代相传，永掌斯土，掌管辖内土地和人民，但是没有军权，只有团务兵保卫地方，对于重大刑事案件只有审讯权没有执行权。弹压在政治地位上不及土官，不能调度辖区内民众服无偿劳役，不能召见土人，管理民刑事的也没有执行权，县知事在政治上高于土官和弹压，掌握政治、军事、财政、文教等权，且有民刑事执行权。在经济上土官享有封建王朝的特权，占有大量的土地和土地上的人民，而弹压和县知事只靠薪俸而没有土地。在文化上土官不及弹压和县知事。①

表2-1　改土归流过程中土官、弹压、县知事的权力比较

	土官	弹压	县知事
任命	世袭	临时委任或兼任	正式委任
政治	财政、司法等	民刑事管理权、部分财政权等	军事、财政、文教等
经济	占有大量土地和农民，无偿劳役	薪俸	薪俸
文化	少数民族习俗	儒家文化	儒家文化

（二）完粮纳税

财政是以国家为主体，依托政府强制力量从社会无偿获取社会资源，以履行政府职能和满足社会公共需要。财政收入主要来自政府运用强制性手段从社会获得的资源，最主要是各种以国家名义向社会征收的税赋等。在马克思主义看来，国家是一种具有强制性的特殊公共权力。"为了维持这种公共权力，就需要公民缴纳费用——捐税。"② 税收是国家的基础性资源。民众缴纳费用的过程，也是国家汲取财源的过程；国家汲取的财力愈多，对社会的控制或影响能力就愈强。在改土归流的过程中，中央王朝对土司地区重新登记户口，以此掌握土司地区人口信息，编入版籍，同时也意味着以前作为土官属民的大量人口成为中央政权所控制的纳税人口，由此承担相应的税赋徭役等，借由编户的方式而直接与国家发生关系，成为中央王朝的臣民而非土官的私属。

随着改土归流的推进，土司地区土地制度也发生变化，土官所属的田地虽然由土官所有，但是之前免除税赋的私田在清丈田亩之后与官田一样需要缴纳税赋，打破粮田与私田在税赋上的差异，共同承担政府的税赋。土司地区的土地和人口均纳入中央政权的管辖之下，依照户籍和田地等承担国家责任，彻底废除了土官的封建领主特权，尤其是繁重的劳役负担等，土民租种土官的田地，除了租税外，不再承担各种类型的劳役，整个

---

① 《田东县檀乐乡壮族社会历史调查》，载广西壮族自治区编辑组《中国少数民族社会历史调查资料丛刊》修订编辑委员会：《广西壮族社会历史调查》（五），民族出版社2009年版，第92页。

② 《马克思恩格斯选集》第4卷，人民出版社1995年版，第171页。

土官衙门也不复存在，劳役经济逐渐过渡到地主经济，土官不再是拥有政治经济权力的"领主"，只是享受政治优待，占有大量土地的地主而已，剥离其政治权力。不过，改土归流之后，汉官及其衙门等仍然由地方税赋来供养，为此取代繁重劳役的是日渐增加的国家税赋。在南丹拉易乡，在土官统治之下，虽然需要向清政府缴纳税赋，但是整体的税赋水平较低。①除了部分粮田需要缴纳税赋外，大部分的田地实际是免除税赋，清丈田亩后所有的田地都需要缴纳税赋，"田荒粮不荒"，汉官借助户籍能够更加有效地征粮派款，与土官衙门相比，汉官衙门有着更加严格的政权组织，无形之中加强对地方的控制。对于欠缴税赋的土民进行约束，于是有所谓"一年为欠，两年为抗，欠者关，抗者杀"的说法。

（三）编组保甲

清查户口，清丈田地以及催征粮款等一系列事务都需要进一步加强对地方社会的控制，基于此，汉官衙门所处的州县之下重新按照户口，划分区域，编组基层组织等。在土官时期，下级各类组织分为哨目、保正等土目，土目与土官之间有着明显的主从附庸关系，依赖各种封建义务联系起来，因此，这是一种非制度性的组织体系，带有很大的随意性。在改土归流后设立的分府分县管理原来土官辖地时，汉堂下重新建立团总、老布、郎首等土目充当催夫催粮。由于过于频繁的征派，各级土目逐渐退出。在恩城土司，清末各种征派导致土目不愿意充任，为此有的土目长则干几年，短的只干一两个月，最后各户轮流充任。②有的地方打破各级土目的基层组织，按照政权组织单位重新进行编组，如表2-2所示。具体来看，在天峨县白定乡社会历史调查详细叙述了改土归流之后在汉官衙门之下建立团、亭、甲三级组织。

> 团练是官府指派成立的，在几个亭内，维持地方治安、防止盗匪

---

① 《南丹县拉易乡壮族农业及副业生产状况的调查》，载广西壮族自治区编辑组《中国少数民族社会历史调查资料丛刊》修订编辑委员会：《广西壮族社会历史调查》（一），民族出版社2009年版，第166页。
② 《恩城土司》，载广西壮族自治区编辑组《中国少数民族社会历史调查资料丛刊》修订编辑委员会：《广西壮族社会历史调查》（四），民族出版社2009年版，第125页。

第二章　近代之前的国家化、地方性与村寨自治

打劫的非固定组织，有团首、拾长等，召开"议团"，讨论如何防止匪患，订立防匪合同，相互支援，严禁通匪、援匪、窝匪，如有违犯则拿到土地庙处决。在议团时，与会的人出钱宰杀1头牛和1只公鸡供土地庙（他们叫敬"堡社"），求神许愿，到会的人都去罗拜，每人将1吊铜钱放在神像前，表示同心协力，如有反心通匪者就如公鸡一样被斩首。如果这一年平安度过后，又以亭或村寨为单位，召开"议众"会议，根据"议团"订立合同的精神，讨论如何在本亭或村寨具体实施，例如，轮派青壮年人，晚间巡逻放哨，对生面人要加以盘问等。这里值得注意的是，"议众"不仅对付外来的匪乱，而且还讨论禁止亭内或寨内的侵犯财产、偷牛盗马、偷窃青苗，禁止牲口践食作物等内容。①

团总之下的亭目一般由大户轮流充任，或者其他方式产生。② 亭目有50挑的乡田或印田，有村中绝户归公或村民出钱购买或自愿捐出，对于亭目不需要负担劳役或其他经济上的义务。③ 亭目对官府负责，执行官府的命令，包括收粮解粮，管理地方、维持治安、处理群众纠纷等，除了人命官司外，百姓有什么事情，或者发生什么纠纷，除了由乡老、甲头解决外，经由亭目处理，如果不通过亭目处理告到官府，则用去多少钱或罚款多少，亭目都要向事主索取同样的钱，经过亭目处理的则由事主准备酒席款待，即便亭目无法处理，也需要亭目写文转去官府解决。当然，如果亭目欺压村民，从中渔利，村民会

---

① 《天峨县白定乡壮族政治及生活习俗的调查》，载广西壮族自治区编辑组《中国少数民族社会历史调查资料丛刊》修订编辑委员会：《广西壮族社会历史调查》（一），民族出版社2009年版，第14页。

② 一说是当地大姓轮流充任。二说是推举读书人充任，经官府核准，开给委牌，可以世袭。三说是经官府核准，请外地人充任，天峨县白定乡以前的周亭，亭内没有人可以充任亭目，无人负责收官粮，官府下派的差官等趁机勒索，周亭的村民到附近请人充当亭目，世代承袭，四说是由官府委派考取功名的人充当，可以世袭。五说是有钱人向官府买亭目之职位，六说亭目自己可以将职位卖出，一亭目将村民给予的田地卖光后，就亭目之职业卖出，后来由村里的村民出钱赎回，并由原来亭目子孙充任，并重新拨给田地耕种，作为亭目的工资。参见《天峨县白定乡壮族政治及生活习俗的调查》，载广西壮族自治区编辑组《中国少数民族社会历史调查资料丛刊》修订编辑委员会：《广西壮族社会历史调查》（一），民族出版社2009年版，第12页。

③ 《天峨县白定乡壮族政治及生活习俗的调查》，载广西壮族自治区编辑组《中国少数民族社会历史调查资料丛刊》修订编辑委员会：《广西壮族社会历史调查》（一），民族出版社2009年版，第13页。

筹款派人去省府控告，有些亭目因此被官府惩办。①

亭目之下有甲头，管理10户至20户左右，由亭目指定富户充任，由甲头收税收粮，当群众有事时，先请甲头处理，如果处理不了再请亭目处理，甲头有公田10挑，自耕自种，作为工资。亭目与甲头之间也会冲突，亭目可能要求甲头分摊不合理的负担，如亭目到官府领取委牌的费用，甲头便会联名告到官府，得以免除。② 甲头下有览头，负责递送公文、通知开会和协助甲头收粮，由每户收取两三斤米或一些钱作为工资。③

表2-2　　　　　　　　　广西部分土司地区基层建制④

土司	基层建制层级	具体建制
南丹土州	哨—团	14哨，设哨目1人，掌握全哨大全，处理哨内事务，维持治安，设师爷1人，协助哨目处理纠纷，管理账目，起草公文，另有哨勇10人，负责保护哨目身家性命、递送公文和传讯刑事案件。在哨总下设立团总，团之下设有甲
安平土州	化—片	8化，设知垌，掌握全化大权，钱垌1人，催收粮赋，权隘若干，专守隘口。化之下分片，数村一片，每片设总化1人，各村设郎首若干，由村老演化而来，既当公务，又为一村之长
万承土州	坊—甲	6坊9甲，州城附近为坊，每坊推选1头人，传达和处理土官公务，其余村屯为甲，每甲由土官指派1人为管垌，专职代收钱粮和征派劳役等，管垌之下设乡老1人，专责督促和收集各屯钱粮

---

① 《天峨县白定乡壮族政治及生活习俗的调查》，载广西壮族自治区编辑组《中国少数民族社会历史调查资料丛刊》修订编辑委员会：《广西壮族社会历史调查》（一），民族出版社2009年版，第13—14页。

② 《天峨县白定乡壮族政治及生活习俗的调查》，载广西壮族自治区编辑组《中国少数民族社会历史调查资料丛刊》修订编辑委员会：《广西壮族社会历史调查》（一），民族出版社2009年版，第14页。

③ 《天峨县白定乡壮族政治及生活习俗的调查》，载广西壮族自治区编辑组《中国少数民族社会历史调查资料丛刊》修订编辑委员会：《广西壮族社会历史调查》（一），民族出版社2009年版，第13页。

④ 蓝志流、江书中：《民政纵横》，广西人民出版社1992年版，第8—11页。

续表

土司	基层建制层级	具体建制
全茗土州	街—方	1街4方，1街为全茗街，4方为上、下、内、外四方，设总州1人，总管各方事务，各方设总管确认，每个总方，设4个外郎，负责催粮、催夫、派款等工作，总方催得的粮钱交给总州，由总州汇交土官，街上设团总1人，负责排解民众纠纷，团总之下设立保董和甲长
下雷土州	厢—甲	2厢5甲，州衙门附近分为2厢，土官设立布总，催派租粮劳役，调解民事纠纷。其余村屯划分为5甲，每甲设峒长确认，总管全甲，处理民刑案件的裁决权，布总1人，由土官委派其族人担任，平时住在圩镇，有事则前往甲里坐镇，传达土官旨意，协同或督促执行，参与解决和调解甲内民事纠纷。蕃总1人，专责全甲催派劳役，旗头1人，协助催派劳役等，亭头若干，向下传达和执行土司指令。总先与总担各1人，统办各种杂务，此外，每屯有郎首1人，负责催收本屯钱粮和劳役，承担各项事务，为民调解纠纷等

（四）兴学崇儒

权力中心将边缘地带纳入儒学规范称为"开化"或者"王化"。李侃如认为："在帝国时代，中国人把对儒学的忠诚定义为文明社会的表征。那些离权力中心较远，对儒家规范较为不敬的人被认为不够开化。"[①] 因此，传统国家除了通过设置郡县，按地域来划分国民并加以管辖之外，更重要的是将作为意识形态的儒学推及未化之民，借助大一统的儒学所构建的大共同体本位将边缘地带纳入中央王朝的统治之下。如此一来，边缘地带的统治方式与权力中心一律化，边缘地带也能够浸染在统一的大共同体文化之中，逐渐变成王化之地。

改土归流后，土司地区普遍设立学正和书院等，将儒家文化延伸到边远的壮族地区。土官时期，土民不能够参加科举考试，私塾学堂等也非常少，儒家文化并未深入土司社会，对于中央政权来说，土司地区在文化上属于尚未开化之地。作为改土归流的一部分，兴学崇儒成为流官治理地方

---

① ［美］李侃如：《治理中国：从革命到改革》，胡国成、赵梅译，中国社会科学出版社2010年版，第8页。

的重要举措。比如天峨县白定乡自雍正五年改土归流后，官府允许壮人读书开始，至嘉庆年间才设私塾，道光年间本地考上秀才，至宣统年末共9人考取秀才、监生、贡生等。① 与内地繁盛的儒家文教不同，土司地区受儒家文化的影响比较有限，甚至到清末时期，作为土司社会上层的土官阶层仍然不识汉字，盲目乱为等。正如南丹州末代土官莫浦自述：广西巡抚张鸣岐，以广西土官多不识字，不学无术，施行政令盲目乱为，对国家与人民有害无利，奏请大清皇朝，开办土司学堂于桂林，调集广西全省土司子弟，来土司学堂学习，毕业后，择优秀者，委任为本初之土司官，庶能稍知文理，尽职任事。②

五 村寨之父：地方政权之下的基层社会权威

改土归流主要集中在县级及以上政权，在县以下乡村社会存在一定的自主权，形成基层社会特有的权威，维系着基层社会的秩序。正如吉登斯所认为："大型传统国家内存在异质性，因而我们可以认为，它们是由众多社会组成的。"③ 作为汉壮文化交融的桂西北，既有基于汉文化基础上的宗族与乡绅，又有基于壮文化基础上的寨老、都老等，在地方政权国家化过程中，两者共同构成桂西北基层社会的权威与秩序。

（一）族长

血缘关系是基层社会联结的纽带。王晓毅在《血缘与地缘》一书中提出："在传统社会，中国农民被血缘群体所控制，血缘把农民联系在一起，构成了一个个小社会，这一个个小社会又为占统治地位的社会文化所肯定和强调。单个农民—家庭—宗族—亲属网络构成农村社会的基本结构，农

---

① 《天峨县白定乡壮族政治及生活习俗的调查》，载广西壮族自治区编辑组《中国少数民族社会历史调查资料丛刊》修订编辑委员会：《广西壮族社会历史调查》（一），民族出版社2009年版，第25页。
② 《南丹县壮族社会历史调查》，载广西壮族自治区编辑组《中国少数民族社会历史调查资料丛刊》修订编辑委员会：《广西壮族社会历史调查》（二），第130页。
③ ［英］安东尼·吉登斯：《民族—国家与暴力》，胡宗泽、赵力涛译，生活·读书·新知三联书店1998年版，第63页。

民一生都不可能摆脱血缘群体的束缚。"① 血缘关系凝聚成传统乡村家族性社会,同一个姓氏的家族世世代代居住在同一个村落,辈分高的长老成为家族共同体的天然权威。家族共同体内有自己的长期积淀而成的习惯规则,并实际支配着农民社会。古德在论述中国家庭制度时候认为:"在帝国统治下,行政机构管理还没有渗透到乡村一级,而宗族特有的势力却维持着乡村的安定和秩序。"② 一直以来,华南地区历来是受宗族文化影响最深的地区,桂西北农村的宗族村并不在少数,尤其是随着汉族陆陆续续迁入原来的壮区,不仅带来了宗族文化,而且影响到壮民的土著文化,不少壮族家族也逐渐比照汉族的宗族形式或仪轨等推崇宗族制度,在基层社会中,形成了由族长管理族产,制定族规和执行族罚等宗族权力。

一是一族主事。族长是宗族权力的人格化身,族权是通过族长来展现的,一族之长一如一家之长,拥有广泛的权力,一般来说宗族内均由长爷、长父、长子充当各自的族长。传统国家王权不下县,县下唯宗族,国家赋予族长以惩戒权、送审权等权力,并由族长承担宗族内的维护社会治安、调解田土纠纷、主持婚丧嫁娶等功能,同时承应国家税赋、兵役等,族长成为一族一村的主事之人。

二是管理族产。族长之所以能拥有一族主事的权力,实际上是因为族长履行了相应的公共责任,尤其是赡族,而赡族的基础是族产,族产归全族所有,族长依靠族产来凝聚族众,救济族内贫者等。在龙胜平等乡侗族地区家族公有的山场一般是离村较远的荒山野岭,分别为各个家族所占有。凡族内成员,均可在其占有范围内开垦,谁种谁收,业权归全族公有,私人不能变卖、典当和转让。山场一般不发生租佃关系。③

三是制定族规。根据广西志书记载:"在宗族宗支内,各家族成员之间具有相互援助的义务,不论谁家遇到婚丧大事,同宗支族人必须参加,并以钱米酒肉相助。各家庭的婚丧嫁娶乃至典卖田房也需征得族长同意。"④ 如桂西北的宜州洛东乡坡榄村保留的祠堂条规体现了当时族权对于

---

① 王晓毅:《血缘与地缘》,浙江人民出版社1993年版,第35页。
② [美] W. 古德:《家庭》,魏章玲译,社会科学文献出版社1986年版,第116页。
③ 《龙胜各族自治县平等乡平等村侗族社会历史调查》,载广西壮族自治区编辑组:《广西侗族社会历史调查》,广西民族出版社1987年版,第133页。
④ 广西壮族自治区地方志编纂委员会编:《广西通志·民族志》,广西人民出版社1992年版,第150页。

族众生活和行为的约束与控制,主要是对族内的尊卑秩序、人伦礼仪等进行强调,对于违反族规者进行相应的惩罚。

洛东乡坡榄村祠堂条规①

一议凡我族众,既归祠堂,同支一脉,礼堂先务人伦,分别尊卑。男女老少,各守廉耻,不得私通奸淫,逆理乱伦,玷辱门风等弊。如犯等弊,众议罚入祠堂钱十千文;

一议我等既系同族祠堂至亲,礼宜同心,相反不得挟嫌勾生食熟,私心向外,勾贼劫舍,盗窃分赃,以及诡计暗害,大犯众怒,重则押解,轻则罚入祠堂钱拾千文;

一议我族等凡有添丁,欲入祠堂,报名即取新进钱壹千文。或有寡妇嫁出,亦取钱壹千文。若寡妇招赘或留女顶宗,众议取入祠堂钱叁千文;

一议有名归入祠堂之人,频年每逢春秋二祭,凡同人不拘远近,或有别故,不得亲来同祭者,每节即出香纸钱壹佰文。以上数条,皆系公议,自立之后,不得违议。

光绪陆年三月縠旦日敬立

四是执行族罚。族长在本族内拥有较大的权威,负有监督族内成员守人伦、不盗窃之责,一般的过失由族长或族老进行告诫或处罚,如罚跪、罚款或者示众等,对于比较严重的行为则需要合族公议,将犯错的族人革除出族或处死。不过,相对来说,革逐已是最终的族罚,在传统时期,失去宗族庇护的个人不得不游走他方,不仅脱离原本的社会网络,而且其生存也将面临深刻的危机。根据龙胜各族自治县龙脊乡壮族社会历史调查,对于违反族规乡约的村民施以"革逐"的惩罚。革逐是仅次于活埋的处分,一般多是适用于那些犯罪重大,屡教不改,民愤很大的人,先由犯者的房族开会讨论,作出革逐的决定,再请各村头人前来杀猪宰羊招待,当众写好革逐通告,说明犯者的罪状,表明与犯者脱离一切关系,不与犯者有任何来往,不许和族人共扫祖墓,对其生死安

---

① 李楚荣主编:《宜州碑刻集》,广西美术出版社2000年版,第247页。

全不予过问。①

(二) 乡绅

随着改土归流后官学私学的兴起，壮族地区浸染汉文化崇学兴儒之风，基于学识和科举之上的乡绅阶层在壮族地区形成。与汉族地区相似，乡绅由于其知识、声望和财富等在国家统治力量不及的农村建构自我管理的秩序。因为从农业国家的特性来说，行政力量的话语论说相对有限，基本上达不到民众那里。② 国家权力与乡村社会的中介是乡绅，乡绅由于其地位身份和文化等方面的特征，构成了国家这个大共同体与村落、家族等小共同体之间联结的桥梁。费正清认为："旧中国官吏以士绅家族为收捐征税的媒介，同样，士绅也给农民作中间人，他们在执行官吏压迫农民的任务时，也能减轻些官方的压迫。地方官吏在应对水灾、饥荒或早期叛乱以及众多的次要刑事案件和公共建筑工程时，都要靠士绅的帮助。他们是平民大众与官方之间的缓冲阶层。"③ 因此，在相当长的历史时期，中国农村社会只能依靠极少数识字的乡绅加以治理，绝大多数农民是外在于政治生活的。④ 以桂西北的宜山为例，根据民国《宜山县志》的相关记载，在宋代举进士及第28人，明清进士13人，举人272人，贡生487人。⑤ 可见，宜山地区从宋代开始有一定数量的士绅。这些士绅是乡村社会的重要力量，虽然没有正式的政治权力，却因为功名、声望以及与官府的关系而成为农村社会结构中的精英阶层，享有普通农民不曾有的特权，又承担着一定的公共责任与义务。

为此，韩茂莉将乡绅精英获得权威的途径归纳为"预付资本"，即在地方公共事业当中乡绅等"有钱出钱，有力出力"。⑥ 张静认为："地

---

① 《龙胜各族自治县龙脊乡壮族社会历史调查》，载广西壮族自治区编辑组《中国少数民族社会历史调查资料丛刊》修订编辑委员会：《广西壮族社会历史调查》（一），民族出版社2009年版，第103页。
② [英] 安东尼·吉登斯：《民族—国家与暴力》，胡宗泽、赵力涛译，生活·读书·新知三联书店1998年版，第254页。
③ [美] 费正清：《美国与中国》，张理京译，马清槐校，商务印书馆1987年版，第29页。
④ 徐勇：《国家化、农民性与乡村整合》，江苏人民出版社2019年版，第377页。
⑤ 宜州市地方志办公室：《宜山县志》（内部刊印），2006年版，第272—282页。
⑥ 韩茂莉：《十里八村：近代山西乡村社会地理研究》，生活·读书·新知三联书店2017年版，第15页。

方权威因通过科举而获得国家认可的学位，特别是有很强的公共责任感，甚至不惜用自己的财富去维护乡村的公共利益——兴办学务，管理社仓、地方治安、福利等公务，并以此建立起一个组织化的乡村利益共同体，而赢得了乡里之'望'——来自乡民的合法性，从而成功替代国家实现了其所不能及的对乡村社会的局部整合。"① 在宜山县洛东乡三和桥头发现的碑刻记录了嘉庆年间士绅捐款修桥的义举，"是皆所助者多，工得增加，以致非乌等数缘首之力所能，实蒙君子之多助，爰特叙勒石并刻各捐主尊名于后，以著好善乐捐之美，与此桥并垂永久云"。② 此外，士绅因为其文化权力，能够帮助村民调解日常纠纷，代理官司诉讼等，主持公道从而树立自己的权威。周容德认为："一个士绅调解纠纷的才能可以影响到他的社会地位和名誉。一个尽责的士绅要想保持他处理事情的公平的名誉，他就不能使他的个人感情影响他的裁判。如果有士绅试图利用诉讼来剥削村民，他就会背上'劣绅'的臭名"。③ 在龙胜各族自治县龙脊乡壮族社会历史调查中，对于当地乡绅曾有如下记载：

> 潘定墦是个秀才出身，在龙脊他的声望很高。据说当时凡有新官上任，都要到龙脊来拜访他。有一次有一个府官叫甘兰宾，被龙胜四团头人联名控告，结果被撤去了官职。甘知道潘定墦是本地很有威望的人，为了挽救他的危局，便亲自到龙脊来找潘，向潘定墦哭哭啼啼，申诉他被撤职回家无面见人之苦，请求潘定墦替他设法，于是潘定墦……鼎力帮助，上呈于桂林省府，使得甘兰宾又再恢复官职。廖益保也有过一次，是一位新官上任，路经官衙（今和平）便派人来龙脊请廖益保出去相见，廖益保不大想去，那来人就说"你不去，老爷已在那里等你了"，廖益保才勉强到官衙去，那位新官特别为他设丰

---

① 张静：《基层政权——乡村制度诸问题》，浙江人民出版社2000年版，第19—25页。
② 郭亮：《桂西北村寨治理与法秩序变迁——以合寨村为个案》，博士学位论文，西南政法大学2011年，第37页。
③ 周容德：《中国社会的阶层与流动——一个社区中士绅身份的研究》，学林出版社2000年版，第94页。

富的宴席，饮罢又送他一个封包才回来。①

正如萧公权对19世纪中国社会控制所做的解释："说士绅是乡村组织的基石，其实并不夸张。村庄可以也确曾在没有士绅的状态下存在；但没有士绅的村庄，很难有高度组织性的活动。"② 杨懋春也认为："传统农村中正式的或公认的行政组织与实际情况有一部分不同，在公认的行政系统中，最高领袖是村长，政府所承认的是村长，村长之下有乡约、地保、邻闾长。在实际上，村中的最高掌权者是族长或乡绅，但这些人往往隐在幕后，更不跑腿办事。"③ 在壮族地区，乡绅一如汉族地区一样在基层社会与国家之间发挥着中间力量的作用，但是壮族地区乡绅的这种作用更多是处于官府与民众之间，而民众与民众之间更多地依赖村寨社会的族老或村寨头人等。

（三）村老

除了宗族和乡绅之外，壮族地区基层社会的秩序更多依赖于传统村寨所遗留下来的村寨头人及其自治传统。有学者认为：在中央王朝"以土治土"的过程中，形成桂西北地区特有的传统壮族文化。周瑜泰认为："自古以来，这些少数民族习惯于以自然村为行政单位，并有一定的自治传统。"④ 具体来说，在传统壮族村寨是由壮民推举都老、寨老，通过乡规民约、族规、禁忌等习惯法来约束村民，调解和处理寨民之间的纠纷，形成村寨的特有的治理之道。俗话说，"乡有乡老，寨有寨头"。根据壮族史料的记载：1949年前，壮族地区普遍流行"寨老制"和"都老制"，那时每个或几个寨子都有一个威望较高、办事公道的老年人，被大家称为"波板"，意为村寨之父。⑤

---

① 《龙胜各族自治县龙脊乡壮族社会历史调查》，载广西壮族自治区编辑组《中国少数民族社会历史调查资料丛刊》修订编辑委员会：《广西壮族社会历史调查》（一），民族出版社2009年版，第96页。
② 萧公权：《中国乡村：论19世纪帝国控制》，张皓、张升译，联经出版事业公司2014年版，第317页。
③ 杨懋春：《人文区位学》，台北：五南图书出版公司1983年版，第129—132页。
④ 周瑜泰：《论村民委员会的性质和作用》，《学术论坛》1984年第1期。
⑤ 覃国生、梁庭望、韦星朗：《壮族》，民族出版社1984年版，第37页。

●● 国家化、地方性与村民自治

寨老、都老不是自封的，也不是村中凡是年老的人就自然而然地都成为寨老或都老，而是由壮族村民民主选举产生，或是由年迈卸任的寨老、都老荐举经群众认可的人充任。根据广西壮族历史调查资料，都老一般是上了年纪的老人；办事公道，作风正派；肯为群众服务；有一定的工作能力和魄力，有群众基础等。[1] 根据龙胜县龙脊乡社会历史调查，侯家寨的村寨头人侯永保深得民众信任，当时的调查资料有如下叙述：

> 侯家寨的侯永保就是其中一个。如有一年，龙脊负担的粮赋比往年加重了，他便自动到兴安官府去请求减轻，结果真的能够减轻一些负担，群众都很感激他。在平日他对群众的纠纷，是抱着大事化小事，小事化无事的息事宁人的态度来调解。在他的晚年，龙脊十三寨群众赠给他一块匾，上面写着"名登天府"。大家对他都很尊敬。[2]

村寨头人的产生既然取决于群众的信任，当然，如果都老办事不公，便会失去村民的信任，村民"鸣鼓而攻之"，如毛呈寨头人廖锦盛被群众公议罢免。

> 民国初年时，毛呈寨有个叫萧鸿兴，一天失了一头猪，他诬赖邻居廖景平、廖景风二人偷盗，请头人廖锦盛来排解，廖锦盛得了萧家的"背手钱"，要替萧家说话，强迫廖景平二人负责赔偿萧家的损失。但廖景平二人不服，便敲起锣来叫全村人给他们评理，经大众讨论后，大家都认为这是无理的诬害，是头人判决的不公，并戳穿是头人吃了钱替萧家说话，群众一致指骂廖锦盛的不义，又罚廖锦盛出两吊

---

[1] 《都老制——父权制和农村公社的残余——广西上思县三科村壮族解放前都老制的调查》，载广西壮族自治区编辑组《中国少数民族社会历史调查资料丛刊》修订编辑委员会：《广西壮族社会历史调查》（三），民族出版社2009年版，第107页。

[2] 《龙胜各族自治县龙脊乡壮族社会历史调查》，载广西壮族自治区编辑组《中国少数民族社会历史调查资料丛刊》修订编辑委员会：《广西壮族社会历史调查》（一），民族出版社2009年版，第95页。

第二章　近代之前的国家化、地方性与村寨自治

钱来赔偿廖景平、廖景风二家名誉的损失，事情才了结。①

在村寨中，寨老或都老等行使其对村民的组织、领导和管理等职责，诸如召开长老会议、村民议事会等，以进行讨论、决定和处理村中的重大事情。在广西上思县三科村的社会历史调查中，黎国轴对于壮族都老的职责进行了细致的描述，具体内容如下。②

一是召开会议。为了利于安定社会秩序，进行生产，举办公益事业和维护共同利益等，"都老"首先召开长老会议拟定村规民约草案，然后召开村民大会进行讨论，作补充修改，再表决通过。最后由"都老"张榜（挂牌）公布，使家喻户晓，督促大家遵守。按会议的性质来说，有"都老"和"酒头"的碰头会，有长老会议、村民会议等。按时间来说，有定期会议和临时会议。如每年秋后祭土地公祝神还愿和某些月初二、十六等拜祭土地公就属于定期会议。在这些集会上，"都老"主持村民会议讨论决定本村的重大事宜。临时会议就是为了处理临时发生的事情而紧急召开的会议。各种会议的内容往往涉及村民的生活、生产（抗旱、防涝、建设水利工程等）、治安、维持社会秩序和伦理道德以及祭祀事宜等。

二是执行规约。"都老"必须负起督促村民执行村规民约、维护村中社会秩序的责任，村民如果有违反了村规民约或有伤风败俗之事，诸如强奸、通奸、调戏妇女、不赡养父母、不教育孩子、无故不参加公益劳动、偷鸡摸狗、偷牛盗马、盗伐公有或私有林木、放纵牲畜践踏庄稼、争执财产、争吵打架、乱造是非、毁坏他人名誉……都由"都老"从中调解或裁决，或要当事人赔礼道歉、履行义务、赔偿损失，或要当事人承受罚金或罚工……若事情较为复杂问题较大，"都老"解决不了的，则召开长老会议或村民大会进行研究讨论，做出裁决。一般都要对当事人进行罚款的处分，名曰"罚众"，就是被众人罚款意思。对于犯严重错误而屡教不改者，

---

① 《龙胜各族自治县龙脊乡壮族社会历史调查》，载广西壮族自治区编辑组《中国少数民族社会历史调查资料丛刊》修订编辑委员会：《广西壮族社会历史调查》（一），民族出版社2009年版，第95页。

② 《都老制——父权制和农村公社的残余——广西上思县三科村壮族解放前都老制的调查》，载广西壮族自治区编辑组《中国少数民族社会历史调查资料丛刊》修订编辑委员会：《广西壮族社会历史调查》（三），民族出版社2009年版，第107—108页。

则给予开除族籍的处分,甚至捉拿送去官府处理。为了发扬正气,压倒邪气,"都老"对村中有功人员进行口头表扬或金钱奖励。奖金从村中的公积金(有一部分是从罚款中积蓄起来的)开支。

三是管理公产。村有一定的公共财产,如荒地、牧场、坟场、河流、水源等不动产和山林、蒸尝田①和租谷、罚款收入等。这些财产都由"都老"总管、保护、收存、发放开支使用。他还保管蒸尝田的契约,是全村集体财产的总管。"都老"秉承群众的意旨,对祭祀、上坟、拜土地公……事宜可以作出决定。例如,何时进行祭祖、上坟,经费如何开支等,都由"都老"提议(定调子),经长老会议通过以后,叫大家去办。每年三四月间,"都老"召集附近村庄的"都老"集中开会一次,商议当年的蒸尝田租谷的开支数量和开支办法,决定联宗祭祖和聚餐的人数等。

四是公共建设。农业生产基本上是以一家一户为单位进行。但是,仍然有一些公共工程或公益的事如修筑道路、桥梁、挖掘水井、植树、造林、护林防火和开发水利资源等,需要组织全村居民联合干的,这就需要"都老"出面组织和领导。"都老"秉承群众的旨意,组织群众建筑校舍,创办学校,培养人才等。

五是与村外交涉。由于种种原因,与别的村村民发生纠纷,如争圩(开设圩场)、争牧场、山地、坡地、水利资源等。每当发生这种事情的时候,"都老"就代表村民说话,去同有关方面进行交涉,或打官司等。如果谈判解决不了问题,发生打架斗殴,甚至发生械斗,"都老"就领导本村居民与别村相抗衡,成为军事指挥员。

从村寨头人的产生和作用来看,一方面具有群众性,为群众公认的"乡老"和"头人",是通过自己在平日处事中取得群众信任、受群众的拥护而得来的,但他不属于统治者行列,而类似农村中的白衣官人,即在人民生活中起不小的影响,但又不对谁负责,群众有事相请则去(也可不去),无事则与一般农民一样,从事劳动生产。② 与政府任命的团总或者保甲长等有着明显区别,村寨头人并不具有官方的色彩,主要依靠评判日常

---

① 蒸尝田属于宗族公产,又称为"公田",用于祭祖等。
② 《龙胜各族自治县龙脊乡壮族社会历史调查》,载广西壮族自治区编辑组《中国少数民族社会历史调查资料丛刊》修订编辑委员会:《广西壮族社会历史调查》(一),民族出版社2009年版,第90页。

纠纷，以理服人来取得民众的信任和支持；与乡绅等不同，村寨头人重心并不在官府与民众之间充当中介，而是对民众关系的协调；与族长等相比，村寨头人并不是基于血缘关系和宗族秩序来梳理权威，而是通过处事公道等获得声望。另一方面是约束性，乡老、寨老等在壮族人民生活中起过重要的作用，大凡村中发生各种事端，都要请寨老到场处理，他们处理事情，既不要报酬，也不采取强制手段，而是凭借各自的威信，按照社会的习惯来判事。[1] 其主要任务与调解员一样，给群众排解纠纷，但群众可请他排解，也可不请他排解，可以请这个来排解，也可以请那个来排解，完全有选择的自由，而且对其在排解中提出的处理意见，当事者可以采纳，也可以不采纳。[2] 村寨头人并不具有强制力，主要是依靠村寨内部的习惯法来约束民众的行为，这种习惯法本身是一种不言自明的内在规约，与村寨内民众的生活和意义世界相通，不需要外在的强制便能够形成约束力。村寨头人凭借威信和按照村规民约以及社会习惯办事，裁决争端，往往能起到法律所具有的作用，甚至起到法律所不能起的作用。这是威望和宗法伦理的结合，是一种社会力量的体现。

六　争讼不入官府：传统国家的基层社会规则

孟德斯鸠认为："中国的立法者把法律、习俗和风尚混为一谈，不必对此感到惊奇，因为他们的习俗代表法律，他们的风尚代表习俗。""他们把宗教、法律、习俗和风尚融为一体，所有这些都是伦理，都是美德。与宗教、法律、习俗和风尚有关的训诫就是人们所说的礼仪。""只要找到了一丝不苟地遵奉礼仪的方法，中国就可以治理得非常好。"[3] 在壮族历史上，习俗起着社会关系的主要调节者的作用，以至于中央王朝的统治者治理壮族地区之时，一般采取"因俗而治"的策略，所谓"因俗而治"，中

---

[1] 本书编写组：《壮族简史》，民族出版社2008年版，第21页。
[2] 《龙胜各族自治县龙脊乡壮族社会历史调查》，载广西壮族自治区编辑组《中国少数民族社会历史调查资料丛刊》修订编辑委员会：《广西壮族社会历史调查》（一），民族出版社2009年版，第90—91页。
[3] ［法］孟德斯鸠：《孟德斯鸠论中国》，许明龙编译，商务印书馆2016年版，第251—252页。

央王朝是采取有别于统一的成文法或行政命令，而以当地的约定俗成的习惯法为基础进行统治。由于国家权力未及，地方性的事务都依赖于当地村寨头人来处理，逐渐形成地方性的规则，即"争讼不入官府，即入，亦不得以律例科之"①。正如当地谚语所言："瑶杀瑶，不动朝，僮杀僮，不告状"。

（一）会众议定

壮族地区的习惯法主要由都老或寨老领导村民讨论制定或修改，有些则沿袭传统习惯。根据龙胜各族自治县龙脊乡壮族社会历史调查：每当一年春秋两季之始，龙脊十三寨的主要头人或大部分头人集中开会，他们称之为"议团"，据说这是相沿下来之古例。春季是栽种禾苗的季节，"议团"是为了保护禾苗成长，免遭牲畜践踏；秋天是收割的季节，"议团"是为了预防歹人盗窃，共同讨论、修改、补充"乡约"的条款。在讨论的过程中，不论是头人或凭兴趣前来旁听的群众，都可以发表自己的意见。……乡约的讨论，往往拖延几天之久，最后要绝大多数人同意即算通过，乡约便成为十三寨群众必须遵守的法律。乡约的执行权，根据问题的大小和程度的轻重，分别属于由各村寨头人共同组成的"议团"会议和各村个别头人。但是他们的权力不是在人们生活中的一切领域中都能够发生作用，对财产纠纷案只能劝解不能判决，如无效可再向上一级官府告状，但这也只限于重大的案件，小的纠纷大都服从头人排解，其余的盗窃、人命、强奸、通奸、断祖坟"龙脉"等案件，则握有生杀予夺之权，据说从来没有因这样事件到官府告状的事情。②

（二）乡约禁约

壮族地区的习惯法包括乡规民约、村规民约、族规、款规、禁忌、风俗等类型，内容涉及生产生活各个方面。这些习惯法集中表现为各种类型的乡约和禁约。

---

① 田汝成：《炎徼纪闻》卷四，蛮夷·苗人，商务印书馆1936年版，第55页。
② 《龙胜各族自治县龙脊乡壮族社会历史调查》，载广西壮族自治区编辑组《中国少数民族社会历史调查资料丛刊》修订编辑委员会：《广西壮族社会历史调查》（一），民族出版社2009年版，第102—103页。

一是禁盗类。如《洛东乡》乡约条款：偷盗人家财物者，16岁以下者罚一元或八毫，16岁以上者罚一元四毫（一两银子）或二元。偷人家果树者罚二毫，偷谷物者罚一元二毫，偷牛盗马除赔还失主外，另罚七元二毫，并以盗窃而论。偷柴草者，大人罚一元二毫，小孩（16岁以下者）罚二毫。偷屛鱼者罚一元二毫。偷竹子者罚一元二毫，偷鸡摸狗者白天罚三两六银子，夜晚则罚七两二银子。①

二是禁匪类。如《三防区乡村禁约》条款：严禁子弟为匪作歹，凡有子弟为匪作歹，或勾匪匿匪者，查觉送官惩治。严禁留宿生面人，各户不得留宿生面人，即熟识者亦须报村甲长方准留宿，如违背禁约，处一元以上五元以下之罚金。严禁怂恿构讼，如有唆使他人构讼者，查觉处罚十五元以下之罚金。②

三是禁烧山类。如《兴安县大寨等村禁约碑》条款：高山矮山，四处封禁，不许带火乱烧，如有砍山烧耕地土，各要宽扒开火路，不许乱烧出外。又清明挂青，各要铲尽坟前烧纸，不许乱烧出外。如乱烧，拿获、查出，众等公罚二两二钱。③

四是禁伤田禾类。如《洛东乡乡约》条款：牛马践踏人家的禾苗者，除赔偿外，另罚款二毫。④

五是禁忤逆类。如《兴安县兴龙两隘公立禁约碑》首条：忤逆不孝，触犯尊长者，经众公罚。⑤

六是禁攀比类。如《兴安县大寨等村禁约》条款：议村民遇逢白喜，不宜喜布施客，只准礼一只，为礼还礼，免之加至，红喜二件，只宜一宿两餐，不许房族请宴，如有违者，甲长不严，处罚一百元。议贫民有馈送

---

① 《宜山县洛东乡壮族社会历史调查》，载广西壮族自治区编辑组《中国少数民族社会历史调查资料丛刊》修订编辑委员会：《广西壮族社会历史调查》（五），民族出版社2009年版，第54页。
② 江碧秋修、潘实篆纂：《罗城县志》，台湾：成文出版社1975年版，第133—134页。
③ 《兴安县大寨等村禁约碑》，载广西民族研究所编《广西少数民族地区石刻碑文集》，广西人民出版社1982年版。
④ 《宜山县洛东乡壮族社会历史调查》，载广西壮族自治区编辑组《中国少数民族社会历史调查资料丛刊》修订编辑委员会：《广西壮族社会历史调查》（五），民族出版社2009年版，第54页。
⑤ 《兴安县兴龙两隘公立禁约碑》，载广西民族研究所编《广西少数民族地区石刻碑文集》，广西人民出版社1982年版。

实难，因此禁止，贫富一律逢节不许多送，只准糍粑二付，如不遵禁，地方人抢夺充公一半，并即责令。①

在禁约中，除了规劝和告诫以外，还规定了若干重要的处罚机制，因此，习惯法在壮族地区有明显的约束力。

一是罚款悔过。不论小偷、大偷，罚款照三份均分，即失主占一份，检举人占一份，一份归公。如果失主直接捉盗，则失主占二，一份归公。偷窃犯在交出罚金之后，还得请失主和村老吃酒，立悔过书，表示双方和好及不再犯。②

二是互保担责。家中的布匹衣服之类被盗，失主往往在报告村老后，通告村人，要求偷盗者把原物在晚间送至某一指定地点，以便次晨由主家取回了事。如喊村三天之后，仍无人送回原物，失主便通知村老，要求各户用联保法互相保证，如果各户都能互相保证，只好留待日后调查，如日后查出为某甲偷盗，则加倍处罚其保证人某乙，某甲反而无罪。如果村中有某人无人替他作保证，失主即认定这人是偷盗者，便向他追赃。③

三是赔命除绝。对于人命案，由死者家属及其房族和同村人，集体到凶手及其家族中去，"讨论"并将其财产全部挖光，最后还得由后者给若干"赔命金"，方肯罢休。重大案件则由头人根据群众意见，将犯者处以极刑，但处死刑的必须得到其家族和舅父的同意，立字为凭方可，称为"除绝"。对于较为严重的处以针刺、烧香、吊梁等肉刑。④

---

① 《兴安县大寨等村禁约碑》，载广西民族研究所编《广西少数民族地区石刻碑文集》，广西人民出版社 1982 年版。

② 《环江县龙水乡壮族社会历史调查》，载广西壮族自治区编辑组《中国少数民族社会历史调查资料丛刊》修订编辑委员会：《广西壮族社会历史调查》（一），民族出版社 2009 年版，第 260 页。

③ 《环江县龙水乡壮族社会历史调查》，载广西壮族自治区编辑组《中国少数民族社会历史调查资料丛刊》修订编辑委员会：《广西壮族社会历史调查》（一），民族出版社 2009 年版，第 260 页。

④ 《天峨县白定乡壮族政治及生活习俗的调查》，载广西壮族自治区编辑组《中国少数民族社会历史调查资料丛刊》修订编辑委员会：《广西壮族社会历史调查》（一），民族出版社 2009 年版，第 16—17 页。

第二章　近代之前的国家化、地方性与村寨自治

（三）讲筹与神裁

在传统社会当中，判刑、惩罚和多数裁决的办法都应尽可能避免。争端应该加以"消除"，而不是判决或仲裁。……说服教育第一，而不是依靠权威或压制。① 乡约和禁约只是明文规定了习惯法中比较重要的公共治安和社会秩序等问题，对于民间的具体的纠纷则主要依靠村寨头人依"理"来处理，这一过程称为"讲筹"。

在讲筹中，寨老听完纠纷双方当事人陈述之后，会主动到村中了解基本情况，并在双方当事人都在场的情况下，引用过去的案例、故事传说或俗语，阐明道理，使理亏者心悦诚服地接受裁决，赔礼道歉。一经调解，双方又和好如初，都老调处纠纷是义务性的，仅需当事人供几餐饭食，或从赔偿中分得一成左右以作酬劳，其他并无额外的经济待遇。② 具体"讲筹"的过程大致如下所述：争讼则推一人断曲直……有所争不决，则推其乡高年众所严事者往直之。……寨老者，即本地年高有德行之人。凡里中是非曲直俱向此老论说。……老人以为不宜，则罚酒食分飨谢罢。③ 有相讼，集于社。推老人上坐。两造各剪草为筹。每讲一事，举一筹；筹多者胜。盖理拙则筹弃，理直则筹存也。谓之"寨老"，或曰"论理"。论毕，刻木记之，终身不敢负。④

除了寨老讲筹评理之外，一些民间纠纷则借助于神裁。毛泽东认为中国社会存在着三种权力支配：一是由国、省、县、乡村政权构成的"国家系统"；二是由宗祠、支祠以及家长的族权构成的"家庭系统"，三是由阎罗天子，城隍庙王以至土地菩萨以及玉皇大帝和各种神怪的神权构成的"阴间系统"和"鬼神系统"⑤。与其他地方民间信仰相似，在桂西北的乡间各自然村都立有各自土地神，即社王。传说社王是保佑该村平安之神，

---

① ［法］勒内·达维德：《当代主要法律体系》，漆竹生译，上海译文出版社1984年版，第485—486页。

② 郭亮：《桂西北村寨治理与法秩序变迁——以合寨村为个案》，博士学位论文，西南政法大学，2011年，第109页。

③ 谢启昆等：《广西通志》，卷二七八，《诸蛮》，嘉庆五年刻本；转引至郭亮《桂西北村寨治理与法秩序变迁——以合寨村为个案》，博士学位论文，西南政法大学，2011年，第42页。

④ 钱之昌：《粤西诸蛮图记》。

⑤ 《毛泽东选集》第1卷，人民出版社1991年版，第31页。

并有仲裁是非的权威。社王多为一块石头,上书"某某村社王之位"。乡间社坛多设在村头古榕树下,每年各村推举一人为当年祭社的理事(俗称"社头"),操办杀猪祭祀社王和约集每户1人到社坛吃社等事。①

社王在有些地方是故去的寨老等继续在鬼神系统中维系着村寨秩序。在广西大新县境内的安平土司社会历史调查中,有如下的记载,村屯多为同血缘的父系家族,推举辈分高和有威望的老人为村老,有名的村老死后被村民尊奉为"土地公",如"板南知峒位、板思知峒敏等等,四时祭祀,托之保佑村民生产和生活顺畅等,每月初一、十五和各个节日,尤其是在天旱或遭遇各种灾祸时,村老聚村民在土地庙前,设置祭品,请巫公巫婆作法,祈请历代19位村老光临赐福,庇佑村民逢凶化吉"②。由于社王在乡间普遍信仰,社王成为解决民间纠纷的重要主体,即通过神裁的方式来解决地方社会上的纠纷,包括阴状、捞油、赌咒等。

一是"阴状",对于一些缺乏事实证据的纠纷,或者一时间无法处理的矛盾,则依靠砍鸡头的方式来神裁,在龙胜龙脊乡壮族社会历史调查中,由当时双方将自己的理由、咒语、庚辰写好,备公鸡一只、香烛若干,请头人和道公一同到庙中去,先有道公念经请鬼,再由原被告将一"阴状"焚烧,同时将鸡一刀砍断了事。③以此祈求神灵裁决,报应无理的一方,替民申冤。

二是"捞油",其做法是用一只大锅头,内放12斤油脂和1个手镯,烧火煮沸,道师在油锅四周结7个草人,只念咒语,便由全村所有的人,先后用手去捞取油锅中的手镯。据说如果不是偷者就会平安无事,如系偷者油锅就燃烧起来。偷者便赔还失主的损失,并杀猪、羊款待全村以谢罪。如捞者平安无事,便是失主诬赖,也需备酒席向全村人赔罪。④

---

① 宜州市地方志编撰委员会:《宜州市志》,广西人民出版社1998年版,第795页。
② 《安平土司》,载广西壮族自治区编辑组《中国少数民族社会历史调查资料丛刊》修订编辑委员会:《广西壮族社会历史调查》(四),民族出版社2009年版,第8页。
③ 《龙胜各族自治县龙脊乡壮族社会历史调查》,载广西壮族自治区编辑组《中国少数民族社会历史调查资料丛刊》修订编辑委员会:《广西壮族社会历史调查》(一),民族出版社2009年版,第106—107页。
④ 《天峨县白定乡壮族政治及生活习俗的调查》,载广西壮族自治区编辑组《中国少数民族社会历史调查资料丛刊》修订编辑委员会:《广西壮族社会历史调查》(一),民族出版社2009年版,第16—17页。

三是"赌咒",做法由失主准备狗、猫和大雄鸡各一,狗代表偷者,猫代表失主,将雄鸡杀死,燃香点烛,祭土地公、由道师念经请神来监督。如果猫咬狗,对偷者便深信无疑,要赔还失主并罚款若干;如狗咬猫,便象征着是失主诬赖,需杀猪、羊来请村中父老及被诬者吃,当面谢罪。①

七 听调不听宣：传统国家的基层社会国家化

中央王朝的国家化在遭遇边缘地带的地方性之后,不得不"因俗而治",由此形成壮族地区基层社会中特有的村寨自治,依靠寨老、都老、头人等地方性权威,借助约定俗成的习惯法来维持秩序等。然而,村寨自治并非制度性的结构,源于中央王朝国家化方式、手段和能力的不及。实际上,中央王朝在边缘地带设置流官和推行儒家教化后,有限度地介入村寨自治,而壮族寨老、头人等统治者努力保持半独立的地位,于是,中央王朝国家权力渗透进村寨和村寨本身极力保持自己的阵地的斗争便成为传统国家时期国家化与地方性在农村基层互动的主要方面。

(一) 团总与头人

传统国家主要通过保甲制来强化对基层社会的控制。在清朝时,中央政权多次颁布保甲条文,制定了对边疆和少数民族地区的保甲编制措施,这种编排保甲组织的办法,在流官和土司统治地区,虽称谓不一,有所差异,但是属于保甲制。此后,清末地方变乱,中央政府诏令地方办团练,在乡设团局,团局有团总,包揽全团事务,团练以保甲抽丁和编组,经费来自保甲摊派和筹集,所以保甲组织为团练所替代,这种情况在原来保甲组织基础、传统比较薄弱的少数民族地区更为显著。团总主要是对衙门负责,如公文来往,催粮派夫。团总的职责,由委牌上看,是负责稽查匪

---

① 《天峨县白定乡壮族政治及生活习俗的调查》,载广西壮族自治区编辑组《中国少数民族社会历史调查资料丛刊》修订编辑委员会：《广西壮族社会历史调查》(一),民族出版社 2009 年版,第 16—17 页。

情,飞报官府;镇压地方,维持治安;或秉办大小公事,排解当地纠纷等。①

作为国家权力代表的官府对"头人"发给"委牌",让其充任团总。团总的产生,有两种不同的说法:一说是先由群众在本地有威信的头人中推选出一人报到官府去,然后经官府核准并发给委牌;另一说是在新县官上任时,访查本地一些父老,看谁是本地头人,谁能通笔墨,谁的家财富有,一一查清楚后,也没有经过征求其本人同意即加以委派,给以委牌。②由此可见,当时的国家政权竭力让民众推选的"都老"充任国家政权体系内的团总一类的官方角色,实现"民选官委",将都老制与保甲制合二为一。③至清末民国时期,随着壮族地区社会经济文化的发展,中央集权政治进一步渗透到这里,逐步瓦解了壮族传统的社会结构。社会环境的改变导致都老制也发生了变化。有些地方都老被纳入政府权力机关,担任基层组织的保甲长或乡村长,都老制自然消失。有些地方的保甲长或乡村长取代了都老的部分作用,都老的职权和责任范围不断缩小。有些地方都老的职能和团总、保甲长或乡村长的职能融合在一起,担任都老的人同时被委任为政府的基层职员。④

当然,国家权力试图以保甲团练等控制基层社会,但是传统国家并没有足够的能力来直接任命团练保甲等组织成员,只能从地方上的村老和头人中委任,如传统的以职代役相似,所委派的团总和保甲长等不可能脱离基层社会,传统国家政权也难以进行有效的控制,自然削弱了国家控制基层社会的效果。

一是对于基层社会来说,村老和头人接受官府的委派本身对于村寨是一种外在的压力。在龙脊乡壮族社会历史调查中,光绪以前凡是新县官上

---

① 《龙胜各族自治县龙脊乡壮族社会历史调查》,载广西壮族自治区编辑组《中国少数民族社会历史调查资料丛刊》修订编辑委员会:《广西壮族社会历史调查》(一),民族出版社2009年版,第92页。

② 《龙胜各族自治县龙脊乡壮族社会历史调查》,载广西壮族自治区编辑组《中国少数民族社会历史调查资料丛刊》修订编辑委员会:《广西壮族社会历史调查》(一),民族出版社2009年版,第90页。

③ 陈洁莲等:《民主壮族——中国壮族乡村民主自治研究》,广西人民出版社2009年版,第22—23页。

④ 本书编写组:《壮族简史》,民族出版社2008年版,第91—92页。

任时，对团总都是要重新发给委牌的，在发给委牌时又要勒索不少银钱。但这些款项不是由当委者独自负责，而是由整个十三寨各户分摊负担。据说原因是当时被委派的人多是不愿意接受委任，可是又为了免去地方上遭受各种麻烦和灾难，当委者也自愿负担名义上的责任，实际工作则由十三寨的头人共同负责，因而这笔款就落在群众的肩上。①

二是在基层社会中，村老和头人等是基层秩序的主导者，即便不是由村老、头人充当团总或保甲长，也受到他们的影响，并且越往基层，这种影响力越大。如龙脊十三寨划分为上、中、下三个甲。……每甲有甲头（即甲长），一年一任，是由各寨各户壮年男子轮流充当。但据群众所说，实际上多由头人指定的，任期亦往往依照头人的意见和他本人办事的能力来决定，有连任几年的，也有几个月的。他主要的责任是收集委牌钱或传递公文、传讯案件，有时亦代理头人出席各种议会，因而逐渐在群众中树立威信，最后爬上头人的职位。②

三是在基层社会中，村老和头人除了协助官府征收税赋，维持治安外，与国家政权的关系有限，不可能主动介入村寨以外的地方事务。除少数上升为团总才和官府有着往来外，其余一般的头人绝大部分与官府很少有来往的，原因是他们既不由官府委派，也不经官府核准或备案，同时他们平日所处理的事务，亦很少和官方有关系；除非在群众间有了诉讼，官方为了弄明白事情真相，才派人来叫头人到官府去作见证，所以，头人与官府是很少来往的。③

（二）国法与民约

随着改土归流和中央集权统治的加强，官府法令和村寨习惯法结合的

---

① 《龙胜各族自治县龙脊乡壮族社会历史调查》，载广西壮族自治区编辑组《中国少数民族社会历史调查资料丛刊》修订编辑委员会：《广西壮族社会历史调查》（一），民族出版社2009年版，第90页。

② 《龙胜各族自治县龙脊乡壮族社会历史调查》，载广西壮族自治区编辑组《中国少数民族社会历史调查资料丛刊》修订编辑委员会：《广西壮族社会历史调查》（一），民族出版社2009年版，第89页。

③ 《龙胜各族自治县龙脊乡壮族社会历史调查》，载广西壮族自治区编辑组《中国少数民族社会历史调查资料丛刊》修订编辑委员会：《广西壮族社会历史调查》（一），民族出版社2009年版，第96—97页。

现象出现，官府参与制定修改习惯法的情况逐渐多了起来，官府也将乡规民约作为司法审判和处理纠纷的依据和补充，村寨主要是依靠乡规民约等习惯法加以治理。

一是乡规民约需要经过官府的授权或审定。一类是以官方授权的形式来制定或订立民约，如嘉庆八年广西靖西县武平乡立录村《乡规民约》碑记记载：特授广西镇安府归顺州正堂加五级记录十次蔡为准立乡规民约，以敦民风……二类是官方发布命令要求各村寨制定乡规民约，经官府批准后执行。如广西河池罗城大梧村《禁约碑记》记载："蒙县主晓谕各村，务要设立条款，标明禁约，俾乡村土民人等，设立十家为甲，一甲有长，相友相助，而亲睦着焉。吾等四村，异姓同心，遵奉上宪碑文。县主法令于道光元年胪列条款，呈禀县主谭批准，赏发禁约册本，盖印过珠，给甲长遵照，务必严令约束。"① 三类是乡规民约呈送官府审阅，获得官府认可。如广西龙胜各族自治县和平乡《龙脊地方禁约碑稿》记载："具恳禀龙脊乡老头甲人为恳乞，青天大老爷台前非别兹因小民地方不遵法律，肆行伎俩，狂獗不已，所以地方坐视不忍，只得公议禁规，以儆后犯。今小民谨将规式禀矣仁天龙目赐览，倘有错伪，万乞仁天删明，俾小民刊碑，流芳百世，则小民万古衔结报之矣。"②

二是司法判例中将乡规民约作为事实加以认定或作为判决依据。清代广西司法中地方官员借助审理、宣判某一司法判例的机会，将一些民间习惯作为案件的事实加以认定，并与司法判例一起公布，将民间的习惯法上升为成文法，具有国家法的效力。如广西太平土州《以顺水道碑》记载：宣统二年相邻村寨因为上游村寨设立水车阻碍水路，引起用水纠纷。地方官在拆除水车后，将判决结果和十八条水规逐一列举，勒石示人。③

三是以乡规民约作为判决依据，补充国家法的内容。广西龙胜各族自治县和平乡龙脊枫木屯在道光二十三年《奉宪照例碑》记载："捕鱼河道，各分各节。原以有旧侵滋事，况龙胜所属，大半官荒。苗、瑶、伶、侗、壮杂处其间，各有旧址。兹廖弟所具禀陈姓强拆鱼窝之事，尚经本司查

---

① 《广西少数民族地区碑刻、契约资料集》，广西民族出版社1987年版，第243页。
② 《广西少数民族地区碑刻、契约资料集》，广西民族出版社1987年版，第201页。
③ 黎莲芬、袁翔珠：《历史与实践：广西村民自治的若干法律问题研究》，广西师范大学出版社2011年版，第159—165页。

明，廖弟所既无越界，何遭拆毁，其侵占属实，不问可知，姑暂不宽，除既往不咎外，合行出示晓谕。为此，示仰该头人知悉。查明陈廖二比所管地面，埋石为界，兹照旧章，永远遵行，各管各业，均毋侵占滋事。"[1] 广西河池罗城龙岸镇下地陈村宣统二年《给示勒碑》记述了一起发生在上下两村之间的水源纠纷案件，当地县官在判决时没有遵循两村之间以往取水的惯例，而是按自己的理解判决，上村占六、下村占四，结果民众不服判决，到府告状，知府认为县令的判决"殊未允协"，并按当地习惯进行了判决，上地陈及下地陈两村各占四成，其余两成，由向来有水分的各村均匀摊派，而昭公允，以息争端。[2]

不过，国家法必须被赋予传统的、适当的、实用的乡土化阐释，才能为广大村民所熟知，村寨社会的制度性规范恰好充当了这种对接和理解的角色。[3] 都老或寨老是壮族习惯法的主要执行者，在一些地区的乡约中，还特别强调乡规民约必须由寨老头人处理，甚至规定群众到官府诉讼，必须由头人带告。有时候一个寨老解决不了问题，则会邀上邻村的数个寨老共同商讨。如果仍然不能解决，则可上告官府。习惯法对于违规或犯罪行为的处理，一般采取舆论谴责、罚款、罚工、体罚、革逐乃至处以极刑的手段，视其情节严重程度、认错态度和赔付能力而定。官府对于习惯法的执行情况不会干涉。相反，如果习惯法解决不了问题，人们往往会讼之于官；如果犯者不遵从习惯法的判决，都老等人亦会将之扭送到官。[4] 直到民国时期，由头人带告官府和不准平民私自奔告的情况才有所改变，不再如过去那样强调团总头人在排解纠纷中的作用，也不再明文限制群众直接同政府打交道。

（三）官府与村寨

都老和寨老等制度是独立于国家政权体系之外的一套乡村社区自治制度，它不受命于国家政权，不像团练、保甲制度那样受到国家政权控制，

---

[1] 黄钰编：《瑶族石刻录》，云南民族出版社1993年版，第72页。
[2] 黎莲芬、袁翔珠：《历史与实践：广西村民自治的若干法律问题研究》，广西师范大学出版社2011年版，第165页。
[3] 郭亮：《桂西北村寨治理与法秩序变迁——以合寨村为个案》，博士学位论文，西南政法大学，2011年，第138页。
[4] 本书编写组：《壮族简史》，民族出版社2008年版，第94—95页。

却能够维持基层社会的秩序，协助官府征派税赋、解决纠纷和维护治安等，官府也能够"因俗而治"，彼此之间形成一种默认和支持。陈洁莲对寨老或都老制研究后认为："这种默认和支持是国家政权与乡村社区建立一种确保未来可预期的稳定关系。社区保证完成'合理'或'合法'的、规定数额的征税、征粮或徭役任务，国家则承诺不随意增加社区的负担并不干涉村中社区的事务。这种'契约'的订立，或者说这种默契的达成，其目的在于双方均能减少因人为原因造成的不可预见之风险，一个可预见的而非飘忽不定的将来是保持稳定的关键，是双方所乐见的。"① 当然上述默契依靠官府和村寨之间的非制度性的措施来划分责任，对于官府而言，除了有限的责任外，官府也不愿意过分介入村寨，以免引起村寨的反抗和地方动乱，村寨本身也尽量避免官府介入可能带来的问题，即便争讼也不入官府，保持其内在的独立和自主。不过，这种非制度性的均衡并不能保证官府不超出规定的征派，为此，一方面自上而下地约束地方官府的行为；另一方面是村寨自下而上越级上告。前者主要依靠官府颁布各种禁革陋规，将各种征派明文颁布，以此杜绝地方官府的无端加派等，如光绪年间的《广西巡抚部院严禁土汉官吏藉端需索土民碑》，此外《广西少数民族地区石刻碑文集》辑录了大量的"额定应征各项例规碑""额定钱粮等项碑""应办额规款项碑""应留应革地粮等项碑""应留应革年例碑""永定规例碑""革除陋规碑""不供夫役碑""黜免夫役碑""永免夫役碑""永革陋规碑""永免陋规碑""免役执照碑""禁革碑"。此类"约碑"分为两类：一是将本地应缴钱粮厘定，同时也要求官府在额定的钱粮下征收，百姓则应及时缴纳；二是取消各种额外赋役的政令，避免苛索。②

《广西巡抚部院严禁土汉官吏藉端需索土民碑》

照得西省，地居边徼，经乱多年。本部院来抚是邦，勤求民瘼，访察吏疵。查各土司地方，政治不修，民生尤为凋敝。推原其故，多因土官遇事苛派，不恤民艰；而汉属文武衙门，又因土司有科派之习，遇上官因公进见，纵容丁胥兵役需索使费，视为例规之当然⋯⋯

---

① 陈洁莲等：《民主壮族——中国壮族乡村民主自治研究》，广西人民出版社2009年版，第24页。

② 广西民族研究所编：《广西少数民族地区石刻碑文集》，广西人民出版社1982年版。

第二章 近代之前的国家化、地方性与村寨自治

似此相率妄为,吏治何由而肃?民业何由而安?……合亟出示严禁。为此示仰各属文武及土官等知悉,所有上官因公进见汉官,旧日一切衙门使费,并文武关于巡边规费名色,概行禁革,不得再向土官妄取分毫,各土官亦不得藉端科派土民。此示着即勒石竖于汉土文武各官衙前,永远遵守。倘再有玩违需索,一经本部院查出,或被告发,定即严参究办,决不宽容……

光绪六年二元二十一日遵立。

与之相对,一旦官府越出与村寨的约定俗成的规矩,村寨头人等越级上告,在广西壮族社会历史调查资料中,也有相关的记载:在乾隆年间曾有过这样的事情,当时统治者苛索各种陋规,群众不堪受其剥削,十三寨的头人聚集讨论对策,但是议了多日仍得不到解决办法,某头人的长工潘天红,提出自己的意见,并自愿到当时的桂林府禀告,头人们很赞同潘的意见,供给路费到桂林去,结果明令取消各种苛索。[①] 整体来看,对于村寨来说,上告本身也面临着潜在的风险、直接与地方官员冲突。正因为如此,村老和头人等不愿意直接上告,而让其他人代为上告。与官府随意加派负担相比,村寨的越级上告十分有限,能够真正取消过度加派的也属少数。

总之,在传统国家时期,官府和村寨间大体维系这种"听调不听宣"的状态,但是在传统国家向现代国家转型过程中,为了有效动员基层社会资源,国家权力越来越倾向于直接控制村寨,让村寨的寨老、头人等充任团总和保甲长等,用国家法来代替习惯法等,向村寨增加征派等,逐渐占据主导地位,而村老、习惯法和村寨越来越难以保持与官府的距离,维持本身的独立和自主。

[①] 《龙胜各族自治县龙脊乡壮族社会历史调查》,载广西壮族自治区编辑组《中国少数民族社会历史调查资料丛刊》修订编辑委员会:《广西壮族社会历史调查》(一),民族出版社2009年版,第98页。

小　结

为什么村民自治产生于桂西北而不是其他地方，部分学者认为是源自传统时期的村寨自治的地域文化。不仅是从村寨自治与村民自治内在相似性角度来进行解释，而且是从传统文化本身的历史延续性来分析。于毓蓝在研究基层民主的政治文化基础时认为："传统政治文化的内在价值，就在于它能在某种程度上满足这种需要和自然适应民族心理的历史趋向，既可以为现代政治文化建设提供逻辑起点和历史借鉴，也可以适应民族生存发展的心理基础，利用其积极因素为现代政治文化的发展提供民族心理支持。传统政治文化与现代社会之间的这种依赖关系，不可避免地使传统政治文化因素得以存留下去。"[①]

然而，从村民自治产生的最近历史来看的话，在经历了现代国家建设之后，村寨自治已经逐步瓦解，与之相关的乡村治理资源在何种程度上继续发挥作用难以进行判断。尤其是在经历了人民公社后，村寨自治在多大程度上得以存留仍是未知之数，也不是桂西北所有的壮族地区都有寨老制等。村寨自治又在何种程度为村民自治的产生创造了条件也不明确。与后来的村民自治相比，村寨自治从历史长时段来看，是与传统国家相伴随的一种乡村治理形态，本身并不能脱离特定的国家治理结构，传统国家国家化与地方性塑造了村寨自治。

一是处于国家权力的边陲地带，采取与内地不一样的治理方式，形成"不治治之""以土治土"和"因俗而治"的治理策略。总体来说，中央政权对于桂西北的管理经历了贡赋体系、羁縻制度等不同阶段，至大一统王朝时期形成稳定的土司制度，相比于内地的郡县制度而言，桂西北的土司制度保留了更多的独立性和自主性，由此形成了其独特的地域文化传统。土司制度中，土官并不是由中央政权委任，而是通过土官家族世袭其职，中央政权再予以确认，土官拥有土司内大量的土地，并将土地等分赐

---

① 于毓蓝：《农村基层民主的政治文化分析——苏南模式》，社会科学文献出版社2006年版，第242页。

给自己的下属，形成各级土目，土目由土官任命，同样可以世袭，土司土地上的人口归属于土官及各级土目，承担大量的劳役地租，土民依附于土官或土目才能获得土地和生计，土地及其之上的劳役负担等分配到一村一寨，并以村寨为单位承担劳役等，形成一个村寨共同体。除了劳役和贡纳之外，土官并不直接面对村寨土民，与内地编户不同，土官主要通过村寨来组织和管理土民，村寨才是当地政治生活中负责任的单位。

二是随着"大一统"王朝的逐渐巩固，中央政权加强对边陲的统治，经历土流并设和改土归流后，原本的中心与边陲的关系逐渐过渡到中央与地方的关系，国家权力才逐步深入桂西北地区，世袭的土官被中央政权直接任命的流官所代替，逐步将土官衙门改为汉官衙门，革除各类劳役负担，或者以实物地租代替劳役地租，并对村寨土民进行编户，纳入地方政权的管辖之下，承担完粮纳税的义务，由此改变了土司制下的人身依附和等级身份，土民成为地方政权治下的百姓，而不是土官或土目的私属，并按照保甲编组的方式重组基层社会。从改土归流的过程来看，无论是从地方政权，还是从基层组织来看，大体上与内地并无差异，不过，传统国家的地方政权对于基层社会控制有限。一方面是因为桂西北地处偏远，仍然有流官不就任等情况；另一方面是保甲的编组实际上是在村寨基础上完成的，在基层社会真正起作用的仍然是村寨共同体。

三是在基层社会形成特定的村寨权威与秩序。村寨是一个共同体，在滕尼斯看来："共同体是小型、简单的社区，社会生活以家庭为中心，多数人彼此相识，有着亲密的人际关系和社区团结感，人们注重群体利益、群体活动和一致性，受传统约束，对于任何异常行为都通过非正式手段来控制等。"[①] 在村寨中存在着村老、族长、乡绅等主体，在长期的汉壮文化交流，尤其是改土归流之后，桂西北地区逐渐形成内地化，以儒家文化为载体的宗族和乡绅在基层社会中发挥越来越重要的作用，不过，长期历史延续下来的村寨之父，如村老、寨老等仍然保有自己的权威，与基于血缘基础上的宗族和基于土地财富、知识和声望基础上的乡绅不同，村老、寨老等权力来自于他们在处理村寨事务过程中所承担的公共责任，在处理民间纠纷中依照习惯法主持公义所树立的威望，更重要的是来自村民的信

---

① 参阅［德］滕尼斯《共同体与社会》，林荣远译，商务印书馆1999年版。

任,如果处事不公便会失去村民信任,其权威也失去了基础,因此,村老、寨老等村寨权威来自村民,和宗族族长以及乡绅等有明显的不同,他们构成了基层社会权威和秩序,正是在这个意义上,村寨才能称为"自治"。当然,村寨自治并非制度性的权力划分,在改土归流之后,传统国家加强对于村寨社会有限度的干预。首先将村寨头人等委托为团总或保甲长等,吸纳到地方官府所控制的基层组织体系当中。其次是作为国家权力代表的官府参与到基层社会规则的制定与执行过程中,并将其作为国法的部分依据和有益补充。最后是官府在村寨履行特定责任和义务后,并不直接干预村寨事务,与村寨头人等维持着一种合作关系,但是当地方官府随意增加村寨责任的时候,村寨头人只能通过上级官府颁布禁革例规或者越级上告来约束地方官的行为。从这个意义来说,村寨自治仍然是传统乡村自治的一种特殊类型。

第三章 清末民国时期国家化、地方性与村街自治

进入20世纪，中国国家建设的重要内容是国家的独立与统一，为此，建立一个中央集权的国家政权成为中国国家建设的重中之重，或者说是从19世纪至20世纪现代国家建设的根本性议程，当中国进入国家化的前半程时，其目标是建立中央有效管理地方的体制，以完成国家内部的一体化。从传统国家向现代国家转型过程中，以往的边陲成为新的腹地，传统国家时期的边陲与中心的关系逐渐被中央与地方的关系和国家与社会的关系所取代。原先的边缘地带通过传统国家的国家化被纳入中央王朝的统治之下，进而成为中央政权管辖下的地方政权，超越传统国家时期权力中心与边缘地带的关系等，归入统一的中央政权管辖。为了现代国家建设，汲取现代化所需资源，并进行有效的社会动员，国家与基层社会的关系发生转变，分散在社会中的权力集中于国家，国家权力广泛渗透到乡村社会。清末以来近代化的努力将国家权力触角向下延伸，在区、乡、村街、甲等一级接着一级将分散的地域社会整合进入国家的权力体系。因此，在清末民国时期，现代国家建构的议程突出表现在中央与地方关系和国家与社会关系的转变。上述两组关系最终以地方自治运动的方式徐徐展开。徐勇认为地方自治制度的创立有双重意义："一是将分立和离散的乡村整合到国家行政系统；二是解决传统官治与民众的隔绝问题，强化地方和基层政权组织对民众负责。这实际上是现代国家在乡村社会建构的体现：一是确立国家的主权地位；二是确立民众的主体地位。"[①]

在现代国家建构背景下，至清末民国时期，桂西北与整个广西经历了

---

① 徐勇：《国家化、农民性与乡村整合》，江苏人民出版社2019年版，第67页。

国家化、地方性与村民自治

一系列的地方自治运动，如清末的"官办自治"、旧桂系所倡导的"桂人治桂"和新桂系的"建设广西，复兴中国"等，以便调整中央与地方，国家与基层社会的关系。在中央与地方关系上，广西保持着相对独立的地位，为地方实力派所控制，在名义上接受中央政府领导，实际上享有自主权，在此基础上，地方实力派进行了基层社会国家化的种种努力，直到通过广西"村治计划"，将地方自治单位推及村庄，形成所谓的"村街自治"，并对农村基层进行重组，进而将地方国家权力延伸到基层社会，改变了传统国家时期"国权不下县"的局面，地方国家政权得以下乡进村。不过，广西的"村街自治"与同时代的村治一样，名为自治，实为保甲，主要是国家权力的渗透与控制，而非"地方之人以地方之财办地方之事"的地方自治，更多是资源的汲取和人力的动员等，村治只是国家权力的导管，民众缺乏对基层政权的参与、监督和制约，地方和基层政权难以对民众负责，民众的主体地位并未真正确立，普通民众对于地方政权缺乏认同，并以各种方式来抵制和反对，最终国家权力的下渗是以基层政治的衰败为代价，带来整个现代国家建设的失败。

一 清末以来的地方权力危机

清末以来，传统国家面临千年未有之大变局，同时已近暮年的中央王朝也沉疴难治，本就羸弱的中央政权不得不面对传统与现代的两面挑战，出现日益严峻的社会危机。为了应对这些危机，中央王朝不得不将高度集中的权力进行适度的分权，以便让地方能够及时处理危机，避免发展成为全国性的危机。在此过程中，中央王朝不得不接受地方势力崛起的事实，而中央政权对于不断崛起的地方势力也缺乏有效的控制，逐渐壮大的地方势力让传统国家陷入自我解体的轨道之中，于是，作为自我解体的一部分，首先出现的是地方权力的危机。

（一）土匪

对于清末民国时期来说，广西农村社会与全国其他地方类似，出现了普遍性衰败所带来的社会危机。之所以出现地域社会的凋敝，实际上源自

第三章 清末民国时期国家化、地方性与村街自治

清末以来总体性的危机，一方面是传统国家末期社会弊端丛生，乱象迭起显出垂暮之兆；另一方面是现代国家建设与传统国家的矛盾，以及工业经济对传统农业的冲击等引发的百年未有之变局。广西爆发的太平天国起义，是清末乃至中国最大的一次农民起义，是这种农村传统危机的集中体现。从1836年至1911年中国民变次数的统计来看，太平天国定都天京后至太平天国失败，中国社会民变骤增。即便是在太平天国起义之后，农村的危机并未缓解，而且面临更加严峻的形势。濒临破产的小农，一旦失去生活来源，不得不铤而走险，加入偷盗抢劫者的行列之中，加上广西多山，有利于盗匪的躲藏，地方政权难以及时剿灭，常常尾大不掉，以至于"无处无山，无山无洞，无洞无匪"。地方糜烂，群盗如毛。① 此外，广西地方还形成有组织的匪帮，广西十二府"堂匪"的堂号数就有二百一十三个，"股匪"有二百三十股。如果加上当地的棒棒会、孝义会、金钱会、北帝会、父母会、青莲会等种种名目，以及水上艇匪组织等，总数不会少于一千个。② 宜山所属庆远府及周边的右江镇柳州、浔州府，匪乱就达三百八十四股之多。其中，庆远府天河县三股。宜山县十二股，忻城土县三股，东兰州三股，河池州十一股。各股多则百余人，至少者亦十余人，合而计之，为数不少。③ 盗匪成群，地方不靖的结果是严重削弱了国家权力，以至于出现清末时期，南、太、泗、镇四府，道路阻隔者，将及十年。

表3-1　　　　　　　　1836—1911年中国民变次数统计④

年　份	次　数
1836—1845	246
1846—1855	933
1856—1865	2332
1866—1875	909

---

① 唐志敬编著：《清代广西历史纪事》，广西人民出版社1999年版，第664页。
② 郭亮：《桂西北村寨治理与法秩序变迁——以合寨村为个案》，博士学位论文，南政法大学，2011年，第45页。
③ 《东方杂志》第7卷第1期《中国时事汇录》，第21—22页。
④ [美] 费正清、刘广京：《剑桥中国晚清史1800—1911年》下卷，中国社会科学院历史研究所编译室译，中国社会科学出版社1985年版，第678页。

续表

年　份	次　数
1876—1885	385
1886—1895	314
1896—1911	653

（二）士绅

为了有效镇压太平天国起义和此起彼伏的匪患，清政府下令各省各地自办团练，维持地方治安等，逐步形成了地方督抚领导下的地方性军事力量，筹集军费的厘金制度又赋予了地方督抚财政自治权，为地方督抚权力的扩大提供了契机。此后，再经过洋务运动和清末新政的催化，地方督抚的势力进一步扩张，最终形成康有为所说的"一兵、一卒、一饷、一糈，皆朝廷拱手而待之督抚"①，在清末形成所谓的"督抚专权"，进而导致地方与中央关系的变化，地方官员日益明显的政治分权化趋势。另外，原本作为国家与地方社会结合的士绅等逐渐成为传统社会的离心力，帝国统治不可能按照以往的方式继续统治下去了。② 由于督抚在地方之治理上，特别是在捐税助饷方面，多仰赖地方士绅的支持，因此随着督抚势力扩张而来的是地方士绅地位的上升。二者彼此相结合，共同构成了清末一股十分强大的地方政治势力。士的裂变和消失成为中国近代社会区别于传统社会的最重要特征之一。③ 面对地方上日渐猖獗的盗匪，地方政府不得不委派乡绅举办团局等，以维持地方上的秩序和稳定，团局依靠保甲组织等征派人员和钱粮等，不仅用于对外防范土匪等，而且对内维持村寨的秩序，逐步取代了原本的基层组织，进一步加强了乡绅等在地方上的权威与作用，地方政权不得不依靠乡绅来治理基层社会，非如此不足以维持地方秩序。

在国家权力衰微之时，士绅在更加广阔的地方事务上发挥作用。尤其是太平天国运动爆发后，广西社会形势更加危急。瞿同祖认为："由于政

---

① 康有为：《康南海文集》（第4册），共和编译局1912年版，第67页，转引自暴景升《清末督抚的崛起与中央权威的衰落》，载《明清论丛》2014年第2期。
② ［美］孔飞力：《中华帝国晚期的叛乱及其敌人》，谢亮生等译，中国社会科学出版社1990年版，第3页。
③ 参阅罗志田《权势转移：近代中国的思想、社会与学术》，湖北人民出版社1999年版。

府武备过于软弱，难以维持治安，清政府因而容忍甚至依赖士绅组建和指挥地方乡勇民团。"① 在政府的鼓励和支持之下，宜山县的士绅陆续建立了洛东团、福庆团、谭村团、永泰团、东江团、广东客团、德胜团等，原有的保甲逐渐与团练融合，如福龙乡翁同村头众条款碑所记载的那样，"以十家为甲，有甲长；聚甲为团，有团长；联团为总，有团总"，依靠团练组织将松弛的保甲制度束紧，团练组织职能由应对动乱，逐渐扩展到征收赋税、清查户口、维护治安和社会救济等，大有取代保甲制度的情势。当然士绅势力也引起政府当局的警惕，屡有整顿之举，可是在帝国晚期地方军事化的整体状况之下，具有独立倾向的士绅团练并没有消失。之所以如此，是因为士绅所承担的社会责任，张仲礼认为："绅士所承担的事务，许多对政府是有用的。这些事务若非绅士担当，则须官吏办理，然而官吏的幕属和书办太少，经费不足，不能承担所有这些必要的事务，特别是地方政府，更是如此。"②

福龙乡翁同村头众议条款碑③

今将本甲团长□□，甲长□□村□□俭勇□□，新村吴士、□□，□村吴□光、鼎亭宁、李有亮、盘有宝，红泥峒赵明凤，众同公议，立定条款章程，遵奉世袭正长官司韦，为核明条款批准勒石，以垂永远不朽云。

一议团内各村十户为一甲，立甲长一名，管九家立邪正，倘有窝藏匪类，私勾外贼，一经查出，将其家业一半充公，一半归团，仍拿进官治究；

一议各村各家被贼劫掳，鸣角射炮为号，连放三炮，角声随接，听其响处，各赴去救，伏捕要路，拿货贼□，奸名生供，众谢红钱十千文。如夺得人口货物牛马交回主任，谢红钱六千文，将村边村内夺得人物回。谢赏之钱，违者禀官究治；

一议各人出外把路，杀死贼者，每命众谢花红钱十千文。贼伤团

---

① 瞿同祖：《清代地方政府》，范忠信译，法律出版社2003年版，第312页。
② 张仲礼：《中国绅士：关于其在19世纪中国社会中的作用的研究》，上海社会科学出版社1991年版，第56页。
③ 李楚荣主编：《宜州碑刻集》，广西美术出版社2000年版，第245—246页。

内人，众验轻重发药钱 千文。加重伤毙命，众出棺木钱十千文，别无怨悔；

一议凡贼闯入某家，各甲内一闻惊动，立即出救，弗得畏缩，倘有不出，一经查出，罚钱三千六百文，归团公用。如违，捆缚送官，照以与贼同党治罪；

一议凡有假装逃方恶乞，时常进村，善恶不等，先问起来由；倘有不分皂白，拥进家庭，急命强抢，乃为其盗论，立即鸣角起团，捆缚送官究其办罪；

一议凡被鼠贼挖家，失去牛马货物等物件，当场杀死贼无异论。如果当场未获，不拘远近日期，查得真脏正贼，是某村保甲人，经团捆掏送官究治；

一议各村被偷五谷杂粮果木等项，贼赃两获，不拘男女老幼，众罚钱七千文，猪肉酒米一百斤，如违，送官究治；

一议各养牛马猪只，毋得纵放践坏青田。初犯者，众议公赔。重犯者，杀死拿交归团杀吃。倘若挟嫌，众团攻禀究治；

一议如有不遵号令，夜间非被贼被劫，乱放炮三声，兵乱鸣角，众团罚酒米肉二十斤为严规款。如违，送官究治。众中议成条款章程，各自踊跃立保身家，以安地方。书条上碑，以垂永远。倘有恶心毁字，交得送官，依贼治罪，五吉日众立款。

光绪拾七年八月十五吉日众立款

（三）土官

在广西还保留有为数不少的土官势力，经过明清的改土归流，至民国初年的时候，广西仍有四十二个土司、土州、土县、土巡检等，其仍旧保持着旧有制度，疆域几乎占了全省的四分之一。①

一是土官在国家行政体制之外，国家无法进行有效治理。据当时的《东方杂志》记载："土司世守其土，治理末谙，甚或席其淫威，恣为贪暴，不但不利于当地政治、经济及社会状况的改善，而且游离于国家行政体制以外。各土官贤能者，固亦有人。然大多数皆赋性昏庸，罔知礼法。

---

① 《东方杂志》第5卷第3期《内务》，第202页。

其无能者则冥冥昧昧，如睡如梦。四境之事懵然不知。其不肖者则任性妄为，鱼肉土民，暴戾贪婪，靡所不至。而土民办复猿猿坏狂，不识不知。慑于土官之威严而莫敢或诉。坐是之故，民生日以况瘁，地方日以凋残，腐败情形不复堪问。"①

二是土司土官对本族人进行残酷暴虐的政治压迫。"无官民之礼，而有万世奴仆之势，子女财帛总非本人所自有"②。土民如不堪忍受压迫而规避徭役，不遵土司调遣，土司就可以没收其家产，将其家属分卖各部为奴，并用各种残酷的手段予以惩处。

三是土官随意征派税赋劳役等。清政府对土司土官地区要缴纳的贡赋是很轻的，只是象征国家主权而已。而土司土官借口要向政府缴纳贡赋，设立种种名目繁多的苛捐杂税，强派节礼，强征民夫，向土民榨取超过国家规定的数目的几十倍，甚至几百倍的贡赋。③

（四）县政

面对地方各种势力，地方政权难以有效应对，尤其是县级政权在整个地方权力危机中的被动地位。有学者认为："地方盗匪活动、农民骚乱、腐败和虚弱的官僚集团是中国近代县域社会的典型特征。"④

一是有限的县级行政官员。清代的县级行政长官沿袭明代，称知县，官秩为正七品，负责本县境内政治、军事、司法、经济、文化等一切事务，县属官有丞、主簿、典吏等。1899年编纂的《清会典》记载："广西只有州同11人，州判5人，县丞9人，主簿2人。而典吏（吏目）基本各县皆有设置。"⑤ 即便是加上属官，县级行政官员人数也十分有限，面对广阔的县域和日渐增长的人口，加上清末出现的各种地方变乱，有限的正式行政体系越来越难以控制地方社会，不得不依靠不受限制的胥吏和半公职的乡保。无法建立强有力的县级政权，自然也难以将面对日益严峻的土

---

① 《东方杂志》第5年第3期《内务》，第203页。
② 蓝鼎元：《论边省苗蛮事宜书》，《鹿州初集》卷一。
③ 土司土官对当地民众掠夺苛索事例，详见广西民族研究所编：《广西少数民族地区石刻碑文集》，广西人民出版社1982年版。
④ 申恒胜、王玲：《县域社会中的国家遭遇》，《江苏大学学报》（社会科学版）2010年第2期。
⑤ 《清会典》，中华书局1991年版，第16页。

匪、恣意的土官和离心的士绅等对于地方国家权力的冲击。

二是不受限制的胥吏衙役。有限的正式行政官员不足以管理一县的土地和人口，不得不依靠大量的胥吏，县级行政组织除了知县及其属官外，在每个县衙，县官其手下具体办事人员有吏、户、礼、兵、刑、工等六房书吏，又称胥吏。知县还常请幕客（师爷）协助办公。在广西，新官上任，都要自己组织班底，礼聘刑幕一人，书房师爷一人，账房师爷一人，收发员一人，委派发审委员一二人，雇用门上一人，随从若干人，亲兵若干人，厨役若干人。① 由此形成完整的县级行政官吏体系，胥吏并非正式官员，也无法进入官员行列，地位卑微，没有固定的薪俸，县官以个人身份来雇用额外的书吏和招募更多的衙役。这些人大都没有薪俸，大多县官的解决办法是建立陋规，允许办差的县衙人员向百姓收取办事费，以维持其生计。一般有牛判、猪判、烟灯捐、船行捐、伙铺捐、当铺季捐等。② 费正清认为："清末的苛捐杂税和库耗往往高达原来赋税的10倍之多"，"这些民脂民膏大都由地方官府和缙绅及上级政府三者之间分肥，他们狼狈为奸耗尽了农民的'血汗'"③。

三是半公职的乡保等。虚弱的县级行政组织本身并没有足够的力量和动机进入农村社会，只需要维持基本的社会治安和正常的税赋征收。因此，国权对于县下的基层社会并没有积极加以干预的能力。迨至清末，国家也曾借助保甲制度来控制乡村社会，但是国家并未把权力延伸到管理数十个村的乡保一级，乡保只能算是最基层的半公职人员，其工作开展也必须与村庄内在的领导合作。尽管乡保一职是国家权力与村落共同体之间的重要交接点，但其并非正式的官职。乡保既不由县衙直接任命，也不是一个受薪的职位。清政府正式的官僚机构，实际上仍只到县衙门一级。统治者深知，县级以下的官方指派人员，缺乏操纵地方本身领导层的机关组织，不易任意执行职务。④

---

① 《老桂系纪实》，广西人民出版社2003年版，第164页。
② 《老桂系纪实》，广西人民出版社2003年版，第183页。
③ ［美］费正清：《中国：传统与变迁》，张沛译，世界知识出版社2002年版，第301—302页。
④ 黄宗智：《华北的小农经济与社会变迁》，中华书局2000年版，第236页。

二 地方自治：清末民国时期的现代国家建设

地方权力危机的出现导致中央不得不接受地方势力的崛起，至民国初年，作为国家统一象征的中央政府仅仅是形式上的统一，中央政府力图集中权力的努力遭遇地方势力的抵制，由此出现地方势力与中央政府之间围绕"统一"与"自治"，"集权"与"分权"的对立与冲突，地方自治正是在此背景下兴起的。

（一）官办自治

中央政府所推动的地方自治，是希望在适当分权的情况下借助于地方自治，进一步明确中央的权力，并通过民众的参与自下而上建立现代国家，解决传统国家所遗留下来中央与地方权力分割问题。地方势力则借助于地方自治来加强分权，保持地方的独立性，并推动地方政权建设，推动地方现代化。如何协调中央政权与地方政权的关系成为传统国家向现代国家转型过程中的核心问题。地方自治正是在这一宏大的转型背景下提出来的。19世纪末20世纪初，地方自治思想在中国迅速广泛地传播，"地方自治之议论日触于耳"，"举中国几于耳熟能详"[1]。康有为在《公民自治篇》中曾说道："究地方之术若何？曰知病即药。今吾中国地方之大，并在于官治代民治，而不听民自治。救亡之道，听地方自治而已。"[2] 据统计，截至1908年，全国共成立地方自治团体或地方自治组织机构多达70多个。[3]

对于地方自治来说，实际上存在两种不同的取向：一种取向是以地方为中心的地方自治，即英美国家地方自治，在地方权力的来源上，中央政府权力是地方权力让渡，地方权力是中央政府权力的基础，在此基础上中央政府才有统一的权威。另一种是以中央为中心的地方自治，即德日国家的地方自治，地方权力来源于中央政府的授予，地方自治不能超出中央政

---

[1] 《梁启超文集政闻社宣言书》，线装书局2009年版，第186页。
[2] 康有为：《公民自治篇》，载《新民丛报》1902年第5期。
[3] 沈怀玉：《清末地方自治之萌芽（1898—1908）》，台北："中研院"《近代史集刊》1980年第9期。

府所规定的范围。围绕上述两种地方自治的取向，中国近代的地方自治运动大致经历了官办地方自治到地方分权自治两个阶段。

自1901年宣布实施新政后，在立宪运动中，立宪派反思中国郡县制度，不得不承认一个事实，即中国幅员辽阔，"户口殷繁，一省之中，州县数十，大或千里，小亦数百里，统治之权仅委诸一二守令，为守令者又仅以钱谷、狱讼为职务，民间利病漠不相关，重以更调频仍，事权牵掣，虽有循吏，治绩难期"[①]。为此，逐渐有了改变传统国家郡县制，而仿效西方国家的地方自治制度的设想。1906年9月1日，清政府下诏宣布"预备仿行立宪"，并于1908年8月27日颁布宪政编查馆拟定的《九年预备立宪逐年筹备事宜清单》（以下简称"清单"）[②]，把地方自治纳入预备立宪的计划"清单"之中，并在"清单"中对地方自治的实行做出了具体规划："第一年颁布《城镇乡地方自治章程》；第二年筹办城镇乡地方自治，设立自治研究所，并颁布《厅州县地方自治章程》；第三年续办城镇乡地方自治，筹办厅州县地方自治；第四年续办城镇乡地方自治和厅州县地方自治；第五年城镇乡地方自治，限年内粗具规模，续办厅州县地方自治；第六年城镇乡地方自治一律完成，厅州县地方自治，限年内初具规模；第七年厅州县地方自治一律成立。"[③] 之后清政府出台具体有关地方自治的章程，其中包括《城镇乡地方自治章程》和《城镇乡地方自治选举章程》，明确"地方自治以专办地方公益事宜、辅佐官治为主"，城镇设立议事会、董事会，乡设立议事会和乡董，由本地居民投票选举产生。具体来看，清末的官办地方自治具有如下特征。

一是城镇乡地方自治为基础，第一次将县以下组织纳入地方行政建制，清末新政在有限的时间里，推行地方自治，实际效果暂且不论，但是城镇乡地方自治试图改变过去皇权不下县的格局，在县级以下设立自治机构，建立自治章程等，以取代县下的保甲体制，进而授权由当地居民推选的乡绅等充任乡董，以此来重组基层社会。有学者认为："清末的乡村自治将地方自治机构纳入国家政权机构的组织体系，并使自治机构的负责人成为准政府机构的成员，达到国家政权机构向下延伸的目的，实现国家政

---

① 故宫博物院明清档案部：《清末筹备立宪档案史料》，中华书局1979年版，第715页。
② 故宫博物院明清档案部：《清末筹备立宪档案史料》，中华书局1979年版，第61—67页。
③ 故宫博物院明清档案部：《清末筹备立宪档案史料》，中华书局1979年版，第61—66页。

第三章 清末民国时期国家化、地方性与村街自治

权对农村社会的控制。"①

二是自下而上推行地方自治,由城镇乡到厅州县逐级实行地方自治。清末新政将地方自治作为一个体系,有计划地推进地方自治,从城镇乡自治逐级兴办地方自治,进而实现厅州县层次的地方自治,实际上将省府以下地方权力授予地方自治机构,由民众参与到地方事务当中,是符合地方自治发展的路径和精神。

三是省以下县级政权为地方自治重点,改变地方行政结构。清末地方自治侧重于县级地方自治,即国家与社会关系紧密相连的层面,与民众生活息息相关的县级政府更能够激发民众的参与热情,以此来培育民众自治的习惯等。

四是自治辅佐官治的地方自治,官办自治的特点明显。清末地方自治开办之初,仍然带有明显的官办自治的味道,地方自治是辅佐官治的咨询议事机构,而不是最终的决策机构,从某种程度上来说是清末地方自治的局限,一方面是对于地方政治社会权力的不信任,正如传统国家时期对于族权、绅权等的约束和控制;另一方面是对民众自治的能力的不信任,直接过渡到"民治"可能出现问题等。

在清末官办自治中,广西按照预备立宪中有关地方自治的规定,开始有计划地推行地方自治,其时间比清单所规定有所提前。其实,早在戊戌变法时期,倡导地方自治的康有为就曾两次入桂,宣传变法,并将地方自治思想等引入广西。广西当局的地方自治具体进展如下。

一是地方自治的风气。广西有识之士将地方自治作为振兴广西的社会革新方案而大加提倡。等到清末新政之时,广西地方自治得以迅速展开。1909 年宪政编查馆考察第二届宪政成绩,称赞"本年筹办城乡镇地方自治,则以直隶、广西两省成绩显著"②。

二是地方自治人才的培养。1907 年 9 月,广西巡抚张鸣岐就曾上奏:"设立全省自治局,以为筹办总汇之区,并于局内附设自治研究所,先考选桂林府所属绅士入所研究,以为着手进行之本……该局于光绪三十四年三月开办,研究所四月开办。本所宗旨在研究地方自治之学理法则及应用

---

① 潘嘉玮、周日贤:《村民自治与行政权的冲突》,中国人民大学出版社 2004 年版,第 5 页。
② 《宣统政纪》卷二十四,第 451 页。

手续，以为试办准备。当时共招选临桂绅士190人入学，年底毕业。"[①]

三是地方自治的知识普及。"饬令阖省各厅州县，考选品学素优之士绅入所研究……教以自治制度及与自治有关系之法政学科，以十个月毕业，毕业后即派回本籍传习研究，以期普及。"[②]

四是地方自治机构的设立，在开办地方自治研究所培养自治人才和普及自治知识外，要求各厅州县设立地方自治筹办公所，选派正直绅士主办，各地纷纷筹办公所，预备按照地方自治清单，在全省推行地方自治。县级设立自治会总机关，乡镇设自治会公所，主持兴办学务、筑路、交通、卫生、息讼解纷、选举等事宜。至1911年，广西全省有20个州县成立城镇乡议事会，13个州县成立城镇乡董事会，另有16个州县已选举暂未成立议事会。[③]

五是地方自治制度的制定。结合广西地方实际，制定和颁布一系列地方自治规章制度，如《自治局办公章程》《广西省地方自治局试办调查简章》《调查纲要》《临桂调查员办事细则》等。

总体来说，广西的地方自治并没有脱离"官办自治"的特点。其目标是通过自治辅助官治，不过，并未实现真正的民治，而是将传统时期外在于正式官僚体制之外的乡村士绅等纳入正式的地方自治当中，扩大了政治参与的范围，赋予了地方官治以合法性，实际上是承认了乡绅等在地方社会的地位，地方自治也逐渐走向了地方绅治，一旦开启了地方自治的趋势，士绅便进一步扩大对于地方政治的影响。一方面地方士绅与中央政权之间的离心趋势由于科举制度的废除和清末的"收回利权运动"而日益明显；另一方面地方自治未能将一般民众纳入地方政权体系之中，以增强对国家政权的认同，其结果是不仅士绅与政权离心，而且民众与国家政权的隔离也并未改变，士绅越来越成为相对独立的力量，最终从基层瓦解了整个国家政权，地方自治逐渐走向了地方独立。

（二）地方独立

在兴办地方自治的同时，中央和地方政权建设也逐步展开，突出表现

[①] 故宫博物院明清档案部：《清末筹备立宪档案史料》，中华书局1979年版，第743页。
[②] 故宫博物院明清档案部：《清末筹备立宪档案史料》，中华书局1979年版，第744页。
[③] 李帆、邱涛：《近代中国的民族国家建设》，商务印书馆2015年版，第359页。

在省及中央层面的开议会、立宪法也在进行,按照现代国家的模式自上而下地重新组织国家政权机构。随着广西省咨议局以及各府厅州县、城镇乡自治机构的成立,广西初步建立起一套从省到乡镇的近代化的行政管理体系,打破了中国社会几千年来政权不下乡的传统,开启了广西近代史上重要的政治革新。① 1909 年 9 月 1 日广西咨议局在桂林王城正式成立。不过,当时人口近千万的广西,"合格"的选民只有 40284 人,仅占全省人口的 0.45%。而当选的 57 位议员当中,多半是封建地主、商人以及士绅阶层,其出身都是非富则贵,不然就是知识分子,普通平民百姓均与此无缘。②

未等地方自治建立,清朝政府就在辛亥革命中被推翻。辛亥革命后,各省相继独立,分别成立了省议会和军政府,军政府下分设民政、财政、军政、司法等各部,各部的具体名称各省虽有所不同,但在机构设置和职能划分上皆是大同小异。各省还颁布了具有宪法性质的本省临时约法。1911 年 11 月 7 日广西咨议局在桂林召开会议,正式向全省宣布广西独立。11 月 8 日,南宁同盟会代表与提督陆荣廷谈判,双方达成一致,并于 11 月 9 日宣布南宁独立。在桂林、南宁、柳州、梧州——这几个广西最为重要的政治、军事和商业贸易中心都先后响应武昌起义宣布独立后,广西省属的其余府、厅、州、县也纷纷宣布了独立。③ 1912 年 3 月颁布了《广西临时约法》,其中既明确规定了政府实行三权分立的民主共和制——都督由人民公选,负责总揽政府政务;议会由民选议员组成,负责立法以及有权监督政府;法院负责各种诉讼的审判,独立不羁地执行议会议决的各项法律。④

不过,民国初期国家并不统一,各省先后独立,独立之后组成松散的民国临时政府,各省仍保留有极大的权力,各省地方势力支持辛亥革命和省独立的背后"就隐藏着长久以来地方主义对清廷离心离德和间接的对抗中央因素在内"⑤。南京临时政府有赖于地方势力的支持与保护,中央政府

---

① 唐国军、黄秋燕:《地方自治:清末广西试验的效益与局限》,《广西社会科学》2016 年第 1 期。
② 唐国军、黄秋燕:《地方自治:清末广西试验的效益与局限》,《广西社会科学》2016 年第 1 期。
③ 参阅黄秋燕《旧桂系广西地方自治研究》,硕士学位论文,广西民族大学,2016 年。
④ 丘远猷:《广西临时约法初探》,《法学家》1996 年第 6 期。
⑤ 胡惠春:《民初的地方主义与联省自治》,中国社会科学出版社 2011 年版,第 26 页。

与地方之间缺少清晰的权力分割,"一旦偏离这一点,任何权力,不分中央地方,都会超过自己应有的边际,异化为侵害公民权利、破坏社会稳定发展大局的可怕力量"①。

(三) 自治停办

孔飞力在论述中国现代国家建设起源时认为:"清王朝垮台后,继任的新统治者立刻采取行动,通过建立新的行政官僚中心来取代20世纪初年产生的各种地方'自治'机构。"② 袁世凯于1913年1月公布《划一现行各省地方行政官厅组织令》,试图通过由中央任命的"民政长",来取代各省都督总理各省政务,5月又宣布启动地方省制改革。袁世凯更是于1914年1月宣布解散国会,2月下令撤销所有省议会、宣布全国一律停办地方自治,其理由是各属自治机关良莠不齐,平时把持捐税,干预诉讼,妨碍行政。③ 之后虽然在北京等地试办地方自治,但是将县以下区作为地方自治单位,并没有将其作为中央与县以上地方政权关系的方案,在自治的性质上,区自治单位是公共事业团体,而非政权单位,其所主张的地方自治主要目的是辅助官治的不足而已,并受到国家权力的直接控制,实际上是官治。④ 在此思路下,旧桂系在1915年调整县下基层组织,规定十户为牌,十牌为甲,八至十甲为团,联团为区,后改区为乡,按地方自治原则,乡有自治会,设议长、乡佐、乡董各1人,村设村董1人,皆由民选产生,并规定八项自治事务,如学务、卫生、道路、产业、救助、筹款等。

然而,民国初期短暂的统一后,随即进入北洋军阀混战的动乱年代,专门研究中国军阀政治的齐锡生认为:"军阀们很早就知道利用地方感情,有的人成功地转移国家统一的话题,声言他们并不反对国家统一,但在目前政治分裂的客观情况下,最好的方针是在他们统治下保护这个地区""依靠地方支持建立政权,通常要达到两个目标:对内,在这个地方要达

---

① 李元起、王雁熊:《民初地方自治问题浅析》,出自王磊编:《百年共和与中国宪政发展——纪念辛亥革命100周年学术研讨会论文集》,法律出版社2012年版,第144—156页。
② [美]孔飞力:《中国现代国家的起源》,陈兼、陈之宏译,生活·读书·新知三联书店2013年版,第119页。
③ 参阅黄秋燕《旧桂系广西地方自治研究》,硕士学位论文,广西民族大学,2016年。
④ [美]孔飞力:《中国现代国家的起源》,陈兼、陈之宏译,生活·读书·新知三联书店2013年版,第119页。

第三章 清末民国时期国家化、地方性与村街自治

到自治；对外，需要执行独立的政策。"① 各地军阀和地方实力派也进行过地方自治，但是从巩固权力和战争动员的角度出发，大部分地方都强化了保甲制度，或者仅仅是保甲制度的翻版而已，至此全国统一的地方自治行动宣告结束。

因此，对于清末民初以来的地方自治作用不应做出过高的估计。闻天钧曾经有过详细的评述："所谓地方事业，不操之于官，即操之于绅；等而下之，又操之于棍痞。生杀欺夺，民之所能自存者几希，民之所能自主者几希，民之所能自致其治者亦几希矣。且连年多故，兵匪劫持，流民载道，其或幸存，苟且旦夕者，仅一稍恃，其自卫自保之力耳。"② 一方面少数土豪劣绅把持乡村治权。在保甲职务者……非借恶霸势力，鱼肉乡民，即持巨族力量，垄断一切。其主任保长之权力，绝不肯放弃，于是，优秀者皆退避三舍，而不与为伍。……有劣迹之主任保长，虽欲去之而不能。③另一方面多数民众难以参与地方事务。一般村民的不负责任，造成地主跋扈……村里的富户，在一村经济中占重要的地位。大多数的村长都是一村最大地主，村副是次大的地主，村中一切事情，都由一人或二三人包办，为所欲为，其余几百个或几千个村民，只管按数纳款，别的不得过问，实在也不能过问，村长村副们假公济私侵吞公款，一般村民敢怒不敢言，为争权夺利各级官员与土豪劣绅相互勾结。④

总之，在清末新政所开始的地方自治中，士绅是地方自治的坚定支持者、积极参与者和热情倡导者。费正清认为："在自治会会员之中，相当数量的人是有低级功名的绅士。大部分被选为自治会会长和镇乡董事的人是绅士。的确，清末的地方自治实际是绅士之治。清末的地方自治是保守的清政府与同样保守的地方绅士为互利而互相合作以期在一个正在变化的世界中保持他们的政权权力的企图。"⑤ 只是在清末废科举和兴新式教育

---

① [美]齐锡生：《中国的军阀政治（1916—1928年）》，杨云若、萧延中译，中国人民大学出版社2010年版，第161页。
② 闻均天：《中国保甲制度》，商务印书馆1935年版，第36页。
③ 闻均天：《中国保甲制度》，商务印书馆1935年版，第428—429页。
④ 徐雍舜：《农村自治的危机》，1933年《北平晨报》，摘自《中华民国史史料外编》（末次研究所），季啸风、沈友益编，第93册，广西师范大学出版社1997年版。
⑤ [美]费正清等：《剑桥中国晚清史》下卷，中国社会科学院历史研究所编译室译，中国社会科学出版社1985年版，第462—463页。

后,以及国家政权建设,士绅阶层才逐渐退出乡村权力结构。正如张仲礼所言:"绅士之治的脐带因为科举制度的废除而被斩断,士绅的地位是通过功名、学品、学衔和官职而获得。"[①] 废科举直接导致士绅的衰败,同时代替科举制度的新式教育所培养的知识分子在城市滞留,使得占据乡村权力中心的士绅阶层失去制度性的补充,从而在很大程度上中断了千年以来的士绅基层的继替常规。[②] 加上民国时期国家政权建设,国家权力向乡村延伸,在汲取财政资源的压力下,原本由士绅扮演的"保护型经纪人"逐渐为"赢利型经纪人"所取代,国家政权建设的目标非但没有达成,反而陷入"内卷化"的困境。从地方到基层,地方自治走向地方主义,由此造成事实上各地方势力与中央政府的对抗,导致地方势力过大,中央政府无法制衡地方,最终导致国家权力的破碎化。

三 地方主义:民国中后期地方政权建设

直到1927年南京国民政府成立,中国实现了形式上统一,清末新政以来纷乱的地方政治势力得到一定的控制,随着国家的重新统一,国民政府开始了有计划的国家建设,其中国家政权建设是重要内容。此时,广西的主政者由北洋军阀政府时期旧桂系转变为新桂系,新桂系作为地方实力派,在与中央政府的冲突中,退守广西,面对中央政权的外在压力,新桂系立足本省的"自卫""自给""自治",加强农村基层政权组织建设,使得地方政府权力能够直接延伸到最基层,进而有效地动员民众和汲取资源,以便能够与中央政府相抗衡,并维持自己相对独立的政治地位。对于整个国家建设来说,新桂系的策略带来"地方主义"的意图,也是清末民初以来地方权力危机的一种集中体现,为了能够在与中央政府的对抗中保持自主性,新桂系致力于广西的地方政权建设。

---

① 张仲礼:《中国绅士——关于其在19世纪中国社会中的作用》,上海社会科学出版社1998年版,第4—5页。
② 王先明:《变动时代的乡绅——乡绅与乡村社会结构的变迁(1901—1945)》,人民出版社2009年版,第455页。

第三章　清末民国时期国家化、地方性与村街自治

（一）地方分权

新桂系以孙中山的地方自治思想为源头。作为民国缔造者的孙中山，曾经系统阐述其地方自治思想，构成了民国中后期地方自治的重要思想基础，他认为："地方自治者，国之础石也。础不坚，则国不固。"①"我们中国人不是不能自治的，也不是没有自治的，观察过去的历史和现在社会的风俗，就可以明白了。"②"余以人群自治为政治之极则，故于政治之精神，执共和主义。"③孙中山将地方自治作为重建国家的重要途径，面对新生的中华民国地方权力危机，他寄希望地方自治解决中央与地方的矛盾，提出了自下而上的地方自治纲领。他指出："今欲解决中央与地方永久之纠纷，惟有使各省人民完成自治，自定省宪法，自选省长。中央分权于各省，各省分权于各县，庶几已分离之民国，复以自治主义相结合，以归于统一，不必穷兵黩武，徒苦人民。"④至1924年11月，孙中山为促进民国的统一，在生命的最后时刻毅然北上与冯玉祥等会面，发表《北上宣言》，他强调："在划定中央与省之权限，使国家统一与省自治，各遂其发达而不相妨碍；同时确定县为自治单位，以深植民权之基础。"⑤孙中山的地方自治思想深刻地影响了后来民国地方自治计划，尤其是地方分权思想。不过，南京国民政府时期，着手地方社会的行政化，与孙中山的地方自治思想相背离。孔飞力认为："国民党是支持孙中山的自下而上的自治纲领的，但在1927年取得政权后，也着手实行地方社会的官僚行政化，在县以下划分新的行政区域，并剥夺了地方社区从道理上来说具有的各种自治功能。到头来，孙中山遗产中关于威权性的部分压倒了关于社区本位的部分。"⑥

新桂系主政广西政局之后，在孙中山的地方自治思想影响下进一步强调广西的地方分权，作为新桂系核心人物之一的黄旭初认为："中央集权的好处是整齐统一，而坏处则是缺乏弹性，对于一切事情都是死板板的适

---

① 《孙中山全集》第三卷，中华书局1981年版，第327页。
② 《孙中山全集》第五卷，中华书局1981年版，第173页。
③ 《孙中山全集》第一卷，中华书局1981年版，第172页。
④ 《孙中山全集》第五卷，中华书局1981年版，第531页。
⑤ 《孙中山全集》第十一卷，中华书局1981年版，第295页。
⑥ [美]孔飞力：《中国现代国家的起源》，陈兼、陈之宏译，生活·读书·新知三联书店2013年版，第119—120页。

用，难免有不尽之处。地方分权的好处是可以各个适用，但坏处却在于系统紊乱，而有步调不齐、关系不密的缺点。"① 因此，应用一种调和的均权制度。黄旭初说："中国的版图非常辽阔，而各处的风土习俗以及文化水准、自然环境等又是相差的非常厉害，愈加是需要富有弹性的活用。"②"中央固应把大权拿起来，实施国家整个的计划；各省地方亦应有相当的权力，去把地方弄好。"③ 但是，"中国现在已到非常危险的地步，想把这种危险挽救，在现在的情形，似乎不能把这责任推到中央去，中央固然应该负责，但中央的本身已不能整理，各地方想把救国责任去依靠他，恐怕是靠不住的"④。

在地方分权思路之下，新桂系采取了一系列的措施来强化广西的自主性，提出"建设广西，复兴中国"的口号，以孙中山先生三民主义为宗旨，将广西的"三自"策略与民国政府的建国方略结合起来，通过自卫以实现民族独立，通过自治以实现民权，通过自给以改善民生等。在"三自"政策之下，新桂系开展自治活动，所谓自治，一方面是说，地方人民有依照自己的需要来管理地方事件的权利，不过他们的措施，不能与国家的需要冲突。另一方面就是地方人民应各尽义务，各献能力，来办理地方事务，满足公共需要。⑤ 地方自治是就人民自治的范围来说的，全国人民都参加一国公共事务的管理，便是民主政治。一个地方的人民，都参加一个地方的公共事务，便叫作地方自治。⑥

为此，新桂系以继承孙中山先生"三民主义"遗志为口号，在"三自"策略之下试图建立直接民权的乡村自治制度，即"村街自治"。不过，新桂系的自治与孙中山的民权主义并不完全一致⑦，第一，总的来说，民权主义更注重建立民主政治，注重人民享有的基本权利，而新桂系则更注

---

① 黄旭初：《中国建设和广西建设·上册》，建设书店1939年版，第208页。
② 黄旭初：《中国建设和广西建设·上册》，建设书店1939年版，第208页。
③ 黄旭初：《黄旭初先生演讲集》，南宁民国日报社1936年版，第36页。
④ 黄旭初：《黄旭初先生演讲集》，南宁民国日报社1936年版，第42页。
⑤ 李宗仁等：《广西建设》，广西建设研究会1939年版，第54页。
⑥ 中国国民党广西省党务整理委员会宣传部编印：《地方自治问答》出版年月不详，第2页。
⑦ 参阅杨乃良《民国时期新桂系的广西经济建设研究（1925—1949）》，博士学位论文，华中师范大学，2001年。

重地方的控制。第二，民权主义更多从宏观上注重资产阶级民主共和国，而新桂系则是更多从微观上强调乡村的自治，巩固地方政权。第三，孙中山认为自治的基层单位为县，"县为自治之单位，省立于中央与县之间，以收联络之效"①。而新桂系则主张基层单位到村，试图从基层重组基层社会。

(二) 县政建设

新桂系按照地方分权的思路，在地方政权建设方面投入了更多的精力，在纵向上，新桂系认为广西县以下的组织不健全、不统一，使广西乡村社会治安混乱，匪盗猖獗，土豪劣绅，凭借权势横行乡里，征钱粮办公务；浮收滥支，鱼肉乡民。② 1928年，新桂系为加强县政建设，颁布了《广西各县县政府组织暂行条例》，规定每县设县长一名，县政由局、科具体负责执行，其目的是加强县一级的行政建设。1932年9月公布的《广西各县甲村街乡镇区编制大纲》，对于区的编制，规定县依地方之山川形势及经济交通情况分划为3区至10区，每区至少有10乡镇。1934年7月修正公布的《广西各县组织大纲》，规定：县因其区域辽阔，形势险要，或户口繁多，得划分为若干区。除地面辽阔、形势险要之区域外，其余每区以万户、十乡镇为原则，不满两区以上的县不设区。各区按地方经济、交通文化等状况分为三等。③ 在加强县级政权建设的同时，县下设区，将区作为正式的地方政权，改变了国权不下县的状况，标志着体制性的国家权力已经延伸到县以下。

在横向上，新桂系加强地方政权的方式是接续以往的改土归流，将广西剩下的土司地区一律改土归流。经过明清两代的努力，壮族土司逐渐被中央政府控制，但土司制度直至民国初年仍未完全废除。县级政区有8厅、15州、49县。另有25个土州、4个土县、10个土司、3个长官司，主要分布在庆远府、思恩府、南宁府、镇安府、太平府等地。④ 旧桂系时

---

① 《孙中山选集》，人民出版社1981年版，第603页。
② 行政院农村复兴委员会编：《广西省农村调查》，商务印书馆1935年版，第259页。
③ 参阅曾凡贞《新桂系县政改革研究》，博士学位论文，苏州大学，2011年。
④ 广西壮族自治区方志编纂委员会编：《广西通志·政府志》，广西人民出版社1998年版，第99—100页。

期共有 26 个土司被改土归流，是广西历史上实现土司改土归流数量最多的一次。由于旧桂系仍没全部完成省内西部地区土司制度的改土归流，1927 年 11 月，广西省政府委员会决议，通过广西各土属一律改流方案，1929 年，全省各土司奉令改流，结束了延续 200 年的改土归流进程，为桂西少数民族县域的经济和社会发展开创了条件。责令土司残留区按"各土属地域之大小，财力之丰啬"的原则分别改县或归并邻县治理。① 通过改土归流，广西全省县级政权由清末的 49 个，到 1913 年的 78 个，到 1931 年改土归流完成时，一度增加到 94 个。②

（三）基层动员

在加强县政建设的同时，新桂系着力将政权的力量深入到基层社会，将组织动员民众作为地方政权建设的基础。白崇禧认为："总理在遗嘱上告诉我们：要'唤起民众'，并且在遗教上告诉我们，要'组织民众，训练民众'，以完成国民革命，这就是总理逝世后所遗留给我们的使命。可是，到了现在，民众还没有唤起，并且还没有组织，没有训练，全国人民还像一盘散沙一般，对于民族国家漠不相关，这又是什么缘故呢？一方面因为几千年来家天下的封建思想，深入民心，人民对于国家政治，以为不是自己的事，而是政府和军队的事，人民除纳税外，不负什么责任；一方面也由于政府没有什么具体方法教导人民，使人民对民族对国家发生深切的观念。"③

为了能够动员民众，新桂系将注意力集中在县级政权以下的基层社会，李宗仁认为："我国现行的政治组织只是注重上层，而不注重下层"，"所以政府的命令只是到县为止，民众没有理会，结果不过大家敷衍一下就完了。不独政府的法令行不通，就是中央会议的决议案也是没有通行的。我们看到那次会议不是有很多决议案，到底行了那几件？所谓会而不议，议而不决，决而不行，实在是事实。"④ 白崇禧也持同样看法，指出：

---

① 刘锡蕃：《岭表纪蛮》，商务印书馆 1934 年版，第 217 页。
② 参阅曾凡贞《新桂系县政改革研究》，博士学位论文，苏州大学，2011 年。
③ 白崇禧：《怎样完成总理遗嘱留下的使命》，参见《白副总司令演讲集》，编者和出版地点不详，广西师范大学图书馆藏，1935 年，第 11 页。
④ 李宗仁等：《广西建设》，广西建设研究会 1939 年版，第 54 页。

"我们努力的目标是'建设广西,复兴中国','复兴中国'是我们的目的,'建设广西'是我们为要达到此目的而工作的起点。这就是说,要'复兴中国',须从'建设广西'做起,但是想完成广西的建设,又必须由基层的建设——乡村建设做起。"①

如何从基层社会动员民众,建设广西,新桂系倡导乡村的自卫、自治和自给。黄旭初认为:"我们的政治基础,是建筑在乡村的,政治的基础建筑不稳固,整个政治,就无法弄好。"②要想整个国家民族能够自卫、自治、自给,必须要一省先能自卫、自治、自给;要想一省能自卫、自治、自给,又必须要各县乃至各乡村先能自卫、自治、自给。然后合起好的乡村,成为好的县;合起好的县,成为好的省;合起好的省,成为好的国。所以要想三自政策的实现,是要从乡村实现起的。③综上,新桂系将地方自治单位下移到村街,在基层社会实行所谓的"村街自治"。

四 村街自治:民国中后期的基层社会国家化

为了推进"村街自治",新桂系对整个基层社会的组织体系进行改造,将基层社会的权力集中到新成立的村街组织来。首先重新编组基层行政组织体系,以户为基础,按照十进制方式依次编组甲、村街和乡镇,其次将原有基层组织的成员更换为经过民众推选后由县长任命的村街长等,以达到"行新政用新人"的目的,再次建立具有民治特点的村街大会,让农民参与到村街事务的讨论中,最后依靠村街体系来推动基层社会的公共事业建设,以村街自治来实现乡村社会的自卫和自给,将基层民众组织和动员起来,支持地方政权建设。

(一) 编组村街

清末民初以来,历次的基层重组均从编户开始,构成政权建设的重要

---

① 白崇禧:《白崇禧先生最近言论集》,创进月刊社1936年版,第118页。
② 亢真化:《黄旭初先生之广西建设论》,建设书店1938年版,第23页。
③ 白崇禧:《白崇禧先生最近言论集》,创进月刊社1936年版,第120页。

起点，最后以户为单位逐级编定县级政权以下的组织，形成自下而上的基层行政建制。1932年8月，广西省政府委员会筹备办理全省各县的地方自治，着手调查户口，建立了县、区、乡、村、甲的组织系统，居民以十户为甲，十甲为村（街），十村（街）为乡（镇），使每个民众都在此种严密的组织下活动。至1934年，全省基本完成甲、村街、乡镇、区的组织编制，全省99个县共2312个乡镇，24068个村街，247425个甲，2620742户，13651167人。[①] 合寨所属的南乡改称屏南乡，属洛东区，后来撤区改乡镇，屏南乡得以沿用。当时，屏南乡下分村街，村街下分甲，名为"村街自治"，实为广西版的保甲制。以前村里有甲长，二十多户一个甲，设甲长，相对于一个小组，十多个甲一个村，村公所有村长。当时，新桂系编组保甲的主要目的在于以下几点。

一是通过村街的编组，整顿基层政治组织。首先由旧时区团局长率领至分团局长或乡长等处再率领至村；选举村中有信用资产之人为甲长；训练甲长；请查户口，填写户口调查表；编钉门牌；召集甲长公推村街长；训练村街长。甲长既经训练，即征求各甲长之同意，加倍选择，开具年岁、职业、履历及家庭生活状况呈报县长，由县长选任为村长、副村长。[②]

二是通过村街的编组，实现基层治理规则的更迭。根据宜山县洛东乡壮族社会历史调查，款规在民国二十多年以前，特别是清朝时期，曾起到很大的作用，但是到了国民党政府设乡村甲制度后，款约就不起多大作用，逐渐处于消亡之中。其原因是到了乡村甲制度设置后，国民党在地方的统治加强了，组织更加严密了，村上发生的事情都由乡村甲长根据国民党政府制定的法律来处理。因此，"款"与"款约"便失去了原来的作用而归于消失，为国民党政府的基层政权所代替。[③] 同样在田东县檀乐乡的壮族社会历史调查中得到印证，当保甲制改为乡村长制，父老职权与地位为乡村长所代替，虽有名义上的父老，实际上父老作用已不存在，说话已

[①] 李宗仁：《广西之建设》，广西建设研究会1939年版，第114页。
[②] 广西民政厅秘书处：《广西民政现行法规汇编》，南宁石印本1933年版，第28—29页。
[③] 《宜山县洛东乡壮族社会历史调查》，载广西壮族自治区编辑组《中国少数民族社会历史调查资料丛刊》修订编辑委员会：《广西壮族社会历史调查》（五），民族出版社2009年版，第54页。

不算话了，人民有事找乡村长才能解决。①

三是通过村街的编组，加强对乡村社会的政治整合。时任广西省主席的黄旭初认为："这是前所未有的地方政治组织的改革，实现了乡村社会的整合，结束了乡村社会散漫无秩序的状态，有利于政府政令贯彻到乡村基层。"②

（二）行新政用新人

亨廷顿认为："政治现代化涉及权威合理化，并以单一的、世俗的、全国的政治权威取代传统的、宗教的、家庭的和种族的等五花八门的政治权威。"③因此，"村街自治"不仅是重组基层社会，而且通过乡村精英的更替，试图改变清末民初以来基层政权建设的内卷化，将影响地方行政权力的旧式乡村人物挤出基层政权，分散的乡村社会权力更加集中在地方国家手中。

新桂系推行"村街自治"过程中，十分重视村街长的作用，为了避免旧的团总局董等为土豪劣绅所充任，首先对于把持乡村权力的土豪劣绅进行了清理。黄旭初认为："土豪劣绅平日武断乡曲，鱼肉乡民，作奸犯科，无所不为。即使比较好的，也暮气沉沉，形同木偶。"④在行政院农村复兴委员会的《广西省农村调查》中也提出："各县封建势力，仍未铲除，其鱼肉乡民之情形，依然如昔。其荦荦大者，如凌云、西林、果德三县之民团局董，皆曾通匪有案；宜北县之局董，系由帮匪自新，其报复宿怨之情，较匪尤甚。"⑤这些土豪劣绅不但在地方上残害百姓，而且常常阻挠新桂系的乡村"新政"。如新桂系在乡村推行自治制度，但"土豪劣绅往往借着自己在乡村的旧势力，妨碍自治工作的进行"⑥。白崇禧认为，土豪劣

---

① 《田东县檀乐乡壮族社会历史调查》，载广西壮族自治区编辑组《中国少数民族社会历史调查资料丛刊》修订编辑委员会：《广西壮族社会历史调查》（五），民族出版社2009年版，第89页。

② 余俊：《民国时期广西地方自治实施研究》，人民出版社2015年版，第153页。

③ ［美］塞缪尔·亨廷顿：《变化社会中的政治秩序》，王冠华等译，生活·读书·新知三联书店1989年版，第27页。

④ 黄旭初：《中国建设和广西建设》上册，建设书店1939年，第258页。

⑤ 行政院农村复兴委员会编：《广西省农村调查》，文海出版社1999年版，第368页。

⑥ 梁上燕：《民团制度与自治》，民团周刊社1939年版，第4—5页。

绅"成了一个妨害政令的东西","……这些土豪劣绅,为着自己的私利阻碍我们新政的进行,非把他严厉地制裁不可"①,"本来过去在乡村里面,也有团总、局董一类的人,担负乡村工作责任的。但是因为旧的政府,对于乡村多采取放任主义,因此坏的团总和局董,武断乡里,鱼肉百姓,变成了土豪劣绅。好的团总和局董,亦只有名无实,变成了一个木偶。因为这些团总、局董根本没有受过训练,政府又不指导,甚且贪官污吏还要和他们勾结起来,所以非特不能负起乡村工作的责任,并且成了一个妨害政令的东西"。②为此,1935年12月21日,广西党政军第三十一次联席会议通过了《广西惩治土豪劣绅条例》,其中第二条规定了九类要惩处的土豪劣绅,包括逞强恃众阻挠政令或破坏地方公安者、包庇私烟私赌及瞒税走私者、造谣惑众扰乱人心者、指使乡民聚众械斗者等。《条例》第三条则规定惩处标准。③依据条例,司法、行政、民团等部门采取协调行动,确认、起诉、抓捕、惩处了大批土豪劣绅。④

为了取代土豪劣绅等,新桂系在"村街自治"中对于村街长出任人选进行明确规定,尽力推选深孚众望的人来充任村街长。白崇禧认为:"村长街长必以本村本街众望素孚而年在二十五以上四十五以下之人应选。如本人年龄过老,即推选其子侄,或者拔选受过中学教育者出任,若再无适当人选,即选邻村邻街之人;要之严禁旧日土劣混入,抑因训练甚苦,事物甚繁,旧日土劣,实亦无此能力。"⑤具体的措施有如下几点。

首先推行"三位一体"(民团、乡村基层组织和学校),由村(街)长兼任小学校长及民团后备队长,乡镇长兼任中心小学校长及民团后备大队长,从而极大地加强了地方基层区、乡镇、村街的组织建设。李宗仁认为:"一是权力集中,推行一切都很容易。二是一村中有能力的人很少,三种职务分开,要选三个称职的人较难,选取一个较易。三是三个机关由一人主管,事务上三个机关的人可以互助。四是地方财政困难,一个人兼

---

① 白崇禧:《白崇禧先生最近言论集》,创进月刊社1936年版,第133—134页。
② 白崇禧:《白崇禧先生最近言论集》,创进月刊社1936年版,第133页。
③ 张耀华:《正路月刊》(第二卷第一期),湖风书局1936年版,第129—136页。
④ 刘文俊:《新桂系"铲除土劣"政策探析》,《党史研究与教学》2007年第1期。
⑤ 冷观:《粤桂写影》,载《民国西南边陲史料丛书》广西卷第四册,全国图书馆缩微文献复制中心2009年版,第27页。

三种职务，兼职不兼薪，可以节省经费。"①

其次是开办民团干部学校培养村街长。通过政府组织的基层干部训练机构招收具有一定教育背景的年轻人训练之后分配到各地担任乡镇村街长，这是乡镇村街长的主要来源。白崇禧说："我们要建设广西，复兴中国，先要巩固下层基础，要巩固下层基础，所以才举办民团干部学校，要在民团干部学校毕业的人，才可以当乡镇村街长。"②受过训练的有知识的年轻人是村街长的重要来源。据1939年统计，在4565个乡镇长中，干校毕业的人3820，占83.68%，48014个村街长中，干校毕业的人10178，占21.2%。乡镇村街长总计人52579，20至30岁的25971人，30至40岁的18864人。③

最后是村（街）长实行年度考核。各村（街）长按年度由上级主管部门进行年度考核。在考核过程中，把听取村（街）长的工作汇报与进行民众调查相结合，注重村（街）长的工作实绩。各项工作成绩数据采用表格的形式填报，并与上年度加以比较。凡工作努力、负责，成绩突出，民众反映良好的给予奖励。对于工作不负责或徇情枉法、犯有过失者，给予处分或撤职查办。对村（街）长因工作不力，视情节轻重予以停用1至3年，并给予一定的罚款。对村（街）长的考核情况和奖惩情况，要在广西省《政府公报》上通报。④

（三）村街大会

村街大会是新桂系的"村街自治"区别于南京国民政府的保甲体系的关键所在，在村街长之外另设村街大会，并赋予其议决政令及村街事务的权力，将其置于村庄权力体系重要位置，体现了自治的要素。具体来看，根据《广西各县村（街）民众大会规则》，对村民大会有关事项作出规定。(1)议决各项政令之推行方法；(2)议决本村（街）禁约；(3)议决与其他村（街）间之禁约；(4)议决村（街）长副提议事项；(5)议决各甲

---

① 李宗仁等：《广西建设》，广西建设研究会1939年版，第78页。
② 白崇禧：《行新政用新人·白崇禧言论集》，桂林全面抗战周刊社1935年版，第25页。
③ 邱渭：《广西县政》，桂林文化供应社印行1940年版，第103—104页。
④ 李晓明：《新桂系村务公开及其启示》，《河池学院学报》（哲学社会科学版）2006年第4期。

长提议事项；(6)议决教职及团丁与各户之提议事项；(7)议决本村(街)应行兴革事项；(8)议决本村(街)之预算决策。①

此外，村街大会相关规定授予民众以权利，让普通民众能够参与村街事务之中。一是参与权。村街大会参加人员具有广泛性。如："本村(街)人民无论男女，凡年满二十岁者，均得出席村(街)民大会。"② 如果村民无故缺席，则处以罚金二角或服劳役一天。二是表决权。"村(街)民大会出席人，除年未满二十岁者外，均有表决权"。三是提案权。村民大会由村长召集，每月举行一次，必要时可以举行临时大会，"村(街)长副，甲长，教职员，学生，团丁及各户年满二十岁以上者，均有提案权，惟学生团丁与各户之提案，须有十人以上之连署"③。

为了保证村街大会顺利召开，新桂系先后颁布了《广西各县村街民大会开会秩序》《广西各县村街民大会会场规则》《广西各县村街民大会议事规则》等一系列规章法令。④ 总体上规定和健全村街民大会的各种规则与秩序，保障了村民的相关权利。

新桂系通过村街大会实际上想达到两个目的：行政政令的畅达以动员基层社会，民众政治兴趣的培养以广泛参与基层事务。第一，可在集会时间内将政府这一个月来所颁布的法令一件一件的向村民解释清楚。因为各县政府传达政府的命令很难达到群众中间，比较重要的政令只是出张布告贴出去，村民大都不识字，布告贴出去后又没有多少人能看懂，而对于不大重要的命令，连布告也不出，只"等因奉此"的传下去。假如每村每月都有一次集会，村街长利用此时间将这一个月来的各项政令当民众宣布。需要解释的地方就加以解释，应该举办的就指导去办，这样不但政令能够直达于群众，而且能使民众认识政令的意义及其推行的方法。⑤ 第二，可以培养人民政治兴趣，使人民具有政治常识。因为中国人民经数千年专制统治，除了交粮纳税外，对于政治毫无关系。因此，要培养民众参与的政治兴趣，才能动员民众参加各项建设，而村街民大会是最好的方式，可利

---

① 第四集团军政训处：《乡村工作须知》，民国二十六年，第103页。
② 第四集团军政训处：《乡村工作须知》，民国二十六年，第102页。
③ 第四集团军政训处：《乡村工作须知》，民国二十六年，第103页。
④ 雷殷：《地方自治》，建设书店1939年版，第181页。
⑤ 亢真化编：《黄旭初先生之广西建设论》，建设书店1938年版，第99页。

用此时间将一月来重要的时事和新闻向民众宣布，使他们得以知道外面各种事体以提高他们的政治兴趣及对于社会国家的认识。若有村民看到本村应该举办的事体，亦可在此会中提出决定，或者有某村民有特别事体应该当众报告的，如有了此种集会就可以做到。①

（四）村街公务

对于保、甲长等政府代理人来说，他们的主要职责在于税赋征缴和社会控制，而忽略乡里社会的建设与发展。② 新桂系依靠行政力量推行"村街自治"，推动农村基层公共建设，以区别于以往保甲体系，不过，基层公共建设主要服务于地方政权，无形之中也逐步将地方行政权力延伸到农村基层社会。

一是户口管理。人口的控制与管理一直是行政管理的基础。新桂系颁布了《广西省户籍人事登记暂行办法》，调查内容有迁入、迁出、出生、收养、抚养、监护、结婚、离婚、失踪、死亡、继承等事项。③ "户口的数目和人事的情况都弄不清，一切的行政落空，恐怕这是一个主要原因。"④ "凡人必归户，户必归甲，甲必归村街，村街必归乡镇，不许游离自由，无所归宿。"⑤ 户籍人事登记是基层政府施政中的常态和要务，也是对基层干部监督、考核的重要项目。每月中旬，村、街长带登记簿、每户户口表，村、街户口变动表，会同各甲长挨户调查，按照户口登记簿中迁出、迁入、出生、收养、遗弃、抚养、监护、结婚、离婚、失踪、死亡、继承等九项查询，并按照各户原有户口表核实，把查询核实结果分别填写在登记簿内。

二是兴办公产和公共工程。新桂系说："想要兴办一种事业，先要具备必须的条件：人才与资本，才可以办得通，而期其成效。"⑥ 于是，新桂系在农村中筹建公产。一是举行公耕；二是设立村街仓库。一是举行公

---

① 亢真化编：《黄旭初先生之广西建设论》，建设书店1938年版，第99页。
② 赵秀玲：《中国乡里制度》，社会科学文献出版社1998年版，第123页。
③ 第四集团军政训处：《乡村工作须知》，民国二十六年，第80页。
④ 第四集团军政训处：《乡村工作须知》，民国二十六年，第55页。
⑤ 《乡村政务督察员及乡镇长应有的认识》，《广西省政府公报》第50期，1938年1月9日，第10页。
⑥ 第四集团军政训处：《乡村工作须知》，民国二十六年，第91页。

耕，即共同耕种，"以群众力量，使用无人承领荒地或已经收获之民田，以之种植各种合时的农作物，以期增加乡村经费之收入"①。广西全省以公共造产形式利用义务劳力兴建了大批以往无法兴建的公共工程。最初主要用义务劳力来修路。抗战爆发后，除修路外，建铁路，植树、垦荒、兴建农田水利等都用义务劳力来推动。据不完全统计，1945年推行义务劳力的有53县，共征调民工1039806人，完成水利工程296196立方公尺，筑路8808公里，植树1558130株，垦荒27218市亩。②

三是移风易俗。1933年，广西省政府改订《广西省改良风俗规则》，从行政命令层面对广西各少数民族的陈规陋俗作出改良规定。1936年广西省政府颁布了《广西省乡村禁约大纲》，命令各县乡村根据省政府颁布的规约制定新禁约。民国时期，广西省政府对乡规民约的效力也非常重视，不仅规定了乡规民约的报批、审核程序，还制定了乡规民约的指导文件和标准格式，使得广西各地零散存在的乡规民约进一步系统化、规范化和官方化。之后，省政府又公布了统一的《广西乡村禁约》，令各乡（镇）、村（街）公所将该禁约条文张贴在公所门口或公众集会场地，进行宣传讲解。此外，还通过各种集会形式进行法律宣传。③ 与乡规民约的官方化相应的是开始设立息讼会，促进社会和平，减轻民众讼累，系属一种慈善性质，对息讼会的组织、职责和经费等问题进行了规定，要求下辖各县遵照执行。当时隶属于第七行政督察区的宜山县在县和区两级设立了息讼会，以此取代村寨头人等对于纠纷诉讼等调解功能。

四是组织民团。新桂系组织全省所有18岁到45岁的农民进行民团训练，除军事家事方面训练外，还开设政治常识、自治概要、实业常识、识字等课程。广西民团共训练13期，人数达2147918人。④ 新民团与行政组织相结合，实行政团一体化。县以下民团组织（区）设联队，区长兼联队长；乡（镇）设大队，乡（镇）长兼大队长；村（街）设中队，村（街）长兼中队长。民团维护了地方的治安，稳定了社会秩序，使清代后期以来

---

① 广西民团干部学校：《军政概要》，广西民团干部学校1937版，第60页。
② 广西省政府建设厅统计编印：《广西省经济建设手册》，内部资料1947年版，第135页。
③ 广西壮族自治区地方志编纂委员会编：《广西通志司法行政志》，广西人民出版社2002年版，第25—26页。
④ 广西省政府十年建设编委会：《桂政纪实》经济篇，民国三十三年，第36页。

广西地方匪霸活动频繁，邪教会党活动猖獗，严重危害人民生命财产安全的状况为之改变。此外，民团队长等与村街长结合，将行政组织和军事组织结合，使政府的政令能迅速下达，提高了行政效率。①

五是国民教育。新桂系推动国民教育的目的不在于扫除文盲，而是扫除政盲。普及国民基础教育运动，为一有意识的民族行为，它是为应付民族生活需要和社会变动的要求而产生的。② 全部课程大纲分为乡土概况、本省建设、民族历史、世界大势，还包括国语、算术、音乐、常识、工作、体育等具体知识课程。基础学校每班每周还开展集体活动，包括早会、餐会、升旗、周会、纪念周、野外生活、社会服务等，强调把教、学、做紧密结合，办学经费由政府拨款和地方多渠道筹集相结合。国民基础学校的功能不仅是教好学生，更是推行政令的工具，如宣传政令、传布新闻，发动学生参加建设工作。③

小　结

新桂系在广西全省进行了一次有计划的"村街自治"试验，其影响波及西南地区。广西的"村治计划"的一些做法与后来村民自治有诸多相似的地方。是否可以认为村民自治应该追溯到广西"村治计划"，或者只是说相似而已，并没有任何的继承。我们不能忽视历史本身所具有的连续性，同时也不能妄断历史的连续而将村民自治的起源附着于广西"村治计划"之上，还必须从广西"村治计划"与村民自治的比较中寻找前后接续的历史证据。

首先，在当时的政治格局下产生的广西"三自"政策，带有强烈的地方主义倾向，出发点是军事上的"自卫"，因此，以民团建设为主要手段。但是不能忽视其中的一些地方自治思想。首先是重建农村基层的努力。白崇禧认为："我们要建设广西，复兴中国，先要巩固下层基础，要巩固下

---

① 参阅曾凡贞《新桂系县政改革研究》，博士学位论文，苏州大学，2011年。
② 雷沛鸿：《六年来广西国民基础教育》，参见《雷沛鸿文集》（下），广西教育出版社1990年版，第249页。
③ 亢真化：《广西的三位一体制》，民团周刊社1940年版，第27页。

层基础，所以才举办民团干部学校，要在民团干部学校毕业的人，才可以当乡镇村街长。"在《广西建设纲领》中提到"以现行民团制度组织民众，训练民众，养成人民自卫自治自给能力，以树立真正民主政治基础"。黄旭初也表示："我们的政治基础是建筑在乡村的，政治基础建设不好，整个政治就无法弄好。"① 必须"从一村一乡乃至一县的建设，完成国家建设的基层工作"②。

其次是对地方自治的倡导与成效。其实，白崇禧对自治的理解与今天的村民自治有几分相似的地方。"自治是政治学上的名词，照字义解释，就是自己管理自己，但此之所谓自治，是指地方自治而言。而所谓地方自治，大约有两方面的含义：一方面是说，地方人民有依照自己的需要来管理地方事情的权利，不过他们的措施，不能与国家的需要冲突，自治是要使人民懂得行使创制权、选举权、复决权、罢免权四权，利用民团从事筑路、造林、公耕及其他公共事业和社会福利事。"③

最后是村街自治的实践探索。广西"三位一体"的基层政治体系借助民团强调自上而下的行政渗透外，也给基层留下了一定的自治空间。村（街）长不仅要接受民团干部学校的训练，更要经过村（街）民的选举。虽然村（街）大会在乡镇长的指导下开会，但是村（街）大会拥有广泛的权力。根据《广西各县村（街）民大会规则》的规定："村（街）民大会出席分子，以本村（街）人民为限；本村（街）人民无论男女凡年满二十岁者均得出席村（街）民大会……村（街）民大会每户最少派年满二十岁者一人出席，村（街）民大会出席人除年未满二十岁者外，均有表决权"。此外，各村（街）设置有公开栏，村（街）民不仅有知情权，还可以提出质询，并对村（街）监督和考核，亦可以罢免不称职的村（街）长。到1936年底，广西各县普遍推行了村（街）大会制度，第一次将现代意义上的自治输入农村基层社会。

正是作为村街自治核心内容的村街大会，也并非如新桂系所倡导的那样顺利，也不能简单从规章制度上将其认定为有效。根据当局的统计，

---

① 亢真化：《黄旭初先生之广西建设论》，建设书店1938年版，第23页。
② 黄旭初：《广西对于三民主义之实行》，《建设研究》第八卷第六期，1943年，广西师范大学图书馆藏。
③ 白崇禧：《行新政用新人·白崇禧言论集》，桂林全面抗战周刊社1935年版。

1946年村街大会多不能按期开会者有义宁、来宾、昭平、上林、怀柔等县。有少数不按月开会者有修仁、隆山、河池、凤山、蒙山、上思、宜山等。① 究其原因，有如下事实不容忽视。

一是村民对开会不感兴趣，不愿参加大会，被逼得无法时，便以不合规定的儿童妇女老头代表出席大会，出席大会的人，多采取听训或旁观的态度，不肯发表意见，一切都是被动的附和与服从，会场冷寂，只有村长在唱独角戏，出席者不感兴趣，常常中途退席，以致大会没有结果。②

二是村街大会也多是遇到派捐派工时才开会，并不能真正解决农民切身的经济生活问题。所以，有些村街大会，起初到会的人很多，以后渐来渐少，因为开会时并没有什么议案讨论，只是由主席或几个读过书的人演讲，而且讲不出所以然，白白耽搁了民众的时间，有些村民从二三十里路来的更是白费了一天工夫，因此不愿意来开会。有些为避免受罚，不得不来，有些自己不来，而派小孩或妇女当差，完全丧失了开大会的原意。但现在的村街大会结果上虽然不好，完全与制度无关，而是主持大会的人经验少或不努力。③

三是常见村街大会开会，主席除了一连串的报告政令之外，此外对于本村街的民众本身问题，却并没有只字提及，而所报告的政令，又多是征兵征工和捐款一类的事，以目前民智水准低下，怎能不开而讨厌，又怎能使其有参加的兴趣呢？④

总的来说，在当时的历史条件下，在有限的时间内，广西的"村街自治"的作用相对有限。与之同时，为了最大限度地维护社会秩序和动员人财物，新桂系的乡村建设根本上讲是为了维持其政治统治和增强军事力量以应对国内外变局，在此目的下，农民的主体地位无从体现，而更多的是通过强迫方式推行各项政策。这种强迫表现在乡村的各项公共建设中。新桂系规定：公路沿途经过的地方，除了征收规定的粮赋外，还要加倍征收。从1932年起，在田赋项下附加5成缴作"团枪费"。而逐年增加的征

---

① 广西省三十五年度地方行政会议秘书处编：《广西省三十五年度地方行政会议总报告·民政》，1946年。
② 周钢明：《如何充实战时村街民大会》，《建设研究月刊》1941年第3期。
③ 黄旭初：《一年之计》，出版地不详，1948年，第106页。
④ 《广西基层政治建设的实施问题》，《抗战时代》1941年第3期。

工征兵征役（若不当兵不出役就得出钱），也不断加重了负担。1933年重新调查户口、划分区域、编组乡村，推行保甲制度，保甲组织益发严密，以后，关于组训民众，办理自治，宣达政令，以及征兵、征粮、征工、劝募等事项，都通过保甲完成任务。[1] 国家统治力量的延伸伴随着税赋的增加。一方面是清丈田亩，清理田赋，将以前不缴纳粮赋的私田纳入到纳税田亩当中。另一方面是开征新的税收，在环江县，民国五年粮赋加重至以前133倍，民国十九年至二十年，除了正赋外，省教育费附加费3成、县教育费附加1.5成，购团枪费附加5成，县警饷费附加1.5成，农民借贷所及业仓设备费附加3成，总计为正税的14成。[2] 为此，新桂系的地方自治就是要在政府的指导与监督下动员民众、组织民众、训练民众。这与其在阐述地方自治时经常与"官治"或"绅治"区分开来的做法也是矛盾的。其实，广西的地方自治是不彻底的，它是一半官治，一半自治。在现代国家背景下，地方政权推动的基层治理始终面临两种选择：一是将国家权力延伸到基层社会，以便实现基层动员；二是在延伸国家权力的同时让基层民众参与其中，为此，新桂系的"村街自治"是在强化地方政权对基层社会控制的基础上提出来的，从实际情况来看，村街自治是半官治半自治，所谓的"半自治"也不过是特定时期的"绅治"而已，对于广大基层民众来说，"村街自治"是地方保甲制度的翻版，村街所兴办的各类村街公共事务等在推动地方建设的同时，无形中增加了底层民众的税赋负担，也不可能从根本上解决20世纪20年代至30年代以来农村基层社会所面临的危机等，反而由于对基层社会的资源汲取进一步加深社会危机，这一危机的最终结果必然是基层政治的衰败和整个国家政治的崩溃。

---

[1] 行政院新闻局印行：《地方自治》，1947年8月，第10—11页。
[2] 《环江县龙水乡壮族社会历史调查》，载广西壮族自治区编辑组《中国少数民族社会历史调查资料丛刊》修订编辑委员会：《广西壮族社会历史调查》（一），民族出版社2009年版，第256页。

第四章　中华人民共和国成立后国家化、地方性与民主办社

从清末民国时期地方自治所推动的中国现代国家建设历史征程来看，直到新中国成立前国家权力并没有真正实现对农村基层社会的国家化，既没有完全将社会中的权力集中到国家手中，又没有能够将国家权力持久稳定延伸到基层社会，反而陷入了杜赞奇所说的基层政权"内卷化"，国家化的种种努力被"内卷化"所消解，导致基层政治的衰败。有学者对此时期国家整合农村社会失败原因进行归纳总结，认为："首先是没有根本解决农民的土地问题，其次是没有真正实现成功的政权下沉，而这两者又是互为条件的，国家政权的成功下沉是土地制度彻底变革的前提，而土地制度的变革反过来又成为政权成功下沉与稳固运行的支撑。"[①] 因此，直到中国成立后一系列的措施解决农民土地问题和基层政权建设才真正标志着现代国家建构的开始。徐勇认为："通过强有力的中央权威、党和政权组织系统对主权范围内的地方成功地实现了政治统治。社会民众最广大地动员到国家体系中，建立起从未有过的国家认同。最后，通过实行社会主义改造和计划经济体制，权力得到前所未有的集中，中央领导获得了从未有过的巨大的权威。"[②]

回过头来看，新桂系的"村街自治"并没有如设想的那样从农村基层组织动员民众，以实现国家权力渗透到农村基层，也没有能够将农民整合到国家政权体系。名为"村街自治"，实际上是保甲制度，村街长由县乡直接任命，村街大会主要是贯彻上级政务工作，包括税赋和地方事务等，

[①] 王晓荣：《建国以来农村社会整合模式的历史变迁及经验启示》，《东南学术》2010年第1期。

[②] 徐勇：《国家化、农民性与乡村整合》，江苏人民出版社2019年版，第35页。

更多承担着资源汲取的工具,村街所兴办的公共事业成为农民日益沉重的负担,"村街自治"并不能从根本上改变农民缺少土地,不得不面临极度贫穷的困境,也不能从根本上改变农民缺少民主权利,不得不面临被支配的困境,于是,"村街自治"也就无法真正完成现代国家建设的任务,对于农民来说,"村街自治"只是保甲制的翻版而已,最后归于失败。

直到新中国成立之后,在中国共产党的领导下,桂西北壮族地区发动了大规模的土地改革等一系列群众运动,从农村最重要的生产资料入手,解决农民最为关心的土地问题,将占农村人口多数的贫雇农动员起来,参与到轰轰烈烈的社会运动之中,同时赋予农民广泛的政治权利,进行民主建政的农民迸发出从未有过的政治参与热情,全力支持新生政权,在此背景下,国家权力得以顺利进入乡村社会,更进一步用阶级斗争的方式改变了原有的乡村权力结构,依靠阶级成分将农民重新组织起来,以往的村老、头人、村街长、族长、乡绅等中间层等被工作队、党员干部、积极分子、贫下中农所代替,完成清末民国以来未能真正实现的国家权力下乡进村,开启了整个基层社会的国家化进程。依次经历了土地改革、互助合作化运动,最终经过人民公社化运动才正式完成,人民公社是国家第一次成功地在农村基层建立稳固的政权组织。

一 新中国成立前的农村基层社会危机

亨廷顿认为:"在现代政治中,农村扮演着关键性的钟摆角色。……如果农村支持该政治制度和政府,那么,该制度自身就有可免遭革命之虞,政府也有希望使自身免遭叛乱之虞。如果农村处于反对地位,那么,制度和政府都有被推翻的危险。……得农村者得天下。"[1] 亨廷顿的命题对于中国而言来得更加真切,不论如何强调农村的重要性都不为过,不仅因为庞大的农村人口是政治变革的重要变量,而且中国处于传统农村社会向现代社会转型的关键阶段,农村社会面临着严峻的危机,当时的广西也不

---

[1] [美] 塞缪尔·亨廷顿:《变化社会中的政治秩序》,王冠华等译,生活·读书·新知三联书店1989年版,第266—267页。

第四章　中华人民共和国成立后国家化、地方性与民主办社

例外。

（一）人地紧张

与传统农村危机一样，广西农村社会危机是从人地关系开始的，进而影响到整个基层社会。以地为生的小农，全部生产和生活资料取之于土地，同时也深深地被束缚在土地之上。人口的不断增加使耕地日益紧张，同时外来移民与本地土民围绕土地的冲突激增，以至于发展为械斗等。为此，在太平天国起义前，土客械斗极为残酷激烈，这也是诱发太平天国起义的主要原因之一。[1] 至民国中后期，广西的人地关系更加紧张。

一是从耕地面积来看，根据统计年鉴，1933年广西有人口1300多万，耕地2900余万亩，约占土地总面积9%，水田1900余万亩，约占耕地面积64%，每户平均占有耕地13亩，其中水田8亩。[2] 如果单从户均耕地面积来说，人地关系不至于紧张，但是从耕地产量和水旱灾害来看则不容乐观。

二是从单位产量来看，户均拥有的耕地产出却十分有限，主要是多山地，水利灌溉不便，粗放经营，影响了土地利用率。在千家驹所编《广西省经济概况》一书记载："水稻在桂省中部本可种植两造，乃以水利设施之阙如，秋间灌溉极为困难，至农家少有种植晚稻者。西北山地……农民耕作，备极粗放，土地利用亦殊幼稚。"[3] 1933年广西平均粮食亩产125公斤，比全国粮食平均亩产出率低24%。[4]

三是从水旱灾害来看，当时广西水旱灾害频发，对于农业生产造成了重要的影响。新桂系统治广西期间，共发生水灾245次，其中春涝27次，夏涝167次，秋涝51次；旱灾共发生233次，其中春旱75次，夏旱61次，秋旱97次。[5]

综上，与全国农村情况相比，由于本身农业生产基础、人口增长和土

---

[1] 饶任坤、陈仁华编：《太平天国在广西调查资料全编》，广西人民出版社1989年版，第60页。
[2] 广西统计局编：《广西年鉴》（第二回），1935年版，第168页。
[3] 千家驹等编：《广西省经济概况》，商务印书馆1935年版，第2页。
[4] 陈正祥：《广西地理》，正中书局1946年版，第64页。
[5] 广西壮族自治区通志馆：《广西各市县历代水旱灾害纪实》，广西人民出版社1995年版，第423、447、195、239、243、79页。

地产出等，桂西北乃至广西的人地关系在新中国成立之前已经非常紧张，所以早在土地革命时期，广西的百色、东兰等地便爆发了农民武装斗争，建立了左右江革命根据地。

（二）租税繁重

原本紧张的人地关系由于土地分配制度本身的问题而更加严峻，作为农业生产者的农民缺少土地。据广西农村经济调查统计，20世纪20年代末至30年代初，广西全省农民约十分之三失去土地。① 根据宜州市庆远镇下利屯村民口述：

> 土地改革前，只有少部分人吃得饱，其他很多人都不得土地做，有的娃仔都养不活，家里地太少的娃仔都要不到媳妇。②

由于缺少土地，农民不得不租种地主的土地，当时广西土地租佃分劳役地租和实物地租两种。劳役地租是承租者给出租者耕种一定的土地，收成全部归出租者所得，出租者另划一块土地，让承租者自种自收。实物地租分下田收租和包租，其中以下田收租比较普遍，即由租户与出租户共同下田收割，按土地实际产量分成。双方平分，称为"分二"；田主得二份，租户得三份，称为"分五"。包租则由双方事前议定租额，秋后租户如数给出租户完谷。以上各种土地租佃，若遇灾荒歉收，不能完租时，可由承租者向出租者请求酌情减免或缓至下年补交。个别地主特别悭吝，不论丰歉，按规收租，一粒不少，本地称为"死租"。据陈正谟所著《中国各地的地租》一书中记载："在种子肥料耕蓄由佃农自备的情况下，广西实物地租额平均占产量43.05%，占全国各省第四位。"③

当时新桂系试图调整和改革土地制度，前后两次提出"减租"和"限田"，在1936年，广西省政府曾在宜山县推行"二五减租"，规定纳租谷按主佃对分之后，从地主所得部分中再减25%给佃农，地主实得37.5%。

---

① 薛雨林、刘端林：《广西农村经济调查》，载《中国农村》第1卷第1期，1934年10月。
② 调研点：广西河池市宜州市庆远镇水利屯，受访者编号：PSJ20151117QZS，受访时间：2015年11月17日，调研员：普绍菊。
③ 广西省政府统计处编：《广西土地问题之症结》（油印本），1948年7月，桂林图书馆藏。

第四章　中华人民共和国成立后国家化、地方性与民主办社

佃农得62.5%。但仅宣传，未见实施。其后1948年，广西省政府又推出"限田方案"，规定地主可拥有一定数量的土地，其超过部分卖给少田农民，分14年付给地价。宜山县上报超过限额的地主初为12户，旋又减为4户。最多的1户为洛东乡周姓地主，拥有上田24.5亩、中田68亩、下田27亩、中等旱地73.5亩，共折算成下等旱地431亩。最少者为安马村一韦姓地主，有田地130亩。但农民对分14年付清地价心存疑虑，不愿购买该类超额土地，结果"限田方案"亦未实行。①

与旨在减轻地租负担的"减租"和"限田"相对的是各级政府的税赋反而进一步增加了农民的负担。在有限的土地产出中，农民的劳动剩余需要支付沉重的税赋等，对于贫困的农民而言，无异于雪上加霜。

一是从税收的种类来看，据南京国民政府时期行政院农村复兴委员会所组织的调查统计，在广西农村，国税12项，省税25项，县之捐税计200余种，区公所之捐税共计76项。② 在原定的税收之外，各级政府增加新的税收，由此形成名目繁多的税种，每一项税收直接面向农户，从国家到地方各级政府的税收都需要由农民来负担，无疑增加了农民的税收压力。

二是从税赋额度来看，以宜山县田赋为例，1932年至1947年间，宜山县田赋总额到1933年增至9.69万元，比前面增长2倍多，1941年达到最高的14.85万元，其后大体回落到1933年水平，由于其他各项税种征收额度基本上是以田赋为标准，或者直接以田赋附加来征收，因此，随着田赋总额的增加，相应的其他税项也会增加，农民所需要缴纳的税赋总额也会增加。

三是从税赋征收过程来看，由于基层税赋征收假手于非公职的保甲长等，缺乏有效的监督，甚至默许基层人员增加各种摊派，根据农村复兴委员会的调查："一般土豪劣绅假借着办理公益的名义，任意勒捐，农民慑于威令听其鱼肉，各级政府知情故纵。"③ 相对于田赋及其各类捐税而言，随意摊派等对于农民负担的影响更加明显。

---

① 宜州市地方志编纂委员会：《宜州市志》，广西人民出版社1998年版，第152页。
② 行政院农村复兴委员会编：《广西省农村调查》，商务印书馆1935年版，第326页。
③ 行政院农村复兴委员会编：《广西省农村调查》，商务印书馆1935年版，第326页。

表 4-1　　　　　　　民国时期宜山县部分年份田赋总额①

年　份	田赋总额（万元）
1932	3.84
1933	9.69
1934	8.48
1935	8.18
1940	8.14
1941	14.85
1942	10.7
1943	10.1
1944	10.1
1946	8.00
1947	8.5

（三）小农破产

在自然灾害、人地紧张和沉重的税赋和地租等情况的综合影响下，一般农户入不敷出，为了维持农业生产和家庭生活，不得不大量借贷，于是，农民身上又多了一层的负担。薛暮桥认为："收租放债，向来是中国地主们的两条生财大道；同时也是中国农民头颈上的两条最沉重的铁链。"②

一是农户借贷比例。据千家驹等人的调查，广西 12 县 1248 户农家，其中借钱的农户有 327 家，约占全体农家 1/4，负债农家平均每家全年借进 42 元，其中借粮的农户 224 家，占总农户数的 1/5，平均每家借粮 280 斤以上。③ 另外，根据南京国民政府行政院农村复兴委员会对广西 5 县 335 个农户调查所显示的情况是，335 个农户共负钱债 22359 元，谷债 161 担，平均每户负钱债 67 元，谷债 50 斤。此外，负债与所有田亩的多寡成

---

① 宜州市地方志编纂委员会：《宜州市志》，广西人民出版社 1998 年版，第 152 页。
② 薛暮桥：《旧中国的农村经济》，农业出版社 1980 年版，第 67 页。
③ 千家驹等编：《广西省经济概况》，商务印书馆 1935 年版，第 74 页。

反比例，占田少的人，经济越是困难，借债也就越困难。因此，自耕农反而借债较多，佃农和雇农虽然很困难，却不易借到债。①

二是借贷利率。以宜山县为例，农民荒月向地主借粮度荒，一般借100斤谷，收获时要还200斤或230斤。借钱一般月息3分（月利率3%），高的达6分。根据1935年的调查，全县负债户1.4万户，占总户数的23.5%，负债总额8.4万元。在调查124户中有34户借款总数为1172元，户均38元。②

三是借贷用途。据千家驹等调查："广西龙州、宾阳、贺县3县350个农户借款，大多用于婚丧及家庭食用，用于改善生产条件者次之，用于其他社会用途又次之，由此可见，农民借贷主要是为了糊口度日。"③农民的借贷主要是为了家庭生活，说明农民日常生计已经出现问题。

随着大面积的农民负债，超出农户收入后，不得不典卖土地，最终加速小农家庭破产的进度，导致农民失去土地的同时，也失去了生存机会。正如斯科特引用托尼一个比喻：农民已经站在齐脖深的水中，稍微一股细浪将能够带来没顶之灾。④从当时广西各县的实际情况来看，新中国成立前大部分农民处于糊口的状态，农业较为发达的苍梧县是"一般农民勤耕勤作，仅足糊口"，地处桂西边远山区的西林县是"耕者有其田，谷米半足"，向都县是"农民生活沽谷十觔仅购得盐一觔"，凤山县是"农民生活艰苦异常，富者已化为贫，自顾不遑"⑤。

因此，从以上的叙述中不难发现，在新中国成立前，由于人地关系基础上繁重的租税和大面积的负债等问题让小农濒临破产的边缘，新桂系所谓的"三自"政策和村街自治等未能真正解决这一关键问题，反而在推行地方新政的过程中，为了兴办公共建设和公共事务，不得不大量增加各种税收和摊派，无形之中增加了农民的负担，加剧了本来已经严峻的基层社会危机，最终形成政权与农民的冲突和对立。

---

① 行政院农村复兴委员会编：《广西省农村调查》，商务印书馆1935年版，第230页。
② 宜州市地方志编纂委员会：《宜州市志》，广西人民出版社1998年版，第152页。
③ 千家驹等编：《广西省经济概况》，商务印书馆1935年版，第78页。
④ [美]詹姆斯·斯科特：《农民的道义经济学：东南亚的反叛与生存》，程立显、刘建等译，译林出版社2001年版，第1页。
⑤ 广西省政府经济委员会编：《广西各县农村经济状况》，1933年。

二 土地改革时期国家介入、群众动员与民主建政

新中国成立后,面对基层社会危机,中国共产党领导农民开展彻底的土地改革运动,从土地制度本身着手调整生产关系,解决由于土地占有不均而导致的农村社会分化问题,通过土地改革,使占人口大多数的农民获得他们最迫切需要的土地,从而争取到农民的支持。更为重要的是在土地改革过程中重组农村基层政权,完成了现代国家建设中将国家权力深入到农村基层社会的任务。为此,曾亲历土地改革政策制定的杜润生认为:"土地改革彻底推翻乡村的旧秩序,使中国借以完成20世纪的历史任务:'重组基层',使上层与下层、中央和地方整合在一起。使中央政府获得巨大的组织和动员能力,以及政令统一通行等诸多好处。这对于一个向来被视为'一盘散沙'的农业大国来说,其意义尤为重大。"[1]

(一) 国家权力直接介入基层社会

亨廷顿认为:"像中国这样的国家要进行土地改革,在政府和农民之间有两种组织体系时必不可少的。其中之一是政府必须建立一个新的、经费充足的行政组织,并配备立志于改革大业的专门人才去主持其事,即建立专司其事的机构。"[2] 于建嵘也认为:"在乡村社会进入到这种大转折的时期,内在的变因实际上是相当有限的,没有代表国家权力的外力深入,乡村社会很难运用'农民协会'这类组织解决自身的问题。"[3] 为此,土地改革首先由中国共产党领导的国家政权自上而下逐级推动的,其主要的方式是派遣工作队进入农村,动员贫苦农民,斗地主,分田地,建立农民组织等,作为国家行政力量的代表,成功地将国家权力和国家意志贯彻落

---

[1] 杜润生:《杜润生自述:中国农村体制变革重大决策纪实》,人民出版社2005年版,第20页。

[2] [美] 塞缪尔·亨廷顿:《变化社会中的政治秩序》,王冠华等译,生活·读书·新知三联书店1989年版,第364—365页。

[3] 于建嵘:《岳村政治:转型期中国乡村社会政治结构变迁》,商务印书馆2001年版,第231页。

第四章　中华人民共和国成立后国家化、地方性与民主办社

实到基层社会，与传统时期的村老、乡绅、族长和新桂系时期的村街长等群体相比，不是阻隔国家权力介入基层社会，而是直接推动国家权力进入乡村。

一是非在地性，土改工作队大部分是从外地抽调，并经过中国共产党相关训练的人员组成，并由外来的土改工作队来领导当地的土地改革。罗平汉认为："各地在开展土地改革前，从各级机关、大中学校抽调了大批的干部和师生，加以农协干部，组成土改工作队。"① 与以往依靠当地的乡绅、族长、头人等来执行地方事务有明显的不同，乡绅等长期生活在当地，其思想和行为难免不受当地影响，也难以超脱当地权力—利益网络，这也是为什么清末民国以来基层政权建设容易陷入"内卷化"的重要原因。工作队由于其与当地社会文化的"脱嵌"，能够摆脱思想和行为的限制，能够更加直接地代表国家的意志。据河池市凤山县弄者村村民口述：

> 村里土改工作组有个组长，有个副组长。组长是南宁……自治区办公室来的，应该是一个主任，三个干部，有个老七，是部队复员的，其他都是大学生。②

二是对上性。正因为工作队是外来的或上派的，直接反映和体现国家意志，从而将国家意志贯彻到农村。③ 工作队承担着推动土地改革的任务，这一任务本身来自上级，工作队需要对上负责，并以贯彻落实土地改革方针政策，为此，工作队在下乡前进行专门的培训，学习《关于土地改革问题的报告》《中华人民共和国土地改革法》《关于划分农村阶级成分的决定》以及其他具体的政策和工作纪律等，工作队以完成既定的土地改革任务为目标，依靠上级统一的工作部署来展开相关工作，其工作本身有严格的制度规定和硬性任务。根据宜州市同德乡山仔村村民口述，土地改革任务大致如下：

---

① 罗平汉：《土地改革运动史》，福建人民出版社2005年版，第368页。
② 调研点：广西河池市凤山县凤城镇弄者村，受访者编号：YZY20180213TJQ，受访时间：2018年2月13日，调研员：姚正毅。
③ 徐勇：《国家化、农民性与乡村整合》，江苏人民出版社2019年版，第150页。

国家化、地方性与村民自治

> 当时县上派人来，也就是所谓的土改工作队员，到村摸底；土改宣传的时候，我们作为土改根子，被号召积极参加土改工作；紧接着土改工作队员扎根串连，一般都是在贫雇农家，由我们这些土改根子传达土改政策；接下来划成分，根据前期的调查数据和掌握的资料，划定成分；成分划定后，开始分配地主、富农土地；最后进行查田定产，并对成分划分进行了复查。①

三是临时性。土地改革工作队并非政府科层体系或官僚体制的产物，只是临时性组成的组织，以特定的任务为目标，完成任务之后便离开当地，并不需要留在当地。据河池市凤山县弄者村村民口述：

> 土改工作队工作了四十天……计算产量，按人口分，帮你按人口分好，他们才走。②

因此，工作队能够更加坚决地执行土改方针政策，打破地方的面子、人情等各种束缚。一般来说，分完胜利果实和建立农民协会后，重新建立基层政权组织，将村政权整合到正式的政权体系。即便工作队离开，村政权和农民协会等组织也能够继续工作，但是农会干部或积极分子并不能如工作队一样完全脱离地方利益关系网络，只是根据新的政治原则和阶级划分等重构地方社会关系，运动政治转化为村庄的日常政治。

由于土地改革工作队属于外来的、上派的、临时的行政组织，实际上是外在于农村社会的，而工作队所代表的国家权力必须进入农村社会内部，领导贫苦大众实现"翻身"和"翻心"，将国家意志和国家权力直接传送到最底层的农民当中，改变清末民国以来国家化难以渗入农村社会的问题。以往的基层重组虽然是自下而上编组，但是国家权力依然是自上而下地加以推动，而国家权力本身难以下乡，事实上，基层重组的尝试只是在进一步自我复制而已，换了一个名称或方式，换了一些地方人物，但是

---

① 调研点：广西河池市宜州市同德乡山仔村，受访者编号：PSJ20151125MYL，受访时间：2015年11月25日，调研员：普绍菊。
② 调研点：广西河池市凤山县凤城镇弄者村，受访者编号：YZY20180213TJQ，受访时间：2018年2月13日，调研员：姚正毅。

却不能打破地方或村庄社会外在于国家权力的困境，只能继续由地方上或村落内同一类人继续掌握基层权力。直到新中国成立后，工作队的到来才彻底改变了这种困境，工作队一竿子插到底，直接将国家意志带入最基层的自然村屯以及农户中。

（二）基层社会的群众动员

外来的工作队的下乡本身意味着国家权力的下移，不过，工作队并不是直接进行土地改革，而是通过广泛发动群众的方式来一步步推进土地改革，在这个过程中工作队所代表的国家权力逐渐融入基层社会和农户当中。土地改革的发动并不一定需要动员农民，但改革要想成功却必定要把农民动员并组织起来。对于陌生的农村社会，工作队首先是努力融入当地社会，掌握村庄的实际情况，寻找到潜在的支持力量，按照"阶级剥削"和"越穷越革命"等革命哲学，遵循土地改革的方针和步骤，工作队一进入农村社会便开始访贫问苦，将那些穷苦的农民作为争取的对象，当然，穷苦的农民如何从自在的阶级转变为自为的阶级，仍然需要工作队的教育动员，以便启发他们的阶级觉悟，进而积极参与到土地改革中。在桂西北村庄中，因为失去土地而陷入贫穷的农民是普遍性的社会问题。根据宜州市同德乡山仔村村民口述：

> 没有土改之前，到哪都是挨饿，因为没有土地。搬迁到山仔村之后，得到一些荒地种点小米，这样才有点粥喝。我们一家人就到处帮别人打工，换点粮食吃，有时候吃了上顿饿下顿的。[①]

工作队的宣传也会遭遇村民的疑惑，尤其是那些有土地的农民，他们担心安身立命的土地被没收，因此对土地改革并不积极。根据河池市凤山县金牙乡上牙村村民口述：

> 工作队他们也到每家每户去访问，但是他们没有来我们家问。我

---

① 调研点：广西河池市宜州市同德乡山仔村，受访者编号：PSJ20151125MYL，受访时间：2015年11月25日，调研员：普绍菊。

> 家没有参加什么贫雇农串联的。那些工作队来之后喊我们开会商量土改，说分好那些土地。我有一点担心自己的土地被收上去，所以我的土改积极性不是很高。①

因此，工作队最终确定那些受贫穷之苦，并且愿意相信和跟随工作队的农户为土改根子，作为工作队重点动员和培养的对象，将其发展为土地改革中的第一批积极分子，这个过程称为"扎根串联"，在土改根子的配合下，工作队逐渐对村中土地和阶级状况有所了解，滚雪球地访贫问苦，宣传土地改革政策，将贫苦的农民团结在工作队周围。根据宜州市同德乡山仔村村民口述：

> 51年工作队进到村里来，开会的时候总会叫上我们这些土改根子，因为我们对群众比较了解，受的苦也多。工作队还教唱歌、跳舞、扭秧歌，我们什么都参加。白天开会，夜晚工作队让我们土改根子带路，宣传政策。②

另据河池市巴马县那桃乡那敏村村民口述：

> 咳，那个可多了，来一个月这样，一来就开会动员，调查。刚开始是要调查谁比较辛苦贫穷、为人正直，之后让他们加入组织，后来才渐渐扩大。③

杜润生认为："我们在满足农民土地要求的同时，还以更大的注意力，加强农民的教育工作，提高他们的阶级自觉和组织能力。"④ 工作队在扎根串联过程中逐渐将宣传动员作为重要内容，通过各种方式将贫苦的农民组

---

① 调研点：广西河池市凤山县金牙乡上牙村，受访者编号：HXH20180212BSW，受访时间：2018年2月12日，调研员：胡晓慧。
② 调研点：广西河池市宜州市同德乡山仔村，受访者编号：PSJ20151125MYL，受访时间：2015年11月25日，调研员：普绍菊。
③ 调研点：广西河池市巴马县那桃乡那敏村，受访者编号：HQY20180724HGC，受访时间：2018年7月24日，调研员：黄秋艳。
④ 杜润生：《关于中国的土地改革运动》，《中国现代史》1997年第1期。

织起来，具体来看主要是开会、口号、诉苦等方式。

一是开会，对于识字率不高的中国农村来说，以文字为载体的纸面文件宣传等并不合适，农民更加习惯于面对面的话语的动员，如此能够打破文字所带来障碍，而且开会是直接的互动，有助于工作队更加细致地解释土改方针政策，及时回应贫困农民的诉求，并调整相关的策略等，于是，开会成为农民日常生活中的重要组成部分，也是国家政策和国家意志输入农村的重要方式和手段。根据河池市凤山县金牙乡上牙村村民口述：

> 我见到一大堆的人到村里面来，具体有多少人我不清楚。他们来了之后晚上就叫我们去开会，但是我就参与了会议讨论。那时是三四个队作为一个片，一个片由一个工作队的人管，大概有三四个人。他们在会上讲一些土改政策，他们鼓励我们说，谁有材料就提出想法，分土是我们大家一起分。他们宣传的那些政策我只听得懂一半，另外听不懂的我问了他们，他们也回答我。①

通过频繁的开会动员，农民逐渐认识到土地改革运动所蕴含的意义，从最初的观望变为积极参与。据河池市凤山县弄者村村民回忆：

> 土改当然好了，打倒地主，没有剥削了。那四十天，没有哪个不去开会，天一黑就打着灯笼火把去开会了。喊着打倒地主，个个欢喜得很。②

二是口号，开会是一种群体性活动，群体集聚所产生的情绪渲染需要一些媒介，口号就是这种媒介，将相对复杂的土改方针政策简化为简明易懂、朗朗上口的口号，让农民口耳相传，推而广之，土改方针政策逐渐为农民所理解，达到宣传政策的效果。此外，口号还具有动员的作用，会议前后以及一些重要活动的时候，会议的高潮往往伴随着喊口号，调动农民的情绪，进而获得一种集体同一感，久而久之便让一些口号所代表的理念

---

① 调研点：广西河池市凤山县金牙乡上牙村，受访者编号：HXH20180212BSW，受访时间：2018年2月12日，调研员：胡晓慧。
② 调研点：广西河池市凤山县凤城镇弄者村，受访者编号：YZY20180213TJQ，受访时间：2018年2月13日，调研员：姚正毅。

进入农民头脑中,潜移默化地影响着农民的行动。

三是诉苦。工作队在融入农村社会,宣传政策之后,进入土地改革的核心,即启发农民的阶级觉悟,让贫困农民能够意识到自己的贫困是由于阶级剥削所造成的,将阶级的观念植入农民的意识里,进而阐明土地改革是一场阶级斗争,土地改革目的是无地的贫穷农民要推翻富裕地主的统治和剥削,最终获得自身的解放。诉苦成为土地改革运动的第一次高潮,苦既是一种客观的存在,比如饿肚子、逃荒等,又是一种国家通过情感进行政治动员的结果,通过农民对生活中的困难的诉说,并对苦难进行归因,将苦难上升为一个阶级剥削另一个阶级的罪恶。诉苦是对农民进行政治社会化的重要手段。那些具有政治势力,且试图创造和维护合法性或接受性的政权的一个主要办法是靠政治社会化过程。[1]

在贫困农民的记忆里,苦难从不缺乏,最初农民对于苦难的诉说主要侧重于个人或家庭生活中的苦难,并没有将苦难归因于阶级剥削等。根据河池市环江县大才乡同进村村民口述:

> 大多数都很困难,只能做生意维持生计。有的甚至困难到没有米吃,想把小孩卖出去。那时候辛苦得要紧。那时候你们屯也有人去下赵(邻村)帮别人种田,全家人种一亩田可以换一斗二的米,除了扯秧苗还要给人家种田。种一亩田也就得这么点米,回家还要养孩子,天天早出晚归。你们屯也有人到我们屯帮忙种田,自己家就只有一个人种田,哪里来得及,只有叫别人来帮忙种田,能种几亩是几亩。种得快,也能早点吃上米。有的时候错过了种植的好季节,就种不成米了。……有人形象的比喻说,水已经在锅里煮开了,但是米还没有拿回来,水是开了就是没有米。只有先去找米回来才能煮饭吃。那时候别人也很辛苦,不光是自己家。那时候都成这个样子。有少数人家有钱,大部分的就是没有钱的,都担心米不够吃,庄稼收成又不好。田里面的庄稼被虫啃死的被旱灾干死的,掉得遍地都是。[2]

---

[1] [美]杰弗里·庞顿、彼得·吉尔:《政治学导论》,张定准译,社会科学文献出版社2003年版,第285页。

[2] 调研点:广西河池市环江县大才乡同进村,受访者编号:WCW20160203WZN,受访时间:2016年2月3日,调研员:韦春婉。

第四章　中华人民共和国成立后国家化、地方性与民主办社

只有在土改工作队的动员和安排之下，贫困农民才逐渐改变苦难诉说的方式，他们的苦难来自地主的剥削，重新理解和解释了土地租佃关系、借贷关系、雇佣关系等。这些有关农村经济社会的核心要素，改变了农民的认知体系，给予农民一套重新解释的话语框架，于是，农民将生活的苦转变为阶级的苦便能够摆脱以往观念的限制，获得一种道义上的正当性，并得到工作队的认可和国家政权的承认，具备合法性，由此，农民日常生活中的苦难便与国家政治和阶级观念紧密联系起来。根据河池市环江县大才乡同进村村民口述：

> 他们（地主）都是靠剥削别人的。劳动力方面的剥削，放高利贷，借出去 100 斤米，收回来要收 200 斤，到头来就收获多了。到每年的 3、4 月份又接着放高利贷，年复一年，他们怎么可能没有钱呢。他们都不需要出去做生意。①

另据河池市凤山县弄者村村民口述：

> 原来家里没有地，是雇农。我们只能去打长工，到下种的时候就和其他人去了。去周围哪个土地多的，种不完的就帮哪个种。也没有什么工钱，帮一天工能得两三斤玉米，就靠这些生活了。那时想吃大米还要看年看月，过年得吃点。②

最后在工作队的"算剥削账"和"阶级情感"等动员之下，农民将生活的苦难上升为阶级的苦，将个体的苦难上升为群体的苦。土地改革运动是解除农民苦难的过程，而工作队及其所代表的国家权力是站在贫困农民一方的，由此，在诉苦的过程中，国家逐步建构了农民的阶级意识，最后通过划定阶级成分将情感动员的结果变为农村社会结构。

---

① 调研点：广西河池市环江县大才乡同进村，受访者编号：WCW20160128WTX，受访时间：2016 年 1 月 28 日，调研员：韦春婉。
② 调研点：广西河池市凤山县凤城镇弄者村，受访者编号：YZY20180213SDF，受访时间：2018 年 2 月 13 日，调研员：姚正毅。

(三) 基层社会权力结构翻转

"划成分"是工作队对农村社会成员身份的确认，并由此决定其地位和命运。从阶级的角度为社会成员划定成分是一个社会改造、重组的过程，同时也是社会整合的过程。① 因此，陈吉元认为："阶级划分，则使处于温情中的传统农村社会第一次出现了差别极大的阶级分层。"② 王沪宁指出："阶级意识从观念上超越了血缘关系，它不再依据人们在血缘关系中的地位划分每个人的身份，而是依据人们在社会经济政治关系中的地位划分每个人的身份。"③ 根据宜州市同德乡下围村村民口述：

> 当时政策是有一个杠杠，你请长工的，成为地主，剥削量有几多，所以我记么得滴！你自己有几多，你得人家空来的有几多，喊做剥削量。这样子的划分定下来，你家成为地主，再下一层就是富农，自力更生，自己劳动，自己土地够自己吃，也没去打工，自己也么要人家的，喊做中农。④

另据宜州市庆远镇水利屯村民口述：

> 土改政策有那个条条框框的，好比你有几多资产，几多土地，有没有出租，有没有放高利贷，它有条件的，按那样子来划的。按那个条件框在里头。符合贫农或者下中农、雇农，你一样没有就是雇农了。⑤

---

① 徐勇：《阶级、集体、社区：国家对乡村的社会整合》，《社会科学战线》2012 年第 2 期。
② 陈益元：《革命与乡村——建国初期农村基层政权建设研究：1949—1957》，上海社会科学出版社 2006 年版，第 291 页。
③ 王沪宁：《当代中国村落家族文化——对中国社会现代化的一项探索》，上海人民出版社 1991 年版，第 52 页。
④ 调研点：广西河池市宜州市同德乡下围村，受访者编号：PSJ20151125WYC，受访时间：2015 年 11 月 25 日，调研员：普绍菊。
⑤ 调研点：广西河池市宜州市庆远镇水利屯，受访者编号：PSJ20151117QZS，受访时间：2015 年 11 月 17 日，调研员：普绍菊。

第四章　中华人民共和国成立后国家化、地方性与民主办社

"划成分"是一种资源的再分配方式,决定了有的人得到,有的人失去。物质生产和生活资料是人的存在基础。利益关系是最根本的社会关系。血缘关系尽管可以淡化利益关系,但是改变不了利益关系的客观存在。由于"划成分"可以给人们带来实际利益,因此人们更愿意认同自己所划定的某一阶级,而不是某一姓氏。而阶级可以超越血缘、地缘和业缘关系及其边界,从而形成一个全国性的整体社会。阶级不是某一个家族,某一个地方,某一个群体具有的,而是全国性的。传统的分散性的乡村社会因此成为具有阶级联系的整体性社会。由于"划成分"和资源再分配是执掌政权的中国共产党领导下进行的,阶级性的整体社会为中国共产党所组织和领导,并成为中国共产党治理乡村社会的基础。[1] 根据河池市巴马县那桃乡那敏村村民口述：

> 只有贫雇农才能做干部,最多就到下中农,上中农都很少能做干部的。[2]

划定阶级成分之后,工作队接下来对地主进行斗争清算。土地改革是借助国家强制性力量对土地的重新分配,在这一过程中,原先拥有较多土地的地主在失去土地的同时,也会失去对乡村地方的统治权。[3] 费正清认为："土地改革的目的不仅经济上的,而且也是社会和政治上的。"[4] 亨廷顿更明确地指出："土地改革不仅仅意味着农民经济福利的增加,它还涉及一场根本性的权力和地位的再分配,以及原先存在于地主和农民之间的基本社会关系的重新安排。"[5] 在土地改革前,地主往往是村中的权威人物,土地、财富、声望等集于一身,是农村的头面人物,斗地主是为了能够树立贫困农民的权威,改变原有的权威结构,让底层的农民实现权力的

---

[1] 徐勇：《阶级、集体、社区：国家对乡村的社会整合》,《社会科学战线》2012年第2期。
[2] 调研点：广西河池市巴马县那桃乡那敏村,受访者编号：HQY20180812HYJ,受访时间：2018年8月12日,调研员：黄秋艳。
[3] 徐勇：《现代国家建构与土地制度变迁——写在〈物权法〉讨论通过之际》,《河北学刊》2007年第2期。
[4] [美]费正清：《美国与中国》,商务印书馆1987年版,第271页。
[5] [美]塞缪尔·亨廷顿：《变化社会中的政治秩序》,王冠华、刘为等译,上海人民出版社2008年版,第245页。

翻转。

一是批斗地主是在工作队的主持下进行的斗争。之前经过诉苦大会，已经揭开脉脉温情下的村庄矛盾，形成鲜明的对立和冲突，那些剥削压迫过农民的地主或恶霸等成为斗争的对象。①

二是批斗地主是塑造农民阶级觉悟的过程。在批斗的过程中，农民不断地诉苦和指控，地主的承认错误与忏悔，以前的阶级成分的划分成为实实在在的存在，由背靠背的诉苦发展为面对面的斗争，农民的阶级观念发展为阶级行动，用批斗地主来证明自己的阶级身份。

三是批斗地主是权力的翻转。斗争的总体目标是打碎以往社会权力关系，使得无法重建以前的关系。在斗争中，原先地方和村庄中的权势人物被清算，并处于持续的监督之中，不可能再影响村庄权力结构。据河池市环江县大才乡同进村村民口述：

> 只要你（地主）还有一丁点的不服气，还敢动就继续批斗你。一开始批斗的对象就是地主，轮到富农的时候就是，你有什么罪恶，你应该退的东西是不是都退完了，退完了，不搞反动就不被批斗了，地主的话你搞反动，还不服气就又被批斗啊。就是这样来的。②

批斗地主之后，地主必须将从前剥削而来的土地和财产退出来，在工作队的主持下丈量土地，挖地主浮财，将清出来土地和财产分配给无地少地的农民，这一过程称之为"分配胜利果实"，实现土地产权关系的变革，给予农民期盼的土地，让"土地还家"，以此来巩固土地改革的成果。秦晖等认为："农民在本质上首先是作为私有者，挣脱束缚的私有者，而体现出他们的革命性的。至于他们作为劳动者的反剥削要求，只有在融会到自由私有制摆脱宗法共同体束缚的过程中去时，才能发挥革命的、积极的作用。"③ 黄宗智也认为："没有原因怀疑土改是一次重大的社会—经济革

---

① 王沪宁：《当代中国村落家族文化——对中国社会现代化的一项探索》，上海人民出版社1991年版，第52页。

② 调研点：广西河池市环江县大才乡同进村，受访者编号：WCW20160214WYA，受访时间：2016年2月14日，调研员：韦春婉。

③ 秦晖、苏文：《田园诗与狂想曲——关中模式与前近代社会的再认识》，中央编译出版社1996年版，第197—198页。

命,深刻地影响了农村的每一个成员。耕种了全部土地面积三分之一的佃农,要把他们收获的一半交给地主。土改消灭了这种租佃关系。……土改中平分土地所有权,无疑给那些处于中游以下的农民——雇农、贫农和下中农——带来了好处。"① 具体的分配原则是依据阶级身份的次序来进行的,按照"中间不动,两头拉平"的原则,将地主富农超过村庄平均水平的土地和财产分给农民,并给予地主土地,让其自力更生,接受社会主义改造。

一是阶级成分决定土地和财产分配次序,由此可以看出土地改革之后新社会的政治标准,以贫雇农为中心,贫下中农高于地主富农,贫下中农又具体细分贫雇农、贫农、中农等,土地和财产分配次序标明了在未来村庄权力中的分配秩序。根据河池市环江县大才乡同进村村民口述:

> 开会就是讨论分田啊。划分上中下啊。谁家有钱,谁家困难。谁家有钱多,谁家没有钱,那时候就要紧了。上中农、下中农、上贫农、下贫农,贫农都分了好几种,雇农、贫雇农。贫雇农那时候真的是很穷啊,都是以穷人为中心。②

二是地主作为一个剥削阶级已经不存在,地主等威风扫地,在分配土地和财产过程中,给予他们一些土地,保障其生活,以便将其改造成为自食其力的社会主义劳动者,并在政策上规定经过劳动改造后没有反动行为可以改划成分,成为人民中的一员,如此将高成分者纳入整个国家体系之中,有助于国家对乡村社会的整合。

三是分到土地的农民成为新生政权的坚定支持者。由于土地改革需要借助新兴国家政权的力量,农民在获得土地的同时,则会建构起对新兴国家政权的认同和效忠。农民第一次具体意识到这一政权是属于自己的。民国时期赋予农民以抽象的民权地位得以实现,并增强了农民对新政权的认

---

① [美]黄宗智:《中国革命中的农村阶级斗争——从土改到"文革"时期的表达性现实与客观性现实》,《中国乡村研究》(第二辑),商务印书馆2003年版,第72页。
② 调研点:广西河池市环江县大才乡同进村,受访者编号:WCW20160203WZN,受访时间:2016年2月3日,调研员:韦春婉。

同。① 所以，作为土地改革的亲历者之一的杜润生深刻地认为，土地改革是"农民取得土地，党取得农民"。根据宜州市庆远镇水利屯村民口述：

> 土地改革让很多人都有了饭吃，饿死的人少了，自己有了土地当然要好好种的，种了才有的吃，以前没有地想种都种不得，现在自己有地了当然好好种，所以很多人都有了吃的，我们生活也是过得去了。土地改革给了我们贫困农民生活的希望，也让农民得以很好的生活，那时我们都不用去挨别人干活了，做自家的就够吃了，谁还去挨别人做换饭吃啊。让我们的生活得到了很好的保障。②

从那时候传唱的土改歌曲也能够体现出农民在情感上对新生政权的感恩，据宜州市同德乡廖歌屯村民口述：

> 土改那时候有歌曲的，"土地改革了，穷人翻了身，从来尝不懂到痛苦，从来尝不到下风（译音）。树上的鸟啊，来歌唱啊！男女老少喜呀喜洋洋，感谢了毛主席，好好啊为人民，救天荒的毛主席啊（译音），忘不了毛主席的功劳和变好啊，哎呀，有了他，新中国，幸福万万年！"③

（四）基层社会的民主建政

与土地改革同时进行的是民主建政，如果没有土地改革的顺利推进，农村基层政权也难以建立和巩固。当时的内务部部长谢觉哉认为："我们不要把土地改革与建政打成两极，那样将走弯路、费力多，而应该是土地改革过程即建政过程。"④ 经过 1949 年后基层行政管理体制的变革，国家

---

① 徐勇：《现代国家建构与土地制度变迁——写在〈物权法〉讨论通过之际》，《河北学刊》2007 年第 2 期。
② 调研点：广西河池市宜州市庆远镇水利屯，受访者编号：PSJ20151117QZS，受访时间：2015 年 11 月 17 日，调研员：普绍菊。
③ 调研点：广西河池市宜州市同德乡廖歌屯，受访者编号：PSJ20151122WMQ，受访时间：2015 年 11 月 22 日，调研员：普绍菊。
④ 《关于人民民主建政工作报告——中央人民政府内务部谢觉哉部长一九五〇年七月十七日在第一届全国民政会议上的报告》。

第四章 中华人民共和国成立后国家化、地方性与民主办社

权力开始向乡村社会进行有效整合和全面渗透,这一进程最早始于1949年后"乡政并立"时期。作为新解放区,桂西北各县实行军管,主要目的是从国民党手中平稳接管权力,并组织农民建立自卫军等地方武装,巩固新生政权。待局势稳定后,逐步开展民主建政工作,替换旧保甲制度,建立人民政权。当时的民主建政工作大致如下:

第一阶段是沿用国民党时期的保甲制度,以征粮支前为工作中心,培养贫雇农中的骨干、积极分子。随后发动农民开展清匪反霸、减租减息运动,坚决打击和镇压乡村中的劣绅恶霸、旧政权的顽劣势力、国民党特务、反动会道门和反动党团骨干,如宜山县的三岔匪乱,蓝袍匪众。[①]

以合寨村为例,它处于宜山县边远山区,毗邻柳江、忻城两县,是三县交界地带,解放初期曾经是土匪活跃的地带,赌风、偷风盛行,历来社会情况比较复杂,社会治安很坏。[②] 再到合寨周边地区,1950年1月,县内三岔、龙头两地发生土匪暴乱,至9月底,全县12个行政区均有土匪活动。东部有韦铁、韦庄为首的"广西人民反共救国军柳庆指挥部",活动于三岔、屏南、马泗一带。根据宜州市屏南乡合寨村村民口述:

> 刚解放的时候,合龙是一个小乡,有乡政府。合寨在解放前叫合吉村,后来是合龙乡,后来改为合寨了。解放前,这地方很乱,到处有自卫队,名为自卫队,实际上是搞坏事,专门去忻城那边抢劫掳掠。解放来了,共产党把这些人打跑了,没有出现了。我们三个月才回家,果作那边有强盗,出强盗最多,拦路抢劫都有参加。[③]

为此,在1951年全县开展镇压反革命运动,至4月底,歼灭土匪13503名,1951年6月15日成立清匪治安委员会,各乡成立治安领导小组,建立清匪飞行组125个、情报组117个、宣传组65个,群众协力肃清散匪。1953年4月,取缔"一贯道"、同善社、归根道等反动会道门,逮捕会首10人,管制5人,履行登记68人,至11月26日,全县镇压反革

---

① 参阅郭亮《桂西北村寨治理与法秩序变迁》,博士学位论文,西南政法大学,2011年。
② 金宝生:《村民委员会建设》广西人民出版社1988年版,第2页。
③ 调研点:广西河池市宜州市屏南乡合寨村果地屯,受访者编号:RL20140810MGS,受访时间:2014年8月10日,调研员:任路。

国家化、地方性与村民自治

命任务基本完成。①

第二阶段是召开群众大会，控诉犯有罪行的旧保甲人员，揭露旧权威的反动性，并对地主恶霸、反动势力逮捕法办，建立农民协会等。根据河池市金城江区侧岭乡唐埔村村民口述：

> 地主是旧社会的人，是甲长，是地主呀。地主不是犯法嘛，那些当官的仗势欺人的，投靠国民党的，那些迫害百姓的就是该杀的。②

土地革命时期乡村经常可见的"打倒土豪劣绅""一切权力归农会"的标语口号。在清算土豪劣绅后，逐步建立了农民协会。亨廷顿认为："土地改革需要农民自身的组织，集中的权力能够颁布土地改革法令，但只有广泛扩展的权力才能够使得这些法令成为现实。农民的参与对通过法律或许并非必要，但对执行法律却不可或缺。如果没有农民组织参与其执行，此类法令只是官样文章。因此，农民联盟、农民协会、农民合作社都是保证土地改革具有持续活力的必要条件，不管它们自己宣布的宗旨是什么，组织本身就在农村形成了新的权力中心。"③ 根据河池市环江县大才乡同进村村民口述：

> 农会干部成分严啊，跟现在没有办法作比较啊。比如说，我是贫农啊，你如果是富农家里的，不要；有杀父之仇的更加不要，比如说以前你杀人或者是别的什么，不要；如果是以前家里有人当村长的、职员的，不要，这个叫做社会关系。起码你三代之内的关系都是干干净净的。如果你家族三代之内有人曾经剥削别人也不要。④

第三阶段是在清理了旧政权的基层组织和人员后，中国共产党逐步实

---

① 宜州市地方志编撰委员会：《宜州市志》，广西人民出版社1998年版，第620页。
② 调研点：广西河池市金城江区侧岭乡唐埔村，受访者编号：XYL20180724XZC，受访时间：2018年7月24日，调研员：徐杨柳。
③ [美] 塞缪尔·亨廷顿：《变化社会中的政治秩序》，王冠华等译，生活·读书·新知三联书店1989年版，第364—365页。
④ 调研点：广西河池市环江县大才乡同进村，受访者编号：WCW20160214WYA，受访时间：2016年2月14日，调研员：韦春婉。

现了对农村政权的重建。根据政务院颁布的《农民协会组织通则》和《乡（行政村）人民政府组织通则》，在成立各级农民协会组织的基础上，民主选举人大代表组成村人民政府委员会，成立村人民政府，村级人民政权由村人民代表会议和村人民政府组成，村人民代表大会是全村人民行使权力的机关，主要职权是听取和审议村政府工作报告，向村政府反映人民的意见和要求，建议与决定本村兴革事宜，审议本村人民负担及财粮收支事宜，向人民传达和解释村人民代表会议事项，并协助村政府动员人民贯彻与执行决议等。村政府是村人民代表会议的执行机构，又是政务院统一领导下的地方基层行政机关。其职责包括具体执行上级政府决议和命令，具体实施村人民代表会议通过并经县区人民政府批准的决议案，根据上级政府的政策与制度，办理村中一切兴革事宜，掌握与管理村财政的收支，统一领导和检查村政府各部门工作及向村人民代表会议做工作报告等。河池市凤山县弄者村村民回忆：

> 当时就成立了村长、农会主席、文书这三个。以前的甲长就改为组长了。成立这个机构之后，大兵①就回了。土改辛苦的很，灯笼火把的也热闹得很。当时有两个点，大队有一个，罗家有一个。就是两个点，你说辛不辛苦。四十天整，搞了四十天才结束。开头来慢慢串联，发动清地主，这些搞清楚了才开大会斗。斗完了就设立村长、主席、文书等。②

总的来看，由于土地改革和民主建政相伴进行，不仅将土地的地主所有制改造为土地的农民所有制，而且将农民广泛动员起来，一大批贫下中农成为政治积极分子，加入农民协会和中国共产党，成为新政权的坚定支持力量。传统农民也因此获得政治组织身份，并受到政治组织的内部纪律的约束。由党组织及其领导下的群众性政治组织来组织农村的政治、经济、文化和社会等一切活动，并贯彻党和国家的意志。由此将广大分散的

---

① 解放军。
② 调研点：广西河池市凤山县凤城镇弄者村，受访者编号：YZY20180213TJQ，受访时间：2018年2月13日，调研员：姚正毅。

农民团结在党和国家的周围并置于其领导之下。① 之后的人民代表选举和乡村人民政府中，农民作为新生的政治精英占据主导位置，并且牢固地控制着基层政权。为此，刘金海认为土地改革后的民主建政赋予了农民主体地位，通过农民代表或乡人民代表来实现，农民成为乡村治理的权力来源，与之相对，基层治理方式也以代表和开会等法定形式展开。②

三 互助组时期的基层社会与民主管理

土地改革让农民获得了土地，在中国共产党看来，这还只是完成了民主革命的任务，推翻了旧社会的统治体系，还没有建构新政权的统治基础。毛泽东认为："在农民群众方面，几千年来都是个体经济，一家一户就是一个生产单位，这种分散的个体生产，就是封建统治的经济基础，而使农民自己陷于永远的穷苦。克服这种状况的唯一办法，就是逐渐地集体化；而达到集体化的唯一道路，依据列宁所说，就经过合作社。"③ 于是，在土地改革完成不久开始互助合作化运动，对农业进行社会主义改造。其重要内容就是将农民组织起来，实行集体化，在此过程中，政权组织与经济组织逐渐合为一体。④

（一）基层社会动员与互助组的建立

土地改革后，土地分散于亿万农民，但是个体劳动生产无力解决因天灾人祸造成的困难，因此有些农民出卖土地、青苗、农具等。在宜山县六坡乡戚家堡片有10户卖土地，4户卖耕牛，3户卖犁耙，1户卖房子。拉浪乡280户中有37户卖青苗1.05万公斤。⑤ 根据当时各地农村分化的情况，毛泽东指出："在最近几年中间，农村中的资本主义自发势力一天一天地在发展，新富农已经到处出现，许多富裕中农力求把自己变为富农。

---

① 徐勇：《"政党下乡"：现代国家对乡土的整合》，《学术月刊》2007年第8期。
② 刘金海：《中国农村治理70年：两大目标与逻辑演进》，《华中师范大学学报》（人文社会科学版）2019年第6期。
③ 《毛泽东选集》第3卷，人民出版社1991年版，第931页。
④ 所谓"政社合一"就是政权组织与经济组织合为一体。
⑤ 宜州市地方志编纂委员会：《宜州市志》，广西人民出版社1998年版，第152页。

第四章　中华人民共和国成立后国家化、地方性与民主办社

许多贫农，则因为生产资料不足，仍然处于贫困地位，有些人欠了债，有些人出卖土地，或者出租土地，这种情况如果让它发展下去，农村中间两极分化的现象必然一天一天地严重起来，他们将说我们见死不救，不去帮助他们解决困难。"① 1951年12月，党中央发布《关于农业生产互助合作的决议（草案）》，根据中央决议和总路线精神，宜山县通过典型带动，1952年4月全县共组织互助组152个，年底达610个，入组农户3716户，占总农户的5.8%。1954年5月达8077个，入组农户47049户，占总农户的73.3%。其中常年互助组2606个、季节性互助组5471个。互助组经营的耕地占全县耕地的70%。② 当时，全国互助组达到802.6万个，参加互助组农户4536.4万户，入组农户占全国总户数39.9%。③

之所以能够如此迅速地推进互助运动，一方面是由于土地所有权及收获仍归私人所有，互助组与传统的帮工、换工形式相似，让互助组容易为农民接受。根据河池市金城江区教育社区村民口述：

> 土改以前也有，有时候会挑牛粪去菜地，这个也有，也可以换工，人家来帮我们挑，我们又去帮人家，这个是大季节的时候的，一个人挑难挑，就换工，赶得快。④

于是，一些缺少劳动工具和劳动力的农民积极响应劳动互助的号召，自愿组织和加入互助组。互助组是一种自愿基础上的互助合作。另一方面是由于基层政权在互助合作中通过典型示范、宣传引导等方式引导农民参与其中，中共中央华北局回复山西省委《把老区的互助组织提高一步》的意见中，强调农业生产合作社即便是试办，也要出于群众自愿，不能强行试办。⑤ 根据河池市巴马县那桃乡那敏村村民口述：

---

① 《毛泽东选集》第5卷，人民出版社1977年版，第187页。
② 宜州市地方志编纂委员会：《宜州市志》，广西人民出版社1998年版，第152页。
③ 高化民：《农业合作化运动始末》，中国青年出版社1999年版，第423页。
④ 调研点：广西河池市金城江区教育社区，受访者编号：CC20180805WJB，受访时间：2018年8月5日，调研员：陈翠。
⑤ 中共中央文献研究室：《建国以来重要文献选编》（第二册），中央文献出版社1992年版，第352页。

国家化、地方性与村民自治

> 互助组这样的生产方式对我们的农业生产发展帮助还是挺大的，比如说吧，你家有什么困难或者是灾害发生，会有人来帮忙，就比一个人独自承受要好得多了。①

当然，互助组运动并非没有阻力，不仅是对农民生产习惯的改变，而且涉及劳动量计算和交换，互助组也只是在小范围内进行，部分农民仍然迟疑和观望。根据河池市天峨县八腊乡龙峨村村民口述：

> 当时听讲要搞互助组了，农户们当时也不知道到底搞互助组是好是坏，也不知道这个情况，当时也是积极性也是一般的吧，不是很高也不是很低的那种，越做到后面积极性就越低，因为总是不见产量提上来，积极性也就没当初那么高了。②

不过，区别于传统互助形式的最大不同是互助组是在中国共产党领导下进行的，在小范围试办互助组取得成功后，党和国家将互助组作为社会主义互助合作形式，开始运用政权的力量进行鼓励和推广，希望通过互助合作引导农民走上社会主义道路。

一是工作队的组织动员。自从土地改革之后，依靠工作队来推进相关运动成为一种惯例，工作队能够直接深入农户中，通过积极分子来引导农民参加互助组，并制定相应的入组方式，协助互助组制定内部劳动结算的方案等，让互助组显示出比个体家庭更高的生产优势，如此形成示范效用，让其他观望的农民自愿加入互助组。根据河池市东兰县武篆镇那论村村民口述：

> 刚开始的时候，他们不愿意加入，后来工作队的人员下来去动员他们入组，到后面他们也加入互助组了，然后工作队的人员就会开会，询问群众同不同意他们入组，后来大家都同意他们入组，然后他们自己也感谢大家同意他们入组一起进行生产劳动，所以从这个方面

---

① 调研点：广西河池市巴马县那桃乡那敏村，受访者编号：HQY20180724HGC，受访时间：2018 年 7 月 24 日，调研员：黄秋艳。
② 调研点：广西河池市天峨县八腊乡龙峨村，受访者编号：GJJ20180814HCL，受访时间：2018 年 8 月 14 日，调研员：管晶晶。

来说，他们其实也是自愿要求加入互助组的。①

二是农民对政治形势判断。以往远离政治的农民，自从土地改革之后也逐渐体认到政治形势的变化，是否加入互助组已经不再是简单的经济问题，而是政治问题，不是简单自愿加入的问题，而是取决于当时的政治形势，农民只是或早或迟地卷入互助合作运动之中。根据河池市巴马县那桃乡那敏村村民口述：

> 不积极不行啵，而且土改刚结束，是一个好兆头，正在土改当家做主的兴头上，大家都很积极的，没有人敢说什么了。②

三是服从本村干部和上级安排。经过互助示范后，国家权力大力推动互助组，未曾加入互助组的个体家庭不得不加入，他们更多是服从本村干部的号召以及上级的安排，之前只有少数农户加入互助组的情况下，不愿入组的个体家庭还有理由坚持独自经营，等到大部分农户入组后，为数不多的个体农户将面临巨大的压力，诸如劝说、批评等。根据河池市巴马县那桃乡那敏村村民口述：

> 当时听说要准备进行互助小组了，村里边的农户刚开始也是听队长的，因为没有什么判断，毕竟队长是我们村里边比较有权威的人。大家的积极性还算高因为大家都加入了，所以不加入也不太好。当时我们的想法，说出来也是白说的，所以呢，我也没有什么特别的反应，上级要求怎么做，我们就响应号召就可以了。③

> 上级叫我们做的，他们强调要我们加入，而且每个人都必须要进互助组，不管你是贫农还是雇农，还是什么阶级成分，都必须要加入互助组，不加入是不行的，不加入的话，可能就会遭到（批评、批判）。④

---

① 调研点：广西河池市东兰县武篆镇那论村，受访者编号：HH20190215HMF，受访时间：2019年2月15日，调研员：黄惠。
② 调研点：广西河池市巴马县那桃乡那敏村，受访者编号：HQY20180724HGC，受访时间：2018年7月24日，调研员：黄秋艳。
③ 调研点：广西河池市巴马县那桃乡那敏村，受访者编号：HQY20180724HBQ，受访时间：2018年7月24日，调研员：黄秋艳。
④ 调研点：广西河池市东兰县武篆镇那论村，受访者编号：HH20190217HQL，受访时间：2019年2月17日，调研员：黄惠。

（二）互助组的国家性与自主性

互助组与传统的帮工和换工一样，是个体家庭之间劳动互助，不过，互助组运动是国家推进集体化的一种手段，从最开始的临时互助组到常年互助组，随着劳动互助时间延长，形成固定的互助形式，习惯于个体家庭生产经营的农民如何处理个体家庭与互助组的关系，致力于推动劳动互助的互助组如何协调和管理内部的矛盾和纠纷等，体现了互助合作化时期国家与基层社会的内在联系。

一是国家性。虽然互助组是劳动互助组织，但是是在国家倡导和推动下组织起来的，国家权力也深入到互助组之中，一方面体现在组织互助组时，农民并非完全自主，是在工作队指导下组织起来。另一方面是体现在对阶级性的重视，张小军认为："土改作为新中国第一个政治'运动'，潜移默化了后来一系列所谓群众运动的'路数'，当运动结束后，它们（阶级习性）存留下来，作为一种文化编码，进入新的秩序。"[1] 除了前面所叙述在入组过程中的动员与服从以外，互助组是按照国家所确定的阶级标准来划分和组织的，贫下中农是互助组运动的主力，而地主和富农等被排除在互助组外，对于破坏互助组团结的人给予一定的惩戒。根据河池市金城江区教育社区村民口述：

> 互助组的话除了地主阶级是自己做自己的，没有人跟他们一起。他找他的地主阶级或者富农。他自己做一个组，不跟我们的，他赶不及了就会找地主富农来跟他一起做。[2]

二是自主性。在土地个体家庭所有的情况下，互助组的成立更多的是基于血缘和地缘等关系，这与传统的帮工和换工内在机制类似，亲属邻里关系是互助组内关系联结的重要载体，弗里曼等认为："中国农村的居民是按照群落和亲族关系（如宗族成员、邻居和村落），而不是按被剥削阶

---

[1] 张小军：《阳村土改中的阶级划分与象征资本》，《中国乡村研究》（第二辑），商务印书馆 2003 年版，第 115、129 页。

[2] 调研点：广西河池市金城江区教育社区，受访者编号：CC20180805WJB，受访时间：2018 年 8 月 5 日，调研员：陈翠。

第四章 中华人民共和国成立后国家化、地方性与民主办社

级和剥削阶级来看待他们自己的。"① 亲属关系等有利于互助组内的协调与管理，减低组内交易成本，能够进行有效的监督等，从某种程度上说，在农民的想法里，互助组不过是传统互助的扩大而已。根据河池市金城江区侧岭乡唐埔村村民口述：

> 互助组土地还是自家的，自己种的粮食自己管，自己收。入社了就是集体。都是亲戚和亲戚，关系好的就组在一起。搞互助组就是人爱人。合得来的。不合的来的人家也不找你成组呀。②
>
> 那时候一组大概有20户左右，就是谁家跟谁家好才会组成一个组，然后谁家离谁家近也组成一个组，主要是比较亲近的人才会组成一个组。③

当农民加入互助组后，原先个体家庭与个体家庭换工、帮工等关系演变为个体家庭与互助组之间的关系，虽然土地和农具及其收益归农民所有，但是农民对于自己劳动力的支配权受到了互助组的影响，国家通过互助组间接支配农民的劳动力，于是，劳动本身与劳动成果的对应关系被互助组所冲淡，入组农民感觉不自由、其他人做事不出力和不公平感就会产生。根据河池市天峨县八腊乡甘洞村龙马屯村民口述：

> 刚开始也是有点不习惯的，过后就习惯了。在互助组之前挺自由的，加入互助组了有什么活动不去都不得的哦。④

为此，在互助组阶段，国家尊重农民的自愿性，既可以自由组织参加，又可以自由退出，在一定程度上保障互助组的劳动效率，仍然面临着

---

① [美]弗里曼、毕克威、塞尔登：《中国乡村，社会主义国家》，陶鹤山译，社会科学文献出版社2002年版，第124页。
② 调研点：广西河池市金城江区侧岭乡唐埔村，受访者编号：XYL20180724XZC，受访时间：2018年7月24日，调研员：徐杨柳。
③ 调研点：广西河池市东兰县武篆镇那论村，受访者编号：HH20190215HMF，受访时间：2019年2月15日，调研员：黄惠。
④ 调研点：广西河池市天峨县八腊乡甘洞村龙马屯，受访者编号：GJJ20180727TYM，受访时间：2018年7月27日，调研员：管晶晶。

出工不出力等问题。根据河池市巴马县那桃乡那敏村村民口述

> 互助组耕种效率当然比较高，但是，有些时候是比较消极的，因为有时候呢是出人不出力，虽然说小组里边的人是去了，但是做事情不出力，那么那些做事情很卖命的人，就会觉得很不公平。所以有时候觉得，自己耕种可能还比较好一点，因为你想得到的更多，你就会更加努力去做事情。①

（三）互助组内的民主管理

为了推进互助组运动必须加强互助组组织及其内部管理。作为互助合作的初级形式，互助组是土地改革后农民劳动互助的载体，在小农家庭之外新出现的村内经济组织，国家政权将其视作组织农民的途径，按照互助合作的原则来重新组织基层社会，往后的合作社乃至人民公社都是从这种劳动互助发展起来，是政权组织与经济组织合一趋势的源头。一方面调整村级政权，当时全国已经完成土地改革和国民经济恢复，人民政权进一步稳固，设立村级政权的任务已完成，为此，根据1954年宪法规定，地方政府机构修改为省、县、乡三级组成，村成为乡政府的辅助机构②，作为一级政权的村政权成为历史，不过内务部《关于健全乡政权组织的指示》中在乡政权以下设立工作单位，若干自然村之上的行政村，以及自然村划定为村民小组等。另一方面是国家进入有计划的经济建设时期，为了推动农业生产合作化和集体化建设，互助组和合作社等承担越来越多的经济职能，与之连带的政治职能也越来越明显，逐渐成为农村基层政权组织的辅助组织。不过，在互助组内部的管理上，既体现国家权力的原则，又具有农村社会的特性。

一是阶级性。根据国家权力划分确定的阶级身份是土地改革之后政治身份和政治参与的重要标准，地主、富农以及坏分子和反革命分子等属于监督和改造的对象，在未完全改造和改划成分之前，不可能参与到基层社

---

① 调研点：广西河池市巴马县那桃乡那敏村，受访者编号：HQY20180724HBQ，受访时间：2018年7月24日，调研员：黄秋艳。
② 包心鉴、王振海主编：《乡村民主——中国农村自治组织形式研究》，中国广播电视出版社1991年版，第29页。

会管理之中，因此，在互助合作运动中，贫下中农才是主要依靠对象，尤其是土地改革中涌现的积极分子等，为此，依靠阶级成分进行人口的管理和控制。根据河池市巴马县那桃乡那敏村村民口述：

> 贫农、中农或者是下中农的人先，然后哪个人品比较好，土改以来工作做到位的，大家信任的，就可能被选上。①

此外，工作队也会指导农民推选互助组组长。

> 肯定是大家一起选啊，但是上级派来的工作人员也会过来指导，成分比较高的是不能担任的，像那些地主、富农，还有我们中农都是不行的。②

二是群众性。在阶级成分为贫下中农的前提下，互助组组长一般由群众推选，他们是组织和参与互助组的积极分子，有一定的号召力，因此，互助组也以组长的名字命名，如某某互助组等。根据村民口述：

> 互助组的领导人是组长，他们不是党员，也不是干部，一般我们叫做积极分子。那个时候还没有党员做干部，一般是谁比较听群众的话，然后群众就选他做组长，那时候那个组长的成分是贫农，贫农当组长。③

当然群众推选并非仅仅根据阶级成分，在农民日常生活逻辑之下，农民的行为选择有其内在的标准，对于互助组组长的人选，也会从劳动能力和个人品性等出发，选择那些具有传统道德优势的人来做互助组的组长，比如勤劳肯干，带头负责等。由此，除了外在的阶级逻辑之外村庄内在的生活逻辑仍然处于重要的地位。根据村民口述：

---

① 调研点：广西河池市巴马县那桃乡那敏村，受访者编号：HQY20180724HGC，受访时间：2018年7月24日，调研员：黄秋艳。

② 调研点：广西河池市东兰县武篆镇那论村，受访者编号：HH20190216WZR，受访时间：2019年2月16日，调研员：黄惠。

③ 调研点：广西河池市东兰县武篆镇那论村，受访者编号：HH20190215HMF，受访时间：2019年2月15日，调研员：黄惠。

比较积极比较勤劳，思想比较进步，而且具备有一定的能力，这样就能够选为干部了，关于他们能够成为干部是由我们人民选举，工作队人员跟我们说让我们喜欢哪个就选哪个来当干部。①

那些干活比较卖命又负责的人，而且大家又信任他，他能够领导大家而且说的话大家能够听的人才能去。②

三是草根性。对于互助组组长的底线要求是不能脱离生产，不搞特殊，依然在群众中间，不因为担任组长而有特殊的待遇，所以是义务性和奉献性的，这与农民朴素的平等主义思想契合，如此才能够获得群众的认可和同意，以至于后来不脱产干部的非农工分以及干部的脱产化使得农民群众对干部特殊化意见较大，出现干部与群众之间的对立和矛盾等。在互助组阶段，互助组组长与组员一起从事农业生产，并没有出现管理者与被管理者的区分，互助组组长仍然保持着草根性。根据村民口述：

组长不干活是不行的，群众也不会同意的，而且我那个时候干活很积极的，都是带头走在前面的。那个时候我当组长没有工资的，除非是上级派来的工作队人员见我很积极很能干，就会给我一点点钱让我买件衣服穿这样而已了，工资什么的是没有的。③

四是民主性。在具体的内部管理当中，互助组在安排农活和协调各户生产安排上需要听取群众的意见，不能由组长一人决定，并且互助组内部由于土地和农具的私有，在具体生产安排方面会出现矛盾，这就需要互助组组长来协调和管理，以便维持互助组的有序运转。根据村民口述：

一般都是由贫下中农担任互助组的组长，通过大家投票选出来，组长主要是带头工作，安排平时的农活，农活也不是组长说了算，也

---

① 调研点：广西河池市东兰县武篆镇那论村，受访者编号：HH20190215HMF，受访时间：2019年2月15日，调研员：黄惠。
② 调研点：广西河池市巴马县那桃乡那敏村，受访者编号：HQY20180724HBQ，受访时间：2018年7月24日，调研员：黄秋艳。
③ 调研点：广西河池市东兰县武篆镇那论村，受访者编号：HH20190215HMF，受访时间：2019年2月15日，调研员：黄惠。

是要听大家的意见的，组长也做活路。①

在农忙抢收和抢种的时候，互助组的各个成员之间的矛盾也有一些。大部分是因为对耕作的先后不满意，或者是因为劳动力差异太大而发生矛盾的，会有组长或者队长去解决。组长去了都是讲道理的比较多。②

四　合作化时期的国家化与民主管理

随着国家工业化进程的加快，为了支持国家工业发展，解决工业的原料和市场问题，以及对共产主义的社会理想的追求，1953年中共中央提出、过渡时期总路线，大规模社会主义改造开始，全国兴起合作化运动，由国家直接推动的农业合作，从初期试办初级社，到后来全面推进高级社，整个合作化运动在极短的时间内完成了土地等生产资料的集体化，同时也深刻地改变了土地改革以来的农村基层治理结构。按照合作社的设想，土地入股建立在自愿互利的基础上，农民根据自愿原则可以退股退社等，合作社内部实行民主管理，统一经营，集体劳动，评工记分等。《农业生产合作社示范章程》第十五条规定："社员有退社的自由，社员退社的时候，可以带走还是他私人所有的生产资料，可以抽回他所交纳的股份基金和他的投资。"③ 在农业的互助合作运动上，强迫命令的领导方法是错误的。④ 对于一切暂时还不想加入合作社的人，即使他们是贫农或下中农也罢……不要违反自愿原则，勉强把他们拉进来。⑤ 不过，在当时的政治氛围下，入社自愿退社自由并未贯彻落实，更多是依靠基层社会政治动员组织入社，又通过政治压力防止农民退社等。

---

① 调研点：广西河池市天峨县八腊乡甘洞村张家坨屯，受访者编号：GJJ20180719HDF，受访时间：2018年7月19日，调研员：管晶晶。
② 调研点：广西河池市巴马县那桃乡那敏村，受访者编号：HQY20180724HGC，受访时间：2018年7月24日，调研员：黄秋艳。
③ 中共中央文献研究室：《建国以来重要文献选编》（第七册），中央文献出版社1993年版，第364页。
④ 中华人民共和国国家农业委员会办公厅：《农业集体化重要文件汇编》（上册），中共中央党校出版社1981年版，第41页。
⑤ 毛泽东：《关于农业合作化问题》，人民出版社1965年版，第14页。

（一）基层社会政治动员

农村之所以能够在如此短的时间内实现对农业的社会主义改造，得益于国家权力的组织和动员。合作化之前县级政权下设区、乡和村，区为县及派出机构，乡为基础政权组织，村是行政组织，即行政村。在合作化运动中，行政村内有若干农业合作社，行政村管理村级行政事务，合作社是农户的集体经济组织，合作社刚开始时规模比较小，到运动高潮的时候，提出办大社的号召，一些合作社规模很大，往往一村一社，甚至一乡一社。乡与村除了承担行政管理职责外，还有领导生产、发展农业经济的任务。因为农业合作化本身就是依靠国家行政力量，并借助于基层政权来实施，基层政权日益与农业合作社融合，农业合作社既承担生产组织职能，又履行政治管理职能，走上了经济政治高度集中的集体化道路。徐勇认为："通过土地的集体所有，国家将原来散落于农民手中的土地所有权高度集中到自己手中，并通过统一控制土地资源整合乡村，得以使国家权力渗透到广阔的乡土社会，使广大农民成为国家和集体的附着者，农民个人行为与国家整体目标高度同一化。"①

与互助组阶段相比，合作化阶段是迈向社会主义道路的重要一环，农民的土地、农具等相继入社，并逐步取消土地分红等，过渡到按劳分配，如果没有国家权力的介入，那么不可能如此迅速和顺利完成合作化。根据河池市凤山县弄者村村民口述：

> 搞初级社的时候，也来开了四十天会，也是选机构完了，耕牛还有其他什么的都评价入社。人家讲要集体化，到高级社就发了。才做了几天，大队上又开会要转为高级社，整个大队就合并成高级社了。②

毛丹在对尖山下村的调查后认为："整个运动在自上而下贯彻过程中，国家力量显得非常强大，村民对此也并没有什么抗拒力量，最后跟大多数

---

① 徐勇：《现代国家建构与土地制度变迁——写在〈物权法〉讨论通过之际》，《河北学刊》2007年第2期。
② 调研点：广西河池市凤山县凤城镇弄者村，受访者编号：YZY20180213TJQ，受访时间：2018年2月13日，调研员：姚正毅。

第四章　中华人民共和国成立后国家化、地方性与民主办社

村落一样整齐划一地完成了合作化过程。"①

一直以来，党和国家的路线方针政策都通过工作队的串联宣传动员，进入农村社会，合作化运动时期继续通过面对面开会、个别走访等方式宣传社会主义道路优越性，号召积极分子带头，对抵触情绪的农民进行谈话和思想教育等，最后对可能破坏合作化运动的落后分子进行批评等，以此营造一种入社的政治氛围，入社不仅是一种个体经济行为，而是一种表明政治立场的政治行为，与互助组时期相比，在考虑经济利益得失之后，农民更需要考虑的是政治得失：

> 工作队人员就让每个小队里的积极分子同工作队人员一起，去到他们家里面，动员他们加入合作社，如果他们同意加入的话那就可以了。②

> 当时没有农户不愿意入社的情况，如果有人经过教育了以后，也还是不想参加的话，会被拿去批斗或者是被捆绑起来拿去关，管制他们。③

一是上级权威。土地改革使得农民获得了土地，经历互助组的劳动互助后，合作化需要农民将土地入股合作社，到高级社阶段则取消土地分红，农民的土地归集体所有。农民对此有一些疑惑，由于土地改革后国家所积累的权威，使得农民愿意服从国家对于农业生产组织的这种安排，为合作化的顺利进行提供了重要的条件：

> 上面政策一声令下，下面就响应了，先是开会，后面就统一搞合作社了。④

---

① 毛丹：《一个村落共同体的变迁——关于尖山下村的单位化的观察与阐释》，学林出版社2000年版，第51页。
② 调研点：广西河池市东兰县武篆镇那论村，受访者编号：HH20190215HMF，受访时间：2019年2月15日，调研员：黄惠。
③ 调研点：广西河池市巴马县那桃乡那敏村，受访者编号：HQY20180724HBQ，受访时间：2018年7月24日，调研员：黄秋艳。
④ 调研点：广西河池市金城江区侧岭乡唐埔村，受访者编号：XYL20180724XZC，受访时间：2018年7月24日，调研员：徐杨柳。

虽然土地改革把土地分到我们的手中之后又收归国家,说实话心里肯定是有点舍不得的,但是这个是国家的政策,所有的人都是要这么做的,并不单单是我们自己而已,所以觉得就算这样也没有什么了。①

二是成分次序。入社与否关系到农民政治上的得失,源自于入社本身所体现的阶级性,那些获得土地的贫下中农理应积极入社,工作队并不简单根据参加积极性来安排入社,而是根据阶级成分来有选择性动员农民入社,并确定入社先后的次序,由贫雇农发起入社号召,中农接着入社,逐步扩大入社范围,最后将接受劳动改造的地主和富农成分农户加入合作社。根据村民口述:

初步不给他们进去是因为他们成分高,所以不给他们进来参加,所以就让那些贫雇农发动组织先,然后发展到后面就要扩大了,扩大之后也就把地主和富农这些吸收进来。②

三是典型带动。入社是一种集体行动,门槛理论认为只有一定数量个体采取某一共同行动才能够形成集体行动,最低限度的个体数量便是这一集体行动的门槛。此外,农民彼此之间有一种攀比的心理,对于不确定的合作化,一般农民习惯于旁观,绝不会第一个入社,为此,工作队采取塑造典型的方式,由此形成示范效用,于此形成一种逆向的攀比,既然别人能够入社,那么自己也能够入社,通过典型的利益得失比照来确定自己的利益得失,即便不能带头,也不愿意落后。随着越来越多的旁观者入社,超越了集体行动的门槛,入社便成为一种普遍的选择。根据村民口述:

我入社之后就有人在屯里传开了,他都入社了,你们这么能干的人怎么敢不入社呢?所以就有很多人跟着入社了。就算不带头也要入

---

① 调研点:广西河池市东兰县武篆镇那论村,受访者编号:HH20190215HMF,受访时间:2019年2月15日,调研员:黄惠。

② 调研点:广西河池市东兰县武篆镇那论村,受访者编号:HH20190216WZR,受访时间:2019年2月16日,调研员:黄惠。

社啊，大路都是这么走啊。田地也是这样，不给不行啊，那时候整个方向都是这么走的，不同意也不行啊。路线都是这么走的，你还能往哪里去？那时候我们阶级高没有办法，上级指示是这样，如果我不带头的话落后了也会被别人骂，别人能做的我们也能做。别人又是什么人，别人能做的为什么我们做不了？能行。所以我就报名了。大势所趋，全国都解放了，说不干不行啊。①

当时，全国有高级社54万个，参加农户1.0742亿户，占全国农户总数的87.8%，到1957年底，全国97%的农户加入了高级社。②

（二）合作社中的国家化与基层社会

随着合作化的推进，到1956年，已有90%的农民加入了合作社，他们很快又被要求再上一个新台阶，放弃他们在合作社里的个人份额，建设社会化农业。③ 与之相应，国家对于农村基层社会的渗透与控制从劳动力转移到作为基本生产资料的土地，进而将农民整个经济生产纳入统一的生产计划安排，传统时期一家一户的农业生产变为一村一社的农业生产。然而，在国家统一的生产安排之下仍然面临着农村基层社会的地方性，其实，早在互助合作化运动中便已经若隐若现。即便是不断的国家化努力也不能解决这一问题。

一是集体统一劳动和个体劳动积极性之间的矛盾。由于土地的集体化，随之而来的是全社范围内的统一生产经营，整个农业生产被纳入国家计划经济体制当中，农民生产和消费从属于庞大的国家体系。为此，合作社管理中最重要的工作便是日常的生产安排，以前农业生产都是以个体家庭为单位，规模较小，分工明确，交易成本低，血缘关系能够提供有效劳动监督，家庭生产并不需要复杂的生产安排；而合作社，尤其是高级社，打破家庭作为农业生产单位的格局，而是以一村或数村为单位，生产经营

---

① 调研点：广西河池市环江县大才乡同进村，受访者编号：WCW20160203WZN，受访时间：2016年2月3日，调研员：韦春婉。
② 国家统计局农村社会经济统计司：《中国农村统计年鉴（1989）》，中国统计出版社1990年版，第32页。
③ ［美］费正清：《中国：传统与变迁》，张沛译，世界知识出版社2002年版，第610页。

结算等都需要相应的安排，以及一整套劳动生产安排以及预决算体系，由此需要一个固定的生产组织管理组织。于是，以社长为首的合作社管理委员会成立，包括会计、出纳、记分员、作业小队队长等。干部逐渐成为合作社农业生产安排的主力，按照合作社民主办社的原则，社员有权利参与到农业生产计划，合作社干部也需要听取社员的意见，然而，合作社已经从属于整个计划经济体制，社干部必须听从于上级政府的统一生产计划安排，种植计划、副业生产、分配计划等越来越难让合作社自主安排，普通社员也越来越难参与到生产安排中，只能被动地按照合作社的生产安排从事农业生产。根据河池市巴马瑶族自治县甲篆镇好合村村民口述：

> 初级社当时我主要是和大家一起种地，我们也没有太细的分工，我们劳动是领导安排的啊，小队队长安排，有记分员记录，哪天谁去谁不去他记工，我们都服从安排，去参加劳动了。①

在这种情况下，失去自主性的合作社和社员，也失去了个体家庭生产经营中的积极性，一方面是不能自主决定农业生产，必须服从国家计划经济和合作社的安排；另一方面是超规模的合作社生产经营管理不可避免出现一系列问题，尤其是劳动投入与劳动收益之间的不明确关系，合作社内的平均主义等导致出工不出力的问题，社员劳动积极性下降明显，入社初期的热闹冷淡起来。根据中央农工部统计，1956年出现"退社风潮"，全国闹退社的一般占农户1%，多的占5%，想退社的农户比例更大。② 统一的生产安排与个体劳动积极性的矛盾成为困扰集体化运动最重要的难题：

> 刚开始入社的时候，大家对一切都很新鲜，肯定比较积极啊，到后来发展到高级社之后，很多人就偷懒，因为不管做不做工，等到分饭的时候总会有他那一份吃的，就相当于出工不出力嘛，所以越来越

---

① 调研点：广西河池市巴马瑶族自治县甲篆镇好合村，受访者编号：WD20190120LYS，受访时间：2019年1月20日，调研员：韦东。
② 迟福林：《把土地使用权真正交给农民》，中国经济出版社2002年版，第151—152页。

第四章　中华人民共和国成立后国家化、地方性与民主办社

多的人都这样做的话，我们大家肯定是没有积极性了。①

进入高级社之后，我觉得效率下降了，农活总是做不完。就算社里有了拖拉机之后，农活还是做不完，因为大家都是出工不出力。就像那个时候有一百个劳动力都比不上现在的二三十个劳动力。大家都出工不出力。②

二是血缘地缘性联系与合作社组织之间的矛盾。在互助合作化进程中，农民习惯于血缘地缘联系基础上的互助合作，这种特性表现在互助组或合作社不是与血缘亲圈的重叠，便是与地域性的村落等重叠，这与农民本身生活和社会联结方式相适应，农民习惯于血缘地缘关系基础上的互助合作。在互助组组成和合作社划分上上述习惯性的做法被保留下来，随着合作社规模的增大，必然要突破血缘和地缘限制。实际上国家在推动互助合作时意在打破农民这种原初的社会关系，使农民以社员的身份而不是某个姓氏某个村落的身份参与到合作社当中，以互助组或合作社为家，对农村社会关系进行改造，以便让农民走上社会主义道路，成为社会主义新人。根据村民口述：

我觉得初级社更好一点，因为初级社是以屯为单位来分配的，高级社就不是了，是以几个屯为单位来分配的。③

初级社只有我们屯的人，不需要和其他的屯共同组成的。十几户这样，大概有十五或者十六户这样，如果小组人数过多，超过30户的话，就要分成两小组。以前是李家作为一组，黄家做一组，罗家做一组，按照姓氏来分的。不过后来也改过来了，同姓氏又是亲戚或者兄弟关系的，就不能在一起。④

---

① 调研点：广西河池市东兰县武篆镇那论村，受访者编号：HH20190216WZR，受访时间：2019年2月16日，调研员：黄惠。
② 调研点：广西河池市东兰县武篆镇那论村，受访者编号：HH20190217HQL，受访时间：2019年2月17日，调研员：黄惠。
③ 调研点：广西河池市巴马县那桃乡那敏村，受访者编号：HQY20180724HGC，受访时间：2018年7月24日，调研员：黄秋艳。
④ 调研点：广西河池市巴马县那桃乡那敏村，受访者编号：HQY20180724HBQ，受访时间：2018年7月24日，调研员：黄秋艳。

三是合作社干部与社员之间的矛盾。由于需要统一安排农业生产，社干部承担着相应的管理责任，于是出现干部与社员群众的分化，干群关系成为合作社内重要的关系，干部由于在具体的生产经营管理当中的地位而具有特定的权力，这种权力的行使是按照合作社的规则行使，还是受到干部自身利益的左右等都未可知。为此，从互助合作化运动一开始，国家一方面强调民主管理的重要性，要求干部深入群众，广泛听取社员群众意见，带领社员群众将合作社办好；另一方面又不得不面对干部本身出现的强迫命令、特殊化和脱草根性等问题，影响社员群众对合作社的认同感，出现干部与群众之间分化与冲突。

第一，干部权力的集中。随着互助合作运动的推进，干部承担着越来越多的生产计划安排，与之相应的是干部权力的集中，各类生产任务的协调都由干部来决定，并没有制度化的渠道来保障社员群众参与合作社管理，社员对干部提意见往往被看做是对干部权威的挑战，干部可以不理会，甚至将提意见的行为上升为路线斗争，对提意见的社员进行批斗等。

第二，非农工分和工分补助。合作社干部属于半脱产干部，社干部依然需要和普通社员群众一样参加劳动，又由于承担合作社的管理工作，部分时间并不是从事劳动生产，而是合作社管理，乃至一些其他工作任务，并获得与普通社员一样的工分。在具体工分补助方面，倾向于比照最高的劳动日工分，为此，普通社员群众对于社干部获得工分补助表示不满。根据河池市金城江区侧岭乡唐埔村村民口述：

> 干部想做就做，他有补助工分。最高的工分，比如说我们男的一年得四千个工分，他当干部的得补助工分一年一千五呀，总的就得五千多个工分。这个抢工分就积极了，谁做得多谁的工分就多呀。肯定就积极呀。至于愿不愿意就不知道了。反正你有什么不高兴都不能说出来。①

---

① 调研点：广西河池市金城江区侧岭乡唐埔村，受访者编号：XYL20180724XZC，受访时间：2018年7月24日，调研员：徐杨柳。

第三，照顾亲友。干部权力的集中不可避免带来权力的滥用，合作社的组织旨在打破血缘地缘关系，但是这些社会关系隐伏在合作社场面下，影响着人们的行为选择。普通社员群众对于干部的不满更多针对生活中的偏私，照顾亲友等，这又与合作社所倡导的平均和公平等原则不符合，社员群众也不敢直接指出干部的不端行为，避免被打击报复。据河池市金城江区侧岭乡唐埔村村民口述：

> 我是队长，我安排我的妻子孩子去做轻松的又得工分高的，你跟队长好他就安排好的给你，你跟队长不好他就把又重又不得多少工分的安排给你了。像挑粪呀，又臭又重的，工分还得少的，还有家庭出身不好的也是要做不好的活儿。比如养猪呀，养猪就用去割一些猪草，也不用下田去做一整天，但是养猪又得工分高。①

第四，脱离生产。合作社干部本身属于社员的一员，由于合作社本身管理工作、频繁的会议和任务布置等，干部中出现脱离生产的情况，出现一个固定的干部群体，社员群众对于之前与自己一样从事农业生产的人，如今变成不从事的农业生产干部，带来明显的阶层差距感，并对社干部的特殊化提出不同的看法：

> 干部就不做的，也分人来的。有些做有些不做，大部分是不做的，工分他又得多，每一年又还有奖励的，队干的还有多少多少分。我们村有一个干部呀，人家天天去做活儿，他就是不用做的，天天就穿着一个木头做的凉鞋从村上走到村下，这里看看那里看看的。②

（三）合作社中的民主管理

在合作化进程中，面对个体劳动积极性、血缘地缘关系以及干部脱草

---

① 调研点：广西河池市金城江区侧岭乡唐埔村，受访者编号：XYL20180724XZC，受访时间：2018 年 7 月 24 日，调研员：徐杨柳。
② 调研点：广西河池市金城江区侧岭乡唐埔村，受访者编号：XYL20180725MXQ，受访时间：2018 年 7 月 25 日，调研员：徐杨柳。

根性等问题，入社之后的农民开始出现不满和表达退社的倾向，甚至演变为闹退社风潮，与当时国家大力推进合作社运动，实现社会主义改造的大方向相违背，对此，国家依靠土地改革后逐渐建立的农村社会身份管理机制，即各类"分子"，将退社纳入阶级斗争体系当中，退社的社员与之相应在原有阶级成分之外赋予新的身份，如落后分子、破坏分子、走资本主义道路等，于是，合作社内部的入社退社、干群关系等问题都容易升级为阶级问题、政治问题等，并借助于各类身份的管理来处理合作社内部问题，合作社民主管理未能落实，社员群众的不满最终通过政治运动等"大民主"形式释放出来。

一是思想教育。对于有意见和退社单干者，虽然合作社章程是退社自由，但是在实际上入社后退社的情况非常少，不允许退社，对于闹退社的人进行说服教育，甚至批评、批判或批斗，以至于退社者归入另一类，社员群众自觉与闹退社的人分割开来，无形中闹退社以及想单干的社员不得不慎重发表意见和采取行动，避免陷入身份孤立的状态：

> 有要求退出的，就是感觉土地不是自己的并且没有自由，做事受到限制，比较喜欢单干。后来解决这个问题通过队干来解决的。根据情况来看，要有特殊情况的，一般是不能退出的。如果退社，需要其他成员的同意，并且也要开一个会来讨论。就是在年终结算的时候或者提前给退出，具体情况具体分析。干部对闹退社的人进行思想上的教育。曾经闹退社的人，大家都不愿意与他们一起干活。①

二是划分子。在思想教育之外，社干部还可以将闹退社的社员划为落后分子，甚至坏分子等，贴上明显的身份标签，在以后合作社的管理中进行特殊对待，这类身份标签确定之后难以进行改划，不仅影响个人，而且涉及整个家庭，一直伴随始终，对于普通社员来说，身份管理带来的压力非常明显。

三是戴帽子。对于合作社日常管理中的行为约束，戴帽子可以是一种

---

① 调研点：广西河池市天峨县八腊乡甘洞村张家坨屯，受访者编号：GJJ20180719HDF，受访时间：2018年7月19日，调研员：管品品。

临时性的措施，在不划定具体身份的情况下，将某些违背合作社原则的行为归之于道路错误，进而将从事这些行为的人及其行为戴上帽子，如复辟资本主义、挖社会主义墙脚等，这类帽子可以由普通社员群众发现然后举报，进而上升为集体批斗等。当然，批斗并不会常态化，而是变成一种时时的危险，并内化为社员思想和行为的自我过滤，即便有偏离合作社原则的想法，也不会轻易表露出来，更不可能采取直接行动，"戴帽子"这种临时的身份管理策略不输于"划分子"：

> 我们那个年代有这样的事情的话，就会被扣上"复辟资本主义"的帽子，以前我们就遭遇过这样的事情。再多说就是复辟资本主义，所以就不好说这些。所以就不好讲啊。已经化为集体所有了，再说什么个体，那就是复辟资本主义，这些都是讲不得的。①

表4－2　　　　宜山县屏南农业社鸣放整改会议记录

序号	类型	社员提意见	农业社决议
1	生产管理	上半年全社死了很多耕牛，没有补买，社员没有牛用	按上次决议执行继续调用耕牛，因为耕牛已评入社，个个有公有化股份基金，所以要调牛
2		社里进了一批猪仔，没有经过队长、社员代表研究，现在猪仔都死了，队干主观了	由社委会负责解释，今后必须改正
3		高级社保管不好种子，如黄豆给虫子吃了	由总保管核查后向社代表会议报告情况
4		社主任父亲守水碾，社员碾米不给发票，又没有公布账目，怀疑贪污	查明事实处理，由社主任负责解释，有事实退还原款，没进行解释
5	财务公开	高级社和生产队开支没有公布不合理	由社干部负责督促各队会计、报关员、队长按数公布，各队干部也要主动公布
6		在做账的时候很多条子都是签字，没有公章等，内有怀疑	查明原因处理，队干解释当时账目已公开

---

① 调研点：广西河池市环江县大才乡同进村，受访者编号：WCW20160214WYA，受访时间：2016年2月14日，调研员：韦春婉。

续表

序号	类型	社员提意见	农业社决议
7	财务公开	耕牛死的问题，没有按每头的数量公布不合理	刚搞高级社，大家的经验没有，可以先登记，只能把各队死的耕牛全部计算卖出得多少钱，进行公开
8		我们队收入各项作物收成等不清楚	各项作物收入由队长、会计、保管员上报农业社，如故意不报，由队干负责
9		我们社里的副业场，养了一年多猪，到底有多少收入，也不清楚	公布副业场收入账目
10	资源分配	饲料地分配问题，有的分得多，有的分得好，有的分得坏，这样不公平	按每户平时能养的猪分配地，故意投机多分的坚决收回，已分下去的水田要收回，另分畲地或旱田
11		自留地分配不均，有的分得多，有的分得好，有的分得坏，这样不公平	由社委查明事实，应补的即可补上
12		社里由水车不修，叫我们用人力抗旱，又不给工分	除按修水车应得工分外，补给用人力抗旱的工分
13		房子坏了无人修，衣服没有，吃不饱饭	由社会计负责，有劳动能力的要根据实际情况安排生产，没有劳动能力的按照节约原则供给足用等

四是鸣放整改。在合作社的管理当中，社员有权参加合作社的管理，有权向社干部提出建议等，不过，当时内部报告称："农业社社员劳动时间控制过死，社干部不民主，对社员的日常困难问题不照顾、不体贴，甚至还给予打击，伤害了社员对社的感情。"① 由此出现"闹退社"的风潮，为了平息社员的不满，改进合作社的管理，农民被动员起来提意见，通过大鸣大放促进合作社的整改。正如吉登斯所说："在一个政治介入和政治参与观念得到鼓舞的世界里，民众很容易被动员起来以实现其利益和理想。"② 于是，社员群众对合作社干部及其行为进行大鸣大放，提出相关意

---

① 《关于退社和大社的问题》，中共中央农村工作部《简报》，1956年12月6日。
② ［英］安东尼·吉登斯：《批判社会学导论》，郭忠华译，上海人民出版社2007年版，第67—68页。

见，合作社则进行相应整顿与改正，日常的民主管理发展为特定时期的民主运动。在宜山县屏南农业社鸣放整改会议上，社员群众共提出75条意见，具体来看分为以下几种类型：生产管理、财务公开和资源分配等，在面对面的鸣放整改会议上，社委会针对社员的意见进行了回应和解释，并当场作出决议。

五 人民公社时期基层社会国家化与民主办社

当合作化达到高潮的时候，全国农村开始推行人民公社制度。1958年8月13日《人民日报》发表毛泽东讲话："还是办人民公社好，它的好处是可以把工、农、商、学、兵合在一起，便于领导。"[1] 人民公社化运动迅速展开。至9月29日，全国农村共有人民公社23384个，加入农户1.12亿户，参加农户总数占总户数90.4%。到年底已经由74万个合作社改组为2.6万个人民公社，除了不到1%的深山老林单家独户外，全国12亿农户全部参加公社。[2] 公社的特点是"一大二公"，"大"是指人民公社规模大，全国有2.6万个公社，平均每个公社有4700户，相当于一个乡镇人口规模。"公"是公有化制度高，生产资料和公共财产为公社集体所有，社员的自留地、房屋、牲畜等交公，并明确从集体所有向全民所有过渡。

（一）国家权力全面渗透基层社会

随着人民公社的建立，作为基层政权的乡人民政府被公社管理委员会代替，作为基层行政组织的村被生产大队管理委员会代替，生产大队除了负责组织生产外，同时承担原来行政村的管理职责，公社管理委员会相当于乡人民政府，接受县委县政府及其派出机构的领导，生产大队管理委员会接受公社领导，生产大队之下设立生产队，生产队隶属于生产大队管辖。在此基础上，公社形成了"政社合一"的体制。

---

[1] 《人民日报》1958年8月13日。
[2] 当代中国农业合作化编辑室：《建国以来农业合作社史料汇编》，中共党史出版社1992年版，第500—503页。

一是全能型的人民公社组织。人民公社既是集体经济组织,又是国家政权在农村的基层单位。作为国家政权的基层单位,必须首先执行上级的规定和命令,其领导人主要由上级政权机关任命,公社事务的决定权也主要由少数领导者所掌握。生产大队和生产队只是公社的下属组织,首先必须接受公社的集中统一领导。农民群众作为公社社员是公社集体经济组织的一分子,必须接受生产队、生产大队和公社的统一管理和领导。否则,正常的生存便无法保障。在这样一种权力过分集中的体制下,农民群众的参与和民主权利便难以具体落实,民主办社的原则精神只能依靠领导人的民主作风、民主观念来体现,得不到体制上的保障。①

二是人民公社体制不仅进一步推动了农村党组织的建设,而且进一步确立了党组织的核心地位。人民公社既是"政社合一"的体制,也是"党政合一""党经合一"的组织体制。公社设立党委,生产大队设立党支部,生产小队设立党小组,由此形成党的组织网络。党组织、政权组织、经济组织高度重合,党的书记全面负责并处于领导核心地位,公社和大队管委会等组织处于"虚置状态"。只有在作为直接生产和核算单位的生产小队,生产队长的影响力更大一些。中国共产党一开始就将民主集中制作为其领导和组织体制。民主制要求党必须得到民意的支持,集中制要求党的组织内部遵循下级服从上级的原则。通过这一体制,保证党的基层组织下对民众负责,上对党的领导负责。当这一体制延伸到农村之后,便可以有效地打通国家与农民的联系,使农民的意见能够向上传达,党和国家的意志能够有效地贯彻。②

三是公社干部任命不取决于社员及其代表,其隶属于县级政府,由县级任命,公社干部升迁变动并不取决于社员及其代表,而是上级政府,生产大队干部名义上由社员代表大会选举,事实上公社决定生产大队干部任免。正因如此,生产大队干部需要对上负责,不仅承担公社或生产大队范围内组织农业生产的工作,还需要完成国家下达的各项计划指标、农业税收等任务,国家任务往往要优先于社区内的事务。不管公社干部,还是普通村民都能够感受到国家权力的存在,也时刻受到国家权力的影响。

---

① 徐勇:《中国农村村民自治》(增订本),生活·读书·新知三联书店2018年版,第20页。

② 徐勇:《"政党下乡":现代国家对乡土社会的整合》,《学术月刊》2007年第8期。

第四章　中华人民共和国成立后国家化、地方性与民主办社

人民公社是中国有历史以来第一次将国家权力全面渗透到乡村社会。萧凤霞认为地方干部通过党和国家获得自己的权力，他们完全为党和国家所同化，他们效忠于国家，而不是社区，他们是党和国家在农村的代理人。①

（二）基层社会的国家化

倾向于全能主义的人民公社体制是如何对农村基层社会进行国家化的努力的？杜润生对此评述道："在农民眼里，它已不是农民自己的组织。农业合作社担负征购任务，行为国家化。为了保障粮食生产和粮食收购计划，不得不控制播种面积；为了维护集体生产，不得不控制劳动力；为了控制劳动力，又不得不限制各种家庭副业和自留经济，以至于上升到'割资本主义尾巴'，发展到学大寨的'大批判（资本主义）'开路。"② 当然，这种国家化的努力源自从土地改革开始，到互助合作化运动中的国家化方式和手段，有的是以前方式或手段的延续，有的是将分散的方式和手段体制化，并保持较长时间的稳定。

一是高度集中化的生产安排，改变了个体家庭生产的分散性。在高级社的基础上成立的人民公社，其生产规模一再扩大，几村一社，甚至一乡一社，如此庞大的规模，需要组织和协调的个体家庭，以及公社内部不同生产大队、生产队之前的关系相当复杂，并且人民公社有更高程度的公有制水平，并且纳入更加严格的计划经济体制，承担着为工业化提供更加稳定的农业生产剩余的功能。为了保证工业生产所需要的原材料等，必须控制农业生产作物种植结构、种植面积等，于是，人民公社制定了高度集中化的生产安排，整个农业生产从属于国家经济计划一部分。

---

① Helen. F. Siu, Agents and Victims in South China. Yale University Press, 1989；不过，对于社队干部的行为逻辑却存在着不一致的认识，许慧文（Vivienne Shue）认为基层干部忠实于社区，与传统的地方绅士阶层一样，他们绝对不是党和国家机器的组成部分，相反，他们为农民抵抗国家权力侵入提供保护层。(Vivienne Shue. The Reach of the State: Sketches of the Chinese Body Politics. Stanford University Press, 1988.) 戴慕珍分析中国农村庇护系统，地方干部既是国家的代理人，又是当地利益的代表，一方面执行上级的命令；另一方面为了村民的利益与上级政府讨价还价，通过庇护主义，地方干部在国家意志与农民利益之间达成某种平衡。(Jean Oi. China's Rural Politics and Political Economy. Her State and Peasant in Contemporary China. university of California Press, 1989.)

② 杜润生：《杜润生自述：中国农村体制变革重大决策记实》，人民出版社2005年版，第43页。

在生产任务的安排上，人民公社按照国家的计划指令进行相关农业生产，如种植作物的类型、种植面积等，副业生产中具体的任务等都作了详细的规定，张乐天对公社经营体制研究后认为：生产安排通常先由县、公社下达年度计划指标，经过大队特别是生产队的"充分讨论"，或完成人口上面的指标，或"在政策允许的范围内"做些小的修正，然后再报公社，计划就算定下来了。① 在确定生产计划后，公社经各生产大队、生产队逐级分配生产任务，生产大队对各生产队分配生产任务，到生产队一级是最基本的生产经营单位，农业生产由生产队统一安排，一些副业生产如家禽家畜的养殖也有一定的任务，以至于整个农业生产活动都处于计划安排之中，生产大队、生产队乃至社员群众等缺少生产经营的自主权，必须围绕生产任务安排来进行相关生产活动：

由大队统一分配任务。有保管员呀出纳员呀各种管各种事情的。社员就做工得啦。生产队该卖什么买什么由不得你的，你这个队今天要种多少亩红薯，种多少水稻，种多少高粱都是由大队安排的，生产队长就是大队指派下来的。②

当时是有任务的，鸡可以杀，猪是有任务的，你养有两头猪以上，一头交任务，一头可以杀。只有一头的，就和别人家合起来交一头。那时任务重的很。还有鸡蛋任务。任务猪也要八十、一百斤以上，小的不收你的。太瘦也不要，必须要有七成肉以上才收。不达标的拿去了也不称，要拿回来继续喂。③

在劳动分工的安排上，传统的家庭内劳动分工扩大为生产大队范围内的劳动分工，根据生产大队劳动力状况，几乎每天或每隔几天都需要开会确定劳动分工，将整个农业生产分为不同的时段、不同工序，由不同的社员群众来承担，有时候今天并不知道明天干什么农活，只能听从社队干部

---

① 张乐天：《告别理想——人民公社制度研究》，上海人民出版社2012年版，第208页。
② 调研点：广西河池市金城江区侧岭乡唐埔村，受访者编号：XYL20180724XZC，受访时间：2018年7月24日，调研员：徐杨柳。
③ 调研点：广西河池市凤山县凤城镇弄者村，受访者编号：YZY20180213TJQ，受访时间：2018年2月13日，调研员：姚正毅。

第四章　中华人民共和国成立后国家化、地方性与民主办社

的安排，社员群众被动地参加农业生产，缺少个体劳动的自主性：

> 社里平时是有安排生产的，也有明确的分工，有些时候会安排足够两三天的任务活，所以，以前开会是常有的事，几乎每天晚上都要开会，夸张一点说，就是，晚上吃饱了就去开会。①
>
> 队长是喊人家做工的。早上他要去喊人家"做工咯"，（安排）做什么什么工，哪个做什么哪个做什么……好像犁地、耙地啊，哪个犁、哪个耙；好像种玉米啊，哪个放肥哪个放种啊，哪个犁，哪个耙，队长就是做这样了。②

在劳动时间的安排上，社员群众除了劳动时间外，其余时间也不能自由安排，外出不参加劳动是需要向社队干部请假并说明外出理由等，更不能回家从事个体生产等，社员群众的劳动时间被社队严格地支配着，除了参加集体劳动外，或者经过社队干部许可的外出劳动外，社员群众不能对自己劳动时间进行自主性的调配：

> 集体化没有自由，天天喊你做工，自己找衣服都没有了，你在家织布也不可以，天天给你搞生产。③
>
> 入社之后，每个人做的任何事都要写原因，比如说今天你不去干农活，要去赶圩，那也是需要写类似你们在学校里的请假条一样，讲好原因，而且干部还会叫你去谈话。④

在农业生产资料上，有关农业投入等方面也被纳入到严格的计划当中，种子、肥料等都由上级政府层层下达到生产队，生产队按照上级指令

---

① 调研点：广西河池市巴马县那桃乡那敏村，受访者编号：HQY20180724HBQ，受访时间：2018年7月24日，调研员：黄秋艳。
② 调研点：广西河池市宜州市屏南乡合寨村，受访者编号：GC20160726MYH，受访时间：2016年7月25日，调研员：龚城。
③ 调研点：广西河池市凤山县金牙乡上牙村，受访者编号：HXH20180212BSW，受访时间：2018年2月12日，调研员：胡晓慧。
④ 调研点：广西河池市东兰县武篆镇那论村，受访者编号：HH20190217HQL，受访时间：2019年2月17日，调研员：黄惠。

进行农业生产投入,忽视农业生产条件的差异性,诸如土壤肥力、水利灌溉条件:

> 种子就按亩数来了啵,就是按亩数来买种子、买肥料。这是按亩数来的,那些领导干部啊开会的时候都讲过了。每亩要几多种子,每亩要几多肥料,这个都讲有了。都有安排。开会都讲。①

二是工分制度,劳动力管理与劳动成果的分配。在统一的农业生产之下,劳动力管理和劳动成果分配主要依靠工分制度来实现,社员群众的劳动投入与劳动成果的分配通过工分来进行调节,传统以个体家庭为单位的农业生产,劳动投入与劳动分配直接挂钩,公社体制下劳动投入的个体性,而劳动成果则需要在生产大队或生产队范围内进行分配,工分是对个体劳动投入后获得劳动成果分配的凭证,工分虽然由社员群众来评定,但是具体的工分制度确是由国家通过公社体制来加以调控,并形成相关的规则,进而直接介入农业劳动成果的分配等。

首先是定底分,社队根据劳动力的状况来评定每个社员的底分,即某一类劳动者一个劳动日获得的最低工分额,劳动者既可以根据自然特性分为如青壮年、妇女小孩、老人等,也可以大致分为整劳动力和半劳动力,还可以以某项具体工作来区分,如饲养、种菜、副业等,分别赋予不同的工分值:

> 整劳力是12分,半劳力6分,妇女劳力8分,老人4分,小孩3分,饲养员10分,种菜7分,副业8分。②

记工分。在日常的劳动管理中,以确定的底分为基础,根据具体参加劳动状况来分段记录工分,某个阶段未参加劳动则要扣除特定的工分,社员群众工分记录的过程实际上也是劳动监督的过程,每天的劳动过程都需

---

① 调研点:广西河池市宜州市屏南乡合寨村,受访者编号:GC20160722WEM,受访时间:2016年7月22日,调研员:龚城。
② 调研点:广西河池市天峨县八腊乡甘洞村张家坨屯,受访者编号:GJJ20180719HDF,受访时间:2018年7月19日,调研员:管晶晶。

第四章　中华人民共和国成立后国家化、地方性与民主办社

要向记工员报告或由记分员来记录工分，社员群众根据工分高低和劳动强度等参加农业生产，抢轻松工分高的农活，躲脏累工分低的农活，做满一天就可以得到一天工分，至于劳动质量本身并没有办法进行严格的监督，这也是由于农业生产本身的特点，不能够准确地标明每个人劳动投入在最终劳动成果中的价值体现，模糊性的后果是制度性的偷懒，虽然公社制定了日益细致的工分考核，但是社员群众劳动积极性仍然明显下降。

最后是评工分，社员的底分确定后接下来根据若干标准来确定最终的工分，如果从工分本身的作用出发，劳动质量和劳动积极性是评定工分的标准之一，整个劳动生产依靠工分的评定来完成劳动激励，所以，提高劳动质量和个体劳动积极性是工分制度设立的目标。社员群众将挣取工分称为"抢工分"形象地说明工分的劳动激励作用：

> 我抢的多少工分，到分红了就按工分来分。比如说你是一等劳动力，我也是一等劳动力，你一年得4千工分，你做什么你得10个工分我就得8个工分，你得8个工分我就得6个。做一样的事情的，到分红了就看你有多少个工分来分。①

除了劳动本身外，其他因素慢慢地改变了工分的评定，一则是阶级身份，从土地改革以后，阶级身份始终是劳动分配中的重要标准，一再提醒社员群众，时刻不能忘记阶级斗争，因而，在评工分的过程中，成分高与成分低的社员群众即便是同样的劳动任务和劳动质量，也要在工分上体现出阶级的差异：

> 那个时候去开会，比如说贫雇农这些因为政治原因，他们就会评为一级，像我们这种成分的家庭都是三四级而已，从来都没有得过二级。那个时候记工分为一级、二级、三级、四级，三四级是比较后面的，有时候因为你爷爷去做工多得一些钱上交，才会勉强得到二级。就算我们每天都去犁田、做重活，也是得三级而已。就是拿政治背景

---

① 调研点：广西河池市金城江区侧岭乡唐埔村，受访者编号：XYL20180724XZC，受访时间：2018年7月24日，调研员：徐杨柳。

来评的。[1]

社队干部与社员群众的工分也有差异，即之前所论述的社队干部特殊性和脱草根性，社队干部掌握着评工计分的主导权，即便在群众评议环节，为了不得罪社队干部，社员群众口头上认可社队干部比照最好劳动力挣工分。到农业学大寨时期，流行"大寨分"，即强调政治挂帅，平均主义，大寨分，即大概分，进一步弱化按劳分配的激励，强调政治思想觉悟等作为评工计分的主要标准。

三是交公粮与农业生产剩余的国家支配。在统一的农业生产安排之下，国家直接参与到农业生产剩余的分配之中，与传统时期国家直接向农民征收赋税不同，人民公社时期汲取农业剩余的单位不是农户，而是人民公社，国家与农民之间关系转变为国家、公社和社员的关系，大大简化了征税的成本，提高了农业剩余汲取的效率。作为生产经营单位的社队体制高度集中，在劳动成果分配过程中占据着主导地位，社队中的劳动成果首先是满足国家公粮和公购粮以及其他农副产品需要，接着社队集体的留存，最后才是分配给社员群众，这一分配次序决定了国家在整个分配中的优先地位：

> 那时我在家的时候大概是七几年吧，我们要交三百多斤的玉米籽，四百多斤交三百多斤，自己的一百多斤。诶，那时要交饱满的玉米籽，把那些玉米籽晒干再拿去交。还有后面公社的时候交公粮啊，你有一头猪，乡府那边要一半，你有两头猪他们要抬走一头。[2]

在社队中粮食和其他农产品等都是统一集中分配，社员群众并不直接占有劳动产品，也无法直接参与到分配中，在国家和集体之外剩下的粮食等再在各生产大队或生产队中分配，生产队是基本的核算单位，在生产队里，具体按照人口和工分来进行分配，先按照人口进行夏粮的预分，到年

---

[1] 调研点：广西河池市东兰县武篆镇那论村，受访者编号：HH20190217HQL，受访时间：2019年2月17日，调研员：黄惠。

[2] 调研点：广西河池市凤山县金牙乡上牙村，受访者编号：HXH20180211ZYX，受访时间：2018年2月11日，调研员：胡晓慧。

底按工分来进行结算，超过平均工分水平的劳动力多，工分足的家庭则有盈余，可以折算成粮食或现金，与之相对劳动力少，工分少，人口多的家庭则可能倒欠集体的粮食，成为超支户和倒欠户，不得不用现金或副业产品等来买工分，补齐缺口，否则只能继续欠着集体。对于生活困难的超支户等，国家从救济的角度出发要保障社员基本生活，这些都源自于国家对农业生产剩余的支配。根据村民口述：

> 工分还是按工分算粮，口粮分等级，大人是几两，小孩是几两。分四五种等级，看粮食总数，然后看生产队有好多工分，去套那个粮食。工分增得多少，看粮食等级是多少，就按天分得多少。[1]

（三）公社中的干部与社员群众

由于人民公社是权力高度集中，统辖公社范围的各项事务，包括经济、社会和文化等，属于全能型的基层组织。由于建社初期盲目追求规模大，以及"一平二调"，严重制约了农民的生产积极性，农业生产出现大面积的滑坡。

一是由于农业生产上高度集中，生产、分配等都由社队干部掌握，按照上级的计划指令指导农业生产，为了满足农业生产指标而出现了一些严重脱离农业生产规律和社员群众的做法，尤其是"大跃进"时期出现的瞎指挥、浮夸风、高产风、共产风、强迫命令风等。

共产风。在人民公社初期为了追求规模大和公有化程度高等两个目标，将集体所有者单位扩大到公社一级，于是，出现在公社范围内无偿调用劳动力、劳动成果甚至劳动生产资料等行为，大搞平均主义，俗称"一平二调"。有些地方，调离生产队的劳力占劳力总数的百分之三四十，还要生产队补钱、贴粮。有的非生产人员占百分之八九，非生产用工占百分之十几。加上各种乱摊乱派，大大加重了生产队的负担。[2] 频繁的无偿调用导致社员群众以及生产队、生产大队等整体缺少劳动积极性，其劳动成果和生产资料在公社范围内被平均，与其继续进行劳动投入发展农业生

---

[1] 调研点：广西河池市凤山县凤城镇弄者村，受访者编号：YZY20180213TJQ，受访时间：2018年2月13日，调研员：姚正毅。

[2] 《农业集体化重要文件汇编》下册，中共中央党校出版社1981年版，第951页。

产，还不如调用其他生产大队或生产队的生产资料，这种高度带有国家意志的共产主义方式超出了刚刚从个体家庭经营走出的社员群众的认识水平，不仅超出了原本的血缘地缘关系，而且超出了互助合作化以来农民的集体观念。随后在实践中被国家所纠正，并将无偿平调的物资等进行退赔，重新回到原有的经营核算单位。根据村民口述：

> 老队长就说了，不做这么多田了，都是白白帮别人种田，养活别人，都是替山里的那些人干活，不干了！割出去！之后真的割出去土地固定的时候就觉得我们亏大了，之后孩子长大了也没有份儿了，往后的路就困难了。①

瞎指挥。伴随平调和摊派的，往往还有命令主义、瞎指挥，运用行政命令和政治运动的方式来指导农业。生产队缺少自主权，决策者不种田，种田人不决策。② 高度集中的公社体制将农业生产安排转换为行政指令等，而实际上农业生产本身与自然进行交换，需要丰富的经验和知识来灵活安排生产，并且受到诸多外在因素的影响，不可能如工业生产一样具有高度可控性和预期性，也难以依靠行政指令来完成农业生产。在人民公社时期，社队干部有一种强烈的冲动，依靠主观意志和愿望来发展农业生产，尤其是对于农业生产技术的介入等。一直以来，农民的种植技术依靠经验性的积累，形成精耕细作的种植方式，有一套属于农民自己的经验知识，在人民公社体制下上级政府负责指导社员进行农业技术的应用，有些技术明显违背农业生产的基本规律，来自上级的主观性判断，属于"瞎指挥"，依然在社队得到贯彻落实，包括育种、播种密度等。根据村民口述：

> 他们开会回来传达，介绍种什么谷子、选妇女队长、晚上开会、怎么种，种比较稀还是密等事情。之后就开始种得很密，两棵稻谷的

---

① 调研点：广西河池市环江县大才乡大麻村，受访者编号：WCW20160205QSB，受访时间：2016年2月5日，调研员：韦春婉。
② 肖冬连：《崛起与徘徊——十年农村的回顾与前瞻》，河南人民出版社1992年版，第20页。

第四章　中华人民共和国成立后国家化、地方性与民主办社

距离是五寸，都是拿自己的手去测量长度，还明确规定一定要严格按照这个距离。那时候天气很冷但也还是要干活，就算是在田边生一堆火也还要种田，下来指挥的那些人年纪也就你这么大。……都是作为领导来进行指导，都严格规定稻谷之间的距离一定要保持在5寸，都要拉线来保证稻谷在一条直线上面，说是保证每一棵稻谷都能充分接受阳光。现在就算不这么做，稻谷还是长得一样很好啊。都把这些说话指挥的小孩拿来当领导，要不然他们不知道干什么。都没有下地干活过，都是去开会听到这么说，就往下一字不漏地传达，监督执行。①

每年都奇怪奇怪滴，种秧田，一亩放500斤谷子，全部臭烂在里头，没出秧了，落尾搞"蒸汽出秧"。②

浮夸风。统一的农业生产所追求的是农业本身发展，聚焦于农业产量的提升，以便能够为快速发展的工业化提供足够的粮食和原材料等，为此粮食产量成为上级政府对社队干部的重要考核指标，也是证明人民公社体制之于个体经营的优越性的重要表现。当党和政府表现出对高产明显偏好之后，社队干部就有一种虚报产量的强烈动机，上级政府对于虚报产量的社队予以政治表彰等，形成一种正向激励。陈吉元说："下面的浮夸乱报，赢得了上面的喜形于色，上面的喜形于色又助长了下面的浮夸乱报。"③ 社队之间竞争性地虚报产量，产量一路走高，导致党和政府对农村实际粮食产量缺乏清晰判断，以至于出现公粮和征购粮的比例升高，出现征过头粮，社员群众面临着生活困难，降低劳动成果对于劳动投入的激励作用，农村陷入普遍的贫穷状况，根据村民口述：

那时的"浮夸风"多了多……他把那个田成熟了80%了，撤掉栽

---

① 调研点：广西河池市环江县大才乡同进村，受访者编号：WCW20160203WZN，受访时间：2016年2月3日，调研员：韦春婉。
② 调研点：广西河池市宜州市同德乡下围村，受访者编号：PSJ20151118QGC，受访时间：2015年11月18日，调研员：普绍菊。
③ 陈吉元、陈家骥、杨勋：《中国农村社会经济变迁1949—1989》，山西经济出版社1993年版，第293—294页。

国家化、地方性与村民自治

到一块田，组织公社干部、大队干部参观。13 万一亩，讲丰收了。①

（公社）来动员你还要卖，喊你生产队还不开会。本来你报，你生产队积极讲有 1 万斤，么得，要你讲出一万亩、两万斤报上去，报上去，高头喊你卖，讲你有那么多粮食，为什么你么卖，口粮都挨拿去卖。你不卖么得，你做报表上公社去他么收，工作队下来他要成绩啊，为什么搞生产搞不起，存在这样子。②

强迫命令。共产风、瞎指挥等之所以在社队内部得不到纠正，源自于社员干部高度集中的权力，农业生产安排、工分评定、口粮分配等都取决于社队干部，每一个社员的生产生活都离不开社队干部，以前互助合作社化运动中的干群差别更加明显，社队干部脱草根性日渐明显，在生产经营管理中越来越习惯于强迫命令，普通社员群众难以参与到社队管理当中，公社和生产大队干部都是由上级任命，社员群众也不能对农业生产和分配等安排提任何意见，社队干部通过扣工分、罚饭、斗争、批判等方式保证社员群众服从于社队干部的命令。当时《人民日报》报道扣粮罚款之风，"完不成生产定额、完不成生猪交售和饲养任务，小学生等辅助劳动力不参加集体生产劳动、有病不能出勤、开会不到、不上避孕环、不住防震棚等都要扣粮罚款。"③根据村民口述：

集体生产的时候，偷懒的人多。有时还开晚工因为做不完。有时候队干做到一半，又喊人去玩了。那时会也多，做不成什么工。我们也不敢举报，因为他是生产队干部就由他了。谁嘴巴多点，他就教训你。当时有个群众，拿半截背篓背东西，也被拿去批斗。④

二是由于上述农业生产和社队管理的一系列问题，社员群众出现严重

---

① 调研点：广西河池市宜州市同德乡下围村，受访者编号：PSJ20151118QGC，受访时间：2015 年 11 月 18 日，调研员：普绍菊。
② 调研点：广西河池市宜州市同德乡冷水村，受访者编号：PSJ20151118OCK，受访时间：2015 年 11 月 18 日，调研员：普绍菊。
③ 《人民日报》，1978 年 8 月 3 日。
④ 调研点：广西河池市凤山县凤城镇弄者村，受访者编号：YZY20180213SDF，受访时间：2018 年 2 月 13 日，调研员：姚正毅。

第四章　中华人民共和国成立后国家化、地方性与民主办社

劳动积极性下降的问题，社员群众不能正面或者直接对社队管理提出意见和反对，只能在场面下通过各种方式来抵制，高王凌将这种行为概括为"反行为"，即"处于某种压力之下的'弱势'一方，以表面'顺从'的姿态，从下面悄悄获取一种'反制'的位势，以求弥补损失、维护自己利益的一种个人或群体的行为"。这种行为看似不激烈，但正是无数人的"反行为"造成了与当政者预料相反的结果。"他们一直有着'反道而行'的'对应'行为，从而以不易察觉的方式改变、修正，或者是消解着上级的政策和制度。"① 通过个体的、间接的、非对抗性的办法来消解公社体制所带来的种种压力。

出工不出力。人民公社强调集体统一劳动，由于农业劳动本身难以量化，难以进行有效的劳动监督，加之劳动投入和劳动产出并不直接相关，为此，社员在集体劳动过程中容易出现出工不出力的情况：

> 我们屯也是这样，一起去路边挖水沟，只挖了两下就有人说，看来食堂现在都开始生火做饭了，我们再干一下就回去吧。于是就再挖了几下估摸食堂的饭煮熟了就收拾工具回去了。每个人就挖了不到一个帽子的大小就收工了，这怎么能做成事呢？是亲兄弟都要分清楚，更何况是队里面呢。你干活但是他不干活，一个看一个。②

偷懒。人民公社分配中弱化了劳动报酬的激励，辛苦劳动和偷懒依然可以取得工分，社队干部又不可能全程监督劳动过程，为此，部分社员干部会采取各种办法偷懒，只要能够得到工分，或者在记分员记录工分的时候在场就可以获得工分，于是，偷懒反倒成为一种有利可图的事情，在一个集体劳动过程中，只要有一个人偷懒便形成逆向选择，越来越多的人倾向于偷懒，而不是努力劳动。根据村民口述：

> 只是刚开始的时候搞得好哦，后来就不行了，有的人去干活就偷

---

① 高王凌：《人民公社时期中国农民"反行为"调查》，中共党史出版社2006年版，第192页。
② 调研点：广西河池市环江县大才乡同进村，受访者编号：WCW20160203WZN，受访时间：2016年2月3日，调研员：韦春婉。

懒，跑那个草堆里偷偷睡觉，反正有工分的，老实的人就会老老实实做，这样很不公平的哦，最后拿到的工分是一样的。谁不愿意，不辛苦又能拿到工分，所以很多人在偷懒啊，那个积极性一个人没有。①

磨洋工。人民公社劳动效率降低来自社员群众的磨洋工。部分社员群众因为工分值低，单位劳动时间的劳动收入有限，将特定劳动任务所需劳动时间尽可能延长以便挣更多工分，导致单位劳动时间的劳动量和劳动质量降低，虽然有大量的劳动力投入单位面积的农业生产中，但是整体的劳动效率不高，最终劳动产量也降低，依靠工分所获得的劳动收入减少，最终陷入恶性的循环。根据村民口述：

> 一开始入社的时候效率高啊，时间长了人就变得狡猾了。一开始都干活，锄田什么的都做得多好，越做越狡猾。锄田的时候有的人在认真做啊，有的人就只是在田里碰一下泥巴，连草根都没有弄断，过了一段时间田里面还是杂草丛生，稻谷就长不好了啊。一开始的时候都很老实，久了就越来越狡猾，越做下去越懒散。后面看到再这样下去也不是办法，所以后面又开始把田都分了。②

> 那个时候，大家早上起来做好家里的活之后，都得去生产大队里排队等早餐吃，一个一个排队来，然后又一个一个领农具，然后排队等广播，只有在广播结束之后才能去做农活，所以有时候等广播完之后才去做农活，那时都已经中午了，一天都做不了多少工。做农活回来之后还要跳舞唱歌完才能去领饭吃，谁不唱都不给饭吃。③

（四）公社体制的调整与民主办社

早期追求"一大二公"的公社体制在调整、充实、巩固和提高的方针下，规模有所缩小，并且确立了"三级所有，队为基础"的管理方式，基

---

① 调研点：广西河池市环江县大才乡同进村，受访者编号：WCW20160203WZN，受访时间：2016年2月3日，调研员：韦春婉。
② 调研点：广西河池市环江县大才乡同进村，受访者编号：WCW20160214WYA，受访时间：2016年2月14日，调研员：韦春婉。
③ 调研点：广西河池市东兰县武篆镇那论村，受访者编号：HH20190217HQL，受访时间：2019年2月17日，调研员：黄惠。

本核算单位改为生产队,避免了公社范围内的平调,同时赋予生产队一定的自主性,允许社员经营少量自留地和副业,提出"三自一包"经营管理体制,纠正平均主义,取消供给制部分,办不办公社食堂完全由社员讨论决定等。1960年11月《中共中央关于农村人民公社当前政策问题的紧急指示信》提出生产资料由公社所有转变为公社、生产大队和生产队三级所有,主要归生产队所有,生产队掌握土地所有权,成为组织生产、交换和分配的基本核算单位。以河池宜州为例,1961年2月,德胜公社加富、竹仓、拉林、大家好4个大队出现分田到户连片单干现象。县里委派60余人的工作组前往纠正。4月,贯彻中央《农村人民公社条例(修正草案)》,将原来115个大队划为151个大队。同年冬,县委采取措施,由集体借田给社员冬种小麦、油菜,经一冬春,实现基本吃饱饭。

1962年9月,中共八届十中全会通过的《农村人民公社工作条例(修正草案)》规定:人民公社的各级权力机关,是公社社员大会、生产大队社员代表大会和生产队社员大会。凡属于公社全范围的重大事情,都应该由公社社员代表大会决定,不能由管理委员会少数人决定。社员代表大会要定期开会,每年至少开会两次,社员代表每两年改选一次,社员代表应有广泛的代表性。公社的社长和其他管理委员、监察委员,都由公社社员代表大会选举产生,任期两年,可以连选连任,如果不称职可以由社员代表大会随时罢免。公社社员代表大会选举产生公社管理委员会,受县人民政府及其派出机构领导,管理生产建设、财政、粮食、贸易、民政、文教卫生、治安、民兵和调解民事纠纷等项工作,同时贯彻落实中央有关人民公社的各项路线、方针与政策,面向生产队,充分发挥社员群众的积极性,发展农林牧副渔等各项生产事业。生产大队的一切重大事情,都由生产大队社员代表大会决定;生产大队的领导由公社大队社员代表大会选举。大队社员代表大会每年至少召开两次,代表每年改选一次,生产大队队长和其他管理委员、监察委员,任期都是一年,可以连选连任,不称职的,由大队社员代表大会罢免。生产队必须实行民主办队,生产队的一切重大事情,都由生产队社员大会议决。生产队社员大会定期开会,每月至少一次,也可以根据工作需要等临时召集,队长等由社员大会选举,任期一年,可以连选连任,不称职者由社员大会罢免,生产队管理委员会至少每月向社员大会作一次工作报告,随时听取社员的各种批评和建议。

然而,"民主办社"只停留在制度上,并未真正贯彻落实。农民作为一个抽象的群众概念,他们获得了前所未有的政治主体地位,进入政治中心;而作为一个生活在乡村治理体制中的具体个体,他们又处于被支配性的地位,被挤压到乡村治理体制的边缘地带,对于实际的乡村治理并没有多少发言权。①

薄一波总结公社体制时指出:"公社对生产大队、大队对生产队(当时称小队),一般管得太多太死;公社各级的民主制度不健全。"② 既然"民主办社"无法贯彻落实,实际上在人民公社调整后国家不得不借助于特定的政治运动来强化农业生产的国家化,及时纠正偏离国家目标的农业生产行为,进而维持国家对农业生产的控制,也是人民公社体制得以稳定的重要机制,因为公社内部始终面临着集体与个体的问题,其内部难以形成有效的组织和管理等,所以不得不依靠外在的力量来强化社队体制。

一是思想教育。社员群众集体劳动生产积极性降低,如偷懒、出工不出力和磨洋工等,与之相对是社员群众在自留地则表现出极大的劳动积极性,国家将其归因于个体生产经营的倾向性,而不是公社管理体制本身问题,因此,采取了一系列措施来批判和纠正,一方面是严格控制自留地的规模,并且随着政治运动带来,逐渐加强对自留地的约束,不能与集体劳动争夺劳动力、资源等,超过规定的自留地要收归集体所有等;另一方面堵住个体经营的口子,反击单干风以及割资本主义尾巴等。张乐天认为:"在公社时期,批判发挥着规范农民行为的社会功能。批判造成了一种对普通农民和生产队干部带有威慑力的政治文化气氛,在这种气氛中,农民放弃了自己的选择,遵从政府的意志。"③ 根据村民口述:

> 那时候我爸爸70多岁,不能参加集体劳动就在家缝点衣服,晚上都还在缝。晚上的时候就有人在附近菜园子里拿石子砸我们家的窗户。过后,大队过来我们屯开会的时候还点了我的名,被认为是资本

---

① 徐勇:《中国农村村民自治》(增订本),生活·读书·新知三联书店2018年版,第284页。
② 薄一波:《若干重大决策与事件的回顾》(下卷),中共中央党校出版社1993年版,第915页。
③ 张乐天:《告别理想——人民公社制度研究》,上海人民出版社2012年版,第210页。

第四章　中华人民共和国成立后国家化、地方性与民主办社

主义。集体化的时候就应该干队里面的活才是干净的活，如果还想多赚点钱是不行的。①

那时候人家也不要什么东西，那时候的惩罚可严厉了，只要逮到有人偷东西就会被严惩。那时候不许屯里的人上街，正好有一天一个人就白天偷偷上街去了，之后还不是被批斗了好几个晚上。②

二是下派工作队。为了能够保障统一的生产计划，国家不定期派驻工作队与农民同期同住同劳动，一方面直接参加到农业劳动生产中；另一方面直接来指导农业生产，尤其是在一些重要的政治运动期间，通过开会宣传政策等，严格督促生产大队和生产队按照上级要求安排农业生产，并将偏离的生产行为上升为政治路线问题，如走资本主义道路，对于不服从农业生产计划的个人进行批评和教育等，在政治运动和工作队的压力下，社队干部严格执行上级规定的农业生产计划。根据村民口述：

在这里的干部都是上级派下来的工作队人员，让工作队人员来监督农业技术，插秧的时候秧苗之间离得很近，被很多老人家说，有一个老人家就说这样插秧是不行的，收成会不好，然后她就被工作队人员点名，说她反对上级，被点名批评了。③

全部运动，没有哪次运动停起的，工作队下来督促你生产队做。时时都有运动，他事先宣布，上级拨下来的运动你么做，么做说你反对，是坏分子，拿你来斗争。④

三是整顿干部，由于公社内在的管理层级，公社干部与生产大队和生产队干部之间在户口和报酬等方面有明显的差异，公社干部属于国家行政

---

① 调研点：广西河池市环江县大才乡大麻村，受访者编号：WCW20160205QSB，受访时间：2016年2月5日，调研员：韦春婉。
② 调研点：广西河池市环江县大才乡同进村，受访者编号：WCW20160212WMG，受访时间：2016年2月12日，调研员：韦春婉。
③ 调研点：广西河池市东兰县武篆镇那论村，受访者编号：HH20190217HQL，受访时间：2019年2月17日，调研员：黄惠。
④ 调研点：广西河池市宜州市同德乡冷水村，受访者编号：PSJ20151118OCK，受访时间：2015年11月18日，调研员：普绍菊。

人员，俗称"国家干部"，户口也是城镇户口，由国家拨给工资，吃的是"国家粮"，而生产大队干部并没有行政编制，属于农业户口，属于半脱产干部，仍然需要参加劳动，以便获得工分，同时有一定的工分补贴，生产队干部主要是组织农业生产，依靠自己劳动获得工分等，与普通社员的差别不大。针对干部特殊化和脱草根性的问题，主要通过干部整顿的方式来加以解决，将社员群众反映集中的社队账目、经济来往、收支等问题进行清理，进而上升到政治、经济和思想等问题，对基层干部进行一次清理整顿，希望能够限制社队干部的特殊化、强迫命令等，但是通过政治运动方式来推动干部整顿，不可避免地出现一些偏差，将干部全部撤换后再通过群众运动进行批斗、揭发等，虽然清理了一些有问题的干部，却挫伤了社队干部的积极性。根据村民口述：

> 当个生产队干部，"四不清"干部叫什么干部嘞！讲工头、赛工（情绪似乎有所激动），讲我们贪污哪样，又讲我们挨哪样，工作队进来就找积极分子，流氓、懒汉的，那时没出工的，我们经常讲他、批评他，工作队就找那种人来整我们。后来工作队在家住，"四清"搞清楚了又来我们家住，我们都安工作队，王宝幺（译音）县委书记在乡里住，工作队在村里住。落尾了，工作队想来我家住，后来我们家么给住。"给他（工作队）住，给工作队住"，我说："没给，那时整我们，给他住搞么，现在找我们整样。"讲来讲去，没得办法，我们是共产党党员，你不听起讲又不得，后来又去我家住。①

小　　结

鉴于20世纪上半期农村基层社会危机和地方权力危机，在新中国成立后，党和国家一方面通过土地改革解决农民土地问题；另一方面通过民主建政解决政权下乡问题，最终完成民国时期国家政权建设的使命，将国

---

① 调研点：广西河池市宜州市同德乡下围村，受访者编号：PSJ20151124WQC，受访时间：2015年11月24日，调研员：普绍菊。

第四章　中华人民共和国成立后国家化、地方性与民主办社

家权力延伸到基层社会。在国家权力的直接介入下，土地改革所带来农村社会结构和权力结构的翻转，不论在经济上，还是在政治上，确立了基层民众在农村社会中的主体地位，基层民众对于国家保持高度的政治认受性，积极参与到整个土地改革和民主建政过程，解决了新桂系所推动村街自治所面临的两难选择，在基层民众的广泛参与之下第一次顺利地将国家权力延伸到基层社会，并未遭到基层社会的抵制，在这个过程中，国家权力和基层社会之间保持一种积极的互动，农民在经济上获得了土地，在政治上获得了民主权利，新生的基层政权比以往任何时期的基层政权都具有更加强大的动员能力，基层民众实实在在地参与到基层政权之中。此后在互助合作化运动中强调民主管理，在人民公社运动中强调民主办社，与民主建政旨在扩大农民的民主参与是一脉相承的。当然，此阶段的国家权力下乡具有明显的运动性、外在性和有限性，基层民众参与带有明显的群众性、阶级性、卷入性、生活性等，体现了国家权力与基层社会之间内在的张力，民主管理和民主办社等未能够贯彻落实，并且随着国家权力在基层社会中的集中与渗透过程而日益紧张，基层社会和民众对于国家权力的控制、渗透和汲取等不再抱以积极回应，由此进入新一轮的国家化与地方性的循环当中。

具体来看，在土地改革之后，国家权力完成基层社会的重组和基层政权重建，为了推进现代国家建设，农村基层治理转向了对农村资源的动员和汲取，以便支撑整个现代国家的转型和发展，国家对于基层社会从直接介入全面渗透。一是依靠国家力量所推动的合作化和集体化运动，将一家一户的农民组织起来，最终建立起人民公社体制，作为主要生产资料的土地以及附属于土地之上的农民生计等都被固定在公社体制内，整个农村社会按照公社、生产大队和生产队划分而形成类似科层制的相对封闭社会结构。二是逐步缩小基层社会的自主空间，高度集中的公社体制并没有给基层社会多少空间，更为重要的是这种空间取决于国家权力，当基层社会试图扩大空间的时候，国家权力则采取各种方式来进行纠正，继续保持国家权力对基层社会的渗透与整合，基层社会的自主空间再次缩小，基层社会始终处于国家权力的控制之下，从某种程度上来说，呈现基层社会国家化的格局。三是国家深度介入农村基层社会生活，人民公社承担着大量的计划生产和行政任务，通过各种计划和统一安排，将国家的各种事务延伸到

乡村社会，将长期历史上分散的、外于行政组织体系的农民纳入到自上而下的行政组织体系中，由此实现国家对乡村的行政整合。姚锐敏认为："通过'任务'的下达与完成，农民的私人生活与国家现代化进程紧密联在一起，个体分散的目标与结果被整合到国家现代化的总体发展之中，农民对发展的个体追求转化成为国家现代化的动力元素。"[1] 这种行政整合有助于迅速按国家意志建构和改造乡村社会，动员、整合和汲取乡村社会资源，以支撑整个国家庞大的现代化建设计划。

与之相对的是基层社会在国家权力全面渗透的过程中寻求自主空间。一是基层民众的自主性，即便是在土地集体所有和劳动组织化等情况下，农民通过各类反行为来削减国家权力带来的影响，如果国家权力遵循的政治的或者权力的逻辑，那么基层民众更多的是生活的逻辑，由此，从互助组到合作社，再到人民公社，在国家权力越来越多地控制农民生产生活的同时，农民也越来越多地采取自主行为或反行为来加以应对，国家权力从未真正消灭基层社会自主空间，一旦国家权力稍微减少外在的压力，农民的自主性便潜滋暗长，对于国家权力的任何努力带来反作用力。二是国家权力深入农村基层社会生活依靠的主要是基层干部群体，以保证国家各类计划和任务能够贯彻落实，但是基层干部并非脱产干部，也没有脱离基层社会，与临时介入基层社会的工作队相比，基层干部是长期生活在社队之中，对于国家所推动的各项运动等也表现为一种选择性，为此，在基层干部与普通群众之间形成一种默契，因为国家权力不可能对基层社会进行直接控制。三是人民公社体制虽然实行"政社合一"，由国家政权体系将农民组织起来。但是，各个组织之间缺乏有机的联系，互不关联，各个生产单位独立生产、独立核算、独立分配，存在着严重的地方化倾向，如美国学者中所比喻的"蜂窝状社会"。由于交通、技术等条件的限制，国家对乡村社会的渗透能力仍然是有限的。那种将改革前的中国视为全能主义国家至少是缺乏足够的事实依据的。[2] 四是公社的调整，人民公社体制是国家有效整合基层社会的方式，同时也面临着农民乃至基层社会的冲击，不得不依靠外在强制来保证公社体制的延续，公社体制也进行自我调整，下

---

[1] 姚锐敏：《"行政下乡"与依法行政》，中国社会科学出版社2009年版，第103页。
[2] Vivienne Shue. The Reach of the State: Sketches of the Chinese Body Politic. California: Stanford University Press, 1988.

第四章　中华人民共和国成立后国家化、地方性与民主办社

放权力，形成以"队为基础，三级所有"的人民公社体制，寻求现代国家与基层社会的有机衔接。张乐天认为："人民公社机制为革命嵌入于传统之中提供了一个最合适的生活空间：以自然村或者准自然村落基准的生产队，即村队模式。"① 在二十年的公社体制下，基层社会虽然被纳入到一个国家权力体系，每个社员都感受到国家权力的存在，每个人的生活也带着国家权力的烙印，每个社员都寻找自主空间，每个人的生活也带有基层社会的影响，当外在的国家权力发生变化之后，基层社会迅速地扩大自己的空间，最终带来公社体制的解体，国家权力与基层社会进入下一个互动循环结构中。

---

① 张乐天：《告别理想——人民公社制度研究》，上海人民出版社2012年版，第6页。

第五章　改革开放初国家化、地方性与村民自治诞生

经历新中国成立后基层社会国家化，伴随农村经济体制改革，国家权力对于基层社会的渗透与控制出现松动。这一过程其实在公社体制建立之初便已经开始，国家权力越是加强对农村基层控制，越容易引起基层社会的反弹，出现诸如农民"反行为"，虽看似微不足道，却潜移默化地改变着人民公社体制，国家不得不下放权力，划小生产经营单元。当然这种权力下放并不是给基层社会放权，而只是调整公社体制内部的权力结构，给予最末端的生产队以一定的自主权，而生产队与自然村落融合在一起。自然村落一直是农民生产生活交往的基本单元，在这个小单元内获得了有限度的自主性，最终确定以生产队为基础的公社体制，农村经济政治体制得以稳定下来。即便如此，公社体制依然面临着农民进一步划小生产结算单位的冲动，为最终形成以家庭为生产经营单位的包产到户奠定了基础。

改革开放后，随着包产到户兴起，作为公社体制的基本单元的生产队逐渐解体，农民生产结算单位等都逐步回归农户家庭，公社体制也失去了约束、控制和影响农民行为的手段，即便生产大队和公社一再强调巩固生产队的基础，也无法扭转生产队的解体，正是从生产队的松动开始，公社体制不可避免地走向了解体。作为高度集中的政治经济体制，包产到户带来的农村经济体制转型势必反映在农村政治生活上，于是，在一部分地区出现基层社会秩序的问题，重建基层社会秩序显得尤为迫切。

如何重建基层秩序？一段时间中央政府下发关于巩固生产队地位的文件，希望继续发挥社队体制的作用。然而，依靠外在强制支持的人民公社体制，其组织功能随着经济功能的消失同样不复存在。即使不使用人民公社体制，那么国家能否从上自下复制另一套基层社会组织体系呢？显然，

当时的历史条件并不允许国家做出如此尝试。改革开放初,国家在放权改革导致整体治理资源有限的情况下,不可能为农村社会提供更多的秩序保障。有学者认为:"每给农民松一次绑,就是国家向农民还一次权,就是国家权力向社会复归的一次重大转变。"① 为此,在相当大的程度上,农民得以依靠自己的力量在公社体制最先解体的生产队范围内通过生产队遗留的集体主义资源和传统村落自主性资源重建基层社会秩序。总之,村民自治的产生并不是国家有意识建构的产物,而是在农村经济体制改革的大背景下基层社会自生自发的结果,并首先表现为农村社会基本单元秩序的自我建构。

一 改革开放前后基层社会国家化退潮

马骏认为:"经济变量是理解包括农村治理在内所有政治发展的一个决定性维度。经济分析也自然成为人们最经常使用的方法。"② 根据波兰尼的"双向互动"理论的阐述:"市场经济是现代社会的源泉和基础,国家政治只是为了适应与调整市场变化所带来的社会变迁,可是市场的持续扩张以及这一运动所遭受的特定方向上制约其扩张的反制运动,推动了社会的前进,造成了国家上层建筑的重构,所以国家在进行市场经济改革后出现的一系列政治现象和政治运动正好说明了这一点。"③ 从村民自治起源的时间段来看,村民自治是紧随农村经济体制改革后产生的,尤其是包产到户后农民获得了经济上的自治权,一方面是农民自主性的增强;另一方面是原有附着于集体经济之上的行政管制日益松弛。

(一) 生存压力

人民公社之所以趋于松弛和解体,是因为农民面临日益严峻的生存压

---

① 张星炜:《村民自治摆脱困境的关键在理顺两个关系》,《理论与改革》2011 年第 2 期。
② 马骏:《经济、社会变迁与国家重建:改革以来的中国》,《公共行政评论》2010 年第 1 期。
③ 参阅 [英] 卡尔·波兰尼《大转型:我们时代的政治与经济起源》,刘阳、冯钢译,浙江人民出版社 2007 年版。

力。当时桂西北有这样的山歌:"盐罐无盐用水冲,油罐无油用火烘。一天三餐喝稀饭,一年四季白打工。"形象地反映了人民公社时期农民的生活状况。从公社体制来寻找原因的话,集中体现在基层社会国家化所塑造的社队体制中自主性的缺失。

一是生产队缺少自主权。公社体制下的生产队没有多少生产经营自主权,生产与分配常常听命于公社或生产大队,社员对生产队生产经营的决策、管理和分配等无权参与,民主办社并没有认真执行。① 为此,公社更多的是依靠外在的强制来维持集体生产,这种外在的强制不仅有经济手段,而且有政治手段。根据村民口述:

> 当时不出工,就没有工分,所以大家一般会出工的。人家做工,你不做工,偷偷出去。回来后要挨批斗,晚上开群众大会,要你站起来说话,为什么没去做工。如果实在有事,可以向队长请假,比如逛街、走亲戚、看病等。②

从某种意义上来说,农民的集体劳动是一种政治行为,不参加集体劳动意味着政治错误,进而上升到政治批判的层面。

二是农民缺少自主性。公社体制下以工分为手段的管理方式将农业生产管得过细,农民的生产缺少自主性。举一个简单的例子。在1969年4月27日果地下屯一生产队种田扯秧犁田担粪生产方案中,有这样的规定:扯秧每把0.1分,插秧每亩20分;耙犁田每亩5.5分,全日共16.5分;担粪,由桥头到下车国总田和杨柳这段每百斤1.5分算,由包莫大块以上到宝鱼大块四亩每百斤1.5分,由大块以上到顶上每百斤2分算,三百和果众每百斤1.5分算,由果作到果前头这段每百斤2分算,关文和冲这段每百斤2.5分算。③ 生产队已经对每一项具体工作都设定工分,而且同一工作在不同路段有不同的工分,计算得相当细致,农民从事农业生产的目

---

① 崔乃夫:《当代中国民政》(上),当代中国出版社1994年版,第141页。
② 调研点:广西河池市宜州市屏南乡合寨村拉垒屯,受访者编号:RL20140805MSX,受访时间:2014年8月5日,调研员:任路。
③ 上述记录来源于河池市宜州区屏南乡合寨村村干部蒙国总笔记,蒙国总曾任合寨大队生产队保管员、会计、指导员等。

的是挣生产队的工分。

三是社员缺少劳动积极性。由于每一个劳动力的工分等级是相对固定的，追求大寨分的平均主义，工分的实际价值大打折扣，并且与分配联系不紧密，工分制度对农民生产积极性的激励有限。工分制度无法像工业生产中工资制度一般具有明显的激励作用。这是与农业生产的特点相关的，陈锡文认为："农业生产对雇佣劳动进行激励存在着难以度量的困难，其全部劳动最后体现在动植物的产量上，而无法像工业可以分别计算生产过程各个环节劳动者的劳动，因此，只有联系最终产量才能评价农业生产者所付出的劳动，这也就是农业劳动在时间上的不可分割性。"① 农民更多是从饥饿逻辑或集体生产意识出发，为了避免出现生存危机而参加农业生产，有一个起码的温饱就可以了，干多干少也是一个样。张乐天认为："生产队（村落）里的农民是在由亲戚、邻里、朋友、熟人组成的小集体中发现了自己和家庭的利益，于是在生产队中产生出一种'集体生存意识'……'集体生存意识'推动生产队利用一切可能利用的资源，增加农业的产出；激励生产队增加农业劳动投入，以改善生产队的农业生产条件；使生产队对于可能增加农业产出的技术持积极态度等等。最后，'集体生产意识'在某些场合还起到维持基本生产秩序的作用。"② 据村民回忆：

> 大家干活一般是卖力的，那时不卖力的话，大家都没得吃。队长吆喝出工，到吃饭的时候收工。③

于是，生产队年底结算的时候，不论如何卖力，劳动力多的家庭也只能混个温饱，除了口粮外，也盈余不了多少。1969年果地下屯蒙国总所在生产队上半年头苗总产量58900斤，春玉米26629.9斤，现金收入5932元，支出5934.2元，多支出2.2元，收支大致相当。生产队有158人，正式劳动力75人，半劳动力11人，老小口72人，劳动力占总人口55%。

---

① 陈锡文等：《中国农村改革30年的回顾与展望》，人民出版社2008年版，第52—59页。
② 张乐天：《浙江省人民公社制度的变迁》，《二十一世纪》1998年8月号。
③ 调研点：广西河池市宜州市屏南乡合寨村拉垒屯，受访者编号：RL20140805MSX，受访时间：2014年8月5日，调研员：任路。

根据生产队收入和劳动力状况，1969年生产队具体的粮食分配方案是：老师统筹粮2033斤，队干部统筹粮403.3斤，工资121.3元，公积金分配占总收入5%，公益金2%，饲料粮占口粮4%，实际口粮人均344斤，加上玉米59.3斤，共403.3斤，折款38.31元。① 久而久之，生产队社员将大寨工分称之为"大狗一棒、小狗一棒"的大概分，于是，社员们做的也是出工不出力的"大概分"。

这种现象到了1979年的春天，已经越来越严重了，队里有一块两亩八分宽的地，全队男男女女四十多个劳动力，种了两天居然种不完这块地的玉米。② 根据生产队的粮食分配数据统计，1979年，果作第一生产队有75亩田地，水稻总产1.9万斤，玉米总产1万斤，交完公购粮后，除掉来年的种子以及饲料，大约剩余2.4万斤，全队22户，80余口，人均300斤原粮，折成白米200斤，一个人每天只有6两米。以至于农民抱怨："一大二公"人民公社，一天到头白打工。之所以说白打工，是因为农民劳动收入极为有限，一个工两角六分钱，一个劳动力一年才一百多元，扣除口粮款，到手才三五十元，家里劳动力少的还会倒欠生产队，成为"倒欠户"，需要生产队进行救助，而有余粮的"顺挂户"也只是温饱，农民陷入普遍的贫困之中。在村民对公社时期的回忆中，饥饿已经成为特定时代的社会记忆：

> 当时吃不饱，大人一天一两米，小孩一天半两米。生产队核产，核定产量。那家有余粮都要拿出来。……有段时间，没饭吃，喝粥。那个人敢讲，要挨批斗的，懂得讲不得。③

正由于持续的生存压力，以及农民生活困难得不到有效的缓解，农民对于公社体制有着普遍的不满，从公社一成立便出现农民的"反行为"，即便是反复整顿也不能解决农民的"反行为"，原本致力于引导农民走社

---

① 上述数据来源于河池市宜州区屏南乡合寨村村干部蒙国总笔记，蒙国总曾任合寨大队生产队保管员、会计、指导员等。
② 谢树强：《走进共和国史册的小村——广西宜州合寨村纪事》，作家出版社2011年版，第65页。
③ 调研点：广西河池市宜州市屏南乡合寨村拉垒屯，受访者编号：RL20140805MSX，受访时间：2014年8月5日，调研员：任路。

会主义集体化道路的公社逐渐走向自己的反面。王颖在《新集体主义：农村社会的再组织》一书中回顾公社体制时认为："公社组织不是农民的利益组织，而是一个国家财政不负担的、靠集体自己养活自己、一切听命于国家计划的劳动组织。同时，劳动监督成本过高和劳动激励过少，政治高效率和经济低效率之间的矛盾，公社不仅不能为乡村社会持续发展提供动力，反而造成了十分突出的社会问题，积累了农民对国家的不满，增加了国家的控制成本，违背了中国乡村的基本状况和现代发展规律。"①

（二）包产到户

在人民公社进入第二十个年头的时候，公社体制出现明显的政策松动。在安徽小岗村由于长期的"吃粮靠救济，穿衣靠救助，用钱靠贷款，过年靠讨饭"，1978年夏粮减产，农民商量着包产到户，于是农民直接将土地分到农户，翌年实现丰收，得到了安徽省委书记万里的鼓励和支持，认为小岗经验可以全省乃至全国推广，引发了有关安徽小岗村包产到户的争论，与此同时，党的十一届三中全会上原则性通过《农村人民公社工作条例（试行草案）》，在原有"农业六十条"基础上未能突破原有的公社体制的限制，第三十五条规定"不许包产到户，不许分田单干"。不过，在"新六十条"中也强调人民公社在经营管理上要试行定额管理、评工记分，规定凡是适合制定劳动定额管理的农活，都要制订劳动定额，按定额分配任务，检查验收，考核劳动成绩，同时要求"加强劳动组织，建立严格的生产责任制""要根据生产需要，建立小组的或个人的岗位责任制，实行定人员、定任务、定质量、定报酬、定奖励的制度"，此外，"可以在生产队统一核算和分配的前提下，包工到作业组，联系产量计算报酬，实行超产奖励。具体办法，由社员讨论决定"②。文件在强调不许包产到户和分田单干之外，提出联产计酬的生产责任制，并赋予生产队一定的自主权，实际上是在高度统一的公社体制下增加生产队的自主权，以调动农民的自主性和劳动积极性，为后续深化农村经济体制改革创造了有利的政策条件。

到1979年3月，国家农委邀请广东、湖南、四川、江苏、安徽、河

---

① 王颖：《新集体主义：农村社会的再组织》，经济管理出版社1996年版，第52页。
② 黄道霞等：《建国以来农业合作社史料选编》，中共党史出版社1992年版，第906页。

北、吉林七省的农村工作部门和安徽全椒、广东博罗、四川广汉三个县委负责人,在北京召开农村工作座谈会,会上围绕包产到户展开了激烈的争论,有人认为包产到户虽然还承认集体对生产资料的所有权,承认集体统一核算和统一分配的必要性,但在本质上与分田单干没有什么区别。安徽等地的与会者则认为,包产到户只要坚持生产资料公有制和按劳分配,它与分田单干就有本质的不同。对此难以形成共识,随后的《座谈纪要》强调"三级所有,队为基础"的体制必须稳定。除特殊情况经县委批准者外,都不许包产到户,不许划小核算单位,一律不许分田单干。不过,《座谈纪要》也表示:喂养家畜、管理池塘、经营小宗作物等农活,实行个人岗位责任制,并且规定产量(产值),实行超产奖励,是统一经营下的专业化生产,不是对统一经营的否定,应当允许。深山、偏僻山区的孤门独户,实行包产到户,也应当允许。《座谈纪要》坚持了生产队作为核算单位的前提下,有条件地允许了部分地方的包产到户,为整个包产到户政策的出台打开了一个缺口。

1979年9月,中共十一届四中全会通过《中共中央关于加快农业发展若干问题的决定》,推出了包括建立生产责任制在内的政策建议,强调关心农民的物质利益,保证农民的民主权利,保护公社、大队和生产队的所有权和自主权。国家农委讨论农业生产责任制问题,经过激烈讨论,形成折中意见:目前多数地方,还是实行包产到组、定额计酬,不许包产到户;深山、偏僻地区的孤门独户,可以包产到户;现在春耕已到,不论采用什么形式的责任制,都要很快定下来,以便全力投入春耕。

随着中央政策的逐渐放开,地方和基层社会自主性逐渐增强,自发突破高度集中的公社体制,私下进行包产到户。1979年上半年,广西河池、百色一些农民自发在农村实行生产责任制,把生产队的土地承包到户。其中,河池都安瑶族自治县共10342个生产队,有五种形式的生产责任制,实行按件计酬生产队有1560个,包产到组的生产队898个,按时计分加评议的生产队46个,包产到户统一分配的生产队3352个,定额到组,包干上缴的生产队4222个,未实行责任制的生产队264个。[1] 在包产到户的

---

[1] 蒙增隆:《金宝生:农村改革的引路人》,《河池日报》2009年1月8日。

第五章　改革开放初国家化、地方性与村民自治诞生

生产队中,社员表现出公社体制下难得的生产积极性,与集体劳动形成鲜明的对比。根据村民口述:

> 当时个人也不用别人说什么都会自觉跑田里面,就算是做到天黑也没有人管你,天一亮就去干活也没有人管你,只要把自己要做的事情做完就可以了。还是分了自己干好。①

包产到户消息传来,宜山县农民也想承包到户,三岔公社一些生产队也在酝酿包产到户,有的群众还要挟领导说:"同意我们包产到户,我们就出工;不同意,我们就不出工"。为此,自治区下发了关于制止包产到户的"八条规定",还派工作组到河池"纠偏"②。宜山县委认为宜山系平原地区,不宜仿行,继续强调"三包一奖",后来各生产队以规模过大,将生产队细分,不论是有没有批准,农民开始分队生产,到年底,生产队从原来的3425个增至5000多个,出现兄弟队和父子队等,其实就是包产到户,甚至有的生产队暗地里将土地分到户。据合寨村民口述包产到户的过程:分田到组,有的组就是两兄弟,叫兄弟组。当时也不能说分田到户,叫家庭联产承包责任制。县委书记来村里,我们问县委书记,分到户要不要得,县委书记说"你这个小鬼呀,没得没得"。大家心里都想分到户。上面有文件后,干部才敢分田到户,怕群众乱来。分的田要交公粮,还有村里的公益金、公积金、储备粮等,差不多五百斤一亩,负担比较重,但是比生产队好点。③

其间,县委曾经下派工作组进行纠偏,认为分田到户是走回头路,还是要动员农民回到生产队里来。对一些突出的队还进行点名批评,限期纠正。④ 县领导在公社党委书记会上强调:"现在,有一股瓦解人民公社集体经济、分田到户的逆流,我们的党员干部在这大是大非面前要立场坚定,顶住这股逆流!告诉你们,我是管总闸的,你们是管分闸的,我这个总闸

---

① 调研点:广西河池市环江县大才乡同进村,受访者编号:WCW20160203WZN,受访时间:2016年2月3日,调研员:韦春婉。

② 蒙增隆:《金宝生:农村改革的引路人》,《河池日报》2009年1月8日。

③ 调研点:广西河池市宜州市屏南乡合寨村新村屯,受访者编号:RL20140813WCL,受访时间:2014年8月13日,调研员:任路。

④ 宜州市地方志编撰委员会:《宜州市志》,广西人民出版社1998年版,第154页。

没有开,你们的分闸也不能开。谁要开了,拿谁是问。"①

不过,公社已经难以有效执行县里的不准分田到户的命令,根据时任宜山县北牙公社党委书记韦绍宗回忆:

> 当时强调不能分田到户,我下乡曾经三天三夜不睡觉给群众开会宣传解释为什么不能分田到户。有个大队分得很快,对我们讲是分到小队,实际上分到户,我们晚上开会,白天到田头去看,我们走之后一个星期全部分到户,于是我们也就讲,可以分,但不要分得太小,便于推广农机。②

即使这样也挡不住农民暗地里分队和分田的热情。早在1979年下半年的时候,合寨村已经开始分田到户,根据村民口述:

> 1979年分田到户,那时是这样的,我们屯有些青年到外面去做生意,韦天河出去做长途贩运的生意,到了柳城那边,看见人家分田到户。回来后果作屯的第五个生产队也分了田。公社知道后,一股风下来,在三岔公社开三级干部会议。当时蒙宝亮去开会,公社要求把分下去的土地收上来,不给分了。根据公社文件,合寨大队要表个态,把土地收上来。一个礼拜后,政策又变了。三岔公社党委书记召集我们开群众大会,现在田地承包到户,你们第六个生产队没有分到户,过了几天,最后一个生产队也把田地分到户。③

各地农民自发包产到户已经大大超过了政策文件所规定的偏远山区孤门独户范围,1980年春,安徽、贵州、甘肃、内蒙古等省区相继召开农业会议,一些省区认为,那些吃粮靠返销、生产靠贷款、生活靠救济的"三靠"地区,应当允许包产到户。包产到户在一些地区发展起来,实行包产

---

① 王布衣:《震惊世界的广西农民——广西农民的创举与中国村民自治》,广西人民出版社2008年版,第30—31页。
② 调研点:广西河池市宜州市民政局,受访者编号:XY20000320WSZ,受访时间:2000年3月20日,调研员:徐勇。
③ 调研点:广西河池市宜州市屏南乡合寨村果作屯,受访者编号:RL20140806WPW,受访时间:2014年8月6日,调研员:任路。

到户的生产队，安徽有23%，广东有10%，内蒙古有29%，河南有10%，此外，贵州、云南、甘肃、山东、河北及其他一些省份，也有生产队在搞包产到户，没有包产到户的省区主要是北京、天津和上海，以及东北的辽宁、吉林、黑龙江以及湖北湖南两省。① 到1980年3月6日国家农委印发《全国农村人民公社经营管理座谈会纪要》重申之前有条件包产到户的政策规定外，进一步放宽相应的条件，《座谈会纪要》表示：至于极少数集体经济长期办得很不好、群众生活很困难，自发包产到户的，应当热情帮助搞好生产，积极引导他们努力保持并且逐渐增加统一经营的因素，不要硬性扭转，与群众对立，搞得既没有社会主义积极性，也没有个体积极性，生产反而下降；更不可搞阶级斗争。

在中央下发相关会议纪要之后，1980年3月25日，三岔公社革委会给合寨大队等下发《关于贯彻落实中央两个农业文件中必须做好稳定生产队体制的五条具体规定》，一是明确按劳分配原则下联产计酬的五种办法，同时规定计酬面积不超过生产队耕地总面积20%—30%，对于个人开荒提出必须为生产队完成两个基本劳动日，不破坏集体山林等。二是不准包产到户，谁搞就处理谁，已经分田单干的一律纠正过来，要求生产队干部理直气壮地解决，对群众要说服教育，坚持集体生产，对于党员带头单干要检讨和处分；三是鉴于春播将近，文件提出要将体制稳定下来，联产计酬要签订合同，完成相应任务。上述规定事实上从联产计酬角度承认了包产到户，同时也作了进一步的限制，并试图将分田单干的农户重新组织到生产队中。

直到9月份，中共中央召开各省、市、自治区党委书记座谈会，讨论加强和完善农业生产责任制问题，会议通过《关于进一步加强和完善农业生产责任制的几个问题》的座谈纪要表示：凡有利于鼓励生产者最大限度地关心集体生产，有利于增加生产，增加收入，增加商品的责任制形式，都是好的和可行的，都应加以支持，而不拘泥于一种模式，搞"一刀切"。在那些偏远山区和贫困落后的地区，长期"吃粮靠返销、生产靠贷款、生活靠救济"的生产队，群众对集体丧失信心，因而要求包产到户的，应当支持群众的要求，可以包产到户，也可以包干到户，并在一个较长的时间

---

① 吴象：《中国农村改革实录》，浙江人民出版社2001年版，第150—151页。

内保持稳定。随着座谈会纪要的下发，要求结合当地具体情况贯彻执行，以利于动员广大干部和群众，做好工作，发展农业生产。如此，包产到户取得了合法地位，至1980年10月，全国有45.1%的生产队实行了包产到户，其中贵州、甘肃、安徽、宁夏、广东和内蒙古等11个省、自治区有50%—95%的生产队实行了包产到户。①

由于外在政策环境的变化，在1981年4月份，没等县里的正式文件，合寨大队各生产队开始自主分田到户；秋后，宜山县委召开各种会议，传达当年中央"一号文件"精神，明确宣布实行联产承包责任制，之前没有分田到户的生产队也在上级的指导下分田到户。三岔公社下派工作队分批次完成包产到户工作，明确包干到户和分田单干的区别，强调社会主义性质，以及农民与生产队集体的关系，各户每年从收入中提取一定资金上交给生产队作为公共积累。在包产到户过程中，解决了村民强拉集体耕牛、砍伐集体林木、要回祖宗田、生产队干部不愿工作、超生子女田地、粮食入库、社会治安等问题。

至此，合寨大队各生产队普遍实行家庭联产承包责任制，具体是按照人口和劳力以及土地状况进行土地分配，将粮食公购任务分摊到户，并按照每亩田2元、每亩地1元的标准作为生产队的公共积累。农民私下的分田行为被家庭联产承包责任制合法化，在坚持土地集体所有的前提下，农民获得生产经营自主权；在分配方面，除了国家和集体一定比例之外，剩余的都是农民自己支配，调动了农民的积极性。1982年，宜山县全县粮食总产达到20.39万吨，比1979年增长48.6%。② 整个农村经济社会进入新的发展阶段。

事实上，包产到户不仅影响了农村经济社会发展，而且对于现代国家建设来说意义深远，对新中国成立以后由公社体制所塑造的社会国家化而言，重新界定了国家与农民、国家与社会的关系，开启了现代国家建设的后半程，即社会主义民主政治建设。民主作为一种价值和制度，主要体现为社会的政治自由和平等，这种政治上的自由和平等的发展是与整个经济社会方面的自由、平等发展相适应的，在经济生活的自由、平等十分有限

---

① 罗平汉：《村民自治史》，福建人民出版社2006年版，第6—7页。
② 宜州市地方志编撰委员会：《宜州市志》，广西人民出版社1998年版，第155页。

第五章 改革开放初国家化、地方性与村民自治诞生

的条件下，不可能产生高度的民主，甚至也谈不上民主的发展。[①] 简言之，经济生活中的民主带动了政治生活中的民主进程。

一是重新塑造了国家、集体和农民的关系，包产到户这种农业生产经济合同的雏形，将国家、集体和个人三者的经济利益章程化、法律化，确是农村经济关系中的一大进步。[②] 相对于人民公社时期，分田到户后农民获得了与集体乃至国家相对平等的地位。赵秀玲认为："包产到户对于政治与社会的影响，打破人民公社体制的束缚，确立国家、集体和个人的经济契约关系，农民的'个性'、'平等'和'独立'意识也随之产生。"[③] 当然，农民依然离不开集体或国家，农村改革调整的则是国家（集体）与农民的关系，农民获得的只是土地的经营权和相应的收益权。赵晓力认为："在土地产权关系变化的同时，集体与农民签订经济合同成为后公社时期国家治理基层社会的一个杠杆，是国家对农村治理权力的体现和农民对这种治理权力的承认和服从。"[④] 除了明确农民对于国家和集体的税费责任外，基层政权和村集体通过土地承包权调整及其合同签订作为治理基层社会的工具。因此，赵晓力提出"通过合同的治理"即围绕土地合同签订所展现了一系列权力关系。

二是改变了农民与农民的关系。在人民公社时期，围绕土地产权所形成的政治身份进一步扩展到历次政治运动之中，成为公社管理的重要手段，普通的农民因为特定行为也可能被划入"五类分子"，失去平等的参与权利，农民与农民之间陷入普遍的政治紧张之中。根据村民口述：

> 打倒的地主划为四类五种分子，当时我在合龙当治保主任，兼民兵营长，由我来管理，到上片集体劳动，不给工分，家里面拿米过去吃饭，义务劳动。一年多的劳动后，地主摘帽回家。那时候容易打成反革命，一点点事都有可能闹大，戴上反革命的帽子。当时果作地主

[①] 戴玉琴：《村民自治的政治文化基础——苏北农村个案分析》，社会科学文献出版社2007年版，第217页。

[②] 杨冠山：《先进队为什么也搞起了包产到户——安徽全椒县老观陈大队包产到户的典型调查》，中国农村发展问题研究组编：《农村·经济·社会》第1卷，第47页。

[③] 赵秀玲：《村民自治通论》，中国社会科学出版社2004年版，第27页。

[④] 赵晓力：《通过合同的治理——80年代以来中国基层法院对农村承包合同的处理》，《中国社会科学》2000年第2期。

有7个,拉垒有4个,板甘3个,全大队有20多个,最大的地主一年可以收万把斤谷子。我到每家去通知地主分子,他们不能在家里劳动,要在政治上进行管理,没得管理会把世界搞乱。①

与建立生产责任制的中央文件同期下发的还有《关于地主、富农分子摘帽问题和地、富子女成分问题的决定》,打破了公社体制中阶级身份对于农民群众的束缚。不仅分到了田地,而且赋予其政治权利,在农村社会中实现了经济政治上的身份平等。王仲田认为:"农村实行包产到户后,广大农民获得了经济自由,也获得了真正的人身自由和社会自由,过去的地、富、反、坏、右分子也成了普通的社员和平等的村民,农民开始实现了政治平等。"②林尚立在对中国政治形态进行研究后认为:"在计划经济时代,社会平等从形式上看是社会的要求,实际上是国家和政府的要求,而且任何形式的平等,都是通过政府的计划安排来实现的,都是为了在形式上体现社会主义优越性,而这要求的原动力来自社会主义理想本身。随着计划经济被社会主义市场经济所代替,社会平等就成了社会和国家的共同要求,而其动力不仅来自社会主义理想,也直接来自社会大众的权利与利益。"③当然,分田到户所带来的农村经济体制改革并不能立马改变现代国家前半程的历史惯性,全能主义所带来的社会国家化逐渐从基层社会得到改变,最终导致人民公社体制走向终结,这个过程表现为经济民主带来政治社会的深刻变化。正如王邦佐所言:"经济民主一开始就引发社会的双重发展:一是社会个体在经济生活中逐渐趋向自主,从而能比较自由地决定自己的生产方式和活动方式;二是分权对传统的高度集权化的政治、经济和社会体制形成强大冲击,体制变革和创新成为社会发展的内在要求。"④

---

① 调研点:广西河池市宜州市屏南乡合寨村拉垒屯,受访者编号:RL20140806MJA,受访时间:2014年8月6日,调研员:任路。
② 王仲田、詹成付:《乡村政治——中国村民自治的调查与思考》,江西人民出版社1999年版,第2页。
③ 林尚立:《当代中国政治形态研究》,天津人民出版社2002年版,第234页。
④ 王邦佐等:《居委会与社区治理:城市社区居民委员会组织研究》,上海人民出版社2003年版,第11页。

(三) 公社解体

在分析分田到户等经济民主对公社体制的冲击之前，有必要回顾一下高度集中的人民公社体制，以便更加清晰地看到这一显著的变化。一是集中性，虽然人民公社时期的各级权力机关是公社社员代表大会、生产大队社员代表大会和生产队社员大会。公社的管理机关是各级管理委员会。公社社长和其他管理委员都由公社社员代表大会选举。但是公社一级干部为自上而下委任的政府官员，生产大队和生产队的干部也由公社委任，权力集中于政府手中。二是全能性，公社管理委员会的职权包括管理生产建设、财政、粮食、贸易、民政、文教卫生、治安、民兵和调解民事纠纷等。各级管理委员会设会计、出纳、保管、企业管理人员及各项业务的若干干事。三是强制性，在土地和生产资料集体所有的前提下，农民的生活来源取决于集体劳动获得的工分，于是，工分成为干部管理社员的重要手段，产生了依托于工分制度之上的经济强制。根据村民口述：

> 生产大队通知下面的生产队长开会，布置生产任务，什么时候插秧，什么时候种玉米，大队统一安排。生产队长开会拿工分，还是上等工分。那时干部开会多了。大队统一确定工分，每个生产队根据自己的收入来进行核算。①

此外，日常生活中的政治强制约束着农民，不期而至的政治运动营造着紧张的氛围，不听话的结果是群众性的批斗，谁也不敢轻易逾越公社的高墙。根据村民口述：

> 大队管十二个自然屯，好像与现在是一样的。比如说，宜山县有什么党的政策，大队长去开会，回来后与各生产队长、贫协组织、妇女队长开会，抓阶级斗争，斗四类分子。双抢的时候还有批斗，贫协

---

① 调研点：广西河池市宜州市屏南乡合寨村拉垒屯，受访者编号：RL20140805MSX，受访时间：2014年8月5日，调研员：任路。

组织提供批斗名单，召开批斗大会。①

到公社后期，以分田到户为载体的权力下放使得公社管理体制出现制度缝隙，生产大队对于社员的约束大不如前。刘娅认为："承包制的实行，使农村土地制度与政治制度相对分离独立，解构了公社'政社合一'的管理体制。"② 因为在公社体制下，社员与生产队之间有着极强的人身依附关系，社员服从于生产队的安排从事农业生产活动；实现包产到户之后，这种状况得到根本上的改变。生产队和社员之间是承包关系或者说契约关系，社员的劳动产品在"交足国家的，留够集体的"之后，剩下都是自己的。生产队除了仍然保留土地所有权外，对社员已不具有强制的约束力，实际上已不是真正意义上的生产活动实体，生产队作为一级生产组织的功能已经丧失。③

包产到户之后，公社体制已经濒临彻底瓦解。一方面，围绕土地如何根据人口的变动进行调整，集体原有的无法分割的生产资料和公共设施如何使用等问题，农民之间产生了矛盾和纠纷的可能性增加了。1980年3月，三岔公社准备在里洞水库张网捕鱼，收网的时候，来自合寨上片的群众将公社的鱼哄抢一空。公社书记向文忠向前劝阻道：这是人民公社的鱼，谁也不准动。原以为群众会住手，但是没有人听。还有人嘀咕着，人民公社都没有了，还有人民公社的鱼吗？④ 1980年，宜山县政府所在地的庆远镇林场洛西林区被哄抢砍伐，6个山头282亩林木全被砍光。⑤ 合寨果地第二生产队，还把那块一天可以晒五千斤谷子的大晒坪，也挖烂分掉了。被分掉的，还有仓库的瓦片和生产队的拖拉机。拖拉机不好分，于是，有人提议，拆成废铁称斤分，以示分得彻底。

另一方面，包产到户后农民在生产上获得了自由，也拓展了他们的活

---

① 调研点：广西河池市宜州市屏南乡合寨村果作屯，受访者编号：RL20140806WPW，受访时间：2014年8月6日，调研员：任路。

② 刘娅：《解体与重构：现代化进程中的"国家—乡村社会"》，中国社会科学出版社2004年版，第72页。

③ 罗平汉：《村民自治史》，福建人民出版社2006年版，第13页。

④ 谢树强：《走进共和国史册的小村——广西宜州合寨村纪事》，作家出版社2011年版，第74页。

⑤ 宜州市地方志编纂委员会：《宜州市志》，广西人民出版社1998年版，第19页。

动空间。在公社时期，扣除工分是生产队、生产大队对社员进行管理的主要手段，然而，包产到户后这种方式已毫无意义，这实际上加大了农村公共管理的难度。① 包产到户后，土地所有权虽然仍是集体的，但农民有了土地使用权，耕畜分配给各户私养，其他集体财产绝大多数地也分给了社员。社员不再需要生产队干部了，不再每天敲钟出工，不再需要干部派工，不再需要每天记工分，不再指望年底分红，做自己的事，吃自己的饭，打自己的算盘。② 根据村民口述：

> 分田到户以后就没搞人民公社，80年就开始分家，人民公社没什么了。分家的时候，牛是集体的，分家后牛就是你个人的。还有谷桶、风车等分给各户了。生产队长也没有什么作用。当时是刚分田到户，群众只顾着忙自己的土地，公社离这里又远，大队也基本不管什么事情。③

整体上，打开分田到户闸门那一刻，就意味着公社管理体制的解体，往日那些依靠公社自上而下行政管制的生产队干部们虽保有名义上权力但失去实际上的约束力，或者忙于发家致富，个人顾个人的，干脆躺倒不干。由于上述两个方面的原因，包产到户后农村出现了一定程度上的社会失序。

（四）社会失序

秩序是人们生产与生活的基础性要素，农业社会主要依靠自然秩序来维系整个社会的正常运转，进入工业社会后，由于社会的复杂性日益增强，建构秩序成为秩序的主要形式。在人民公社时期，社会秩序主要是政府通过高度集中的政治经济体制建构出来的，随着人民公社的解体，农村社会不可避免会出现各种社会失序行为。1980年宜山县普遍实行包产到户

---

① 罗平汉：《村民自治史》，福建人民出版社2006年版，第23页。
② 王布衣：《震惊世界的广西农民——广西农民的创举与中国村民自治》，广西人民出版社2008年版，第32页。
③ 调研点：广西河池市宜州市屏南乡合寨村果作屯，受访者编号：CPQ20091110WHN，受访时间：2009年11月10日，调研员：陈沛奇等。

国家化、地方性与村民自治

后出现了一些矛盾，如瓜分集体财产、乱砍滥伐山林，水利设施无人负责维修管理等。特别是村屯较大、生产队又多的地方，这些问题大队管不到，生产队管不了，矛盾更加突出，群众十分焦急。① 对于合寨村而言，无秩序是村里众多问题的源头，整个合寨村被社会治安混乱所困扰，"吃得饱，睡不着"是村民生活的真实写照，具体表现为"六多一少"，即赌博多、盗窃多、砍伐树林多、唱痞山歌多、放浪荡牛马多②、搞封建迷信活动多，管事的人少。根据村民口述：

> 分田那段时间，无政府状态，山高皇帝远，我们这里离三岔公社远，大约25公里。在三岔公社，我们村比较偏远，处在三县交界的地方，比较复杂，偷牛盗马、赌博、乱砍乱伐等。③

最令村民们头痛的是赌博和盗窃。赌博和盗窃形成恶性循环，赌博输了就偷，偷了继续赌，直接威胁到村民的人身与财产安全，对于刚刚尝到分田到户甜头，并致力于发家致富的村民来说，偷盗和抢劫是无法忍受的恶行。村民回忆：

> 那时赌博是外县赌徒来合寨，我是民兵营长，有一个班的枪支，知道哪里有赌徒，就放枪把他们赶走。那些赌徒很猖狂，在村里赌博，后来躲到六旺岩洞里赌博，影响村里的治安。④

另根据村民口述：

> 我们合寨是三县交界，柳江、忻城和宜州，合寨也是偏远的地

---

① 黄兴、许树侠：《宜山部分村屯成立村委会》，1981年12月11日。
② 当地说法，见于当地汇报材料和新闻报道，指随意放养牛马。
③ 调研点：广西河池市宜州市屏南乡合寨村果地屯，受访者编号：RL20140810MGY，受访时间：2014年8月10日，调研员：任路。
④ 调研点：广西河池市宜州市屏南乡合寨村果地屯，受访者编号：RL20140810MGY，受访时间：2014年8月10日，调研员：任路。

第五章 改革开放初国家化、地方性与村民自治诞生

方,老人家去地里犁田,回来晚的话,有四五个人猫在路边抢牛。①

时任三岔公社党委书记的向文忠坦承:

> 一个人口仅仅五千多人的合寨,赌风最盛时,从柳江的土博、忻城的欧洞、大塘等聚集合寨的赌徒,一天当中,接近一千之众。②

当年三岔公社派出所社情汇报也指出同样的问题:

> 在屏南、果立、合寨,赌风未熄,天天有几十人聚赌,柳江那边也有人来赌,在赶街日子,参赌的人就更多了,上百人聚赌,公社党委已采取措施,书记还亲自带领干部主动制止,但干部走后他们继续赌博。③

更麻烦的是不仅生产队瘫痪,生产大队也是自顾不暇。合寨大队集体林场常遭遇盗砍盗伐,林场有点乱砍,村里的十八个护林员看护林场。大队支部书记蒙宝亮想派人去守树林,一个老人不客气对宝亮说:"宝亮啊,现在是各家屋里都有自己的事情,你老是喊我仔去出工,耽误了自己的活路,又不挣工分了,也该轮到别家的人去了,再讲,我们去守山林,自己的东西挨偷了怎么办?"④ 1980 年 11 月份,合寨大队发生 11 起案件,其中有偷牛盗马的,有乱砍滥伐集体林木的,还有拐卖妇女的。⑤

当时,合寨大队几乎变成了一个公开的大赌场,每天到合寨聚赌的人少则二三百人,多则达八百多人。群众的财物、庄稼、耕牛经常被偷盗,集体、个人的林木被人任意砍伐,山林、土地、水利、房屋等各种纠纷不

---

① 调研点:广西河池市宜州市屏南乡合寨村果地屯,受访者编号:RL20140809MGZ,受访时间:2014 年 8 月 9 日,调研员:任路。
② 谢树强:《走进共和国史册的小村——广西宜州合寨村纪事》,作家出版社 2011 年版,第 79 页。
③ 三岔派出所:《一九七九年十一月敌情社情汇报》,1979 年 11 月 28 日。
④ 王布衣:《震惊世界的广西农民——广西农民的创举与中国村民自治》,广西人民出版社 2008 年版,第 34 页。
⑤ 宜山县贫协:《关于宜山县部分农村成立村委会的情况调查》,1981 年 10 月 10 日。

断，牛马猪鸡乱放，既糟蹋农作物，又影响村内卫生，等等。① 根据村民口述：

> 联产承包一段时间后，原来好好的生产队，毛老爷时代抓思想工作，那个讲落后的话，你不出工，不向队长、指导员请假，回来都要问你去哪里了，如果你去做坏事，群众开会要批斗你。不劳动，不热爱集体，不做集体活，那时思想抓得严。现在田地都分到户了，连生产队的仓库、大晒坪都分了，多数人认为共产党搞不下去了。有些老干部讲辛辛苦苦三十年，一夜回到解放前。在这种情况之下，群众自己耕种自己的田地，不管你生产队，我爱做什么就做什么，社会上就来了一个自由风，群众思想不一致。有些群众去集体林场乱砍乱伐，偷偷砍柴回来烧，公益事业比如集体水利也没人去修，冬季作物种不了，就是乱放牛马，到处乱窜。②

之所以出现严重的社会失序，当地政府归因于基层组织瘫痪所带来的治理真空。实行农业生产责任制后，由于种种原因，生产队的领导班子几乎处于瘫痪状态，致使农村的许多问题无人过问。罗平汉具体分析了公社体制本身的问题，即人民公社体制的社队干部出现了明显的分化。他认为："在人民公社时期，生产队与生产大队的干部管理公共事务，可以得到相应的工分补贴，他们在公共事务管理上花的时间越多，就意味着参加农业生产的时间越短，所以干部们也愿意在这方面耗费时间精力。包产到户后，对生产大队、生产队的干部不再实行工分补贴，而是对其进行固定的工资补贴。也就是说，补贴是固定的，因而他们耗费在公共事务管理上的时间越少越对其有利。另外，生产队和生产大队干部，他们属于农村中见识较多、社会联系较广的一个群体，因此，在相对宽松的政策环境下，他们离开农村从事各种经济活动的机会也要大于一般农民，那点并不多的工资补贴对其中一部分人并没有多大吸引力，因而他们中的一些人不愿意继续当干部了。这一方面是农村公共事务的管理与包产到户前相比难度增

---

① 金宝生：《村民委员会建设》，广西人民出版社1988年版，第2页。
② 调研点：广西河池市宜州市屏南乡合寨村果地屯，受访者编号：RL20140811MGX，受访时间：2014年8月11日，调研员：任路。

加;另一方面又有相当多的基层干部不愿意管事了,这就使得一部分农村处于无人管理的状态。"① 因此,公社基层组织瘫痪源于分田到户后农村形势的深刻变化,公社体制受限于自身制度的特点未能作出及时有效的回应,公社体制已经不适用农村社会管理。

此外,从中央组织的农村调查来看,广西当时的问题比较突出,具体表现为"不论是干部队伍和党组织,多数处于瘫痪半瘫痪状态,党在农村的各项方针、政策、任务,一到这一层就'卡壳'了,贯彻不到群众中去;群众要求解决的许多问题得不到解决,更谈不上加强对群众的思想政治工作,农村中的赌博、偷盗、封建迷信活动等歪风邪气,无人去抓去管,任其泛滥。这种状况不改变,农村的大好形势就难以继续发展。因此,加强农村基层的组织建设和思想建设,是当前农村工作的一项十分紧迫的任务。"②

二 重建秩序:公社解体中的传统村寨组织资源

随着公社的解体所带来的社会失序,对于村民的生命财产构成明显的威胁,生产队的村民们普遍有这样的感受,生产大队哪有时间管生产队,只能自己管理自己。合寨的村民在指望不上生产大队的情况下,自发组织起来,用自己的力量来维护社会治安,建立以治安防卫为主要目的的联防组织,按照传统的方式制定村规民约,恢复了地方社会秩序。谁也不曾想到,村民的自发行动会翻开基层治理的新篇章。

(一) 龙寨片的治安联防队

任何历史都不是一蹴而就的,村民委员会的诞生经历了一个复杂的过程。村民委员会最早的雏形是治安联防队,这与村民重建秩序的需求一致。不过,治安联防队的产生实属偶然,与一次未遂的"抢水"事件有关。合寨所属地区是喀斯特地貌,蓄水不便,同时以水稻种植为主的产业

---

① 罗平汉:《村民自治史》,福建人民出版社2006年版,第23页。
② 中共中央书记处农村经济研究室资料室编:《中国农村社会经济典型调查(1985年)》,中国社会科学出版社1987年版,第362—363页。

国家化、地方性与村民自治

结构使得水利成为农业生产的重中之重。为了有足够的灌溉水源，1971年在位于合寨肯塄屯200米的山坳修筑里洞水库，抽调合寨、果立、屏南等大队500名民工，1972年3月建成，通过引水渠灌溉下游的三个生产大队，合寨处于引水渠的上游。1979年，旱情比较严重，加上乱砍滥伐导致水库蓄水量有限，下游的村缺水灌溉，由此出现争抢水源的情况。下游的村民扬言要扒开拦水坝，这对靠近里洞水库的合寨大村、新村、肯塄和乾朗的龙寨片而言是一个巨大挑战。根据村民回忆：

> 我们这个水库，下片有一帮人准备来炸坝，上片为了保护大坝，搞了一个组织，治安联防队。我们四个村庄要团结起来，不让外人来侵害我们。①

面对共同的威胁，上片的生产队长行动起来，合寨大队一些生产队干部继续在所在的生产队内发挥作用。因为生产队干部与生产大队干部不同，生产队干部和村民处于一个紧密的共同体内，是他们生产、生活和交往最为密切的圈子，他们基于村民的信任而承担一定的道义责任。根据村民口述：

> 生产队长那个时候是人家选的，生产队长不是上级任命了，群众推选出来的，包括队长、妇女队长、会计、出纳、记分员等，差不多三分之一的家庭是生产队干部家庭，群众都看那个有生产技术，与大家一起搞生产，关心生产队的生产。然而，大队干部一般是上面任命的。有时候，上面也会到生产队来寻访有能力的村民到大队去做文书、会计和出纳等。这样子，得到上级的肯定，没有群众推选。②

这些具有道义责任感的生产队干部们自觉地维持着公社解体过程中的社会秩序，重新组织村民来解决生产生活中面临的突出问题，为村民委员

---

① 调研点：广西河池市宜州市屏南乡合寨村大村屯，受访者编号：RL20140816LBQ，受访时间：2014年8月16日，调研员：任路。
② 调研点：广西河池市宜州市屏南乡合寨村拉全屯，受访者编号：RL20140805MSX，受访时间：2014年8月5日，调研员：任路。

第五章　改革开放初国家化、地方性与村民自治诞生

会的诞生奠定了组织基础，因此，当时村民自治组织的召集人和参与者大部分是生产队的干部或者党员。

在1979年10月6日晚上，新村生产队长韦文林召集大村、新村、肯塄、乾朗四个自然村的生产队干部和党员韦文金、蒙国芬、蒙顶堂、韦建仁、蒙国祥、蒙国林、张现行、蒙金纯、韦绍新、韦绍成、蒙卫明、蒙振厚、罗云候、罗炳权、莫云吉等15人讨论保卫水库的事。队干们决定四个自然村连成一个片，组成治安联防队，无论片里哪个村遇到麻烦事，大家都一起动手。随后四个村的队干们推选出治安联防队主任韦建仁，副主任蒙国祥、韦文金、张现行、蒙国芬等。治安联防队组织巡逻队守护水库，之后并没有人来破坏拦水坝，是否是治安联防队的作用不得而知。可是，随后发生的偷牛事件证明了治安联防队的作用。

大村和新村之间有条小道是忻城往来柳江的必经之路，从整个合寨村所处的位置来看，位于三县交界之地，而大村和新村所在龙寨片则是交界地的汇合处，常有生人穿村而过，村民警惕着生人。1979年10月13日，蒙振堂与蒙秀香结婚那天，蒙振堂的母亲看到有两个陌生人急赶着三头黄牛经过，因为那个时候分田到户，又是半夜，治安较乱，于是怀疑是偷牛的，就喊抓贼，于是男女老少一起出动，吓得盗牛贼抛下牛逃跑。第二天忻城县马泗公社欧洞街的失主来龙寨片找被盗的牛，刚好是昨晚那三头牛，失主就将身上的60元钱交给蒙振堂的母亲，对她表示感谢，蒙振堂的母亲不肯收钱，第二天，失主将钱和一封感谢信交给新村生产队队长韦建仁，如何处理这钱让韦建仁犯难。与其他队商量后，韦建仁决定全村聚餐，开会讨论治安联防，制定村规民约。村民的回忆也印证治安联防队成立的情况：

> 我们用这些钱去买菜，每家一个人开会吃饭，组织一帮治安联防队，如果牛被偷，你负责拦这个地方，你拦那个地方，拦住不给人家跑。后来，不解决问题，我们要订村规民约，村里人违法也按这个处理，你也按了手印。开会的时候，我们准备了一桶酒，我们四个屯做个联防，用白公鸡血滴在酒了，意思是我们团结一心。[①]

[①] 调研点：广西河池市宜州市屏南乡合寨村肯塄屯，受访者编号：RL20140813WWF，受访时间：2014年8月13日，调研员：任路。

· 223 ·

(二) 会众议定村规民约

英国学者哈特认为："如果一个规则体系要用暴力强加于什么人，那就必须有足够的成员自愿接受它；没有他们的自愿合作，这种创制的权威、法律和政府的强制权力就不能建立起来。"① 治安联防队成立后，随即着手建立文本形态的村规民约，将秩序固化为规则。根据张明新的分类：传统乡规民约的文本形态分为劝诫性乡规民约和惩戒性乡规民约，以宋代《吕氏乡约》为代表的引导、劝告、督促乡民言行、提倡生活中相互合作帮助的旨在重教化而厚风俗的，可称为"乡范"或"村范"、重在"扬善"的劝诫性乡规民约；以明代《南赣乡约》为代表的宣示、明确乡村生活秩序的旨在维护乡村公共秩序与利益的，可称为禁约的重在"惩恶"的惩戒性乡规民约。② 张明新进一步提出："自《吕氏乡约》以降，传统乡规民约就不仅仅是以乡民自愿合意为基础的行为规则条文，同时也是一种地方性的民间自设的处理地方社区事务的较为完整的社会组织体系。这就使得乡规民约的组织建设与制度建设同步进行，以'组织'保障'制度'的推行。"③ 牛铭实也指出："乡约是自治的一种体现。由乡民自动、自发地制定规约，处理众人生活中面临的治安、经济、社会、教育、礼俗等问题。"④ 梁漱溟认为："乡约这个东西，他充满了中国人的精神——人生向上之意，所以开头就是说'德业相劝'、'过失相规'。他着眼的是人生向上，先提出人生向上之意；主要的是人生向上，把生活上一切事情包含在里边。"⑤ 上片的村规民约带有传统乡规民约的特点，与村寨治理形态有相似的地方。

当过大队秘书、小学教师的蒙顶堂，拟出了龙寨片的村规民约草稿，具体如下：

---

① [英] 哈特：《法律的概念》，张文显等译，中国大百科全书出版社1996年版，第116页。
② 张明新：《乡规民约存在形态刍议》，《南京大学学报》（哲学人文社会科学）2004年第5期。
③ 张明新：《从乡规民约到村民自治章程——乡规民约的嬗变》，《江苏社会科学》2006年第4期。
④ 牛铭实：《中国历代乡约》，中国社会出版社2005年版，第3页。
⑤ 梁漱溟：《梁漱溟学术论著自选集》，北京师范学院出版社1992年，第503页。

第五章 改革开放初国家化、地方性与村民自治诞生

如果本地人勾结外地人来偷盗或者赌博的，要禁止；还有拐卖妇女的，听其他地方有这种事情，我们要防止；放浪荡牛马的、窝藏坏人的，出事以后要找主家问罪；本片内如果有偷牛盗马者，一铲九族；本片如果有拐卖、赌博、嫖淫、偷盗的违法行为者，群众一定要抓来批斗，严重者报案依法处理；外人到我们龙寨片作案的，主任吹牛角后，全片的男女老少要出动拦路守坳等。①

1979年10月18日上午11点，在新村晒谷坪上，龙寨片四个村129户，每家来一个户主，120多人参加了治安联防队的成立大会，每人自备5块钱和1斤米，自带板凳和碗筷，由韦文金宣读《村规民约》，片长韦建仁讲话，介绍了联防队成立的过程，并对《村规民约》进行修改，具体条款如下：

第1条：禁止本地人勾结外地人来偷盗或者赌博，违者罚款20元；

第2条：严禁在本片拐卖妇女，违者罚款30元；

第3条：马牛糟蹋庄稼要找主家问罪，严重的罚款5元；

第4条：本片凡是有偷牛盗马者，依本地习俗处罚，违者罚款25元；

第5条：本片凡是拐、赌、淫、偷的不法行为，违者罚款30元以上，严重者要报案依法处理。

第6条：外人到我片作案，主任吹牛角，全片男女老少拦路守坳，违者罚款30元。

各户签字摁手印后，正式生效。

与会的蒙日耀后来对此做过评价：过去柳江的人来偷东西，喊打喊杀，我们一点办法都没有。组织起来是对的，这样才能保护我们的财产，

---

① 王布衣：《震惊世界的广西农民——广西农民的创举与中国村民自治》，广西人民出版社2008年版，第40页。

保护我们的水库，保证村里人的生产生活的正常秩序。① 当时合寨大队书记蒙宝亮对此持肯定态度："感谢你们协助我们合寨大队部的工作，如果大队12个自然村都像你们这样组织起来，整个合寨的治安就会好转。你们开了个好头，希望坚持下去。"②

原本的治安联防队主要是对外的，制定村规民约后逐步由对外防盗向对内约束转变，在一定意义上，治安联防队正在逐步代替生产大队和生产队的维持社会治安功能。根据村民口述：

> 村规民约规定不准本地人叫外地人到本村本屯偷东西，一铲九族。如果小偷来屯里偷牛，没有本屯人的帮助，他不知道牛在哪里，牛的主人在哪里，都不知道。这样对屯里群众进行约束。③

有样学样，合寨大队中片和下片都成立了治安联防队。1979年11月夜里，果地村蒙家亮发现两担谷子被偷走了，中片治安联防队片长蒙成顺和副片长蒙光新召集社员开会，发动大家分头寻找，最后在村头的大树下发现被偷的谷子。1980年2月12日，中片拉垒屯蒙建育家的母牛被盗，治安联防队员赶到蒙成顺家敲门报案，各村的人按照之前的约定在坳口堵截。下午，联防队员在四十公里外的柳城县六塘公社抓住了盗贼韦定里，追回母牛并罚款50元。据村民回忆：

> 我们屯和果地搞治安联防，有什么事情，两个村一喊就出来，一个屯搞联防搞不起来。最早被偷牛的是我们屯的蒙建育，当时我们和果地屯群众一起去找牛，后来发现是外村来走亲戚的人偷了牛，把牛追回来了。"④

---

① 王布衣：《震惊世界的广西农民——广西农民的创举与中国村民自治》，广西人民出版社2008年版，第40页。

② 王布衣：《震惊世界的广西农民——广西农民的创举与中国村民自治》，广西人民出版社2008年版，第40页。

③ 调研点：广西河池市宜州市屏南乡合寨村肯堓屯，受访者编号：RL20140813WWF，受访时间：2014年8月13日，调研员：任路。

④ 调研点：广西河池市宜州市屏南乡合寨村拉垒屯，受访者编号：RL20140805MSX，受访时间：2014年8月5日，调研员：任路。

另据村民口述:

> 乡里和市里面听说我们村治安搞得好,你们有办法,把牛找回来,说村规民约有效。当时去找牛,你没出动的话,家里父母会催儿女和群众一起去,在家没去找牛说明偷牛你肯定有份。①

(三) 临时性的治安联防

治安联防队随后扩散开来,三县交界地带的公社普遍建立了治安联防组织,并形成超公社一级的治安联席会议。1979年12月份,三岔、土博、大塘和三都四个公社分别在三岔屏南大队和土博公社召开两次治安联防会议,这四个公社彼此交界,有几百公里的边界线,有十几个大队地界相连,属于治安薄弱地带。对此,在《四社联防会议决议》中,与会的公社干部坦率承认:"今年以来,我们虽然采取了许多措施,对违法犯罪分子依法进行教育和惩处。但是,目前各种刑事犯罪仍然不断发生,偷盗扒窃仍然不断出现,投机倒把还比较猖獗,聚众赌博这股歪风至今还未完全刹住"。对于召开四社联防会议的原因也做了解释,"历史的经验清楚地表明,县与县之间,公社与公社之间的边界地带,有时情况比较复杂。什么时候麻痹大意,丧失警惕,这些地区往往成为反革命分子和各种刑事犯罪分子的活动场所,成为社会治安的薄弱环节"。四个公社一致同意成立治安联防领导小组,各大队成立治安领导小组,公社和大队的领导小组由公社党委和大队支部干部组成。还规定四社统一行动,对本地或外地人采取统一措施,解决管理权限问题,避免出现地方庇护。"不管哪个公社、大队,凡是抓到赌博、拦路行凶、偷盗扒窃、投机倒把等各种违法犯罪分子,无论是本地人或外地人,一律由当地按有关政策和法律处理,并负责通知犯罪分子所在单位,由所在单位责成家属带足钱粮交付对方单位,并办好有关法定手续后方可领人回家"。治安联防的规模扩张,联席会议成为常态机制。1980年2月份,合寨所在的三岔公社与周边的忻城马泗公社、大塘公社、柳江三都公社、

---

① 调研点:广西河池市宜州市屏南乡合寨村果地屯,受访者编号:RL20140809MGZ,受访时间:2014年8月9日,调研员:任路。

● ● 国家化、地方性与村民自治

土博公社等在三都召开五社治安联防会议，确定了五社联防联控的任务。之后的5月30日在马泗公社召开第二次会议，根据《五社治安联防马泗会议纪要》的内容，这次会议有交界地带公社和大队干部33人参加，进一步要求加强法制宣传教育，约定日期统一整顿市场秩序，维护集体经济，以党小组为基础搞好联防，打击偷盗、赌博等现象。按照规定每季度召开一次会议，并形成预备会议和正式会议相结合的规定，1980年9月份，三岔公社召开了第三次五社联防会议。可以预想的是其后只要治安形势没有好转，五社治安联防会议会继续召开。根据三岔公社公安派出所工作总结，社会治安搞得比较好的有合寨等大队，历来合寨是比较复杂的，治安问题和案件较多，今年来，由于搞了村规民约，加强了防范，发案很少，治安秩序比较稳定。①

不过，治安联防领导小组是非正式的交界地带的治安联防组织，出于交界地带治安状况恶化的应急之举，充满着治安防控的强制性特征，秩序来自于公社的自上而下的强制性权力。既有维护社会治安的一面，又有维护原有公社体制的因素，与后来的村民委员会有着本质性的差异。治安联防队从性质上来说，是临时性的组织，随着治安情况的好转，治安联防队也退出了历史的舞台。此后在一些特殊的时间段里，治安联防队临时组织一下巡逻队，但是它始终不是公社体制瓦解后的稳定的基层组织形式。根据村民口述：

> 治安好了，治安联防也没解散，当初有治安联防队员巡逻，一年两年也没发现什么，你不去我也不去，说解散也没有，说存在也没看见。现在多是临时的巡逻，比如屯里有联欢晚会，安排三四个村民看一下，以防万一，临时保安。②

总的来说，此阶段的村民联防组织具有一些鲜明的特征。一是自发性，主要是村民从自身安全需要出发所进行的集体行动，凭借自身的力量组织起来，并没有依靠外在的力量。二是临时性，一如传统时期的团练等

---

① 三岔派出所：《一九八二年工作总结》，1982年12月31日。
② 调研点：广西河池市宜州市屏南乡合寨村肯嘮屯，受访者编号：RL20140813WWF，受访时间：2014年8月13日，调研员：任路。

组织类似，主要是针对盗匪等社会动乱，在社会稳定之后逐渐解体，其存续的外在压力消失后内在需求也逐渐降低，组织也不可能继续发挥作用。三是传统性，此阶段的村民组织与传统相近，在内容和形式等方面与传统时期的村寨相似，改革开放初期的治安联防组织带有明显的传统色彩，一如村规民约中内容所体现的连带责任和暴力惩罚等。

（四）片区党小组建设

与临时性的治安组织相比，正式的基层党组织结构，也是支持社队体制的核心力量。以1974年三岔农村党组织为例，公社有13个农村党支部，176个生产队，其中，108个生产队建立党小组，占比61.3%，有个别党员的生产队64个，占比35.8%，没有党员的生产队5个，占比2.8%。生产队指导员176人，其中党员139人，占比78.9%，生产队长176人，其中党员50人，占比28.4%，农村党员总数692人，其中，507人担任干部，占党员人数的73.2%。[①] 随着包产到户后生产队干部躺倒不干，基层党组织处于半瘫痪状态，社队体制无法有效地组织动员农民来维护社会治安，在筹建治安联防组织的同时，公社党委以基层党小组和党员来领导和重建基层组织。

在五社治安联防会议上明确提出建议以片为单位组建联防队。片是一个非正式的单元，介于生产队与大队之间，之所以要成立片的治安联防队，原因是对于规模大和居住分散的大队来说，治安联防队管不过来，而每个生产队或者自然村成立治安联防队又力量有限，于是，将相对集中的若干生产队或自然村划作片区，实际上，这些片区以前其实就是一个村的单位，后来打散合并成大村后划小为生产队。生产队管理模式并不适合。生产大队管理范围很宽，一般都在3000人口上下，自然村的距离都在1.5里左右，因此，往往是鞭长莫及。而生产队当时又分得很小，一个自然村往往变成几个队，要完成这些带全村性的任务显然是无能为力的。[②] 对于片的出现，有不同的看法。有村民认为：

[①]《三岔公社农村党组织建设情况统计表》，1974年12月31日。
[②] 金宝生：《村民委员会建设》，广西人民出版社1988年版，第17页。

> 分片管理，大概是 1962 年的事情，村比较大，有十二个自然屯，彼此相距也比较远，人又比较多，分片管理比较方便。①

根据其他村民的讲述，

> 分片管理是分田到户后才出现的。片是我们自己分的，过去是这样子，1980 年生产队不起作用了，所以分为三个片进行自我管理，分为上片、中片和下片②。

> 片有一二十年的历史了。当初生产队的时候还没有片，在 1980 年前后才成立"片"，分片管理。③

暂且不管片成立于何时，但是在分田到户后确实已经有片这个地域单元，而后来建立的治安联防队使得片区从地域概念变为组织概念。治安联防队主要由生产队干部组成，中坚力量是党员，并且根据党的领导原则，在片区成立了党小组，作为治安联防队的领导机构。片长即党小组长，由本片党员选举产生，片区变成新的非正式的基层组织形式。至今，随着合寨村党支部升格为总支部，片长自然成为片党支书。片是党组织重建基层社会的尝试，承担着重要的组织功能。

> 片支书主要负责片里头发生什么事情，村民组长解决不了的，由片支书解决，再到村里，一直到乡里。片的工作是调解纠纷、传达政策和发展党员。④

后来，片发展为相对正式的组织形式，有一定的权责关系，是政策传

---

① 调研点：广西河池市宜州市屏南乡合寨村果地屯，受访者编号：RL20140808MCX，受访时间：2014 年 8 月 8 日，调研员：任路。
② 调研点：广西河池市宜州市屏南乡合寨村果地屯，受访者编号：RL20140807MGN，受访时间：2014 年 8 月 7 日，调研员：任路。
③ 调研点：广西河池市宜州市屏南乡合寨村果作屯，受访者编号：RL20140804WHN，受访时间：2014 年 8 月 4 日，调研员：任路。
④ 调研点：广西河池市宜州市屏南乡合寨村果地屯，受访者编号：RL20140807MGN，受访时间：2014 年 8 月 7 日，调研员：任路。

第五章 改革开放初国家化、地方性与村民自治诞生

递、纠纷解决和反映问题的渠道。

> 上、中、下片好管理点，开什么会的话可以传达通知。各片片长也负责协调解决屯里以及屯和屯之间的矛盾纠纷。各片长每个月有三十元的报酬，部分是村民小组长和村民代表兼任。①

村民也充分肯定片的合理性存在：

> 分田到户后才分片管理，各个片成立片支书，分片管理就是各个片有点问题各个片去解决，没必要去找村公所，减轻村公所的负担，如果片能够解决就在片里解决，并且片里对自己片的情况也最了解，自己处理，解决不了才找村公所。各片有纠纷，先由村民小组调解，解决不了找片长解决，再不行的话就到村委会解决，最后到乡镇。②

表 5-1　　　　　　　中国农村基层地域或行政单位③

地理名称	定义	地域或行政单位
近邻	住宅相邻的家庭	互助组
聚落	住宅结合、景观统一	自然村
村落	居住场所和生产场所构成的空间	初级社
村庄	行政管理而划分的空间	高级社；生产大队；行政村
村落联合	因水利、林野等结合的村落群	片
市场圈	以集镇为中心的空间	乡镇

---

① 调研点：广西河池市宜州市屏南乡合寨村果作屯，受访者编号：RL20140804WHN，受访时间：2014年8月4日，调研员：任路。
② 调研点：广西河池市宜州市屏南乡合寨村果地屯，受访者编号：RL20140809MGZ，受访时间：2014年8月9日，调研员：任路。
③ 应星根据日本学者小岛泰雄基层社会空间进行整理与归纳，应星：《农户、集体与国家——国家与农民关系的六十年变迁》，中国社会科学出版社2014年版，第46页，另见［日］小岛泰雄：《20世纪中国农村的基层空间》，载森时彦主编《20世纪的中国社会》上卷，袁广泉译，社会科学文献出版社2011年版，第382—384页。

三　村民自治：第一个村民委员会的诞生

合寨村成立的治安联防队力量毕竟有限，同时，通过治安联防所建立起来的社会秩序始终存在着合法性的困境，缺少来自基层民众的同意。之后，合寨大队果地村和果作村则用投票选举的方式解决了这一合法性困境，并在临时性的片区之下，在自然屯这一基本单元内建立了新的基层组织形式，即村民委员会。新的组织形式同样来源于维护治安的需要，又不仅仅是维护社会治安，而且还扩展到生产与生活领域，并成为正式的群众自治组织。

（一）果地村的"村民委"

回到1980年1月7日，家住在果地屯的合寨大队支部书记蒙宝亮接到电话："山洞里有好多人在赌博，柳江那边的"，他带领十多个民兵前去抓赌，虽然赶走了赌徒，但是天天抓赌也不是办法。于是，晚上找到果地片的治安联防片长蒙成顺，商量如何来维护村里的社会治安。两人一时没有主意，又一起来到蒙光新家里，他是学校老师，有文化，三个人一合计决定把果地的生产队干部和指导员召集起来开会讨论。于是，蒙宝亮、蒙光新、蒙成顺、蒙国顺、蒙国伦、蒙正昌、蒙正奉、蒙加凤、蒙正贤等十个人在蒙光新家中围炉而坐。蒙宝亮首先发言："现在情况很复杂啊，大寨不学了，人民公社也不算数了，阶级斗争不抓了不讲了，资产阶级思想越来越严重了，违法乱纪的坏人坏事多了，这么搞下去不行。无产阶级的江山怎么永远保持红色？你们都是干部，大多数还是党员，面子大，是村里头讲得起话的人。毛主席讲，农村是一个广阔的天地，在那里是可以大有作为的。请你们负起责任来，出头管一管果地村里的事。治安联防队是几个村联合组成片的事，果地村的事怎么办？毛主席讲，严重的问题在于教育农民，但是教育来教育去，还是不行，为什么不行呢？不罚款，人家就当耳边风，看来要罚钱才有作用。我们要定一个罚钱的标准。"[①] 这里所说

[①] 王布衣：《震惊世界的广西农民——广西农民的创举与中国村民自治》，广西人民出版社2008年版，第48页。

第五章　改革开放初国家化、地方性与村民自治诞生

的教育主要是干部训斥和群众批斗等，对于人民公社时期的农民行为而言，具有很强的约束力。不听话，就批斗，再加上剥夺工分等经济制裁，形成了与农民生活密切相关的依附型权力结构。纵使有少数越轨者，但是大部分农民是服从者。根据村民口述：

> 果地村委会有四个大的生产队，之后划小为九个生产队。生产队有队长、指导员、会计、出纳、记分员、保管员等，简称"队委会"。毛爷爷时代，生产队长管生产，生产队指导员抓政治，思想政治第一，党的政策路线第一，一个生产队搞得好不好，要抓群众思想工作。指导员思想工作做得不好，地里的粮食打回来了，交给国家的粮食少。①

当人民公社逐步解体后，以前所说的教育农民自然达不到预期的效果，农村基层社会转向更具效力的经济制裁方式——罚款。蒙光新强调：

> 现在上面讲要搞经济建设了，不搞阶级斗争了。搞经济建设就是搞钱，罚钱好，谁违反就罚他的钱，把坏人搞穷，把群众搞富。②

不过，罚工分也是经济制裁手段，现在罚款能不能起到作用呢？同为经济制裁，罚工分和罚款从表面来看都是利用农民的生产剩余实现行为约束的方式，本质上它们两者还是有巨大的差异的。首先是起点不同，罚工分是在集体统一分配的前提下对于社员集体劳动成果分配权的剥夺，劳动成果并不为农民个体所拥有，而是集体所有。罚款是家庭分散经营的条件下对于农户个体实际劳动成果的剥夺。其次是路径不同，源于前面起点的差异，罚工分是直接从集体劳动成果中罚没，而罚款则是要从个体农户手中罚没。最后是效力不同。罚工分依靠强大的公社体制，由干部主导罚工

---

① 调研点：广西河池市宜州市屏南乡合寨村果地屯，受访者编号：RL20140811MGX，受访时间：2014年8月11日，调研员：任路。
② 调研点：广西河池市宜州市屏南乡合寨村果地屯，受访者编号：RL20140811MGX，受访时间：2014年8月11日，调研员：任路。

· 233 ·

分，并不需要社员的自愿，因此具有强大的约束力。罚款在公社解体后，面临着合理性的危机，干部并不具有强制执行的权力，关键是取得农户的同意。

　　围绕罚款的问题，十个人你一言我一语讨论开。对于罚款的定位，蒙光新认为："还是要教育，先是教育，教育再不听，才能罚款。第一次5块，第二次10块，第三次是15块，每次加5块"，罚款并不是目的，罚款的目的是教育农民，维护共同利益。同时，罚款如何使用，有的提议："拿来给守夜巡逻队队员做加班费"，有人反对："不好吧，守夜巡逻本来就是轮着来的，都是各户的义务，都是大家的事情"，最后决定罚款要用于大家的事情才行。只有将罚款做如此的定位才能够让农民信服，这是农民同意的底线。接着是如何来让农民同意，因为会遇到一个棘手的问题，"要罚款，人家问凭什么罚款"，蒙光新说："看来要有个正式的组织才好管事"，"果地村要有个自己的组织才行"。果地与拉垒等屯和先前龙寨片的四个自然村一样成立了治安联防队，主要目的是对付外来的偷牛盗马等活动，保护自然屯的生命财产安全，效果比较好，群众也满意。于是，有人提出："治安联防队不是正式组织吗？"但是，"治安联防队只能管治安，治安当然要紧，其实，我们村里还有好多事情，比如没有电，没有一条像样的路，没有自来水，没有一所学校，也没有娱乐，生那么多娃子，又养不起"。[①]

　　到底搞个什么组织，大家的意见并不一致。有的主张成立果地村革命委员会，有的提议果地社员委员会，最后确定为果地村民委员会，简称"村民委"。根据村民口述：

> 多次会议研究，搞治安联防队，组织起来做群众事务，封山育林、禁赌公约、冬种作物，冬修水利，什么都管起来，一个村的政治经济，大小事情都管了。这样子了，就要安个名称，之前是治安联防队，大家都提，我也提，我们以前几个生产队，叫队委会，我们这群人起来，管全村的事务，应该叫村委会，到会的队干都同意这个名

[①] 王布衣：《震惊世界的广西农民——广西农民的创举与中国村民自治》，广西人民出版社2008年版，第46—52页。

第五章 改革开放初国家化、地方性与村民自治诞生

字,几个元老补充说,应该叫村民委员会。①

当晚,他们还草拟了《果地村公约》,由村民委负责执行。据果地屯村民口述:

> 我们九个生产队的队干一起讨论村规民约,第一条是外来的不速之客,留宿村里的,户主要报告给村委会班子,来的是户主朋友还是那个人,我们就好管理。为什么要汇报了,你汇报给我听,如果村里没事也没什么,如果有什么坏事的话,我要了解本村那个做坏事,外出人谁来我们这里住。这样子,大家研究来研究去,制定村规民约需要全村人共同遵守。比如说禁赌博,禁外面的人来赌博,你要来汇报,所以刚开始,我们对聚众赌博,那个赌的,窝藏赌博的,要处罚,张三家的聚众赌博,第一次教育,第二次教育,你还不改,第三次罚款,对户主处罚五块、十块。对赌崽,第一次教育,第二次教育,第三次还是参加赌博,要处罚,两块、五块。村规民约是一面实施,一面制定,一开始是封山育林,第二是聚众赌博,第三是如何管好乱放牛马,最后统和起来,在治安方面抓聚众赌博,搞五户联保,五个相邻的家庭相互监督和举报,督促村民不去参加赌博。②

不论是村民委还是公约不能由队干说了算,还必须征求群众的意见,特别是罚款,涉及每个村民的利益。为此,第二天参加前晚会议的队干部拿着草拟的《果地村公约》挨家挨户通知开会,1月8日下午4点,在果地屯公用的晒坪上,每家每户都有代表,根据事后统计,果地村800多人中,到会的有510人。蒙光新主持了当天的大会,他介绍了前晚队干们开会讨论的事情,然后由蒙成顺宣读《果地村公约》,逐条讨论,举手表决,然后各户代表签字摁手印。曾任合寨村村主任的蒙国总回忆:

---

① 调研点:广西河池市宜州市屏南乡合寨村果地屯,受访者编号:RL20140811MGX,受访时间:2014年8月11日,调研员:任路。
② 调研点:广西河池市宜州市屏南乡合寨村果地屯,受访者编号:RL20140811MGX,受访时间:2014年8月11日,调研员:任路。

我们的村规民约经过村民讨论通过的，如果违反村规民约，那就是自己处理自己，没有话讲的。"①

果地村公约

为了社会主义治安，经全村群众讨论决定，特制定村规。

一、坚决拥护中国共产党，热爱祖国，热爱社会主义。

二、做好防范，加强社会治安管理，各户若有外地来人须报村委会批准才能住宿。

三、维护治安人人有责，若有偷盗案发生，本村能出动的人员应该全部出动，并按村规信号急到预定地点，听从村委会的指挥和安排，追捕盗犯。对追捕盗匪有功者，将缴获的赃款的百分之十奖给有功人员。

四、人人遵守社会主义公德，不准男女对唱风流山歌，每人罚款二元；已婚男女对唱风流山歌每人罚款十元。不准赌博，违者对聚赌、窝赌、赌头、罚款十元，参赌者罚款五元。再犯者加倍罚，第三次除加倍罚外，还送公安机关依法处理。

不准偷砍国家、集体、个体所有的林木，违者除强令退出偷砍的林木外，每根直径五寸以上的罚五十元，直径五寸以下的罚款十元。不准在群众定为后龙山上开石炮、开荒、割草、砍柴、放牛，违者每分面积罚款十元，砍柴每百斤十元，不准打架、斗殴。家庭成员或村民与村民之间、户与户之间，队与队之间，村与村之间发生纠纷，听从村委会的调解。如村委会调解不当的可向上级或法庭直至法院申诉，服从上级判决，不能气愤打人，违者罚款十元。还付伤者医药费。

五、对维护和执行村规民约有功者得奖，每年年终评奖，根据情况分别给予精神和物质奖。

果地村民委主任　蒙光新
副主任　蒙成顺
1980年元月7日

---

① 调研点：广西河池市宜州市屏南乡合寨村果地屯，受访者编号：XY20000316MGZ，受访时间：2000年3月16日，调研员：徐勇。

第五章　改革开放初国家化、地方性与村民自治诞生

之后，队干们给每户代表发放小白纸，推选村民委成员，想选谁就选谁，共回收 143 张选票，在开会的晒坪上用木炭写上候选人的名字，然后用"正"字计票，公开唱票，蒙光新一票，蒙成顺一票……最后依照得票数，蒙光新、蒙成顺、蒙国顺、蒙国伦、蒙正贤等当选为村民委成员，其中，蒙光新是主任，蒙成顺是副主任，其他三个委员分别是会计、出纳等。姑且不论当时选举程序是否正规，但是村民委的出现是村民自治组织的雏形，与治安联防队相比，更接近于今天人们所熟知的村民委员会，因为它是村民选举产生，是一种自下而上的权力授予：村民委和公约都征得村民们的同意，赋予其管理村内各项事务的权力。

村民委产生后的一天，果地村民韦教民偷砍了村里的山林，被村里人发现，报告给村民委，蒙成顺当即赶往现场查看，又在韦教民家里发现了三捆柴。依照《果地村公约》罚款 15 元，因为韦教民在公约上签过字，老老实实交了罚款。根据村民口述：

> 分田后干部不愿意干，生产队干部各做各的，封山育林也做不下去，所以制定村规民约，砍树要罚款，举报的人有奖。屯里有个小孩子就举报了一个砍树的村民，用来修木犁，白天去看好树，晚上去偷偷砍，小孩子听见声音，报告给我们，我们发现了砍树的村民，于是罚款六十元。被罚款的村民发脾气，讲罚款太重了。买了两包红灯笼烟来说情，因为他是第一次犯，所以罚款减半，还是上交了三十元，奖励小孩子一十五元。从此，其他村民不敢去乱砍乱伐。那个时候，外地的人唱风流山歌，唱到天亮，老人家听不惯，看不惯，我们订村规民约，不准唱野山歌，晚上才安静了。①

果地村另一村民覃玉发在家中聚众赌博，村民委几次找他谈话，他并不承认，后来被蒙光新抓个正着，罚款 15 元。对于罚款的处理，在商量公约和村民委的时候有过讨论，明确不能用于村民委或者联防队的工资，但是罚款总数不多，又做不了什么大事情，均分到每家每户有没有什么作

---

① 调研点：广西河池市宜州市屏南乡合寨村果地屯，受访者编号：RL20140810MGY，受访时间：2014 年 8 月 10 日，调研员：任路。

国家化、地方性与村民自治

用。蒙光新想出了一个好点子，用罚款请电影。一是村民闲暇时间也没有什么娱乐活动，看电影对村民来说有吸引力，并且每个村民都能够从看电影中受益；二是由于各家各户都来看电影，每次都聚集很多人，也是宣传公约的好机会。当电影放到中间的时候，蒙光新会出来讲一段话："各位父老乡亲兄弟姐妹们，今天晚上请大家看电影，这个放电影的钱是聚众赌博的罚款，大家注意了，不准赌博，国家法律不允许，果地村的公约也不允许，我们村的人不准赌博，见了外村的人来聚赌，我们先是教育，再赌博要按公约办，罚款5到10元！我们罚款的目的是为了杜绝此类事情再次发生，这是轻的，重大的要送交政法机关处理。借此机会，再次宣布一下《果地村公约》……请各位自觉遵守，相互监督，切实维护群众利益。"① 说完后，接着放电影，与电影一样精彩的是村民们对越轨者的议论，人家的教训就是自家的教训，无形之中在村庄中营造了一种遵守公约的良好氛围。通过放电影所创造的公共平台，果地村村民委不仅树立自己的威信，同时也以公共舆论这种软权力和罚款这种强权力相结合的方式推动了村民的自我管理与自我教育。一段时间后，违反公约的人少了，社会治安也得到了明显的改善：

> 我们进一步向群众宣传，不准乱放牛马，不准乱放鸡鸭糟蹋庄稼，做了这几件好事。冬季作物可以种了，封山育林，以前有几个乱砍的，我们拿来教育，教育不改的罚款，有一个罚款十几块，有一个二十几块，我们用罚款请大家看电影，群众聚起来看，我们在会上说，这次看电影，钱从哪里来的，有人不遵守村规民约，乱砍乱伐，处罚的钱请电影，公布给大家听，要教育我们的群众，教育我们村民，不要乱砍滥伐，要遵守我们的村规民约，不要乱赌博。②

> 那时候地方比较乱，柳江那边的人思想太落后，每天夜晚过欧洞那边偷牛偷马，路过我们村，怪我们没拦，也怕偷到我们村来。刚刚承包到户，偷鸡摸狗，上山砍柴，赌博，唱山歌等比较多，于是，我

---

① 王布衣：《震惊世界的广西农民——广西农民的创举与中国村民自治》，广西人民出版社2008年版，第46—52页。
② 调研点：广西河池市宜州市屏南乡合寨村果地屯，受访者编号：RL20140811MGX，受访时间：2014年8月11日，调研员：任路。

们开会，群众订立村规民约，抓偷牛盗马的，搞治安联防，罚款，给群众放电影。一段时间后，抓过两回偷牛的，社会治安好些了，偷盗的、唱山歌的也平静了。①

（二）果作村的村民委员会

与果地相隔不远的果作村接力式地进行了村民委员会的新一轮探索。1980年1月15日，作为果作第一生产队队长的韦焕能召集其他队干韦定陆、覃立轩、韦鹏舞、韦友全等在老樟树下开会，讨论村里的事情如何来管理。根据村民口述：

> 生产队也没有集体经济，也没有什么事情需要管理，连大队这个班子也瘫痪了，大队也不管事了。80年村里的老人韦树生、韦耀强找到我说"鹏舞啊，现在分田到户，村里没人管事了，马上就要开年了，水渠也要整修一下，准备春种"。我就跟韦焕能讲"焕能啊，你是共产党员，又是第一生产队的队长，我们要组织六个生产队开会讨论明年的水利建设和生产管理"，讨论怎么来做，怎么组织起来，五队是我、二队是韦友全、六队是韦定陆、二队是覃立轩、一队是韦焕能。大家认为要让群众来选举管理组织，每一个队派了一个代表来参加选举，从六个人中选出五个组成了果作村民委员会。②

以前生产队上面有生产大队和公社，生产队根据生产大队的安排来执行即可。如今分田到户，生产队虽然还在，但是个人顾个人的，生产队既不需要派工，也不需要安排生产，生产大队也顾不上下面的生产队，"大队的人连集体的林子都看不过来，哪有时间管我们的事呢"，"不能指望大队干部，现在的大队是个空壳子"。不时有人提出自己的看法。韦焕能说："快插田了，合伙用的水渠总该修一修，需要一个管事的组织啊。"覃立轩说："生产要搞，治安也要搞。现在简直是无法无天了，村里经常有外头

---

① 调研点：广西河池市宜州市屏南乡合寨村果地屯，受访者编号：RL20140810MGX，受访时间：2014年8月10日，调研员：任路。

② 调研点：广西河池市宜州市屏南乡合寨村果作屯，受访者编号：RL20140806WPW，受访时间：2014年8月6日，调研员：任路。

国家化、地方性与村民自治

的人来，鬼鬼祟祟的，一看就不是好人，以介绍工作对象为名，骗走了村里的妇女，带去广东拐卖，简直拿村里的妇女不当人！妇女为什么相信他们？为什么跟外人走？一个字，穷。"韦焕能接着说："要想发财致富、脱掉穷帽子，先要有安生的日子。像现在这样，富起来有什么用？放在身上怕抢，放在屋里怕偷，有钱也是贼的！还有大家看看村里的环境，简直太不像话……"①

根据村民口述：

> （村委会）第一个目的是抓生产，第二个目的是管理治安。生产方面主要是发动群众去修渠道、公路，组织农民进行生产。如果没有村委会，村民耙田的时候就没有人去修水利。分田到户后冬修水利也没有人参加，也没有人管事。另外就是村委会管理治安，成立村委会后，村里也就没有偷盗事件。新村那边发动群众抓偷牛贼，牛找回来后，建仁和国祥成立联防队，这是人民公社所没有的。那时社会治安好，有大队民兵等，维持治安。先有片的联防队，后有屯里的村委会。②

"果作村的事情，大队不管我们自己管！现在最重要的是先管哪些事，由哪些人来管。我们这些队长有名无分，再出头管事名不正言不顺。我们要有一个组织才行"。几位队干都同意，这就需要有一个名义、有人牵头去办，韦焕能提议叫村民委员会，这个称呼既符合村里实际，又符合村民的身份。但另一个问题是过去生产队队长是大队任命的，现在如何产生村委会，怎样来确定管事的人呢？韦焕能说，"要由村里的群众来选举，选举出来的干部讲话才算数，不然我们自己说是干部，人家不吃那一套，问你为什么那么爱管闲事，你是什么官，哪个喊你当的"。公社的干部是任命的，现在没有人来任命，谁也不能站出来说自己来领导。最后大家商量，每户派个代表选举村委会，依得票多少来确定在村委会中的职务。

---

① 王布衣：《震惊世界的广西农民——广西农民的创举与中国村民自治》，广西人民出版社2008年版，第59—65页。
② 调研点：广西河池市宜州市屏南乡合寨村果作屯，受访者编号：RL20140806WPW，受访时间：2014年8月6日，调研员：任路。

第五章 改革开放初国家化、地方性与村民自治诞生

1980年2月5日,果作屯举行村民大会,全屯125户,每户一名代表,实际到会85人。

合寨大队大队长蒙光捷主持会议,他说,"果作村的社员同志们!今天,村里各生产队的队长叫我来,我也是很愿意来。群众自己选举干部,这是个大事情,也是个好事情。村干部就是村里的领导,一定要选好。我希望这次选举,选出哪些群众满意的、信得过的、有威信的、有能力的当家人,不但能够搞好村里的治安,还能够搞好村里的各项工作,带领全村人过上安定团结的日子,走上勤劳致富的道路"。对于如何选举,蒙光捷说:"选干部,怎么选?我们都没有现成的经验。我同意群众的意见,不搞候选人,搞无记名投票。同意哪个就写他的名字,一个名字就算一张得票,谁得的票多谁当选。"①

根据村民口述:

> 为何要投票呢,以前不投票,举手表决,同意的举手,不同意举手。比如说同意韦焕能当主任的举手,有些举手的人心里并不一定同意,也不好做声,干脆用投票来解决。以前生产队长、大队长没经过群众投票的。②

> 当时怕没有人愿意当,所以提出选上谁就是谁来当,队长个个都要表态,当时没有人愿意当干部,所以要选,因为当时"文化大革命"刚刚结束,"四清"运动时大队支书被批斗过,干部要挨斗。③

在场的队干给每个到会的村民一张小纸片,村民在一张小纸片上写下中意的人。果作屯有6个生产队,原计划每个生产队选1人进村委会,代表们选出6个人,后来发现村委会只需要主任一名、副主任两名、出纳员一名、会计员一名,又从原来6人中选出5人。④ 根据村民口述:

---

① 王布衣:《震惊世界的广西农民——广西农民的创举与中国村民自治》,广西人民出版社2008年版,第62页。
② 调研点:广西河池市宜州市屏南乡合寨村果作屯,受访者编号:RL20140804WHN,受访时间:2014年8月4日,调研员:任路。
③ 调研点:广西河池市宜州市屏南乡合寨村果作屯,受访者编号:XY20140804WHN,受访时间:2000年3月16日,调研员:徐勇。
④ 王维博:《中国第一个村民委员会诞生记》,《村委会主任》2010年第6期。

国家化、地方性与村民自治

> 面对偷牛盗马的情况,召开党员骨干会议,商量开群众会,把我们这个村的治安搞好,大家也都好点,出外面做工都放心点,可以多做点工,家里的牛不用担心被偷。于是,开群众会选管事的,选五个人,票数从高到低,一正两副会计出纳,五个人,哪个票多,哪个当。我们果作有 85 个代表参加投票,我得全票。①

副主任是韦友全和韦定陆,出纳是韦鹏舞,会计是覃立轩。果作村委会成员的构成主要以生产队队干为主,除了韦焕能外,韦友全是果作二队队长,韦定陆是果作三队队长,覃立轩是果作五队队长,韦鹏舞为果作六队会计。

村委会成立后,果作村也制定了村规民约,这份村规民约由韦鹏舞起草,经过村委会开会讨论,修改后誊抄 125 份,分发给村里每户人家。根据村民口述:

> 我们制定村规民约,没有村规民约比较乱,村规民约有奖有罚,在群众会上,大家一起讨论村规民约,哪条要修改,要增加哪条。后来经过群众投票通过。有了村规民约之后,偷牛盗马没有了,赌博也少了,有是有点,很好了。罚款几十元,人家也不敢赌了。乱放牛马也少了,个别有点。这样子,果作的治安也好了,晚上也不锁门了。东西放外面也没人敢要。村规民约实施后,群众感觉也比较好。②

后来这份村规民约成为村民自治的一个重要物证,作为村民自治发端的标志,深深地影响了中国农村基层政治体制的历史进程。

果作村村规民约

一、必须提高思想觉悟,认真体会安定团结的重要意义。

---

① 调研点:广西河池市宜州市屏南乡合寨村果作屯,受访者编号:RL20140804WHN,受访时间:2014 年 8 月 4 日,调研员:任路。
② 调研点:广西河池市宜州市屏南乡合寨村果作屯,受访者编号:RL20140804WHN,受访时间:2014 年 8 月 4 日,调研员:任路。

二、严禁赌风，不准私家、村里开设赌场，违者罚款十元。

三、为了保苗夺丰收，严禁放猪，违者每次罚款五角并赔偿损失处理。

四、维护娱乐活动，禁止在村内、附近对唱山歌，违者追抓罚款，每人十元。

五、不准在路边、田边、井边挖鸭虫，受损失的，罚工修补。

六、不准盗窃，违者按件加倍赔偿，并罚款五元，情节重者，呈报上级处理。

七、遗失东西，拿回交给村委，归还原主。

八、不准在泉边、河边大便，不准上游洗衣、洗头、梳发、晾晒蚊帐、被单等。污染东西。

九、发扬讲卫生光荣精神，不卫生可耻，自觉做到码头经常冲洗，保护清洁。

果作村村委会
一九八零年七月十四日

封山公约

1. 严禁毁林开荒，违者每平方尺罚款五角。

2. 不准在封山内砍柴、割草、挖兜、刮草皮、打石头，违者每百斤罚款十元。

3. 村里的风景树，不准折枝乱砍，违者罚款十五元。

4. 不准盗窃林木，违者，每百斤罚款十五元。

5. 实行护林有功者奖、毁林者罚的办法。对维护林木有功者奖百分之五十资金。

6. 不准在育林区内放牧牛、马、羊群，违者每头罚款一元，外村贰元。

果作村村委会
一九八零年七月十四日

（三）第一个村民委员会的争论

果地和果作先后成立了村民自治组织，至于谁才是第一个村民委员会，曾经引起过村民的巨大争论。这个争论其实是很有价值的，有助于厘清村民委员会乃至村民自治的内涵，或者说村民委员会区别于其他基层组织的独特性。龙寨片即上片的村民认为他们率先成立治安联防队并制定了村规民约；果地村民认为他们最早使用村民委的名称，也有公约为证；果作村民认为他们村民委员会是选举产生，也有可考证的村规民约做证。根据那段历史的亲历者，韦焕能做过如下解释：

> 上片的村规民约是按照传统办法做的，没做民主选举的，他们做的是治安联防队，我们果作是按照民主的办法做的，所以是果作在先。上片和果地做的是村规民约和治安联防队，而果作用民主选举的方式成立了最早的村民委员会。①

其实，不管是哪个村最先开始探索，三者之间都有着明显的承继关系。治安联防队、村民委和村民委员会等源自于一个共同的目标，即重建基层社会秩序。在公社体制所塑造的刚性秩序出现松弛后，当时的社会一度陷入混乱，对生命财产安全的忧虑使得困顿中的村民自愿行动起来，建立自己的组织，制定共同的规约，恢复期盼已久的社会安定。与以前重建秩序的方式有所不同，上片、果地和果作接力式地完成了新的基层社会重建。治安联防队是在不依靠外部力量进行自我组织，以维护社会秩序的大胆尝试，当然这种尝试还保留有传统社会的特点，会众议约，歃血为盟等，以此来实现责任共担。在公社体制下找不到合适的方式或手段之时，村民往往容易回归到传统之中。与上片不同，果地和果作找到了新的方式，即通过选举的办法产生村民自治组织，由村民赋予村民自治组织以管理权力，村规民约同样也是村民意志的体现，村民愿意接受村规民约的约束与惩罚。由此看来，村民委员会有三个显著的特征：一是自力性，即依靠自己的力量，而非依靠外部力量；二是自主性，即有村民自己决定自己依靠的力量；三是自律性，即村民自觉服从自己选择的力量。

---

① 调研点：广西河池市宜州市屏南乡合寨村果作屯，受访者编号：RL20140804WHN，受访时间：2014年8月4日，调研员：任路。

表 5-2　　合寨村生产队组织、治安联防队与村民委员会的比较

组织名称	公社组织	治安联防组织	村民委员会
组织类型	全能型	专项型	功能型
治理范围	行政村	片	自然屯
组织层次	大队—生产队—社员	治安联防队—社员	村民委员会—村民
产生方式	任命	推选	选举
参与主体	生产队干部	部分生产队干部	村民
运行方式	自上而下指令	自上而下授权	自下而上授权

当然，早期的村民委员会有几个尚待解决的问题：一是功能的替代性；二是权威来源的合理性；三是结构的分化性；四是制度的规范化。首先是功能的替代性，新出现的村民委员会在体制转轨后接续生产队的部分功能，又能够承担与经济社会发展相适应的新功能，包括执行政府任务、管理集体经济、兴办公益事业、调解村庄纠纷等，发展成为功能完备的基层社会组织。其次是权威来源的合理性。村委会的成立没有来自生产大队或者公社的授权，与以往由上级自上而下任命生产队干部不同，村委会的权威主要来源是自下而上村民的认可，村民同意村委会来管理村庄内部事务。至于村民同意的方式或途径，早期村委会由于具有自生自发性，有的村委会是推选，有的是选举，就算是选举也是举手表决或者其他简易方式，没有什么详细的程序性规定，不像后来村委会选举那样有严格细致的制度规定。接着是结构的分化，早期的村委会建设是比较草创的，主要目的是产生管事的人，村委会内部的组织结构和人员分工等都较少涉及，或者只是简单的约定，没有后来村委会内部的明确的分工以及各类委员会等，村委会是一个整体的组织形式，类似于原细胞一样，尚未分化发育出不同类型的组织形态。最后是制度的规范化，宜山、罗城一带产生的村民自治组织是各地自发产生，单就名称而言就多种多样，同一公社不同生产大队都有不同的叫法，更不用说村民自治组织的人员、作用等，缺少统一的制度形态，并且与生产大队、公社的关系，以及与党小组的关系都没有制度性的规定，整体上带有应急性组织的特征。上述四个方面的阶段性特点是村民委员会继续发展的转折点，能否充满生命力还需要在后来的村委会建设中寻求答案。在宜山、罗城一带产生最早的村民委员会之后，村民

委员会迅速发展起来,从一村一乡再到一县一市,相比于后来闻名全国的村民委员会而言,这个阶段的村民委员会主要是自生自发的,随着地方政府的重视和试点,村民委员会的发展才走上政府推动的规范规制的发展道路。村民委员会在自生自发阶段对村委会的一些问题进行了积极探索,构成后来全国普遍建立村民委员会的有益经验。

四 替代生产队:重组农村基层组织单元

为什么村民委员会并没有像之前的治安联防队那样功成身退呢?治安联防队之所以消失一方面是因为村民委员会的产生;另一方面是治安联防队本身是临时性组织,围绕社会治安而生,当社会秩序重新建立后,治安联防队也就走到了终点。与之相比,村民委员会却能够发展起来,则受益于其本身功能定位的综合性,合寨的村委会承担十二项工作:制定和执行村规民约;协助完成国家任务,督促群众兑现经济合同;维护社会治安;制止乱砍滥伐林木;兴办公共福利和公益事业;制定禁垌公约[1],保护农作物;调解民事纠纷;办文化室;办扫盲夜校;办科技讲座;抓青少年教育;破除迷信,移风易俗等。[2] 归纳起来,村民委员会的功能,最初是协助政府维持社会治安,后来逐步扩大为对农村基层社会、政治、经济、文化生活中的诸多事务的自我管理,村委会的性质也逐步向群众性自治组织演变。[3] 最终取代生产队成为基层组织的正式形态。

(一)政府任务执行者

徐勇认为:"新中国建立后,尽管逐步建立起自上而下的行政管理体系,但这一体系是开放的,即吸纳广大农民群众的参与。一是行政决策要求'从群众中来,到群众中去',听取群众的意见。民众不是单纯的行政

---

[1] 垌,当地对田地的称呼。
[2] 杨欣:《来自"中国村民自治第一村"的报告——广西壮族自治区宜州市合寨村调查》,载许宗衡主编《当代中国农村治理结构探究——以党支部与村委会关系为视角》,人民出版社2001年版,第247页。
[3] 徐增阳:《村民自治的内涵、意义与发展历程》,《人口与计划生育》2005年第5期。

第五章 改革开放初国家化、地方性与村民自治诞生

行为的被动接受者，而且能够成为决策的参与者。二是农民直接参与讨论与他们利益密切相关的地方与基层公共事务。经常性地召开群众大会，这是中国共产党执政以后农村工作的重要方式。正是由于群众参与，促使自上而下的行政机制更容易和更深入地向乡村社会渗透。农民群众得以及时了解行政意志，并建立起对行政决策的认同。这种吸纳群众参与的行政渗透机制在20世纪50年代表现得尤其突出，并一直延续下来。即使20世纪80年代实行村民自治制度，在一定意义上也是通过吸纳群众参与强化行政渗透。"[1] 在稳定家庭联产承包责任制基础上，村委会承担督促农民完成公购粮任务，保证国家汲取功能。分田到户后，国家汲取农业剩余的方式发生转变，以前生产剩余由生产大队提取，先完成国家任务，留下集体的，然后才在农民内部进行分配，公社体制犹如高效的资源汲取导管。分田到户后国家必须面对分散的农民，要从一户一家的农民中收取公购粮或税费，对于国家来说，确实是一个巨大的挑战。相比于公社体制而言，村民委员会是与家庭联产承包责任制适应的资源汲取载体，借助于村庄的自我管理，以国家不在场的方式督促村民履行土地承包义务。分田到户后的合寨大队以及后来的合寨村除了困难家庭外，没有出现大规模拒绝上缴的现象。根据宜山县1983年的一份内部材料，1980年以来，宜山县石排村有41户农民没有上交公粮，成立村委会后，有38户完成了三年的购粮任务，交售粮食17153斤。[2] 早期村民委员会的突出功能是村民的自我约束，对于那些村民认为合情合理的政府工作，村民在村委会的约束下履行义务，村委会无形之中充当了政府任务的执行者，承担着协助乡镇政府工作和向乡镇政府反映意见和要求的功能。

（二）集体经济管理者

从生产队的本质来看，主要是集体经济的管理者，因为公社体制政经合一，兼有政治和社会功能，管理集体经济是生产队的职能。分田到户后，生产经营权和分配权等都已经由家户来承担，大部分集体资产能分到

---

[1] 徐勇：《"行政下乡"：动员、任务与命令——现代国家向乡土社会渗透的行政机制》，《华中师范大学学报》（人文社会科学版）2007年第5期。

[2] 广西壮族自治区民政局：《关于印发〈广西壮族自治区宜山、罗城、柳城、来宾四县建立村民委员会的调查〉的函》，1983年3月15日。

户的都已经分到户，仿佛并不需要什么组织来管理集体经济，集体经济本来也没剩下什么，只留下一个名义上的空架子。显然，这种思路忽略了农村土地的集体所有属性，但是不能忽视集体与农民之间土地承包关系的存在，包括承包关系的契约形态即承包合同的签订与履约，以及有关土地承包期限和土地延包的规定等。诸如此类有关土地承包关系的事务是资源汲取功能以外的连带责任。1984年开始土地承包第一轮延包工作，合寨村各村民小组的经济合作社作为发包方与社员签订新一轮的土地承包合同，维持原有承包合同不变，根据田地面积等，分配相应的公购粮等上缴任务，形成相应的决议书，各户户主签字盖章，与过去的公社体制下资源汲取方式不同，农村经济体制改革是以契约方式来进行资源汲取，而村民委员会代替原来生产队以集体经济管理者身份与农民建立土地承包关系，如前面提到的那样，村民委员会承担一系列集体经济管理功能。下面是果作村委会为了收回集体土地而议定的规约。

果作村委会共保字据

我们果作村全体群众为了维持祖辈遗留下来的光荣传统和作风，经过充分讨论，异口同心，一致通过决定，将老祖先的本村的集体土地，永不允许个人建房，公为私有的精神，为此，特在于一九八二年七月四日上午，开始群众性全力毁坏收复归公，恐有后人控告此事，有我们全村公民有福共享，有祸同当，特作出以下盖章。存实为照。

公元一九八二年七月四日

村委会韦焕能

韦友全

韦定陆

覃立轩

韦鹏舞

除了承包地外，村民委员会也是林地的管理者，不仅包括集体林地的所有权，而且在相当长的一段时间里，村民委员会还是集体林地的经营者。分田到户让农民看到分林到户、分山到户的可能，在没有明确的政策规定的情况下，农民以自己的实际行动来分林分山，砍伐林木，开垦山林等不一而足。村民委员会组织起来维护集体林地，在最早一批村委会制定的《村规民约》中就有关于禁止乱砍滥伐的禁约，并由村委会组织人员来管理山林。村委会作为代替生产队的农村合作经济组织实际上承担生产服务职能、管理协调职能、管理本组织的土地、为家庭经营服务，搞好属于统一经营的生产项目、协调国家、集体和个人三者的关系。

（三）村落公共事业建设者

潘维认为："在乡和村这一级，国家与社会之间并不泾渭分明，而是混为一体的。农村集体往往只具有国家的部分特征，却具有社区的全部特征。"① 最先成立的村民委员会在恢复社会秩序后，将注意力转移到社区公益事业上。在人民公社体制内，农村公益事业由公社或生产大队组织群众义务投工投劳兴建，虽然农业生产剩余有限，但是通过群众性的运动，却能够为农民提供最基本的公共服务，包括与生产相关的农田水利，与生活相关的医疗卫生等。分田到户后人民公社的体制性力量弱化，以分为主导的农村经济改革必然影响以农民合作为基础的公益事业。农村公益事业出现严重的退化。同时，国家也没有足够的资源来维系或者改善农村公益事业。在这样的背景下，新生的村民委员会依靠农民自愿的力量致力于公益事业建设，填补了公社解体后留下的公共事业空白。

事实上，对于村民委员会的发起者来说，当初的想法不单单是维护社会治安，农田水利、公共道路等也是他们考虑的事。1980年冬，广西第一批农村基层群众性自治组织——村民委员会在宜山、罗城县诞生了。其中，最先建立的有宜山县三岔公社合寨大队果地下村村民委员会、北牙公社塄村大队冷水村村民委员会和罗城县长安公社牛毕大队新维村村民委员会。由于各村的实际情况不同，具体到某一个村民委员会，最直接的、最具体的原因各不相同。有的是搞好社会治安的需要，有的是生产建设的需要，有的是搞好公共福利事业的需要。② 果地村蒙光新回忆：

> 治安好转后，我们带领群众修水利、拉照明电线，我们发动群众

---

① 潘维：《农民与市场：中国基层政权与乡镇企业》，商务印书馆2005年版，第15—16页。
② 金宝生：《村民委员会建设》，广西人民出版社1988年版，第1页。

■● 国家化、地方性与村民自治

集资，去里洞水库拉电线，等等。我们以前是砂石路，全屯牛多人多，一赶牛马出去，雨天都是泥巴，当时没有自来水，群众早上起来要去挑水，如果哪个青年嫁到果地，第一个要解决的买上等水鞋，路难走。我们领导班子考虑挑细沙补一次，群众没钱，做不成水泥路。我们又做了三处的洗衣码头。照明用电是从里洞电站拉过来的，我们买低压线路，算了多少米，大概要多少钱，群众集资一万两千元，我们村干部骑单车到大塘村拉回来，去了三趟。1981年底，我们就用上了照明电。"①

农村泥路难走，影响到村民出行，是村里的大事。接着是洗凉房。果地村中有小溪穿行而过，每到夏天男女老幼都去溪边洗澡洗衣，洗衣倒不是什么问题，洗澡就难免遇到尴尬，容易引起误会，也不文明。村委会便在溪边建了简易的三个隔间，建立文明的空间秩序。根据村民口述：

说到公益事业，多如牛毛。分田到户后，集体经济分光了，都没剩下什么。当初河边女同志要洗衣服，我上来以后把河边的洗凉房做好，后来又做会议室，篮球场。这样子，三个一点做公益事业。你可以去看那些功德碑，四四方方写满了捐款。②

根据1983年三岔公社的统计，144个自然村中128村成立村委会，共计做公益事业1458件，解决了村集体生产的众多问题，还特别担当起扶危济困的责任，照顾困难群众家庭的生活。罗城县新回村将供养五保户的责任担起来，发动群众筹集资金供养五保户，保证五保户每年口粮600斤、零用钱1元、新衣服1套、过年猪肉5斤。每年还发动群众开展优待军属活动，将筹集的现金和生活物资送给军属，发挥社会救助与优抚的功能。德胜公社上坪村还办起文化室，组织群众开展文化娱乐活动，比如彩调队、舞龙舞狮队、篮球队等。村委会在力所能及的范围内开展村庄公益

---

① 调研点：广西河池市宜州市屏南乡合寨村果地屯，受访者编号：RL20140811MGX，受访时间：2014年8月11日，调研员：任路。
② 调研点：广西河池市宜州市屏南乡合寨村果地屯，受访者编号：RL20140807MGN，受访时间：2014年8月7日，调研员：任路。

事业建设，在没有政府投入的情况下，自己动手筹集资金和劳动解决自己生产生活中的问题，满足公共服务的需要。[①] 在公益事业的建设过程中，农民也逐步发展出一套程序或者规则，虽然不能说程序严格，但是可以说是简约实用，也逐步完善了公益事业建设的决策、管理和监督等环节，自生出村民自治的一些程序性规定，在后来村民自治的发展中起到重要的作用。

分户经营和统一经营相结合是家庭联产承包制的完整定义，田地分到户之后，农田水利设施、田间道路、技术服务等都需要有统一的建设者，单靠一家一户是无法解决基础设施建设问题的。公社时期的基础设施由生产大队统一组织资金和劳力来建设，后公社时期分散的农户如何组织起来进行基础设施建设，从长远角度来看，应该依靠国家的投资，但是短期内必须从农村内部来想办法解决，这也是许多村民委员会产生的原因，以及后来村民委员会不断发展的动因。另外，基础设施建成后维护和管理也需要依靠村民委员会的力量。宜山县怀远公社木寨大队至1983年有11个村成立了村委会，在1982年"双抢"以后，组织和带领群众修复多年失修的水渠、饮水池，还订出用水公约，协调上下游关系，合理用水，解决水源纠纷等。宜山县流河公社下龙安村的学校教室失修，民办教师的统筹款收不上来，处于停办状态。村委会成立后主动修缮教室，向农民收取教育统筹，将停办的教学点重新办起来，让本村84名适龄儿童顺利入学，就近接受教育，诸如此类，不一而足。[②]

分田到户后的公益事业和从前公社时期的公益事业建设有所差异，也正是这个差异无形之中推动着村民自治的生长。首先是自愿性，人民公社时期以改天换地的勇气兴建了众多的公益事业，广大群众也从这些公益事业中受益，但是从农民的角度来看，很多时候，很多公益事业并不是农民自愿，而且被动员或者强制参与，最为典型的就是群众运动式的公共建设。既然不是出于农民的自愿，那么在公共事业建设中偷懒、磨洋工、出工不出力等"反行为"不可避免。村委会时期的公益事业因为缺少了动员

---

① 广西壮族自治区民政局：《关于印发〈广西壮族自治区宜山、罗城、柳城、来宾四县建立村民委员会的调查〉的函》，1983年3月15日。

② 广西壮族自治区民政局：《关于印发〈广西壮族自治区宜山、罗城、柳城、来宾四县建立村民委员会的调查〉的函》，1983年3月15日。

或强制农民的手段，必须在农民自愿的前提下才能进行，为此，村委会必须先征求农民的意见，农民要办什么、不办什么，先办什么、后办什么由群众自己说了算，体现农民的主体地位。其次是参与性，当然这里所说的参与是理性参与，是基于自身利益考虑的自觉行动，与农民利益相关的公益事业都会引起农民的关注或是参与，参与具有广泛性。此外，从最开始的提出公益事业建设的倡议，到公益事业的筹资筹劳，再到公益事业质量和资金的监督等都有农民的参与。最后是村落性，公社时期的公益事业一般追求规模性和普惠性，往往涉及公社或者大队范围内的公益事业。村委会时期，大规模的公益事业在自愿基础上已经不可能出现，然而在自然村或者小队范围内一些公益事业不仅与农民利益高度相关，也有利于共同行动避免了"搭便车"的行为。村民委员会的组织形式刚好满足新条件下公益事业建设的自愿性、参与性和村落性，而村民委员会成员也主动迎合新趋势。通过群众的积极参与，改善了农村生产生活环境，树立了村民委员会的权威，由村委会代替原来的公社体制承担公共产品的供给任务，收获了农民的认同以及组织的合法性。

（四）村民纠纷调解者

在人民公社时期，大队或生产队内部的纠纷比较少，大部分是家庭内部和家庭之间零散的纠纷，只是在社会运动来临后，一些纠纷有可能成为大规模斗争的导火索，私人纠纷容易上升为上纲上线的"阶级矛盾"，掩盖在宏大的群众运动之中。经历多次运动后，几乎每个农民都不能置身事外，农民试图去避免纠纷演化为剧烈的运动，同时在意识形态的宣传、公社干部的干预和经济约束的条件下，村民间的日常纠纷得到有效的控制。这是为什么在批斗盛行的年代，看似充满着激烈社会冲突的农村却能够大体维持社会稳定的重要原因之一。在土地等生产资料以及自己劳动力都不由自己支配的情形下，又有多少东西能引起村民间的纠纷，纵使干部与农民之间有冲突，然而在干部占据优势的村庄权力结构中，农民借政治运动的短暂机会能打倒某些在位干部，可是整体的干部庇护主义却并不会因为几个干部的下台而有任何实质性的改变，干部还是干部，群众还是群众。分田到户后，一切都在发生改变。随着土地等生产资料承包到户，农民获得自主经营权，能够自由支配自己的劳动力和生产资料，也就出现了村户

第五章 改革开放初国家化、地方性与村民自治诞生

以及家户间的土地、财产等界限,可以肯定的是当分田到户开始的时候,这些土地和财产的界线是模糊的,而且在农民的观念里界线就更加淡化,农民有分割所有公地或无主之地的冲动,更不用说已经划分给农民的土地或财产,此时每个农民都是自己财产权利的积极主张者。村内利益关系的多元化带来的是频繁的矛盾和纠纷。在村委会诞生萌发的阶段,解决纠纷是村委会的任务,也是村委会后续发展的动力之一。在众多的村规民约里,都有解决纠纷的条款。村民自治是自己定规矩,自己管理。

据村民口述:

> 村规民约主要是防盗,调解村民之间的纠纷。分田到户后村民之间的土地纠纷、水利纠纷和家庭纠纷等增多,村规民约就是针对这些纠纷而产生的。"[1]

此外,还有专门针对纠纷的公约,比如禁垌公约,就是对家畜破坏农作物的约定。罗城新回村冬季种植小麦、油菜等作物,全被村里牛马吃光踩完,村委会随后制定禁止乱放牛马的公约,避免了邻里间的此类纠纷的发生。1983年宜山县洛东公社福田大队下辖的4个村委会调解村内林权纠纷、水源纠纷、家庭纠纷等民事纠纷28起,1982年,三岔公社各村委会调解民事纠纷345起。[2]

总的来看,在经济方面,生产队名义上是集体土地所有者,但是村委会的出现及其对集体土地和财产的捍卫,实际上已经具有集体土地所有者的实质身份,同时,分田到户后农业生产安排由农民自己决定,但是农业生产的基础设施一家一户无法提供,只有依靠村委会才能填补基础设施建设的空白,还有稳定农业生产责任制和交售农村公购粮等;在政治方面,重新把分散的农民组织起来,纳入国家权力体系之中,作为国家权力末梢,贯彻落实国家相关的政策措施,维持农村社会的政治稳定;在社会方面,除了维护社会治安和调解社会纠纷外,村委会还承担着大量的农村的

---

[1] 调研点:广西河池市宜州市屏南乡合寨村果律屯,受访者编号:RL20140807WMG,受访时间:2014年8月7日,调研员:任路。
[2] 广西壮族自治区民政局:《关于印发〈广西壮族自治区宜山、罗城、柳城、来宾四县建立村民委员会的调查〉的函》,1983年3月15日。

国家化、地方性与村民自治

公益事业，比如医疗卫生、文化教育、扶危济困等。由于体制环境的变化，村委会对生产队的替代不是照搬生产队体制，而是在村民自治的范畴下进行的功能性替代，既承继了生产队的功能，又不致于陷入公社体制性困顿之中。

五 村民委员会的理性化与草根性民主

村民委员会的结构分化是理性化的结果，与传统社会的简约治理相比，经历了清末民初以来的现代国家建设后，理性化成为基层社会组织的重要内容。这是与传统国家时期的基层治理组织最大的不同。随着村民委员会对生产队的功能性替代，其内在结构也发生着变化，形成与村委会功能相适应的组织结构，包括村委会人员分工、村民大会、村民议事会、查账小组等组织，由此形成最初意义上的村民自治体系，扩展了村委会与村民的联系渠道，村委会的民主性进一步增强。在功能替代之后，村民委员会逐步走向内涵发展道路。此时的结构分化是村民自治自生自发的产物，与后来规范统一的组织结构有所差别。

（一）村委会内部平行委员制

根据果作村民委员会成员韦鹏舞的回忆，村民委员会内部并没有类似于科层结构的上下之分，只有工作分工的差异。

> 我们五个人，没有什么主任和委员之分，有事大家一起做。之所以有主任、副主任等是政府包装的，当时就选五个人来负责村里的事情。上面重视村委会后，要把这个品牌打出去，才说我们有主任、副主任等。[①]

为什么当初只有分工差异而没有职位之分呢？村委会成员是村民选

[①] 调研点：广西河池市宜州市屏南乡合寨村果作屯，受访者编号：RL20140806WPW，受访时间：2014年8月6日，调研员：任路。

举产生的，但是当初村委会是在生产队基础上产生的，由各个生产队队干参与筹建，其中明确表示每个生产队都要在村委会中有代表，以协调处理果作的事情，说明村委会成员代表各自的生产队，每一个村委会委员身后都有本生产队农民的支持。如果从生产队的立场来看，每个村委会成员的地位是相对平等的。为了更好地开展工作，也需要在村委会内部营造一种有利于协商对话的平等地位，没有各生产队的支持与配合，村委会也不能有效地开展工作。随着生产队界限的淡化，才能够逐步打破生产队的地域单元对村委会的束缚，各生产队在果作村内部重新形成一个统一整体。由此，村委会主任的权威来自于果作全体村民，才可以建立以主任为中心的领导体制。不过，在那之前，村委会成员已经有了结构分化的开端。当时一些村民委员会沿用生产大队管理委员会或生产队委员会的规定，形成一定的结构分化，比如主任、副主任、会计、出纳等。从上可以梳理出村民委员会人员分工有三种主要的类型：一种是生产队代表制，即村委会成员分别是各自生产队的代表；一种是主任领导制，即村委会成员由全村村民选举产生，按得票多少确定主次职位；一种是平行委员制，即村民委员会由全村村民推选产生，往往成员人数少，相互间也没有主次之分。

（二）群众会与村委会

一般来讲，村民委员会成立或村规民约制定前，都会召开村民大会，或者每户派代表参加会议，即村民们常说的"开群众会"。在人民公社时期，开会是农民日常生活中的重要环节，各类政治运动要召开批斗会，各类记工分要召开评工会。此外，按照民主办社的原则，生产大队要召集社员代表大会，生产队召集社员大会等讨论本大队或生产队评工记分、生产安排、冬修水利等公共事务。村民委员会筹建过程中，发起者为了获得村民们的同意并讨论村规民约，自主召集村民们开会，并举手或投票推选村委会成员。在发起者看来，开村民大会，由村民选举类似于授权仪式，是村民委员会合法性的来源。根据合寨村各自然屯的调查，之后村委会每年都组织一次村民大会，主要是对现有工作的总结，以及来年的工作安排等，另外，组织村民进行选举，基本情况是原村委会成员留任。开会结束后，村民全体聚餐。根据村民回忆：

在兴办公益事业，先召集群众来开会，要收多少钱，每个人平均多少都告诉群众，群众通过之后，我们才做，如照明、自来水、闭路电视和机耕路等建设时，资金由群众来集资，钱用了之后，每年张榜公布，张贴在村中心代销店门口。①

此时的村民大会与村委会之间缺乏严格的制度规范，也没有村庄权力机构和工作机构的规定等，但是在村民自治的早期实践中，依据原有"开群众会"的经验，逐步形成了村民大会的习惯性约定，包括村委会向村民汇报工作，村民推选村委会，村民一起讨论公共事务等，这一约定也就在后来的村民自治发展中得到法律制度的确认，并正式纳入村民自治的制度体系。

（三）议事会与村委会

最初阶段的村委会，成员人数有多有少。为了尊重村里的老干部或老党员，同时也利于开展工作，村委会一般会邀请特定的村民参与村委会日常议事，或者在村委会统一意见后继续向老干部或老党员征求意见，争取他们的支持等。从1983年起合寨村成立了"村民议事会"，成员由村民推选有威望的、曾担任过乡村干部的老同志、老党员以及部分在职村干部共同组成。议事会的作用是协助村领导班子做好工作，参与村里重要工作和重要事项的研究和决策，村里重大事情必须通过"议事会"讨论研究决定，拿出决策方案，接受村民会议讨论通过才能够办理，每个季度召开一次。② 村民议事会其实是村民代表会议的雏形，村民议事会并不是村民选举产生的正式机构，但是在村庄公共事务的决策方面发挥重要的作用，相当于决策咨询机构，帮助村委会出主意，提建议等。村民议事会也是村委会与村民之间的沟通渠道，老干部和老党员将村委会的决策传递给村民，村民也可以向他们反映问题。村民议事会是一个扩大的村委会，虽然除村委会成员外的议事成员并没有经过选举或推选，但是他们曾经参与村庄管

---

① 调研点：广西河池市宜州市屏南乡合寨村果地屯，受访者编号：XY20000316MGZ，受访时间：2000年3月16日，调研员：徐勇。

② 广西宜州市屏南乡合寨村党支部、村委会：《村务公开聚民心 民主管理促发展》，2004年12月。

理，有丰富的经验，是周围村民公认的发言人，是自然形成的代表。不过，这种村民议事会带有精英主义的特点，后来的村民代表会议则加入了按照地域推选代表的规定，并赋予村民代表会议明确的职权，成为村民大会闭会期间代行村民大会部分职权的权力机构，在原来的村民议事会基础上更进一步。

案例 5-1

合寨村村委会准备以所属里洞水库为水源地建立自来水工程，村民知道村委会的想法之后议论纷纷，担心自来水工程投入大，弄不好可能半途而废，建还是不建？村委会召开村民议事会商量，请工程技术人员勘测后得出结论，可以做自来水工程，村民议事会同意村委会的意见，然后召开村民代表会议，由村委会讲清利弊得失后发动全村村民投工投劳，5年时间，累计投入60多万元完成自来水工程。

案例 5-2

合寨村林场因为管理不善，出现"只砍不种"的情况，村委会准备将集体林场承包出去，承包款拨给各自然屯修路，在村民议事会讨论的时候，多数村民代表表示反对，集体林场是集体财产，不能因为暂时的困境就承包出去，要将集体林场使用权收回村委会，由专人来经营管理，让全村人得到长久的利益，最后村委会的承包方案被正式召开的村民代表会议所否决。

上述案例说明，在村委会的实际运行中，村干部尽量争取村内治理精英的参与，扩大决策中民意的表达等，非正式的村民议事会得以嵌入村民自治的结构之中。

（四）查账小组与村委会

任何权力都需要监督，尤其是涉及经济利益的公共事务。回到最早产生村委会的果作村，随着果作公益事业的推进，账目公开和群众监督提上议事日程，于是村委会决定账目定期向村民张榜公布，每个月整理一次，每一个季度审核一次，并上榜公布，给群众一个明白。果作村委会从1980

年以来，历年的账目都封存，每一笔账目都清清楚楚，经手人、证明人、查账小组人员都有签名。这并不是政府的规定，而是自发的规矩。韦鹏舞曾经做过合寨林场的会计，一直珍藏着当年的账本和票据，对当初林场的账务公开深有感触：

> 我们果作有了林场收益，合寨林场总收入的百分之五给我们作为山林收入。83年我们就成立查账小组，群众选我来负责当会计，韦定陆做出纳。我们必须要管理好收入，还要群众选举出纳审账小组来监督管理好这笔收入，这些封存的发票就是由监督小组封的。民主管理制度我们一直坚持到现在，收支情况搞得很明白，每年12月份我们要给审账小组审查，然后上墙公布，我们这两个'约'是一直执行的，每年都要财务公开，一直做到现在。会计拿账，出纳拿钱，分开管理。①

六 从村到国：地方性经验的国家化

亨廷顿在分析民主化进程时指出："在某些环境中民主化是相互传染，示范、感染、播散、仿效是推动民主发展的重要原因。"② 在这个过程中政府起到了重要作用。肖立辉认为："中国的村民自治是一种很特殊的自治形式，作为村民自治的组织载体，村民委员会最早是由部分农村的村民自发结成的农村基础性权力共同体，但是它的大面积推广和制度化、规范化的过程，却是由政府通过行政的、法律的和政策的手段自上而下加以推动才完成的。"③ 王振耀等更具体地认为："村民自治，作为自上而下的政策灌输，首先是党政官员探索新时期解决农村社会矛盾方式的政策性结果。中国村民自治的启动是地方性政治人物与村民自治政策交互作用的一个不

---

① 调研点：广西河池市宜州市屏南乡合寨村果作屯，受访者编号：RL20140806WPW，受访时间：2014年8月6日，调研员：任路。
② [美] 塞缪尔·亨廷顿：《第三波——20世纪后期的民主化浪潮》，刘军宁译，上海三联书店1998年版，第113页。
③ 肖立辉：《村民委员会选举研究》，中国社会出版社2009年版，第63—64页。

平衡的发展过程。"① 在村民委员会成为全国现象之前,村民委员会有一个从发源地向外传播的过程。除了最早产生村民委员会的周边地带外,更大范围内的村民委员会是通过政府的直接介入建立的。

(一) 地方政府试点

在果作、果地村委会建立之后,合寨大队其余的村屯相继建立村委会,与原来的生产队不同,村委会只负责村里的公共事务,不涉及生产经营活动,各村屯的村委会委员多则七至九人,少则三人。三岔公社党委调查报告指出:"他们提出担任村委会主任、副主任的条件有三:一是政治思想觉悟高,坚持四项基本原则,带领群众走社会主义道路;二是群众威望高,办事公道,敢于负责任;三是工作经验丰富,处理各种事务有一定的办法。各村群众根据这三个条件,民主投票选举产生本村的村委会,并将选举结果报大队批准。大队批准后,各家各户筹钱捐物在一起会餐,表示团结一致,同心协力,严格遵守村规民约。"② 几乎与合寨村的村民自治组织同时产生的还有周边地带其他类型的村民自治组织,据当时北牙公社党委书记韦绍宗回忆:"当时生产队瘫痪后,生产大队干部工作没办法,没有人帮忙做工作,所以没有和公社其他干部商量的情况下肯定了牛毕大队的做法,当时强调了一条是要在党支部的领导下,群众成立这样的组织不要阻挡,但一定贯彻党的政策。金宝生书记听取了牛毕大队的情况汇报,认为北牙的经验很好,可以考虑推广。后来在公社党委会上作了汇报,多数同志都表示赞同,认为这是一个过渡,是一个没有办法的办法,以后可能还是要任命,以前大队和生产队干部是任命的。不过,当时大队还是存在,主要是贯彻上面精神,布置任务,催收催种,也是空壳,在冷水村开会的时候群众都说村委会好。"③ 此外还有罗城县小长安公社牛毕大队新回村,根据村干部贾社保回忆:最早提出成立组织的是贾桂南、欧明逢和我三个人。当时几个人

---

① 王振耀、白钢、王仲田主编:《中国村民自治前沿》,中国社会科学出版社2000年版,第3页。
② 三岔公社党委:《解决农村新问题的一种好办法——合寨大队建立村委会的情况调查》,1981年10月12日。
③ 调研点:广西河池市宜州市民政局,受访者编号:XY20000320WSZ,受访时间:2000年3月20日,调研员:徐勇。

都是在小队做过生产队长的,后来我在大队做兽医,贾桂南是农机修理员,欧明逢原来是村支书,后来做老师。记得1980年过老历年的时候,分田到户单干了,什么都乱了,没有管事不行,管事没有组织不行,我们就商量着成立各组织,搞个名称,有管理权,用来管理全村的事情。我们让群众投票来选,记得投票是发给一张白纸,同意哪个就写名字上去。当时群众大会在学校门口开。……《村规民约》的主要内容是保证生产和生活安全,杜绝偷盗和乱砍伐山林的现象。全村定了条约,大家来遵守。从那以后,村里的秩序安定了,村里人种的柚子树柚子熟了碰头,娃子都不敢动。见我们分了田地,其他村也分了,公社原来不同意这么搞的,但是都分了,我们这里三县交界,柳城县、罗城县和融水县,来来往往的人员复杂,柳城的人来大河边连夜偷树木,被我们抓了起来。《村规民约》规定,如果偷一个柚子罚1元,偷一个柑子罚款5角钱,乱放牛吃了田里的东西照价赔偿,还请了专人来守林护林,一年的报酬是一担谷子。成立村委会那天,正好偷东西的人挨我们抓了,他没有钱,连身上的衣服都是披一块掉一块、烂稀稀的,我们看他太可怜,就要他写保证书按手印,然后把他放了,我们尽量按条约来处理。[①]

另据原村支书欧明逢口述:

> 那是1980年的春天,田地里种了小麦、油菜,你放牛吃我队的,我放牛吃你队的,差不多挨吃光了。记得是2月初的事情。我们找了村里德高望重的人来协助管理。首先是想搞好治安,不要出乱子,维持正常的秩序,大家都赞成,接连开了五六夜的会。后来马上开群众大会,我把为什么要成立组织的道理讲了,选了正副主任三人,两个委员分别是会计、出纳,组织的名称要合法,对上面没有问题,我们就叫"新回村管理委员会",选了社保为主任。《村规民约》我们用钢板刻印,每家发了一份。开会的时候,一条条地念出来,问,这条做得到么?答做得到,就通过。牛吃禾,吃了一蔸禾苗,罚十斤米可不可以?可以!种在地里的西瓜、香瓜挨偷了怎么办?偷吃一个罚2块

[①] 王布衣:《震惊世界的广西农民——广西农民的创举与中国村民自治》,广西人民出版社2008年版,第43—45页。

第五章 改革开放初国家化、地方性与村民自治诞生

钱。村上的莫祖英原来做老师，后来调到县里，他的娃子来牛毕读书，偷了柚子，挨抓了，罚5块钱。莫祖英吵起来，说娃子不懂事，你们大人要看开点！我们说，你是老师，自家的娃子都没有教育好，罚款应该，《村规民约》规定的。听了这四个字，他说，新回的《村规民约》要紧的啵，违反不得，就认罚了。还有一个社员见人家的芝麻结得好，就顺手抓了几把来做种，结果被发现，挨罚15元。罚得重了吗？一点也没有！人家那些芝麻是用来做种子的，30多元一斤的种子啊。吴祖华家乱砍竹子一根罚5块，连芝麻连竹子一共被罚了150元。我们成立组织的事情，后来听说，宜山也有我们这样的组织。①

根据1982年广西壮族自治区和河池地委联合调查组的报告，将村民委员会产生初期的情况进行了大致的梳理：这些村委会，最早出现在1979年底、1980年春，但在1981年上半年前都只是零星地产生，一直到1981年下半年才进入了发展的阶段。② 至1981年底，宜山矮山、石别、德胜、洛东等公社的村委会共有150多个；罗城县8个公社124个大队1228个自然村中，建立村委会192个，占自然村总数的15.6%③；巴马县9个公社已有3个公社建立村民委员会148个④；都安8个公社建立村委会685个；南丹建立221个村委会。根据1982年4月统计，仅宜山、罗城两县就分别有321个村和354个村建立了村民委员会，分别占全县自然村总数的14%和16.5%。⑤ 一时间，村民委员会在桂西北迅速发展起来，依靠的并不是政府的推动，而是自生自发的。从当地政府的调查报告来看，1981年上半年前成立的村委会，基本上是群众自然发展起来的，其原因大体有三个：一是生产队队委瘫痪、半瘫痪，大队干部不大管事，属这种情况的占多数。二是原来各村委一个队，分为几个队后遗留问题不少，矛盾很多，各个队自己解决不了，大队又不主持解决。三是地处山区，居住分散，为搞

---

① 王布衣：《震惊世界的广西农民——广西农民的创举与中国村民自治》，广西人民出版社2008年版，第43—45页。
② 广西壮族自治区党委、河池地委联合调查组：《关于宜山、罗城两县村委会的调查报告》，1982年4月15日。
③ 中共罗城县办公室调研科：《关于我县建立村委会的情况报告》，1981年12月8日。
④ 中共巴马瑶族自治县委员会办公室：《关于建立村委会的情况报告》，1981年12月7日。
⑤ 金宝生：《村民委员会建设》，广西人民出版社1988年版，第7页。

好治安防范而需要组织起来。①

不过,在早期的村委会组织建设中,主要是依靠村民的自发秩序,与公社体制和国家法律法规等存在一定的冲突和张力。为此,宜山县委不仅抓了冷水、合寨等早期成立的村民委员会的典型进行推广外,还认真培养了一批新的典型,如上坪、清潭、向阳等。这些典型特别是思想政治基础比较好,干部经验比较丰富,精神文明活动开展得较为有声色,县委和公社党委经常组织其他村民委员会干部到这些地方参观学习。② 以此为基础,在试点过程中从组织体制和制度规范两个角度对村委会组织进行规范化建设。

一是村委会组织等与原有的生产队或生产大队的关系,当时从体制的角度上仍然提出要坚持公社体制,村委会在一定程度上分担了生产队的公共管理作用,与生产大队的关系并没有明确的规定,生产大队也不好协调和处理村委会之间的关系,为此,地方政府在实地调查基础上提出:村委会主要是在多个生产队的自然村或片中,在群众自愿的基础上建立起来的。它是农村中一种群众性组织,其成员是由有关生产队协商,从大队、生产队干部和群众优秀代表中物色,经过群众民主选举产生。村委会接受大队党支部和大队管委会的领导,主要是发动群众制定好村规民约,搞好治安防范,教育群众遵纪守法,协调和解决本村各生产队之间的矛盾和一些民事纠纷,举办一些公益事业等,是群众自己教育自己、管理自己的好形式。但它不干预生产队内部事务,更不能代替生产队。生产队应发动群众,订立好村规民约并组织实施。③

二是最初的村委会组织都制定了相应的村规民约。从实地来看,各村所制定的村规民约存在着一些明显的问题,诸如单纯从维护本村和村民的利益出发,缺少维护国家利益,坚持社会主义道路内容;各村"村规民约"中有违约的经济处罚规定不一,一旦发生村与村之间触犯"村规民约"时不好处理,搞不好会发生纠纷,影响团结;个别村的"村规民约"

---

① 中共广西区委、中共河池地委联合调查组:《关于宜山罗城两县村委会的调查报告》,1982年4月15日。

② 周瑜泰:《创举——广西村民委员会建设历程回顾》,《改革与战略》1989年第6期。

③ 中共河池地委办公室:《转发宜山县合寨大队队委会、罗城县牛毕大队新回村委会情况调查的通知》,河地发(1981)26号,1981年10月31日。

第五章 改革开放初国家化、地方性与村民自治诞生

超越了《刑法》规定的范围。为此,地方政府逐步介入到村委会组织的规范化建设当中,以合寨为例,针对当时各自然村村规民约存在的问题,合寨大队各村委会主任讨论后提出如下修改意见:"村规民约"没有国家和社会主义的概念,就等于无源之水无本之木,应该加上坚持四项基本原则,在具体细节里增加"不准破坏公共设施和不准捣乱公共场所。对电影院、学校、卫生室、乡村公路、桥梁、水利、输电、通信、广播线路等,任何人不得以任何借口拆除破坏";个别村规民约超过《刑法》规定的条款,要改正过来,对涉及村与村之间的违约罚款,应适当同意。党支部根据各村讨论,在原有村规民约的基础上,归纳为五大项十四条,然后按原来制定的村规民约做法,逐条逐户通过,户主盖章应允,才能生效,制定整个合寨大队的村规民约。① 进而在全县村委会组织建设中,宜山县委书记罗星群亲自向村委会委员宣讲制定村规民约既要有奖有罚,又要符合法律规定精神,做到奖罚得当,一味强调重罚,又执行不了,村规就不灵了。县委编一些有关党的方针、政策和法制方面的宣传材料,发给村委会学习。在制定村规民约中,他们还选择了制定得好的村规民约,印发给各村委会修订村规民约时参考。②

如果说宜山、罗城县等地的村委会组织更多带有自生自发特点,那么周边的柳城、来宾、鹿寨、田阳等地则是政府有步骤、有计划地建立起来的,分别以柳城的六塘公社和来宾的石牙公社为试点单位,作为政府工作和政治任务,在地、县到公社的工作组的直接干预下,公社、大队和生产队级级开会,层层落实,形成了有关村委会的基本工作程序,先后建立2940 个村民委员会。③ 作为政府介入的主要手段,规范的制度是村民委员会得以广泛传播的有效载体。地方政府结合各地建立村民委员会的具体做法,制定通用性的实施方案与制度安排,以此推进整个村民委员会的普遍建立。工作队与大队党支部书记、大队长、生产队长等开会学习相关文件,明确建立村委会的目的和基本做法,再自上而下,从大队到自然村屯传达建立村委会的文件,各自然村召开生产队干部和党员会议具体落实建立村委会相关工作,将村委会作为生产责任制相互配合的政策,有助于解

---

① 三岔公社合寨大队党支部:《民主制订村规民约 共同搞好社会治安》,1982 年 12 月。
② 周瑜泰:《创举——广西村民委员会建设历程回顾》,《改革与战略》1989 年第 6 期。
③ 周瑜泰:《论村民委员会的性质和作用》,《学术论坛》1984 年第 1 期。

决生产责任制推行后带来的社会治安等问题。具体来看，首先是对候选人的条件进行规定，比如遵纪守法、作风正派、办事公道等。其次是协商产生正式候选人，大一点的村通过召开生产队队干、党员、群众开会讨论，大队根据生产队的提名，提出初步名单；小一点的村直接召开群众大会，群众直接提名，确定候选人。再次是选举，一般是选举前一天发选票到户，选举当天每户派一个代表投票，选出的村委会成员不需要上级批准或任命。最后是经多数村民同意也可以随时改选村委会，村委会成员名额根据群众意愿，最多的有十三人，最少的三人。从村委会的规模来看，宜山、罗城、柳城、来宾四个县是建立村委会比较早的县，基本上是以自然屯为单位建立村委会的，也有少数较小的村由几个村联合建立一个村委会。① 从村委会的人员构成来看，除了原先的生产大队和生产队干部外，相当数量的普通农民参与到村委会当中。根据柳城试点的六塘公社的数据，全公社选出456名村委会成员，其中，大队干部6人，占1.5%；生产队干部234人，占51.3%；党员175人，占38%；妇女29人，占6.3%。从村委会的数量来看，到1982年底，在三个月时间里，六塘公社建立村委会99个，石牙公社建立村委会35个，覆盖全部自然村。同期，宜山县村委会占自然村的比例为38%，罗城为18%。②

（二）地方政治家的支持

徐勇认为："在民主化进程中，不能简单地将国家力量和政府行为视为消极物，在一定的条件下，它会起到不可替代的积极作用。特别是对于发达的国家组织系统在历史上长期延续下来的中国来说，民主化进程应该充分利用国家的力量和政府行为。"③ 具体到村民自治的发展历程，村民自治既是村民自发的要求，又是党中央和国家政府的积极支持和推动密不可分。这是中国村民自治能在20世纪80年代萌生和推进的必要条件。④ 国家的支持性介入得益于一些致力于改革的地方政治家，"给中国农村带来

---

① 广西壮族自治区民政局：《关于印发〈广西壮族自治区宜山、罗城、柳城、来宾四县建立村民委员会的调查〉的函》，1983年3月15日。
② 广西壮族自治区民政局：《关于印发〈广西壮族自治区宜山、罗城、柳城、来宾四县建立村民委员会的调查〉的函》，1983年3月15日。
③ 徐勇：《中国农村村民自治》，华中师范大学出版社1997年版，第257页。
④ 赵秀玲：《村民自治通论》，中国社会科学出版社2004年，第61页。

第五章 改革开放初国家化、地方性与村民自治诞生

民主种子的不是普通大众,而恰恰是中国政府中的改革者。"① 这些地方政治家在农村政治体制改革中努力寻找一条实现其目标的有效途径,从而推动了村民自治的发展。村民委员会产生在走向全国的过程中,当时河池地委书记金宝生在其中起了关键性的作用。

一是从金宝生的工作履历来看,与大部分南下干部不同,他主要在地方任职,是当地培养的干部:1927 年生于金秀瑶族自治县,1949 年参加工作,1952 年任大瑶山自治县县长、县委书记等职,1956 年平乐地委委员、平乐专区副专员兼大瑶山县委书记;1962 年柳州地区副专员,1971 年柳州地委宣传部长,1976 年广西壮族自治区党委统战部副部长兼民委主任,1978 年 6 月任河池地位委员、常委、副书记、行署专员、地委书记。1983 年 3 月后上调至自治区党委副书记,1997 年 2 月从自治区人大常委会副主任上离休。

二是熟悉当地实际情况,注重从实际出发来解决当地所面临的问题。他认为:"我国改革成功最根本的经验是解放思想,实事求是。我在实践中对这一点体会最深。要认识实际、坚持实际,要能到群众中抓住实际,又能够回到群众中坚持实际,群众的利益是最本质的实际,唯群众的利益为利益,才能无所畏惧地一切从实际出发。农村改革千头万绪,但农村的问题归根到底是农民问题。解决农民问题,从他们的实际需要出发,是我们搞好农村工作最本质最关键的要求。河池地区的实际是:大部分农村很穷,自然环境恶劣,交通不便,科学文化水平不高等。从这些实际出发,抓住农民最迫切的需要,就是要解决农民的温饱问题。否则,就无所作为。我们敢冒风险,突破禁区,搞包产到户,正是从河池地区的实际出发。"② 1978 年金宝生前往东兰、巴马、凤山、都安、南丹、天峨等进行实地调查,发现这些地方群众生活十分困难,有的甚至和新中国成立前没有两样。

根据向济萍的访谈记录,1978 年 6 月金宝生调任河池地区,历任专员、副书记和书记等职务。到河池地委后听到有人反映:农村形势不好,资本主义泛滥,山区包产到户的不少。如何对待这一问题,金宝生虽然认

---

① Amy B. Epstein. Village Election in China: Experimenting with Democracy. Crisis and Reform in China, ed. E. Bliney New York: Nova Science Publisher, 1991, pp. 150 – 152.

② 蒙增隆:《金宝生:农村改革的引路人》,《河池日报》2009 年 1 月 8 日。

准包产到户是调动农民积极性、发展生产的好办法，但是并没有明确和公开地去提倡。在1978年参加都安瑶族自治县三级干部会议讨论"实践是检验真理的唯一标准"时，针对一些公社干部提出：实践是检验真理的唯一标准完全正确，在我们都安，真理是什么？表现在哪里？金宝生回答：通俗一点讲，我们现在很穷，用什么办法能把生产队搞富，把农民搞富起来，这个办法就是真理。又有人说：摆脱穷困的办法是有的，就是不能用，连讲都不能讲。金宝生问：什么办法，你说说看，怎么想就怎么说，不要怕。有人站了起来说：包产到户，搞家庭承包，行不行？金宝生给出了自己的回答："你们回去和群众商量看看，用什么办法能使生产队致富，群众能过上好日子，你们就可以大胆去搞，搞错了改过来便是。"有人说会议可以结束了，我们回去找真理去。在当时的政治气候下，金宝生向地委做了汇报，地委经过反复调查研究后最后表示，愿意承担一切后果，支持山区生产队搞包产到户。[①] 从农村经济体制改革来看，金宝生直接推动了河池地区的家庭联产承包责任制，使河池成为广西农村改革起步最早的地区之一。金宝生谈到农村经济改革时曾说道："我生在农村，又长期在农村工作，对农村情况、农民的思想比较了解，经常和农民、农村干部谈怎样调动农民的生产积极性、农村生产怎样搞起来，经过反复研究，认为还是生产经营管理上的问题。怎样改革经营管理？调动农民的积极性？许多群众用不同方式反映：主要是农民没有自主权，要把积极性调动起来就要改变统一经营方式，实行包产到户。由于多年对农村实际情况的了解，我非常赞同这种看法。早在1956年，我在金秀瑶族自治县工作时，就试验过包产到户。"[②] 随着十一届三中全会以及后来农村经济体制改革的推进，河池地区的农村改革逐步推开，取得了显著的效果。河池地委为了掌握包产到户后的情况，在都安和宜山分头蹲点调查，并发动干部轮流下乡了解本家本生产队情况。通过上述渠道了解，1980年河池有80%的山区生产队包产到户，除了因灾减产外，70%以上包产到户生产队增产，坚定了河池地委包产到户

[①] 向济萍：《河池地区农村改革的初步探索——原区党委副书记金宝生访谈录》，《广西党史》1998年第6期。

[②] 向济萍：《河池地区农村改革的初步探索——原区党委副书记金宝生访谈录》，《广西党史》1998年第6期。

第五章 改革开放初国家化、地方性与村民自治诞生

的信心。正是由于金宝生对于农村改革的一贯立场，就不难理解他为什么对于村民自治这一农村政治体制改革同样报以热情的支持。

那么，又是什么让地方政治家与村民委员会发生交集？这源于一种非常规的政治信息传递途径，在政府内部，地方政治家与基层行政者的关系网络有助于村民自治的发展。根据有关政治网络的研究，如果一个点的挪动导致整个曲线的不连贯，那么，行动者就代表着网络中的一个切点，并且这个行动者似乎在社会系统中扮演联络员或经纪人的角色。挪动一条线而不去掉它的任何点同样可以使一个网络支离破碎。这样的一条线代表着系统人员之间的桥梁。① 关系网络所承载的信息沟通和行政支持等对于村民自治走向全国至关重要。当初，村民委员会产生后，借助于基层行政者与地方政治家的关系网络，一级一级寻求政治支持，同时，地方政治家将有关村民自治的试点放在其关系网络中，扮演探索经验和总结做法的角色，并以典型示范的方式进一步推动村民自治的贯彻落实，比单纯依靠上下级行政网络更具有实践效率。

此外，地方政府在推进某项重点工作的时候，实行主要领导干部包点负责制度，类似于"政治承包制"，由主要领导干部联系若干下级单位，减少原有的行政层级对信息的时滞作用，便于下级的政治信息快速传递给地方政治家，使得他们对各自联系点的创新实践持积极的态度。在河池，地委领导都有自己的点，多数时间领导都在点上抓工作，县委及所有部门的领导也都有自己的点，深入群众、了解群众。村民委员会是河池地委常委分头蹲点抓包产到户工作时发现的，地委的长期点设在都安瑶族自治县和宜山县，而最早产生村民委员会的合寨大队就在宜山县内。② 合寨大队的村民委员会产生后有效缓解了分田到户后社会治安的压力，兴办了力所能及的公益事业。对于第一线的基层干部来说，村民委员会是生产队瘫痪后群众的自发创造，无形中减轻了基层政府的工作负担。与其坚持瘫痪的生产队体制，还不如用村民委员会替代生产队，这体现了基层行政者的实用主义。当时的三岔公社书记向文忠支持村委会建设，他事后总结道：公

---

① David Knoke. Political Networks: the Structural Perspective Cambridge. Cambridge University Press, 1990, p. 238.
② 向济萍:《河池地区农村改革的初步探索——原区党委副书记金宝生访谈录》，《广西党史》1998 年第 6 期。

国家化、地方性与村民自治

社从1980年冬天开始抓建立村委会工作,当时主要从社会治安角度来考虑,那时社会秩序比较乱,偷盗扒窃赌博抢劫案件较多,公检法力量少,怎么办？正在这个时候,合寨大队建立了村委会。既抓社会治安,又抓对村民的思想教育,效果很好。我们立即总结推广这一经验。到1981年冬,全公社144个村有108个村相继建立了村委会,制定了村规民约。地委发出通报,肯定了合寨大队的做法。中央政法委员会、山东政法学院和区、地县先后多次派出调查组到我社调查,充分肯定了村委会的作用,到了1982年村委会发展到138个。过去历史上被贬为"乱世之窝"的合寨大队建立村委会后,1981年只发生5起,1982年下降到3起。①他同时指出:"在贯彻中央一号文件中,由于社队干部力量有限,不可能村村都到,在78个村的村委会,由村主任自己召开村民大会宣传贯彻,在各大队召开的村干、队干培训时,在已建立村委会的138个村中有121个村主任到会,但420个生产队队长才有107个到会,所以,建立村委会是势在必行,宜早不宜迟。"②

相比于地方政治家,基层行政者主要是从现实问题出发,以实际效果为归宿,而不是像过去那样将"政治正确"作为最优先的策略选择。当然,这与改革开放后所形成的行政伦理相关,即实践是检验真理的唯一标准,由此树立尊重实践的原则精神。因此,村民委员会诞生不久,当时的三岔公社党委书记向文忠就向宜山县委书记黄兴做了简要的汇报,黄兴认为:"又搞一个村民委员会？大队又往哪里摆。"显然,此时在"政治正确"的大原则下,地方政治家并不敢贸然改变生产队乃至公社体制。宜山县县长罗星鲜看到汇报材料后,比较谨慎,他直接安排市委调研科下乡核实情况,并报告给河池地委。③当时在广西民政厅负责基层政权建设工作的周瑜泰谈到村委会的产生,他认为:"生产责任制后农村很乱,生产队不起作用,过去用行政办法不管用,大队这一级基本不起作用,用行政那一套的话,农民不理你。当时认为村委会是一个权宜之计,而且是从解决实际问题,能帮政府完成任务,做政府的腿的角度看待这个问题。党和政府怕搞村委会乱,怕失控,此外没有一个模式,当时实践也没有出来,因

---

① 向文忠:《以中央一号文件为动力,继续抓好两个文明建设》,1984年3月23日。
② 向文忠:《以中央一号文件为动力,继续抓好两个文明建设》,1984年3月23日。
③ 王维博:《中国第一个村民委员会诞生记》,《村委会主任》2010年第6期。

第五章 改革开放初国家化、地方性与村民自治诞生

此,党委政府的考虑也是可以理解的。"① 在这种情况下,"地方政府虽然态度谨慎,但始终没有限制村委会发展,而采取相对温和的态度,原因是村委会确实解决了许多让政府头痛的问题。政府没有公开倡导,是拿不准村委会到底向哪个方向发展。"② 随后,向文忠向在宜山蹲点的河池地委书记金宝生做了汇报。与县委的态度不同,金宝生明确回答向文忠:"合寨的做法属于村民自治,是在特定历史条件下采取的特殊措施。你应该鼓励、支持、推广他们的做法。"当天,向文忠就在公社会议上宣传了合寨村的做法和金宝生的指示。1981年3月6日,三岔公社专门围绕合寨大队治安联防的经验,在屏南街召开万人大会,发动各村普遍建立村民委员会。金宝生回忆当初的一些情况,将其称之为农村政治体制改革的一种尝试,在政治上赋予农民民主管理权利。他说:"由于农村实行家庭联产承包责任制,生产有人管了,但生产队的集体财产、思想政治工作等无人管理,偷摸赌博时有发生,各种纠纷事件也多了起来,环境道路无人管理等等,干部和群众都很着急。当时我到罗城县中弯村,又和区党委肖寒副书记到宜山县冷水村了解情况。这两个村由老党员、生产队干部、年长者等带头发动群众制定村规民约,用村规民约的形式来解决上述问题,效果很好。我把这些情况向地委常委作了汇报,大家一致认为这种形式好,它适合农村实行包产到户后出现的新情况新问题,应在全地区推广。在此基础上,由党支部领导成立村委会,村民选举村干部,制定村规民约,大家遵守,实质上在政治上给农民民主管理权。"③ 1981年10月31日,河池地委转发宜山县贫协《关于部分农村成立村委会的情况调查》,肯定这些村自发建立村民委员会后"发挥了较好的作用",认为它是"一种群众性组织","是群众自己教育自己、管理自己的好形式",要求各级组织特别是大队党支部和管委会要加强对村民委员会的领导。④ 为了更加有效地指导村民委员会的建设,河池地委将挂钩联系点在合寨所属的三岔公社,以方

---

① 调研点:广西壮族自治区民政厅,受访者编号:XY20000322ZYT,受访时间:2000年3月22日,调研员:徐勇。
② 王维博:《中国第一个村民委员会诞生记》,《村委会主任》2010年第6期。
③ 向济萍:《河池地区农村改革的初步探索——原区党委副书记金宝生访谈录》,《广西党史》1998年第6期。
④ 刘义强、慕良泽等:《村民自治三十年:历史的回顾与总体检视》,《中国农村研究》2008年下卷。

便及时总结经验。经过一段时间的调查，河池地委以文件的形式正式向全地区介绍和推广村民委员会。在《转发宜山县合寨大队村委会、罗城县牛毕大队新回村委会情况调查的通知》中提出：去年以来，我地区部分县一些农村，群众从当地的情况出发，自愿组织成立了村委会。村委会建立之后，发挥了较好的作用。如宜山县三岔公社合寨大队的各个村，北牙公社楞村大队冷水村，罗城县小长安公社牛毕大队新回村，龙岸公社物华大队下地栋村等村委会，办了许多好事，解决了不少问题，受到农民群众的欢迎。各县、社应当积极推广，逐步的、普遍的把村委会建立起来。①之后专门提到合寨大队村委会成立的过程："这个大队，去年11月份一个月就发生了18起案件，有偷牛盗马的，有乱砍滥伐集体森林的，有拐卖妇女的，致使人心惶惶，不得安宁。党员、干部看到这种情况，就提出建立村委会，制定村规民约，实行群众联防。这个建议，立即得到了全村的赞同。新村建立村委会，制定村规民约后，治安问题迅速好转。为了适应新的形势，解决农村中出现的新问题，大队党支部及时总结和推广新村的经验，这样，从1980年2月初开始，全大队村村建立了村委会，队队制订了村规民约。"②最后，文件认为："村委会建立后，发挥了很好的作用"，各地方要"组织干部社员学习讨论，并根据各地情况从实际出发，参照执行。"③在如此复杂的情况下，至1983年，宜山县12个公社2145个自然村中有972个建立了村民委员会。

表5-3　　　　　　　　1983年宜山县各公社村委会建立情况

公社	自然村/个	村委会/个	比例/%
矮山	155	80	51.61
洛东	150	144	96.00
三岔	144	138	95.83
龙头	225	63	28.00

---

① 中共河池地委办公室：《转发宜山县合寨大队队委会、罗城县牛毕大队新回村委会情况调查的通知》，河地发〔1981〕26号，1981年10月31日。

② 中共河池地委办公室：《转发宜山县合寨大队委会、罗城县牛毕大队新回村委会情况调查的通知》，河地发〔1981〕26号，1981年10月31日。

③ 中共河池地委办公室：《转发宜山县合寨大队队委会、罗城县牛毕大队新回村委会情况调查的通知》，河地发〔1981〕26号，1981年10月31日。

续表

公社	自然村/个	村委会/个	比例/%
石别	189	177	93.65
德胜	185	42	22.70
北牙	291	125	42.96
怀社	231	56	24.24
怀镇	42	22	52.38
祥贝	303	51	16.83
流河	189	49	25.93
庆远	41	25	60.98
合计	2145	972	45.31

河池地委积极支持村委会，及时总结经验推广，也引起了一些争论。作为当时河池地委书记的金宝生对当时的争论进行了整理，大致可以归为以下几个方面：有的认为，农村基层已经有生产队组织，把它健全起来就行了，何必多此一举，再建立一个村民委员会；有的认为，建立村民委员会是违背宪法和法律的，因为宪法和法律没有规定；有的甚至抓住村民委员会某些不完善的地方或者工作中的某些不足之处，对村民委员会整个组织形式进行否定。所有这些，都给村民委员会的建立与完善带来了不良影响，使一些农村建立村民委员会的工作，一度停止。[①]

（三）中央政府的态度

当村民委员会在河池推开后，另一个关键人物将地方创新扩散到广西。1981年肖寒到河池地区宜山县冷水村考察，他在调查中了解到包产到户后的宜山县合寨等村屯，农民自发地组织起来修水利，保证了农业生产。他回到南宁后特意安排了自治区党委政策研究办公室、区党委办公厅、区民政厅等八个部门的有关人员，到宜山的合寨和冷水进行调研，实地调查村民委员会的产生过程和具体作用等等。1982年4月15日联合调研组完成了《关于宜山、罗城两县村委会的报告》，这篇报告一方面肯定了村民委员会所发挥的作用；另一方面也有一些不同的意见，认为村委会

---

① 金宝生：《村民委员会建设》，广西人民出版社1988年版，第7页。

是权宜之计，不宜倡导。正由于意见不统一，调研报告并没有公开发表在《广西日报》正刊上，而是改编成《村委会办了十件好事——宜山县的调查》，发表在群工部的《内部参考》中，在政府系统内部传阅。1981年6月20日随肖寒到宜山调查的区农委干部宋毅在区委政策研究室主办的《调研通讯》第4期发表了《宜山县冷水村建立村管理委员会管理全村事务的调研报告》，直到这篇报告为止，自治区政府并没有直接介入其中。① 在王布衣对蒙光新的访谈中提及村委会成立后地方政府的调查和采访：果地村成立村委会之后，县领导、地区领导来了，记者也来了，觉得经验很好，带动村民做公益事业。我说政策有些顾管不到的地方，我们组织起来自己管理自己，经过群众讨论的公约，订下来以后，每家每户出一个代表，在公约上按手印，目的是让人人认账，自我约束。那时河池地区的张永亭副秘书长带着全国人大派的人来我家采访，县政府的领导要了我们原来盖章签字的公约。……记得1982年5月到7月，上面的领导经常来调查这个情况，形成了一个调查采访高潮。1987年到1988年又有一个高潮，上面的领导和记者都来了解这个事。② 然而，意料之外的是正是这篇调研报告在报送上级传阅的过程中，引起当时的全国人大常委会副委员长和中央政法委书记彭真同志的高度关注。

《调研通讯》第4期
中共广西壮族自治区委员会调查研究室编　1981年6月20日
宜山县冷水村建立村务管理委员会管理全村事务

　　宜山县北牙公社楞村大队冷水村实行包产到户后，建立村管理委员会，管理村里的公共事务。这个村有72户，370人，五个生产队，今年初实行包产到户责任制。二月份，一条关系全村生产用水的水坝垮了，急需修理。经大家商议，推举出村负责人负责筹款，安排劳力修理水坝。村负责人认真负责，筹集资金，组织劳力，五天时间就修复了水坝，保证了春耕用水。

---

① 黎莲芬、袁翔珠：《历史与实践：广西村民自治的若干法律问题研究》，广西师范大学出版社2011年版，第16页。
② 王布衣：《震惊世界的广西农民——广西农民的创举与中国村民自治》，广西人民出版社2008年版，第68页。

第五章 改革开放初国家化、地方性与村民自治诞生

大家从这件事得到启发，感到有一个管理组织管理全村的公共事务好。于是，大家根据群众的要求，召集五个生产队的干部协商，决定成立"村管理委员"（生产队干部继续履行职责），经群众选举，产生了有主任一人，副主任两人，委员十五人的村管理委员会。管理委员不称职的，经群众大会讨论通过可以随时罢免。村管理委员会的职权定了七项：制定封山育林，环境卫生，保护农作物，禁止乱放牲畜等各项公约，并行使监督处理权。调节公共土地、道路纠纷。负责全村治安防范工作。组织群众性的文艺、体育活动。组织资助村里因天灾人祸造成困难的户。调处队与队之间的纠纷。组织兴办全村各种公共福利事业。

村管理委员会建立后，作出规定：后龙山的树木不许砍伐，违者砍一株罚款15元。放猪、牛损坏社员庄稼的，每头罚款一元。随便拿地里甘蔗吃的，吃一根罚五元。有外来人住宿要报告，如不报告，发生事情要负责任。私人建房不许侵占道路、圩场等公共场所。从这一段执行的情况看效果很好。

目前冷水村管委会正进一步筹划在春耕后整治村子的道路，砌两个挑水码头，逐步改变村子的面貌。

区农委　宋毅

在很多情况下，地方干部甚至许多中国民众利益来自北京的政治动议和领导人之间的政治分歧来"从底层"推进改革，当主要的改革者对由此产生的新情况表示认同时，它就成为全国性的政策。不过，每一次政治体制最上层的发展——不论是以政策动议还是政治斗争的形式——都给基层创造了灵活性和主动性的"空间"[①]。在彭真的授意下，1982年4月全国人大法制委员会和民政部派二十多人的考察组赴宜山县合寨等地进行村民委员会的调查，自治区民政厅基层政权处周瑜泰、宜山县县长罗星鲜、政府办公室主任李大江、民政局局长农兴陪同，考察组带队的民政部张蒙处长对广西和宜山领导说："在中央我们得到消息，你们这里是第一个村委

[①] ［美］李侃如：《治理中国：从革命到改革》，胡国成、赵梅译，中国社会科学出版社2010年版，第140页。

会的诞生地,为此我们专程到这里考察,以便在全国的乡村政权建设中推广。"周瑜泰表示:"我前后两次到过合寨,合寨是全区最早成立村民委员会,建立后,发挥了很好的作用。"中央考察组回到北京后,撰写了报告,肯定了宜山、罗城建立村民委员会的做法,建议在撤社建乡过程中,做好村民委员会的试点工作。1982年7月22日,在全国政法工作会议上,彭真专门谈到村民委员会,"村民委员会过去是有过的,中间一个时期没有,近几年有些地方又建立起来了,是群众自治组织,大家订立公约,大家共同遵守,经验是成功的,应普遍建立。""有些地方村民或乡民委员会搞乡规民约,规定不准偷、不准赌、不许会道门活动、不许游手好闲不务正业等,很解决问题,群众很高兴。""村民委员会如何搞,包括与基层政权的关系问题,各地可以根据实际情况采取多种形式试验。"① 曾协助中央相关调研组工作的周瑜泰回忆:

> 当时全国人大法制委员会派了两个人调查,后来民政部知道了,也派了两个人来调查,这样就引起了自治区的重视,也派我来调查,山东社科院也派了六个人来调查,为全国民政工作会议上介绍广西的经验又做了一次调查。②

显然,村民委员会的发展离不开彭真的支持,他力主将村民委员会写入宪法,"居民委员会、村民委员会是我国长期行之有效的重要组织形式。实践证明,搞得好的地方,它在调解民间纠纷、维护社会秩序、办好公共事务和公益事业,搞好卫生等方面都起到了很大作用。这次将它列入宪法修改草案,规定它是群众自治性组织。"为什么彭真会支持村民委员会,可能与个人的人生经历,以及对基层民主的深入体会和思索有关。③ 另据全国人大常委会法制工作委员会副主任顾昂然回忆:"通过基层群众自治实行基层直接民主,不是今天才提出来的。50年代初期,上海、天津等城

---

① 《彭真文选》,人民出版社1991年版,第430—431页。
② 调研点:广西壮族自治区民政厅,受访者编号:XY20000322ZYT,受访时间:2000年3月22日,调研员:徐勇。
③ 刘义强、慕良泽等:《村民自治三十年:历史的回顾与总体检视》,《中国农村研究》2008年下卷。

第五章 改革开放初国家化、地方性与村民自治诞生

市就出现了居民小组和居委会。有一年国庆节,毛泽东同志检阅游戏队伍时,看到游行队伍中有居民队伍,很高兴,提出要把机关、工厂、学校外的居民组织起来。当时时任中央政法委副主任、北京市市长的彭真同志主持研究了这个问题。并在1953年6月给中央写了一份报告,提出'街道居民委员会的组织是需要建立的。它的性质是群众自治组织,不是政权组织。它的任务,主要是把工厂、商店和机关、学校以外的街道居民组织起来,在居民自愿原则下,办理有关居民的公共福利事项,宣传政府的政策法令,发动居民响应政府的号召和向基层政权反映居民的意见。'"①

此外,彭真对村民委员会的支持是从群众路线的角度出发,加强与群众的联系,避免脱离群众。村民选举的意义比如改善干群关系给予了政治精英们尤其是中央领导足够的信心,使他们认识到通过村民选举将使中国共产党在中国农村的政权巩固得以加强。② 同时,他也是从政法工作的需要入手,强调"加强城市居民委员会和建立农村村民委员会的工作是当前政法工作的一个重要问题"③。1982年7月22日,彭真在《新时期政府工作》讲话中指出:"我们党在延安时期就讲,专政机关要与人民群众相结合。不建立和健全基层组织,不依靠人民群众,政法工作是搞不好的。有了健全的基层组织,人民民主专政就有了坚实的基础。"④

不论出于何种原因,由于彭真对村民委员会的重视直接推动了中央层面的行动,领导讲话具有准制度的特征,正如刘小京所言:"在中国,按制度本身的正规程度,可以分为正式制度或准制度,正式制度包括法律与政策文本,而准制度特指首长讲话和在中央报刊上发表的重要的政策指导性文章。"⑤ 后来,中央政府在民政部关于村民委员会、议事会、管委会、治安小组等地方实践的报告基础上做出了用村民委员会代替人民公社体制

---

① 本刊记者:《促进农村民主化建设的重要法律——顾昂然、杨景宇谈〈村民委员会组织法〉》,《瞭望周刊》1987年第51期。
② 郎友兴:《发展中的民主:政治精英与村民选举》,西北大学出版社2009年版,第152页。
③ 《彭真同志谈政法部门当前的几项重要任务,全力以赴维护宪法尊严》,《人民日报》1983年2月28日。
④ 《彭真文选》,人民出版社1991年版,第430页。
⑤ 刘小京:《静悄悄的革命:中国农村土地制度变通问题研究》,载中国社会科学院农村发展研究所编《大变革中的乡土中国——农村组织与制度变迁问题研究》,社会科学文献出版社1999年版,第3—4页。

的决定。① 刚诞生不久的村民委员会获得国家的认可，这与中国改革逻辑是相关的，重视地方性经验在整个国家改革中的作用，即"摸着石头过河"，具体来说就是以问题为导向，总结地方具体做法，然后提炼为经验，再进行试点，进一步总结经验，然后提出原则性的改革方案，让地方因地制宜地进行政策的落实。对于农村改革尤其如此，以村民自治为内容的农村政治体制改革开始的时候只是广西宜山、罗城一带自生自发的农民创造，解决公社体制解体过程中农村社会治安和公共事业无人管理的问题，取得了实际的效果。基层的做法引起地方主政者的注意，在地方政治家的倡导下，村民自治实现了从做法到经验，再到制度的跃升。

小　　结

关于村民自治的起源众说纷纭，不论是从国家民主化进程，还是从现代国家建构的路径来分析村民自治都试图将人民公社与村民自治区分开来。确实，相比于人民公社体制而言，村民自治是农村基层社会治理的重要变迁，改变了公社时期权力高度集中的管理体制。村民自治代表一种自治的力量，让村民自我管理、自我服务和自我教育。不过，让人们难以相信的是具有强大行政惯性的人民公社体制内会产生村民自治，在刚性的行政力量之下潜藏着自治的力量。

自治的力量来自持续生存压力之下农民的自主性，即便在政治强制下形成公社体制也难以抑制农民"分"的冲动，在集体中吃苦，不如分家致富，这是与中国家户制传统相适应的。公社试图打碎家户制度的尝试从来没有成功过，生产队虽然以劳动力来组织生产，但是家庭的生活和交往功能并未改变，一有机会，农民就回归家户经济。源于此，人民公社以个人为单位来组织农村基层社会的努力是失败的。在一定程度上，公社时期，个体的生存风险还强化了家庭的保障作用，那时候宗族组织等都已经解体，唯有家庭这个最后的个体堡垒坚强地存在于集体公社中。分田到户

---

① 郎友兴：《发展中的民主：政治精英与村民选举》，西北大学出版社2009年版，第152页。

第五章　改革开放初国家化、地方性与村民自治诞生

后，家户成为农村基层社会的实际单元，每个家户都成为相对独立的主体，由此带来分散化的风险。一是分散家户之间在土地等产权分割中的纠纷，缺少一个调处的组织；二是分散家户之间在公共设施建设中的卸责，缺少一个协调的机制；三是分散家户之间在公共秩序建构中乏力，缺少一个相互约束的制度。总之，原先由生产队或生产大队提供的公共秩序和公共服务等无以为继。这是分田到户始料未及的，刚刚还致力于家户经济自主的农民不得不面对公共性的问题。依托公社体系的行政力量由于自身权力基础的弱化而束手无策。由于国家放权背景下行政管制权力的上移，以及分田到户后家户自主性和独立性的强化，农村社会治安和公益事业出现明显的滑坡，特别是农村社会权威与秩序面临着重建的困境。原有的人民公社三级体系已经不足以应对分散化的农民，如何组织农民，建构秩序成为农村最为迫切的问题。对于这一过程，胡永佳有详细叙述："村民自治这种农民自发创造的产物是一种诱致性制度变迁，是农民基于个体理性而达成的一个集体行动。在国家撤出之后自行提供公共物品，而且不再受上级政府过多的干预和束缚。国家之所以会认同大力推广这一制度创新，是因为那时尽管乡一级仍维持着基层政权，但乡—村之间、国家—农民之间的行政管理链条中断了，国家统治能力大为削弱，甚至可能失去与农民的直接联系管道；另一方面，大部分行政村的集体经济丧失殆尽，在村一级出现了明显的法理型公共权威缺失，解决村级管理组织瘫痪的问题显得很急迫。"[1]

自治的力量并不是完全取代公社体制，而是从公社体制中寻找发展空间与体制资源。首先，人民公社的解体并不是断崖式的全面崩溃，分田到户后人民公社虽然失去了经济管理的职能，但是其政治管制的职能还在发挥作用，公社、生产大队和生产队的组织体系依然存在，政府通过强调生产队的地位和加强基层党组织建设在一定程度上避免了彻底的失序。其次，人民公社后期出现的社会失序影响到农民的日常生活，比较明显的是社会治安问题。分田到户虽然释放了农村社会的活力，但是也使得短时间内农民的行为失去约束，各种社会越轨行为冲击着农民的生活秩序，尤其

---

[1] 胡永佳：《村民自治、农村民主与中国政治发展》，载刘亚伟编《无声的革命：村民直选的历史、现实与未来》，西北大学出版社2002年版，第318页。

是赌博、偷盗等。相比于生产秩序而言，生活秩序对于农民的感受更加真切，因此，对稳定的日常生活秩序的需求成为农民行动的重要动机。最后，人民公社体制内的各级干部，尤其是生产队干部对于重新组织农民起了关键作用。不可否认，在分田到户后，一大批生产大队和生产队的干部回归家庭，也不能忽视一个事实，一些生产队干部采取积极行动以维持社会秩序，一方面是生产队干部的产生并不是完全由上级任命，而是在生产队范围内推选，具有一定的民意基础，村民对生产队干部有所期待，生产队干部对村民也有道义责任；另一方面，生产队干部这种道义责任因为历次的政治宣传和教育得到进一步强化，内化为生产队干部们的一种道义责任感。当然，不能指望所有的生产队干部都具有道义责任感，至少在一些地方或一些时间段里能够起到作用。

自治的力量同样来自于传统村落资源。由于分田到户后家庭作为生产单位所具有的经营分配自主性，原来的集体变成分散的家户，要重新组织农民，必须从新的起点出发。生产队依靠政治经济强制来组织农民的方式已经明显不适应，于是，村民委员会充分尊重家户的自主性，其本身由村民选举产生，其规则由村民会众议定，其执行也依靠村民相互监督，本质上是村民同意的产物，并不带有行政权力的强制性，是低成本的农民组织形式，更重要的是由家户所构成的村落共同体所具有的自主性。对于中国农村而言，地缘关系具有与血缘关系同等的优势地位。如果说家户体现的是血缘关系，那么村落更多的是地缘关系。村落是地缘关系的载体，不仅因为地域相近，而且存在生产互助、生活相恤以及频繁的社会交往等产生的一个比较内聚的共同体，在村落内部能够自成系统，加上国家权力并未渗透到村落，由此形成村落的自主性。传统中国村落的自主性表现在自我提供公共产品、自我生产帮扶体系、自我满足消费欲望、自我维持内部秩序。[1]历经多次政治运动后，村落自主性受到一定抑制，不过，强大的人民公社曾经以生产队来代替原来的村落单位，可是，生产队一般以村落为单位，反而强化了村落共同体。公社基层组织生产队的区划结构与传统农民的居住结构在空间上相互吻合，农民在生产队里犹如在自然村里。[2]等

---

[1] 刘伟：《难以产出的村落政治——对村民群体性活动的中观透视》，中国社会科学出版社2009年版，第61—63页。

[2] 张乐天：《告别理想——人民公社制度研究》，上海人民出版社2012年版，第5页。

第五章 改革开放初国家化、地方性与村民自治诞生

到公社解体后，村落自主性成为村民自治产生的内在动因。最早的村民委员会既不是以生产大队为单位，也不是以生产队为单位，而是以一个个自然村为单位。在自然村内，村民自发组织起来，成立村民自治组织，制定村规民约，进行治安巡逻，兴办公益事业等，在原来的行政体系之外，重建社会的公共秩序。由此，迅速恢复了农村社会治安，保障了分田到户后农民生产与生活秩序，填补公社解体后社会治理真空，不至于出现全面的瘫痪。正是公社体制中保留的传统村落自主性奠定了村民自治起源的社会基础，单纯从公社体制的统摄性来看，仿佛见不到村落自主性的存在，然而，它却作为一种隐匿的机制在公社解体后发挥替补的作用。本以为公社体制解体后会出现大面积的混乱，或者短时间内不可能实现社会的稳定。然而，村落自主性所形成的自发秩序与行政力量所建构的规制秩序相比更具有韧性，有利于弥合体制转轨时期的社会失序。

显然，村落自主性的获得还需要外部环境的支持，传统农村社会的村落之所以有自主性还因为国家权力并未渗入村落，"皇权不下县"说明国家权力的边界在县域，在县以下缺少足够的力量来向下延伸，正如秦晖所言："国权不下县，县下惟宗族，宗族皆自治，自治靠伦理，伦理造乡绅。"[①] 同时，借助于共同的文化符号，村落能够与整个国家共享文化信仰，以乡绅为主的地方精英就是国家与村落的文化纽带，一方面接受国家的文化符号；另一方面结合地方信仰衍生出村落文化，潜移默化之中改变农民的思想观念和行为选择，并不需要国家权力的直接接入，于是，村落能够在地方精英的组织下自主地处理村落之事。近代以来的国家政权建设才逐渐将权力触角延伸到村落，村落自主性被国家行政性所压制，村落必须服从于国家的行政命令，保甲制、村街制、公社制等在村落之上建立行政的框架结构。支撑整个村落自主性的外部环境发生彻底的转变，于是，村落自主性并不完整，或者说是残缺不全。

因此，自治的力量不可能回到传统的村落自治，而是在公社体制基础上，逐渐改变公社体制，直到公社体制废除后，形成具有草根民主特点的现代的乡村治理体系。亨廷顿认为现代政治体制的特征是"理性化的权

[①] 秦晖：《传统十论——本土社会的制度文化与其变革》，复旦大学出版社2003年版，第3页。

威，差异化的结构，大众的参与以及由此产生的一种能够实现广泛目标的能力。"[1] 村委会体系具有上述特征，在这个过程中，村民委员会首先从公社体制的末端替代生产队，同时承担了众多原本由生产大队所应当承担的功能，从政府任务的执行、集体经济的管理，到村民矛盾纠纷的调解，再到各类公共事业建设，实现对农村基层社会的重组。但是村民委员会在组织结构和运行上与公社体制有着明显的区别，村委会在自然村的范围内按照自愿的原则将村民组织起来，以选举的方式成立村民委员会等各种形式的村民自治组织，自下而上地建立了一套权力授予体系，与之配套的是一系列的草根性的权力制约手段，使得"草根民主"能够有效运转起来。相对来说，在人民公社时期行政力量主导着农村基层组织，公社、生产大队和生产队三级体系中，农民除了对生产队干部有一定影响外，大队干部和公社干部都是行政任命的结果。与农民生存逻辑相左的行政任务也可以贯彻下去，农民的生产、生活和交往都受到行政力量的规制，没有哪一个时代能够与公社相比，行政力量能够动员整个农村社会，而"民主办社"未能真正贯彻执行。随着整体环境的变化，村民自治仿佛是公社制度中"民主办社"在改革开放后的回响，但是却转化为实实在在的"草根民主"行动，不仅改变了农村基层社会的组织方式，而且开启了社会主义民主政治的征程。基于此，吴毅认为："如果，西方政治发展的历史进程向人们所提供的是有关社会民主推进国家民主的经验，那么，中国从村民自治的实践向人们展示的，却是一个社会民主依赖于国家力量的深度介入，而农村地区所激发出来的对村民自治的需求，则最终引致村庄治理的制度变革。"[2]

---

[1] ［美］塞缪尔·亨廷顿：《变化社会中的政治秩序》，王冠华等译，生活·读书·新知三联书店1989年版，第279—280页。
[2] 吴毅：《村民自治的成长：国家进入与社区内生——对全国村民自治示范第一村及所在县的个案分析》，《政治学研究》1999年第3期。

第六章　改革开放以来国家化、地方性与村民自治发展

　　第一个村民委员会诞生之后，始终存在着两种不同的倾向，即行政力量与自治力量，并将两者作为村民自治的内在张力，实际上这种冲突来自于中国现代国家建设的非均衡性，如何平衡共存于同一现代国家建设进程中民族国家建设和民主国家建设两种不同的趋势，在国家权力不断集中和逐渐向基层社会延伸的过程中保障民众的参与，以实现国家权力的合法性？简单来说，国家权力越是往基层社会延伸，越需要赋予民众参与权利，才能够真正完成现代国家建设的任务。因此，村民自治实际上肩负着双重的使命，一是再次将国家权力延伸到基层社会，在改革开放初期，人民公社解体带来的基层社会权力真空，国家体制性权力上移到乡镇等基层政权，乡镇之下的基层组织如何填补，村民委员会的产生提供了答案。在村民自治被国家法律和文件认可之后，必须继续完成民族国家建设任务，将国家权力延伸到基层社会，当村民自治兴起后，村民委员会被国家作为重建基层组织的形式，形成以"自我管理、自我教育、自我服务"等"三个自我"为核心的村民自治体系，侧重于承接基层政府在社会秩序和公共服务等方面的职能。村民委员会在撤社建乡过程中逐渐发展完善，成为农村基层政权之下的基层建制组织，最后与瓦解中的公社体制进行接轨，原本以生产队或自然村为基础成立的村委会，各地普遍将其改设在原生产大队一级，实际上将村民委员会当作乡镇政权的自然延伸，村民委员会更多的是协助乡镇政府工作，承担众多的行政事务，而不仅仅是村内的公共事务，在自上而下压力型体制之下村民委员会日益行政化。二是与公社体制接轨的村民委员会不可能完全按照社队体制来运行，不是公社时期那样直接将国家体制性权力进入基层社会，而是将国家政权的功能性权力延伸到

基层社会。从第一个村民委员会开始，突出村民在村级事务中的广泛参与，包括选举、决策、管理和监督等环节，由此开辟了民主国家建设的路径，并将村民自治作为健全社会主义民主政治的基础性工程，通过群众自治的方式来改变国家权力进入基层社会的途径，集中表现在国家授予农民参与村庄管理的权利，并以国家法律的形式确定下来，并以国家力量来推进村民自治的规范化，形成以"民主选举、民主管理、民主决策和民主监督"等"四个民主"为核心的村民自治体系，以此保障在村民自治过程中广大村民的民主权利，充分体现"村民"自治。

基于此，不难理解村民自治发展中出现的行政与自治的内在张力，实际上是中国现代国家建设进程非均衡性的集中体现，村民自治陷入一种法律、制度和实践的困难之中，但是随着社会主义民主政治向前发展，村民自治在困境中成长起来。

一　改革开放后非均衡的现代国家建设

当村民自治从村到国的扩展过程中，国家的介入对于村民自治既是一个机遇，同时也是一个挑战。在村民自治上升为一个国家战略之后，国家一方面希望通过村民自治来重组基层社会；另一方面又要保持国家权力对于基层社会的控制，从表面上来看是行政与自治之间的问题，实际上体现了现代国家建设进程中的非均衡性，即民族国家建设与民主国家建设的内在紧张。正如吴毅所说："国家政权建设的规范涵义不仅包括国家权力对地方社会的单向度扩张，更重要的是权力来源之公共规则的确立，如果只强调国家权力的强化意蕴，则可能导引出一种重新为过度集权张目的主张。"[1] 为此，村民自治并不是当时国家重组基层社会的唯一选择，但却是争议最大的一种选择。

（一）非均衡的国家化

回溯现代国家的起源，重组基层社会是中国现代国家建设的核心议

---

[1] 吴毅：《小镇喧嚣：一个乡镇政治运作的演绎与阐释》，生活·读书·新知三联书店2007年版，第726—727页。

第六章 改革开放以来国家化、地方性与村民自治发展

题。从清末民国以来，尤其是新中国成立以来，现代国家建设围绕着两条脉络展开，一是民族国家建设；二是民主国家建设。前者在清末民国以来总体性危机的结果，民族危机所催生的救亡图存让中国的先知先觉者意识到必须有强大的国家，才能够在现代国家竞争中不至于沦亡。因此，民族国家建设是近现代中国的一根主线，集中表现为民国时期的权力集中，以改变清末以来的地方势力对国家权力的侵夺，建立统一的中央政权，直到新中国成立才最终完成。其后，土地改革、互助合作运动和人民公社运动，国家权力向下延伸，直到将整个基层社会纳入到国家权力体系之中。后者则是隐伏其中的辅线，现代国家建设源自于广泛的民众动员和资源整合，为此需要塑造民众对于国家的合法性认同，必须让普通民众能够参与到国家政权之中，以此获得民众的认同，确保国家权力不致遭到基层社会的抵制而失去合法性，为此，民主国家建设作为现代国家的一个侧面不时出现在历史进程当中，诸如清末新政的议会立宪活动、民国时期的地方自治、中国共产党领导的新民主主义革命等。

总的来看，近现代以来中国始终未能找到现代国家建设的均衡点，在国家政治层面，集中权力和地方分权始终处于对抗之中，不是中央高度集权，就是地方以分权为口号的地方割据等，在基层社会层面，过于强调国家权力向下延伸，而缺少民众的参与和监督，带来基层政权"内卷化"，直到新中国建立，在人民民主的基础上塑造了单一制的强大国家，中央政权对于地方政权进行有效控制，更重要的是在中国共产党的领导之下动员民众广泛参与基层政权重建，改变原有的乡村社会权力结构，国家权力深入到基层社会，并获得了高度的政治认同，进而将基层社会组织动员起来。在赶超现代化进程中，在一个落后的农业国基础上发展现代工业，不得不从农村汲取各种资源以支持国家工业建设，国家在基层社会建立便于资源汲取的公社体制，与之相对应的"民主办社"并没有真正贯彻落实，农民的参与主要是通过政治运动等方式"被卷入政治参与"，为此，在基层出现社会国家化的趋势，而民众对于国家权力的认受性逐渐降低，于是在公社体制中出现各种农民"反行为"。虽然不是直接反对国家权力，却在基层社会消解了国家权力，导致公社体制最终走向解体。

改革开放后，在农村基层政权的重建过程中，一方面国家权力对乡村社会的控制并未改变，只是在具体的程度和方式上有所差异。正如毛丹所

论述的那样:"1949年以后,政党和国家的力量总体上实现并且有效地保持着对中国乡村的前所未有的高度控制,成功地实现了党务机构和行政机构在村落一级的普遍延伸。而且,国家对乡村的政治控制影响到改革开放后的实行村民自治的乡村社会"①,而从自治成效上看"国家不是缩小了在农村的控驭范围,而是改变了对村落的控驭方式——至多是在改变经济控驭方式的同时,减少了对乡村社会事务的过多和过于直接的介入。国家不管的事可以不管,想管的时候随时可以管起来"②。另一方面国家权力不得不承认社会权力和农民的参与权利。江平认为:"改革开放一个很重要的任务就是如何实现'两个解放':一是把本应属于社会自治的功能、社会的权力,从国家权力中解放出来;二是从中央集权的国家权力里面,给予社会一定的自治权。"③ 对于农村基层社会来说,农民有支配人身活动的自由,而不必像以往必须向生产队干部报告并受其支配;农民有了生产经营的自主,种什么不种什么由农民自己决定而不是听命于干部;农民有了参与公共事务管理的自治,农村社区事务不再完全由干部决定。④ 随着国家向社会放权以及农民自主性增强,农村基层社会逐渐成为社会主义民主政治建设的起点和突破口。

(二) 重组农村基层社会

改革开放后,虽然家庭联产承包责任制解决了农业生产经营方式,但是并没有解决农村政治社会管理的方式,从而产生了一系列的突出问题。谁来管理农村属于农民集体所有的土地和其他财产?谁来组织和协调村民发展生产、壮大集体经济?人民调解、社会治安、计划生育、社会福利、生态环境等事务由谁来组织管理?⑤ 于是,1982年"一号文件"批转《全

---

① 毛丹:《乡村组织化合乡村民主——浙江萧山市尖山下村观察》,《中国社会科学季刊》1998年总第22卷。
② 毛丹:《乡村组织化合乡村民主——浙江萧山市尖山下村观察》,《中国社会科学季刊》1998年总第22卷。
③ 江平:《市场自治权应该得到公权尊重》,《读书》2010年第8期。
④ 徐勇:《中国农村村民自治》(增订本),生活·读书·新知三联书店2018年版,第318页。
⑤ 徐勇:《中国农村村民自治》(增订本),生活·读书·新知三联书店2018年版,第22页。

第六章 改革开放以来国家化、地方性与村民自治发展

国农村工作会议纪要》指出:"最近以来,由于多种原因,农村一部分社队基层组织涣散,甚至陷于瘫痪、半瘫痪状态,致使许多事情无人负责,不良现象在滋生蔓延。这种情况应当引起各级党委的高度重视,在总结完善生产责任制的同时,一定要把这个问题解决好。"① 面对农村政治社会环境的变动,急需一种新的组织形式重建基层政治社会的基本秩序,避免由于基层组织的瘫痪带来政治失序和社会混乱。在当时的历史条件下,有四种可供选择的方案。

第一种是继续强化"三级所有,队为基础"的公社体制。在分田到户以后的数年里,公社体制虽然失去经济管理功能,但是在名义上,公社体制依然是农村社会管理的主要形式,一些地方也试图巩固生产队的作用。公社的超经济强制在生产队失去组织生产和分配的功能后也日益松弛,地方的实践证明农民不愿意回到公社体制中。随着农民经济自主性的增强,农民主体意识觉醒,任何试图回归公社体制的行动都与农村整个经济社会形势相违背。

第二种是乡村行政化,正如新中国成立后曾经建立的乡(行政村)组织体系一样,在农村重新建立村级政府,国家行政权力直接进入乡村,或者建立村公所,作为乡镇的派出机构等,对于稳定农村形势,恢复社会秩序而言,行政化的手段无疑是最直接和最快速的办法。当然,受制于行政成本、权力监督等问题,将国家权力延伸到村庄面临巨大的财政支出压力和政权内卷化的风险。乡村行政化对于改革开放后有限的国家财政收入来说是不允许的,国家的财政收入主要是围绕经济建设,为了减少财政支出,国家必然要压缩财政支出,避免新的支出项目。另外,与历次国家政权下乡一样,在缺乏有效监督的条件下,一味地将国家权力渗透到农村,只能导致政权建设内卷化,更有可能加剧基层社会的衰败和混乱。成本和风险是横亘在乡村行政化前的障碍,即使不考虑内卷化的风险,行政成本也是一个难以克服的现实难题。正如达尔所说:"控制的价值可以被定义为预期收益超过预期成本的部分。如果控制的成本超过收益,那么那个范围或领域的有效控制对统治者就没有任何价值。如果控制的成本将超过收

---

① 中共中央文献研究室编:《三中全会以来重要文献选编》下册,人民出版社1982年版,第1061页。

益，即使拥有巨大而有限的统治者也会放弃其目标的全部实现，以期在其资源限度内实施控制。"①

第三种国家的政党系统尝试着运用农村基层党组织来整合农村社会，依靠党的组织资源把农民组织起来。虽然农村党组织能够发挥领导核心作用，动员或引导农民，但是整体上相对封闭，对党员有一定的约束力，分田到户后，对于党员之外的普通农民缺乏有效的影响方式。此外，农村党组织本身也面临着一些问题：一方面是政社分设之后，不少地方党、政和群众的合作经济组织名义上分设了，但是由于各自的任务、作用、职责范围不清，分工不明，加上不少干部在政社合一体制下生活惯了，养成了遇事等书记拍板的习惯，因此仍然是"三个牌子一个门，说话还是一个人"，党组织包揽一切的现象仍然存在。② 另一方面是村级机构虽然党、政、企已分设，但党支部仍包揽一切。大部分精力用来应付上级各部门布置的行政任务，不能集中精力抓经济工作，使许多问题得不到及时解决。③ 显然，农村基层组织重建需要与分田到户后农村经济社会现实情况相适应，特别是农民自主性的增强和个体意识的觉醒等，党组织和其他组织都必须在这样的前提下才能够真正重建农村基层社会。

第四种是基层群众自治，将基层政权定位在乡镇，而乡镇以下通过村民委员会实行群众自治。在历史上，中国历来有官治与自治的双轨政治的传统，既是财税短缺条件下国家无力维持县以下官僚体系，又是农村社会本身自发的乡绅自治与国家目标相符合，并得到国家的默许。不同的历史同样的道理。基层群众自治相对于乡村行政化有明显的成本优势。有鉴于农村经济体制改革的经验，当政者从调动农民积极性出发，坚持向下放权的改革路线。正如邓小平提出："调动积极性，权力下放是主要的内容。我们农村改革之所以见效，就是因为给农民更多的自主权，调动了农民的积极性。"④ 农村政治体制改革的最大的特点也是放权，通过基层群众自

---

① [美] 罗伯特·达尔：《多元主义民主的困境：自治与控制》，周军华等译，吉林人民出版社2006年版，第30—31页。
② 中共中央书记处农村政策研究室资料室：《中国农村社会经济典型调查（1985年）》，中国社会科学出版社1987年版，第38—39页。
③ 中共中央书记处农村政策研究室资料室：《中国农村社会经济典型调查（1985年）》，中国社会科学出版社1987年版，第82页。
④ 《邓小平文选》第3卷，人民出版社1993年版，第242页。

治，让农民自我管理，减轻基层政府的负担，又能够激发农村经济社会的活力。可是，基层群众自治在一部分人看来恰恰不是最佳选择。姑且不论农民是否有能力自治，单是群众自治后对于基层政府来说就是一个挑战，尤其是后发国家要实现经济社会的赶超，必须借助于强大的行政力量，推动经济社会政策的贯彻落实。如果推行群众自治是否会影响到国家政策的执行，是否会让农民成为体制的反对力量等？只有加强行政权力，将行政触角深入农村社会，才能有效动员农村的人财物，服务于国家经济社会发展的总体目标。在上述路径中，最终选择基层群众。有学者如此叙述：从1982年起，为了填补人民公社体制废除后出现的农村公共组织和公共权力的"真空"，国家除了继续利用执政党的农村基层组织，同时也大力推动村民委员会的建立，并将其功能从制定乡规民约、维持社会治安扩大为社区事务的全面管理。①

（三）社会主义基层民主建设

之所以最终选择基层群众自治，也得益于社会主义民主政治建设。民主政治是一种国家制度形式，基层社会的草根民主离不开整个国家民主政治，从草根民主到社会主义基层民主意味着从基层建构中国民主的一种制度努力。"中国政治与经济制度变迁的一个最大特点就是它是一种供给主导性的制度变迁"，所以"党和政府作为制度变迁的供给主体，对于制度供给有着极大的影响"②。围绕以村民自治为主的基层民主建设，党和政府进行了前后相继的制度创新，逐步确立了社会主义基层民主制度。

作为改革开放一次具有历史节点意义的政治会议，十一届三中全会主题报告《解放思想，实事求是，团结一致向前看》中明确提出："当前这个时期，特别需要强调民主。因为在过去一个相当长的时间内，民主集中制没有真正实行，离开民主讲集中，民主太少。"③ "要切实保障工人农民个人的民主权利，包括民主选举、民主管理和民主监督。……必须使民主

---

① 胡永佳：《村民自治、农村民主与中国政治发展》，载刘亚伟编《无声的革命：村民直选的历史、现实与未来》，西北大学出版社2002年版，第317页。

② 唐兴霖、马骏：《中国农村政治民主发展的前景及困难：制度角度的分析》，《政治学研究》2001年第1期。

③ 《邓小平文选》第2卷，人民出版社1993年版，第144页。

制度化、法律化，使这种制度和法律不因领导人的改变而改变，不因领导人的看法和注意力的改变而改变。"① 从"文化大革命"的悲剧中汲取历史教训，进行"拨乱反正"，废除"文化大革命"时期的一些错误做法，恢复全国及各级人民代表大会等立法机关，整顿国家司法和各级行政机构等，同时重点对党和国家领导体制进行改革等，加强社会主义民主政治建设，以此统筹整个国家政治体制改革。邓小平为此提出："没有民主就没有社会主义，就没有社会主义的现代化"②"发展社会主义民主是三中全会以来中央坚定不移的方针，今后也决不允许动摇。"③

对于基层社会来说，社会主义民主政治的核心是充分调动社会和个人的积极性，地方性社会的自生自发秩序占据主导地位，突出地方分权改革后基层社会的自主性增强，赋予地方更多的自由。邓小平认为："现在我国的经济体制权力过于集中，应该有计划地大胆下放，否则不利于充分发挥国家、地方、企业和劳动者个人四方面的积极性，也不利于实现现代化的经济管理和提高劳动生产率。应该让地方和企业、生产队有更多的经营管理自主权。"④"一个生产队有了经营自主权，一小块土地没有种上东西，一小片水面没有利用起来搞养殖业，社员和干部就要睡不着觉，就要开动脑筋想办法。"⑤ 为此，邓小平一再强调：调动积极性，权力下放是最主要的内容。我们农村改革之所以见效，就是因为给农民更多的自主权，调动了农民的积极性。调动积极性就是最大的民主。⑥ 如何调动农民积极性，十一届三中全会强调在经济上充分关心他们的物质利益，在政治上切实保障他们的民主权利。⑦ 中央政府在有关农村工作部署中重申集体化时期的"民主办社"原则，强调农业生产中的民主管理，让社员参与到管理当中。1980年9月，中共中央召开省、自治区和直辖市第一书记座谈会，会议指出党在农村的政策和工作，都要考虑农民的经济利益和尊重农民的民主权

---

① 《邓小平文选》第2卷，人民出版社1993年版，第146页。
② 《邓小平文选》第2卷，人民出版社1993年版，第168页。
③ 《邓小平文选》第2卷，人民出版社1993年版，第359页。
④ 《邓小平文选》第2卷，人民出版社1993年版，第145页。
⑤ 《邓小平文选》第2卷，人民出版社1993年版，第146页。
⑥ 《邓小平文选》第3卷，人民出版社1993年版，第242页。
⑦ 《坚持改革、开放、搞活——十一届三中全会以来有关重要文献摘编》，人民出版社1987年版，第3页。

第六章 改革开放以来国家化、地方性与村民自治发展

利,要将坚持党的领导和尊重社队的自主权统一起来,既要发扬民主又要善于引导;要将广大社队的自主性和加强社员的民主管理结合起来,充分发挥社员代表会议和各级管理委员会的职能,一切关系社员利益的重大事项,包括建立生产责任制等,都要经过民主讨论,由集体作出决定。[1]

随后对党的历史进行总结的十一届六中全会通过的《关于建国以来党的若干历史问题的决议》,针对权力过分集中带来的严重挫折进行深刻反思,提出"逐步建设高度民主的社会主义政治制度",在基层政权和基层社会生活中要逐步实现人民的直接民主,要努力发展各城乡企业中劳动群众对企业事务的民主管理。相比于之前的中央文件的论述来说,明确"高度民主"和"直接民主"两个概念,分别指向社会主义民主的程度和深度,同时将农业生产中民主管理扩大到基层政权和基层社会生活中的直接民主,将"经济民主"扩展到"政治民主"和"社会民主"。

至中共十二大时,党和政府对于未来社会主义民主的发展有了清晰的方向,明确提出要将社会主义民主扩大到政治生活、经济生活和社会生活,发展企事业单位的民主管理和基层社会生活的群众自治。通过党代会的决议,推进社会主义民主在党内成为共识,此时产生的基层群众自治便在社会主义民主制度框架中逐渐发展起来。中国共产党有关社会主义基层民主的主张,最终在1982年修订的《中华人民共和国宪法》中得以明确提出:"人民依照法律规定,通过各种途径和形式,管理国家事务,管理经济和文化事务,管理社会事务。"《宪法》第111条规定:"城市和农村居民居住地区设立的居民委员会或者村民委员会是基层群众性自治组织。居民委员会、村民委员会的主任、副主任和委员由居民选举。居民委员会、村民委员会同基层政权的相互关系由法律规定。""居民委员会、村民委员会设人民调解、治安保卫、公共卫生等委员会,办理本居住地区的公共事业和公益事业,调解民间纠纷,维护社会治安,并且向人民政府反映群众的意见、要求和提出建议。"对于刚刚产生不久的村民委员会来说,列入宪法条文意味着正式成为国家制度一部分,也预示着一种新的基层组织制度即将出现。从中国民主化进程来看,村民自治及村级民主选举可能

---

[1] 黄辉祥:《"民主下乡":国家对乡村社会的再整合——村民自治生成的历史与制度背景考察》,《华中师范大学学报》(人文社会科学版)2007年第5期。

成为推动中国政治体制改革及国家民主化的一条风险小、震动小、渐进性但又具有全面性、持久性和深刻性的自下而上的改革之路。①

至此，以村民自治为主的基层民主提升到与国家民主政治对应的价值与意义。作为当时基层群众自治的支持者，彭真认为："十亿人民如何行使民主权利，当家做主，这是一个很大的根本的问题。其最基本的两个方面是：一方面，十亿人民通过他们选出的代表组成全国人大和地方各级人大，行使管理国家的权力；另一方面，在基层实行群众自治，群众的事情由群众自治依法去办，由群众自己直接行使民主权利。"② 社会主义民主包括国家民主和基层民主，国家民主是以人民代表大会为载体，基层民主则是以村民委员会为载体。与此同时，寄希望于村民自治能够成为社会主义民主的基础。他意识到："把村民委员会搞好，等于办好8亿农民的民主训练班，使人人养成民主生活的习惯，这是发展社会主义民主的一项很重要的基础工作，是最广泛的民主，是国家政治体制的一项重大改革，对扫除封建残余印象，发展社会主义民主具有重要的、深远的意义。"③ 在重组基层社会的路径选择中，基层群众自治成为事实上的选择，得益于上述中国民主化进程在历史的关键节点为基层民主提供了有力的政治环境。

二 "乡政村治"：村民自治与人民公社体制接轨

改革开放之后，公社解体面临最大的问题是如何重组基层政权，党和政府最终选择以群众自治的方式，通过赋予农民以民主权利来整合乡村社会，将村委会正式纳入国家政权组织体系，成为法定的基层建制组织。村民委员会的普遍建立与全国范围内的"撤社建乡"相联系，乡镇政府代替人民公社的同时，村民委员会代替生产大队，由此形成"乡政村治"的格局，实现与人民公社体制的对接。可以看出，此阶段村民自治的主要任务是农村基层组织的重建，此时的村民委员会主要是作为乡镇以下的基层组

---

① 项继权：《中国乡村的"草根民主"》，载吴重庆、贺雪峰主编《直选与自治——当代中国农村政治生活》，羊城晚报出版社2003年版，第37—38页。
② 《彭真文选》，人民出版社1991年版，第607—608页。
③ 《彭真文选》，人民出版社1991年版，第608页。

织协助乡镇政府的行政工作，在国家体制性权力上移的同时，功能性权力得以向下延伸，将乡镇行政管理与基层群众自治两种不同的路径结合起来。

（一）撤社建乡

如果说最早的村民委员会具有自发性的特点，那么许多地方村委会的产生则是国家政策推动的结果，是与"政社分开"直接相关的。[①] 1980年8月30日中共中央向五届全国人大三次会议主席团提出了《关于修改宪法和成立宪法修改委员会》，随后通过的《中华人民共和国宪法修改草案》，按照改变现行的政社合一的人民公社体制的原则，设立乡人民政府，人民公社作为集体经济组织，不再承担政权职能。1982年4月12日，中共中央、国务院发出《关于〈中华人民共和国宪法〉（修改草案）中规定农村人民公社政社分开问题的通知》，指出人民公社政社分开是一件很复杂、很细致的工作，不可轻率，匆忙改变，必须有领导、有准备、有计划、有步骤、有秩序地进行，宪法正式通过以后的一两年内，各地应该维持现有体制，但可由省、市、自治区统一规划进行试点，总结经验，然后有领导地根据各地具体情况分期分批逐步改变。1982年修订后的宪法第十五条规定："省、直辖市、县、市辖区、乡、民族乡、镇设立人民代表大会和人民政府。"宪法的修订成为废除人民公社体制、实行政社分开的决定性步骤。

1983年10月，中共中央、国务院发布《中共中央、国务院关于实行政社分开，建立乡政府的通知》，其中指出："随着农村经济体制改革，现行农村政社合一的体制显得很不适应，宪法已经明确规定在农村建立乡政府，政社必须相应分开。""当前的首要任务是政社分开，建立乡政府。同时，按乡建设党委，并根据生产需要和群众的意愿逐步建立经济组织，要尽快改变党不管党，政不管政和政企不分的状况。"政社分开、建立乡政府的工作要与选举乡人民代表大会的工作结合起来，大体在1984年底以前完成。乡的规模一般以原有公社的管辖范围为基础，如原有公社的范围过大也可以适当划小。乡人民政府建立后，要按照《中华人民共和国地方

[①] 赵秀玲：《村民自治通论》，中国社会科学出版社2004年版，第36页。

各级人民代表大会和地方各级人民政府组织法》的规定行使职权,领导本乡的经济、文化和各项社会建设;做好公安、民政、司法、文教卫生、计划生育等工作。① 至1983年底,全国已有1188个县(市)的1463个公社进行了撤社建乡改革,占公社总数27%。到1984年底,全国各地基本完成政社分开,建立乡政府的工作。根据统计,政社分开前全国有5.4万个人民公社,2800个镇,政社分开后,全国共建立9.159万个乡、民族乡和镇政府。② 截至1984年,全国共建立乡政府84340个,全国有28个省、市、自治区全部完成建乡工作,已实行政社分开的占公社总数的98.38%。③

在撤社建乡的过程中,基层政权从公社体制剥离,公社之下的生产大队和生产队不能再承担相应的行政功能,乡镇政府建立后,乡镇以下基层组织建设成为加强基层政权的重要问题。为此,在《中共中央、国务院关于实行政社分开,建立乡政府的通知》中对于乡镇以下基层组织也做了相应规定:"村民委员会是基层群众性自治组织,应按村民居住状况设立。村民委员会要积极办理本村的公共事务和公益事业。协助乡人民政府搞好本村的行政工作和生产建设工作。村民委员会主任、副主任和委员要由村民选举产生。各地在建乡中可根据当地情况制定村民委员会工作简则,在总结经验的基础上,再制订全国统一的村民委员会组织条例。"④ 不过,这个"通知"在重视村民委员会自治性的同时,又带有较强的"行政"色彩,这对当时及其之后的村民自治都有影响。⑤ 此时的村民自治主要是与人民公社体制接轨,实现基层组织的重建。

实际上,对于村一级组织的设置,不同地区采取不同的策略。有的回归到新中国成立初期行政村建制,如四川、安徽、江苏等按生产大队建立行政村,有的在村级设立乡镇政府派出机构,如吉林省农安、怀德、榆树

---

① 《中共中央、国务院关于实行政社分开,建立乡政府的通知》,《中华人民共和国国务院公报》,1983年5月19日。
② 参阅汤晋苏《简述我国农村的建乡工作》,载张厚安、白益华、吴志龙编《中国乡镇政权建设》,四川人民出版社1992年版。
③ 罗平汉:《村民自治史》,福建人民出版社2006年版,第21页。
④ 《中共中央、国务院关于实行政社分开,建立乡政府的通知》,《中华人民共和国国务院公报》,1983年5月19日。
⑤ 赵秀玲:《村民自治通论》,中国社会科学出版社2004年版,第39页。

以及河北省永清、抚宁等县等按生产大队建立村公所。行政村或村公所一般设村长、副村长、文书，也有的只设村长一人，管理全村的行政工作，吉林省敦化县按生产大队建立村政府，作为乡政府的派出机构，管理全村的行政工作。只有河北省无极县南马乡按生产大队设立了村民委员会。[①] 整体来说，基层群众自治并不是各地探索基层组织建设的第一选择。一是乡镇政府建立之后，受原来公社体制的影响，习惯于依靠行政手段来管理农村基层社会，比照生产大队的方式来建立新的基层组织。二是当时以村民委员会为载体的基层群众自治是分田到户后出现的新生事物，尚处于试点阶段，与之有关的一系列问题有待明确，尤其是与乡镇政府的关系。三是乡镇政府不习惯于群众自治的方式，担心群众自治会影响行政工作，甚至挑战乡镇政权权威，与乡镇政府形成潜在的冲突和对抗。

（二）有计划的试点

面对各地乡镇政府在村级组织建设上的问题，为了统一基层组织，一些地方在取消原有的生产大队、生产队的基础上，集中进行村民委员会的试点，对全国范围内村民委员会的普遍建立起到直接的推动作用。为了能够办好村委会，1986年9月26日中共中央、国务院下发《关于加强农村基层政权建设工作的通知》，其中，对"搞好村（居）民委员会建设"作出规定：目前，有相当一部分地方，特别是经济困难地区的村（居）民委员会组织不健全，甚至无人负责，处于瘫痪、半瘫痪状态。这个问题必须引起各级党委和政府的重视。各地要采取措施，认真整顿农村基层组织。要把思想整顿放在首位，教育基层干部全心全意为人民服务，积极带领群众勤劳致富，遵纪守法，抓好物质文明和精神文明建设。其次是组织整顿，要帮助村（居）民委员会建立健全人民调解、治安保卫、公共卫生、社会福利等工作委员会（组）和各项工作制度，妥善解决村（居）民委员会工作人员的经济补贴和工作中遇到的困难。经济特别困难的地方，地方财政要帮助解决村（居）民委员会工作人员的经济补贴。补贴面可以小一些，但一定要落实。村（居）民委员会要进一步完善村规民约，大力开展

[①]《各地政社分开建立乡政府的试点工作逐步展开》，《城乡基层政权建设工作简报》1982年第1期。

创建文明村、评选五好家庭等活动，发动广大村（居）民积极参加社会生活的民主管理，以进一步发挥群众自治组织的自我教育、自我管理、自我建设、自我服务的作用。同时规定民政部门具体负责"基层政权建设"工作，主要职责是调查了解基层政权的现状和存在的问题，提出改进和加强基层政权建设的意见；总结交流经验；组织先进乡镇和先进村（居）民委员会的评比、表彰活动；培训乡镇长和村（居）民委员会主任；指导村（居）民委员会的组织建设和制度建设；制定和修改有关的条例和规章制度。各级党委和政府要支持和监督民政部门做好这项工作，民政部门要把基层政权建设工作列为自己的重要任务，切实抓好。上述文件对村民委员会建设做了较为详细的规定，强调要进一步发挥群众自治的自我教育、自我管理、自我服务的作用，同时责成国家民政部门负责村委会建设的日常工作[①]。在民政部的推动之下，村民自治获得了体制性的地位、社会声望与经费支持，按照民政部的工作部署，在省一级开展村委会试点，省级工作主要是开展试点以获得经验，全国有1093个县级单位进行了试点。到1983年，全国除西藏以外，大部分省份都建立了村委会，总数已达31万多个。此后，村民委员会的数量急剧增加，1984年为92万个，1985年为122万个，达到最大峰值，全国农村普遍建立村民委员会。[②]

有计划的试点直接推动了村委会的扩散，以合寨村到整个河池地区为例，除了临近村庄之间相互学习和借鉴，人口流动带来的信息传递之外，之所以能够如此快速地实现村民委员会的扩散，还在于地方政府主动推动，并将某一地建立村民委员会和村规民约的做法移植和推广到其他地区。在村民委员会向外移植的过程中，国家介入村委会发展的主要方式：经验化、试点化、制度化，一步一步将地方经验转化为制度条文或者具体政策意见，形成"可交流的知识"。其实，在后发国家的民主化进程中，构建民主的方式主要是示范、感染、播散、仿效等，同样也适用于村民自治，由一村到另一村，由一乡到另一乡，除了先一步建立村民自治组织村庄的示范效应外，政府的推广是村民自治扩散开来的主要方式。

---

① 1988年国务院机构改革中为了加强基层政权建设的工作力度，民政部特地设立了基层政权建设司，主抓基层政权建设工作。

② 民政部基层政权建设司农村处：《中华人民共和国村民委员会有关法规及资料汇编》，1994年6月，第112—116页。

第六章 改革开放以来国家化、地方性与村民自治发展

（三）接轨公社体制

在普遍建立村委会的过程中，与最初制度设计不同的是村委会从自然村上移到原生产大队。许多地方将原来的生产大队改名为村民委员会，原来的生产小队改为村民小组，村民委员会的产生、组织和运行与传统的组织体系并无明显区别。[①] 为什么出现这种"无明显区别"的情况？普遍建立村民委员会是重建基层政权的必然结果，主要是与人民公社体制进行接轨。人民公社是公社、生产大队和生产队的三级体系，由于三级之间的紧密衔接才能保证整个农村基层社会的管理有序。撤销公社所面临的不单单是公社一级，还包括生产大队或生产队这两级的存废。新成立的乡镇政府直接管理原来公社范围，对于初建的乡镇政府来说几乎是不可能完成的任务。即使在人民公社时期，始终存在划小公社和设立管理区的冲动，那么撤社建乡一开始就要考虑乡镇以下如何来组织的问题。为此，在撤社建乡的一段时间里，乡镇政府以下是生产大队和生产队，显然，这种混合体制不是长久之计。村民委员会为乡镇以下基层组织重建提供了新的选择。唯一的问题是由于公社规模大，范围广，必然带来撤社建乡之后乡镇管理幅度过大，在管理能力并没有明显提高的情况下，这就要求增加相应的管理层次来达到管理的效果。早期的村民委员会一般是建立在自然村，介于原来生产大队与生产队之间，往往一个乡镇有上百个村民委员会。刚刚成立的乡镇政府在人员、财力和事权等方面都比较薄弱，未能发挥一级政权的作用。面对众多的村民委员会也是束手无策。摆在地方政府眼前的现实困难就是要保障初建的乡镇政府能够有效管理原来公社留下的广大农村地区，必须对村民委员会进行位移，是上移到生产大队还是下移到生产队，是否还需要新建一级管理层次。以最早产生村委会的广西为例，整个广西在农村建立村民委员会不是以村民居住状况，按照自然村为单位建立的，基本上按原来生产大队管辖范围设立。广西历史上遗留下来的公社、大队规模过大。根据1983年统计，全区平均每个公社14.2个大队、301个生产队、34000多人口。如果村民委员会设在自然村，那么作为基层政权的

[①] 徐勇：《中国农村村民自治》（增订本），生活·读书·新知三联书店2018年版，第28页。

乡政府要管理上百个村民委员会。当时考虑到工作的方便，经请示中央同意，广西的村民委员会一般是以原生产大队为单位设立的，下面再以生产队为基础建立村民小组，村民小组和生产队实行两块牌子一套班子。① 如表6-1所示，全国大多数地区与广西一样，将村委会设在生产大队一级，以便能够与公社体制顺利接轨。

表6-1　　　1981年全国各地区生产大队数量与1983年至1986年
　　　　　　　农村村民自治组织建立情况②

地区	1981年 生产大队数	1983年 村委会数	1984年 村委会数	1985年 村委会数	1986年 村委会数
北京	4020	2037	4398	4404	4400
天津	3883	3826	3836	3821	3818
河北	50359	4661	50208	50309	50316
山西	31664	194	30861	32229	32280
内蒙古	12595	3639	13479	13557	13145
辽宁	15697	12120	15672	15764	15869
吉林	10146	10067	10087	10070	10136
黑龙江	14056	1866	14308	14466	14444
上海	2998	355	3037	3014	3036
江苏	35683	32988	35908	36024	35969
浙江	42532	22925	42524	43094	43169
安徽	30087	19719	30113	36033	36219
福建	14333	1345	15307	15209	18108
江西	23274	95	20004	19902	20014
山东	86143	3119	88199	88913	88859
河南	45443	30709	46565	46570	46918
湖北	31634	1450	32582	32303	32796
湖南	47103	4071	47190	47390	47168
广东	27067	94561	142286	361172	43634

---

① 金宝生：《村民委员会建设》，广西人民出版社1988年版，第20—21页。
② 民政部基层政权建设司农村处：《中华人民共和国村民委员会有关法规及资料汇编》，1994年6月，第112—116页。

续表

地区	1981年生产大队数	1983年村委会数	1984年村委会数	1985年村委会数	1986年村委会数
广西	13864	5423	13729	13873	14280
四川	75572	26419	75915	75881	86479
贵州	25429	1993	25581	75881	86479
云南	13756	4523	91517	105587	107301
西藏		10109	14675	10068	
陕西	30645	5636	32707	32536	32848
甘肃	16758	15057	17387	15469	17379
青海	3749	913	4220	3944	4023
宁夏	2305	1633	2390	2438	2435
新疆	7227	327	7463	8199	8190
合计	718022	311681	927311	948628	866130

三 基层民主制度化与村民自治立法争议

赵秀玲认为："《村组法（试行）》颁布前的村民自治还缺乏足够的自觉性、系统性和制度性，大致是在自发、随意和非规范的状态下进行探索的，因此村民自治还处于初级阶段，即主要停留在村委会组织的建立层面。"① 但是徐勇认为："村委会的普遍建立，取得了意想不到的效果，这就是农民重新回归到国家组织体系，国家也可以凭借组织化的条件进行政治整合。如果仅仅依靠由少数人构成的基层政权和基层党组织，是无法赋予农民以统一性的法定村民身份的。因为村民委员会属于国家体制内的组织，作为村民委员会一员的村民并不是自然村的自然共同体的成员，而属于国家体制内的村落共同体的成员。国家可以凭借村民委员会与分散的农民交往，由此可以大大减少国家政权下乡的成本。同时，通过赋权于民，可以为建设社会主义民主政

---

① 赵秀玲：《村民自治通论》，中国社会科学出版社1997年版，第71页。

治奠定稳固的基础。"① 为了赋权于民,需要推动民主的制度化和法律化,围绕村委会的相关立法工作提上日程,也引起了普遍的争议,经过长时间的立法议程之后,《村组法》以试行的名义顺利通过,但是立法层面的争议继续在实践层面出现。

(一) 立法工作的启动

改革开放后,党和国家在总结人民民主正反两方面的经验后,为社会主义民主政治找到新的方向,以法治保障民主,强调民主的制度化和法律化。十一届三中全会预备会议明确提出:"为了保障人民民主,必须加强法制。必须使民主制度化、法律化,使这种制度和法律不因领导人的改变而改变,不因领导人的看法和注意力的改变而改变。"作为社会主义民主政治的基础,国家在建构基层民主的进程中,始终将基层民主的法律化当作重要的途径。不过,在立法过程中却充满着争议,特别是乡镇政府与村民委员会之间的关系。在1983年《关于实行政社分开建立乡政府的通知》中,规定:"各地在建乡中可根据当地情况制订村民委员会工作简则,在总结经验的基础上,再制订全国统一的村民委员会组织条例。"② 在《村民自治通论》中,赵秀玲指出:"之所以要制定有关村民委员会的简则或者条例,是因为在全国普遍建立村民委员会的过程中缺少规范性的文件,虽然宪法对村民委员会的性质、机构、作用等进行了原则性的规定,整体上相对简略,缺少具体的制度性规定。在较长的时间内,村民自治一直处于社会实践的层面,既缺乏理论支撑,又缺乏法律制度规范。随着村委会在全国范围内普遍建立,这种状况亟须改变,否则就会影响村民自治的进一步发展。"③ 于是,全国性的村民委员会立法工作进入加速阶段。时任全国人大委员长的彭真强调:要从依靠政策办事,逐步过渡到不仅靠政策,还要建立、健全法制,依法办事。党的政策经过国家的形式而成为国家的政策,并且要把在实践中证明是正确的政策用法律的形式被固定下来。④ 随

---

① 徐勇:《现代国家的建构与村民自治的成长——对中国村民自治发生与发展的一种阐释》,《学习与探索》2006年第6期。
② 《中共中央、国务院关于实行政社分开,建立乡政府的通知》,《中华人民共和国国务院公报》,1983年5月19日。
③ 赵秀玲:《村民自治通论》,中国社会科学出版社2004年版,第61页。
④ 《彭真文选》,人民出版社1991年版,第491—493页。

第六章 改革开放以来国家化、地方性与村民自治发展

后,彭真委员长对村民自治立法作出三个指示:第一个指示是关于1982年《宪法》赋予中国农村村民自治权;第二个指示跟村民自治一样,镇政府的作用应该是一种"指导",而不是"领导";第三个指示是必须限制官员的权力,让他们不能为所欲为。[①]"有不同意见的,不是原则问题,是具体问题。在这方面,我建议,凡是有争论的,大家认为还有问题的,不必忙于写上,以后可以另外研究处理、一个法搞得很宽很细,势必难以在全国通用。"[②]

起草立法草案工作由主管全国基层政权建设的民政部负责,民政部参照一些地方出台的《村民委员会工作简则》,开始起草《村民委员会组织条例(草案)》,1984年8月,民政部受国务院委托起草村民委员会组织条例,工作组先后到辽宁、吉林、黑龙江、天津、湖南、江苏等省、市征求意见,翌年2月,民政部根据征求的意见,对草案建了修改,形成第二稿,并发给四川、山西等六省市征求意见,民政部组成调研组前往各地了解情况,听取建议。7月形成第三稿,并立即发给各省、自治区、直辖市和中央有关部门、大专院校和法学研究单位广泛征求意见。10月至11月民政部根据各地各单位意见,做了两次修改,后经过部务会议讨论研究,送交全国人大常委会法制工作委员会、中共中央农村政策研究室、国务院法制局等部门征求其意见,并根据征求的意见形成新的修改稿,直到1986年1月,民政部再次召开部务会议原则通过《村民委员会组织条例(草案)》,由民政司修改后将草案及其说明上报中央政法委。[③] 4月8日,中央政法委对民政部报送的《村民委员会组织条例(草案)》进行了讨论,在肯定基本精神的前提下,对其中一些具体内容提出了修改意见,如认为应对村民的选举权与被选举权给予规定等,并要求民政部修改后报国务院审查。民政部根据中央政法委的意见修改后,在4月12日送国务院法制局进行审查,后续做了多次修改,9月5日,国务院常务会议进行专题讨论,国务院副总理李鹏表示,村民委员会下设机构,有的可设委员会,有的可设委员,有的可设小组,可以多种形式,不要规定得过死。国务院副总理田纪云说,村委会的下设机构,应根据村的实际来决定,不要加重群

---

① 郎友兴:《发展中的民主:政治精英与村民选举》,西北大学出版社2009年版,第38页。
② 《彭真文选》,人民出版社1991年版,第607页。
③ 白益华:《中国基层政权的改革与探索》,中国社会出版社1995年版,第287—288页。

众的负担，对享受补贴的人数也要加以限制。国务委员陈慕华认为，村委会要协助乡政府开展计划生育工作，否则，这些工作不好落实。国务委员宋健的意见是村委会要教育村民响应政府号召，完成国家分配的任务，村委会主任不要限制任期，连选可以连任。根据国务院常务会议讨论后形成三条主要修改意见：一是村民委员会要根据村民居住的情况、人口多少、工作繁简及方便群众的原则设立，人口分散的小村可以不设，也可以几个村联合设一个。二是村民委员会下边的机构设置要力求精简，可由村民委员会干部兼任调解员或治安保卫员等职务。对享受补贴的人数要限制，要尽可能少，尽量减轻群众的负担。三是村委会要督促群众完成国家分配的各项任务，带领群众进行社会主义精神文明建设，开展计划生育等。① 此后《草案》经国务院法制局会同民政部修改后送交全国人大常委会审议。

（二）全国人大审议中的分歧

1987年1月29日，六届全国人大常委会第十九次会议对条例进行审议，会后由民政部结合委员意见进行修改。同时，2月5日全国人大法制工作委员会派人到广西调研，2月12日至14日邀请辽宁、河南、山东、江苏等省市区以及相关部委座谈，统一意见。后在3月10日全国人大常委会第二十次会议上进行审议，意见分歧不少，为此，彭真发表即席讲话：《村民委员会组织条例》关系到8亿农民，是一个重要的基本法。旧中国留给我们的，没有什么民主传统。我国民主生活的习惯是不够的。这问题怎么解决？还是要抓两头。上面，全国人大和地方各级人大认真执行宪法赋予的职责，发展社会主义民主，健全社会主义法制，下面，基层实行民主，凡是关系群众利益的，由群众自己当家，自己做主，自己决定。上下结合就会加快社会主义民主的进程。按照宪法规定，农村的村民委员会也好，城市的居民委员会也好，都是群众性自治组织，不是基层政府的"腿"。把村民委员会搞好，等于办好8亿农民的民主训练班，使人人养成民主生活的习惯。这是发展社会主义民主的一项很重要的基础工作。② 会议决定暂缓表决，放在下次人大全会审定。3月25日，六届全国人大五次

---

① 白益华：《中国基层政权的改革与探索》，中国社会出版社1995年版，第289—290页。
② 白益华：《亲历村民委员会组织法制定》（下），《中国人大》2004年第9期。

第六章 改革开放以来国家化、地方性与村民自治发展

会议中彭冲对草案进行补充说明,鉴于村民委员会组织条例的重要性,建议将组织条例改组织法,最后大会以 2661 票赞成,2 票反对,11 票弃权的表决结果通过了《村委会组织法》的草案,授权全国人大常委会继续修改后颁布试行。争议最大的直指村民自治的核心问题:村民委员会与乡镇政府的关系?根据当时参与起草法律的白益华回忆:"在全国人大常委会第十九次会议上,有的委员说,为什么村委会是群众性自治组织,乡政府和村委会的关系为什么是指导关系?这个问题争论最大。多数代表认为,乡政府和村委会应该是领导关系,而不是指导关系,否则村委会不完成国家规定的任务怎么办?现在乡政府的工作就难做,比如计划生育工作,这样一规定,恐怕就更难贯彻落实了。

"当时我把这些都记下来,中午回到部里作了认真准备,下午对委员们提出的问题一一作了回答。

"对于村委会和乡政府的关系问题,我说,宪法第一百一十一条明确规定村民委员会是群众性自治组织,1983 年中发 35 号文件也作了同样的规定;彭真同志多次讲话,明确提出群众自己的事自己办,认为把乡政府和村委会的关系从领导关系改为指导关系,有助于政府转变观念,转变工作作风,搞好干群关系。我还举了一个例子,全国人大和各地人大的关系就不是领导关系,甚至也不是指导关系,而是联系关系。因此,乡政府和村委会的指导关系,主要是由村委会的性质所决定的,这一点必须要坚持。

"经过解释以后,委员们对条例的认同度有所增加,但在有些规定上,特别是村委会和乡政府的关系问题上分歧仍然很大。"①

其实,在全国人大常委内部意见也不统一,是"领导"还是"指导"僵持不下,甚至是委员长与副委员长间的争论,由此带来反复的修改。

"这次会议以后,人大常委会法工委和民政部联合对条例草案进行了修改。这次修改我们还是坚持了村民委员会是群众性自治组织的性质,强调乡政府和村委会是指导关系。但是中间有一个小插曲,也可以说是一个曲折。有一次,彭真同志开会,听意见。王任重副委员长也说乡政府和村委会的关系应该是领导关系。彭真同志听后说,你们改去吧!当时法学家

---

① 白益华:《亲历村民委员会组织法制定》(上),《中国人大》2004 年第 8 期。

●● 国家化、地方性与村民自治

张友渔不同意,说改为领导关系违反宪法,但法工委还是按照领导意思改了,改为领导关系。不久,一天晚上10点多,彭真同志把人大常委会秘书长、法工委主任王汉斌同志等人请到他家。彭真同志问,你们觉得领导关系好还是指导关系好?你们是否觉得领导关系好?王汉斌同志说没有觉得领导关系好。彭真同志又问,那你们为什么改了?王汉斌同志说,你让改的,彭真同志最后说,还是改回吧!"①

争论自然也延伸到代表团内部,不同省份的代表团难以统一认识,主要是一些地方政府官员反对将村委会定位为群众自治组织,更不能接受指导关系。

"六届全国人大五次会议的争论十分激烈,一个代表团中,常常出现针锋相对的意见,最突出的分歧点仍然是村委会和乡政府的关系问题。会外,一些农民也给全国人大写信,希望人大代表为广大农民制定好这部法律。这次大会开得很民主。我记得河北代表团从团长、副团长到普通代表存在两种意见。有的说从发展社会主义民主的角度来看,必须要建立这种自治组织,乡政府和它的关系应该是指导关系,它可以协助乡政府工作,但不是它的腿。有的说,现在建立基层自治组织条件不具备,它应当是政府的腿。现在农村工作这么难,领导命令还行不通呢,自治组织在农村工作没法干。这种意见不只一个代表团谈了,许多代表团都有。代表大会会议出现了意见分歧,但代表大会会议的时间是有限的,长期辩论下去也难解决。"②

4月2日,全国人大常委会副委员长彭冲在六届人大五次会议中做了关于《村委会组织条例(草案)》的说明,村民委员会是农民自己组织起来,对关系群众利益的事,按照民主的原则,由群众当家做主,自己管理自己,是发展社会主义民主的一项重要基础工作。村民委员会是基层群众性自治组织,是为村民服务的,办理本村村民自己需要办的事情。村民委员会作为群众自治组织,应当维护村民的合法权益;同时,遵守宪法和法律是我国每个公民的义务,村民委员会应当在普及法律、健全法制、建设社会主义精神文明等方面发挥作用。村民委员会是基层群众性自治组织。不是一级政权组

---

① 白益华:《亲历村民委员会组织法制定》(上),《中国人大》2004年第8期。
② 白益华:《亲历村民委员会组织法制定》(下),《中国人大》2004年第9期。

织，不是基层政府的下级机构。基层政权同它的关系是指导关系，不是领导关系。村民委员会是政府同群众联系的桥梁、纽带。《村民委员会组织条例（草案）》规定村民委员会可以向人民政府反映村民的意见、要求和提出建议，政府也可以通过村民委员会了解村民的意见和要求，密切政府和群众的联系。鉴于村民自治涉及8亿人民，《村委会组织条例》将是国家重要的一部基本法，彭冲在说明中建议将之更名为《中华人民共和国村民委员会组织法》，使这部法律更具有权威性。

4月3日至5日，六届全国人大五次会议代表分组围绕此法进行了讨论，湖北代表杨小云：《村民委员会组织条例（草案）》是为农村、农民制定的法规。这对8亿农民来说是一件值得庆贺的大事。几年来，农村设立村民委员会，农民当家做主有了组织保证；现在，制定《村民委员会组织条例（草案）》，农民行使民主权利又有了法律保障，这必将促进农村形势的发展和两个文明建设。同时建议明确村民委员会与村党支部的关系，村委会不必再设几个委员会，因为这样会增加相关人员，从而增加村民负担。

河北代表认为：要完善社会主义民主和法治建设，就必须彻底改变多年来对农村控制过死过严的状况，让农村实行群众自治，让他们学会自己管理自己的事务，培养他们主人翁责任感，这不仅是必要的，而且是可能的。《村民委员会组织条例（草案）》的通过与实施，可以制止目前农村一些干部目无法纪、独断专行的作风，克服农村政社分开后什么事都无人管的混乱状况，避免再发生新中国成立以来农村出现过的瞎指挥等问题，使村民委员会真正起到自己管理自己的作用。

广西代表说：要贯彻《村民委员会组织条例（草案）》，关键在于三条：一是县、乡政府要知道村民委员会认真为村民办事，积极反映村民的意见和要求，不要像现在有的地方那样，把村委会当成自己的下属机构，不指使村民委员会干这干那；二是村民委员会领导成员的选举要充分体现村民的民主权利；三是村委会的活动经费（包括干部补贴）一般应该自筹，只有贫困的地方，县、乡财政可适当补助，这样有利于加强村民委员会干部对群众负责的观念。

广东代表说：乡镇政府与村民委员会是指导还是领导关系，这个问题涉及我们多年来的工作方法要不要改革的问题。完成任务是靠过去的老一套，习惯用行政命令，还是通过指导、帮助，靠提高群众觉悟去做工作？后者的做法才能够体现真正的民主自治，才符合宪法精神。靠行政命令，靠"脚"来做工作就会削弱民主自治。

在众多代表提出肯定意见的同时，也有代表有不同的意见。

贵州代表说：村一级组织担负着治安、民事调解、发展经济、组织生产、计划生育、征兵等工作，这些工作不是群众性自治组织所能承担的，而是政权组织的任务。现在，乡的编制是八到十人，如果村民委员会成了群众性自治组织，乡政府的管理工作会很困难。因此建议将村民委员会的性质定为政府的一级基层政权组织。

山东代表认为：目前实施此法尚不成熟，建议暂缓通过，目前农村村民委员会实际上属于基层政权性质，乡镇政府的许多工作都是通过它实现的。但《村民委员会组织条例（草案）》规定的村民委员会的性质、任务与当前的实际做法有很大的差别，在实施中会遇到很多问题。因此，为了慎重起见，可先试行。

福建代表认为：政权的基层组织单位是乡，党的基层组织在村，工作上可能出现某些不协调的情况。现在农村里许多地方的工作是村党支部做决定，村民委员会去执行。许多地方是两个班子一套人马。实际上村民委员会承担的任务超出了条例规定的范围。如果按照条例来执行，村委会与党支部的关系就不好处理。村委会是发扬社会主义民主的好形式，但是，现在要按照条例执行，条件还不成熟。农村基层组织及其职责、作用，目前需要稳定，过于仓促的变动，不利于保持稳定。

另有代表提议：我国幅员辽阔，各地经济、地理条件差别很大，只有一个统一的条例还不够，各省、自治区、直辖市应该结合当地的实际，制定实施细则；此次大会原则通过，授权全国人大常委会根据宪法原则，参照大会审议的意见，进一步调查研究，总结经验，修改审议后颁布执行。[①]

（三）试行法的最终通过

最有利于民主化的发展是国家领导人对民主过程有一个坚定的、强有

[①] 《人大代表审议村民委员会组织条例（草案）》，《人民日报》1987年4月5日；《八亿农民民主自治的阵地——人大代表审议村民委员会组织条例草案纪实》，《人民日报》1987年4月10日。

第六章　改革开放以来国家化、地方性与村民自治发展

力的承诺。① 在两种意见争执不下时，彭真从宪法修正案开始就表明了立场，支持村民委员会作为群众自治性组织，基层政府不能给村委会压过多的行政任务，倾向于村委会与乡镇政府的指导关系。为此，他采取适当妥协和灵活的策略，一点一点地推进立法进程。当全国人大意见难统一，甚至激烈争论的时候，他做了大量的说服工作。

彭真同志为亲自听一听大家的意见，于 4 月 6 日上午，在人民大会堂西大厅，召开代表团团长座谈会，专门讨论村委会和乡政府的关系。因为代表团团长是省里领导，而当时主要是省里领导的想法不一致。会议由彭冲同志主持。广西、黑龙江、陕西等 14 个省、自治区代表团召集人发表了意见。这次会议开得很民主，大家畅所欲言，把思想、看法敞开了。最后彭真同志讲了一段话，他说：民主自治问题，考虑了不止 5 年，多少年了。我们要恢复我们的民主传统，有了事要与群众商量，不要强迫命令。宪法中对村民自治专门写了一条。宪法，党中央讨论了 8 次，每一条都逐字逐句地研究。写村民自治这一条的目的，就是要恢复干部群众的鱼水关系，恢复我们群众路线的优良传统。村民自治就是要让群众看得见，摸得着。8 亿农民和咱们一条心，那还不是安定团结？担心自治影响安定团结，不会的。担心自治会搞乱，不必。基本的东西要确定下来，就是农村基层要搞自治。人大搞了 50 多个法，为什么对几千字的自治法就不积极？希望大家都要认真研究。②

彭真采取新的策略，因为他知道关于村民委员会的争论主要来自党内，他把注意力集中在党内的副委员长身上，继续坚持村委会的群众自治性质。

4 月 6 日下午，彭真同志主持召开党内副委员长会议，再次就村民委员会的性质问题发表讲话，他说：村委会的性质不能变，这是坚持不坚持宪法规定的问题。坚持自治，凡是村里办的事由村办，不要乡政府插手，这样，一可以减轻政府的负担；二可以改变工作方法，不强迫命令。③

---

① Larry Diamond, Beyond Authoritarianism and Totalitarianism: Strategies for Democratization, The Washington Quarterly, Winter 1989, p. 151.
② 白益华：《亲历村民委员会组织法制定》（下），《中国人大》2004 年第 9 期。
③ 白益华：《亲历村民委员会组织法制定》（下），《中国人大》2004 年第 9 期。

六届全国人大五次会议后，全国人大常委会法制工作委员会、全国人大常委会办公厅等部门组织人员到全国各地进行实地调研，征求对《中华人民共和国村民委员会组织法（草案）》的意见。国务院法制局和民政部根据收集的意见进行修改，8月底全国人大常委会法制工作委员会根据各方面意见提出新的修改稿，并印送全国人大常委会的各位委员和各省、市、自治区人大常委会征求意见，10月底和11月初，全国人大法律委员会两次召开会议，讨论修改。

1987年10月25日，中共十三大的召开对争论多时的《村民委员会组织法》带来了希望，十三大报告提出了建立有中国特色的社会主义民主政治的总体框架，其中明确指出："凡是适合于下面办的事情，都应由下面决定和执行。这是一个总的原则"，"在党和政府同群众组织的关系上，要充分发挥群众团体和基层群众性自治组织的作用，逐步做到群众自己的事情由群众自己依法去办"。至此，党内意见得以统一，为《村民委员会组织法》的试行奠定了政治基础。

11月12日至24日，全国人大常委会召开第二十三次会议，学习中共十三大文件和审议《中华人民共和国村民委员会组织法（草案）》，11月7日，全国人大法律委员会副主任委员雷洁琼做了修改意见的报告，建议全国人大常委会审议并通过修改稿。全国人大法律委员会根据六届全国人大五次会议的意见，重点修改了以下方面：一是考虑到坚持村委会实行村民自治的同时，从农村的实际情况出发，乡、镇人民政府的一些工作还需要村民委员会协助，法律委员会建议："村民委员会是村民自我管理、自我教育、自我服务的基层群众性自治组织。乡、民族乡、镇的人民政府对村民委员会的工作给予指导、支持和帮助。"此外，增加"村民委员会协助乡、民族乡、镇的人民政府开展工作"，建议删去草案中关于"村民委员会接受乡、民族乡、镇人民政府依照本法规定的指导外，有权拒绝承担任何机关、团体、企业、事业单位布置的任务"的规定。二是在"村民委员会应当宣传宪法、法律、法规和国家政策，维护村民的合法权益，教育村民履行依法应尽的义务，开展多种形式的社会主义精神文明建设活动"外，增加"促进农村社会主义生产建设的发展"和"村委会进行工作，应当坚持群众路线，充分发扬民主，不得强迫命令"的规定。三是将草案的名称修改为《中华人民共和国村

第六章 改革开放以来国家化、地方性与村民自治发展

民委员会组织法（试行）》。①

全国人大常委会审议草案认为制定法律，农民的民主自治能够有章可循，有法可依，保证农民的权益，赞成常委会会议通过试行；分组讨论中，有人提出试行草案的修改意见，主张乡政府与村民委员会应规定为领导关系，还有人认为，试行草案从理论上看比较完备，但实践中执行有困难。村民自治是方向，但目前农村教育不够，思想、道德水平还达不到，村民自治的条件尚不成熟，建议暂缓通过。

11月23日彭真发表《通过群众自治试行基层直接民主》的讲话，明确实行基层群众自治，发展基层直接民主，既是宪法的规定，也是党的主张。全面系统地回应相关代表的疑虑，阐述了群众自治的价值与意义，以及有计划、有步骤推动村民自治等。次日，全国人大法律委员会通过《村民委员会组织法（试行）》（以下简称《村组法（试行）》），在人大常委会二十三次会议上进行表决，113票赞成，1票反对，6票弃权，《村组法（试行）》得以通过。

这部法律的出台在新中国立法史上绝无仅有，历时4年前后修改30次，经过3次常委会讨论和1次全会审议，是人大审议次数最多的法律，反映出当时行政力量对村民自治带来的巨大阻力，之所以能够试行也依赖于中央高层内部对于群众自治的坚持，虽然是从群众路线的传统作风出发，但是对村民自治而言，立法上的肯定和支持是发展中的重要力量，《村组法（试行）》是一个标志，一个里程碑，它既是早期村民自治画上了句号，同时开辟了村民自治的新阶段。不过，单从立法初衷来看，《村组法（试行）》规定过于笼统，面对差异化的中国农村实际，存在着难以操作和实施的问题。规定过于笼统的初衷，是处于对中国农村复杂状况的考虑，而留给各地以创造空间。因为从现实来看，村一级由过去的政权组织和行政组织演变为群众自治组织，在相当长的过程中，它必然带有行政组织的许多痕迹，要求马上把自治搞得纯而又纯是不现实的。② 为此，立法草案拟定之初，彭真就指出："一个法搞得很宽很细，势必难以在全国

---

① 《雷洁琼向全国人大常委会报告，村委会组织法草案已修改建议审议通过》，《人民日报》1987年11月18日。

② 周瑜泰：《论社会主义初级阶段的村民自治》，《学术论坛》1989年第1期。

通用。"① 这也影响到法律的贯彻落实，《村组法（试行）》颁布后，比较积极的省份出台实施办法或者选举办法等，与之相对的是另一些省份持观望态度，既然是试行，试试就行，对于贯彻落实《村组法（试行）》并不积极，似乎法律的实施被延迟了。立法上有关村委会与乡镇政府关系的争论继续在实践层面发酵，某些地区或某些时段甚至会出现反复。

四 地方性政策与村民自治行政化

在全国撤社建乡重建基层政权之后，作为群众性自治组织的村民委员会普遍建立，与之相应的是村民自治国家立法工作取得重要进展，一个以国家力量所推动的农村基层群众自治逐渐展开，基层政权的行政化与村委会的群众自治之间呈现出内在的张力，在立法过程中出现不同的意见并没有随着《村组法（试行）》的出台而消失，而是在实践中进一步显性化，正如景跃进从政治学角度思考村民自治立法与实践的问题：任何涉及利益调整的政策和法律其执行过程同样是一个政治过程。换句话说，在政策制定过程中，没有得到充分表达的利益（或由于其他原因不能得到表达的利益），在政策的执行过程中将顽强地表现出来。② 于是，村民自治立法上的争议转移到法律实施过程中，在中央政府统一的制度建构之下出现地方性政策选择执行，法律在表面上得到了执行，实践中却被地方性政策所架空。地方政府不赞成村民自治，是因为村民自治必然会构成对地方政府及其官员的权威之挑战，并或多或少地会影响其自上而下实施行政权力的能力。③ 湖北省委组织部湖北省农村社会经济调查队课题组 1995 年提交一份报告，他们主张将村委会下沉到自然村，在行政村之上设立村公所，作为乡政府的派出机构，其目的是加强国家行政权，缩小社会自治权。④ 作为

---

① 《彭真文选》，人民出版社 1991 年版，第 607 页。
② 景跃进：《村民自治的空间拓展及其问题》，载吴重庆、贺雪峰主编《直选与自治——当代中国农村政治生活》，羊城晚报出版社 2003 年版，第 17 页。
③ 胡永佳：《村民自治、农村民主与中国政治发展》，载刘亚伟编《无声的革命：村民直选的历史、现实与未来》，西北大学出版社 2002 年版，第 319 页。
④ 中共湖北省委组织部、湖北省农村社会经济调查队课题组：《村级组织建设研究》，第 43 页。

村民自治起源地的广西，将村委会改为村公所，将群众自治组织改为乡镇派出机构，这种状况正好说明非均衡的现代国家建设中国家权力向下延伸的惯性。

（一）代替生产大队的村民委员会

对于广西而言，1958年8月，全区有农村人民公社815个，经过1962年的人民公社调整，设立10087个小公社，1966年恢复大公社，至1978年，全自治区人民公社数量稳定在965个左右。改革开放后，针对公社范围过大、管理不便的情况，自治区在公社下面增加管理区，当时有将近700多管理区，也新设一些公社，到1983年底，还有977个农村人民公社。1984年6月25日自治区发出《关于政社分开建立乡政府的通知》，按照"乡的规模以原有公社管辖范围基本不动，一社一乡，原有少数公社规模过大需要适当划小的，可以个别解决，具有一定条件的集镇，可以成立镇政府，由镇政府领导农村"的要求，并结合县乡两级换届选举，重新建立乡镇政府。1984年合寨村所在的宜山县恢复乡镇建制，将原有的10个公社和2个镇改为11个乡和4个镇。① 合寨村所属的三岔公社改为三岔镇。作为比较早的建立村民委员会的地区之一，撤社建乡前后有关村民委员会试点的文件对于宜山乃至河池的村民委员会来说是一个明显的信号。在有利的政策环境下，村民委员会也逐步建立起来。到1984年3月，经过宜山县委在县社大队三级干部会议的动员，明确要求在自然村建立好村民委员会，领导各项工作，维护社会治安。宜山县自然村的村民委员会比例上升到46%，在县政府的强力推动下，年底村村建立村委会。根据统计，广西全区共建立村民委员会14737个。同一年，全国建立村民委员会工作基本结束。

在撤社建乡的同时，乡以下建立村委会，在相当多地方直接将原来生产大队管理委员会的牌子换成村民委员会的牌子，管理委员会变成村民委员会，或者在保留大队管理委员会的同时加挂村委会牌子，指定几个人担任村委会成员，村委会算是建立了。按照上级的政策，合寨生产大队改为村民委员会。"1984年撤销公社，建立三岔镇，大队改为村委会，原来的

---

① 宜州市地方志编纂委员会：《宜州市志》，广西人民出版社1998年版，第19页。

生产队成为村民小组，统一执行中央的政策。"① 可是，根据合寨的实际来看，生产队改为村民小组只是名义上的，它们的村民小组是建立在自然村基础上，即最初的村民委员会。因此，村民私底下仍然将村民小组当做村委会来表述。第二届村委会干部是韦焕庭（主任）、韦鹏舞（副主任兼会计）、覃立轩（出纳）、韦定陆、韦友全。② 为了以示区别，村民们用"屯"代替"村"指代"自然村"，而"村"则专指"行政村"。在大队以前各屯叫"村"，果作村、南台村等，后来合寨大队改为合寨村民委员会，下面的各村改称"屯"。③ 自分田到户后产生的以党组织为主体的"片"也继续沿用。合寨有十二个自然屯，一个片包括四个屯，我们果作片的党支部管理四个屯的党员，果律、果地、拉垒是中片，上面的新村、大村、肯塄、乾朗是龙寨片。④ 如此一来，在正式的村民委员会和村民小组外，合寨村还存在着自然屯和党片等两个管理层次。以组织性质为标准来划分的话，在生产大队一级设立的村民委员会及生产队的村民小组是围绕撤社建乡后基层组织重建，体现了行政化的导向。片区原本是地域单元，新中国成立前的三个行政村，后来合并为小乡，其后一直在统一的治理单元内，不论是合作社还是生产大队，但是地域相对集中的四个聚落群在一些公共事务上有紧密的联系，尤其是在分田到户后社会治安混乱使片这一地域单元的意义得到强化，但是片比生产队和自然村都要大，又小于生产大队或行政村。公社、生产大队和生产队体系废弛后，党和政府一度加强农村基层党组织，生产队党员较少，而生产大队已经有党支部，片包括多个生产队，适合建立新的党组织，作为生产大队党支部的延伸。自然村一直是村民自治的单元，历史上形成的自然村落有着强大的惯性，是农民生产生活交往的共同体，是农民自我组织的单位。在人民公社时期，生产队对自然村落的人为分割和土地分配在一定程度上影响了村民的地域归

---

① 调研点：广西河池市宜州市屏南乡合寨村果作屯，受访者编号：RL20140806WPW，受访时间：2014年8月6日，调研员：任路。
② 调研点：广西河池市宜州市屏南乡合寨村果作屯，受访者编号：RL20140806WPW，受访时间：2014年8月6日，调研员：任路。
③ 调研点：广西河池市宜州市屏南乡合寨村果作屯，受访者编号：RL20140806WPW，受访时间：2014年8月6日，调研员：任路。
④ 调研点：广西河池市宜州市屏南乡合寨村果作屯，受访者编号：RL20140806WPW，受访时间：2014年8月6日，调研员：任路。

属,但是从合寨各自然村的发展来看,生产队并没有能够彻底打破村民的地域意识和行动习惯,自然村落仍然是富有生命力的村民行动单元。

(二) 行政村的村民委员会

各地建立的村民委员会组织机构得到进一步完善,有的还建立了一些工作制度,但总体来说这一时期村民自治组织机构是不完备的,各种规章制度还没有建立起来。有的村委会只是一个简单的村级组织外壳,只将原来的大队换了名称,用行政方式治村的老办法并未改变。① 合寨村民委员会因为有之前成立村民委员会的经验,在全国统一安排的制度外,也有自身的一些特点。作为一项工作任务,广西壮族自治区明确提出要使用简便易行办法,从1983年6月25日正式下发撤社建乡通知,到9月30日完成整个工作,对于地方政府来说,时间相当短,而且对于村民委员会的定位、作用、产生和关系等并没有清晰的规定,与其说村民自治还不如说是乡镇他治。合寨最后一届大队干部包括党支部书记蒙开新、管委会主任蒙宝亮、会计韦作能、文书蒙国意和农业科技员蒙国立。在全国性的撤社建乡过程中,合寨大队管理委员会改为合寨村民委员会,韦作能任支部书记,蒙宝亮由管委会主任改任村委会主任,原来果作村民委员会主任韦焕能进入合寨村民委员会班子,韦绍能新任财会辅导,韦春利任文书。以前大队干部个别上调到乡镇,一部分留任外,新增村委会委员主要来自大队下面的村民委员会。当然,合寨村民委员会并不是选举产生,主要是在上级政府下派的工作队指导下,经过乡镇政府与前任大队干部协商后搭建的村委会班子。当时,村民委员会的建立是在农村基层政权建设背景下进行的,政府急于用新的基层组织替代公社体制,按照撤社建乡的方式来撤队建村,由乡镇政府主导村民委员会的组建。

按照政策规定,合寨村委会下设民事调解、治安保卫和文教卫生三个委员会,专门委员会只是制度层面的,村民委员会内部人员分工的意义要大于组织分工,村委会干部经常是有事一起做,开会一碰头,分头做工作。村委会内部委员会之间的横向分工不明显,但是村民委员会下的片和村民小组纵向分层明显。按照统一的安排,村民委员会下面设立村民小

---

① 赵秀玲:《村民自治通论》,中国社会科学出版社2004年版,第42页。

组，与全国以生产队改为村民小组不同，合寨的十二个自然村分别设立十二个村民小组，由自然村村民推选村民小组领导班子，与村委会班子相似，村民小组班子成员人数不一，一般包括主任、副主任、会计和出纳等。合寨村委会干部进行包片负责制，韦作能、韦焕能负责下片，蒙宝亮负责中片，韦绍能、韦春利负责上片。合寨村纵向分层管理是针对行政村管理范围大，结合村庄实际情况进行的调整，形成村民小组—片—村委会的三级体系，也是与乡镇垂直管理相衔接。

村民委员会的主要工作是协助乡镇政府。与自生自发阶段不同，撤社建乡后村民委员会本身由乡镇政府建立，村民委员会的重心从公共事业和公益事业向协助政府的行政工作转变，包括土地承包和征收税费、计划生育和人口管理、计划生产和产业结构调整等。自20世纪80年代农村改革以来，村民委员会所担负的行政任务主要集中在三个方面：一是计划生产；二是计划生育；三是税费收取。① 根据村民口述：

> 当了这么多年村干部，工作差不多，催公粮、计划生育、封山育林、分片包干。②

为了让村委会协助乡镇政府开展工作，必须建立配套的考核和补贴制度。与公社下的大队干部不同，分田到户后集体经济所剩无几，村干部的工资依靠县乡政府从农业税费中提取部分资金作为村委会干部的补贴。村民小组干部的补贴由群众自筹解决，基本上是无偿的。有集体收入的村民小组也是给予象征性的补助。根据村民口述：

> 大队和生产队干部有工分，我们村委会干部最初没有什么，到83年后果作有了集体收入，每年给村民小组5个人每人15元的补贴。③

---

① 徐勇：《村民自治、政府任务及税费改革》，《中国农村经济》2001年第11期。
② 调研点：广西河池市宜州市屏南乡合寨村新村屯，受访者编号：RL20140813WCL，受访时间：2014年8月13日，调研员：任路。
③ 调研点：广西河池市宜州市屏南乡合寨村果作屯，受访者编号：RL20140806WPW，受访时间：2014年8月6日，调研员：任路。

第六章　改革开放以来国家化、地方性与村民自治发展

补贴是与工作考核挂钩，以是否完成任务作为补贴的发放标准，同时还建立岗位责任制，进一步明确村委会干部的权责利，达到奖优罚劣的目的。实际上，补贴是乡镇政府制约村委会干部的有效手段，工作考核大都偏重于乡镇政府的行政工作，规定比较详细，并有相应的指标等，而村内公共事业和公益事业的考核偏少，或者比较笼统。

总的来说，新一轮的基层组织重建继续着公社的三级管理层次，只不过公社、生产大队、生产队为乡镇、村委会、村民小组所代替，并且在行政管理的意义上，村委会或村民小组的地位和作用接近于生产大队和生产队在公社中的位置，公社体制的行政性逐步移植到乡镇体系。依循组织重建的路线，村委会行政化的趋势日益明显，随着简政放权，将乡镇政府建设成为一级政权的目标的推进，乡镇更加积极地推动村委会的行政化。首先是复制乡镇的结构，在村委会建立上下大致对应的机构，比如村委会下设的各类委员会；其次是不经选举直接任命村委会成员，或者在规范村委会选举的同时，预留乡镇政府干预的制度接口；再次是将村委会界定为协助乡镇进行行政管理的组织；最后是以目标责任的方式将村委会干部的补贴与行政工作挂钩。如此一来，村民委员会代替生产大队成为乡镇的行政"腿脚"。

（三）基层政权建设

赵秀玲认为："中国在相当长的时期内，一直过于强调对农村的行政控制，而缺乏实行民主自治的传统，这对20世纪80年代开始的村民自治有着深厚的影响。尽管从整体上说，村民自治的民主和自治性呈不断增长之势，而行政性逐渐减弱，但在1987年以前行政性却占据着主导地位。"[①]之所以行政性占主导，也是由于乡镇行政的需要，改革开放后分户经营着重于"分"，但由于未能建立起有效的社会整合机制，难以将众多农户的利益有机地联系起来。20世纪80年代以来改革重心转移到农村，工农城乡差异呈现扩大的趋势。1985—1992年，农民人均负担年均增长15.7%，其中，1989年和1990年，农民人均负担额增长率比纯收入增长率分别高

---

① 赵秀玲：《村民自治通论》，中国社会科学出版社2004年版，第78页。

15.5%和12.3%。① 这种趋势加剧了农村社会矛盾，无形之中增加了乡镇行政的难度。此外，在后发赶超型国家建设中，农村体制的转型和经济社会的发展带来的另一个结果是国家仍然需要对经济社会事务进行管理等，对于基层政府来说，承受着现代国家建设的压力，是所有国家政策和任务的最后执行者，原本单位化的社会进入原子化的家庭，需要更多的政府机构和人员加以管理。改革开放以后乡镇干部的任务十分繁重，组织整顿、结构调整、三提五统、财税入库、土地延包、社会稳定、司法调解、教育投入、文化建设、优抚助残、计划生育，还有许多临时性、突击性任务，乡镇干部忙得团团转。上面千根线，下面一根针，任务下来，无论合理与否，乡镇干部必须落实，而村民却不好管了。村民认为不合理的就拒绝执行。面对巨大的压力，部分乡镇干部抱怨：乡镇在村民自治中失去了对乡村的控制能力，农民指挥不动，任务无法完成。②

乡镇政府行政压力增加的同时却缺少公社的组织和动员能力。行政村的村委会之所以成为乡镇的"腿脚"，是因为代替公社的乡镇政府面临着巨大的行政压力。一是乡村干部人数的减少，缺少公社时期的行政动员网络，乡镇机构和人员编制上的限制导致行政能力受限。以宜山县为例，在政社分开之后乡镇政权机构中，党委会8—9人，书记、副书记、组织、宣传、纪检等委员，秘书、共青团书记、妇联主任等；乡镇政府14—15人，乡长、副乡长、民政、司法、文教卫生、生产建设、计划生育、统计、炊事、财政、粮食、公安等，平均每个乡镇24人。③ 根据全国统计，在政社分开和村委会普遍建立过程中，1984年全国乡以下干部比1978年减少了54.4%；村干部平均每村为5.4人，减少了0.8人；村民小组平均每组1.4人，减少2.4人。④ 二是乡镇政府不可能继续沿用公社时期的动员方式，行政权威弱化导致基层政府出现瘫痪或半瘫痪。废除公社体制的一个完全未被预见的后果，就是弱化了农村精英的权力基础。由于家庭经营，尽管农村精英仍然有特权化的要求，却没有支配所有社会财富的权

---

① 唐平：《农民收入增长缓慢的分析与思考》，《中国农村经济》1992年第1期。
② 王维博：《合寨："中国自治第一村"的故事》，《中国新闻周刊》2009年第33期。
③ 中共宜山县委办公室：《宜山县政社分开建立乡政府的请示报告》，宜报（1984）27号，1984年8月1日。
④ 王振耀：《中国农村社区自治基础》，《乡镇论坛》1989年第9期。

力;尽管农村精英还希望强迫命令,却愈来愈失去命令的对象。[①] 于是,出现所谓:"基层行政领导班子,也有一些处于瘫痪或半瘫痪状态。他们往往是只拿补贴,不做工作,群众说:'有人要钱,无人做事。'"[②]

为此,国家进一步加强农村基层政权,1986年9月26日中共中央、国务院下发《关于加强农村基层政权建设工作的通知》,对前一阶段撤社建乡进行总结,同时指出:"当前农村基层政权建设中还存在不少问题,主要是党、政、企之间的关系没有完全理顺,有些地方党政不分、政企不分的现象依然存在,少数地方乡政府还没有完全起到一级政权的作用。"为此,提出:"一是明确党政分工,理顺党政关系;二是实行政企分工,促进农村经济进一步发展;三是简政放权,健全和完善乡政府的职能;四是切实搞好乡政权的自身建设;五是努力提高干部素质,认真改进工作作风;六是搞好村(居)民委员会的建设;七是加强对农村基层政权建设工作的领导。"伴随农村基层政权的建设,一些地方认为,要把农民很好地"管起来",就不能搞村民自治。因为村民群众的权多了,政府管理的权就少;政府管理的权少了,就难以把分散的农民"统"起来"管"好。这种意见也反映到一些政策建议中,如主张强化村委会的行政功能,或是在村设立村公所这一政府派出机构,村民委员会下沉到自然村,即现在的村民小组。[③] 为此,1987年作为乡镇派出机构的村公所在广西全面推进,随后云南、广东、海南等9个省市也开始设立村公所,以强化农村基层政权建设,解决乡镇政府行政压力增加与行政力量弱化的矛盾。

(四) 建立村公所

临近合寨所在河池地区的柳州地区率先将村委会改为村公所,村委会下移到自然村,村公所是村民委员会虚置后基层政府沿着行政化的轨道建立的派出机构。可以肯定的是基层政府是在村民委员会无法有效运转的情况下才采取的补救措施,当然也包含着基层政府寻找行政"腿脚"的意

---

① 徐勇:《"政党下乡":现代国家对乡土的整合》,《学术月刊》2007年第8期。
② 中共中央书记处农村政策研究室资料室:《中国农村社会经济典型调查(1985年)》,中国社会科学出版社1987年版,第38页。
③ 徐勇:《中国农村村民自治》(增订本),生活·读书·新知三联书店2018年版,第187—188页。

图。据柳州地区农委的统计，该地区村委会处于瘫痪状态的约占20%，半瘫痪状态的占60%，能较好发挥作用的只占20%左右（"较好"的标准是，能完成乡政府交办的任务，群众办事能找到人）。[①] 村委会建在原生产大队，由于规模偏大，人口多，地域广，解决问题不及时。一般一个村委会要管七八个自然村，三四百户，二千多人，地域达一二十平方公里。有的人口多达几千人，地域达几十平方公里，村委会的干部走完全村需要一两天时间，有很多不便：一是不利于村民实行自治，各自然村之间情况很不一样，各有不同的利益要求，一个村委会管辖十几个自然村，难以兴办公共事业和公益事业；二是不利于发扬民主，由于村大人多，涉及村民切身利益的许多重大问题，不便召集村民大会集体讨论，只好几个干部研究决定；三是不利于发挥村委会的作用，由于规模大、事情多，抓不过来，上级下达的任务很难完成，本村公共和公益事业无人过问。在许多地方，农村的情况是："生产队基本解体，自然屯群龙无首，村委会工作运转不灵。"群众说村委会是"铁将军把门，蜘蛛网结顶"，"公章随身带，证明在口袋，村委不见人，有事到家来"的"口袋政府"。群众称村干部为"要钱"（统筹摊派）、"要粮"（粮食定购）、"要命"（计划生育）的"三要干部"。有些人说，农村基层组织患了"软脚病""断腿病"。现在是"乡软、村散、屯空、队亡"的状况。党的政策再好，也到不了群众。[②]

广西建设村公所在客观上是由于原来的生产大队规模比较大，每个村委会平均管辖12.6个自然村，2370人，与之相对，全国平均每个村委会管辖4个自然村，约1000人。主观上认为"以生产大队为基础建立的村委会形成了一系列的现实超越，使村委会自治不成，行政不了"[③]。具体来看：一是超越环境制约。广西多为山区丘陵，地势复杂，交通不便，隔村如隔山，隔山如隔天，一个村民委员会不用行政手段管理方圆几十里的若干自然村，超越了基层干部的管理水平和实际能力。二是超越民主意识。广西为少数民族自治区，新中国成立以前各少数民族大都处于前资本主义

[①] 王克安：《村民委员会的现状与改革》，载张厚安、白益华、吴志龙编著《中国乡镇政权建设》，四川人民出版社1994年版，第185页。

[②] 陈云鹏、刘胜德、王倩：《对广西把原村民委员会改为村公所、在自然村建立村民委员会的调查报告》，载曹息余主编《农村村级组织建设研究》，广西人民出版社1988年版，第4—6页。

[③] 罗平汉：《村民自治史》，福建人民出版社2006年版，第118页。

阶段，社会、经济、文化意识均比较落后，又长期缺乏民主和法制训练，实行大范围的直接民主管理，欲速则不达，甚至要么导致无政府主义，要么导致行政化倾向。三是超越习惯层次。受人民公社"三级所有，队为基础"体制束缚了三十多年的干部群众，一下子实行自治，确乎难以为之。四是超越自治性质。在原生产大队乃至生产队这种农村基层管理的"腿"不复存在，而乡镇管理范围过宽过大、管理干部过少过简的情况下，必然出现政府有权管不了，村民委员会能管又无权的局面，于是或是村民委员会行政化，或是乡镇"循规蹈矩，甘受无腿脚之累"。六是超越民族心理。广西各民族大杂居而又以自然村落为各民族聚居地，各民族千差万别，建立在民族差异相对独立和离散基础上的群众自治，一旦抛弃行政规范，便因各自然村发展不平衡或者意愿相左，相互掣肘，难以协调自治。①

总的来说，广西没有能力搞大范围的村民自治，只能以自然村屯为单位的小范围村民自治。在自治区党和政府内部这种思路占主导，并列陈了原来村民委员会的弊端，总的理由是以原生产大队为单元建立村民委员会不适应农村政治、经济发展要求：一是规模过大，难于管理；二是不利于村民按照本自然村特点开展自治活动；容易造成基层政权把村民委员会当作派出机构使用；不利于巩固和发展原来以自然村建立的村民委员会的积极性；不利于村民委员会干部队伍建设。② 人民公社体制松弛的时候，基层政府本身无力管理农村地区，村民委员会在社会治安和公益事业等方面发挥了替补作用。当撤社建乡后基层政权得以重新建立，逐步在计划生产、人口管理、税费征收等方面寻求村民委员会的支持，却面临制度和现实的双重困境。在制度层面上，村民委员会是群众自治性组织，这样的定性给基层政府带来困惑，在制度规范上基层政府不应该将过多的行政任务分派给村民委员会。在现实层面上，由于村民委员会初建，又缺少足够的资源基础，纵使村民委员会愿意协助基层政府的工作，也明显感到乏力。于是，从基层政府工作的角度来看，村民委员会的作用有限。为了基层政府的行政效率和工作实效，同时避免因制度上的规定带来的政治风险，在柳州地方政府的呼吁之下，有关村公所的建议进入自治区政策议程。广西

---

① 邓敏杰：《广西试行村公所的现实定势》，《乡镇论坛》1989年第9期。
② 金宝生：《村民委员会建设》，广西人民出版社1988年版，第21—22页。

各级政府对此进行了调查研究，对于村民委员会一般应建在自然村的意见比较统一。在如何解决乡的规模过大上，则有不同的建议。第一种思路是把乡划小，实现小乡制，但是乡的数量增加，无疑要增加财政支出，对于广西全省来说，并不适用。第二种思路是实行区乡制，现在的乡改为区，设立区公所，作为县的派出机构，以原来大队建立乡政府，但是这样的乡规模小，职数少，力量弱，起不到基层政权的作用，同原来的村委会没有什么实质性区别。第三种思路是保持乡政府不变，改村委会为村公所，作为乡的派出机构，行使乡政府授予的部分职权，对乡政府负责，得到多数人的支持。反对的声音也是存在的，并不是从推进村民自治出发，而是认为设立村公所，与宪法法律对地方行政层级划分为省（区）、县、乡三级。

1985年11月，柳州地委、柳州地区行政公署研究决定，并经广西壮族自治区驻柳州地区农村基层组织建设工作总团同意，在柳州地区融水县的融水乡、永乐乡、融水镇、和睦镇进行试点。首先以原大队为基础设立的村民委员会改为村公所，属乡政府的派出机构，村公所干部合同制，由乡政府任命，不占国家编制，工资待遇按原来区、县财政拨给每人40元不变，另由县财政给予适当补助，村公所干部还可以通过参加村办企业取得适当报酬，但是有规定村公所干部不脱产。每个村干所配备三到五人，设党支部书记、村长、副村长、文书、会计辅导、民兵营长等，可以兼职。其次是村民委员会一般以自然村范围建立，小的村可以几个自然村联合设立，村委会干部由全体村民直接选举，以生产队为基础建立村民小组，村委会干部报酬由村民大会讨论商定。根据曾任柳州市融水县融水镇党委书记王国屏回忆：

> 当时融水镇设立五个村公所，小的三个人，大的五个人，镇财政也负担得起，村委会比较多负担不起，只是逢年过节发放补贴，主要是通过统筹自己解决报酬问题，同时设村公所可以较好实现乡镇对村委会的管理。当时的建制与人民公社三级差不多，村公所作为乡镇政府派出机构，实际上比人民公社时期多一层机构，使得党委政府的决定很快贯彻到农民中去，党总支部设在村公所，党支部设在村民委员会，开会时召集党总支部干部开会，回去后他们再召集村委会干部开会。地委、县委等都认为应当是领导关系，因为党领导一切，如果规

第六章 改革开放以来国家化、地方性与村民自治发展

定是指导关系,就不能发挥党支部的核心作用。当时农民也有成立村公所的要求,自然村之间有许多矛盾,人民公社时期土地是公社的,没有纠纷,分田到户后,土地水利等纠纷都来了,生产队和生产队之间的纠纷可以由村委会调解,而自然村与自然村之间有矛盾时,镇政府人手少,当时只有二十多人,又不了解自然村情况,因此处理时可能带有主观色彩,而村公所干部就是本地人,了解情况,群众一反映,就可以及时处理,如果由镇里处理可能不及时,而发生械斗等突发事件。也有群众对村公所有意见,主要是村公所干部不得力,不热心为群众服务,或是财务不公开,群众有意见,村公所干部当得好比乡镇的副职下去解决问题还有效。自然村的作用也比较大,群众比较认可,以自然村建立村委会,自治比较有效,设村公所可以精简机构,不占乡镇的编制等。①

1986年10月,中央领导到广西视察工作,到柳州时,柳州地委书记曹息余、行政公署专员黄任文把农村村级组织体制改革试点情况向他们做了汇报,并得到了肯定。于是,广西开始设立村公所,下移村委会的试点。由此可见,当时广西各级政府对于村民委员会的态度主要是从有利于行政管理出发,他们所遵循的是行政逻辑。在中央调查组的报告中,对于村公所的作用有充分的肯定。设立村公所以后,党的各项方针、政策能及时贯彻到群众中去,乡、镇政府下达的各项任务,村公所都能认真执行,本村发生的事情也能得到及时处理。特别是粮食订购、认购国库券和计划生育等工作做得都比较好。解决乡村之间在行政管理上的矛盾,目前比较有效的办法就是乡一级政府下面设立派出机构——村公所、管理区和办事处等,不论叫什么,要有这一层机构,才能使乡、镇政府所赋予的行政职权得到发挥。②

在得到了中央的支持后,广西壮族自治区党委和人民政府于1987年6月10日发出《关于村民委员会设在自然村的通知》指出:"村民委员会原则上以自然村为单位设立。小的自然村可以几个村联合设立村民委员会;

---

① 调研点:广西柳州市融水县民政局,受访者编号:XY20000330WGP,受访时间:2000年3月30日,调研员:徐勇。
② 陈云鹏、刘胜德、王倩:《对广西把原村民委员会改为村公所、在自然村建立村民委员会的调查报告》,载曹息余主编《农村村级组织建设研究》,广西人民出版社1988年版,第7页。

有的以原生产大队建立的村民委员会，居住比较集中，经济比较发达，工作也搞得好，群众不愿意划小的，可不予变动。"① 具体来说，村民委员会原则上以自然村为单位设立，小的自然村可以几个村联合设立村民委员会；有的以原生产大队建立的村民委员会，居住比较集中，经济比较发达，工作也搞得好，群众不愿意划小的，可不予变动。村公所干部一般3—4人，经考核后由乡镇政府直接招聘人员。报酬是每人每月40元，其中，12个民族自治县全部由自治区支付，其余各县由自治区和县里各支付50%。随后出台的《广西壮族自治区村公所组织暂行办法》进一步规定：农村村公所是乡镇政府的派出机构，受乡镇人民政府领导，行使乡镇人民政府赋予的部分行政管理职能，代表乡镇人民政府直接指导村委会工作。村公所干部属集体干部，由乡镇政府聘任，或派国家干部担任，包括党支部书记、村长、副村长、文书、会计、妇女主任、治保主任、共青团书记等，定额补贴人数6—8人，自治区和县财政负担一半，党支书、村长、副村长、文书、会计，每人每月补贴平均不低于40元，团支书、妇代会主任和治保主任每人每月补贴平均不低于20元。县乡人民政府可以适当提高补贴标准，可以从乡镇企业上缴的管理费提取部分作为浮动的补贴和奖金。村公所代表乡镇人民政府组织和领导本行政区域内的政治、经济、文化等工作事务。1987年7月21日，民政部委托民政司副司长白益华致电广西民政厅，之前广西民政厅邹优宁副厅长给彭真委员长、陈丕显、彭冲副委员长及民政部党组的信已收到，关于广西搞村公所试点，通告如下三点意见：广西村公所试点是总理和委员长同意的；请民政厅支持试点工作，并及时总结试点过程的经验；试点过程中有什么意见，可向崔乃夫部长、邹恩同副部长及民政部党组汇报。② 之后民政部发文对广西村公所试点进行了说明：遵照中央领导同志的意见，农村乡以下设立村公所问题，只在广西试点，不在全国铺开。③

至1987年10月底，全区在自然村建立村民委员会的工作基本结束。

---

① 陈云鹏、刘胜德、王倩：《对广西把原村民委员会改为村公所、在自然村建立村民委员会的调查报告》，载曹息余主编《农村村级组织建设研究》，广西人民出版社1988年版，第4—6页。
② 广西壮族自治区民政厅：《认真贯彻民政部关于搞好村公所试点的电话通知》，桂民办字（1987）8号，1987年7月23日。
③ 民政部：《关于设立村公所问题的通知》，民政部文件（1987）民字34号，1987年8月29日。

第六章　改革开放以来国家化、地方性与村民自治发展

截至 1987 年 10 月，全区已经建立起来的村民委员会中，有 60% 能够发挥比较好的作用，有 20%—30% 初步发挥了一些作用，有 10% 基本上不起作用。之所以出现村委会不起作用的情况，有的村公所将村委会当作自己下属的行政村，硬性规定按照人口多少，来设村委会，或者统一规定每个村公所设二到三个村委会，并由村公所干部兼任村委会正副主任，采取主观包办、形式主义做法组建起来的村委会是不起作用的。[1] 至 12 月底，原村民委员会 14909 个全部改为村公所，既是村民委员会又是村公所的有 854 个，以自然村建立村民委员会的有 69502 个，其中一村一委的 40410 个，占 58.14%；几个自然村合并建立村民委员会的有 28056 个，占 40.37%；原村民委员会保持不变的有 1036 个，占比 1.49%。

至 1987 年 9 月，宜山县 19 个乡镇 2288 个自然村，共建立村委会 1541 个，其中矮山、龙头等 14 个乡镇下辖的 1444 个自然屯，2694 个生产队，建立 971 个村委会，平均每个村委会 1.5 个自然屯和 2.8 个生产队，100 户以上建村的 118 个，占总数的 12.2%；30 户至 99 户建村的 696 个，占总数的 71.7%；20 户至 29 户建村的 118 个，占总数的 12.2%；10 户至 19 户建村的 39 个，占总数 4%。以自然村建村委会的有 721 个，占总数 74.3%；两自然村的有 154 个，占总数的 15.9%；多个自然村的有 96 个，占总数的 9.9%，以一个生产队建立村委会的有 175 个，占总数的 18%。最大的村委会是洛东乡大曹村公所塘冲村委会，有 2 个自然村 22 个生产队组成，254 户，1466 人。最小的村委会主要在拉浪乡，20 户以下建村 13 个，占全乡建村 55 个的 23.6%，4 个村委会因规模过小暂为村民小组，其中 1 个村民小组只有 9 户。[2] 1987 年 9 月 29 日，合寨村村公所成立，下辖的十二个自然村成立村民委员会，共四十二个生产队。合寨村委会也改为村公所，自然村或村民小组则转变为村委会。根据村民口述：

> 1984 年底撤社建乡，成立村委会，1987 年三岔镇分出屏南乡，村委会改为村公所，1996 年村公所又改为村委会。当了那么多年村干部，工作差不多，催公粮、计划生育、封山育林、分片包干，村公所

---

[1] 金宝生：《村民委员会建设》，广西人民出版社 1988 年版，第 99—100 页。
[2] 宜山县选举委员会办公室：《宜山县建立村委会的情况汇报》，1987 年 9 月 24 日。

国家化、地方性与村民自治

那段,乡镇要考察村公所干部,吃什么饭,干什么活,村公所是乡镇的派出机构。①

对此,曾经有许多争论,最主要的是村公所与村民自治的原则精神背道而驰,是在开村民自治的倒车,是退步。对此,广西壮族自治区民政厅基层政权处周瑜泰认为:

> 在大队一级撤销村委会设立村公所,把村委会下沉到自然村一级,这时的村委会就不能和以前相比,多了一个层次之后,领导的注意都在村公所上,村委会就不受重视,村委会建立起来也没有作用,领导是任命的。我们当时调查的着眼点在于村委会成立之后有什么作用,有些东西我们不敢提,否则领导会说我们鼓动农民搞无政府主义。原来自己组织起来选举干部,干部也有紧迫感,村委会的自治性比较明显,下沉到自然村一级后,村公所是官办的,强化了行政,而弱化了自治,乡镇只到村公所一级,中央减少层次不光是经费问题,而是强化谁,弱化谁的问题。②

此外,从地方文件来看,村公所的派出性也有可能复制到自然村的村委会。为此,地方文件不得不重申:"村民委员会是基层群众性自治组织,它根据中华人民共和国《宪法》和法律的规定,行使职能和履行义务,但它不是一级基层政权组织,也不应理解为是村公所的派出机构。"③

在建立村公所和改设村委会的过程中,实际上也有一些不同的声音。在一份总结性的报告中,广西壮族自治区民政厅有如下叙述:各地在开始搞村建工作时,部分干部群众包括一部分县、乡领导同志认识很不一致,存在各种不同的思想顾虑,比如有的怕体制变动,会引起思想混乱,会破坏集体经济,有的认为以自然村设立村委会,增加群众负担,村干部报酬

---

① 调研点:广西河池市宜州市屏南乡合寨村新村屯,受访者编号:RL20140813WCL,受访时间:2014年8月13日,调研员:任路。
② 调研点:广西壮族自治区民政厅,受访者编号:XY20000322ZYT,受访时间:2000年3月22日,调研员:徐勇。
③ 中共河池地委办公室:《中共河池地委 河池地区行署关于建立村民委员会工作中若干问题的通知》,河地发〔1987〕21号,1987年8月10日。

第六章 改革开放以来国家化、地方性与村民自治发展

难解决；有的认为原村委会改为村公所和自然村设立村委会是"换汤不换药"，解决不了根本问题；有的群众认为建村公所，又建立村委会，是多一层机构，"多一个庙，多一批和尚""花钱买干部管自己""多此一举"①。上述总结来源于一份更加详细的情况汇报，有如下具体表述：

> 目前，各地正在进行以自然村建立村委会的工作，总的来看，基层干部群众对村委会改设在自然村是拥护的，态度是积极的，工作正在顺利地开展，但也有一些思想反映，主要是：
>
> 一、北海市一些干部反映，在自然村建立村委会，主要适用于地广人少，人口居住比较分散的地区，不适合北海市的情况。宾阳县有的群众反映，改在自然村建立村委会是"换汤不换药"，因为它的职能与生产队（村民小组）一样，只是换个牌子。
>
> 二、村干部报酬统筹难解决。南宁、梧州、玉林、桂林地区普遍反映，村干部报酬统筹靠不住，过去大队干部是统筹的，直到现在有的还没有得到应得的报酬，现在又提统筹，村干部是没有信心的。有的担心，村干部报酬统筹不起来，工作照样没人干。
>
> 三、群众怕增加负担。蒙山县有的群众说："村委会设在哪里，设多少个，不要我们出钱就行，如果要我们统筹就不必成立了。"宾阳县有的群众说，"村干部报酬靠统筹，这是叫自然村的农民用钱买人当干部。"陆川县反映，当前农民的负担比较重，据该县清湖乡统计，全乡平均每人购粮任务86斤，折款15.6元，但减去每人应负担的土地承包方2.5元，水费1.75元，军烈属优待费0.4元，民兵训练费0.2元，学校危房维修费0.5元，五项共5.35元，再加扣还粮食预付定金，就剩下无几了。
>
> 四、村委会没有办公地方。普遍反映，当前农村原有的集体仓库等公房都已分到农民手中，有的已拆掉，在自然村建立村委会办公没地方，连公章、牌子也没有地方放。
>
> 五、村寨之间的纠纷难解决。钟山县有的干部担心，村委会设在

---

① 广西壮族自治区民政厅：《关于我区村民委员会改设在自然村的情况和今后意见的报告》，桂民民字（1988）8号，1988年2月1日。

自然村，宗族派性严重的地方，乡政府今后更无法控制，加重工作压力。富川县反映，村委会建在自然村后，各村维护各村的利益，村与村、寨与寨之间的纠纷更加难解决，干部也难当，不维护本村的利益，又怕失去民意，维护本村的利益，又违背全局利益。

六、富川县反映，原来的村委会改为村公所，又多了一层机构，机构层次越多，上面领导接触群众越难，群众办事也越难，公章盖了不少，问题仍然解决不了。

七、钦州地区不少干部还存在两怕：一怕又一次破坏集体财产，二怕体制变动太大，搞乱群众思想。防城县丹竹江村党支书记说：八四年生产大队改为村委会后，经过几年的努力，工作都正常了，开个会很快都到齐了，现在又变，搞乱水了。

八、上述干部、群众的思想反映。说明村委会改设在自然村需要做深入细致的思想政治工作，才能确保建村任务的顺利完成。①

不过，在当时的法律和政策环境下，村公所是合法的。《村组法（试行）》中对于村委会的设置一般以自然村为单位，并没有规定乡镇与村委会之间不能成立村公所等派出机构。广西设立村公所后，村委会下设到自然村，平均管辖2.37个自然村、100户、500人，较大的村委会管辖1000人，适应了农民群众几十年来形成的生产生活习惯，村小人少情况熟，开会好召集，有事好商量，意见好统一，无论生产服务，还是生活福利、公益事业，都便于村民反映自己的意愿和要求，便于村民主动参政议政，实行"两公开一监督"，自我管理、自我教育、自我服务。② 1989年民政部基层政权司根据全国农村村委会建设情况的调查写出总结报告《加强村级组织建设势在必行》，强调在涣散、瘫痪和半瘫痪的地区，经政府同意，可按广西壮族自治区的办法，实行"村公所"。这份报告的内容至少说明主管部门对村公所的有条件接受，这也是村公所在云南、江西、海南等地陆续出现和普及的重要原因。因此，《村组法（试行）》颁布后，并没有

---

① 广西壮族自治区选举工作办公室：《一些干部群众对在自然村建立村委会的思想反映》，《选举工作情况反映》（第三期），1987年7月9日。

② 民政部村级组织建设状况赴广西调查组：《关于广西村公所试点情况的调查》，《村级组织建设状况调查选编》，1989年编印，第8页。

立即出现全面推进村民自治的局面，各地呈现出显著的差异。对此，徐勇认为："村民自治发源于个别地方的共同体，后提升为国家意志，作为国家统一的法律制度加以实施。这一制度在进入乡村社会生活过程中，会有不同的表现和成效，其重要原因就在于地方性及相应的地方化。"① 这种地方性不仅源于地区经济社会差异，更重要的是改革开放后权力下放强化了法律和政策执行过程中的地方自主性。

五 党的领导、政策示范与建构基层民主

村民自治的行政化也折射出国家民主政治的困境。20世纪80年代中期以后，在经济体制改革遭遇困难的情况下，究竟应该通过加速民主化进程强力推进政治体制改革来推动经济体制改革，还是应当强化政府权威特别是中央政府权威来加速市场化改革，形成激烈的交锋，最终在1989年政治风波之后，中国基本上采纳了新权威主义的治国方略，在坚持稳定压倒一切的前提下，牢记发展是硬道理，积极发展经济，加快市场化改革进程。② 邓小平认为：中国正处在特别需要集中注意力发展经济的进程中。如果追求形式上的民主，结果是既实现不了民主，经济也得不到发展，只会出现国家混乱、人心涣散的局面。……我们是要发展社会主义民主，但匆匆忙忙地搞不行。③ 为此，在有关村民自治是自由化的争议下，国家将村民自治纳入到党领导下的民主建构进程中，从基层建构中国民主。

（一） 党领导下的社会主义基层民主

村民自治始终与整个社会主义民主政治高度关联，一方面，村民自治为国家民主政治的基础，曾主管村民自治工作的王振耀认为："村委会选举关键是让人民进入，为上面的改革提供一个稳定的农村基础。这是我们

---

① 徐勇：《乡村治理与中国政治》，中国社会科学出版社2003年版，第211页。
② 何增科：《20世纪80年代末以来中国关于政治改革和民主化的探讨》，《北京行政学院学报》2002年第6期。
③ 《邓小平文选》第3卷，人民出版社1993年版，第284—285页。

做这件事的一个前提。"① 另一方面国家民主政治的发展也深刻地影响着村民自治。1989年政治风波之后,围绕村民自治是否可行展开激烈的争论。赞成者认为村民自治是国家政治体制的一项重大改革,是发展社会主义直接民主的重要决策,方向是对的,不能动摇,不能后退,因而主张坚持实践,总结经验,不断完善。反对者认为中国农村基层尚不具备自治条件,农民缺乏自治能力,《村组法(试行)》是超前立法,因而主张在农村基层建立村公所,或村委会与村公所"两块牌子,一套人马"。修改《村组法(试行)》,把乡政府与村委会的指导关系改为领导关系。赞成者在阐述支持的理由,反对者在表明否定的意见,村民自治究竟该何去何从,人们一时间拿不定主意了。② 更为重要的是一些不赞同村民自治的人认为村民自治否定了党的领导,是资产阶级自由化的产物,不能再搞下去了。为了解决村民自治能不能继续实行下去的问题,1989年3月至4月,中央组织部、中共中央政策研究室、民政部、共青团中央和全国妇联组成联合调查组,对全国17个省47个县(市)、130个乡镇和504个村的村级组织建设状况进行了实地调查,民政部撰写了相关调查报告,认为村民自治应当继续推行的结论。调查组将村级组织分为三类:一是能够按时完成国家下达的各项任务,主动为村民生产、生活提供服务,能够较好管理本村公共事务和公益事业的一类村;二是基本能够做到上述三个方面任务的二类村;三是班子有名无实,无力、无法、无人或不能独立完成这三方面任务,村级组织涣散甚至瘫痪、半瘫痪的三类村。根据调查统计,一类村占30%左右,二类村占50%左右,涣散甚至瘫痪、半瘫痪村占10%。③

1989年底,全国人大、中央组织部、民政部、人事部等组成联合调查组,分别到湖南、湖北、山东、江苏、吉林等省围绕《村组法(试行)》实施过程中的有关问题进行实地调查,调查组征求各级党委、人大、政府副主任意见,听取乡村干部和群众看法。结果仍然是支持和反对两种意见,不过较为集中的建议是坚持村民自治,完善部分法律条文。在随后的

---

① 王振耀:《中国的村民自治与民主化发展道路》,《战略与管理》2000年第2期。
② 参阅李学举《中国农村基层的民主之路》,载李学举《中国城乡基层政权建设工作研究》,中国社会出版社1994年版;傅伯言、汤乐毅、陈小青:《中国村官》,南方日报出版社2001年版,第19页。
③ 《加强村级组织建设势在必行——关于全国村级组织建设状况的调查报告》,《村级组织建设状况调查选编》,1989年编印,第95页。

第六章 改革开放以来国家化、地方性与村民自治发展

总结汇报会上，民政部公布了1989年上半年对17个省、47个县、130个乡镇、504个村的调查数据。根据调查，一是对于村委会主任的产生，76.44%的被访农民表示村委会主任由村民选举产生，13.42%的农民表示村委会主任不是选举产生，而是上面指定的，另有15.03%的农民不知道或者未作答。二是对于村民委员会主任选举的态度，76.17%的农民表示自己关心，15.12%的农民态度一般，8.54%的农民不关心或持无所谓的态度，另有0.18%的农民未作答。三是村委会与生产大队的差别，39.45%的农民认为两者没有区别，58.83%的农民认为两者有差别，另有1.74%的农民未作答。四是对于《村组法（试行）》的知晓，50.86%的农民知道此法，43.91%的农民不知道此法，另有5.23%的农民未作答。[1]联合调查组提出一些意见：第一，《村组法（试行）》符合我国农村实际，只有通过实践，其意义和作用才能被人认识；第二，在农村基层建立群众自治组织，方向对头，意义重大，把村委会改为村公所，或"两块牌子，一套人马"，绝非长远之计，不宜提倡和推广；第三，乡政府与村委会关系定为指导，是由村委会性质决定的，不能成为领导关系。至于农村中的问题，要通过继续深化政治、经济体制改革和完善农村各项政策解决，与乡和村的指导关系没有直接联系。[2]

之后民政部相关负责人多次向中央有关领导汇报村民自治工作。1990年2月，彭真听取时任民政部长崔乃夫的汇报，当崔乃夫谈到实行村民自治有些思想阻力的时候，彭真站起来问崔乃夫："你的态度怎样？"崔乃夫说："我非常坚决。"彭真高兴地说："你坚决，我就放心了。"并语重心长地说："在基层，有人管农民，但群众怎么管干部，怎么管乡政府，没有规定，民主不完备，要彻底解决这个问题。要强化民主管理，要搞法制监督。"[3]

1990年在山东莱西召开的村级工作会议是新中国成立后召开的第一次村级组织建设工作座谈会，中组部、中央政策研究室、民政部、共青团中央、全国妇联等单位参与座谈，会上依然存在对村民自治的非议，但毕竟

---

[1] 民政部村级组织建设状况调查组：《4418名村民回答村级组织建设有关问题调查问卷汇总》，《村级组织建设状况调查选编》，1989年编印，第13、16、17页。

[2] 参阅李学举《中国农村基层的民主之路》，载李学举《中国城乡基层政权建设工作研究》，中国社会出版社1994年版。

[3] 参阅李学举《中国农村基层的民主之路》，载李学举《中国城乡基层政权建设工作研究》，中国社会出版社1994年版。

不是主流，时任中组部部长的宋平提出不搞争论，搞示范，抓典型经验，用经验来说服群众和干部。宋平说："此法已经实施，现在不要空泛地争论，要注重实践，摸索经验。"宋平发表题为《加强农村工作，深化农村改革》的讲话，专门谈到村民委员会，认为："《中华人民共和国村民委员会组织法（试行）》已经开始实施，要根据这部法律的要求，在党组织领导下，逐步健全村民委员会，推进农村基层的民主政治建设。社会主义民主的本质，是人民当家做主。建立健全村民委员会，发挥村民自治的功能，有利于实现党的领导和支持农民当家做主的目标，建设社会主义新农村，是八亿农民自己的创造性事业，没有广大农民以主人翁姿态积极地和自觉地参与，是办不成的。随着农民经营自主权的扩大，他们对村务管理的民主参与意识不断增强。村民自治，就是由村民依法办理自己的事情，自我管理，自我教育，自我服务。""中国的村民自治是社会主义民主的一种形式，是党领导下的自治。这是国家法律、政策所规定的。要加强党的领导，不断总结经验，形成一些适合当地情况的制度和规定；要支持村民经过充分酝酿选举信得过的人组成村委会领导班子，特别是选出好的村委会主任；要由村民推举公道、能干的村民代表，把他们组织起来，定期开会、议事，参与村务管理，民主讨论决定村里的大事，并增加村务公开程度，对村干部实行监督；要把村民委员会下面的治保、调解、公共卫生等自治组织建立健全起来""村委会的建设，当前要着重把村内小组建立健全起来。有些地方建立了村委会，没有建立村民小组，村与户形成断层，工作很难落实。建立村民小组，作为村委会联系村民的桥梁是十分必要的。同时，要建立村民议事制度、村务公开制度。凡是群众普遍关心的重大事情都要向群众公开，接受群众监督。要发动群众订立村规民约，增强村民自我管理、自我教育的能力，树立良好的村风。"[①]

此次会议明确了一个关系，即党支部对村民委员会的领导关系，根据党内原则，下级党组织要服从上级党组织，这就为什么乡镇党委和政府能够间接影响村委会。会上还指出村民委员会既要反映群众意见，又要保证党和国家的政策法律，通过村民自治转化为农民的自觉行动等，对于以前悬而未决

---

① 宋平：《努力增强以党支部为核心的村级组织的凝聚力和战斗力——在全国农村村级组织建设工作座谈会上的讲话》，《党建研究》1990年第9期。

的争论进行策略性的转换。同年8月,中共中央批转《全国村级组织建设工作座谈会纪要》,强调加强以村党支部为核心的村级组织配套建设,突出村党支部的核心作用,明确指出:"村民委员会是在党的领导下,在国家法律规定的范围内,由村民自我管理、自我教育、自我服务的基层群众性组织。加强村民委员会建设,要认真实施《中华人民共和国村民委员会组织法(试行)》,这项工作,要从当地实际情况出发,有领导、有计划、有步骤地进行,保证工作质量。"①《座谈会纪要》就党支部对村委会的领导进行了规定:一是提出全村经济发展与精神文明建设的意见,通过村民委员会的工作,将党的方针政策和党支部的意图变为群众的自觉行动;二是讨论村民委员会的重要工作,支持和帮助村委会按照法律独立负责地开展活动;三是协调村民委员会同其他组织的关系;四是对在村民委员会中工作的党员和干部进行考核和监督。同时,党支部要认真改进领导方式和工作方法,放手让村民委员会干部发挥作用,不要包办代替村民委员会的工作。②

(二) 全国性的政策示范活动

H.K.科尔巴奇认为:"政策被看成是关于某一特定领域之内将要做什么的权威决定,所以无论是统一组织的不同部门还是广泛的'统治框架'下的不同组织,各种各样的参与者并非各行其是。所以政策过程关系到确保一个单独的行动过程得到认可。这种认可是通过'政府'以及'权威(们)'和'国家'来完成的,但是在每一种情况下,都可以感觉到有一种公共权威的中枢神经系统,它们决定了行动以及沟通的自上而下路线。"③ 为了将全国村民自治工作按入到统一的政策框架内,以《村组法(试行)》为基础,民政部主持和推动了有关村民自治的示范活动,以便将各地自发性的村民自治建设推向规范性的村民自治建章立制。全国性的政策示范活动,类似于典型的动员型政策过程,从调查、选点、试验和典型,从典型中总结经验,并上升到理论、政策高度,接着是运用行政、政治或法律的方式将制度或政策进行推广,树立标准,并要求各地学习,以便达到相应的要求,寻找本身的差距,通过具体的考核指标来推动这一过程。

---

① 《全国村级组织建设工作座谈会纪要》,《农村经营管理》1991年第4期。
② 《全国村级组织建设工作座谈会纪要》,《农村经营管理》1991年第4期。
③ [英] H.K.科尔巴奇:《政策》,张毅译,吉林人民出版社2005年版,第11页。

在 1990 年的"全国村级组织建设工作座谈会"上，针对有关村民自治的非议，民政部部长崔乃夫在座谈会上表示："《村组法（试行）》是在彭真委员长亲自主持下制定的，是在反复调查研究基础上，由第六届全国人大代表大会常务委员会通过的。因此，认为这部法律是自由化的产物，这种认识是错误的。有人认为这部法律超前，不切实际，甚至反对这部法律。实际上是这些人根本没有认真学习过这部法律。因此，必须加强对《村组法（试行）》的学习和宣传，全面、准确理解《村组法（试行）》，认真贯彻此法的意义。"民政部副部长连尹提出，针对村民自治发展不平衡的问题，要开展村民自治示范活动，树立典型村、示范乡镇、示范县，关键是抓好示范村，并宣布将莱西县作为全国第一个村民自治示范县。[①]之后中央批转此会议纪要，并指出："每个县都要选择几个或几十个村，开展村民自治示范活动，摸索经验，树立典型。""村民委员会是基层群众自治组织，乡政府应当尊重其法律地位，支持其工作。"[②] 同年，民政部下发《关于在全国农村开展村民自治示范活动的通知》，明确要求各地必须认真贯彻《中华人民共和国村民委员会组织法（试行）》。

莱西会议后民政部发出《关于在全国农村开展村民自治示范活动的通知》（以下简称《通知》），全国开展村民自治示范活动正式启动。该通知指出，村民自治示范活动，是深入贯彻《村组法（试行）》的有效措施。广泛开展村民自治示范活动，对于统一思想认识，积累村民自治经验，推进《村组法（试行）》的深入贯彻实施，具有重要意义。要选择有一定工作基础的县（市）、乡（镇）、村作为示范单位，组织示范活动。县级民政部门侧重抓示范村，有条件的可抓示范乡（镇）；地级民政部门侧重抓示范乡（镇）；省级民政部门主要抓示范县。示范活动作为政治任务下达地方，然后逐级建立示范单位。《通知》规定："每个县都要选择几个或十几个村，开展村民自治示范活动，摸索经验，树立典型。"《通知》下发后，有18个省、自治区民政厅发出文件或作出安排，部署开展村民自治示范活动，要求选择好示范单位，在总结经验的基础上，再扩大试点，逐步铺开。

国家化的表现形式是标准化的示范建设，民政部在《关于全国农村开展

---

① 罗平汉：《村民自治史》，福建人民出版社 2006 年版，第 140—141 页。
② 《全国村级组织建设工作座谈会纪要》，《农村经营管理》1991 年第 4 期。

村民自治示范活动的通知》对村民自治示范村提出了五条标准：(1)村委会干部由村民民主选举产生，村委会领导班子坚强；(2)村委会各个工作委员会和村民小组健全，工作职责和规章制度明确，切实发挥作用；(3)定期召开村民会议或村民代表会议，实行村民民主参与制度，坚持村务公开、民主办理、群众监督原则；(4)经济发展、安定团结，公益事业办得好，村容村貌整洁；(5)村民依法履行公民义务，全面完成国家交办的各项任务。从政策示范来看，一方面各地在推进村民自治示范过程中，制定出更为具体、详细的标准，特别是打分的形式加以量化，如表6-2所示，形成指标化的政策示范压力体制，推动全国村民自治建设。另一方面政策示范中强化村民自治的辅助政府功能，具体来看，村民自治示范村考核指标中第六类属于国家任务，第四类有关收入增长和集体经济发展等属于地方政权职能，农业生产服务和社会服务体系等属于乡镇政府机构的职能等，合作医疗等社会保障更是政府的职能，应由公共财政支持。

表6-2　　　　　　村民自治示范村考核验收的计分办法[①]

项目	条序	具体内容	标准分
村直接选举村委会干部，村委会班子团结坚强，干部任期目标责任明确。(23分)	1.1	村委会主任、副主任和委员由村民直接选举产生（查选举的原始记录和选票）	10分
	1.2	村委会主任、副主任和委员分别比应选名额多1—2人，由村民按照差额、无记名的方式直接选举产生	3分
	1.3	选举村委会主任、副主任和委员，设立秘密填票间	2分
	1.4	村委会主任职务实行竞争选举	2分
	1.5	用多种形式宣传《村民委员会组织法》，村民代表了解该法的基本内容	1分
	1.6	届次内村委会干部基本稳定，对因故缺额的成员有3个月内召开村民代表会议补选的档案记录材料	1分

[①] 王振耀、白益华主编：《乡镇政权与村委会建设》，中国社会出版社1996年版，第189页。

续表

项目	条序	具体内容	标准分
	1.7	村委会成员分工明确，岗位责任制和3年任期目标、年度工作计划明确，并上墙	2分
	1.8	班子团结，工作协调，有强烈的事业心和责任心，廉洁奉公，作风民主，能定期召开民主生活会议	2分
村委会各下属委员会和村民小组健全，职责明确，制度落实，切实发挥作用。(9分)	2.1	村委会各下属委员会和村民小组组织健全	3分
	2.2	村委会各下属委员会和村民小组职责明确，制度落实	3分
	2.3	村委会各下属委员会和村民小组切实发挥作用	3分
村民参与村务决策和管理的制度健全，村民会议或村民代表会议真正成为村民发扬民主的组织制度和民主决策的组织形式，真正做到村务公开，民主管理，群众监督。(31分)	3.1	建立村民代表会议制度	2分
	3.2	村民代表由村民小组按每10户选1名的比例推选产生，具有广泛性和代表性	2分
	3.3	每年召开两次以上村代表会议，并有会议记录	2分
	3.4	村委每年向村民代表会议报告工作，重大村务由村民代表会议讨论记录。并有文字记录材料	8分
	3.5	制定村民自治章程，民主管理村务	7分
		建立村务公开制度，做到财务账目公开，救灾救济款物发放公开，计划生育公开，建房审批公开，干部补贴公开，接受群众监督，有公开栏目或档案记录材料	7分

续表

项目	条序	具体内容	标准分
	3.6	建立民主评议制度，每年年终经村民代表会议通过后将评议村干部和村委会工作情况张榜公布	3分
经济发展较快，公益事业办得好，社会管理有序，社会保障工作扎实，村容村貌整洁。（15分）	4.1	集体经济稳步上升，村民人均收入逐年提高	4分
	4.2	为村民提供生产服务，社会服务体系初步形成	3分
	4.3	每年为村民办1—2项公益事业	2分
	4.4	合作医疗制度、拥军优属、扶贫帮困、五保养老、救灾救济等社会保障工作扎实	4分
	4.5	社会管理有序村容村貌整洁	2分
治安防范措施完备，社会秩序稳定，民间纠纷调处及时，村风民风好。（15分）	5.1	加强对外来人口管理，有治安网格和四防措施，村内无违法乱纪行为，无刑事案件和重大事故	7分
	5.2	及时做好民事调解工作，一般民事调解不出村，调解率在90%以上	2分
	5.3	开展争创"五好家庭""新风户"活动，"五好家庭"和"新风户"占村总户数80%以上	3分
	5.4	无封建迷信和赌博活动，村风民风好	3分
村民依法履行公民义务，全面完成国家的各项任务。（7分）	6.1	按时完成粮、棉、油等定购任务和纳税任务	3分
	6.2	完成征兵，无违法婚姻，计划生育率达100%	4分

从示范内容来看，主体是《村组法（试行）》的贯彻落实，包括民主选举、组织健全、经济发展、完成国家任务等方面。民政部希望通过村民自治示范活动，将各地的村民自治实践纳入到统一的制度框架内，将不规

国家化、地方性与村民自治

范的地方尽量规范化，《村组法（试行）》的颁布是第一步，村民自治示范活动则是落实到具体的行动上的第二步。四年后，中共中央召开全国农村基层组织建设工作会议，在各地加强村委会建设的经验基础上，要求广泛开展依法建制、以制治村、民主管理活动，调动农民群众当家做主的积极性，继续开展村民自治示范活动，着重抓好村民选举制度、村民议事制度、村务公开制度、村规民约制度等。① 1991年5月，崔乃夫向彭真汇报山东章丘民主管理经验，彭真高兴地说："村委会怎么办事，怎么搞，今天听了个好消息。""可以说，我们抓了一个根本问题，这是一条道路。中国这个国家为什么能搞好，根本是群众路线问题。通过群众，由群众通过自己讨论，集中起来，再坚持下来，自己当家作主。""过去，马克思讲无产阶级脖子上的锁链。得到天下就丢掉了锁链，有了国家，有了政权，有了大大小小的权力。现在你管人，也还是勤务员，是人民公仆，要为人民做事情。现在有些不是为老百姓办事，把老百姓丢了。所以有了政权以后，要坚持群众路线，为人民服务，为人民办事，这是我们的宗旨，是光荣革命传统，我们都应当这样做。"②

民政部采取进一步措施推进村民自治实践：其一，制定全国农村村民自治发展规划，召开全国村民自治工作座谈会，进一步明确村民自治工作的方针、政策和标准等一系列问题，使村民自治示范活动得以在全国各地蓬勃展开，《村组法（试行）》在全国各地也进一步贯彻落实。其二，制定乡镇干部培训教学大纲，编写村委会干部和村民自治培训教材，制作培训村委会干部的电视讲座，指导各地开展培训工作，使全国乡镇长基本都培训了一遍，使村委会主任培训工作基本形成了制度。而且在1990年以后，每年举办两期或一期乡镇长培训班，李鹏总理、宋平委员都分别会见培训班学员。其三，制定了全国先进乡镇、街道、村、居委会表彰办法和具体条件，并于1990年成功举办新中国成立以来第一次全国乡镇百颗星表彰活动，宋平参加表彰活动并接见了十佳乡镇代表。宋平提出，乡镇、街道和村（居）委会是国家政权的基础组织，党和国家的各项方针、政策要靠他们去贯彻落实，许多工作要靠他们去做，各级党组织在加强基层党

---

① 白益华：《如何搞好农村村民自治》，中国社会出版社2006年版，第20页。
② 参阅李学举《中国农村基层的民主之路》，载李学举《中国城乡基层政权建设工作研究》，中国社会出版社1994年版。

第六章　改革开放以来国家化、地方性与村民自治发展

组织建设的同时，要大力加强基层政权建设和基层群众性自治组织的建设。其四，参加了全国县乡机构改革方案的制订，使县向乡镇简政放权、撤销县辖区、撤销村公所有了明确规定，从而突破了农村基层政权建设工作的一个难点。① 1991 年，时任民政部基层政权建设司司长的李学举在他的《村民自治三年实践的思考》一文中指出：《中华人民共和国村委会组织法（试行）》，试行三年来，各地广泛进行宣传，认真抓了试点，深入开展村民自治示范活动，开始由点到面逐渐铺开，基本实现了由宣传贯彻到实施执行。目前看，形势逐渐好转，思想分歧逐渐缩小，执行自觉性逐渐增强，有价值的经验逐渐增多。②

此后民政部为落实中央文件精神下发《全国农村村民自治示范活动指导纲要（试行）》，将前述标准细化为直接选举、组织健全、民主决策、经济发展、社会稳定、完成国家任务等，并将地方最新的探索，比如村民自治章程、村民代表会议、村务公开等写入指导纲要，并且首次明确提出建立民主选举、民主决策、民主管理和民主监督四项民主制度，使得全国的村民自治示范活动开始走向"四个民主"为主要标志的发展轨道。年底，中共中央发出《关于加强农村基层组织建设的通知》，强调村民自治的制度化，包括村民选举制度、村民议事制度、村务公开制度和村规民约制度等。村民自治的具体制度建设是村民自治规范化的第三步。经过"三步走"的策略，村民自治从法律到实践，从政策到制度等逐步实现规范化的目标，每一环节都有原则性的规定和与之对应的具体制度安排，村民自治进入成熟阶段。1993 年 3 月，确定的村民自治示范县达到 18 个；1995 年底，全国有 29 个省、自治区、直辖市确定村民自治示范市、县 63 个，示范乡、镇 3917 个，示范村 82266 个。③

1994 年后，以法制和法治为主要内容的政治领域的改革为配合和适应市场经济发展而提上日程。1994 年 2 月 8 日，民政部下发《全国农村村民自治示范活动指导纲要（试行）》，对村民自治示范活动的目标、任务、示

---

①　白益华：《关于基层政权建设工作的思考》，载《城乡基层政权建设工作简报》1993 年第 11 期。

②　参阅李学举《村民自治三年实践的思考》，载《实践与思考——中国基层政权建设研究会 1991 年年会论文集》，辽宁大学出版社 1991 年版。

③　潘嘉玮、周贤日：《村民自治与行政权的冲突》，中国人民大学出版社 2004 年版，第 34 页。

范单位标准、工作原则和指导方针提出要求。到2000年，每个省（自治区、直辖市）、每个地市、每个县市、每个乡镇，均建有符合标准的村民自治示范单位，逐步实现每个地市建成一个村民自治示范县市区，每个县市区建成一个村民自治示范乡镇，每个乡镇建成一个村民自治示范村，并能发挥其示范作用。通过采取检查验收、组织观摩、培训骨干、点面结合、宣传配合等措施，全面推进村民自治示范工作。1994年11月5日中共中央发出《关于加强农村基层组织建设的通知》对村民自治示范活动相关问题进行了详细的规定：一是村民选举制度。村民委员会成员，坚持由民主选举产生。选举要依法办事，加强引导，尊重村民的民主权利，坚决反对和纠正选举中的违法违章活动；二是村民议事制度。村里的大事，包括经济和社会发展的规划、公益事业的兴办以及群众普遍关切的热点问题处理等，都必须依据有关法规由村民代表会议或村民大会讨论，按照民主集中制的原则作出决定，不能由个人或少数人说了算；三是村务公开制度。凡涉及全村群众利益的事情，特别是财务收支、宅基地审批、当年获准生育的妇女名单以及各种罚款的处理等，都必须定期向村民张榜公布，接受群众监督；四是村规民约制度。按照国家法律、法规和政策，根据当地情况，从本村群众迫切需要解决的问题入手，经村民代表会议或村民民主讨论，制定包括本村干部在内的全体村民都必须遵守的章程，规范村民的行为，并逐步充实内容，完善实施办法，在村民自治过程中进一步推进规范化和程序化。

从各地贯彻落实村民自治状况来看，自1988年6月1日正式颁布施行《村组法（试行）》以后，至1995年，全国先后有24个省级行政单位制定了《村组法》的实施办法，另有6个省级行政单位没有制定。在已经制定实施办法的省、市、自治区中，具体时间不一，福建、浙江为1988年；甘肃、贵州、湖北、湖南为1989年；河北、黑龙江、辽宁、青海、陕西为1990年；山西、四川、吉林、天津、新疆为1991年；河南、宁夏、山东、安徽、内蒙古为1992年；西藏为1993年；江苏、江西为1994年，如果以《村组法（试行）》正式施行的1988年6月1日为时间起点，至1995年10月24日，各地出台实施办法的时间距离如表6－3所示。

表6-3　　　　**1988 年施行《村组法（试行）》后
各省颁布实施办法的具体时间**①

序号	地区	时间	距离《村组法（试行）》正式颁布时间		
			日数	月数	年数
1	福建	1988-9-2	93	3	0
2	浙江	1988-11-28	180	6	1
3	甘肃	1989-7-20	414	14	1
4	贵州	1989-7-26	420	14	1
5	湖北	1989-8-26	451	15	1
6	湖南	1989-12-3	550	18	2
7	河北	1990-6-20	749	25	2
8	黑龙江	1990-8-24	814	27	2
9	辽宁	1990-9-21	842	28	2
10	青海	1990-11-3	885	30	2
11	陕西	1990-12-28	940	31	3
12	天津	1991-1-29	972	32	3
13	山西	1991-5-12	1075	36	3
14	四川	1991-5-28	1091	36	3
15	吉林	1991-7-13	1137	38	3
16	新疆	1991-8-31	1186	40	3
17	宁夏	1992-2-28	1367	46	4
18	山东	1992-5-10	1439	48	4
19	河南	1992-8-25	1546	52	4
20	内蒙古	1992-10-30	1612	54	4
21	安徽	1992-12-29	1672	56	5
22	西藏	1993-12-26	2034	68	6
23	江苏	1994-6-25	2215	74	6
24	江西	1994-10-24	2336	78	6

（三）《村委会组织法（试行）》的修订与地方立法建议

1997 年中共十五大报告指出："扩大基层民主，保证人民群众直接行使民主权利，依法管理自己的事情，创造自己的幸福生活，是社会主义民

---

① 月数和年数等按照四舍五入方式计算。

主最广泛的实践。城乡基层政权机关和基层群众性自治组织,都要健全民主选举制度,实行政务财务公开,让群众参与讨论和决定基层公共事务和公益事业,对干部实行民主监督。"将村民自治作为党领导下亿万农民的伟大创造之一,对于村民自治给予了充分的肯定,直接推动了《村组法(试行)》的修订。其实,早在1994年便正式启动修订工作,一些全国人大代表提出修法的问题,具体有辽宁代表团李玉臻等32位代表,内蒙古代表团卢振远、高连云和徐术明等代表,河南代表团梅养正委员等。随着村民自治制度的建立和推广,10年前确立起来的村民自治法律框架,已经滞后于村民自治的实践需要,亟待按照法治目标下的立法原则加以改进,不仅作为村民自治基本法的《村委会组织法(试行)》需要重大修改;而且与其配套的法规空白现象也应尽早克服。各级国家权力机关和国家行政机关制定的配套法规或执法规定不平衡、不规范的现象,应当迅速改变。[1]为此,全国人大常委会将其列入第八届全国人大常委会的立法计划,责成民政部负责修订草案的起草工作。从1994年4月至1995年7月,民政部组建的修订草案起草工作办公室先后组织了一次全国性综合调查,二次全国性专项调查,多次区域性调查,并召开相关专家学者、部门负责人和农村基层干部群众的座谈会,听取相关意见。[2] 1994年8月,草案第一稿形成,此后征求有关部门和各省、自治区和直辖市的民政厅意见,并在10月至11月,与全国人大内务司法委员会组成联合调查组赴云南、广西、福建等省调查,征求相关意见,但始终存在着一定的争议。

表6-4 各地各部门对《村组法(试行)》的主要修订意见[3]

关于村委会的性质	(1) 村民委员会自治性质不变
	(2) 村民委员会自治性质可以不变,但考虑当前国家下达的指令性任务非常繁重,法律应当赋予村民委员会一定的行政职能

---

[1] 白钢、赵寿星:《选举与治理——中国村民自治研究》,中国社会科学出版社2001年版,第116页。

[2] 范瑜:《为了亿万农民的民主权利——〈中华人民共和国村民委员会组织法〉出台的前前后后》,见《乡镇论坛》杂志社、民政部基层政权建设司农村处:《1998年度农村基层民主政治建设资料汇编》,1999年编印,第38页。

[3] 中国基层政权建设研究会:《中国农村村民委员会法律制度》,中国社会出版社1995年版,第23—24页;罗平汉:《村民自治史》,福建人民出版社2006年版,第220—221页。

第六章 改革开放以来国家化、地方性与村民自治发展

续表

关于村委会的性质	（3）应把村民委员会改为乡镇政府的派出机构
	（4）村民委员会与村公所同时并存，或"两块牌子，一套班子"
关于村民委员会与乡镇政府的关系	（1）乡镇政府与村民委员会的指导与被指导关系是正确的
	（2）乡镇政府与村民委员会的关系应当改为领导与被领导关系
	（3）乡镇政府与村民委员会的关系，在村务上，比如公益事业等，应是指导关系；在政务上，比如计划生育、依法完成国家的任务上，应是领导关系
关于村民委员会的任务	（1）保留原来的形式，分条叙述
	（2）在村民委员会的任务方面，应用一条再分若干项予以规范，以便于一目了然
关于村民委员会与集体经济组织的关系	（1）村内委员会要管理村中的经济建设，否则，村民自治是空的，且关系不顺，要求在村民委员会下设经济管理委员会
	（2）村民委员会管理村务，村集体经济组织管理经济，两者关系是平衡关系
关于村民委员会选举	（1）选举好村民委员会干部，是实行村民自治的前提和基础，这项工作很重要，建议列专章，同时要体现直接选举、无记名投票、差额选举的原则
	（2）村民委员会可以实行直接选举和间接选举相结合的办法
关于村民会议	（1）增设村民代表会议这一会议形式，明确村民代表会议为村民会议的一种形式，即村民大会、村民户代表会议、村民代表会议三个层次
	（2）将村民会议分为村民大会和村民代表会议两种形式。村民代表会议，分为村民户代表会议和村民联户代表会议
	（3）增设村民代表会议这一会议形式，明确村民会议包括村民大会和村民代表会议，村民代表会议行使村民会议的权力
关于村规民约	（1）不增加新的内容，在原有的基础上完善村规民约
	（2）增加村民自治章程的内容，作为村规民约的扩展和升华
关于体制	（1）法的体例不宜做大的变动，在修订法时，可以在个别条款和内容上加以补充、修改和完善
	（2）可将法的条例由条款式改为章节式，法的内容要规定得具体一些

339

1995年4月,民政部基层政权建设司完成了《中华人民共和国村民委员会组织法(修订草案)》送审稿起草,后经过民政部部务会议、部长会议讨论,再反复修改后报送国务院法制局,国务院法制局征求农业部等17个中央部委和山西、河南等29个省、自治区和直辖市的意见。1998年2月13日,国务院法制局和民政部联合召开专家学者论证会,再次听取专家学者对村民自治中一些重难点问题的意见和建议。

1998年6月1日,国务院召开第四次常务会议,讨论并原则通过了修订草案,6月22日向第九届全国人大第三次会议报送由朱镕基总理签署的《关于提请审议〈中华人民共和国村民委员会组织法(修订草案)〉的议案》。受国务院委托,时任民政部部长多吉才让对修订草案进行了说明。多吉才让说,《中华人民共和国村民委员会组织法(试行)》自1988年6月1日试行10年来,对于扩大基层民主,保证农村基层群众直接行使民主权利,改善干群关系,维护农村社会稳定,起了重要作用,具有深远意义。由于我国有几千年的封建传统,农村经济文化发展水平还比较落后,农民的民主意见还有待增强,加上一些农村干部没有充分重视和认真贯彻试行法,试行法执行的情况差别很大。在一些地方,基层干部欺压群众、腐化堕落、损害广大农民利益的情况时有发生,有的甚至相当严重。修订试行法,进一步完善村民自治制度,是贯彻落实党的十五大关于扩大基层民主、保证人民群众直接行使民主权利、依法实行民主管理的精神,推进农村基层民主建设,密切党群、干群关系,促进农村的经济发展和社会稳定的迫切需要。多吉才让对修订草案起草过程进行了介绍,修订草案是根据中共十五大精神,坚持试行法确定的村民自治、基层群众直接行使民主权利的原则,针对实际存在的问题,主要在选人、议事、监督三个关键环节对试行法进行了补充、完善。① 随后进行了相关讨论,主要围绕村委会干部任职条件、任职年龄、任职届数、村委会与党支部关系、村民资格、村委会选举竞选等内容进行讨论。6月26日,全国人大常委会发出《公布村民委员会组织修订草案广泛征求意见的通知》,共收到农民群众、村委会、乡镇党委和政府、民政部门等来信452件,其中农民来信127件。有的农民在来信中说,党支部与村民委员会的关系是一个十分敏感、不可回

---

① 《国务院提请修订村民委员会组织法》,《人民日报》1998年6月23日。

第六章　改革开放以来国家化、地方性与村民自治发展

避的问题，修订草案应当明确两者之间的关系，究竟党支部书记是一把手，还是村民委员会主任是一把手。有人建议明确规定哪些事项属于村民自治范围内的事项，哪些事项属于应由政府部门完成的。也有人提出，现实中经常出现乡镇政府干涉村中事务情况，如强令村民种植某种作物或果蔬，购买某个品种的种子，以及命令村干部征收各种名目繁多的费用，村民委员会由于不敢得罪上级行政部门，只得照办，建设修订草案明确规定，村委会有权抵制乡镇政府不合理的摊派和做法。也有人认为，由于历史原因，村民委员会与上级政府的关系应当规定为上下级关系。

有的来信提出，村民委员会的选举应当进行"海选"，如果所提候选人太多，可以先进行预选，并说目前很多人对选举不感兴趣，就是因为候选人是上头安排的，群众不能选举自己心目中的人；不必担心"海选"的做法太民主了，否则，就会脱离群众。但也有人对这种选举方式提出担心，认为"海选"容易被那些宗族大、能活动拉票的人钻空子。还有人来信提出，在选举过程中，候选人应当上台演讲，在村民面前亮相，使村民对他的主张和能力等有进一步的了解，这样选出来的干部，群众才会相信。

有农民说，要防止村委会和政府部门为了显示政绩，玩数字游戏，统计人均纯收入不真实，为农民增加负担，提供合理外衣，侵害农民经济利益，修订草案应当增加规定村民委员会依法统计上年全村人均纯收入，并张榜公布。来信还提出，修订草案关于村民对村财务的监督、查询的规定比较原则，建议增加规定：必要时村民会议有权直接申请国家审计部门对本村账目进行审计。①

在群众来信外，作为村民自治主管部门的各地民政部门也对修订草案提出了大量的修改意见：吉林省民政厅基层政权建设处提出，目前在我国农村，村民代表会议是主要的议事形式，因为，人口较多或居住分散的村，经常召开村民会议有实际困难。建议在新的村委会组织法中确立村民代表会议的地位，规定"村民会议应当决定设立村民代表会议，讨论决定村民会议授权的事项。村民代表会议的代表，由村民小组选举产生"。

---

① 常新一：《九亿农民的神圣权利——村民参与村委会组织法修订草案讨论综述》，《人民日报》1998年9月29日。转引至罗平汉《村民自治史》，福建人民出版社2006年版，第225—226页。

●● 国家化、地方性与村民自治

　　山东省民政厅基层政权建设处认为，我国农村的情况比较复杂，目前在外打工的人又比较多，许多地方由于村大和在外打工的人员多，村民会议难以召开。村民代表会议制度的建立很符合目前农村的实际，从全省的实际情况看，也是切实可行的，现在就差在法律上做出明确的规定。

　　江西省民政厅基层政权建设处建议增加"村民代表会议"的内容，包括村民代表会议的性质、组成、职权等。因为有的村规模较大，召开村民会议有困难；即使能够召开，也难于形成集中一致的意见，所以应充分发挥村民代表会议的议事和决策作用。

　　河北省民政厅基层政权建设处认为，实际工作中从中央到省、市、县、乡组织村民委员会选举要花费大量的人力、物力，而目前政权建设工作没有一分钱的专项业务经费，在很大程度上制约着工作的开展，建议从法律角度对选举工作经费予以明确。

　　福建省民政厅基层政权建设处认为，民主选举是村民自治的核心，修订草案应进一步对这一方面的内容加以完善，如规定省、地（市）、县（市、区）、乡（镇）成立选举工作委员会或指导组，负责选举的指导、监督、协调等项工作，并赋予职权处理选举违法事件。[①]

　　8月24日，第九届全国人大常委会第四次会议对修订草案进行二审，10月27日，在第五次会议上全国人大法律委员会副主任周克玉作关于《中华人民共和国村民委员会组织法（修订草案）》审议结果的报告，法律委员会认为，村民委员会组织法修订草案，在广泛征求意见的基础上，经几次审议修改，已基本成熟，建议全国人大常委会审议通过。1998年11月4日，第九届全国人大常委会第五次会议审议通过《中华人民共和国村民委员会组织法》（以下简称《村组法》），同日国家主席江泽民签发主席令，自此《村组法》正式颁布，此前的《村组法（试行）》废止。本次对《村组法（试行）》的修订主要集中在村委会性质、与党组织关系、与乡镇政府关系等，具体修订如表6-5所示，重点明确了村民自治的民主性，扩大和丰富了基层民主的内涵，并且也在程序上进行了详细的规定。

---

　　① 《各地民政论大法 全为农民当好家——部分省、自治区、直辖市民政厅（局）基层政权建设处关于〈中华人民共和国村民委员会组织法（修订草案）〉的修改意见》，《中国社会报》1998年7月22日。转引至罗平汉《村民自治史》，福建人民出版社2006年版，第226—227页。

表6-5　　　　　村民委员会组织法试行法与正式法的比较[1]

条目	试行法	正式法	备注
关于村委会的性质	村民委员会是村民自我管理、自我教育、自我服务的基层群众性自治组织	村民委员会是村民自我管理、自我教育、自我服务的基层群众性自治组织，实行民主选举、民主决策、民主管理、民主监督	正式法体现村民自治的民主性，反映村民自治的特征
关于村委会与党组织关系		增加中国共产党在农村的基层组织，按照中国共产党章程进行工作，发挥领导核心作用；依照宪法和法律，支持和保障村民开展自治活动、直接行使民主权利	试行法未做具体规定，在实践中产生一系列问题，正式法明确了党组织与村民委员会的关系
关于乡镇政府与村民委员会关系	乡、民族乡、镇的人民政府对村民委员会的工作给予指导、支持和帮助。村民委员会协助乡、民族乡、镇的人民政府开展工作	在试行法基础上，增加"乡镇政府不得干预依法属于村民自治范围内的事项。"	正式法更加明确了乡镇政府与村委会关系，尤其是乡镇政府不能够将村委会当做行政组织，避免行政化倾向
关于村民委员会在农村经济活动中的作用	村民委员会应当……维护集体经济组织和村民、承包经营户、联户或者合伙的合法的财产权和其他合法的权利和利益	村民委员会应当……维护以家庭联产承包经营为基础、统分结合的双层经营体制，保障集体经济组织和村民、承包经营户、联合或者合伙的合法的财产权和其他合法的权利和利益	正式法规定了村民委员会在农村经济活动中的作用，尤其是对农村经营体制
关于村委会的选举	村民委员会成员由村民直接选举产生。村民会议有权撤换和补选村委会成员	村民委员会主任、副主任和委员由村民直接选举产生。任何组织或者个人不得指定、委派或者撤换村民委员会成员。选举村民委员会，由本村有选举权的村民直接提名候选人。候选人的名额应当多于应选名额。此外，关于选举委员会、无记名投票、公开计票、秘密写票和选举结果公布等，还明确规定对破坏选举行为的惩罚规定和罢免村委会成员的具体程序等	正式法更加具体对村委会选举的程序以及罢免等内容作了详细的规定，更具有操作性

[1] 罗平汉：《村民自治史》，福建人民出版社2006年版，第232—233页。

续表

条目	试行法	正式法	备注
关于村民委员会的民主决策制度	涉及全村村民利益的问题，村民委员会必须提请村民会议讨论决定	乡统筹的收缴方法；村提留的收缴及使用；本村享受务工补贴的人数及补贴标准；村集体经济所得收益的使用；村办学校、村建道路等村公益事业的经费等集资方案；村集体经济项目的立项、承包方案及村公益事业的建设承包方案；村民的承包经营方案；宅基地的使用方案；村民会议认为应当有村民会议讨论决定的设计村民利益的其他事项	正式法详细列举必须经过村民会议讨论决定的事项
	村民会议由村民委员会召集。有五分之一的以上的村民提议，应当召集村民会议	村民会议由村民委员会召集。有十分之一以上村民提议，应当召集村民会议	正式法降低村民会议召开的门槛和条件，以利于村民会议的召集
		人数较多或者居住分散的村，可以推选产生村民代表，由村民委员会召集村民代表开会，讨论决定村民会议授权的事项。村民代表由村民按每五户至十五户推选一人，或者由各村民小组推选若干人	在试行法中只对村民会议作了规定，考虑到农村实际情况，正式法明确村民代表会议的定位和作用
关于村务公开和民主监督制度	村民委员会的收支账目应当按期公布，接受村民和本村经济组织的监督	村民委员会应当及时公布下列事项，其中涉及财务的事项至少每六个月公布一次，接受村民的监督；村民会议讨论决定的事项及其实施情况；国家计划生育政策的落实方案；救灾救济款物的发放情况；水电费的收缴以及涉及本村村民利益、村民普遍关心的其他事项。以及对村务公开内容真实性即相关违法行为承担责任	试行法主要对财务公开进行了规定，正式法增加对村务公开和民主监督等内容的规定

续表

条目	试行法	正式法	备注
关于村民资格的规定		有选举权和被选举的村民名单,应当在选举日的二十日以前公布	正式法对保障村民民主权利进行相应的规定
关于法律实施的规定		地方各级人民代表大会和县级以上地方各级人民代表大会常务委员会在本行政区域内保证本法的实施,保障村民依法行使自治权利	正式法明确了法律实施主体

六 迟来的典型:政策示范与草根民主的国家化

作为最早成立村民委员会的合寨村成为宜州市村民自治示范活动的建设重点,合寨村村民自治的实践形态日益制度化和规范化,与广西乃至全国村民自治日渐趋同化,原本具有合寨特点的村民自治实践也被村民自治示范活动转换为统一的制度形态,标志之一是各种组织、章程、制度等由外部输入村庄,村庄原本带有草根性的制度等日益国家化,成为整个国家基层民主建设的一部分,当规范的制度输入村庄之中,是否会产生理想的民主实践依然未知,不过,制度赋予了农民进行民主操练的各种可能性。正如徐勇对于村民自治的评价:"村民自治最重要的价值就是在民主化过程中,建立起一系列民主规则和程序,并通过运用民主规则和程序的民主实践形式,训练民众,使得民众得以运用民主方式争取和维护自己的权益,从而不断赋予民主以真实内容;在新一轮民主实践中,人们会设计更为理性和精巧的规则和程序,并运用这些规则和程序进一步充实民主的实体,民主化进程因此得以不断向前推进。"[①]

(一) 撤所建委

当村公所进入第七个年头的时候,广西壮族自治区酝酿着撤所改委的

[①] 徐勇:《中国民主之路:从形式到实体——对村民自治价值的再发掘》,《开放时代》2000年第11期。

行动。根据民政厅从事村民自治工作的周瑜泰的回忆：

> 当时柳州地区最开始搞，省里领导认为村公所省事，区委政研室调查后认为不错，然后在全区推开，开人大会的时候有代表有不同意见，但是柳州地区行署认为村公所是柳州创造的经验，已经成为广西粮票，现在要成为全国粮票。当时我们反对村公所，干部是任命的，干部人数多，村公所要十二个干部，事实证明村公所不行，加重农民负担，工作方式粗暴，干群关系对立等。当时柳州融水的村公所不是群众自发产生的，当时村级组织瘫痪，上面就派几个干部专门成立村公所，这样是权宜之计，可以起到一定作用，但长期如此就会有反作用。搞农村基层民主，作为业务部门，我们是坚定不移的。村公所改村委会的调查是从92年开始的，撤委改所之后，我们工作很着急，别人都搞村民自治模范县，我们不能搞村公所模范县，先后调查了三次，当时有个副书记刘明祖很支持我们，我们的报告直接报给他。①

1992年，民政厅就村公所的问题向自治区新任党委书记赵富林做汇报，赵富林批示：加强村委会建设是非常迫切和重要的，村委会建在哪里，需要认真调查研究。为此，民政厅前后组织多次实地调查。第一次调查选择了村民自治的发源地，韦永华回忆：

> 去宜山调查时，我、老周和农委的一个同志在宜山县调查了县乡领导，村公所干部和村委会干部与村民，调查后我们起草了撤所改委的报告，赵富林没有批示，刘明祖的意思是只搞一个县没有说服力。②

不过，调查后撰写的相关报告指出了村公所体制产生的背景以及面临的问题，并得出一些结论。③

---

① 调研点：广西壮族自治区民政厅，受访者编号：XY20000322ZYT，受访时间：2000年3月22日，调研员：徐勇。
② 调研点：广西壮族自治区民政厅，受访者编号：XY20000326WYH，受访时间：2000年3月26日，调研员：徐勇。
③ 广西壮族自治区党委农村政策研究室与民政厅联合工作组：《关于对宜山县村级组织建设的调查情况和意见》，1992年7月12日。

第六章 改革开放以来国家化、地方性与村民自治发展

一是广西建立村公所是在人民公社解体后，广大农民，尤其是基层干部对发扬民主，实行"村民自治"还不够理解，村级管理工作出现暂时困难，一些领导干部留恋于过去的管理办法和手段，主张强化基层干部权威，强化行政手段，用"回归"的办法来"管"和"治"的情况下产生和建立的。

二是从实践中证明村公所这个行政组织有以下问题：强化了村公所，淡化了村委会，使没有法律地位的村公所得到加强，而有法律地位的村委会反受到削弱，不利于以法治国、以法治村。村公所强化了行政职能，削弱了群众民主自治和为群众服务功能，一些村公所干部考虑对上级负责的多，对如何推进民主政治，调动广大农民的积极性，如何为农民服务考虑得少，不利于加强党和群众的密切联系，改变干部的作风。村公所名为乡镇派出机构，但干部"两不像"。县人大党组书记梁汉杰说：村公所干部既不像国家干部，又不像国家职工。村公所干部没有专门机构管理，对干部的使用、升降、报酬、奖惩，没有一套完整的管理制度，影响了村干部的积极性。村公所干部是聘任制，不是由群众选举产生，不利于基层民主政治建设，使干部队伍老化，缺乏活力和监督机制。① 基层政权处韦永华认为：

> 村公所完成政府行政任务时比较得力，村公所干部工作作风粗暴，老百姓反应强烈。象州县一个人大代表对村公所的合法性提出疑问，认为村公所不合法，民政厅没有贯彻落实《村组法》。马山县一村民来信，村公所干部没有任期，只要他们和乡镇搞好关系，他们就可以当到死，那我们就没有机会了。在宜州调研的时候，群众说搞村公所我们一开始就想不通，村公所是国民党时期搞的，我们是共产党领导，叫村公所不合适。②

三是近几年来，在农村设立的村组织较多，这些村组织由于职责不明，概念不清，农民群众难以理解和接受，他们用打油诗给村组织写对

---

① 周瑜泰：《关于广西试行村公所的思考》，《改革与战略》1993年第5期。
② 调研点：广西壮族自治区民政厅，受访者编号：XY20000326WYH，受访时间：2000年3月26日，调研员：徐勇。

国家化、地方性与村民自治

联，上联是：村公所、村委会、村民小组，村村村。下联是：经联总社、经联社、合作社，社社社。横批：概念不清。直到今天，农民还搞不清村公所、村委会、合作社、经联社，与原来的生产大队、生产队究竟有什么区别。对各种村组织的干部不懂称村长、主任还是社长？大部分群众还是干脆叫队长。

四是群众对在自然村建立村委会也反应冷淡，他们认为一个村有村公所、有村委会、干部多、报酬多，农民负担重；还担心村组织多了，办事烦琐、麻烦。因此，他们对上面要求在自然村建立村委会，有的采取村干部多兼一个职的办法来应付，有的村委会干部愿意当，就用抽签的办法轮流坐庄，有的村委会干部已抽签安排到2000年。当时参与宜山调研的周瑜泰后来认为：

> 由于村干部报酬没有落实，村干部不安心工作，村部大门一锁，公章随身带，农民找他们办事也找不到人，有群众在门上写打油诗："几次来几次空，不见官员在府中"，干部回来后也写："你再来还是空，因为官员肚子空。"[①]

此后，民政厅组织了第二次调查和第三次调查，韦永华回忆：

> 我们又调查了陆川、平果等，调查之后，当时基层政权处的处长说村公所搞得好好的，没有必要撤销。为了得到赞同村公所的领导和统一，我们搞了一个折中的方案，把小村委会撤销，放到村公所一级，一套班子两块牌子。在自治区党委研究后，刘明祖电话告诉我们，这几个县不能反映整个广西的情况，没有说服力，后来又打电话说，你们再搞一次调查，这样我们就下发了文件，要求每个地市选择两至三个县市区调查，同时我们也下去调查，还征求了区人大主任、副主任、组织部、政研室、编委等区直部门的意见。基层还是有一些反对意见，我们就引导他们，通过选举可以把一些不合适的干部撤

---

① 调研点：广西壮族自治区民政厅，受访者编号：XY20000322ZYT，受访时间：2000年3月22日，调研员：徐勇。

第六章 改革开放以来国家化、地方性与村民自治发展

掉,而在以前一些村公所干部干了很长时间,又没有什么错误,乡镇如果把他们换掉,就会遭到他们的反对,而通过选举则可以顺利解决这个问题。①

从当时的政治环境来看,撤销村公所仍然面临着巨大的行政压力,广西各地乃至自治区党委政府等都难以统一意见,直到1993年,直接来自中央文件的行政压力成为推动撤所改委的重要原因。1993年中央7号文件《关于党政机构改革的方案》明确提出:"为减少管理层次,乡镇不再设置派出机构村公所"成为这一行动的推力。为了贯彻中央文件精神,自治区委托民政厅初步拟定《关于撤销村公所改设村委会的意见》,之后民政厅组织工作组到玉林、柳州、百色、钦州、河池等地和部分市县乡领导座谈,由基层政权处韦永华执笔,撰写了《自治区民政厅关于撤销村公所改设村民委员会的调查报告》,调查报告集中反映了两种意见:一种认为应当撤销村公所,持这种意见的是大多数,理由是村公所是广西的"特产",应该撤销,撤销村公所,一是符合中央文件精神,为减少管理层次,减轻群众负担,利国利民,群众拥护;二是和全国农村的基层组织保持统一,便于学习借鉴外省区的经验;三是撤销村公所,改设村民委员会,实行民主选举,有利于加强农村社会主义民主政治建设。另一种意见是维持现在不变,有利于维持村干部稳定,如果撤销村公所改设村民委员会,那些敢抓计划生育工作的好干部可能选不上,今后计划生育工作更不好抓。广西壮族自治区民政厅的意见是"权衡利弊,还是应该撤销村公所,改设村委员会",具体理由:一是符合宪法规定和中共中央有关要求;二是有利于加强村民委员会建设,它能使农村基层党组织、村委会、经联总社三位一体,并有共青团、妇联、民兵等组织的配合,能形成整体合力,共同做好工作,发展农村生产力;三是有利于减少管理层次,减轻群众负担,便于乡镇政府加强对村民委员会的指导;四是有利于发展集体经济和村办企业,办理公共事务和公益事业,便于调处民事纠纷,确保社会安定;五是便于实行民主选举、民主管理、民主决策和民主监督,有利于开展村民自

---

① 调研点:广西壮族自治区民政厅,受访者编号:XY20000326WYH,受访时间:2000年3月26日,调研员:徐勇。

治，促进农村的两个文明建设。①

这个报告于1994年1月21日提交给自治区党委副书记和人大常委会主任刘明祖。鉴于意见不统一、分歧较大，指示民政部门再进行一次广泛深入的实地调查，在这次实地调查中，有36个县（市）四大班子领导，42个乡镇领导共计233人接受访谈，其中省级领导3人，地厅级18人，县处级91人，乡镇干部121人。第一个问题是是否要撤销村公所，215位被访者主张撤销村公所，占比为92.3%，其中，省级3人，地厅级17人，县处级86人，乡镇干部109人，分别占同级别被访人数的100%、94.4%、94.5%和90%。他们的主要理由是撤销村公所符合1993年中央7号文件精神，与全国其他地方的做法统一；村公所与村委会属于重叠机构，村委会难以行使权力；村公所没有法律依据，不伦不类；等等。主张维持现状不变的有18人，占比为7.7%，其中，地厅级1人，县处级5人，乡镇干部12人。虽然大部分受访干部都主张撤销村公所，但是从省到乡镇各级别的干部来看，乡镇干部持保留意见的有一定比例，他们的担心村干部队伍不稳定，怕那些敢抓计划生育工作的干部选不上。第二个问题是如何改设村委会，玉林、桂林、柳州、百色、河池等地由于原来村公所在生产大队基础上经历过调整，规模比较适度，同时也形成了一定的集体经济，所以主张直接将村公所改为村委会；南宁和北海原则上统一村公所直接改为村委会，同时也提出对现有的管辖范围大、人口多、集体经济强的村委会予以保留；南宁钦州和梧州等地部分县市在建立村公所的时候是以生产大队为基础，所以生产大队还是村公所改设村委会影响不大。第三个问题是如何设置村民小组，部分干部同意现在村委会改为村民小组，或者主张村民小组与经济合作社（生产队）结合起来，便于管理和发展生产，解决小组长工资补贴，减轻农民负担。另一种意见认为村民小组由地市自行决定。② 2月2日，刘明祖批示：同意民政厅的报告，撤销村公所，原则上以原村公所改建村委会，具体由各县实事求是地进行。自治区党委书记赵富林接着批示：民政厅协助各地区，尽快搞一个试点，然后交流经

---

① 广西壮族自治区民政厅：《关于撤销村公所改设村民委员会的调查报告》，1994年1月21日。

② 广西壮族自治区民政厅：《关于撤销村公所改设村民委员会的调查报告》，1994年1月21日。

第六章 改革开放以来国家化、地方性与村民自治发展

验并全面铺开,其余均同意。

为了多方听取意见,进一步统一思想,积极稳妥地推动工作,自治区党委好几个地市书记、专员、市长、组织部长、民政局长等到南宁开会,专门讨论村公所与村委会的问题。与之前调查的情况一样,自治区领导和地市领导们依然有两种声音。村公所派认为村委会不听话,对一些政策执行不利,工作不好开展,而村公所是政府派出机构,有利于政府工作。村委会派则认为村公所是国民党政府时期那一套,"开历史倒车",村公所什么都听上级的,不管是对的,还是错的,都要执行,而村委会能顶住长官意志,避免瞎指挥。

既然意见不统一,那就用实践来检验。1994年6月,根据自治区党委书记赵富林的试点建议,民政厅责成韦永华率领工作组到武鸣县搞撤所建委的试点,在县委县政府的支持下,试点取得了成功。武鸣县双桥镇杨李村李健明对比撤所改委后的变化,他认为:

> 1984年成立村委会是由上级安排的,后来村公所就是换个牌子,改个名称,干部没有动,还是由乡镇任命。撤所改委的变化是1994年村干部由村民代表选举,1999年由村民直接选举,村里的决定重大事情都提交给村民代表讨论决定,不是以前那样由几个村干部决定。村民小组长的产生也是由村民投票选举,以前生产队的干部是由大队指定。民主监督方面有改善,设置了村务公开栏,计划生育等特别是财务方面开始公开,并成立财务审查小组,制定村规民约等。①

1994年11月,自治区党委副书记马庆生受赵富林书记委托,对武鸣县撤改工作进行考察,所得到的结论是支持撤所改委。经过自治区党委常委会议研究,撤所改委在全自治区全面推开。

根据当时基层政权处韦永华的回忆:

> 自治区领导批示后,我们就选择武鸣县搞试点,武鸣县大体按照

---

① 调研点:广西武鸣县双桥镇杨李村,受访者编号:XY20000327LJM,受访时间:2000年3月27日,调研员:徐勇。

我们的意见撤所建委，两个月后试点成功，9月份全国村级组织建设工作会议在北京召开，自治区领导参加了会议，当时云南、广东的领导就说你们不搞村公所，我们还是要保留村公所和管理区，这样自治区领导批评了民政厅厅长。11月14日，自治区党委扩大会议上，讨论要不要撤所建委，一种意见是村公所搞了六七年，工作完成的挺好的，广西的农村也很稳定，为什么要折腾，撤所建委把农村搞乱了，谁来负责。另一种意见认为村公所虽然取得了一定成绩，但是村公所干部工作粗暴，群众意见很大，再者当时设村公所的时，《村组法》没有通过，现在有法律了，不按法律办，恐怕不好。11月22日召开各地市书记、组织部长、民政局长等讨论，会上，有人认为村公所搞得很好，就不要撤了，把村公所和村委会都建设好。赵富林让马宝生副书记兼组织部长到武鸣县看一看试点的情况，县里面说，撤所建委搞得很好，农村也没有乱，又到两个村里看，问以前是村公所干部，现在当选村委会干部选举好不好，村干部说：我们现在说话腰杆子都硬了，以前说我们是和乡镇搞关系，现在是你们选的我，说明我在村里是有威信的，有什么大事情，通过村民代表会议讨论，工作也好做多了。后又调查了村民，村民也说村委会好，后来自治区领导都去看了点。①

各地撤所改委的具体办法是：先将村公所撤销，然后组织村民民主选举，产生村民委员会。具体选举办法有三种：一是选民较少，村民民主意识强，居住相对集中，便于组织选举的村，进行直接选举；二是对那些比较大的村，或居住分散，交通不便，选民难以集中的村，以村民小组为单位推荐代表进行选举；三是介于前面两种情况之间的村，则召开户代表会议进行选举。至于个别宗族派性严重、长期呼吁瘫痪状态或特别贫困、一时难以产生合适的干部人选的村，则由乡镇党委、政府派人去担任村委会干部，经过一段时间的整顿和培养，村里能产生新的得力骨干，条件成熟时再进行选举。②

---

① 调研点：广西壮族自治区民政厅，受访者编号：XY20000326WYH，受访时间：2000年3月26日，调研员：徐勇。
② 罗平汉：《村民自治史》，福建人民出版社2006年版，第196—198页。

然而，最早建立村公所的柳州地区在1995年1月18日向自治区提交《关于柳州地区暂不开展将村公所改为村民委试点工作的请示》（柳地报〔1995〕1号文件），鉴于柳州地区的实际情况，暂不改设村委会的要求。自治区党委将柳州地区的请示转发给民政厅，民政厅在2月6日向自治区党委回复意见，认为撤所改委是长期调查论证、试点和慎重研究后的决策，是自治区的统一部署，同时督促柳州地区尽快启动撤改工作。在过后的一年多时间里，柳州地区的撤改工作并未取得进展。

> 1995年9月18日，自治区开会部署撤所建委，年底除了柳州地区外其他地方都搞完了。当时柳州地区给自治区党委政府写了一个报告，要求保留村公所，我们也起草了一个报告，不同意柳州地区例外，自治区对两个报告都没有表态，当时柳州地委书记开了地委会，与会者举手表态赞成村公所，这样柳州地委一致通过保留村公所，直到原地委书记调任后，柳州地区才开始撤所建委。①

到1996年，来自上面的压力使得柳州地区将村公所撤销，广西全面建立和恢复了村民委员会。全区共建立村委会14672个，选举产生村干部7.78万人，精简村干部26.4万人，减轻农民负担1亿多元。撤所改委时，宜州市抽调187名公务员组成工作队下乡指导，至1995年，全市207个村公所（街道）改为211个村（居）民委员会。

关于对柳州地区暂不开展村公所改为村委会
试点工作的请示的意见

自治区党委：

柳州地委〔1995〕1号文件《关于柳州地区暂不开展村公所改为村委会试点工作的请示》已抄送我厅收悉。

我们认为，自治区1994年12月决定在全区进行村公所改为村委

---

① 调研点：广西壮族自治区民政厅，受访者编号：XY20000326WYH，受访时间：2000年3月26日，调研员：徐勇。

会的改革试点，是贯彻落实党中央〔1993〕7号文件关于"为减少管理层次，乡镇不再设置派出机构村公所"的指示以及党的十四届四中全会精神，理顺我区村级组织关系，加强基层民主与法制建设，促进农村稳定、发展的重大举措，是经过长期论证、试点和慎重研究后作出的重大决策。全区都应该按照自治区党委的统一部署，认真抓好试点。建议自治区党委速复柳州地委行署，按照中共中央召开的全国农村基层组织建设工作会议精神，建设好以党支部为核心的村级组织，抓住当前有利时机，下决心抓好村公所改为村委会的改革试点工作，认真总结经验，为全面铺开作好准备，以促进柳州地区的稳定、发展和全面进步。

广西壮族自治区民政厅
一九九五年二月六日

等广西撤所改委，回到1987年村民委员会起点的时候，明显落后于全国形势，《村组法》实施办法并未制定，村民自治示范活动也没有出台相关文件，为此，广西的村民自治示范活动要晚于全国的步伐，在撤所改委后，围绕加强村委会建设，广西民政厅开展为期3年的基层组织整顿与建设计划，到1997年全自治区进行县乡村三级的验收检查工作，检查各县乡村是否按照自治区工作规划和计划，落实相关基层组织建设要求。不过，在1996年11月12日才正式印发《广西壮族自治区村民自治示范检查验收办法》，提出在2000年前，每个地市建成一个村民自治示范县市，每个县市建成一个村民自治示范乡镇，每个乡镇建成一个村民自治示范村。具体的工作任务用评级打分的方式进行，从地市、县市、乡镇直到村庄，每一个层级都有若干评分指标。在村一级的指标最为细致，涉及民主选举、民主决策、民主管理、民主监督、经济建设及公益事业、社会治安、完成国家任务等7大项28小项，乡镇一级的指标主要是对下辖村委会组织和制度建设、换届选举、村务管理、工作指导以及村庄达标率等5项，县市区的指标是领导重视、工作落实和乡镇达标率等3项。同时，规定奖励办法，通过验收评比，对合格者表彰和奖励。通过这种方式，逐步将示范工作转化为压力型指标，逐级签订责任状，形成一种政治承包制度。在压力型的体制下，完成示范任务的压力相应向下传导，越往基层，规定越细,压力越大。在短时间内,这种压力型的示范推动对于村民自治建章立制而言具有显著的作用。到 1998 年底,广西共建有村民自治示范县(市、区)19 个,示范乡镇 87 个,示范村 1362 个。当时主持村民自治示范工作的韦永华回忆:

> 我们人手有限,只能通过抓典型,很有成效,用试点说服领导、干部和群众,这样就好推进,村民自治示范在武鸣抓点,村务公开在贵港市港南区、直接选举在玉林地区玉州区、乡镇政务公开在兴业县等抓点。有些县市民政局干部说基层政权部门没有钱,工作难以开展。你说基层政权建设没有计划生育难,工作要由我们积极主动去开展,我们是原动力,积极主动,争取领导支持,我们都是满负荷工作,双休日经常加班,我们推动基层政权工作,老百姓最欢迎。如果我们不积极主动工作,没有人会找我们,在中国民主除了群众自己争取外,也需要我们去推动各级领导干部尊重农民的民主权利,此外,农民的民主意识也需要有一个培养提高的过程,搞基层政权工作,我们有自豪感。①

(二) 民主选举

基层民主建设的第一要义是确定官员的任期,并在任期届满时进行及时换届选举。这种换届选举,是对于中国农村传统政治结构的根本性改造,也是中国基层民主化的基本推动力量。② 1995 年 2 月,民政部在《关于进一步加强村委会建设工作的通知》中指出:一定要把村委会直接选举制度作为重点继续抓好。在社会主义基层民主建设中,民主选举成为标志性工作。人们普遍认为:"选举是民主的本质,公开、自由和公平的选举是民主的实质,而且是不可或缺的必要条件。"③ 为此,村级民主选举触及公共权力来源问题——领导者的合法权利只能来自民众的授权和认可,而

---

① 调研点:广西壮族自治区民政厅,受访者编号:XY20000326WYH,受访时间:2000 年 3 月 26 日,调研员:徐勇。
② 王振耀、白钢、王仲田主编:《中国村民自治前沿》,中国社会科学出版社 2000 年版,第 74 页。
③ [美] 塞缪尔·亨廷顿:《第三波——20 世纪后期的民主化浪潮》,刘军宁译,上海三联书店 1998 年版,第 6、8 页。

国家化、地方性与村民自治

这正是一切政治民主的真正起点。① 为此，村民自治示范重点是村委会换届选举。对于村干部来说，群众的投票选举是一种信任，由此形成一种压力，如果工作没有做好，就可能被群众选下去，自己也心服口服，在撤所建委之前，村干部做了很多工作，但是有一个地方做得不好，就有可能被乡镇撤掉，而村民选举可以建立村干部与村民之间稳定的信任与支持关系。《宜州市撤销村公所改设村委会选举办法》中规定：村委会主任、副主任、委员，可由村民直接投票选举产生，也可以由村民代表会议选举产生。村委会实行差额选举，主任、副主任候选人人数应选名额多一人，如主任候选人提名只有一名时，也可实行等额选举，委员的候选人人数应比应选名额多一至两人，正式候选人名单确定后，应当在选举前两日按姓氏笔画顺序公布。村选举领导小组应当向选民介绍候选人的情况，选民和候选人也可以在村民小组会议或村民代表会议介绍候选人情况。

撤所改委之后，合寨村所在的屏南乡对6个原有村委会干部进行调整，1/3的村公所村长落选，1/3的村公所妇女主任落选，受村委会职数限制，全部团支书落选。合寨村主要村干部重新当选，由村民代表选举蒙国平为第五届村民委员会主任，蒙国总、韦焕能为副主任，韦春利为委员兼文书。根据韦春利回忆：

> 上面来指定，也会来村里征求群众和老干部的意见，给了候选人名单，我们代表来选举。②

在原始档案里的一些政府文件称其为第一届村民委员会换届选举，后来为了与村民自治第一村的历史渊源相接续，将之前两届村委会和两届村公所也算在内，于是1994年的村委会换届便是第五届村民委员会。显然，这届村委会班子主要是过渡性质的，蒙国平在村公所时期是支部书记，现在由他兼任村委会主任，能够实现平稳过渡。整个村民委员会只是把合寨村公所牌子换为合寨村民委员会。

---

① 项继权：《中国乡村的"草根民主"》，载吴重庆、贺雪峰主编《直选与自治——当代中国农村政治生活》，羊城晚报出版社2003年版，第37页。

② 调研点：广西河池市宜州市屏南乡合寨村新村屯，受访者编号：RL20140813WCL，受访时间：2014年8月13日，调研员：任路。

第六章 改革开放以来国家化、地方性与村民自治发展

当时的换届选举也相对比较简单，主要目标是重新建立村民委员会。上面来指定，也会来村里征求群众和老干部的意见，给了候选人名单，我们代表来选举。①

原来村公所的一些老干部撤所建委后也相继离任，根据群众和老干部的建议，韦焕能再次进入合寨村委会，新近加入村委会的新人是蒙国总，之前，他管理合寨唯一的集体经济即合寨林场，根据他本人的自述，他是一步步走进村委会班子，与选举途径不同，村干部的上升途径和培养路径更多是渐进路的，上一届村干部着眼于培养下一届班子成员，同时将合适的村民吸收到村委会班子中，见表6-6。根据时任村委会主任的蒙国总口述：

我生产队的时候当保管员，1964年当会计，四清运动查账没问题，1971年至1979年当生产队指导员，到1980年就没有了，1990年到合寨林场当护林员，1994年全村开会，通知企业单位（林场）去参会，村民代表个个都提，同意国总参加村委会班子，村民代表认为我工作好，来参加村委会班子好。②

表6-6 1994年屏南乡撤社改委后职数和村公所干部当选情况基本数据

单位	职数	主任	副主任	委员	村公所支书	村长	副村长	妇女主任	团支书	备注
合寨	5	1	3	1	当选	当选	当选	当选	落选	
果立	4	1	2	1	当选	当选	当选	当选	落选	
北角	4	1	2	1						新设
屏南	5	1	3	1	当选	当选	当选	当选	落选	
板纳	5	1	3	1	当选	落选	当选	落选	落选	
新兴	4	1	2	1	当选	落选	当选	落选	落选	
肯山	5	1	3	1	当选	当选	当选	当选	落选	

① 调研点：广西河池市宜州市屏南乡合寨村新村屯，受访者编号：RL20140813WCL，受访时间：2014年8月13日，调研员：任路。
② 调研点：广西河池市宜州市屏南乡合寨村果地屯，受访者编号：RL20140809MGZ，受访时间：2014年8月9日，调研员：任路。

蒙国总在副主任位子上并没有待多久，之后发生的一个事件彻底改变了撤所改委后的村庄权力安排。在撤所改委的前一年，当时的村公所党支部书记蒙国平私下里将集体林场的款项投资米食加工厂，后来因为经营不善倒闭，被村里的查账小组发现，对于一个没有多少集体收入的村庄来说，村民们把集体经济看得很重。虽然当时村民议论纷纷，但是并没有召开村民会议撤换蒙国平。不过，当任期届满时，1999年第六届村委会换届选举中他没能进入候选人名单，与他同属于龙寨片的村委会副主任韦春利也受到村民的质疑，因为他作为委员，没有及时阻止，也被村民选了下去。

蒙国平的离任并没有轻易终结此事，直到2000年7月14日，他才将党支部的权力交接给新任的村委会主任蒙国总。当年的一份会议记录再现了乡镇与村内各方对此事的态度。合寨所在的屏南乡党委和政府主要干部悉数到场，包括乡党委书记、乡长、乡人大主席、挂点副乡长以及乡纪委委员等。

挂点合寨的副乡长首先发言，并没有谈多久，只是在最后强调干部要团结工作，同时村务财务一定要公开，因为副乡长与蒙国平共事一段时间，不好做太多的评价，随后由乡纪委书记接过话。村委会工作十几年，兢兢业业工作，任劳任怨，在各项工作上都取得很好的成绩，群众满意，领导满意，现在自己年纪高了，退居二线，是本人的意愿，但人离心不离，对以后村委会的各项工作，希望一如既往的关心和照顾。显然，乡纪委委员肯定蒙国平的工作，点明离任是自愿，同时希望他继续支持和关注村委会的工作。接替蒙国平的新任党支部书记兼村委会主任蒙国总发言与乡干部有所不同，前面主要是接着乡干部的话来说。原党支书退休了，但是兄弟感情依然如故，如火如荼，要求党支书回去之后，更关心村委会的日常工作，今后遇到的事情仍然征求党支书的意见，做好各方面的工作。随后说到自己以及整个合寨村委会干部的新老交替问题，只是继续前面的说法。我的年纪也不低了，希望寄托于新一代年轻人身上，老前辈作年轻人的后盾，各项工作大力支持，为合寨以后的发展有一分力要发一分光，把工作做好！最后才说到他最想说的话，即蒙国平离任的真正原因。关于退休的事情之后，党支书应该做的移交工作，至于财务也要弄清白，给村民一个交代。新任村委会副主任韦向生试图将蒙国总的话引导回原来的话

第六章 改革开放以来国家化、地方性与村民自治发展

题。对老党同志退休感到遗憾,这是我们党支部的问题,失掉了得力的助手和参谋。回去之后,希望要关心村委会的工作,多提出宝贵的意见。轮到当事人蒙国平讲话,他避免谈财务的事情,而是感谢来自村和乡的支持,以及谦虚称自己没能圆满完成上级任务等。今年政府、党委很重视,今年以来得到村干部的支持,我们工作各方面都取得了成绩,在此表示感谢,由于本人年纪已高,打报告,现予以批准退休还乡,前几年的工作由于水平有限,上级党委的任务不能圆满完成。此时,挂点的副乡长插话,支持蒙国平的发言。班子之间要搞好团结,完成上级布置的各项任务。至于党支部移交问题,待过几日再移交。希望你们几位干部要同心协力,把各项工作做好。乡人大主席积极评价上届村委会的工作,提出要尊重老一辈干部。支书在我们村委会取得有声有色的时候,退居二线是有始有终的君子,合寨村是极不平常的,由老一届的领导到蒙支书这届,一届一届的领导都立下丰功伟绩,给新一届打下了坚实的基础。今天获得了中国第一村的光荣称号,这与老一辈的努力是分不开的,现在支书已经退居二线,新的支书应该考虑到底如何做好工作,如何在新一届基础上发扬光大。乡长的谈话在肯定的前一届村委会的同时,侧重于对新一届村委会的期待。新一届需要老一辈的支持,新一届也要时刻接受老同志的经验,取长补短。年轻化是领导的决定因素,也是社会发展的趋势。老同志留下了自己脚印,留下了辛勤的汗水,为村民办了许多实事。基础是关键,没有好的基础想上新台阶是不可能的,是空中楼阁。我们面临着许多机遇,中国第一村是很好的机遇,要打出第一村的品牌战略,是靠这新一代的年轻人,乡上给了新一届很大的希望,希望寄托在新一代的身上。抓住机遇,迎接挑战,新一届要发扬前一届的光荣传统,争取更大的光荣。会议最后由乡党委书记做总结发言,将蒙国平的离任上升到共产党优秀党员的标准,寄希望于合寨未来的发展。从合寨村的变化等方方面面都离不开原来的班子,中国第一个村委会的取得是前一届努力分不开的,合寨村每个自然屯户户用上自来水。老党主动让贤,让给新一届年轻人担任领导,这崇高的举动,是共产党员最崇高的表现。对新支委的要求和希望,发展党员要按步骤进行,要求我们整理好材料,认为村委会班子是群众直选上来的。中国第一村是一个无形的资产,要充分利用这个无形的资产,对第一村充满了希望。

国家化、地方性与村民自治

此后，蒙国平再也没有机会进入村庄公共视野，一般离任的村委会干部都可能担任查账小组或者村民代表在村庄公共事务中贡献余热。蒙国平事件至今是村干部不愿提及的，它时刻提醒着合寨的村干部要对村民负责。任命干部的方式不取决于乡镇的认可，还需要村民的同意，如果村民不信任村干部，村民就能够通过选举的方式让干部下台，最终为村庄公共舆论所排斥。这件事情也对乡镇政府产生了影响，让他们认识到村干部必须获得村民的认可，必须经过村民的选举赋予其合法性。

进入年末，广西第六届村民委员会换届选举也拉开帷幕，这是1995年完成撤所改委后，新一届村民委员会换届选举，对选举组织工作进行了妥善的安排，明确了选民登记条件、候选人提名、差额选举和自荐初步候选人、秘密写票等内容，还有对村民代表会议的要求，以及选举经费的拨付。1999年民政厅以电报的方式紧急下发了《关于严把村委会候选人质量关的通知》，对违法违纪、拖欠集体款、不缴纳三提五统、打架斗殴赌博搞迷信、违反计划生育等人在一定年限内不宜提名为候选人。在这件事后，河池乃至整个广西正在开展村民自治示范活动，其中的标准性举措就是规范村民委员会换届选举。根据1999年10月10日宜州市第二届村委会换届选举工作领导小组办公室，全市选民人数346010人，本届选民344457人，参选选民329058人，参选率95.53%，选举村委会成员826人，其中，村主任208人，副主任356人，委员262人，连选连任480人，占58.1%，新当选346人，占41.9%，党员551人，占66.7%，选出村民代表7288人，村民小组长3216人。①

合寨村在乡镇政府的指导下，按照上级政府下放的选举办法模板，制订了合寨村选举办法和选举实施方案，如果从制度的规范性来衡量的话，这是合寨村历史上第一次正式规范的"村庄选举"。在这次换届选举过程中，确立了几个关键性的原则。

一是村民直接提名原则，即换届选举的初步候选人，均由选民直接投票提名产生。以往村委会换届选举的候选人大都沿袭从前的内部协商机制，由在任的两委干部以及老干部、老党员等提名，或者以村民小组为单位进行推荐，后来按照选举办法加入村民直接提名，初步候选人的范围扩

---

① 《宜州市第二届村民委员会换届选举工作总结》，1999年10月10日。

大数倍,一些有志于竞选村委会干部又缺少干部履职经历的年轻人或者普通村民都能够进入初步候选人名单,都有机会角逐村委会干部之位,打破以前相对封闭的初步候选人产生方式,吸引更多的优秀人才加入村委会,也增加了村民选择村干部候选人的空间。根据第六届合寨村村民选举委员会提交给屏南乡村委会换届选举工作领导小组的初步候选人资格审查报告,合寨村1999年9月10日为止,全村有4195人882户,12个村民小组,选民2929人,根据《广西壮族自治区村民委员会选举办法》,采取10名以上选民联名提名或个人自荐,并由10人以上选民附议的方式提出村委会初步候选人27人,其中,党员7名,占25.9%,妇女2名,占7.4%,初中以上文化程度20名,占74%,40岁以下中青年16名,占59.2%,原村委干部3名,占11.1%,经过对候选人提名方式、候选人条件和群众反映进行核实后,3人不符合候选人资格,最终提交24名初步候选人。之后经过协商合村民代表会议投票表决,确定村委会正式候选人。村主任候选人韦绍能、蒙国总,副主任候选人韦向生、韦焕能、罗炳权,委员候选人罗凤秋、蒙玉妹、蒙振金。

二是差额选举原则,即村委会各项候选人均实行比应选人数多于1人的差额选举。以前村委会换届选举在确定正式候选人阶段实际上已经结束,一般都是等额选举,投票具有仪式性的授权特点,或者排定人员分工而已。差额意味着淘汰,增加了选举中的竞争性,每一个职位至少会有两个人相互竞争,这就将选择的权利给予村民,由广大的村民来决定谁更适合村委会工作,乡镇或者在任村干部中意的候选人不一定能够当选,村民是不确定的多数。第五届村委会换届选举最大特点是总体差额选举,以前差额选举只是在村委会应选人数多一到数名候选人,然后由村民代表从中选出五人,按照得票多少排序产生村民委员会,整体上的村委会成员的变动不大,竞争性较小。第六届村委会换届选举采取分类差额办法,每一个村委会职位都有一至数名候选人,具体有2名主任候选人、3名副主任候选人以及3名委员候选人,之后每一届村委会候选人都是分类差额选举。

三是公开竞选原则,即由初步候选人发表竞选演说。这是以往所没有的新原则,之前都是由选举委员会简要介绍正式候选人的相关情况,并不要求或者并不提倡候选人公开发表演讲或者公开游说村民。竞选演讲能够让村民更加了解候选人的情况,为村民投票提供比较充足的信息,尤其是对于作为普通村民的候选人来说，非常重要。在半熟人社会中，不同自然村的村民之间或许比较陌生，竞选演讲则是选民与候选人加深认识的好机会。此外，候选人在竞选演讲中大多谈治村方略，如何做好公益事业来服务群众，这样有助于村民选出能干事和负责任的村委会干部。第六届村委会候选人蒙国总竞选村委会主任时，谈了自己对修村道、建办公楼、建闭路电视以及解决集体林场等问题的设想，赢得村民的好评，以高出竞选对手 660 票的成绩当选。[①] 根据当场公布的第六届合寨村村委会选举统计结果显示，参加选举人数为 2842 人，投票率 97.1%，其中，有效票 2822 张，弃权票 11 张，废票 9 张。蒙国总得票 1800 张，当选主任，韦向生得票 1973 张，当选副主任，韦焕能得票 1813 张，当选副主任，蒙玉妹得票 1535 张，当选委员，蒙振金得票 2531 张，当选委员。

毕竟，这是合寨村第一次进行大规模的规范选举，在关键性原则下既缺少一些制度规定，又不能保证每一项程序都得到遵守。首先是秘密投票制度，选举办法虽然规定秘密投票原则，受制于条件限制以及村民的习惯，投票容易随大流，或者听从他人安排等。其次是选举大会集中投票，选举办法中规定特殊原因特殊村民可以在各自然屯投票，即流动票箱上门投票，但是合寨村各自然村居住分散，选举大会集中投票变成各流动票箱投票，难以保障投票的公正性。最后是村民按地域归属投票的情况比较明显，如表 6-7 所示，主任和副主任得票集中在下片和中片各自然屯，而上片得票普遍偏低。

表 6-7 　　合寨村村委会当选主任（果地屯）与副主任
（板甘屯和果作屯）选票分布汇总

片区	投票点	应参选票	未参选	实发票数	有效票	弃权票	废票	主任	得票率	副主任	得票率
中片	果地	544	2	542	534	6	2	422	79.03%	629	58.90%
下片	南台	236	4	232	232			218	93.97%	458	98.71%
下片	板甘	108	1	107	107			87	81.31%	192	89.72%
下片	果作	493	11	482	478	4		396	82.85%	603	63.08%

---

① 郭亮:《桂西北村寨治理与法秩序变迁——以合寨村为个案》，博士学位论文，西南政法大学，2011 年。

第六章　改革开放以来国家化、地方性与村民自治发展

续表

片区	投票点	应参选票	未参选	实发票数	有效票	弃权票	废票	主任	得票率	副主任	得票率
下片	果前	117	3	114	114			83	72.81%	131	57.46%
中片	果律	182	16	166	166			130	78.31%	276	83.13%
中片	拉垒	296	2	294	294			269	91.50%	517	87.93%
上片	大村	380	8	372	371		1	135	36.39%	375	50.54%
上片	新村	260	19	241	234	1	6	38	16.24%	286	61.11%
上片	乾朗	188	21	167	167			18	10.78%	177	52.99%
上片	肯塄	125	0	125	125			4	3.20%	142	56.80%
	合计	2929	87	2842	2822	11	9	1800	63.78%	3786	67.08%

在此基础上，2002年广西壮族自治区正式出台《村组法》的实施办法，同年，合寨村进行第七届村委会换届选举，与全国其他地方的做法趋同，换届选举程序进一步规范化，并增加了竞选演说的环节。2002年6月23日上午9时，选举正式开始。主持人首先宣布大会注意事项，介绍候选人，其次候选人韦向生、蒙国总发表竞选演说，韦向生在本届村委会选举讲话如下：

尊敬的各位领导，各位村代表，大家好！

我叫韦向生，现年39岁，高中文化程度，1999年9月由本村村民推荐直接当选为村委会副主任职务，到现在已满三年。如果我当选为村委会主任，我的设想目标是组织具备强有力的特别能战斗的，能依法治村的领导集体，深入贯彻落实"三个代表"重要思想，开展"三级联创"活动，积极推进农村物质文明建设和精神文明建设，从本村实际出发，围绕"财政增长，农民增收"这个目标，认真抓好产业结构调整，如桑蚕、甘蔗、林业、畜牧业等主导产业的同时，注重抓好基础设施建设，特别是村道、巷道、水利渠道硬化建设，形成农林畜牧业，水利和道路一齐抓，文教卫生全面发展的一体化社会服务体系。

具体措施：1. 重视加强农业生产，坚持开展以农田水利为重点的农业基础设施建设，加快对旱田、尾水田的种植结构调整，强化科技

兴农。2. 加强对集体林场的管护工作，依法处理农村"三大纠纷"，合理改造现有林地，保护好绿色银行。3. 在保证畜牧业与林业生态平衡的前提下，重点培养科学养猪……增加农民收入。4. 重点普及义务教育，保证适龄儿童入学，加强对学校周边社会治安管理……确保教育质量。5. 积极发展卫生健康事业……提高医疗服务质量。6. 加强精神文明建设和物质文明建设，民主法制建设，改善村容村貌和环境卫生状况。搞好村组规划，果作—里洞水库路段是我村唯一的出村通道，目前路面难行……村委会庭院破烂等，要解决这一问题关键在资金，在加大集资力度的同时，还要争取上级有关部门的帮助，以战略的眼光做到一步到位，就是资金到位，并依托我村山美水美人和，有丰富的人文景观和美丽的人间传说等旅游资源，打造中国第一村品牌，达到第一村内强素质，外塑形象的目的。7. 坚持村民自治，实行民主决策，重大问题召开村民代表会议讨论决定，完善各种制度，实行有效的民主管理，坚持村务公开，强化财务制度，年终组织理财小组严格清理账务，民主评议村干部，接受群众监督，进一步建立健全各种规章制度，团结奋斗努力拼搏，把我村建设成为富强、民主的社会主义新农村。8. 如果我当选不上，我绝对不气馁，我保证一如既往地关心和支持村委会工作，把各项工作做得更好！

韦向生的竞选演说贴合合寨村的实际，村委会换届演说之后，选民按顺序凭选民证进入投票通道投票。投票结束后，在部分村民代表和选民的监督下公开唱票、计票。至下午4点，计票结果全部完成。全村共有选民3159人，参加投票选举的选民3044人，共发出选票3044张，收回选票2975张，其中有效选票2975张（含弃权票21张），废票0张。当场公布选举结果，韦向生得票率74.92%，成功当选合寨村第七届村委会主任，如表6-8所示。

表6-8　　　　　　合寨村第七届村民委员会选举结果统计

选举职务	正式候选人姓名	得赞成票	反对票数	弃权票数	另选他人姓名	得票数
主任	韦向生	2229	675	21	蒙桂能	4
	蒙国总	668	2236	21	韦天伦	2

续表

选举职务	正式候选人姓名	得赞成票	反对票数	弃权票数	另选他人姓名	得票数
副主任					蒙金球	1
	韦焕能	2343			蒙振强	12
	罗炳权	2130			蒙国总	10
	韦继能	1175			韦天伦	7
					韦绍能	2
					莫云高	2
					蒙桂能	1
					罗云候	7
委员	蒙玉妹	1554	蒙桂能	8		
	罗凤秋	1522	蒙国总	7		
	罗云候	2580				

为了表明兑现竞选承诺，韦向生在换届选举后的村民代表会议上公布了村委会干部任期目标，将之前竞选承诺进一步具体化，并给出具体的时间和任务等。此后在合寨村第八届村民委员会分年度任期目标，主要包括为民办实事和农业产业结构调整，等任期结束的时候，以便村民和村民代表进行审议和监督。

合寨村委会干部三年任期目标

本届村委会在2002年6月到2005年6月任期内实现以下目标：1. 在全村范围内实行产业结构调整，优质米种植占1/3以上，尾水田改种桑园，年纯收入80元/人以上，做好退耕还林工作。2. 每年为村民办实事2件以上，2003年改善村委大院，拆掉旧村委老屋和靠山一排危房8间。2003年尾，砌好村委会围墙，硬化院内建设篮球场和大门。2003年6月投资1500元，修村委会到大村路段1.5公里路面平整，路边排水沟。2004年绿化村委会大院，种植花草等。2005年争上级指标硬化果作、村委会至里洞水库路段3公里路。3. 解决村委会林场与果作的纠纷问题。4. 实行村务公开，每季度公布一次，年终由理财小组清账一次。

在第七届村民委员会换届选举中,屏南乡政府具体指导合寨村换届选举工作,除了前面提到的帮助制定选举办法和实施方案外,屏南乡政府明确提出抓好选举的四个环节,确保选举质量。具体衡量选举质量的标准是选民参选率高、选举成功率高、当选村干部素质高,群众满意、党委与政府满意,称之为"三高两满意"。选民参选率即投票率,为了提高村民投票率,屏南乡政府特意在选举办法规定前期的宣传发动工作,或者通过发放纪念品来吸引村民投票,以及用流动票箱来上门投票等。选举成功率即一次性选举成功率,对于乡镇政府而言,指导村委会换届选举是工作任务,组织一次规范的换届选举需要耗费一定的人财物资源,对入不敷出的乡镇政府和村民委员会意味着较大的资金负担,因此,乡镇政府将选举成功定义在选举次数上面。当选村干部素质高主要通过候选人审查环节对初步候选人的筛选,在村民选举委员会汇总初步候选人后要经过乡镇政府的审查,剔除不符合资格的候选人。群众满意和党委政府满意侧重于党委政府满意,即将党的干部政策、村干部的条件和候选人的素质要求明白地交给群众,引导群众民主协商提名候选人,认真选举村委会干部。由此可见,随着村委会换届选举的规范化,由乡镇政府指定候选人,然后经村民代表小范围投票选举村委会成员的方式已经被村民直接选举所代替,提名候选人和最终选举投票都由村民来决定。同时,乡镇政府从关注村委会成员人选转向规范村委会换届工作,避免直接干预村委会选举,从贯彻落实村民自治法律法规出发,将换届选举程序化和规范化,在村委会选举中保持中立态度,大胆地让村民来选举村委会成员。反过来,规范的换届选举也通过一系列的制度设计规避乡镇政府或者其他外部的干扰,从而将选举权交予村民,让选举回归村庄。一般认为,影响一个地区村民选举的最为直接、重要的因素就是当地政府的态度和行为。① 当然,如果不规范进行村委会换届选举,有可能引起农民的上访,甚至发展成为社会不稳定因素。贺雪峰等认为:"针对上级部门特别是乡镇行政和村支部的上访构成了当前农民上访的主流。具体在村委会选举中,未颁布《村民委员会组织法》前,没有农民会上访要求上级赋予自己的选举权利,而在试行法颁布

---

① 肖唐镖:《中国乡村中的选举:江西省40个村委会选举的一项综合调查》,《战略与管理》2001年第5期。

第六章　改革开放以来国家化、地方性与村民自治发展

实施后，因为某些条款的规定不甚明确，乡镇行政搞'指选''派选'有了可能，在某种特定情况下，村民会认为乡镇行政的行为违法了，并为落实自己的权利要求而上访。"① 在1999年至2002年连续两届的村委会换届选举中，宜州市人大共收到17件22人次的群众来信，并转民政局进行调查和处理，主要是乡镇干预选举、选举程序不规范以及妨碍选举等问题，最后都需要乡镇作出相应的解释，不得不承受来自上级政府的行政压力，与之相对应的是农民对于选举权利的重视所形成的民意压力，如表6-9所示。

表6-9　　　1999—2002年宜州市人大转民政局处理的村委会换届选举群众来信

时间	村庄	来信事由	处理结果
1999年6月	庆远镇龙塘村	超额填写选票，私藏选票，妨碍投票，扰乱选举秩序	宜州市人大人民群众来信，转民政局调查，乡镇换届选举工作领导小组向市换届选举领导小组请示严格处理妨碍选举的人员，并进行重新选举
1999年10月	洛西镇妙调村	个人伪造联民推荐候选人名单，要求免除候选人资格	宜州市人大人民群众来信，转民政局调查
1999年10月	禅贝乡古龙村	乡政府干预选举，选民登记不全，多余选票，计票不公开等	宜州市人大人民群众来信，转民政局调查
1999年9月	矮山乡岭坪村	乡镇干部指定名单，干涉村委会选举，原村委会干部不作为等	宜州市人大人民群众来信，转民政局调查
1999年9月	龙头乡高明村	当选村委会主任不符合条件	宜州市人大人民群众来信，转民政局调查
1999年9月	太平镇三兴村	计票时取走选票，虚报选票	宜州市人大人民群众来信，转民政局调查
1999年10月	北牙乡北牙村	村民对村财务不公开有意见，部分村民未参加选举	民政局调查后重新进行选举

---

①　贺雪峰、仝志辉：《民主如何进入乡村社会》，《社会科学研究》2002年第2期。

续表

时间	村庄	来信事由	处理结果
2002年6月	德胜镇楞底村	当事人竞选，副主任票和委员票合计当选委员，之后乡镇通知重新选举	宜州市人大人民群众来信，转民政局调查
2002年6月	洛西镇枫木村	未公开计票，拉票，非法代投票，指定候选人，乡镇干预村委会选举	宜州市人大人民群众来信，转民政局调查
2002年6月	太平镇三兴村	副主任和委员候选人未过半，村民怀疑选票作弊，一自然村部分村民闭门拒绝补选投票	宜州市人大人民群众来信，转民政局调查
2002年6月	安马乡北关村	选举不按照程序进行，未选举村民代表，一自然屯非村民代表参加正式候选人投票，村民要求重新选举	宜州市人大人民群众来信，转民政局调查，乡镇政府换届选举工作小组调查后确认存在一些不规范的地方，但不同意重新选举
2002年7月	北山镇怀道村	未召开群众会便指定村民代表，亲属拉票，串联投票，投票不过半，私填选票，未当众计票等情况	宜州市人大人民群众来信，转民政局调查，乡镇换届选举工作小组调查后认为选举合法
2002年7月	矮山乡宜畔村	个别投票站不按规定选举，一名候选人竞选两个职位，部分选票漏计票，补选委员时未当天计票和宣布选举结果、拉票、临时提名候选人	宜州市人大人民群众来信，转民政局调查，乡镇换届选举工作小组调查确认私下开启票箱、拉票、临时提名缺额委员的候选人等不合法，漏计选票不规范等，选举补选是否有效，请上级部门明示
2002年7月	怀远镇叶茂村	选举舞弊，不进行选举宣传，提名候选人方式不规范，村委会代替选举委员会主持工作，选票不过半当选，乡镇干部干涉选举候选人，非差额选举	宜州市人大接到人民群众来信，转民政局调查，乡镇换届选举工作小组调查

续表

时间	村庄	来信事由	处理结果
2002年7月	石别镇石别村	副主任竞选期间诽谤造谣打击竞争对手	宜州市人大人民群众来信,转民政局调查,乡镇换届选举工作小组调查无此行为
2002年7—8月	石别镇拉弄村	副主任得票未过半,乡镇负责换届选举工作人员宣布当选,部分村民反映未收到选票	宜州市人大人民群众来信,转民政局调查,乡镇换届选举工作小组调查
2002年7月	洛西镇妙调村	候选人排序不规范,撕毁选票,诽谤候选人	宜州市人大人民群众来信,转民政局调查,乡镇换届选举工作小组调查

(三) 民主管理

如果说村民自治章程更多体现了国家重新组织基础社会的意图的话,那么,村规民约就较多地体现了农村基层社会的差异性、自主性。[①] 村民自治章程和村规民约的整合功能主要取决于它能否上合"国法",下合"民意"。从村民自治的一般属性看,村民自治章程和村规民约都应该是村民自我制定的,具有民间性。但是,在相当长时间,村民自治章程和村规民约的国家因素大于民间因素。其重要原因就是我国的村民委员会的普遍建立不是村民自发形成和乡村内部自我生长的,而是废除人民公社体制后,国家基于重新组织农村基层社会而设立和建构的。村民委员会的建构和运行必须体现国家意志,这就是《村组法》的制定和实施。因此,村民自治章程基本上是根据《村组法》制定的,是《村组法》的具体化。为了使村民自治章程更能反映法律的意志,许多地方制定出村民自治章程的统一格式文本,各个村都可适用。这种极具"官方"色彩的村民自治章程是"民主下乡"和"法律下乡"的产物,是国家重新建构农村社会的具体体现。如田成有所说:"现代村规民约多是参照国家法的立法技术制定的,与纯粹自然生成的传统村规民约规范体系相比,其具有较高的系统性、规

---

① 徐勇:《国家化、农民性与乡村整合》,江苏人民出版社2019年版,第207页。

范性，体现出一种形式理性化的倾向。"①

1980年合寨村新村、果地和果作等便订立了最早的村规民约，其他各自然村前后建立村规民约，以及整个合寨村的村规民约，此时的村规民约主要内容以社会治安为主，包括防盗、禁赌等。

合寨村村规民约

一、坚持党的领导，自觉遵守国家政策法令；二、共同管好社会治安，一家被盗，全村出动，一起抓坏人，如无故不出动者，当作于罪犯同流合污；三、坚决刹住赌风，不聚赌，不参赌，违者初犯罚款二十元，重犯加倍；四、控制来往留宿人员，不准容留身份不明的人在本村住宿，不窝藏坏人，发现可疑的人，要认真盘查，及时报告村委会；五、禁止乱砍乱伐集体和他人的林木，违者加倍罚款；六、放猪牛吃果苗、农作物的，根据情节轻重，罚款一至五元；七、凡偷盗者，除追赔款物外，还要赔偿误工费和伙食费；八、所得罚款，建立出纳账，用于公益事业；九、开展"五讲"、"四美"树新风活动，发扬团结友爱，不准吵架斗殴。②

早期的村规民约有几个显著的特点。首先是自发性，村规民约从无到有，并没有政府参与，也没有外力介入，完全是村民自己订立；其次是民约性，村规民约既是村民之间订立，以民约为主，依靠村民自觉遵守；再次是具体性，村规民约多是针对具体的事项，有具体的条文表述，并不成系统，却非常实用；最后是惩戒性，村规民约以罚款为主要手段，约束村民的具体行为。各自然村建立的村规民约在村庄治理中发挥了基础性的作用，对于扭转社会治安的形势，维护村庄社会秩序具有重要的现实意义。

广西开展村民自治示范活动后，合寨村根据示范活动的要求，于2002年修订村规民约，这份村规民约是村民自治规范化的产物。首先是综合性，条文扩展到27条，除了社会治安外，村风民俗、邻里关系和婚姻家

---

① 田成有：《乡土社会中的民间法》，法律出版社2005年版，第156页。
② 中国共产党河池地区委员会文件（河地发〔1981〕26号）：《转发宜山县合寨大队村委会、罗城县牛毕大队新回村委会情况调查的通知》，1981年10月31日。

第六章 改革开放以来国家化、地方性与村民自治发展

庭均有具体的规定，也增加了与村民生活紧密相关的用水用电管理、占地建房、计划生育、家庭赡养等，当然，其中也加入了政府行政工作的内容，把政府法律法规和政策转化为村规民约的条文。其次是程序性，村规民约修改后向村民公示，再经过第七届村民委员会第一次村民会议通过，并报送屏南乡政府备案，最后是合法性，村规民约明确以法律的基础，依法制定。同时以村民会议为制定主体，以公示、投票和备案等为主要程序，不论是制定主体还是制定程序都符合法律规定。另外，将一些与宪法、法律和国家政策相抵触的条款修改，不侵犯村民人身权利、民主权利和财产权利，对于之前备受争议的罚款规定，新修订的村规民约逐步取消部分罚款，多数给予批评教育，强调劝诫性的导向，仍保留对侵犯集体和个人合法财产的罚款规定。

村规民约体现了合法性与合理性的结合，一方面，村规民约是国家法律、法规、政策在乡村社会的补充，是村民实现自我管理、自我教育和自我服务的行为准则；另一方面，它又是国家法律与民间习惯的结合点，必须深植于村民的社会生活和心智情感中，体现广大村民共同意志。[①] 对于村规民约的罚款规定是否合适不仅要从国家法律去考虑，还要从约束效力与赔偿机制等农村社会"地方性知识"去理解。

如果早期的村规民约先是自发生成，后期经过修改逐渐融入国家法律与政策要素，那么村民自治章程本身对于合寨村而言便是外生的，最早的村民自治章程产生于山东省章丘市埠西村，1992年民政部联合中组部、司法部等召开"依法建制，以制建村，民主管理"经验交流会，会议肯定了村级进行规范化建设经验，决定向全国推广。这部章程在全国产生了广泛影响，在某种程度上具有"母章程"的属性。[②] 合寨村村民自治章程由地方政府制定统一的章程模板，然后交给合寨村委会，在村民代表会议的上讨论通过，实际上并没有多少修改，进而章程的内容主要是国家意志的直接体现。根据《合寨村村民自治章程》的内容，共分八章，第一章总则；第二章村民组织，分别是村民会议和村民代表会议、村民委员会、村民小

[①] 郭亮：《桂西北村寨治理与法秩序变迁——以合寨村为个案》，博士学位论文，西南政法大学，2011年。
[②] 王振耀、白钢、王仲田：《中国村民自治前沿》，中国社会科学出版社2000年版，第139页。

组、村民委员会有关制度等,侧重于各类组织的内部结构、职责功能、具体制度和相互关系等;第三章是村务公开和民主监督小组,公开内容、公开方式和监督组织等;第四章是经济工作管理,涉及土地管理、农业生产、集体企业管理;第五章是社会生活管理,涵盖社会治安、相邻关系、婚姻家庭、私房出租和暂住人口等;第六章是计划生育,包括计生服务和征收抚养费;第七章是公益事业管理,包括医疗、教育和养老等,最后是附则,包括执行机构与修改等。

村民自治章程是村规民约的延续和发展。就形式而言,章程采用的是"章""节""条"三级结构形式,给人一种近似法律、法规之感;规约更接近于公约,一般采取"几要""几不准"的条款结构,大都只有十几条;章程比规约更加完备、规范,规约比章程更有针对性,更实用,更便于操作。就内容而言,章程涵盖了村民自治活动中的各个方面,既是调解村民之间的准则和规范,又是调整村民自治组织以及村民与公共权力之间关系的准则与规范。就权威而言,章程是法律、法规、政策的具体化,表述严谨,其权威性、合理性大大超过了村规民约。[1] 一方面,制度性规范一经产生,便深深地打上了官方的印记,反映出国家逐步把乡村社会纳入法制一体化的轨道;另一方面,制度性规范仍具有明显的地域性特征,其最终还是来源于村寨社会的秩序需求以及村民的妥协与认可。[2] 村民自治章程无疑比村规民约更全面系统,同时更具规范性,对每一项制度和措施都有明确的规定。不过,从实践形态的村民自治章程来看,村规民约更适合农村基层社会,因为村规民约是村民会众议约的结果,与村民的切身利益高度相关,在实践中村民多使用村规民约。村民自治章程主要是对村民委员会组织体系以及制度的相关规定,带有"官约"的特点,是政府约束村委会和村民的产物,行政色彩较为浓厚。

(四) 民主决策

"有效的民主制度依赖于个人在地方上参与的能力,因为只有在这里,

---

[1] 郭亮:《桂西北村寨治理与法秩序变迁——以合寨村为个案》,博士学位论文,西南政法大学,2011年,第129页。

[2] 郭亮:《桂西北村寨治理与法秩序变迁——以合寨村为个案》,博士学位论文,西南政法大学,2011年,第129页。

第六章 改革开放以来国家化、地方性与村民自治发展

他才能发展出控制政治事务的某种意识。① 这个社会培育政治效率感，培养对集体或公共问题得关心，有助于形成一种有足够知识能力的公民，他们对统治过程保持持久的兴趣。② 同样，在科恩的著作《论民主》中也提出民主发展参与性的作用："如果一个社会不仅准许普遍参与而且鼓励持续、有力、有效并了解情况的参与，而且事实上实现了这种参与并把决定权留给参与者，这种社会的民主就是既有广度又有深度的民主。"③ 其实，早在果地、果作自然村成立村民委员会的时候，有关村内重大事项的决策并不简单由村委会内部决定，一般情况下，由村民委员会邀请村内的老干部和老党员参与议事，或者开会前到村里老同志家商量，征求他们的意见，当时并没有说是成立村民议事会，但是已经形成约定俗成的村庄规矩。实践形态的"议事会"仍然局限于村组干部或者有村组干部经历的村民，承担咨询、参谋和沟通的作用。议事会不是制度性的规定，只是村委会为有效开展工作而采取的非正式的方式，或者说是一种私人接触而已。议事会能否成行取决于村委会是否有意愿征求其他人意见，最终的决定权在村委会一方。

临时性的议事会在村民自治示范活动中被正式的村民代表会议所代替，在1995年5月16日，广西壮族自治区农村改革和基层组织建设工作领导小组办公室下发《关于在全区村民委员会建立、健全村民代表会议制度的通知》，明确规定村民代表会议是全村最高权力机构，村民委员会是村民代表会议的执行机构。在村民代表会议上，村民代表受村民委托，行使民主选举、民主决策、民主管理和民主监督的权力，并对村民代表会议的职权进行了详细的界定，包括讨论完成国家任务的措施；讨论经济社会发展、年度计划、宅基地安排等；讨论生产责任制完善；讨论提留款、集资款、义务工等收缴；审议村委会工作报告；制定修改村规民约等规章制度；选举、撤换、补选村委会个别成员；向上级反映意见建议，否决修改村委会不适当决议等。整体来看，几乎与村民会议的职权一样。显然，依

---

① [美]加布里埃尔·A.阿尔蒙德、西德尼·维巴：《公民文化——五国的政治态度和民主》，马殿君、阎华江等译，浙江人民出版社1989年版，第203页。
② [英]戴维·赫尔德《民主得模式》，燕继荣译，中央编译出版社1998年版，第83—84页。
③ [美]科恩：《论民主》，聂崇远、朱秀贤译，商务印书馆1994年版，第22页。

照《村组法》的有关内容，村民会议才是权力机关，村民代表会议只是在人口众多或居住分散的村，通过推选代表召开村民代表会议，讨论村民会议授权的事项。广西之所以用村民代表会议作为权力机构，可能与撤所改委所面临的规模问题相似，在行政村范围内召开村民会议相对来说比较困难，同时1990年民政部开展的村民自治示范活动以及1994年制定的《全国村民自治示范活动指导纲要（试行）》中提倡建立村民代表会议。

之所以推行村民代表会议，是因为农民一般居住分散，在个别山区，户与户之间相隔较远，一个村实际上是一个小社会，不但要面对上面的各个部门，而且要处理村内部许多公共事务，而这些事情又关系到村民的切身利益，如果动辄召开村民会议，让如此多的农民集中开会议事，不但浪费大量的人力、物力，而且也使得民主决策流于形式。此外，农业生产季节性很强，农民忙闲不均，在农忙季节，要召开村民会议相当困难。实行家庭联产承包责任制后，村民们的活动分散，劳动时间不统一，而且外出务工、经商的村民很多，很难经常召开村民会议。甚至要找一个能容纳数百人的会场，也不是所有的村庄能做到的。在这种情况下，一些地方从人民公社时期的社员代表大会中得到启发，创建了村民代表会议制度。[①]

与议事会不同，村民代表会议在法律法规和相关政策文件中都有明确的规定，更重要的是对村民代表会议的地位、村民代表的产生、村民代表会议的召开、议决等都形成一定的制度规范。一是村民会议名义上是村庄权力机构，但是由于各种原因实际上召开难度大，作为村民会议的简易形式，村民代表会议实际上充当村庄权力机构，在以后合寨村的重大事项决定和完成上级政府任务时，常召开村民代表会议。二是村民代表以自然村为单位推选，按照每20—30户村民推选1名代表的比例遴选出35名村民代表，比议事会的参与规模更大。三是村民代表会议既可以由村委会提议召开，又可以由一定数量的村民代表或者普通村民提议召集，将村民代表会议的召集权赋予村民代表和广大村民，同时规定村民代表会议必须每季度召开一次，设定了定期召开制度。四是村民代表会议的议决制度，议决是村民代表会议的核心之一，由村民代表讨论是否通过某一重大事项，村民推选的村民代表拥有最终的决策权。制度形态的村民代表会议是实践形

---

① 罗平汉：《村民自治史》，福建人民出版社2006年版，第100—101页。

态的议事会的延伸，经过村民自治示范活动，在政府的推动之下由粗糙的实践形态变为规范的制度形态，虽然在具体的实践中，村民并不能完全按照制度来执行，但是村民代表会议已经嵌入村庄权力结构，村庄重大决策必须进入村民代表会议的决策程序是毋庸置疑的。

（五）民主监督

在1998年4月18日，中共中央办公厅和国务院办公厅下发《关于在农村普遍实行村务公开和民主管理制度的通知》，三天后，广西壮族自治区依据中央文件精神，下发了《关于在全区农村进一步推行村务公开的通知》，将村务公开当作村民自治的中心工作来抓，并在同年的6月3日以自治区党委组织部和民政厅的名义制订了具体的实施方案，按照先试点后推广的方式，对工作机构、规则制度、督促监督、宣传教育和具体落实等进行了规定。

合寨村的民主监督也是从账目公开发端，早期村民委员会兴办众多的公益事业，而且大部分公益事业都是从村民那里筹资筹劳，为了给村民一个明白，也为了方便下一次筹资筹劳。每一起公益事业完成后，村委会都会将账目支出明细写在红纸上张贴于村头巷角，向村民公开，方便村民监督，这是最初形态的财务公开。合寨村唯一的集体经济即合寨林场每年有集体收入，为此，村里专门成立集体经济审计小组，对集体林场的收支进行审核。原来每个自然村都有查账小组，后来发展为民主理财小组，形成比较完善的村务公开和财务监督体系。根据蒙国总的口述：

> 民主理财小组成立比较早，每个片都有代表，上片的罗炳权和韦文凡，中片的蒙国意，下片的兰锦宣，各屯派代表去村里查账，村民选举村民理财小组，每个季度查一次账，一般由村委会提出来。在十二个屯里面，各屯的会计和出纳相互查账，比如果地屯可以请果作屯的会计和出纳帮忙查账。[1]

---

[1] 调研点：广西河池市宜州市屏南乡合寨村果地屯，受访者编号：RL20140809MGZ，受访时间：2014年8月9日，调研员：任路。

● ● 国家化、地方性与村民自治

1999年上任后的韦向生做的第一件事情就是公开村里的财务，每个月审核一次，每个季度公开一次，500元以下可以由村民委员会决定，500元及以上的经费开支必须经过村民代表会议讨论通过，此后形成合寨村的惯例。我们不仅在村务公开栏公布，而且在人口比较集中的地方设立公开栏进行公开，一年四次，绝不含糊。在财务支出问题上有明文规定，开支在500元内由两委班子决定，开支达500元以上由村民代表讨论决定。① 根据中央和自治区的安排，合寨村村务公开逐步规范化，并制定《合寨村村务公开制度》。在公开内容上，除了财务公开外，还有村内公共事务公开、协助上级办理的政务公开、村民意见与反馈情况公开等，凡是与村民利益相关的事务都需要对外公开，明确村务公开的范围。由过去的"一公开"发展到"八公开"，即财务收支情况公开，计划生育情况公开，农民负担的各种费用情况公开，土地承包、集体经济项目承包及其经营情况公开，奖励、优抚与救灾款物发放情况公开，村干部工作责任目标、工资补贴报酬情况公开；村委会为民办实事情况公开，宅基地审批情况公开等。② 在公开时间上，至少每季度公开一次，每季度首月中旬对外公开，涉及村民利益的重大问题和群众关系的事项及时公开，集体财物收支每月公开一次。在公开方式上，村务公开栏是主要形式，合寨村村民称其为"明白墙"，村内财物收支、计划生育奖励、社会救济等分门别类向村民公开，接受村民的监督。"明白卡"则发到每户村民手中，记录各种税费标准。在公开程序上，由村委会主动公开，所有公开内容经过群众选举的村务公开领导小组和村务公开监督小组审核，并报村民代表会议审议通过后才能对外公开。③ 合寨村建立由党员代表、村民小组长代表和村民代表组成的民主理财小组，由村民代表会议选举产生，对村集体财物进行定期检查，将检查结果向村民代表会议反馈，并将以前的村委会自行约定财务纪律规范化，凡是一次超过500元的开支必须经过理财小组审核，由小组成员签

---

① 来源于2009年合寨村村委会主任韦向生的述职报告。
② 杨欣：《来自"中国村民自治第一村"的报告——广西壮族自治区宜州市合寨村调查》，载许宗衡主编《当代中国农村治理结构探究——以党支部与村委会关系为视角》，人民出版社2001年版，第254页。
③ 杨欣：《来自"中国村民自治第一村"的报告——广西壮族自治区宜州市合寨村调查》，载许宗衡主编《当代中国农村治理结构探究——以党支部与村委会关系为视角》，人民出版社2001年版，第254页。

第六章　改革开放以来国家化、地方性与村民自治发展

名才能报销,从而确保集体资金的安全。重大开支和投资项目必须经过村民议事会讨论和村民代表大会表决通过,每张票据必须经具体经办人、批准人、主管财务的支委和民主理财小组签字。村务公开本身如政务公开一样,根据宜州市村务公开和民主管理的工作的规定,为每个村制定了具体村务公开内容及领导审批表,明确村务公开的审批程序,由村务公开工作领导小组签字,村务公开监督小组签字后公开。

村务公开和民主理财是以"事"为中心的监督,民主测评则是对"人"的监督。村务监督委员会副主任兰锦宣认为:

>（以前的监督）根本没有作用,我说的,单单查账,没有查工作,查完账就回去了。[①]

为此,合寨村每年召开村民代表会议审议村委会工作,并对村干部进行民主评议,按照优秀、称职、不称职三个等级分别投票,对年度民主测评不称职的村干部,进行劝勉,甚至罢免。以前对不称职的村干部,唯有村民会议或者换届选举才能实现罢免,而年度民主测评更具有可操作性,对村委会和村干部形成灵活的监督机制,见表6–10。

表6–10　1998年至2003年村民代表对村委会干部民主测评结果统计

年份	优秀率	称职率	不称职率
1998	6.9%	92.5%	0.6%
1999	30.3%	66.7%	0
2000	19.5%	78.8%	1.7%
2001	94.1%	5.9%	0
2002	10.4%	89.6%	0
2003	36.4%	58.6%	5%

此后合寨村形成"三会两组"的监督制度体系,即民主监督小组、民主理财小组、集体经济审查小组、村级事务监事会和村级事务监督委员会

[①] 调研点:广西河池市宜州市屏南乡合寨村果作屯,受访者编号:RL20140812LJX,受访时间:2014年8月12日,调研员:任路。

等,其中,由 12 人组成村级事务监督委员会负责对村民代表大会讨论通过的各项事务落实情况进行监督,对干部履职尽责和廉洁自律进行监督。由 7 人组成的集体经济审查小组主要负责对村级集体经济(合寨林场)进行查账审查。随后合寨村将"三组两会"整合为村务监督委员会,将村务公开、财务公开、集体经济审查、民主测评等统一归属其中,由村民代表选举五人组成村民监督委员会,全面负责村庄民主监督的各项事务。在相关的监督制度上,按照市县相关文件的统一安排,建立了村委会干部任期经济责任和离任审计制度,新增债务追究等,而事实上,村级监督并不需要如此繁巨的制度规范,但是村委会不得不依照上级文件精神建立各种形式的村级监督制度,实际上其作用主要依赖于村民以及村民代表的广泛参与。根据村务监督委员会主任蒙国意的口述:

> 村务监督委员会主要是监督村里建设的收入、开支。一个季度公开以此财务,村里通知我们查账,如果一段时间没有通知,我们会去跟村委会说一下,争取村务公开,也反映群众的问题,我们也去调查,属实的话,我们反馈给村干部。①

另据村务监督委员罗柄权的口述:

> 换届的时候,我们去查账,主动去问村干部也不好意思,一般都是他们通知我们去,我们没有工资,村委会一天补贴 20 元,其实,要不给我一个工资,要不就不给,今年我说了这个事,加到 40 块钱。②

小　　结

以村民自治为核心内容的农村政治体制改革,一如分田到户为核心

---

① 调研点:广西河池市宜州市屏南乡合寨村果地屯,受访者编号:RL20140810MGY,受访时间:2014 年 8 月 10 日,调研员:任路。
② 调研点:广西河池市宜州市屏南乡合寨村大村屯,受访者编号:RL20140816LBQ,受访时间:2014 年 8 月 16 日,调研员:任路。

的农村经济体制改革，得益于当时整体国家形势所创造的政治机会结构。与公社时期所强调的国家权力对基层社会控制相比，改革开放后更加重视国家权力本身的合法性，民主取代集中成为政治生活的主题。为此，走向均衡的现代国家建设中，首先需要解决的是国家权力控制乡村社会的方式，同时容纳农村社会权力等，村民自治符合这一目标，尤其是为农民主动参与基层公共事务提供了途径和渠道等。村民委员会从一开始不单单是协助基层政府工作，而是由村民通过民主方式处理村庄内的公共事务，并向基层政府反映意见和建议，正是从这一起点出发，村民自治成为农村基层民主的主要形式，逐渐融入整个社会主义民主政治体系之中。草根民主下的村民自治到社会主义民主政治下的村民自治意味着村民自治在整个国家政治生活中重要性的提升。村民自治政治地位的提升来自于改革开放深入推进中国家政治经济体制改革的结果。在此基础上，为了推进民主的法律化与制度化，党的领导与中央政府政策示范等方式从基层建构民主。当村民委员会诞生后，在国家的推动下逐渐发展成为全国性的制度设计。在此过程中，国家对于基层民主的建构无疑是决定性的力量。对村民委员会的法律认可，在整个村民自治过程中，具有标志性的事件除了村民委员会的诞生外，就是村民自治的立法，这是国家自主性的集中体现。难以想象的是刚刚产生的村民委员会，旋即被国家宪法所认可，并在政府的直接推动下正式启动专门的立法工作，接着是法律草案的形成、法条逐条审议、法律的试行以及最后的正式颁布等。在法律的贯彻实施上，从村民自治立法转移到村民自治的示范活动，党和政府直接参与到村民自治的建章立制，随着各种制度的建立，村民自治纳入制度化的轨道。当村民自治走上正轨后，党和政府将村民自治纳入日常工作，同时对村民自治中的系列问题和实践创新进行指导，让村民自治朝着正确的方向发展。

作为非均衡现代国家建设的另一面，经历了公社体制废除后短暂的权力上移之后，在加强基层政权的过程中，国家权力再次对乡村社会的加强控制，集中表现为强调行政力量，带来体制上的村民自治行政化，由此体现在党和政府内在层次结构上的主动性差异。在省、地区、县、乡四个层次中，省和县的地位最为重要，其立法和建制状况与村民自治的制度化运作密切相关。① 在郎友兴的研究中，政治精英们的级别越高就越愿意去推动或促进农村民主，相反的，级别越低越有可能控制或操作农村民主。因此，相比较而言，省级和中央政府在推进村民选举时更积极，而县（市）和乡镇政府的态度更有可能消极和敷衍。② 至于具体的原因，他认为地方政府的层次越低，越重视选举的功利性后果，越可能由于角色与利益的冲突不支持选举。③ 确实，在村民自治发展过程中，县乡政府的主动性要弱于中央和省级政府，这是由于不同层次政府在村民自治中的职能差异。相比于中央和省级政府在村民自治法律和制度建设职能而言，基层政府在压力型体制下还承担着众多的行政任务，相当一部分行政任务是以村民委员会的行政化为前提的，如此，必然会带来基层政府在职能上的冲突。在对上负责和上级压力之下，基层政府往往倾向于不履行支持或指导村民自治的职能，有意识地忽视基层政府对于村民自治的责任。

从村民委员会诞生开始，在政府内部，对于村民委员会的态度就截然对立，这种冲突和矛盾首先在村民自治的立法中出现，在立法中，争论最大的就是乡镇政府与村民委员会的关系，其实质是村民自治与政府行政的关系。习惯于行政手段来管理农村社会的地方政府对村民委员会的定位是下属机构，一方面政府不需要承担过多的行政成本；另一方面又能达到行政组织的作用。与之不同的是立法者的思路是政府行政不应该过度干预村民委员会，农民能够自己管理好的事务就让农民自己管理，村民委员会只需要协助政府，而没有必要成为政府的腿脚。围绕村民自治和政府行政的关系在法律条文里并没有得到明确的说明，彼此间的张力在实践中继续发酵。由于法律规定的原则性，地方政府在具体贯彻落实中进行了适当的修改，在不明显违背法律条文的基础上，对村民自治进行规制，使其有利于政府行政。首先，在村民委员会的设置上，村民委员会产生之时，主要是在自然村，试行的法律也建议以自然村为单位，后来为了与人民公社体制进行对接，各级政府直接将原来生产大队改为村民委员会，生产队改为村

---

① 徐勇：《中国农村村民自治》（增订本），生活·读书·新知三联书店2018年版，第50页。
② 郎友兴：《发展中的民主：政治精英与村民选举》，西北大学出版社2009年版，第223页。
③ 范瑜：《村民委员会选举制度的演进及其特点》，载张明亮主编《村民自治论丛》第1辑，中国社会出版社2001年版，第181页。

第六章 改革开放以来国家化、地方性与村民自治发展

民小组,其实是为了方便政府行政管理,对于村民自治而言,村民委员会上移后,自治单位与行政单位合一,自然村所具有的自治优势与条件被遮蔽,处于虚置的地位。为了强化行政管理,广西、广东、云南和海南等地将村民委员会改为村公所或者管理区,变成乡镇政府的派出机构。

直到《村组法》正式颁布施行,各地的村民自治纳入全国规范的村民自治进程后,才最终对村委会和乡镇政府关系进行了相应的规定,体制上对村民自治行政化的方式得以改变。乡镇政府是最基层政权,意味着国家权力上移到乡镇一级,在乡镇以下建立村民委员会,由此建立"乡政村治"的乡村治理格局,实际上是新的历史条件下寻找现代国家建设的均衡点,"乡政"所指涉的是国家体制性的权力在乡镇一级,属于国家政权体系的最基层,不再往下延伸行政机构或委派由国家财政所负担的干部。"村治"所指向的是在乡镇以下建立村民委员会,实行村民自治,由农民参与到村庄公共事务的处理当中,协助乡镇政府进行相关工作,并向乡镇政府反映意见和建议等。既保证国家权力能够进入基层社会,又因为有农民的参与而提供国家权力的认受性,不过"乡政"和"村治"只是在制度上进行一定的划分,仍然需要在基层民主实践中寻找行政力量与自治力量的均衡。

第七章　新世纪前后的国家化、地方性与村民自治困境

在社会主义基层民主政治建设中，通过国家立法和政策示范等现代国家建设，草根民主式的村民自治制度日益规范化，全国各地村民自治按照统一的制度规范进行"民主选举""民主管理""民主决策"和"民主监督"，从社会主义民主的最广泛实践、党领导人民的伟大创造，社会主义民主政治基础性工程，到社会主义基本政治制度。随着村民自治政治地位的不断提升，村民自治制度建设取得巨大的成绩，尤其是经过十年试行之后，修订之后的《村组法》正式颁布施行，确定了实现村民自治的法律基础，全国各地必须依照《村组法》的规定来推进村民自治建设，之前各地政府在法律试行期间的选择性执行形成的地方性的做法得到纠正，各地根据《村组法》出台实施方案和村委会选举条例等，各地相继出台各种配套性的制度文件等，村庄内的相关规章更加具体细致，在制度建设上村民自治取得明显的进展。

不过，在村民自治制度建设深入推进的同时，村民自治在实践中却面临着"成长的烦恼"和"发展的困境"。一方面是村民自治的相关法律和制度建设日益规范化，在法律制度上赋予村民广泛的民主权利，基于权利基础上的村民自治进入新的发展阶段；另一方面是20世纪90年代以来，"三农"问题日益严峻，特别是农民负担加重，导致干群之间的对立，加剧了村民自治的压力，在外部环境的约束下村民自治日渐行政化，承担着大量的政府任务，尤其是资源汲取的功能，使得村民委员会悬浮于农村社会之上，村民自治的空间被乡镇行政所挤占，徘徊于自治与行政之间。总的来看，村民自治出现"名实分离"的状况，从制度规范的应然角度看，村民自治发展后劲越来越强，但是从具体实践的实然角度看，村民自治运

第七章 新世纪前后的国家化、地方性与村民自治困境

转越来越弱。

随着农村税费改革和社会主义新农村建设，整个农村经济社会发展第二次转型，逐步改善村民自治赖以成长的外部环境，废除农业税、发放农业补贴和新农村建设等改变了之前资源汲取型的乡村治理方式，建立了一种资源赋予型的乡村治理模式。不仅改善了农村干群关系，而且改进了乡村关系。寻求基层政府行政管理与基层群众自治之间有效衔接与良性互动，村民自治也迎来新的发展阶段。虽然此阶段的村民自治与规范规制阶段一样导源于国家的力量，但是从国家的目标来看，国家并不是从资源汲取和行政规制出发，而是立足于社会主义新农村和服务型政府建设，从农村内生的需求，改变村民自治发展的外部环境。一方面是对于村民自治本身而言，虽然村民自治承认以个体为权利主体，但是个体的行动能力从根本上决定了村民自治的水平。另一方面是新世纪村民自治自身向纵深发展，集中表现为自治重心的下移和村民自治效用的外溢。当然，农村社会转型同样给村民自治带来新的困境，未来村民自治发展任重而道远。

一 现代化进程中非均衡国家化

村民自治立法工作试图将村民自治与基层政府行政进行有效的区分，但是《村组法》主要是对村民自治事务进行了比较详细的规定，而对基层政府只是规定与村委会的关系是指导，村委会协助乡镇政府工作，并没有具体规定协助工作的范围，显然，这超过了以村民委员会为目的的"组织法"的立法目标，以至于很多学者提出制定更为详细的"村民自治法"等。然而，单是从法律规定的角度来看，行政权与村民自治权并不难作出区分。[①] 然而，现实中却并没有明显区分，由于行政主导性的存在，村民自治徘徊于行政与自治之间。由此可见，以村民自治为主的基层民主国家化之后并不必然带来实践中的村民自治力量，反而出现在基层社会不断强化行政力量的趋势，如此情况着实令人感到疑惑，以至于以前对村民自治

---

① 潘嘉玮、周贤日：《村民自治与行政权的冲突》，中国人民大学出版社2004年版，第189—190页。

报以热情期盼的人陷入深深的反思,这种两难的困境其实是与村民自治相伴生的非均衡国家化的结果。

(一) 行政国家

发展中国家走向现代化的组织前提,常常是把国家行政组织延伸乡村以打破农村的封闭状态,从而确立起高效的动员体制使国家资源得到合理配置。[①] 为此,在中国现代国家建设中,为了组织、动员、整合和汲取资源,不遗余力地将国家权力延伸到基层社会,以支撑整个国家建设,由此建立的高度集中的政治经济体制,依靠行政体系,国家对于社会拥有强大的渗透和动员能力,形成所谓的"行政国家"。

在经济上,行政国家表现为高度集中的计划经济体制,对于整个国民经济进行有计划的控制,从工农业生产,产品的销售,收入分配和民众消费等方方面面制订计划,从中央到地方,再到基层的生产队,都属于整个国民经济计划的一部分,民众按照既定的计划进行生产消费,取消计划经济之外的市场元素,政府在资源配置中起决定性作用,相关经济决策和经营管理等都由行政力量来完成,能够有效地整合和动员经济资源,开展大规模的经济建设,但是此阶段整个经济成分单一,不存在其他非公有制经济,对于经济的管理主要是按照国家计划进行生产经营,各级政府依照国家计划编制本级的经济计划,同时按计划执行,为此,各级政府对于经济的管理相对来说较为简化,却能够最大限度动员社会资源。

在政治上,行政国家表现为高度集中的党政体制,纵向上,中央政府具有最高的权威,按照党政系统建立自上而下统一的政权体系,单一制的国家组织形式保证地方政府服从中央政府,与政府层级平行设置的党的组织体系,根据党内的组织纪律,下级服从上级,全党服从中央,确保中央政权对于各级政权的领导。横向上,同级党组织对政府进行领导,保证党的领导原则得以贯彻落实,政府各个部门成立党组,确保对具体政府部门的领导,上述党政系统延伸到最基层政权,以及基层政权之下的村级组织等,国家权力能够一竿子插到底,由此具备强大的行政组织和动员能力,

---

① 王振耀:《我国农村基层组织人事制度的演变及面临难题》,载张厚安等《中国乡镇政权建设》,四川人民出版社1992年版,第141页。

保持对整个社会政治经济事务的有效控制。

在社会上，行政国家表现为高度集中的单位体制，对于基层社会来说，城市的机关、企事业单位和农村的公社成为普通民众生产生活的基本单元，每个人分属于不同的单位或者社队，不仅在其中从事工农业生产，而且生活来源、文化教育、医疗卫生等都来自单位分配，形成所谓的"单位制社会"，单位则是整个行政权力体系的末端，纳入整个党政体系之中，因此，国家权力能够对民众的生活起到明显的作用，正是由于国家权力对民众生活的影响，反过来进一步塑造了国家权力的权威形象。

基于高度集中的计划经济体系、党政体系和单位体系的叠加，国家权力对于基层社会形成强大的支配力和控制力，完成了近代以来现代国家建设的前半程任务，以前分散分离的国家重新凝聚为一个整体的国家，国家权力得到前所未有的强化，推进国家现代化进程，改变整个国家经济社会面貌。然而，高度集中的政治经济体制也带来了一系列的问题，整个社会由国家权力驱动，而失去了社会本身的活力，出现经济社会发展的停滞，不得不从体制上寻找突破口，改变高度集中的政治经济体制，于是，改革开放成为新的时代主题。

（二）地方自主性

改革开放后，高度集中的政治经济体制逐渐解体，为了调动个人、社会和地方的积极性，国家权力下放，中央政府对地方"放权让利"，一种可控式的放权式改革来彻底改变了原有的权力集中状态。个人、社会和地方的积极性得以激发出来，迎来了经济社会快速发展的阶段，在这个过程中，地方政府在经济社会发展中逐渐占据重要地位，同时国家权力下放后带来中央控制能力的有所弱化，地方自主性增强。

首先，在中央政府权力下放和"活水快流"的指引之下，地方政府在市场经济发展中的主动权增强，地方和基层政权组织虽然不直接从事工农生产，但仍然具有强大的经济功能，甚至直接经营企业，如"乡镇企业"，另外，地方和基层官员的升迁很大程度上取决于地方经济增长政绩，地方政府有强烈的发展经济的动力，由此带来激烈的地方竞争，为了能够发展地方经济，地方政府承担更多的经济管理角色，诸如招商引资、基础设施、商务合作、税收征管、工商管理等，以至于可以称为"政府经营者"。

地方政府介入经济活动,像公司一样在经济运行中发挥作用。

其次,为了调动地方政府发展经济的积极性,中央政府采取财政包干制,地方和基层的财政来源在相当程度来自于地方与基层的自敛。为了调动地方政府的积极性,中央下放财税分成,额定上缴中央的财税收入之外,盈余的财政税收收入由本级政府自主支配,进一步强化了地方财权,地方政府积极进行财政开源,从发展地方经济的过程中改善地方财政状况,并以此获得更多的施政空间。

最后,改革开放后,原本由企业或单位承担的各类社会事务回归社会,诸如文化教育、医疗卫生、社会保障等,部分事务通过市场化的方式来解决,个体对于单位的依赖逐渐减少,回归到社区或村落,由单位人到社区人的转变,整个社会更加多元化,与之相应的地方政府社会管理等职能增加,部分社会事务属于公共服务范畴则需要地方政府来提供,以便为地方经济发展减轻负担,同时创造有利的社会环境,公共服务日益成为地方政府的重要工作。

随着地方经济社会事务日益增加,为了实现既定的发展目标,地方政府将各类指标下放给下级政府,并以完成指标的情况作为考核的依据,形成"压力型体制"。同时,赶超型的现代化更加强化了地方政府在经济社会发展中的角色,地方政府承担着大量的行政性任务,其中,大量行政任务涉及到基层社会,地方政府不可能直接执行,乡镇政权处于最终的执行端,地方政府为了减轻本身的行政压力,相应行政工作下放给乡镇一级,于是,乡镇政府承担越来越多的行政工作。

一是乡镇的行政职能。对于基层政权来说,撤社建乡之后,由于家庭联产承包责任制的推行,人民公社所承担的大量经济职能取消,如农业生产计划,粮食分配方案,公购粮任务等,但是仍然保留了经济管理的职能,甚至直接从事生产经营活动,如兴办乡镇企业。在经济职能之外,社会职能进一步扩展,如民政救助、救灾救济、文教卫生等,原来保留的政权职能进一步强化,如党政工作、人大工作、群团工作等。整体来说,与公社时期相比,乡镇政府的职能明显增加。

二是乡镇的行政体系。在农村基层,原先一家一户的生产经营单位被一队一社的生产经营组织所代替,而人民公社不仅是经济组织,而且是政权组织,能够运用超经济的强制,可以有效地从农村汲取大量的资源。撤社建乡后，人民公社时期的一乡一社，一村一队组织方式被一家一户，一村一委所代替，随着农村基层组织体系的变化，乡镇政府不得不直接面对分散的农户，行政管理的幅度明显扩大，乡镇行政管理仍然力有不及。

三是乡镇的行政关系。人民公社体制下生产大队和生产队是公社的下属组织，存在着上下级的隶属关系，能够直接将行政任务布置下去，由生产大队和生产队执行，保证行政权力纵向到底。撤社建乡后，代替生产大队的村委会成为群众自性组织，与乡镇政府的关系是指导关系，村委会协助乡镇工作，但是村委会并不是对乡镇负责，而是对村民负责，乡镇政府对于村委会以及村民的行政影响有限。

总的来看，为了完成日益增加的经济社会事务和日渐复杂的基层组织体系，中央政府加强农村基层政权建设，努力将乡镇建设成为一级独立的政权组织。在此过程中，乡镇政权的机构和人员迅速增多。在全国，无论是什么类型的农村地区，凡是乡镇，普遍设立了党委（虽然党委并不是政权组织机构，但在中国，党委实际执掌领导权，并纳入国家公务人员体系）、人大主席团、人民政府、纪律检查委员会等乡级机构，有的还包括人民武装部、人民政协联络组，俗称"六大班子"。且乡镇内设部门也机构化了，如党委之下有专事宣传、组织的机构，政府之下的内设部门更多。乡镇原来的民政助理员设置扩大为民政办公室，原来的司法助理员设置变为司法所，原来的财粮助理员设置变为财政所，文教卫生助理员则成为文教卫生办公室，计划生育助理员设置分为计划生育办公室及其之下的计划生育服务站，农经助理员设置演化为农经站等，同时，作为群众团体的妇联、团委也是领取薪金的专职公务人员。在乡镇，还设立各种专业性的管理机构，如文化站、水利站、林业站、电力管理站、经济管理站、派出所、财政所、税务所、邮政所等，它们由县专门机构和乡镇双重管理。根据国家统计局等对全国1020个有代表性的乡镇的抽样调查，平均每个乡镇党政内设机构16个，其人员平均158人，超过正常编制的2—3倍；平均每个乡镇部门单位为19个，其人员达到290余人，严重超编。[①] 在这些超编人员中，大部分是乡镇自行聘用，依靠乡镇自身财政供养，乡镇机构和人员的急剧膨胀。

---

① 金太军等：《乡镇机构改革挑战与对策》，广东人民出版社2005年版，第207页。

与之相应的是乡镇财政支出的增加，当时乡镇财税体制实行农业税、农村个税两个收入包干，超收分成，不完成包干数，由乡镇从自有资金弥补的管理办法。收入范围除大中型企业按隶属关系上交所得税和工商统一税外，其余的工商税、农村个税和农业税等都作为乡镇财政的收入范围（包括乡财政的预算外收入、自有资金收入）。"分灶吃饭"的财政包干体制使得乡镇政府获得一定财政自主权，在乡镇范围内筹集财政税收收入，不仅具有较大的资源配置和实现乡镇经济利益最大化的手段，也具有自身独立的经济利益，从而激活了乡镇政府考虑本地区利益的内在机制，[①] 进一步助长了乡镇政府自我膨胀的趋势。

随着乡镇机构所承担的行政任务增加，机构和人员的膨胀，预算内的乡镇财政收入不足，只能依靠预算外的收入，其中部分来自于乡镇企业的税收和利润等，部分来自"三提五统"，由于集体经济瓦解，集体公共事业建设的资金来源，由原来集体经营时候的统收、统支、统留，变为主要依靠分户提留、统筹，所谓"三提五统"，"三提"包括公益金、公积金和行政管理收费的提留，"五统"是教育附加、计划生育费、民兵训练费、乡村道路建设费、优抚费的统筹。不过，在宏观经济发生变化后，乡镇企业失去竞争力而陷入困境，之后乡镇企业大面积改制，没有乡镇企业的税收和利润，乡镇财政依靠预算内的税收和预算外的乡镇统筹款及各种收费摊派等，相比较而言，乡镇更依赖于预算外各种收入，尤其是欠发达的农业乡镇，"以农养政"情况比较明显。根据调查数据，至1999年，全国45000个乡镇中财政供养人员达到1280万人，另有380万名村干部，平均每40个农民供养1个干部。[②] 2002年我国县、乡两级财政只占全国财政收入的21%，而县、乡两级的财政供养人口却达到全国财政供养人口的71%。[③] 由此，整个乡村社会陷入"食之者众，生之者寡"的循环。

（三）汲取型政权

地方自主性增强后，各种地方主义问题兴起，地方经济发展过热，对于中央政府形成权力挑战，导致中央政府在财政、税收等依赖于地方政

---

① 金太军等：《乡镇机构改革挑战与对策》，广东人民出版社2005年版，第246页。
② 韩俊：《中国经济改革30年·农村经济卷》，重庆大学出版社2008年版，第25页。
③ 《决策咨询》编辑部：《数字"三农"》2003年第5期。

第七章 新世纪前后的国家化、地方性与村民自治困境

府，缺少足够的手段来管控地方政府的经济社会发展。有学者提出"分权的底线"，对改革开放以来放权让利导致地方自主性问题进行反思，要加强中央政府的权力，尤其是在财政税收上强化中央的权力，从财政包干过渡到分税制，同时从财政资源角度来对地方政府的行为进行"软约束"，以此纠正地方政府在经济社会发展中的过热行为，也限制了地方政府的自主性，在一定程度上加强中央政府的权力，对于改革开放后的央地关系进行了一次深刻的调整。分税制改革后地方政府财政收入结构发生变化，预算内资金依靠上级政府的转移支付，集中财权的手段，地方财政的收入与支出结构受到中央政府的有效支配，地方财政自主权弱化，地方财政的国家化。此后，地方财政来源重点转向农村基层，汲取农业生产剩余，形成预算外收入，支持地方财政。[1] 分税制改革背景下地方税费负担，导致中央与地方关系的变化，分税制造成的收入上收的效应在各级政府间层层传递，造成财权"层层上收"的效应。[2]

与此同时，地方政府开始逐步向乡镇放权，实际上是将上级政府派驻乡镇的机构和人员划归乡镇管理，在乡镇政府重建时，在乡镇体系内的条块关系分解了乡镇的行政职权，除了部分归属于乡镇直接领导的站所外，大部分属于上级政府派出机构，不归乡镇管辖，分税制后地方财政收紧，造成事权"层层下放"的效应，县级政府为了减轻机构和人员负担，将派出机构的相应事权划给乡镇，机构和人员也并入乡镇政权，乡镇财政供养人员膨胀，由于国家财政政策的调整，以及乡镇政权建设两方面的原因，使得基层财务状况支出增大，县乡政府不得不向农民伸手。

一是施予负担的主体多样化，除了中央农业税收以外，地方政府和基层组织成为主要的施予负担的主体，地方和基层通过"搭便车"的方式收取各种费用，日益增多的收费项目大大超出了农民的承受能力。在乡镇层级，主要是教育附加、计划生育费、民兵训练费、乡村道路建设费、优抚费等统筹款。

二是负担的种类多样化，除了税收等常规性负担之外，大量的是各种摊派、集资等非常规性负担；由于管理混乱，缺乏制度规范，有些乡镇和

---

[1] 王春娟、焦雨生：《分税制后县财政的国家化探析》，《当代经济》2007年第7期。
[2] 阎坤、张立承：《中国县乡财政困境分析与对策研究》，《经济研究参考》2003年第90期。

县里有关部门不顾农民经济承受能力，正如农民常说的"一税轻、二税重、三税四税无底洞"。

三是负担的非制度性因素越来越多，常规性负担有一定范围和限度，而非常规性负担则有很大的随意性和不可预期性，出现严重的乱集资、乱收费、乱摊派等现象，诸如，农民结婚、建房、农网改造、有线电视、自来水、电视等，农民外出打工交纳办证费、保证费等，小孩子上学交纳学杂费、课本费、考试费、补课费、桌椅板凳押金、校服费等。

在20世纪90年代，农民负担却不断加重。1994—1997年农民税费负担年均数是1990—1993年的9倍。① 据统计：农民直接税费同比增长1995年为31.7%，1996年为17.4%，1997年为8.6%，1998年为8.5%。② 以合寨村为例，税费改革前农业税费人均负担86元，其中农业税人均负担16.91元，农业特产税人均负担40.68元，屠宰税人均负担1.9元，乡统筹人均负担23.08元，村提留人均负担3.33元。③ 1997年，合寨村板甘屯韦向生户，全户4口人，税费包括公粮36公斤、定购粮38公斤、村提留中土地承包费7.5元，管理费7.5元，乡统筹中乡村两级办学经费35元，优抚粮9公斤，民兵训练3.5公斤，其余公益金、计划生育和乡村道路修建、义务工、劳动积累工等未做登记。

正是由于农民税费负担的加重，使得农民缴纳税费的积极性不高，拖欠税费的现象增多，乡镇政府则主动征税，于是，在撤社建乡后形成的"乡政村治"格局就与税费征收紧扣在一起，出现强汲取型的乡村关系。在汲取型的乡村关系背景下，乡镇政府依赖于税费的收取，抽调大量的人员下乡收税，更重要的是将村委会也纳入到征税体系之中，因为相比于乡镇政府人员而言，村委会干部熟悉村庄人口和耕地状况，也了解各家各户的交纳税费的能力，同时，村委会的工资补贴也来源于乡镇征收的税费，于是村委会被捆绑在乡镇的征税行动上。以税费为基础，村委会承担的其他行政任务增多，达标升级、产业结构调整等都下压到村委会，村委会实质上变成乡镇政府的"腿脚"，以至于有学者认为：村民自治之下的村政，

---

① 巴志鹏：《新时期中国农民负担的历史演变》，《党史文苑》2006年第9期。
② 国风：《农村税赋与农民负担》，经济日报出版社2003年版，第40页。
③ 宜州市农村税费改革试点工作领导小组：《宜州市农村税费改革前后农民实际负担对比情况》，2003年9月15日。

既没有摆脱国家经济模式的束缚，也没有解除政社合一的弊端，与整个现代化进程不相称。在国家建设及其现代化进程中，为了加速推进现代化进程，国家权力更加积极地干预乡村社会以汲取资源，乡村社会不可能真正摆脱国家的控制及其依附地位，国家也不可能允许乡村社会有更多的独立性和自主权，乡村社会也不可能真正出现民主自治。① 不得不承认上述判断点出了村民自治的结构性困境，正是由于现代国家建设，村民自治出现行政化趋势。

二　自治还是他治：村民自治的行政化

由于乡镇汲取型政权的关系，现实中乡村关系偏向于政府行政一侧，村民自治演变成乡镇他治。这既与当时的政策环境相关，又与基层政府有关。基层政府对于村民委员会的定位一直以来并不是单一的群众自治性组织，更多是从组织重建的角度，作为乡镇政府的附属组织，在实际工作中，乡镇政府通过各种方式来建构乡村之间的依附关系，试图"一竿子插到底"。项继权认为："乡镇与村委会之间的关系总体上依然保持着明显的上下级行政命令关系，而且，乡镇对村委会的行政干预表现在三个方面：人事安排；财务监控；任务指标。"②

（一）协助乡镇政府与目标责任制

作为村民自治组织的村民委员会也因为其特有的行政功能而被视为行政村。为此，从合寨村公所到合寨村民委员会，依然承担大量乡镇政府布置的工作任务，比如，双文明建设与五村两规范、土地延包、农村税费与"三夏"工作、扶贫开发、农民负担、计划生育、农网改造、农业生产、精神文明、植树造林、农村教育、水利建设、公路、自来水、移风易俗等，其中包括农村税费、计划生育、计划生产等长期性的工作任务和双文明建设、农网改造等阶段性的工作任务。为了保证村民委员会能够完成乡

---

① 沈延生：《村政的兴衰与变迁》，《战略与管理》1998年第6期。
② 项继权：《乡村关系行政化的根源与调解对策》，《北京行政学院学报》2002年第4期。

镇的工作任务，政务工作的分配执行以目标责任制的方式加以推进。具体的考核方式除了书面的总结汇报之外，还采取实地验收等方式，类似于具体工程建设的管理方式。屏南乡一般都与合寨村民委员会签订大量的目标责任状，规定工作目标以及相应的责任，然后最重要的是奖罚措施。对于那些关系到乡镇"一票否决"的工作，乡镇对村也是"一票否决"，或者纳入到年度考核指标当中。政权组织为了实现经济赶超，完成上级下达的各项指标而采取的数量化任务分解的管理方式和物质化的评价体系，层层量化分解，下派给下级组织和个人，责令其在规定的时间内完成，然后根据完成的情况进行政治和经济方面的奖惩。由于这些任务和指标中一些主要部分采取的评价方式是"一票否决"，即某一项任务没有完成，全年其他工作成绩为零，不得给予各种先进称号和奖励，所以各级政府实际上在这种由上到下的压力传导中运行。[①] 合寨村民委员会又与下面的自然村或者村民小组签订目标责任状，如此逐级往压下，形成一个连带的责任体系。以社会治安为例，乡镇政府为维持本地域的平安稳定，往往与村里签订治安责任书，内容涵盖综治目标、责任、措施、检查、奖惩等，村"两委"负责人为直接责任人；在村寨社会内部，村"两委"又将治安责任分配到各屯（村民小组），再由屯分解到户，层层签订责任书，形成了一个自上而下的社会治安防控体系。

表7-1　　　　　　合寨村1994年至2009年部分目标责任制

年度	主题	关键词	指标	执行
1994年	屏南乡村公所工作目标管理责任状	农业生产计划、农业税、水费征收、拥军粮、民兵训练费、人均纯收入、造林、村办企业、教育费附加、工商税、计划生育	相应任务量	乡政府与村委会

[①] 郭亮：《桂西北村寨治理与法秩序变迁——以合寨村为个案》，博士学位论文，西南政法大学，2011年，第144页。

续表

年度	主题	关键词	指标	执行
1997年	民兵预备役工作目标管理责任制	具体评分、工作计划、硬件设施、以劳养武、征兵	政治教育覆盖率、征兵合格率、民兵训练经费收取率	列入乡政府年终评比
1997年	社会治安综合治理目标管理责任制	工作计划，第一责任人、工作会议、领导机构、由村到户签订责任状、检查考核验收、配合政法部门、群防群治网络	百分制，31个扣分点，其中关键指标有发案数、治安巡逻队比例、纠纷调解率等	列入乡政府工作目标管理年终评比。乡镇、村委会、村民小组、农户逐级签订责任状
1997年	屏南乡村委会党政领导物质文明和精神文明建设目标管理责任状	农业总产值、公粮、水费、计划生育等	计划生育一票否决	年终分配
1999年	屏南乡社会治安综合治理目标管理责任状	领导重视、领导责任、基层组织、普法等	百分制，21个扣分点	物质和精神奖励
2000年	屏南乡2000年人口与计划生育目标管理责任制	人口出生控制	计划生育率、出生统计合格率、政策外多孩率等	
2003年	屏南乡村级两个文明建设目标管理	农业税、产业结构、退耕还林、为民办实事，人口计划生育、村务公开	农业税、党员发展、党费收缴等任务完成比例	年终福利分配
2004年	屏南乡村级两个文明建设目标管理	农业税、产业结构、退耕还林、为民办实事、人口计划生育、村务公开	农业税、党员发展、党费收缴等任务完成比例	年终福利分配
2004年	屏南乡领导干部分片包干村委会及单位社会稳定责任制	矛盾排查和调处、生产大检查等		

续表

年度	主题	关键词	指标	执行
2005年	屏南乡道路安全责任表	路段、责任人、督促检查人	道路分段负责	
2001年	屏南乡村级干部双文明建设目标管理任务	农业税、拥军粮、民兵训练费、土地承包费、早稻种植、发展党员、党费收缴、计生结扎、为民办实事等	相应基数	列入年终考核，乡镇与村委会签订责任状
2001年	屏南乡创建"无毒小区"责任状	第一责任人、吸毒人员登记、帮教、禁毒宣传等	帮教率、戒毒巩固率	表彰或通报批评
2003年	屏南乡依法治乡法制宣传月活动责任状	举办讲座、法制宣传栏、村规民约、排查调处矛盾	纠纷调解率	乡镇与村委会签订责任状
2003年	屏南乡合寨村退耕还林工程目标责任状	工程任务、目标管理责任，第一责任人、工作组、风险抵押金	造林任务完成率、成活率、幼林保存率等	扣发全年目标管理奖励等
—	党支部工作目标责任制	工作计划、支部学习、党员发展、后备干部等	参加率	
2006年	合寨村"五五"普法依法治理目标责任制	领导小组、第一责任人、工作计划、专门会议、检查总结	参学率、参考率、及格率	村委会与村民小组
2008年	屏南乡村级目标管理考评办法	工作纪律、常规工作任务、弹性工作任务等	百分制 一票否决	年终考核评分，优秀者奖励
2009年	屏南乡重大动物疫病防治工作目标管理责任书	疫病防治		乡镇与村委会签订责任状
2009年	屏南乡安全生产管理目标责任制	安全生产制度		乡镇与村委会签订责任状

第七章　新世纪前后的国家化、地方性与村民自治困境

除了目标责任制以外，对于一些突击性的工作，乡镇政府在村干部工资补贴外，进行现金奖励或者收入提成等，比如夏粮入库。以 1996 年夏粮入库工作为例①，屏南乡政府为按时完成宜州市下达的任务，制定了具体点额奖励办法：各村委会在 9 月 20 日前完成公购粮任务 95% 以上的，奖励 700 元；9 月 25 五日前完成任务 95% 以上的，奖励 600 元；9 月 30 日前完成任务 95% 以上的，奖励 500 元。教育附加费按征得总数提成 5% 给各村委会做劳务费。对于一些专门性的工作，乡镇政府直接在村里设立专干，比如：计生专干，专门负责全村计生统计月报工作，村委会干部予以配合，将各自然屯农户的生育信息及时汇报给计生专干，计生专干有责任批示申领准生证的新婚夫妇，向村民宣传计生政策。至于计生专干的待遇，由计生站补贴 50 元，计生专干 20 元，剩下 30 元由村委会干部平均分配，根据目前村委会工作情况，适当分担一些工作给计生专干，由村委会讨论决定。后来，新型农村合作医疗和新型农村养老保险都设立类似的专干，与乡镇相关部门对接。对于临时性的工作，乡镇政府给予村委会相应的小额补贴，比如土地延包三十年工作，为了确定公粮任务，乡镇政府要村委会组织村民小组长填写每户的田亩和上缴任务，乡镇政府对每本公粮支付 0.2 元的劳务费。

如此，村民委员会完成乡镇工作的情况与村委会干部工资补贴挂钩。村民委员会与乡镇政府实质上变成一种偏向乡镇政府的交换关系，乡镇政府拥有权威和资源优势，村民委员会相对劣势，依附于乡镇政府，同时，乡镇政府又不能完全抛开村民委员会，直接面对分散的村民和不熟悉的村庄。在乡镇建构依附关系的基础上，协助乡镇政府往往成为村民委员会的主要工作。从村干部的工作时间比例来看，他们 60% 的以上的时间要去完成乡的任务，真正用于自治事务（如调解村民纠纷等）的时间只占 30%。②

（二）两选联动与党管干部

1990 年莱西会议确立党支部领导村民委员会，对于具体如何领导缺少可操作化的手段，两委关系成为乡村关系的另一个侧面。因为党的组织原

---

① 《宜州市屏南乡人民政府关于对各村委会完成 96 年夏粮入库各项任务奖励办法规定的通知》，1996 年 9 月 1 日。
② 王振耀：《中国村民自治理论与实践探索》，宗教文化出版社 2000 年版，第 305—306 页。

则是民主集中制,村级党组织与乡镇党委是上下级领导关系,乡村关系除了前面明线的指导外,还可以经由党支部来领导村委会。在合寨村,第一步是党支部的党务公开和党支部"两推一选",在党支部选举加入村民推选环节,让党支部适应推选的节奏,接着广西壮族自治区将村民委员会换届选举和党支部换届选举结合,即"两选联动",先进行党支部的换届选举产生新一届的支部班子,接着将支部成员经党组织推荐成为村民委员会正式候选人,参加村民委员会换届选举,尽量实现两委交叉任职,如果支部书记能够当选村委会主任就"一肩挑",如果不行,就将村委会主任培养成支部书记以代替原来的支部书记。

根据 1999 年 11 月 8 日宜州市委组织部向市委所做第二届村民委员会换届选举中党支书入选情况的汇报,全市选民 344457 人,占农村人口 66.5%,参加选举投票的有 329058 人,投票率 95.53%,共选出 826 名村委会干部,其中党员 551 人,占 66.7%。宜州市委组织部努力动员符合条件的党支部书记参选村委会主任,推荐优秀党员、青年和妇女进入候选人,提倡党支部书记和村委会主任"一肩挑"。一方面鼓励优秀党员、现任村支部书记自荐参加村委会主任竞选,并推荐其作为初步候选人,竞选正式候选人。另一方面努力为这些候选人竞选提供便利条件,引导选民在投票中支持这些优秀党员和村支部书记。在全市 211 名村支部书记中,乡镇共推荐 203 人作为初步候选人,确定 194 人为正式候选人,经过选举,140 人进入村委会,其中主任 113 人,副主任 25 人,委员 2 人,入选率 72.2%,余下 71 名党支部书记中,2 人提拔为乡镇干部,3 人年老退休,3 人因自身问题不能参选,实际落选 63 人,落选率 29.8%。对于落选党支部书记,进行全面考核,合格的继续留任,对于不合格的则通过党支部大会改选,51 人重新任命,为此,总共 211 名党支部书记中,91.4% 的党支部书记得以留任,巩固了党组织在农村领导核心的作用。①

在政府的大力推动下,2006 年河池市两委成员 13949 人,交叉任职 9464 人,占 67.88%,比上一届提高 22.15%,其中党支书与村主任"一肩挑"的有 1034 人,占 69.03%,比上一届提高 28.13%,都安、东兰、

---

① 《关于我市在第二届村民委员会换届选举中村党支部入选情况的汇报》,1999 年 11 月 8 日。

第七章 新世纪前后的国家化、地方性与村民自治困境

宜州、金城江、大化等县市区比例分别为100%、87.8%、83%、71.2%、71%。① 合寨村从1994年撤所建委后，自蒙国平开始就是"一肩挑"，蒙国总、韦向生也都是"一肩挑"，村委会其他干部全部交叉任职。根据韦向生口述：

> 原来我们村党支部和村委会是分开的，后来群众提出建议就是党支部书记是由乡党委任命的，村委会主任由村民选举出来的，他们的权力来源不同，这样你拿你的钱，我管我的人，工作上意见分歧，容易出现混乱，乡里提出村委会主任和党支部书记就由一个人来当。②

在日常的干部考核、调整和培育上，党管干部的原则在村级组织建设中得到贯彻。随着村支"两委"一肩挑和交叉任职，村干部纳入到基层党组织考核体系，从1999年开始，乡镇政府对合寨村"两委"干部进行勤政廉政考核，先由群众评议后，最后由乡镇党委填写具体的考核意见，从政党纪律来约束村干部的行为。乡镇党委关注党支部干部的调整和任用，根据2000年合寨村村级组织建设情况统计，合寨村前三年内总共调整干部3人，顺利完成支部书记和村委会主任的轮换，村定编干部总数由5人增加到7人，平均年龄维持在46岁，其中初中文化程度2人，高中文化程度1人，其余4人为小学及以下文化程度。基层政府除了对现任村干部加强管理外，还按照年轻化和知识化的目标，致力于村级后备干部的培养，1998年至2000年共培养后备干部6人，其中，35岁以下1人，高中文化1人，中专文化1人。在合寨党支部工作目标中明确提出："按德才兼备的原则建立一支3—5名后备干部队伍，并做好培养工作"，"认真贯彻落实党的路线、方针和政策，圆满完成上级布置的各项工作任务，根据上级党组织的要求制定本支部的工作计划"。正是在这种思路下，早在1996年，38岁的韦向生就被发展为后备干部，韦向生之前是板甘屯的村民小组

---

① 数据来源于黄贤：《广西河池市村民自治与农村和谐社会建设研究》，"村民自治三十周年"学术论文集，2006年6月。
② 调研点：广西河池市宜州市屏南乡合寨村，受访者编号：CPQ20091111WXS，受访时间：2009年11月11日，调研员：陈沛奇等。

· 397 ·

长，高中毕业回乡当扫盲班的代课老师，后来到屏南街开了一个钟表修理摊，生意渐淡后，回村里种桑养蚕，并收购蚕茧，逐渐成为村里的致富能人。根据党支部对韦向生的考核，认为他积极参加集体义务工，发挥小组长作用，及时解决村民的纠纷，减轻村委会的麻烦，同时又比较年轻，有文化。与蒙国总、韦焕能以及蒙振强等确定为党支部培养的后备干部。在2001年接替蒙国总支部书记一职，2002年当选村委会主任，与韦以明、韦恩立、罗凤秋、蒙振球等形成新的村支两委班子，从而实现了合寨村干部的新老交替，成功将党支部培养的后备干部推上前台。事实上，中国党政体制具有高度的复制性，为此，在村级组织建设中，依然可以看到党政体制中党管干部原则的有限运用，以此向村级组织输送党组织培养的干部，从村庄治理精英的角度加强党组织对村级组织工作的领导。

表7-2　　　　　　　**1999年屏南乡合寨村党员情况统计**

项目	党员总数	女党员	小学文化	初中文化	高中文化	中专文化	30岁以下	31至35岁	36至45岁	46至55岁	56岁以上	平均年龄	最大年龄	最小年龄
人数	60	7	45	10	4	1	1	2	12	26	25	54	79	28

（三）村财乡管与资源约束

根据正式公布的《村组法》的规定，村级财务实际上是由村庄民主管理。该法第十九条规定："涉及村民利益的下列事项，村民委员会必须提请村民会议讨论决定，方可办理：（一）乡统筹的收缴方法，村提留的收缴及使用；（二）本村享受误工补贴的人数及补贴标准；（三）从村集体经济所得收益的使用；（四）村办学校、村建道路等村公益事业的经费筹集方案；（五）村集体经济项目的立项、承包方案及村公益事业的建设承包方案；（六）村民的承包经营方案；（七）宅基地的使用方案；（八）村民会议认为应当由村民会议讨论决定的涉及村民利益的其他事项。"这八条规定都与村集体财产和财务密切相关。该法的第二十二条还规定："村民委员会实行村务公开制度。村民委员会应当及时公布下列事项，其中涉及财务的事项至少每六个月公布一次，接受村民的监督：（一）本法第十九条规定的由村民会议讨论决定的事项及其实施情况；（二）国家计划生育政

第七章　新世纪前后的国家化、地方性与村民自治困境

策的落实方案；（三）救灾救济款物的发放情况；（四）水电费的收缴以及涉及本村村民利益、村民普遍关心的其他事项。

不过，与全国大多数地方的做法相似，根据1997年出台的《宜州市村级集体经济财务管理办法》，由屏南乡政府代管下面各村的财务，即"村财乡管"，坚持村组集体财产所有权，财务审批权、资金使用权、民主监督权不变的前提下，按照村民自治、依法委托的原则，实行村级财务核算、审核由乡镇代理统管。如果村里要花钱，要先做预算，然后报请乡政府审核，然后逐笔报销。这样，村委会要使用村集体资金必须经过乡镇政府，分割了村委会财务管理权限，也成为乡镇政府制约村委会行为的重要手段。对合寨村的薄弱的集体经济而言，村财乡管的作用有限。相比之下，由乡镇统一发放的村干部工资补贴更能影响村委会的行为。大部分乡镇下达的工作任务考核都直接与工资补贴挂钩，建立一种选择性的激励。据合寨村委会主任韦向生口述：

> 我们和乡里的关系是指导性的，压也压一点，不过，因为我们的工资是从那里来的，我们不可能不听上面的话，我们的生活来源也是他们给的，是县财政拨的，通过乡里再到我们这里。[①]

合寨村委会班子成员的补贴全由市财政统一发放。拿着"公家"的钱，村委会担负的"上面"的事务也多了起来，每天要应付各种各样的会议、学习，年底还接受乡里的目标管理考核。村集体没有钱，修路、改水、建文化中心、民房改造这些都要向上级伸手要，我们部分精力都放到了向乡里跑项目，要资金方面。[②]

另一种资源约束体现在公益事业方面，合寨村集体经济薄弱，道路修筑、水利建设等都需要向乡镇乃至更高一级政府争取资金，2011—2014年合寨村固定资产费14532.77元，上级拨款75515元，将近一半。每当兴建公益事业，除了村民筹资筹劳外，村干部以及下面村民小

[①] 调研点：广西河池市宜州市屏南乡合寨村，受访者编号：CPQ20091111WXS，受访时间：2009年11月11日，调研员：陈沛奇等。

[②] 郭亮：《桂西北村寨治理与法秩序变迁——以合寨村为个案》，博士学位论文，西南政法大学，2011年，第164页。

组长等都会向乡镇政府"化缘",或者经乡镇政府证明后向市政府有关部门"打报告"。屏南乡政府会酌情给予村委会支持,当然这种支持与村委会所作工作以及完成情况相关,也与村干部与乡镇干部的私人交情相关。通常来说,乡镇政府会适当给予村委会一定物资,用于兴建公共设施,或者以项目的方式优先投入某一个村庄等。显然,这些都是与村委会承接乡镇工作任务联系起来的。为此,合寨村村委会主任韦向生不得不承认:"每天要应付各种各样的会议、学习,年底还要接受乡里的目标管理考核。村委会越来越像一个部门,村集体没钱,修路、改水、建文化中心、民房改造这些都要向上级伸手要,每天的主要工作就是向乡里跑项目,要资金。"[1]

同时,在资源约束下,村委会本身的干部职数和人员结构也受到影响。宜州市在增选青年委员和妇女委员后,为了使得人口相当的村委会配备同等的村干部人数,确定4个职数方案:一是人口在1800人以下的村委会干部职数3人;二是人口在1800人至2500人以下的村委会干部职数4人;三是2500人至4500人的村委会干部职数5人;四是4500人以上村委会干部职数6人。至1999年,宜州市有村委会204个,村干部1032人,市财政年发给村干部工资总额1244412元,平均每个村委会4.89名干部。合寨村在撤社建乡后村委会干部职数最少,有3人;在村公所时期干部职数最多,有7人;在重新建立村委会后,村委会干部职数保持在5人。另外,为了保障村级党支部健全,又不增加财政负担,宜州市政府规定在应选村干部名额中预留一个名额,配备给党支部成员。如果有些村委会干部只有3人,则这些村委会增加一个党支部成员的名额。2005年合寨村总人口4307人,村"两委"享受财政补贴工资的职数为5人,其中党支部人数1人,村干部人数4人,其中,主任1人,副主任2人,委员1人。2005年,宜州市新一届村支两委成员1031人,比上届1161人,减少了130人,减幅11%。减轻财政负担28.08元。[2]

面对村干部职数的硬约束,党支部和村委会必须进行交叉任职,从而

---

[1] 王维博:《中国第一个村民委员会诞生记》,《村委会主任》2010年第6期。
[2] 《严格程序 依法选举 扎实有效开展村级"两委"换届选举——宜州市2005年村级"两委"换届选举经验材料》,2005年9月13日。

第七章 新世纪前后的国家化、地方性与村民自治困境

实现党组织和群众自治组织的融合，将行政关系嵌入自治组织。根据2005年9月13日，宜州市村级"两委"换届选举工作指导委员会办公室对于村级换届选举工作的总结，2005年村支"两委"换届选举，历时45天，全部210个村完成换届选举，党支部一次选举成功率100%，村委会一次选举成功率92.8%，一次选举成功率比上届提高21%，新当选的村委会主任中，党员201人，占95.7%，"一肩挑"，即村主任兼任党支部书记的有171人，占81.4%，连选连任133人，占63.3%，比上届提高31%，两委成员交叉任职535人，占两委干部总人数的51.9%。高于自治区提出的要求"一肩挑"率80%和"交叉任职"率50%。[①]

有鉴于村财乡管或村账乡管，有人提出加大对村级的财政转移支付，建立与村级组织相适应的财政管理体制，权责利相统一的运行体制，将村级组织的开支纳入财政。然而，根据一级政府一级财政的原则，村级组织并不属于政权组织，因此并不能建立相应的财政，如果通过赋予村级组织财政税收权力，那么必然将其建设成为一级完备的政权组织，显然这与村级组织本身的法律规定是相冲突的，由此，在保障村级组织运行经费方面需要考虑更多，目前来说只能通过县乡政权将部分财政转移支付。同时，有关村级转移支付等公共资金的使用等需要充分体现村民自治的原则，参与到村级公共资金的使用和管理当中，即便村财乡管也能够更加有效地激发村民自治，而不是行政化。

（四）挂点干部与直接管理

行政化从某种意义上意味着科层化，一级对一级负责，形成所谓的科层理性，行政工作必须一级一级处理，对于一些重要或者突发的事件，科层制体系可能难以及时有效地加以应对，出现各种信息迟滞或行动迟缓等，为了打破科层理性，中央或各级政府可能越级进行管理，直接将本级党政干部下派基层，以便于及时处理相关问题，于是形成一系列的直接管理方式，比如下派工作队或工作组、办联系点、挂点联系、分片包村等等。

[①] 《严格程序 依法选举 扎实有效开展村级"两委"换届选举——宜州市2005年村级"两委"换届选举经验材料》，2005年9月13日。

● ● 国家化、地方性与村民自治

改革开放后,地方领导干部习惯于办联系点,围绕某项重点工作,领导干部对应某个村级单位,负责指导村级相关工作,并提供相应的资源帮助等,以此作为地方领导干部获取实地情况和相关经验的途径,简称为"办点",相对于工作队或工作组而言,地方领导干部挂点联系并不直接干涉村级相关事务,而是为村级提供必要的政策和资源等,侧重于信息报送和工作指导等,具体工作任务实际上由村级负责。

下派工作队和办联系点更多是乡镇以上政府直接干预村级工作所采取的办法,乡镇政府作为基层政权,直接面对基层群众,传达上级政策,处理群众反映问题,但是乡镇干部人数有限,只好将村委会作为乡镇政府的腿脚,但是村干部并不属于行政官僚体系的一部分,如果要乡镇要加强对村委会工作的影响,让村委会协助乡镇政府工作,而具体的工作任务仍然需要乡镇政府来承担,只能将乡镇干部临时性地下派到村级,分片包干负责若干村级的工作。

为此,徐秀丽等在对农村治理现状调查基础上,认为在现行的村治模式中,乡镇政府向各村派出党政官员直接参与村级治理,是一种十分普遍的做法。① 作为典型村庄的合寨村,村委会主任韦向生表示:

> 包村干部很久以前就有了,人民公社的时候都有公社干部来指导合寨的工作,后来1987年乡里面直接派干部来,我们村两委班子包屯,包括群众的生产生活困难,解决矛盾和化解纠纷,这些都要我们包村包屯干部一起来做。②

1997年,宜州市调整充实村党支部书记89人,占支书总数的42%,调整村委会主任76人,占村委会主任总数36%。全市211个村居委会选配了村委会主任、党支部书记和支部委员803人,村委会成员752人,在鼓励村支两委交叉任职的前提下,从机关单位抽调783名干部加强村级党组织建设。正如农村经济生活中的家庭承包制一样,在乡镇管理中也渐渐

---

① 徐秀丽主编:《中国农村治理的历史与现状:以定县、邹平和江宁为例》,社会科学文献出版社2004年版,第17页。
② 调研点:广西河池市宜州市屏南乡合寨村,受访者编号:CPQ20091111WXS,受访时间:2009年11月11日,调研员:陈沛奇等。

形成一种新的政治承包制,即乡镇干部挂点包村。乡镇主要干部在完成各自岗位职责的基础上,还需要额外承担分片包村的责任,或者挂所在村党支部第一书记。挂点干部一般参与挂点村的重大事务,比如:换届选举、公益事业建设、交纳税费等。一方面协助村委会开展村内各项工作;另一方面也是贯彻落实乡镇政府行政工作。以往乡镇政府将工作布置给村委会,由村委会去完成,但村委会选择性执行,存在消极对抗的可能,一些工作搁浅在村委会。挂点干部是乡镇政府的影响力直接进入村委会的重要载体。因为挂点干部背靠乡镇政府,利用乡镇政府的权威和资源,对村委会施加压力,使得乡镇政府的行政意图得到贯彻。村委会也通过挂点干部与乡镇建立稳定的联系渠道,以获取上级有限的项目与资源。挂点干部俨然成为村委会与乡镇之间的中介,进一步扣紧乡镇政府与村委会的行政链条。挂点干部机制本身的复制性,对于村委会来说,为了落实上级相关工作,采取村干部包片,党员和村民代表包户的方式,包片干部、包户党员和村民代表与所承包片与户风险责任共担。

(五) 乡村组三级与条块关系

村民自治行政化的一个核心是围绕村委会与乡镇政府之间关系展开,到底是指导关系和领导关系,当然这是在立法和政策层面的争论,在实践中,乡镇政府类似于村委会的上级组织,在村委会内部的横向的组织结构和纵向的隶属关系来看,乡镇政府的条块关系一直延伸到村委会。在横向组织结构上,形成以村支"两委"为主,包括妇代会、团支部、治安保卫委员会、义务巡逻队、调解委员会、科教文卫委员会、综合治理领导小组、消防组织、老龄协会、植保组织等,村党支部书记和村委会主任作为村级组织负责人领导村支"两委"各委员会、小组的工作,形成所谓的"块块关系"。上述村委会内部机构设置同时与乡镇政府相应工作机构对应起来,乡镇的部门在村支"两委"找到相应的委员会或者村干部,进行业务指导或者提供工资补贴等,由此形成"条条关系"。当然,各种工作机构实际上主要是由村支"两委"干部分头负责,往往是一个村干部分管若干相关工作,并接受乡镇相关部门的业务指导,协助乡镇部门完成相关工作。

表7-3　　　　合寨村"两委"干部职务、分管工作和对接部门

职务	党总支部书记、村委会主任	党总支部副书记、村委会委员	党总支部组织委员、村委会副主任	党总支部宣传委员	党总支部纪检委员	村委会委员
分管工作	主持党总支部、村委会全面工作	分管党务，以及文秘、村务公开、档案管理、保密工作	分管支部组织，以及民兵、扶贫、出纳工作	分管宣传、共青团工作，以及统计、文教卫生、计生、会计工作	专管计划生育工作	分管纠纷调解、后勤、治安保卫工作等
对接部门	乡镇党委和政府	乡镇党政办公室	民政所、武装部、财政所等	农经站、计生站、财政所等	计生站等	司法所、派出所等

乡村关系必然延伸到村组关系，村民小组是村委会的下属组织，横向的委员会之外，村组之间纵向的结构关系并不明显，村民小组只有村民小组长或村民代表等，并没有具体的组织机构，其承担的工作主要是上传下达等，村组之间的关系概括为"村实组虚"，不过，在村民自治行政化的背景下，乡镇和村委会加强对村民小组长的管理。2004年宜州市专门下放有关村民小组管理暂行办法，明确村民小组长的产生方式和工作职责外，提出具体的工作待遇和考核奖励标准，村民小组长在党小组的领导下进行提名和选举，并且对村民小组长的考评作出详细的规定，考评由乡镇、村委会干部通过检查工作、个人谈话、专项调查、开群众会评议的方式进行，一年一次考评，连续两年考评基本合格则进行调整。村民小组长要切实履职职责，不服从乡镇党委、政府和村党支部、村委会的领导，不完成上级交给的各项任务，由村委会书面限期整改，不改正者报乡镇党委、政府同意后，取消定额补贴。村民小组长违法组织策划群众集体性纠纷、上访等活动，造成不良社会影响者按照有关程序予以罢免，并取消财政下发的定额补贴。合寨村参照县乡文件制定了本村的村民小组长工作职责和任务等，具体如下：

第七章　新世纪前后的国家化、地方性与村民自治困境

合寨村村民小组长工作职责和任务

合寨村村委会明确村民小组长的责任和任务，在原则上规定思想学习和贯彻落实法律政策、调解矛盾纠纷和维护社会治安后，用列举的方式提出具体的工作任务和要求。

开会。每次开会按时到会，迟到扣工资（实际上是补贴）5元，无故缺席扣10元，有事必须向村委会做书面请假。

计划生育。协助发放孕检通知书，做好人口统计，孕检无人参加则扣小组长当月全部工资。

认真完成上级党委和村委下达的各项指标和任务，以及各种数据统计，不得弄虚作假，经核实发现作假，扣全年工资30%。

每年要为本屯群众做两件以上实事好事。

年终时要及时做好本村的财务清账工作，如果发现有财务混乱，账目不清等，扣工资10元，情节严重负刑事责任，并移送司法机关。

（六）干部培训与政治教育

定期对新当选的村支部书记、村委会主任进行轮训和教育，是县（市）、乡镇党委和政府管理农村事务的日常工作之一。[①] 干部培训除了思想学习外，主体是围绕政府重点工作来展开，比如调整产业结构、发展集体经济等。比如1995年广西壮族自治区分批对撤所改委后村委会主任进行培训，贯彻落实《村组法》。1996年5月宜州市对210名村居干部进行双学培训，提高村居干部政治、理论素质和掌握农村实用技术。1996年12月宜州市党校开办村委会主任和党支部书记培训班，提高基层干部思想政治素质和发展集体经济的能力。2009年屏南乡农村党员全员培训，包括农技培训、理论学习等，此后，每年都有各种类型的干部培训，至于乡镇一级的培训更是数不胜数。干部培训是从思想认识上影响村委会的重要方式，正如乡镇干部常说"换人不如换思想"。县乡政府将上级的政策任务转化为培训内容，邀请主管领导或者业内专家等授课，详细讲述相关政策的优势，并借助于现场教学或者参观考察的办法使得村干部们逐渐接受和

---

① 徐秀丽主编：《中国农村治理的历史与现状：以定县、邹平和江宁为例》，社会科学文献出版社2004年版，第19页。

认同政府的决策,从而转变态度,积极支持和配合上级政府的行政工作。

在干部培训来落实行政任务外,数年一次的政治教育运动则是通过营造大的政治环境来影响村干部的行为。从20世纪80年代末的政治形势教育,到邓小平理论、"三个代表"、科学发展观等意识形态学习。每次政治教育活动都当做政治任务,制定具体的学习方案,村干部要对照学习纲要进行自我检查,然后由乡政府派出督查小组进行考核评分,最后组织村民民主测评村干部,提出整改意见。经过几轮学习、检查和测评后,政治教育活动才告一段落。每次政治教育活动的落脚点是为人民服务,也进一步重申了政治纪律,要服从党支部的领导,完成乡镇政府的任务。

总之,在村民自治规范规制的同时,又是日益的行政化。规范规制来自于地方政府的直接推动,依靠的是行政力量。在村民自治规范化过程中,乡镇政府也深深影响着村民委员会,并保持和扩大对于村民委员会的权力、资源、人员和思想优势,让村民自治徘徊在他治的边缘。

三 税费改革、乡村关系与悬浮型政权

在汲取型乡村关系背景下,村委会捆绑在乡镇政府的行政任务之上,承担着税费征收、计划生育和产业结构调整等工作,形成与乡镇政府的利益共同体,并与农民的冲突和对立日益严重,使得税费负担从经济问题成为影响基层社会稳定的政治问题,最后在税费改革和取消农业税后得到解决,乡村关系迎来一次重要的调整,村民自治的外部环境发生明显的变化。

(一) 乡村利益共同体

随着征收难度的增加,时常出现拖欠税费的情况,乡镇政府不能不雇用更多工作人员来征税或者让乡村干部搭车收费,甚至让派出所等强制机关来征税,征收的税费部分充当征收人员的工资或福利,实际上乡镇的征税的成本居高不下,征收的税费往往还不如征税本身的消耗,中央政府获得的农业税只占农村税费的小部分,而大部分作为乡镇的机构运转经费、人员工资和各类公共建设经费,而且在强制征收税费的过程中基层政权也

面临着合法性的流失,可能影响到农村社会稳定,对于中央政府来说,如此征收税费得不偿失,但是对于地方政府来说,分税制之后地方财政国家化,只好通过预算外的税费来填补地方财政的空缺,一旦出现对于预算外收入"依赖症",地方政府便难以控制,于是在农民的政治信任排序中,"中央是恩人,省里是亲人,县里是仇人,乡镇是敌人"。对于村委会来说,村委会与村民的关系趋向恶化,协助乡镇征收税费本身就使得村委会遭到村民的排斥,同时,村委会也缺少服务村民的能力和手段。村委会既要向村民收取税费,以提留款供养村委会干部,同时又不能适时提供公共服务,或者解决村民的现实问题。事实上,村民自治由于村委会的行政化和汲取型功能日渐被村民边缘化,失去其原来自我管理、自我教育和自我服务的作用,村民也疏远于村民委员会,出现所谓的消极参与和选举冷漠等,村民自治在外部环境的制约下陷入"发展的困境"和"成长的烦恼"。为此,中央政府通过试点逐步推开税费改革,将其作为减轻农民负担的一项重要政策措施,并没有从中央和地方关系进行调整,农民负担加重从结构上来说其实是地方财税关系调整后所形成的"汲取型政权"导致的结果,接着才致使地方各级政府无限制地"乱收税、乱收费、乱摊派"直接后果。

不过,从农村社会稳定和基层政治来看,税费改革意味着中央政府对于农民负担问题的重视,吸引了中央政府的政治注意力,将税费改革作为关系到农村政治稳定和农民权利的大问题。曾对税费改革和乡镇体制进行系统研究的吴理财认为:"目前中国大陆推行的农村税费改革不单是以减轻农民负担为主旨的农村分配关系的一种调整,其根本目的则是挽救农村基层政府1980年代中后期以来日渐加深的合法性危机,重建国家在农村社会的合法性基础和统治权威。从这个意义上说,与其说农村税费改革是农村分配关系和经济利益的调整,毋宁说国家在农村社会基层政权重建的一种尝试和努力。"[1] 因为社会主义基层民主建设带来的直接后果是从原来的动员农民卷入政治向赋予农民权利,农民主动参与政治,于是,随着现代国家建设内涵的变化,为了获得农民的支持,国家在政治上必须保障农

---

[1] 吴理财:《农村税费改革之政治性后果:以安徽省为例》,《香港社会科学学报》2003年第24期。

民的正当利益和合法权利。于是,农村税费改革提上议事日程,刚开始的时候是规范农村税费征收的过程,减少基层政府的乱收费现象,控制税费总量,从而减轻农民负担。为了规范农民的负担行为,国务院专门下发了《农民负担管理条例》,其主要内容是规定,农民负担的比例不能超过上年纯收入的5%。不过,由于缺少对农民纯收入的数目字管理和有效的监督,所以为了不超出国家"红线",一些地方和基层干部以虚报农民收入的方式将农民负担控制在表面的5%的限制内,实际收费则大大超出国家的负担线规定。

(二) 税费改革

2000年3月2日,湖北省监利县棋盘乡党委书记李昌平给国务院总理朱镕基写信,陈述农村面临的困境,疾呼现在农民真苦、农村真穷、农业真危险,同时呼吁国家切实减轻农民负担,并提出减免农业税等一系列的措施。[①]李昌平的信引起了高度的关注。与此同时,2000年中共中央、国务院下发《关于进行农村税费改革试点工作的通知》,开始在安徽省进行改革试点,其他省份选择102个县进行局部试点。根据合寨村2001年减轻农民负担工作总结,一是加强土地承包费的管理。土地承包费是农村家庭联产承包体制体现国家、集体和个人三者利益的一个重要内容,是集体土地的体现,因此,收取土地承包费,关系到农民的切实利益,村委会领导班子很重视这一工作,严格按照中央和各级政府的政策执行,根据实际情况,制订本村的具体方案,经过村民代表大会讨论通过,并且强化对土地承包费的监管力度,所收取的土地承包费全部返还给各村民小组,用于兴办村里的公益事业,根据统计2001年共收取土地承包费5300多元,人均1元多。二是加强对小学校收费的管理。合寨村根据上级精神,学校收费执行一费制,每年每人收费不超过120元,其他费用一律禁止收取,而且不允许任何名目的搭车收费。三是严格农业税费的征管制度。严格管理"三提五统"的收费项目,2001年减少收费项目有乡村道路修建费和计划生育费以及拥军粮收费三项,共计减少5万多元,人均11.8元。根据统计所收取的农业税人均11元,教育费附加人均35元,民兵训练费人均1

---

① 李昌平:《我向总理说实话》,光明日报出版社2000年版,第20页。

元,学校收费人均1.5元,共计人均48.5元,占上年农民人均纯收入1953元的2.5%,低于中央规定的5%的要求。

2002年3月,国务院确定河北、内蒙古、吉林、江西、山东、河南、湖北、湖南、重庆、四川、贵州、陕西、甘肃、青海、宁夏等16个省区市为扩大农村税费改革试点省区,随着农村税费改革在全国推开。2003年宜州市税费改革工作正式展开,当年7月至9月,正值农忙季节,合寨村村民正在播种晚秧,收黄豆,为甘蔗追肥,为桑园除草等。屏南乡人民政府的覃副书记和潘纪委下到合寨村开始传达农村税费改革的相关文件,村委会召开各片党小组长和村民小组长会议,要求党小组长和村民小组长向所属村民小组的群众进行传达和宣传,到会的只有8人,有7人请假或者农忙未至,会上,对于税费改革前后农民所承担的税费负担等进行粗略的比较。一位农户有水田0.5亩、旱地0.5,人口1人,在税费改革前,按照人口税每人35元,公粮每亩34公斤,拥军粮每亩2公斤,水利粮每亩11.5公斤,土地承包粮每亩5公斤等,水田面积作为纳税面积,为0.5亩,每公斤粮时价0.9元的标准,每年应交税费为58.63元。税费改革之后水田与旱地总和作为纳税面积,为1亩,正税与附加税合计每亩25.88公斤,每公斤粮时价0.9元标准,每年应交纳税费23.29元,因此,税费改革后减轻负担35.34元,占税费改革前负担总数的60.28%。根据2004年7月5日合寨村果地上屯农业税任务,全屯61户,210人,承包地186.66亩,全屯农业税4370.9公斤,其中,正税3642.2公斤,附加税728.7公斤,人均农业税20.8公斤,亩均农业税23.42公斤,与2003年农业税任务略有下降。从宜州市政府所提供的全市农民税费负担对比来看,1999年的人均税费负担为86元,而2003年的人均税费负担为49.05元,减负率为42.9%。

不可否认,税费改革试图通过规范税费征收和控制税收比例等途径减轻农民负担,但是并没有从体制上堵死乱收费,大多数乡镇政府主要财政收入高度依赖农业税费,在乡镇机构增多、人员增多和支出增多的条件下,农民税费负担仍有所反弹。从全国来看,有关部门对100个县的监测结果显示,2002年农民人均直接负担的各种税费比上年增长6%,其中收费、集资、罚款等增长高达21%。① 正如秦晖所总结的"黄宗羲定律",即"积累莫返之害",历史上税费改革后,由于当时社会政治环境的影响,农民的负担在改革后增加到更高的水平。

在合寨村税费改革过程中,与农业生产相关的"七站八所"等机构仍然需要向农民收取专项费用,以便维持机构运转,并提供相应的农业生产服务。以农田水利为例,在税费改革宣传动员和组织实施过程中,屏南乡水管所下村收取水利费,按照税费改革政策,水利费等作为乡镇统筹已经取消,并纳入到附加税中,但是对于乡镇财政来说,比起自收自支的水利费,附加税等返还给乡镇水管所难以解决资金短缺问题,为此,屏南乡水管所到各村动员村组干部协助收取水利费,与以往由村组干部统一收取乡镇统筹不同,水管所这次是单独收水利费,水管所长不得不亲自下村与村民小组长们开会,应到33人,实际上只有16人与会,刚开始的时候,水管所所长并没有拿相关政策说事,毕竟税费改革政策已经取消了水利费等,只能将2000年以来,水管所对合寨村屯水利建设投资的情况作了详细介绍,每年拨水泥物资等维修各屯渠道、桥梁、巷道等,一一列举出来,包括具体时间和水泥物资数量等,然后介绍了屏南乡水利管理员分布和水费分配等情况,大体的意思是说不只合寨村,其他村也要收水利费,并将去年水利费的总数和用途等告知。在此基础上,水管所所长希望水田按每亩11.5公斤粮收水利费,种桑的话收一半,水管所要有维修资金的保障,否则难以维持运转等。接着宣读了宜州市水电局颁发收取水利费的相关文件,要求在11月18日至12月5日间全部完成水利费收取任务。在水管所所长说话后,村民小组长开始讨论,果作屯的韦天伦、果地屯蒙桂能认为宣传不到位,农民有可能不能理解。中片党小组长韦云厚认为水利没有水,自己无水灌溉就不用交水费。下片党小组长韦继能补充说目前税费改革没有讲收水利费一事。会议最后并没有形成一致的意见,不过水利费还是摊派到各屯。

(三) 乡村关系

税费改革对村委会的影响要大于乡镇政府,除了乡村集体经营性收入

---

① 曹海涛:《防止农民负担反弹》,《经济日报》2003年3月1日。

和乡镇转移支付外，村委会的财务相当单薄，尤其是那些以农业为主的中西部地区农村更是如此，乡镇政府本身是吃饭财政，乡镇政府转移支付不会太多，拖欠更是常事。集体经营性收入对于分田到户后彻底分光的村庄来说几乎为零。村委会既缺少内源性发展的动力，又没有外部的财务支持，村委会自我服务举步维艰。此外，农村税费改革并没有改变汲取型的乡村关系的本质特征，只是从强汲取向弱汲取转变，毕竟将从前不规范和无上限的税费限定在一定的比例之下，明确表示减轻农民负担的政策取向，只是税费改革本身遭遇体制性的束缚。村民委员会协助乡镇政府征收税费的工作没有改变，而且原本留存村一级使用的提留款也上收为乡镇管理，更加深了村委会对乡镇政府的财政依赖，抓住了村委会的"钱袋子"，难以拒绝乡镇政府下派的各种工作任务。唯一有所变化的是将以前村级强行摊派的筹资筹劳变更为村民会议的"一事一议"，将村级公益事业的主导权交给了普通村民，由村民决定办什么、不办什么，先办什么、后办什么，以往村庄公益事业完全由村委会干部说了算，很多时候是乡镇政府达标工程或形象工程为内容，与村民的实际需要相去甚远，造成巨大的浪费，或者因管理不善，形成巨额的村级债务等。税费改革后，村级公益事业的筹资筹劳虽然由村民委员会提议，但是最终的决定权在村民会议上面。经历前一段时间的强行摊派后，村民对于"一事一议"的筹资筹劳并不积极，导致一些地方的村级公益事业明显倒退，除非一些与切身利益相关的重大公益事业，村民才会响应村委会的提议筹资筹劳。村委会干部对于公益事业筹资筹劳表现得更加谨慎。首先要考虑提议兴办的公益事业能否得到村民的预期支持；其次是筹资筹劳必须按照"一事一议"的具体标准，不能过线，否则会变相成为新的摊派；最后"一事一议"的必须按照程序来，建设前筹资筹劳情况，建设中的监督管理，建设后财务收支公开等。唯如此，才能够保证村民对公益事业的持续支持。

除了村级财务状况和筹资筹劳的制度性规定外，以"一事一议"方式兴办公益事业还需要加入两个关键性的变量，那就是村民的能力和村干部的态度。前面已经分析税费改革后村级财务窘况，公益事业要依靠村民的筹资筹劳，那么，村民是否愿意筹资筹劳，可以想到的是经历强行摊派后的村民大都不愿意筹资筹劳。即使村民愿意筹资筹劳，也要考虑村民的筹资筹劳的能力。村干部是否愿意组织兴办公益事业也是重要的变量，在集体经济空壳化和村委会行政化的背景下，村委会干部为何要兴办公益事业，有什么动力促使他们这样去做。这就涉及村委会的民意压力，村委会说到底是由村民选举产生，要赢得村民的选票必须为村民服务，兴办公益事业是加分项目，促成村干部对于"一事一议"的态度转变。显然，税费改革后村民自我服务取决于村级财务状况、村民能力和村干部态度等因素，这也许是税费改革对村民自治影响最为深入的地方，逐渐改变强汲取型的乡村关系，并且再一次放权给村一级，原来在乡镇政府框架下兴办的公益事业交还给村委会。为此，2003年合寨村党小组长和村民小组长讨论了上片拉垒、乾朗和肯塄三个自然村的税费征收，人民公社时期三个自然屯的部分土地因为修筑里洞水库而被淹没，所以公社免除了三个自然屯农业税任务，税费改革后对三个自然屯的税费征收，如果继续免除农业税的话，那么附加税是否也无法征收，因为附加税是根据正税按比例征收的，为此村里讨论决定按照附加税标准收取村提留，水田每亩5.9元，旱地每亩2.6元，以此作为自然屯相关公共事业的资金。

关于收取拉垒、肯塄、乾朗三屯公益事业费的会议纪要

农村税费改革工作已经接近收税阶段，合寨村12自然屯也和全国一样实行农村税费改革，依《广西民族自治区农村税费改革重点工作实施方案》，在全村范围内进行税费改革。税改后，村内兴办农村水利基本建设，植树造林，修建村级道路，集体生产、公益事业所需投资投劳，实行"一事一议"，由村民代表大会民主研究决定，我合寨村拉垒、肯塄、乾朗三个自然屯属于水库淹没区，根据上级有关文件，淹没区没有征收正税任务，所以没有附加税，按税改村提留征收使用办法规定，这三个自然屯就没有经费开支。为妥善解决这一问题，经合寨村12自然屯31位村民代表，于2003年9月25日，在村委会办公室研究讨论，经充分协商后达成协议，收取三个自然屯的公益事业费及收费标准，按水田每亩5.9元，旱地每亩2.6元，进行征收，收取时间为每年度的9月底前完成，收取方法是由村民小组同村干下屯逐户征收，经费由村委会统一安排，使用后向村民公布，接受群众监督，三个自然屯农户严格遵守，自觉履行义务。

同意此协议的村民代表请签字如下：

蒙金纯、韦绍成、韦绍能、韦继能、兰锦宣、蒙国环、蒙会成、蒙桂能、蒙振同、韦天伦、韦文德、韦关寿、韦云厚

(四) 悬浮型政权

项继权认为:"农村税费改革在对农民负担水平及乡村的税费关系进行调整的同时,也对国家、农民和集体关系产生深刻的影响,并引发了乡村政府和组织之间权力与利益的重新分配,进而促成了乡村社会的治理体系及治理方式的变革。"① 王习明进一步分析:"农村税费改革是为了解决家庭联产承包责任制之后的农村发展中出现的农民负担过重、干群矛盾激化等突出问题。但它并不是单纯的'费改税'或减轻农民经济负担问题,而是对农村中国家、集体和个人间利益关系的调整,其实质是政治权力和政治权利的变革和调整,这种变革和调整的过程就是政治发展的过程。农村税费改革不仅初步规范了农村的分配关系,为农村政治的发展创造了条件,而且将我国政治体制中不利于农村发展的所有深层次的问题逼到表面上来,提出了我国将来政治发展应解决的问题。"② 在与乡村干部对抗冲突的过程中,农民的权利意识逐渐觉醒,对于乡镇政府不合理的收费或摊派运用相关法律和政策进行抵制,对于村委会干部来说,根据正式的《村组法》规定,由乡镇政府直接指定任命的情况逐渐被村民直接选举任命所代替,接受乡镇政府领导逐渐被接受乡镇政府指导所代替,为乡镇政府工作被协助乡镇政府工作所代替。汲取型乡村关系所塑造的利益共同体出现适度的分离,由此带来基层政府与农民关系的变化,乡镇政府难以按照行政手段来安排相关任务,而必须争取村组干部以及村民的配合,否则很难完成既定的任务。以农业税任务为例,相比于以前"欠费不欠税"情况而言,2003年农业税尾欠情况增多,合寨村共有14户,其中南台屯3户,板甘屯1户,果律屯7户,新村屯3户,实际上是农民对于不合理税费负担的抵触。在粮食收购中村民有更多的自主性,村组干部感受到不断增长的工作压力。根据国家储备粮收购政策,当年种植早稻的农户除留给自己食用外,剩余的部分不采取强制手段,通过自愿的方式引导农民签订国家

---

① 项继权:《农村税费改革与乡村治理的变革》,公共财政与乡村治理学术研讨会会议论文,2002年10月。
② 王习明:《农村税费改革和政治发展》,《中国农村观察》2005年第2期。

储备粮收购合同,完成储备粮收购任务。2004年6月12日,合寨村委会按比例将收购粮食数量按比例分配给自然屯,6月22日统计签订收购储备粮合同数量86.9吨。在此过程中,果地上和大村两个自然屯签订收购合同任务比较好,合同上农民签字盖章等比较规范,但是村委会在完成合同任务时仍然感到一些困难,有些农户不种植早稻,而是种植优质稻,即便去动员签订合同,农户也不愿意接受,有些农户种植水稻面积小,主要是作为口粮,自己都不够吃,不可能签订收购合同。根据村委会的会议记录,当时村委会干部有些担心,除了农户的不积极之外,部分村组干部本身的积极性也不高。为此,村主任韦向生表示:"有些村组干部拿合同书回去后放在电视机上面,动都没有动,复写纸夹在中间都有印子,等包村干部去催他,才急急忙忙拿出来,这个情况在此就不点名了,希望这种情况下次不再发生。这次收购合同的签订在整个乡里是倒数第一。"

几年后,从减税到并税后的税费改革并没有真正将农民负担减下来,由于乡镇政府收费摊派等无法得到有效控制,一边是税费改革全面推进,农业税和附加有所减少;另一边是乡镇各种收费项目层出不穷,由此,乡镇政府与农民关系依然比较紧张,为此,中央政府从结构性的税费调整逐步过渡到整体降低税率,最终取消农业税。2004年,中央进一步加大农村税费改革政策力度,决定开始逐步降低农业税税率,并提出五年内全面取消农业税的目标,根据合寨村村委会会议记录,当年有农业税任务的9个自然屯,根据国务院的规定,农业税税额每年降低一个百分点,争取在五年内取消农业税,村委会要求各位村小组干部要严格监控,配合党委政府按时按量完成农业税任务,没有农业税任务的3个自然屯,要把附加税收起来。到2006年便正式全面取消农业税,与之相应的各种农业税附加,以及附加的收费等取消,从根本上改变了农业财政阶段施予农民的税费负担。这也是与国家经济社会发展阶段相适应的结果,随着现代化建设中工农城乡关系的发展,农业税费在国家财政收入中的比重持续下降,取消农业税费不会影响到国家财政状况。此外,税费改革只是减轻农民负担的治标之策,难以从根本上解决农民负担增加的体制性问题。于是,中央政府逐步取消农业税以及除烟草以往的特产税等,既然正税都免征,附加税也不存在,这是减轻农民负担的治本之举,对于农民而言,延续了两千多年的农业税成为历史。废除农业税不是割断农民与国家的联系,而可以借助

第七章 新世纪前后的国家化、地方性与村民自治困境

公共财政重新建立和强化农民与国家的联系，农民在日常生活中对国家的依赖更为直接和广泛。①

对于乡镇而言，农村税费改革取消乡镇统筹，乡镇政府失去预算外收入的主要财源，更加依靠预算内的上级转移支付。再到全面取消农业税后，进一步加剧了捉襟见肘的财务状况，乡镇自身的改革刻不容缓，乡村关系面临新一轮的调整。当基层政府不能再靠各种收费和摊派来维持自己的生存时，其财政收支矛盾明显加剧。因而这种"减其收入、断其财路"的税改措施，对早已负债累累的镇和村来说，伴随税改进程而来的财政来源的减少无疑使其本不宽裕的财政境况雪上加霜。② 当时，乡镇改革的主要目标是减人减支，因为农业税费改革形成的"软预算约束"使得机构和人员膨胀的乡镇政府必须自我革命，否则连"吃饭财政"都保障不了。同时，也是为了巩固农村税费改革的成果，乡镇政府之所以有"三乱"的冲动源于其财政收支压力，在税费改革压缩财政收入的前提下，要避免乡镇政府向农民伸手就必须相应地减少乡镇的支出。为此，大多数地方进行了乡镇机构合并、人员定编定岗、清退闲散人员、撤销七站八所等改革。这些改革短期内取得了精简机构和人员的目的，但是从长远来看，乡镇改革还需要职能转变，可是取消税费后，乡镇政府公共服务能力萎缩，原来由七站八所承接的一系列农业生产服务陷入停顿状态，一些地方的公共服务水平出现明显的倒退，已经影响到农民正常的生产生活。乡镇基层政权组织及其运转过程中的困窘问题也随之显现。由此便产生了多方面的政治、社会效应，具体的如严重的农村公共品供给缺失，大的方面则影响到了乡村治理的绩效和更为根本的基层秩序。③ 税费改革后乡镇政府财政收入减少，影响了乡镇政府提供公共物品的能力；村级收入大幅下降，村级治理运转困难重重等。这些问题在经济发展比较落后的地区表现得更加突出，这导致了地方政府能力的弱化。④ 由于地方政府财政体制所带来的财政层次上收的结构，财政危机集中在基层政府之上，而基层政府又是向农民提

---

① 徐勇：《国家化、农民性与乡村整合》，江苏人民出版社2019年版，第271页。
② 李德瑞：《学术与时势——1990年代以来中国乡村政治研究的"再研究"》，社会科学文献出版社2012年版，第247页。
③ 李德瑞：《学术与时势——1990年代以来中国乡村政治研究的"再研究"》，社会科学文献出版社2012年版，第246页。
④ 马宝成：《农村税费改革与基层政府能力建设》，乡镇体制改革研讨会论文集，2004年。

供公共服务最直接最多的层次。由此导致基层公共服务的明显退步。如合寨村 2005 年收支情况来看，收入主要来自上级拨款和种植甘蔗奖励，支出集中在会议补助和村民小组长误工补贴等外，用于水利维修、公益事业等为零，虽然收支相抵后略有结余，但是村庄公共建设和公益事业等没有相应支出。取消农业税后，许多乡镇与行政村的财政收入没了来源，在很大程度上要靠上级的转移支付，这反而加重了它们对上级的依赖程度，固化了自上而下的管理模式。[①] 于是，周飞舟等将此阶段的乡镇政府称之为"悬浮型政权"。既不需要向农村汲取税费资源而将权力延伸到基层，也无公共财力向农村社会提供公共服务，乡镇政府与农民的关系，如同浮在水面上的油粒，乡村关系陷入一种新困境。

表 7-4　　合寨村 2005 年财务收支状况（2006 年 1 月 3 日）

现金收入		现金支出	
上年结余	4217.33 元	报刊费	651.6 元
上级拨款	7580 元	电话费	407.18 元
集体林场收入	670 元	水电费	43 元
甘蔗种植奖励	1171.7 元	会议补助	6119.26 元
其他	114 元	会议活动招待费	2301.58 元
		正副组长补助	2430 元
		村干部补助	0
		统筹款上交	0
		水利维修	0
		固定资产购置	0
		公益事业	0
		救灾救济开支	0
本期支出	12229.74 元	结余	1523.69 元

四　自治重心下移：村民与村集体的力量

税费改革对于村民自治的意义是造就更加独立的个体，税费改革所带

---

① 张晓山：《中国农村改革 30 年：回顾与思考》，《学习与探索》2008 年第 6 期。

第七章 新世纪前后的国家化、地方性与村民自治困境

来的农民减负,以及随之而来的农民增收,促进了农民个体力量的增强,另外,在消灭空壳化村庄的运动中,农村集体经济或多或少受益,也增强了集体的力量。最终,在社会主义新农村建设中,村民依靠个人和集体的力量兴办了大量的公益事业,并在此过程中诞生新的组织形式——村民理事会,推动村民自治重心下移。

(一) 农民减负增收与个体的活力

包产到户孕育了村民自治的经济基础,而村民自治的发展则有赖于农村经济状况的改善。李普塞特在论述民主与经济发展之间关联性时认为:从国家层面,一个国家越富裕,它准许民主的可能性就越多。[1] 他指出:"只有在富裕社会,即生活在现实贫困线下的公民相对较少的社会,才能出现这样一种局面:大批民众理智地参与政治,培育必要的自我约束,以避免盲从不负责任煽动的呼吁"[2] 与之呼应的是科恩在论述民主的条件时认为:严重贫困的群众,根本无法获知参与公共事务的足够信息,对公共事务进行有效的讨论,进行有效率的组织,并接触他们的代表。[3] 虽然经济条件的改善不是民主的充分条件,但是要获得高度民主却离不开经济的发展,对于村民自治而言,也是一样。税费改革、新农村建设等在经济上的意义在于减轻农民的经济负担和增加农民的经济收入,为村民参与公共事务创造有利的条件。

合寨村是少数民族贫困村,根据2000年贫困监测报告,2000年全村石山面积占总面积65.09%,可耕地少、分散,缺土缺水,产量低。耕地面积3578亩,林地面积2860亩,农业总产值1289400元,粮食播种面积3578亩,经济作物播种面积180亩,有效灌溉面积1664亩,农民户均实物收入712元,户均现金收入1050元,户均生产性支出812元,户均消费性支出1100元。当年贫困线为人均纯收入625元,其中人均纯收入415元至625元有280户,占总农户数26.67%,人均纯收入165元至415元有

---

[1] [美] 西摩·马丁·李普塞特:《政治人——政治的社会基础》,张绍宗译,上海人民出版社1997年版,第416页。
[2] [美] 西摩·马丁·李普塞特:《政治人——政治的社会基础》,张绍宗译,上海人民出版社1997年版,第27页。
[3] [美] 科恩:《论民主》,聂崇信、朱乃贤译,商务印书馆1988年版,第111页。

411户，占总户数39.64%，人均纯收入低于165元有48户，占总户数4.57%，全村70.88%的农户人均纯收入在贫困线下。当年未解决温饱的家庭有691户，2826人，解决温饱但容易返贫的家庭有311户，1272人。全村有2个自然屯不通公路，占自然村总数18.18%，420户1719人饮水有困难，占全程总户数40%，总人口数39.99%。初中辍学率6%。在劳务输出方面，外出劳动力1719人，其中女性劳动力687人，全村户数1050户，4298人，劳动力总数2307人，外出务工人口占总人口39.99%，占劳动力总数74.44%，包产到户二十多年后，村民仍然处于普遍的贫困状态，税费改革对于村民减轻负担，缓解贫困具有重要的意义。

早在2000年中央发出《关于进行农村税费改革的试点工作的通知》后，合寨作为贫困村与全国其他地区一起进行农村税费改革试点。在2001年，合寨村减少乡村道路建设费、计划生育费以及拥军粮三项乡统筹，大约5万多元的负担，人均11.8元。当年的税负为农业税人均11元，教育附加费人均35元，民兵训练费人均1元，学校收费人均1.5元，共计人均48.5元，占上年农民人均纯收入1953元的2.5%，低于中央规定的5%的负担标准。至2003年，整个宜州市农村人均税费负担是改革前的42.9%，其中，农业特产税的减幅最大，为农民种植经济作物提供正向激励。在减轻农民负担的同时，也提高了农民生产积极性，尤其是种植经济作物带来的增收效应。

一是甘蔗种植，甘蔗是合寨村传统的经济作物，广西是中国主要的甘蔗产区，农村普遍种植甘蔗，形成种植和加工的生产体系，合寨距国道323线和石别糖厂近，2002年列为糖业公司的新蔗区，提供蔗种肥料低息贷款，当年甘蔗面积扩大110亩，产量400多吨，平均每亩4吨，人均产值166元。

二是种桑养蚕，桑蚕是从外面传进来的。根据韦敏高的回忆：

> 种桑养蚕，八年前从板纳那边传过来的，村里每年提供技术支持，现在家家户户基本上都养蚕。还有一些村民养猪、养羊，赚点钱。[1]

---

[1] 调研点：广西河池市宜州市屏南乡合寨村果律屯，受访者编号：RL20140807WMG，受访时间：2014年8月7日，调研员：任路。

最开始只有几户农民种桑养蚕，效益可观，带动了全村种桑养蚕，并且县乡农业技术部门适时提供技术指导，养蚕在村里红火起来，让村民尝到了甜头。以中等农户家庭为例，每年可养蚕12—14批次，每次养殖1—1.5张，以平均蚕茧价格为标准，平均每次卖蚕茧收入2200元，每年养蚕收入在2.5万到3万元之间。2000年合寨村桑园250亩，2001年增长400亩，达到650亩的规模，2004年达到800亩，占全村1203亩旱地的66.5%。大部分村民将甘蔗田改为桑田，家家户户种桑养蚕，桑蚕俨然成为村里的支柱产业。很多家庭得益于桑蚕带来的收入新盖楼房、添置家具、购买家电、迎娶媳妇等。2001年，全村微型汽车4部、农用车10辆、手扶拖拉机15辆、摩托车93辆、电话机153部，全村40%的农户住进楼房。正因为村民收入不断增加，兴办公益事业的时候，一事一议和筹资筹劳能够顺利进行，村民参与到整个公益事业的建设与监督之中。

表7-5　　**1980年至2009年部分年份合寨村村民人均纯收入**

年　份	人均纯收入（元）
1980	57.83
1989	520
1996	1100
2000	1953
2002	1786
2003	2100
2004	2432
2009	4410

（二）村集体经济的变动

从村民自治的经济基础来看，除了农民个体经济状况之外，农村经济结构本身与村民自治相关，尤其是农村经济结构中的集体经济，在村民自治产生之初，村委会既是集体土地的发包方，同时也是集体经济的经营者。作为集体土地发包方，通过与农户签订土地承包合同，形成权利和义务关系，由此构成一个基于集体土地产权关系之上的政治经济共同体，村委会分配给农户承包经营，农户承担相应的税费义务等，并以此获得村民资格，能够参与到村民自治当中。在土地延保过程中，村委会还有土地调整的权力，只是按照大稳定和小调整的原则，经过多轮土地延保之后，土地承包保持长久不变，村委会的集体土地发包和调整权力并未经常执行，与此同时税费改革和取消农业税则使得农户与村委会的土地承包义务也日益淡化，村委会难以借助于"村提留"的方式形成村级财政收入，为此，不得不更多地依靠发展和壮大集体经济来解决村级收入缺口，包括村组干部的补助等，以便维持村委会的正常运转，此外，原来的"乡镇统筹"的取消，让乡村各类公益事业和公共建设失去资金支持，上级的转移支付有限，甚至连村干部的财政补助也难以顾及，村级公益事业和公共建设只能依靠村委会自己想办法，村委会作为集体经济经营者的角色更加凸显，非如此村级各类事务将陷入"空转"，村民自治也"无钱办事，无人办事"，村级集体经济由此成为后税费时代村民自治发展的重要途径。不过，包产到户之后村级集体资产、资金和资源等大部分分到户，即便是不方便分配的集体山林也分包到户，大部分农村实际上是在空地上重建村级集体经济。因此，为了纾解村级财务的问题，解决村民自治的"空转"问题，各级政府在推进村民自治的过程中采取向村级集体经济输血式的支持，1999年宜州市农村集体经济项目709个，其中，种植业114个、养殖业93个、加工业102个、其他项目400个，集体企业总投资2520万元，已产生效益的项目630个，总收入400多万元，收入1万元以上的村集体有162个，其中3万到10万元的有26个，10万元以上的由1个。①

合寨村在上级政府支持下，办起村办企业，为了推动村委会办企业的积极性，上级政府规定村办企业利润分成"三三四"制，三成用于发展生产，三成用于兴办公益事业，四成用于村干部的效益工资、补助工资和奖励工资等。撤所改委后的村委会主任蒙国平利用集体资金兴办了小型米食加工厂，后来经营不善而倒闭，由此失去村民的支持，没有能够在接下来的换届选举中连任，此后，上级政府不再鼓励村级兴办企业，大多数的集体经济项目也归于失败，后续集体经济发展也倾向于集体资产的保本经营等，村级收入主要来自上级转移支付勉强维持村委会运转。不过，合寨村有集体林场，从公社开始就归村集体所有，略微缓解了村级财务困境。

合寨村集体林场于1969年在大队革委会和县林业局的支持下开始建

---

① 《宜州市人民政府贯彻落实〈中华人民共和国村民委员会组织法〉》，1999年8月7日。

第七章 新世纪前后的国家化、地方性与村民自治困境

场,场地设在果作小队的荒坡上,经 20 位场员多年的奋斗,造成了合寨大队松、杉木基地。林场是分田到户后幸存下来的集体资产,勉强支撑着村庄的公益事业支出和村组干部工资补贴。1990 年 1 月 21 日林场会议,当时参加林场换届选举单位人员:各村委会主任一名,还有村公所总支书蒙光新,村长蒙国兰,老村长蒙宝亮,副村长韦焕能,文书韦春利,计生韦柳群等,共大会 21 人,投票选举结果,老场员:会计覃启和 6 票、场长韦照能 7 票、出纳韦立轩 17 票、蒙振才 1 票,新人员:韦焕庭 19 票、蒙国总 19 票。上述选举时按照选举法规定不超半数票以上的不能当选,但林场人数保持在 4 人,决定同月 24 日召开村委会主任开会投票两委同志,一个是覃启和会计;另一个是韦照能,当天到会人数 22 名,投票结果:覃启和 20 票、覃立轩 17 票。新场员接任时间由 1990 年 1 月 21 日开始,1990 年 3 月 3 日晚,党支部、村公所四位领导进场开会,口头通过任职安排,场长蒙国总,副场长韦焕庭,会计覃启和,出纳韦立新。

早在 1969 年建场时订立并通过了《合寨林场办场决议》,集体林场一直由合寨村集体经营、管理,果作按照办场决议从林场总收入中收取提成,30 年来并无异议。税费改革前后,集体林场遭遇了一场产权风波,合寨村的集体经济重心开始从行政村向自然村转移。1997 年 5 月,果作屯以合寨林场建在果作地盘上为由,要求村委会提高山权费提成或是合伙办场,由此产生纠纷。1997 年 12 月 27 日,果作村民小组成员及群众代表共 13 人向村委会提出如下要求:要求党委在年底前,一定要把此问题解决清楚,如不给予解决,到 1998 年 1 月 1 日,果作将不去村林场管林,要求山权提成提高,要求林地改造,如党委解决不了,请签字到市政府解决。1998 年 3 月 21 日,乡司法所作出调解,关于 1974 年的协议书,1974 年末至 1984 年底山权 5% 付果作村,从 1985 年起至 1998 均付给 10% 山权,可是果作的代表并没有在协议书上签字,而是直接到市政府上访,要求收回 355 亩林地,矛盾进一步激化。1998 年 6 月 18 日,合寨村全体村组干部、林场场员、乡干部讨论与果作屯的山权提成问题,虽然有不同的意见,最后会议表决通过提成 12%,拒绝果作村民小组收回林地的要求。

然而,果作屯对于 12% 的山权提成并不满意,继续到市政府反映问题。经市人民政府组织双方调解,于 1999 年 11 月 19 日双方达成协议:合寨村集体林场属于合寨村委会所有,山权费提成由林场总收入提 15% 给果

作屯。纠纷暂时停息，村集体准备将集体林场承包给私人经营，在1999年12月1日，经全村村民代表会议讨论决定，把合寨林场承包给屏南街蒙春，承包金25万元。2000年1月，蒙春如数交了承包金25万元，果作屯按15%提取山权费3.75万元。2001年7月，果作屯社长韦天乐再次组织群众到林场地界内挖砍种树，产生新的纠纷。2002年11月蒙春同林业局商定，在林内投资开发珠江防护林项目，但受到果作屯群众阻拦干扰，造成重大经济损失。后来，这场产权纠纷一直闹到宜州市政府，并作为当年十大信访案件进行处理，市政府的意见是合寨村集体林场建场手续完备，建场后一直经营管理至今，林木、林地依法应属合寨村委集体所有，任何单位和个人不得侵犯。1997年后发生的提成分配纠纷，双方当事人已达成协议，合寨村委发包林场时所收取的承包金，已按协议15%提取给果作屯，履行了应尽的义务。现果作屯以土地属其所有为由强行到林场地界内造林，并阻挠承包人进行正常的生产经营，其行为是违法的，果作屯因违法行为造成他人损失，应负法律责任。

在2003年3月8日，宜州市调处办在村委会进行调解，同年的3月份下发了处理意见，可是果作屯不服。果作屯代表韦兆春认为，合寨集体林场在建场初期，事先没有同我屯生产队干部群众商量，也没有与果作屯签订任何协议就占用了果作约2000亩宜林荒山造林，制定的办场协议中规定的收益提成山权费仅占5%是不合理的，因当时历史等原因不敢公开反对，果作代表违心盖章签字同意办集体林场，后来果作多次向大队反映，提出林场内的荒山由果作造林或者是提高山权费提成，但没有结果。合寨林场占用了果作的荒地和355亩耕地造林，已成事实，收回荒山已不现实，现唯一的要求是提高山林费提成分配比例，应按林业总收入提取15%给果作。

请求屏南乡人民政府合寨村民委员会关于合寨村林场尚欠果作村民小组集体山权款费的要求解决意见的报告

屏南乡合寨村民委员会：

合寨村民委领导，合寨林场尚欠果作村民小组山权款费。根据《中华人民共和国森林法》自1984年2月22日颁布后，法律明文所述，我村民应享有林地所有权利。请求合寨村民委遵照法律条例和

第七章 新世纪前后的国家化、地方性与村民自治困境

《办建立场订立决议决定》，请求村民委及时解决山权兑现。请求事实与理由如下：

合寨村民委原办合寨超转台，砍伐林木一批使用，请求支给我屯山权款项。原合寨学校，各学点维修危房，砍伐林木一批尚欠山权费请求交给。合寨村民委各村小组作篮球架使用林木一批，请求给予支付。1988年林场出卖一批林木给柳江县土博老板，请求支给山权款费。

要求合寨村民委按照办建林场订立决议规定，每年从林木总收入中给果作村民小组提成，按2002年双方协商提成提高至15%的山权费请求支给。

强夺无理，法不容情。要求合寨村民委按照以上请求事实支给山权款费，如果合寨村民委历时账目欠妥，可以双方协商处理解决。

根据《中华人民共和国森林法条例》第一条规定，请求合寨村民委应当实行依法行使，采取措施妥善解决，支给果作村小组的集体财产应该享有的林地山权所有的权利。

报告人：果作村民小组

法人：韦兆春组长

韦友权、韦天伦副组长

2003年5月28日

果作村村民继续干扰林场的正常经营，承包者无奈，在2004年4月与村委会终止了承包合同，林场由村委会管理至今。为了妥善解决林场与果作屯的纠纷问题，要求市调处办依法处理，按程序作出处理决定。宜州市调处办维持原来的处理意见，同时也嘱咐双方从团结和稳定出发，安心搞好生产和经济，避免继续纠缠下去。集体产权纠纷发生后，果作屯多次寻求与村委会和解，未果，转而诉诸乡、市（县级市）两级党委、政府调处，但仍未奏效。最后还是通过召开村民代表大会，运用民主议事机制达成了相对一致的处理结果。2003年宜州市政府作出行政裁决，进一步将村民民主协商的结果赋予了国家行政强制力。

宜州市人民政府调解处理土地山林水利纠纷办公室致函屏南乡合

寨村村委会、果作村民小组：

你们为合寨林场林木林地权属争议的问题，经我办调查核实后认为：合寨林场创建于 1969 年，建场时已订立《合寨林场办场决议》，该《决议》是合法有效的。1999 年 11 月 19 日，在市人民政府组织下，你们双方当事人又自愿地达成了协议，该协议也是合法有效的。之后，我办根据调查的客观事实以及相关的法律规定，于 2003 年 2 月 27 日作出了《宜州市人民政府调解处理林木林地权属纠纷的处理意见》，该《处理意见》已阐明了我办对所争议的林木林地权属的看法。因此，你们应该从团结、稳定的高度出发，共同遵守好《决议》、《协议》和《处理意见》，不要作出任何违反法律、法规的行文，要致力于安心搞好生产和发展经济。

对于果作屯而言，宜州市的处理意见是不会接受的。进退维谷的产权纠纷在 2006 年终于有了着落。村委会与果作屯达成新的协议，先由村委会发包经营，然后归属果作屯，经过长达九年的拉锯，合寨村集体林场的命运确定，果作屯将获得林场的所有权，代价是村委会必须仍拥有十多年的经营权。村委会也解决了以往林场经营不善、砍多种少，没有多少效益的情况，并且通过将集体林场发包将集体资产转化为集体资金，一次性聚集了一大笔资金，为后续的村级公益事业建设创造了条件。

合寨村处理集体林场纠纷会议纪要

二〇〇六年四月七日在合寨村委会会议室召开各村小组正副组长、代表会议，主要讨论合寨村林场之事，充分讨论决定如下：

一、决定将合寨林场发包给宜州市林业局经营，林场林木出卖 8.2888 万元人民币给宜州市林业局。

二、决定发包给宜州市林业局经营 15 年，期满由果作村小组所有。

三、发包金为每年 8 元/亩，1600 亩，共计 19.2 万元整。

四、以上共计人民币为 27.4888 万元。付款方式为一次性付清。

正副组长、村民代表签章如下：

韦文金 蒙国祥 韦关寿 蒙绍贤 蒙振吉 蒙加凤 蒙振球 蒙加林 蒙振

第七章　新世纪前后的国家化、地方性与村民自治困境

同　韦文凡　蒙金地　蒙桂能　蒙加宝　卢森庭　蒙振威　蒙国总　韦春利　罗炳权

集体林权改革为合寨村带来新的收入来源。合寨属于山区地形，平坝周边都是陡峭的石山，石山上的树木主要是保持水土，防止发生山体灾害，村民住房多是依山而建，又被称之为村里的后龙山。为生活所迫的村民在相对和缓的山坡上种些玉米，填补水稻产量不足。2003年国家开始实行退耕还林工程，屏南乡政府下达了退耕坏林的责任状，村民服从国家政策的安排，将缓坡种上树苗，国家给予退耕还林农民相应的补贴。到2011年合寨村进行集体林权改革时，按照分股不分山的办法，确定山林归各屯集体所有，由屯集体统一经营，村民占有一定股份。同时，划定生态公益林，每年有固定的补偿款，对于依靠村民临时筹资筹劳办公益事业的各屯而言，无异于一个相对稳定的集体收入渠道，可以源源不断地支持村落的公益事业建设。根据村民口述：

> 屯里有一万多的生态公益林款，一百块钱以上必须通过村民代表讨论才能使用。今年屯里的巷道就是用公益林款，每个村民集资150元，有了公益林款，村民集资少点。[①]

各屯围绕生态补偿款的使用形成了一定之规，首先是资金的用途，唯一的集体资金主要用于公益事业，不能用于其他途径。根据村民口述：

> 我们每年有三万块的公益林款，上级拨下来的，那个钱不敢动，是做公益事业的。搞娱乐活动都不敢用，只能用来修路、球场等。到去年用了二十几万把屯里的水管全部换了，群众一分钱也没出。[②]

接着是申请程序规范，生态公益林款由宜州市林业局管理，由村民讨论通过后，向上申领补偿款。

[①] 调研点：广西河池市宜州市屏南乡合寨村果律屯，受访者编号：RL20140807WMG，受访时间：2014年8月7日，调研员：任路。
[②] 调研点：广西河池市宜州市屏南乡合寨村果地屯，受访者编号：RL20140807MGN，受访时间：2014年8月7日，调研员：任路。

先由村民小组提出申请，群众大会讨论决定，少数服从多数，经过村委会确认后，到林业局才能取钱，主要用于修路、水利等重大事项。①

最后是注重实际效果，对于公益事业最好的检验是实效，将事情做好，形成强烈的结果反馈机制，才能约束补偿款的使用。根据村民口述：

我们不敢私自动用，如果钱用了，东西没搞起来，会成为历史的罪人。②

合寨村生态公益林状况

根据公益林技术人员检查验收，对本屯已纳入森林生态效益补偿金范围公益林公示如下：拉垒屯补偿面积2100亩，补偿资金20475元；果前屯300亩，2925元；板甘屯600亩，5850元；南台1200亩，11700元；果作2010亩，19597.5元；果地3300亩，32175元。

本屯代表人：蒙绍贤，韦文贵，韦善，卢森庭，韦天春，蒙国总。

财务管理人员：蒙少团，蒙光庭；韦孟杰，韦关寿；韦宝儒，韦向生；韦春龙，韦恩立；韦天乐，韦友权；蒙振球，蒙家宝。所发放的补助资金为本屯集体所有，资金使用需要经全体群众或群众代表会议决定。

（三）"一事一议"与自然村公益事业

戴玉琴在研究村民自治时指出："农村干部发展公益事业的积极性和主动性的缺乏，农村政治组织动员农民合作办事能力的低下，都可能使村民的利益需求长期得不到回应。在这种情况下，村委会的政治吸引力必然会降低，村民对村庄政治体系合法性和有效性的信心必然会消解，对村庄

---

① 调研点：广西河池市宜州市屏南乡合寨村果地屯，受访者编号：RL20140807MGN，受访时间：2014年8月7日，调研员：任路。

② 调研点：广西河池市宜州市屏南乡合寨村果地屯，受访者编号：RL20140807MGN，受访时间：2014年8月7日，调研员：任路。

政治制度安排的民主价值也就难于形成足够的认识。"① 在合寨村，村务监督委员会委员罗柄权也认为：

> 现在的干部不如毛泽东时代，毛泽东时代干部好当，现在干部要有经济头脑，之前村主任没有什么成绩，没有搞什么公益事业，被群众选下来了。村里的建设，每一届村委会要做点事，并不是要全部搞完，你做一点，他做一点，到那时候全部好了。当干部一定要做点事情出来，工作要称职。②

另外，农村基层组织结构的变动，引发农村公共品供给主体的变动，尽管农村基层政权因税费改革减少可掌控财力而使提供公共品的数量减少，但由于农村经济在减负后的快速发展，却为农村公益性组织以及经济互助合作组织提供更多的准公共品创造了条件。③ 原本由基层政府承担的公共服务责任由村民及其群众自治组织承担，或者由村民与基层政府分担，按照"一事一议"的原则来筹资筹劳，由村民组织建设并参与其中。

随着税费改革后乡村公益事业治理方式的改变，村务公开与民主管理等来自村民内在的利益要求，同时也面临集体行动的困境等。农村公共品是指用于满足农村公共需要，具有非竞争性与非排他性的社会产品。农村公共品供给出现问题，主要表现在该由乡村基层政府提供行政服务的一些公共品明显缺失或难以奏效。④ 于是，依靠有限的村集体经济，合寨村如村委会诞生之初一样自我组织公益事业。在村集体林场发包后，经过第九届村民代表大会第三次会议的讨论，从村集体资金中拿出10万元，按照当时人口平均分配，作为各片今后公益事业建设资金，在场的26名村民代表一致通过了分配方案，并规定凡是做公益事业的自然村必须筹集投资量的50%及以上，经村委会验收达到要求后，才能拨款。税费改革后，因

---

① 戴玉琴：《村民自治的政治文化基础——苏北农村个案分析》，社会科学文献出版社2007年版，第231页。
② 调研点：广西河池市宜州市屏南乡合寨村大村屯，受访者编号：RL20140816LBQ，受访时间：2014年8月16日，调研员：任路。
③ 蒋金法：《农村公共品供给与农村基层组织创新》，《广西财经学院学报》2006年第2期。
④ 李德瑞：《学术与时势——1990年代以来中国乡村政治研究的"再研究"》，社会科学文献出版社2012年版，第249页。

为有村集体林场的固定收入，合寨村的公益事业有了启动资金，虽然数额有限，但是村委会采取以奖代补的方式鼓励各自然村先行筹资筹劳，依靠"一事一议"的办法，合寨村组两级兴办了大量的小型公益事业。

一是公益事业源于自身需求。村民之所以愿意筹资筹劳，原因是立足于所在自然村村民的共同需要，一般来说，只有那些与道路、水利、桥梁、用电、用水等相关的重要项目才能得到村民的支持。根据村民口述：

> 公益事业是必要的事情，比如村口的拱桥，以前出行不方便，小孩子去读书不方便。于是，各个生产队的老人家、生产队长统一意见。不是上级什么意见，村里有需要才办的。[1]

二是公益事业村民提议。果作屯分为六个生产队，每个生产队都有自己的队长，先在各队讨论要解决的问题再反映到会议上，队长会议只是个大概的讨论，群众会议上群众当家，通过群众讨论，直到找到解决方案，这类会议主要集中在项目建设上。根据村民口述：

> 现在来说当个村民小组长，群众会跟小组长说要搞什么公益事业，小组长召集群众开会讨论，大家出工出力。[2]

三是公益事业会众议定。在具体的组织方面，村民小组长与村民代表开会讨论为主。2004年9月15日，合寨村大村、新城、乾朗、肯塄所在的上片326户村民为了拓宽大村至合寨小学的村级公路，经过集体商议成立公路筹备领导小组，设组长、副组长、工程设计、质量监督、会计、出纳等14名工作人员，将全长506米的公路改造任务分配下去，根据自然屯的人数确定总的任务量，人均0.38米，由各自然屯筹资筹劳。对于村民参与公益事业的情况，集资是一个重要的指标，在自生需求之外，也带有一定的强制性。村民认为：

---

[1] 调研点：广西河池市宜州市屏南乡合寨村拉垒屯，受访者编号：RL20140805MSX，受访时间：2014年8月5日，调研员：任路。

[2] 调研点：广西河池市宜州市屏南乡合寨村拉垒屯，受访者编号：RL20140805MSX，受访时间：2014年8月5日，调研员：任路。

第七章 新世纪前后的国家化、地方性与村民自治困境

这不是愿意不愿意,我们规定每个人要多少钱,村民小组长主持群众讨论,然后向群众收钱,上面也搞点钱下来。① 合寨村每一次的群众大会都严格按照两个 2/3 执行的,即与会代表须占全屯总户数的 2/3,投票人数必须占与会人数的 2/3 才能通过,所以如果前期通知不到位就很难把会议进行下去,这也是合寨村沿袭下来的民主传统。②

表 7-6　　　　　　2001 年合寨村公共事业建设情况统计

自然屯	项目	投资（元）	投工（工日）
肯塄屯	渠道拱桥	1800	150
大村屯	水利渠道硬化	20000	
新村屯	进村道路	1500	
拉垒屯	进村道路	3800	800
果地下屯	巷道硬化	18000	
果地上屯	巷道硬化	2600	200
果地上下屯	进村道路硬化	16000	
果律屯	渠道硬化	22000	1200
果前屯	巷道硬化	1500	120
果作屯	抽水站	2500	300
板甘屯	进村道路硬化	6400	600
合寨村	桥梁维修	1300	100
合寨村	村部维修	3900	140

四是公益事业争取支持。在村民收入不宽裕的情况下,虽然村民愿意筹资筹劳,但是单靠筹资筹劳是不够的,于是,每兴办一起公益事业,村屯的小组长或村民代表都会起草各种申请资金的报告,到政府相关部门进行"化缘",或者向本村本屯外出务工和经商致富的老板"募捐"。如此双管齐下,基本上能够筹集所需要的资金。根据村民口述:

---

① 调研点：广西河池市宜州市屏南乡合寨村拉垒屯,受访者编号：RL20140805MSX,受访时间：2014 年 8 月 5 日,调研员：任路。
② 调研点：广西河池市宜州市屏南乡合寨村,受访者编号：CPQ20091110WJF,受访时间：2009 年 11 月 10 日,调研员：陈沛奇等。

国家化、地方性与村民自治

2005年硬化路面的时候找县里的本屯干部，得钱回来搞道路建设，没找群众要钱。村民手里有钱后，在外边打工的人筹钱回来，有亲戚朋友的人也捐钱，慢慢搞起来。

这个公益事业都是村民小组长来做的。一般由小组长来打报告向上级申请资金，上级也不是直接给钱，而是拨些物资，比如水泥。村民们自己投工投劳，事后小组里再把开支张榜公布，接受群众监督。[①]

表7-7　　　　　合寨村村屯公共建设请示报告统计

时间	地点	户数	请示单位	请示事项	申请金额	村民筹资额
2002年4月25日	新村屯	89户，410人	屏南乡人民政府	道路硬化资金或物资	1.7万	0.8万
2002年9月13日	果律屯	65户，283人	宜州市人民政府	进屯公路经费补助	6万元	0.28万
2003年6月2日	肯㙟屯	36户，176人	宜州市扶贫办	屯级公路	7.7万	8万
2004年2月9日	合寨村	1050户，4298人	宜州市扶贫办	村级公路	47万	3万
2002年10月8日	果作屯、果前屯、果地屯	270户	宜州市水利局	水渠硬化	4.6万	3.4万
2002年3月25日	板甘屯	168人	屏南乡人民政府	两座孔桥	0.3万	0.1万
2002年4月16日	大村屯	535人	宜州市人民政府	巷道	3万	2万多
2004年9月20日	果地屯	200多户，810人	宜州市计生局	计生协会室	10吨水泥	每3户筹2方砂石

[①] 调研点：广西河池市宜州市屏南乡合寨村拉全屯，受访者编号：RL20140805MSX，受访时间：2014年8月5日，调研员：任路。

续表

时间	地点	户数	请示单位	请示事项	申请金额	村民筹资额
2001年3月31日	肯堺屯		宜州市水电局	渠道盖板		
2002年3月10日	乾朗屯	73户，300人	宜州市扶贫办	修建道路	2.86万	1.5万
2004年11月26日	果地屯		宜州市民政局	会议室	1万	1.4万
—	果地屯	808人	宜州市民政局	水坝和桥墩等	1.1万或35吨水泥	1.9万

对于社会的支持，村屯以特有的方式来回报，即功德碑，将村民的筹资以及乡贤的捐助行为道德化，以相应的社会声望来回馈经济上的支持。这种方式在村屯比较大的公益事业中屡见不鲜，也成为村屯公益事业争取社会支持的见证。根据村民口述：

> 这个功德碑是外面赞助的纪念，我们打完村里的道路，你赞助是功德，不管十块八块，一千块也好都要刻名字上去。功德碑以前也有，没有刻在那里。这两年功德碑做的多一点，特别是有外地人士赞助。你刻也可以，不刻也可以，外地人给钱给我们，我们要刻在石碑上面，永远纪念，一代传一代，逢年过节还去供那个碑。不然，你那个村解放前怎么样，碑文可以永远保留下来，太阳晒不了，雨淋不掉，后代可以知道路什么年代做的，哪个人做的，哪些人赞助的，要感谢人家。①

五 新农村建设："服务国家"下的乡村关系

美国学者米格代尔认为："传统国家通常既没有官僚体制的管理能力，

---

① 调研点：广西河池市宜州市屏南乡合寨村肯堺屯，受访者编号：RL20140813WWF，受访时间：2014年8月13日，调研员：任路。

也没有在农村中提供各类服务的意向，尤其是当这些农村远离社会中心时。"① 为此，现代国家能够对日益增加的社会要求作出积极回应，称为"服务国家"②。服务国家对于农村基层社会来说，为农村基层社会提供基本公共服务，从保障农民政治权利的基层民主建设，向保障农民公共福利的服务型政府建设。正如彼得·布瑞克所论述的那样，现代化的源头要从农民的需要、农村社会经济结构的变化和农村社会组织的结构中去寻找。现代化不是以牺牲农民为代价而发展起来的城市化过程，相反，它是农村和城市的互动，因此，农村的现代化，正是现代化的基础，不可能脱离农民的需要来谈论现代化的问题。③ 面对日益严峻"三农"问题，国家更加积极地采取非均衡的措施来支持农村发展，突出表现在一系列惠农政策，实现由"取"到"予"的历史性变革。

（一）少取多予放活

进入新世纪，中国迈入中等收入国家行列，同时进入了工业化的中后期，在此阶段工农城乡关系出现重大的转型。一是国家整体经济实力显著增强，产业结构和就业结构出现新的变化，财政能力显著提升，在处理工农城乡关系方面有更多的空间和手段。至 2005 年 GDP 总值超过 18.23 万亿元，人均 GDP 达到 1700 美元，第一产业比例从 1978 年的 28.1% 下降到 2004 年的 15.2%，进入工业化中期阶段，政府财力增强，预算内财政收入达到 2.6 万亿元，比改革开放初期增加了 20 倍以上。④ 二是基于城乡二元结构的工农城乡关系实际上已经成为经济社会发展的障碍，到了不得不认真对待和解决的发展问题。党的十六大首次提出统筹城乡经济社会发展。党的十六届四中全会提出"两个趋向"的判断：纵观一些工业化国家发展的历程，在工业化初始阶段，农业支持工业、为工业提供积累是带有普遍性的趋势；但在工业化达到相当程度以后，工业反哺农业、城市支持

---

① ［美］J. 米格代尔：《农民、政治与革命——第三世界政治与社会变革的压力》，李玉琪、袁宁译，中央编译出版社 1996 年版，第 39 页。
② ［美］贾恩弗朗哥·波齐：《国家：本质、发展与前景》，陈尧译，上海人民出版社 2019 年版，第 120 页。
③ 朱孝远：《布瑞克教授和他的农民学研究学派》，载［德］彼得·布瑞克《1525 年革命：对德国农民战争的新透视》，陈海珠等译，广西师范大学出版社 2008 年，第 5 页。
④ 武力：《1949—2006 年城乡关系演变的历史分析》，《中国经济史研究》2007 年第 1 期。

工业，实现工业与农业、城市与农村协调发展，也是带有普遍性的趋向。①此后，出台了一系列密集的惠农支农政策，国家公共财政得以覆盖农村，初步建立城乡经济社会一体化发展的制度框架。在税费改革之后，按照多予少取放活的原则，国家不仅免除农业税，而且实施农业补贴，彻底改变了过去从农村汲取财税资源的模式，反而向农村输入财政资源，由政府承担更多的公共服务责任，这是中国农村历史上从未有过的新局面。2003年至2012年，中央财政累积安排"三农"支出超过6万亿元，其中，2007—2012年，中央财政共安排"三农"投入4.9万亿，年均增长超过23%，比同期中央财政支出年均增长高6.6%。中央财政用于"三农"支出占中央财政总支出的比重由2007年的14.6%提高到2012年的19.2%，增加4.6个百分点。② 于是，十六届五中全会提出建设社会主义新农村的战略，将之前一系列的资源赋予策略整合起来，着力推动农村生产、生活、文化、管理和环境等方面的改善。这是新一轮农村建设的尝试。

（二）重新发现农民的主体性

在现代化建设中，要正确解决农业、农村和农民问题，一方面要依靠国家行之有效的政策和管理；另一方面要依靠发掘农村社会自身的力量实行自主发展和自我管理，实现国家和农村、国家和农民的有机整合和紧密联系。村民自治便是现阶段中国农村治理的重要方式之一。③与过去政府主导的乡村改造相比，社会主义新农村建设不仅意味着资源的输入，而且是对资源配置方式的变革，村民自治则是这一变革的关键因素。2006年2月，胡锦涛在省部级主要领导干部建设社会主义新农村专题研讨班上指出：当前和今后一个时期建设社会主义新农村要抓好六项主要工作，其中之一就是要扩大农村基层民主，搞好村民自治，健全村务公开制度，开展普法教育，确保广大农民群众依法行使当家做主的权利。此后党的十七大提出"发展基层民主"，取代之前的"扩大基层民主"，强调了基层民主

---

① 曹应旺：《十六大以来建设社会主义新农村战略思想的形成和发展》，《党的文献》2012年第5期。
② 韩俊：《构建新型工农城乡关系 破解"三农"发展难题》，《农民日报》2013年11月20日。
③ 徐勇：《中国农村村民自治》（增订本），生活·读书·新知三联书店2018年版，第8页。

的主体是人民群众，与之前所强调的以基层群众自治组织为主体的思路不一样，更加重视农民在基层社会生活中的主体性。因为在这样一个时代，如果没有公众的积极参与，政府难使其行动合法化。①

首先村民是新农村建设的主体，不仅是新农村建设的受益者，而且是新农村建设的参与者。与以往的农村改造不同，新农村建设是在以人为本的原则精神下进行的农村重建，农民不是被动的接受改造者，而是主动的参与者。毕竟，新农村建设的背景与过去有着根本的差别，农村重建的目的不是汲取农业剩余，而是弥补城乡发展差距，推动城乡发展一体化。如果没有农民的主动参与，不由农民参与决定建什么和怎么建，新农村建设必然是不可持续的。只有将农民建设自己家园的积极性调动起来，参加到新农村建设中，实现农民和政府的良性互动，新农村建设才有可能进入持续发展的轨道。如何来推动村民参与新农村建设呢？在众多的农村组织中，村民委员会是新农村建设中村民参与的主要渠道，村民委员会本身就是村民自我管理、自我服务和自我教育的群众性自治组织，几乎每个村都有村民委员会，是农民参与最为便捷的渠道。税费改革后，村民委员会逐渐减少了行政任务，同时，集体经济空壳化等使得村民委员会缺少服务群众的有效资源，只能勉强维持运转。然而，新农村建设所带来的财政转移支付和公共事业建设项目为村民委员会自我服务提供了条件。曾任合寨村村委会委员的韦春利认为：

> 过去群众关心农资和农业生产，现在群众希望干部多争取项目和资金。②

村民能够通过村民委员会参与到新农村建设之中，讨论决定新农村建什么、怎么建、建得怎么样等问题，这才是真正体现农民在新农村建设中的主体地位。由于农民参与新农村建设是以议事为主题，于是，决策、管理和监督等成为村民参与的主要内容，改变过去村民参与以选举为主的传

---

① ［美］B.盖伊·彼得斯：《政府未来的治理模式》，吴爱明、夏宏图译，张成福校，中国人民大学出版社2001年版，第71页。

② 调研点：广西河池市宜州市屏南乡合寨村新村屯，受访者编号：RL20140813WCL，受访时间：2014年8月13日，调研员：任路。

统，随着农民参与的深化，村民自治全面发展。村民不仅可以决定由谁来组织村民委员会，进而组织新农村建设，而且可以参与新农村建设的整个过程，在新农村建设中让村民自治有效运转起来。

（三）政府主导下的新农村建设

当然，这只是新农村建设与村民自治之间内在关系的理想类型，而现实中的新农村建设能否与村民自治建立正向联结依然受到众多因素的影响，尤其是新农村建设的力度。新农村建设是对全国农村建设的整体部署，主要是从面上来改善农村状况，缓解城乡发展的差距，给予农民以基本公共服务和社会保障。另外，不同地区的财政能力有限，往往只能以若干村为新农村试点村，投入大量的财政资源，短时间内改变村庄面貌，但是并没有真正改变农村面貌，也没有激活村民自治。反而受制于原来行政管理的习惯，在新农村建设试点中过于强调政府的主导作用，将新农村建设变成政府独角戏，由政府包办代替，缺少农民的参与，对于村民自治的实际作用不甚明显。

在宜州市新农村建设中，合寨村虽然是试点单位，但是并不是一个完整的试点单位，只是将村部所在的果地屯作为宜州市新农村建设的试点单位。果地屯居住比较集中，人口较多，历来是合寨村的经济、政治和文化中心地，已经建有合寨小学、村部大楼等基础设施，新农村建设的基础比较好，容易见成效。因此，2008年宜州市新农村建设以合寨果地屯为试点，并从市里抽调干部组织新农村建设指导员下乡协助果地屯的新农村建设，吴新华是合寨村新农村建设指导员，在为期一年的建设里，吴新华与村委会干部加强党组织建设，协调解决开发建设项目，协助村里创建镇级"平安村"和"五星示范村"等，组织村民修建屯级公路18公里、兴建人畜饮水工程2处、调解纠纷3起，动员村民清洁村庄，推动旧房改造，向上级申请新农村示范村等。

为了实现新农村建设可持续发展，宜州市曾经想方设法推动合寨经济社会的发展，包括产业结构调整和开发旅游业等。种桑养蚕是合寨村最为成功的产业结构调整，改变了以粮食作物为主的种植结构，此外，村民也发展小规模的养殖业，但是整体上以务工经济为支撑，大部分青壮年劳动力都远赴广东务工，劳务输出是合寨村经济的支柱。整体上，合寨村民的生活并没有因为是村民自治第一村而有显著的改善。当然,地方政府也深知这一点,用什么东西来证明村民自治第一村的先进性还不如经济社会发展来得真实和可靠。恰好此时,中央决定进行社会主义新农村建设,在地方政府的推动下,一批特色产业发展和基础设施建设项目落户合寨村,其中,桑杆食用菌生产是 2011 年引进的产业项目,利用种桑养蚕剩下的桑树枝条制作菌棒,生产食用菌,共有四个大棚,每个大棚收入可达 15 万元,为此专门成立农科桑杆食用菌专业合作社,作为生产经营实体,法定代表人是村委会副主任韦恩立,负责菌种购买、食用菌销售和技术服务等,因为交通不便,后来韦恩立将专业合作社搬迁至柳城,以方便运输,到目前为止,桑杆食用菌并未真正扎根合寨,对于广大村民来说也没有当初料想的增收。其间,合寨村还尝试过其他几个有特色产业,比如:鸽子、蝗虫、竹鼠等,也没有发展起来,一些村民还是回归传统的家户养殖业,比如生猪、山羊和黄牛等,并没有形成产业。由于宜州市财政紧张,除了国家转移支付外,新农村建设的投入相当有限,只是在原来村组两级公益事业的基础上,增加以奖代补的名额,并适当向试点单位倾斜,主要用于改善基础设施,兴办小规模的公益事业,难以从根本上改变合寨村的面貌。一年后,吴新华离开了合寨村,在自己的总结报告里,他表示:"在解决农村的实际问题上办法不多,有时力不从心,与村民对我们指导员的希望值还有差距。"[①] 合寨村在新农村建设试点后,因为没有后续的支持,并未成为宜州市新农村建设的示范村。

(四) 新农村建设中的内在张力

对于合寨村的新农村建设,不论是屏南乡还是合寨村,都寄希望于经济发展,借助政治品牌,打造经济品牌,复制其他明星村的发展模式,让村民从经济发展中受益。当地乡镇干部认为:

> 宣传主要还是靠上一级的领导,像我们这些基层一线人员难有什么对策,政治是看不到的,是虚的,人家看不到,像小岗人家是实

---

① 吴新华:《驻合寨村新农村建设指导员工作总结》,2009 年 1 月 15 日。

第七章　新世纪前后的国家化、地方性与村民自治困境

的，有经济发展，人家看得到。①

村干部也有类似的想法：

> 这个村民自治是看不见的东西，比如说你们的社会治安好，可是看不见，像人家小岗村的社会治安也好，经济第一村，人家是实实在在搞基础设施建设，楼房啊！公路啊！卫生啊！各个方面都搞成看得见摸得着的东西。②

作为中国第一个村民委员会的诞生地，合寨村有着其他村庄无法比拟的政治优势，2000年后，随着国家对基层民主政治建设的重视，合寨村因而受到各级政府的重视。前来合寨村参观的领导干部络绎不绝，多的时候能把进村的道路堵住，并且从国家部委、自治区和河池市主要领导都到过合寨村，最为村民们津津乐道的是2005年时任民政部部长李学举前往合寨村考察，在肯定首创之功的同时对未来寄予厚望："合寨村是村民自治的开创者，希望合寨村能够成为深化村民自治的开拓者。"2010年曾任全国人大常委会委员长的吴邦国还为合寨村题写了"中国第一个村民委员会"的匾额。另外，国内外媒体也给予合寨村以较多的关注，关于合寨村的消息经常见诸报端。正是由于有政府领导的频繁到访和社会舆论的高度关注，使得合寨村以村民自治为主题上升为政治明星村，有了与小岗村和华西村相比拟的政治优势。村干部和普通村民也时常将合寨村与小岗村做比较，曾经矗立在村头的村民自治纪念碑上开头这样写道："中国农村经济体制改革的先驱者是安徽省凤阳县小岗村，推进中国农村政治体制改革的就是当今名副其实的合寨村。"村民们也期待能够借助政府的支持和投入而有小岗村那样的经济发展模式为样板。直到2010年，为纪念村民自治三十周年，广西壮族自治区与民政部准备举行一系列的纪念活动，其中，作为村民自治发源地的合寨村理所当然是纪念活动的重点。

---

① 调研点：广西河池市宜州市屏南乡合寨村，受访者编号：CPQ20091110WJF，受访时间：2009年11月10日，调研员：陈沛奇等。

② 调研点：广西河池市宜州市屏南乡合寨村，受访者编号：CPQ20091111WXS，受访时间：2009年11月11日，调研员：陈沛奇等。

为了迎接即将到来的三十周年庆祝活动，河池市及宜州市向合寨村投入大量的资金用于美化村庄环境，整修进村道路和路旁住房的外立面，并建设标志性的纪念设施，包括进村的大牌坊、大樟树下的纪念碑、果作屯的村民广场和村部大楼和历史陈列室等。当然，由于全部项目资金都由政府拨款，项目本身也由政府确定，主要是服务于三十周年纪念活动，真正与村民生活相关的项目并不多。在项目建设过程中，因为涉及占用村民土地等问题，政府与村民以及村庄内部产生了一系列的纠纷和矛盾。

一是政府与村民的土地纠纷。大量项目进入合寨村，项目资金由政府承担，项目建设所需要的土地需要与村民商量。从大处来讲，纪念设施对合寨村未来的发展是有益的，一些项目还能够兼顾村民日常生活需要，也对村庄未来发展的一种投资。宜州市政府原本打算将村民自治纪念馆建在合寨村，但是要征用村民的土地，村民并不买账，最后只能另选他处。果作屯的村民广场也因为被征地村民不同意政府的补偿方案而拒绝征地，政府作为征地一方并没有多少办法使村民让步，只得向村委会施压，再由村里的老人协会进行协调，勉强征得一亩三分地，这是所有由政府主导的项目都会遭遇的困境。任何政府项目如果不是从村民需要出发，没有村民的参与，都不可避免会出现政府与村民之间的冲突。

二是村庄内部受益不均的纠纷。除了普惠性的政府项目外，大部分的政府项目都有一定的受益范围。在新农村建设和后来的三十周年纪念活动中，果地屯和果作屯是项目的主要受益者，其他屯并没有直接受益，出现屯与屯，甚至片与片之间的不和。与果地和果作所在的中片和下片较远的上片，包括新村、大村、乾朗和肯㘵等，上片的村民普遍认为不公平，同是合寨村的村民，为什么中片和上片有广场、有外立面改造、有文化室等，还有上级政府的财政投入等，他们希望上级政府和村委会能够平衡一点。根据村民口述：

> 村民反映最多的是在村庄建设方面政府实施不太平衡。三十年大庆的时候，果作是重点建设，比较完善，果律和果前两边也可以，板甘和南台没有得到什么实惠，果地和上片更感觉不平等，上片的意见最大。村委会表示没办法，资金是上面投资，不能全村全屯一起来做

建设，村委会干部也头痛。①

这种不公平感并没有直接指向村委会，因为村委会主要干部所在屯并没有比其他屯受益更多，甚至受益还更少，至少证明村委会干部本身并没有徇私的迹象。村委会只是协助项目落地，对于项目本身的发言权并不大，所以村庄内部受益不均衡带来的纠纷并未扩大到分裂村庄的水平，只不过屯与屯之间和片与片之间的非正式竞争关系会日益明显，村民对受益不均将更加敏感，构成对村民委员会新的挑战。

紧接着三十周年纪念活动的是自治区启动的广西文化名村建设，是新农村建设的升级版，与其撒胡椒面式地进行整体建设，不如重点打造若干名村，再以点带面逐步推开。以村民自治第一村为招牌的合寨村又一次迎来新的发展契机。与之前新农村建设示范村一样，宜州市政府虽然财力有限，仍给了合寨村大量的基础设施投入，拓宽道路、配置路灯、修缮纪念设施等，合寨村迎来新一轮的项目建设热潮。根据村民口述：

> 当时没有什么建设，主要是修水利，修码头，修村路。现在就麻烦多了，上面重视我们果作，果作是村民自治第一村，上面重视发源地，下达一项一项的项目，球场、文化广场等。②

在创建广西历史文化名村中，观光旅游成为合寨村未来发展的新希望，根据宜州市旅游局的初步设想，将刘三姐乡和合寨村串联起来，打造一条具有壮族民俗和村民自治于一体的旅游线路。合寨村原有的村民自治纪念设施、历史文化纪念馆再加上规划中的六旺岩探险和里洞水库休闲垂钓等，形成合寨村旅游的组合拳，直接将第一产业为主的产业结构调整为第三产业为主。旅游开发是需要大量资金投入的，原本寄希望于旅游公司能够投资合寨村，到目前为止，主要是政府支持历史文化名村的资金投入，缺少有实力投资者。正由于资金的缺乏，旅游宣传、景点建设等都略

---

① 调研点：广西河池市宜州市屏南乡合寨村果地屯，受访者编号：RL20140810MGY，受访时间：2014年8月10日，调研员：任路。
② 调研点：广西河池市宜州市屏南乡合寨村果作屯，受访者编号：RL20140806WPW，受访时间：2014年8月6日，调研员：任路。

显滞后，为此，在广西壮族自治区组织的前两次历史文化名村验收中，合寨村的成绩是不合格，至于第三次验收能否通过尚未可知，无疑为合寨村发展旅游业蒙上一层阴影。当政府主导、村委会协助的旅游开发迟迟不见进展的情况下，由村民自发进行的旅游开发逐渐起步，新村屯的蒙银强与他人合作在六旺岩办起了农家乐，是第一个进军合寨村旅游业的人，还成功注册合寨村品牌，向外销售蚕丝被等产品。当然，蒙银强的开发旅游业的尝试只是小规模的，未来能否带动整个合寨村旅游市场升温还需要时间的检验。蒙银强的尝试至少为合寨村的经济发展提供了第二条道路，即在不依靠政府投入和资金支持的情形下，依靠市场的力量来发展合寨村的第三产业。

（五）自然村的村民理事会

在合寨村新农村建设中，除了政府主导的基础设施建设之外，大部分公益事业是在自然村或村民小组中开展的，这些公益事业是源于农民的需求，并逐渐形成一种临时的组织形式，即村民理事会，它主要由正副组长、村民代表和一些群众代表组成，尤其是懂工程、会测算的村民加入理事会，同时也会邀请一些退休的干部或党员。村民理事会大都是临时性，每一项工程都会成立理事会，当工程结束的时候，理事会也自行解散。理事会主要负责前期的筹资筹劳，工程投标，监督施工等，工程完成后还要将最终的支出明细向村民公布，接受村民的监督。根据村民口述：

> 以前的村民小组长有蒙金阳、蒙绍先、蒙金罗、蒙绍良，蒙绍良在屏南乡民政所当干部。1993年与金罗一起干，我就当小组长了，后来有另外两个人当小组长，两年里他们没做什么公益事业建设，群众讲他们没得，又要我上来。2001年到现在一直在当小组长。中间有些村民当过一段时间的小组长，没当多久就出去搞副业，群众又让我来当。我一个人搞，搞了几项建设。每一项建设都安排了出纳和会计，都是群众选的，年末总结一次收支。如果我一个人都来弄，群众会有意见的。[①]

[①] 调研点：广西河池市宜州市屏南乡合寨村拉垒屯，受访者编号：RL20140805MSX，受访时间：2014年8月5日，调研员：任路。

第七章　新世纪前后的国家化、地方性与村民自治困境

非正式的村民理事会出现在村、组两级的公益事业中，没有正式名称，也没有固定的组织结构，更没有明确的规章制度，反而比其他正式组织发挥更加重要的作用。鉴于村民理事会在村庄管理和服务中的突出效果，河池市在进行自治区布置的"清洁乡村·美丽广西"活动中，结合合寨村和其他地方在村组成立村民理事会的经验，决定在全市的自然屯试点建立党群理事会，以屯为单位，按照党支部或党小组推荐、村民推荐、屯级村民代表推选的"两推一选"的办法，选出 2—3 名党员代表和 4—5 名群众代表等组成，特别是致富带头人、离任村组干部等，理事会分理事长、副理事长和理事，其中理事长和副理事长至少有一名以上党员，提倡理事长与村民小组长一肩挑。根据地方政府统一制定的规章，党群理事会是村级党组织领导下的群众性议事理事组织。理事会的职责包括收集民情、反映民意、宣传政策，讨论本屯经济建设、经济社会规划和年度计划，讨论承包经营、计划生育落实、救灾救济款物发放、宅基地使用、村办学校和村屯道路等公共事业经费筹集，讨论清洁乡村建设等，参与监督、评议村干部，对村务、财务公开进行监督等。党群理事会产生方式先党支部推荐、村民推荐，交屯级村民大会选举产生，采取差额与无记名投票，理事会议事原则，在国家政策和法律规定下进行，符合群众利益，有利于党的方针政策和国家法律，上级党委政府决定、决议的贯彻落实，有利于经济发展、精神文明建设和社会安定团结。对于党群理事会的运行机制，河池市组织部制定了"六步议事法"，先由党群理事会成员收集群众意见，确定议事主题；党群理事会论证形成初步方案；向村"两委"汇报后征求党员群众意见，召开党群理事会，形成工作方案；再向村"两委"汇报，村"两委"讨论，重大事项由村民大会或村民代表大会决定，或事后向村民代表大会或村民大会补充汇报。在河池市组织部的主持下，原来的六步议事法进一步细化为"四提四议两公开一监督"工作法。"四提"即"两委"班子提议、党员提议、村民代表提议、群众提议，形成提议意见；"四议"即党支部会汇议、"两委"会商议、党员大会审议、村民代表会议或村民会议决议，推动提议形成实施方案；"两公开"，即决议公开、实施结果公开；"一监督"，即成立村务监督委员会独立监督。

从村民理事会到党群理事会，原先非正式的组织形式被地方政府接纳后，改造为正式的组织形式，并以政府文件的形式下发到各村，此时的党

群理事会从专司公益事业建设的组织演变为屯级全能性的组织，以前座谈性质的议事机制变成程序性的议事规章制度。虽然不知道这些规则制度能够在多大程度上为村民所使用，但是地方政府重视村民自发形成理事会的作用是值得肯定的，通过理事会的组织，村民与政府处于一种合作状态，将村委会不能完全吸纳的村屯能人或老干部等置于理事会的框架内，从而塑造成为政府和村委会的支持力量，并分担一些政府或村委会力有未逮或不便直接干预的村屯事务，将村民的建议和要求反馈到村委会和政府，在力所能及的范围内为村屯提供公共服务，或者达到组织村民的目的，也可以作为承接政府公共服务项目的组织载体。不可否认的是，在实际的运行过程中，党群理事会主要组织村民进行小型公益事业建设，向政府争取相关项目支持，至于其他功能依然由原来的村民小组长承担，但是却建构出党组织、基层政府、村委会和村民之间的互动平台。

六　走向服务型政权的乡镇政府

政府机构是为了履行一定的政府职能而设立的，而政府应承担的职能的多少，又主要受制于经济体制。[①] 改革开放以后，包括乡镇政权在内政府机构进行了三次改革，然而，基本上属于在经济社会变化之下的"外延式改革"[②]，主要是围绕机构和人员调整等，并未形成与市场经济相适应的政府职能转型为重点的内涵式改革。在多予少取放活的农村新政背景下，转变乡镇政府职能成为农村改革的关键，在中央倡导的服务型政府建设中，乡镇政府内生型改革为村民自治创造了难得的机遇，村民自治所面对的外部行政环境出现新的变化。乡镇政府从行政管理型、悬浮型向公共服务型转变，进一步明确村委会协助乡镇的行政任务的同时，乡镇政府也更加主动地将行政任务当作公共服务向下延伸，与规范规制阶段的乡镇行政权力干预村民委员会相比，内生外动阶段的乡镇政府因为本身职能的转变，与村民委员会的关系是平等合作，于是，乡镇政府倾向于让村民委员

---

① 曹沛霖：《政府与市场》，浙江人民出版社1998年版，第437页。
② 孙学玉：《地方政府机构改革的历史评价和现实思考》，《中国行政管理》2000年第4期。

会回归自治的本色。以往依靠行政权力下发的目标责任状也逐渐减少，进而为村民委员会"松绑"。乡镇的政务工作通过设立政务服务中心，直接承担行政服务工作，或者将长期性的行政工作转化为村规民约的内容，由政府的任务转换为村民自治行动。

(一) 从管理到服务

首先是调整目标管理方式。责任状是乡镇政府与村委会为完成行政任务而签订的协议，列出要达到的目标和具体的考核指标，同时规定对应的奖励与惩罚措施，将乡镇政府的行政命令转化为具体的利益得失，也是压力型体制的深刻体现。在税费改革前，目标责任状是乡镇政府布置行政工作的重要方式，随着外部行政压力的减轻，根据合寨村档案中有关目标责任状的统计，责任状整体上是在逐年减少。除了数量上的减少之外，在目标责任状的内容上也有显著的变化，过去将目标责任简化为简单的指标，比如税收完成比例、总额或者计划外生育状况等，然后直接与工资补贴或者奖金挂钩。如今的目标责任状主要是围绕一些宏观性的原则设立预期的目标，纳入整个村委会的绩效考核，并在目标责任状中增加了群众满意测评等项目，改过去单向评价为双向评价。因为乡镇政府下达的目标责任状并不是过去那种只需要向上负责的行政性任务，而是乡镇政府在职能转变后从村民需要出发着力推进的各项公共服务。

其次是推动政务公开，2003年3月，在《屏南乡政务公开实施方案》中，将政务公开与民主政治结合起来，指出："实行政务公开是加强社会主义民主政治建设，保证人民群众在党的领导下形式民主权利，参与管理国家和社会事务的重要途径，是增强党政机关政务透明度，让群众有更多知情权、监督权、发言权，充分调动广大党员、干部和群众的积极性。"屏南乡部署政务公开工作，明确将乡镇与村委会承接的政务对外公开，包括年度工作目标及其进展情况，年度财政预算，集体企业及集体经济承包、租赁和拍卖等，公益事业，计划生育，部门职责，农村税费收缴和使用。屏南乡设立政务公开栏，将原本属于"暗箱"的乡镇行政管理公开化，建立政务公开的具体程序，固定工作长期公开，经常性工作定期公开，每季度一次，并设立相应的意见箱和举报电话等，推动乡镇各单位主动进行政务公开。在此阶段，主要是乡镇政府本身的政务公开，之前在全国村务公开民主管理活动中，合寨村已经建立村务公开栏，将村务、政务和财务向外公布，被村民称之为"明白墙"。

最后是推动政务下移。2007年宜州市启动"政务下移工程"，在乡村屯三级制定具体的实施办法，在乡镇一级建立便民服务大厅，把行政管理职能中的户籍登记、证件办理和组织关系转接，社会管理和公共服务职能中的社会救助、五保户供养、涉农补贴发放以及群众来访和咨询等事项集中统一受理、办理和回复。对于相对偏远的村庄，在居住比较集中的自然屯设立服务站，确定政务村办服务日，由村两委干部、包村的乡政府干部定期下到服务点收集群众要办的材料，全程为村民代办，并纳入干部考核。对于偏远的自然屯，由村民小组长负责受理群众代办事项。屏南乡根据宜州市的文件精神，制定了《屏南乡开展"政务下移工程"活动实施办法》，在合寨村建立一站一点，以村部为服务站，辐射中片和下片8个自然屯，由村委会主任韦向生负责，在较远的上片设立大村服务点，由罗凤秋和莫云吉两人负责。以实际情况来看，屏南乡的"政务下移"也仅仅是停留在乡政府的便民服务大厅，至于合寨村服务站和大村服务点只是形式上的，村民办事习惯于找所在屯的村民小组长或者村委会干部，设立服务站或者服务点将原来非正式的办事渠道正式化为文件中的具体制度，并且对于大多数村民来说，找政府办事比较少，细致的办事程序或办事时间等反倒是麻烦。

基层政府推进的"政务下移"也并不是全无意义，至少表明一种新的趋势，即乡镇政府的职能转变，主动将政务向下延伸，方便村民就近获得服务。当然，这与压力型体制下基层政府以行政命令方式向村委会指派工作任务不同。一是以村民的需要为出发点，而不是仅仅从政府管理角度考虑；二是以政府的主动服务为归宿，而不是政府消极被动应付。政务下移是自上而下的改革，却迈出了乡镇政府职能转变的第一步，尝试着对税费改革后乡村关系的进行重新定义。与之相应，上级政府尽量以政务服务的方式在村委会设立相应的办公室，以便提供相应的政务服务，每一项政务服务层层下放到村委会，最明显的标志是村委会的招牌，截至2014年8月，合寨村村部两层楼房共有27块各种"牌子"，具体如下：

表 7-8 合寨村村部各类招牌统计

位置	名称	数量
村部大门口东侧	"中共宜州市屏南乡合寨村总支部委员会""宜州市屏南乡合寨村民兵营"	2
村部一楼东边会议室后门	"彩票公益金资助—中国福利彩票""中共宜州市委党校基层民主政治建设培训示范基地"	2
村部一楼东边会议室前门	"信用村（广西宜州农村合作银行）""中共屏南乡合寨村总支部委员会党校""河池学院大学生社会实践基地""青年之家""中共宜州市委党校基层民主政治建设培训示范基地教室""屏南司法所合寨村司法行政工作室""屏南乡合寨村食品药品安全监管点""屏南乡合寨村人大代表小组活动室"	8
村部一楼大门东侧防盗窗窗户	"屏南乡合寨村社会管理综合治理示范村""宜州市公安局屏南派出所合寨警务室""宜州市公安局挂村民警公示栏"	3
村部一楼大门口西侧	"宜州市屏南乡合寨村村民委员会""宜州市屏南乡合寨村村务监督委员会"	2
村部一楼西边空房	"宜州市屏南乡合寨村政务服务中心""农事村办服务站"	2
村部二楼西侧第一间	"自治区级示范妇女之家（广西壮族自治区妇女联合会）""新家庭文化室（广西壮族自治区人口和计划生育委员会）""妇女之家"	3
村部二楼西侧第二间	"屏南乡合寨村廉政文化书屋""图书室""华硕科普图书馆"	3
村部二楼中间靠东侧门	"合寨村计划生育协会办公室"	1
村部二楼东边第一间	"屏南乡合寨村'幸福家园'服务中心"	1

（二）从政务到服务

沿着之前的政务下移的路线，根据宜州市在合寨村进行村级政务服务中心的试点，将村级政务工作进行了梳理。最初的设想是将乡镇需要村委会协助的政务交给政务服务中心，既方便集中服务，又能够明确村委会的政务，让村委会有更多的空间进行自治。显然，这一设想并没有完全实

现,根据村务监督委员会主任兰锦宣口述:

> (政务服务中心)有点空,领导来看的时候就有人,(乡镇干部)他们说任务重,有什么事情就过来一下,或者通知我们,让我们自己负责。①

首先政务服务中心只是村委会的另一个牌子,工作人员全部由村委会成员兼任。虽然村级政务服务中心规定了一系列的制度,比如轮流值班制、限时办结制度、首问负责制度。真正落实的制度只有值班制度,对于其他的受理、限时办结、告知、责任制等并没有贯彻,主要依靠村委会干部一对一的服务,接近于人际关系上的帮忙。政府的文本形态的制度规定比不过村民的办事习惯。可是,村级政务服务中心将村委会协助乡镇行政工作的具体事项确定下来。根据政务服务中心办事目录,村委会协助的政务工作分为信息公开事项、行政审批前置条件的直接办理事项、代办事项和协办事项等四类,并具体罗列了明细事项:信息公开事项共5项,主要是各级政府三农政策、财政收支和各类专项资金管理状况、征地补偿、涉农补贴和救灾救助资金使用情况等;即"政务公开"直接办理事项共17项,主要是婚育、社保、救济以及土地使用等相关的证明意见,即"出证明";代办事项共11项,主要是由村委会值班人员代替村民前往乡镇或市政府有关部门办理证件和审批表等,即"跑部门";协办事项共4项,主要是协助乡镇收取新农合、新农保的资金或信息核对,协助开展农业技术咨询、推广,科普知识培训,法律宣传、纠纷调处等事项,即"敲边鼓"。

在农村,大多数年轻人外出打工,只留下两老和小孩在家,如果乡里有什么事,群众最直接的就是想到村委会,所以村委会专门实行这一制度,除了星期天,其他时间只要群众有需要,无论何时都会办。有时群众直接到工作人员家里,上门求助,这些都会得到帮助,

---

① 调研点:广西河池市宜州市屏南乡合寨村果作屯,受访者编号:RL20140812LJX,受访时间:2014年8月12日,调研员:任路。

只是电脑知识比较缺乏，大多数是纯手工，办事效率比较低。①

在 2013 年 5 月 30 日至 2014 年 8 月 1 日合寨村值班记录中主要的办理事项为出证明、办理入户证明、电表申请、计划生育服务手册申请、社会救助申请、户口迁移申请、流动人口申请、宅基地申请、结婚登记、取款证明等，具体来看，村干部总值班 128 天，为村民办理各类政务 211 人次，主要集中在办理各类生育证明达 78 人次，办理户口相关证明 52 人次，办理生活困难证明 12 人次等。上述行为大部分是依法申请的行政行为，最终的决定等由行政机构作出，但是以村委会的证明或同意作为前置条件，村委会在整个审批过程中类似于行政机构的最基层延伸。

（三）从乡务到村务

建立村级政务服务中心是乡镇政府通过组织机构的形式完成行政管理工作，此外，基层政府还借助于村庄内部的村规民约将政务转换为村务，甚至村民的家务，从而把行政任务转化为村民的自觉行动，用一种更加柔性的方式来推进政务工作。一直以来，计划生育工作是政务工作的重中之重。几乎每一次村民代表会议都要强调计划生育，不论是计生服务还是人口普查等都是乡镇计生服务站下村与村干部一起做工作，计划生育对于乡镇考核是"一票否决"，每当计划生育临检，乡镇政府全员行动，当然也会采取一些强制性手段。即使如此，到 2010 年的时候，合寨村的人口与计划生育工作仍然是全乡靠后，当年全村共出生人数 25 人，计划内 18 人，计划外 7 人，一孩生育率 75%，二孩生育率 63.9%，非婚生育严重，流动人口难管理。为此，宜州市计生局在合寨村进行计划生育村民自治试点。

一是制定各类章程。2010 年 10 月 10 日，计划生育工作新机制建设正式启动，宜州市计生局韦松局长总结过去实行计划生育的问题，认为新阶段要依法管理，村民自治和政策推动相结合。屏南乡计划生育服务站莫汉平宣读初步拟定的计划生育村民自治协议书，然后要求村民小组长和村民

---

① 调研点：广西河池市宜州市屏南乡合寨村，受访者编号：CPQ20091112LFQ，受访时间：2009 年 11 月 12 日，调研员：陈沛奇等。

代表向村民广泛宣传，提出修改建议，最后由村民代表会议讨论通过。随后召开的村民代表会议上，计生局和乡政府对村民代表继续进行游说，并布置任务，除了计划生育协议书外，还要准备制订计划生育村民自治章程等。屏南乡政府则成立计划生育村民自治领导小组，分组指导合寨村各屯计划生育新机制试点工作。之后在韦向生的组织下，村民代表充分讨论后全票通过新修订的计生村民自治章程、管理办法、协议书和承诺书等。

二是建立计划生育协会。合寨村将育龄群众家庭等纳入到协会之中，规定村组两级干部作为计生协会的理事成员等，并固定联系育龄群众家庭，明确控制人口、宣传计生政策、参与计生事务公开以及反映群众意见建议等，具体的工作制度，如例会、活动、学习、评比等，管理制度都有相应的规定，如办公场地、专职人员等，其经费来源于村委会、收取会费、社会和个人捐赠等，并提供相应的优惠政策，如小额信贷、优良种苗、技能培训等。

三是计生合同制，计生协会分季度进行计生公开，相互监督，并与育龄夫妇签订计生合同，遵守计生政策，并履行相关责任义务，以此来约束计生行为，达到计生指标的相关规定。宜州市下达计划生育指标到屏南乡，屏南乡将相应指标分配给村委会，合寨村2000年计生指标为出生率9.6%，计划生育率87.8%，与之配套的措施是下发目标管理责任制，与村委会干部年终考核挂钩。

表7-9　　合寨村2010年育龄夫妇计生合同签订情况统计

自然村	夫妇对数	已签对数	签合同率
南台	75	68	90.67%
板甘	26	23	88.46%
果作	144	130	90.28%
果前	33	30	90.91%
果律	47	42	89.36%
拉垒	78	70	89.74%
果地	144	130	90.28%
肯堮	27	24	88.89%
乾朗	54	49	90.74%

续表

自然村	夫妇对数	已签对数	签合同率
大村	97	87	89.69%
新村	80	72	90.00%
合计	805	725	90.06%

新时期计划生育从过去单纯强调控制人口增长，转向计划生育、计生服务和计生奖励相结合。前面计生局主导制定的协议书、管理办法和章程等大部分内容是规范村民生育行为，或者宣传计划生育政策，对于村民来说主要是行为上约束，与以往的计划生育相似，不过，计生指标公开和计生奖励则是新的内容。计生指标公开是村务公开的组成部分，有助于村民之间进行监督，摸清全村计划生育状况。计生奖励是对遵守计划生育政策，但家庭生活困难的村民进行奖励和扶持，谁符合奖扶条件，谁应该享受奖扶不是计生局或者村委会说了算，而是将评议权交给村民，组织村民代表针对申请人的条件进行民主评议，最后确定韦玉乐等14人参加国家奖扶年审均符合条件，之后第二次开会讨论通过蒙国总、韦定国、蒙小合三个对象符合奖扶条件，第三次开会讨论研究板甘屯王建飞、覃耐义夫妇符合广西计划生育奖补条件。肯㴖屯村民小组长韦文凡认为：

> 现在可以自治了，我们搞超生不要我们管，自己管理，允许你要第一胎是男的，第一胎是女的可以要第二胎，自己去计生站办准生证，我们不需要下乡，上面肯定不懂你家有多少人，什么个情况，乡里来填信息，哪年哪月搞得完。①

此外，持续修订的村规民约，将政府政策嵌入村民自治之中，国家意志转化为村民行为，比如1995年将计划生育写入村规民约，《果律屯村规民约》第九条规定："夫妻遵守计划生育政策，提倡诚信计生，如实申报出生、死亡情况。"

---

① 调研点：广西河池市宜州市屏南乡合寨村肯㴖屯，受访者编号：RL20140813WWF，受访时间：2014年8月13日，调研员：任路。

另外，广西壮族自治区政府倡导的清洁乡村运动，在新一轮村规民约的修订中加入政府有关清洁乡村的条款。《新村屯村规民约》第八条规定："每月20号为打扫卫生日，生活垃圾按指定地点倒进垃圾桶，发现乱倒垃圾的及不参与大扫除者（户），每次罚款50元。"《果律屯村规民约》第十一条规定："开展清洁乡村活动，生活垃圾倒到指定地点，如发现乱倒乱放，一次罚打扫全屯卫生一个星期。"乡镇政府平安创建中，有关社会治安的相关内容也进入村规民约之中。《果律屯村规民约》第二条规定：严禁聚赌和参与赌博，严禁吸毒与贩毒，严禁偷窃国家财产、集体财产和个人财产，违者上报司法机关依法处理。《新村屯村规民约》第十三条规定：本村村民不准聚赌即参与赌博，不准有偷盗、嫖娼、拐卖人口等不良行为，一旦发现报公安机关依法处理。不过，上述村规民约有些内容将政府工作转移到村委会，虽然减少相应的行政强制，但是其本质上仍带有村民自治行政化的特点。

总之，随着乡镇政府职能转变，村民自治的体制环境正在发生着改变，过去以汲取财政资源为主要任务的乡镇政府经历税费改革和免除农业税后，逐渐改变资源汲取者的角色。同时，面对城乡发展差距，以城带乡和以工促农的发展战略意味着国家对农村发展的重视，适时推出社会主义新农村建设，将大量的财政资源向农村转移，乡镇政府逐渐扮演着资源赋予者的角色。此外，村民的民主意识、参与意识得到提升，村民的自我管理的要求和自我服务的能力得到强化，乡镇政府不可能按照行政命令的方式去影响村民委员会，乡村关系偏向于村民委员会一侧。在这种背景下，乡镇政府也面临着治理方式的变革，比较明显的是从管理到治理的过渡，以及乡镇政府内生的改革，主动与村民自治进行对接。对于村民自治来说，乡镇政府的角色也出现新的变化，在村委员选举中，乡镇政府从结果导向转到程序导向，过去乡镇政府关注的是当选的村委会干部是否是乡镇中意人选，是否能够协助乡镇政府的行政工作，现在乡镇政府为了农村社会稳定，更加重视村委会换届选举的组织，制定规范的选举程序，实现村委会的平稳过渡。在村庄治理中，乡镇政府从无限责任转到有限介入，以前乡镇政府承担产业结构调整、农村税费征收、公共设施建设等诸多责任，习惯于包办代替，现在乡镇政府有限介入村庄范围的公共事务，只有在村民委员会有需要的时候乡镇政府才给予适当的支持与帮助，并不过多地干预村庄内部事务，放手让村民自我管理。于是，在村民自治的框架下，乡镇政府与村民委员会正在形成一种合作治理的模式。这是在政府转型之下自治力量改变村民自治的渐进之路，一方面是行政力量受到限制；另一方面自治力量的培育，最终寻找到一个相对平衡点。

七　扩大基层民主：村民自治的向上发展

亨廷顿通过对发展中国家的政治参与的研究后认为："现代国家与传统国家的最大区别，在于人民在大规模的政治单元中参与政治和受到政治影响的程度扩大了……因此政治现代化最基本的方面是整个社会的各种社会集团在村镇以上层次参政，以及发展了诸如政党那样的新的政治体制以组织参政。"[1] 为此，那些对村民自治持肯定态度的人都希望以村民自治为主要内容的基层民主能够推动中国民主建设，逐次推展乡镇民主自治、县市民主自治，实现所谓的"合法性上移"。[2] 随后出现的乡镇长直选使得基层民主向上走的想法更加强烈。在1997年，党的十五大提出"扩大基层民主"，将城乡基层政权的民主建设纳入到基层民主范畴。[3] "如何把村民自治的民主政治实践推广到村以上更高一级，形成一种既能为公民认同又能获得党和政府认可和支持的直接民主制度，这将是关涉是否可以形成中国民主政治制度路径依赖的大问题。"[4]

不过，乡镇长直选昙花一现，陷入落寞。2002年党的十六大指出：扩大基层民主的同时，强调扩大公民有序的政治参与等，不再将基层政权机关的民主选举和民主管理列入基层民主范畴。对村民自治失望的情绪一拥而上，往往忽视村民自治正在一点一滴地改变基层政治生态，纵使这种改变是极有限度的，但是村民自治确实在诸多方面产生了潜移默化的影响。

---

[1] ［美］萨缪尔·亨廷顿、琼·纳尔逊：《难以抉择——发展中国家的政治参与》，汪晓寿、吴志华、项继权译，华夏出版社1989年版，第40页。

[2] 郑永年：《乡村民主和中国政治进程》，《二十一世纪》1996年6月号。

[3] 林尚立：《建构民主——中国的理论、战略与议程》，复旦大学出版社2012年版，第372页。

[4] 唐兴霖、马骏：《中国农村政治民主发展的前景及困难：制度角度的分析》，《政治学研究》2001年第1期。

村委会选举的规范化和制度化，对国家的政治生活产生了积极的影响，有力地推动了执政党党内选举和县乡人大代表选举制度的改革。① 村民选举的经验正影响着选举的实践，影响着社区、乡镇政府、中国共产党内部的民主实践。尽管农村民主仅仅只是草根民主，但它将成为中国国家民主的奠基石。② 可以想象的是新的村民自治发展阶段，依靠村民的内生需要和政府的外部推动，村民自治所代表的基层治理创新将起到积极的示范作用，从内涵发展到外延扩散，持续改善中国农村基层治理土壤。

（一）基层人大代表

地方自治对于国家民主政治无疑具有重要作用，托克维尔将此作为美国之所以走向民主道路的社会基础。他认为："乡镇成立于县之前，县又成立于州之前，而州又成立于联邦之前。美国人根据乡镇自主的原则将自己组织起来，在乡镇内部，享受真正的、积极的、完全民主和共和的政治生活，共和政体已经在乡镇完全确立起来。"③ 事实上，在中国基层民主的实践中，短暂的乡镇长公推直选等直接民主形式后，基层民主仿佛遇到了制度的"天花板"，一时间有关讨论逐渐冷淡下来，毕竟，村民自治开辟了村民自下而上参与途径，村民拥有讨论决定与自己利益相关村庄事务的权利。在村民民主观念和参与意识增强的新形势下，村民如何进一步参与乡镇范围的公共事务，表达利益诉求和寻求合作行为，是中国农村基层民主发展面临的挑战。在《村组法》中对村民委员会的职能规定中有一项是村民通过村民委员会向乡镇政府反映意见和建议，这种参与只是接触式和间接性的参与。

实践中的村民自治不得不在现有的制度框架内寻找新的突破口，即作为基层民主重要形式的基层人大代表制度。郭正林在论述直接民主与间接民主关系是构建了民主、参与与制度化三者间两种基本关系，有助于理解和解释基层民主发展的"瓶颈"和"突破口"。从直接民主到间接民主构

---

① 白钢、赵寿星：《选举与治理——中国村民自治研究》，中国社会科学出版社2001年版，第176页。
② 郎友兴：《发展中的民主：政治精英与村民选举》，西北大学出版社2009年版，第241页。
③ [美]托克维尔：《论美国的民主》，董果良译，商务印书馆1988年版，第44—45页。

第七章 新世纪前后的国家化、地方性与村民自治困境

成一个连续体,不是非此即彼的关系。一个具体的政治体系,从最基层到最高层,都包含有直接民主和间接民主的成分,只不过在不同的层次上,在一定的时空条件下,各自所包含的成分比例有所不同。沿着从直接民主到间接民主的变化,政治参与程度的变化呈现从高到低的特征,制度化程度则从低到高趋势。制度化的程度往往同公民政治参与要求构成矛盾。这一矛盾的结果是亨廷顿所说的参与危机,解决参与危机的途径,一是降低直接民主成分,向间接民主位移。二是提高制度化程度以满足民主参与要求,而间接民主的制度化比直接民主的制度化难度小。具体如下图所示。[①]正因为上述基本关系,基层人大代表制度代替乡镇长直选成为基层民主发展产物。

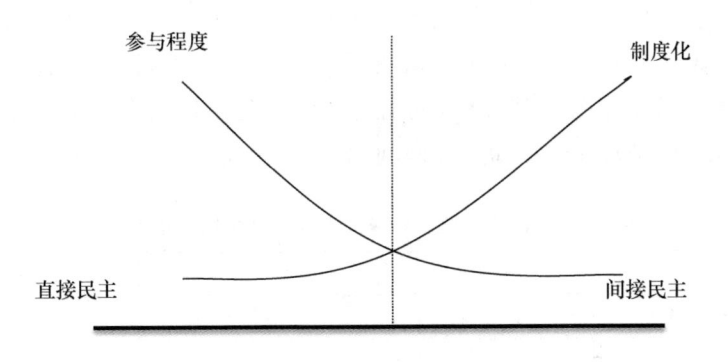

图 7-1　民主、参与程度与制度化关系

　　作为基层民主另一种形式的县乡人大代表制度逐渐成为制度的增长点。根据《中华人民共和国地方各级人大代表大会和地方各级人民政府组织法》,县乡人民代表大会是基层国家权力机关,县乡人大代表由本行政区域选民直接选举产生,代表人民行使国家权力。于是,由村民选举产生的乡镇人大代表组成乡镇人大是村民参与更大范围公共事务的法定渠道。然而,在基层政权的机构设置与人员编制上,乡镇人大代表会议并不完整,乡镇人大缺少常设的工作机构,只有一位人大主席,每年召开一次人大会议,作为乡镇人大代表具有提案权、提名权、批评建议权、询问权和质询权等,乡镇人大代表履职主要集中在乡镇人大会议期间审议政府年度

---

① 郭正林:《中国村政制度》,中国文联出版社 1999 年版,第 153—154 页。

工作或者批准人事任免等，乡镇人大代表选举、述职评议等。

一是乡镇人大代表述职与村民代表质询。合寨村划分为七个选区，选举七名乡镇人大代表，并在2004年开展人大代表述职评议，回应选民的意见和建议等。为此，村委会召开乡镇人大代表会议，明确提出合寨村第一届乡镇人大代表向本村党员群众等述职，接受选民的监督等，要求各选区的人大代表做好发言的准备。村委会主任韦向生在会上特意强调："针对村民代表或选民的意见和建议，要虚心接受，对于工作中的问题和不足等要倾听选民的意见，不要有别的想法，正确对待，不要误会，之后各位代表还要做出表态，在以后的工作中努力为选民服务等"。当然，为了保证人大代表述职会议的召开，会前村支两委召开片区党小组和部分村民小组长会议，希望村组干部带头向人大代表提出意见，肯定成绩的同时提出以后的要求，并具体给出意见的范围等，村民小组长可以在本选区代表提意见，党小组在片区范围内的事务提出建议，也可以对全村的事务向代表提出建议，明确意见要简短、反映问题。

表7-10　　　　2004年合寨村选区乡镇人大代表接受质询情况

选区	自然屯	乡人大代表	选民质询
第一选区	肯塄、新村	韦春利	韦绍能
第二选区	乾朗、大村	罗凤秋	韦文林、蒙金纯
第三选区	拉垒	蒙增福	蒙绍贤、韦云厚
第四选区	果地上、果地下	蒙小芳	蒙振球、蒙振国
第五选区	果律、果前	韦先登	韦英寿、蒙国总
第六选区	果作	韦友权	韦天伦、韦继能
第七选区	板甘、南台	韦向生	韦春尤、兰锦宣

作为合寨村唯一的县乡两级人大代表，韦向生在其述职报告中提出自己将本选区选民与上级的各项决策结合起来，解决了群众关心的问题，起到桥梁和纽带的作用，并对一年来相关工作进行了汇报。一是学习相关法律文件、加强政治觉悟等；二是关注本村的民政救济和扶贫工作，及时向上级反映特困户、残疾户和五保户的需求；三是调解村民纠纷，化解村民间的矛盾；四是村庄基础设施建设上宣传解释和动员等。其他乡镇人大代表也结合各自选区工作进行了汇报，各村民代表和党小组组长等进行提问

第七章 新世纪前后的国家化、地方性与村民自治困境

和质询，乡镇人大代表分别进行了回应，整个乡镇人大代表质询在既定的安排下顺利完成了一次制度操练，只是除了对民政救济和扶贫等工作外，对乡镇人大代表质询主要集中在村内公共事务，而乡镇人大代表本身是村委会干部或村民小组长，参加述职会议主要是村民代表等，并没有扩大到广大村民，实际上与村民自治原有的村民代表会议和村干部述职的形式一致，正因如此，后续并没有继续召开类似的乡镇人大代表述职质询会议。

二是乡镇人大代表审议乡镇政府工作报告。2006年，屏南乡第十届人大代表会议第六次会议审议乡人民政府工作报告，乡长梁毅对2005年工作进行回顾，从经济增长、农业产业结构调整、税收金融、基础设施、精神文明和民主法制、社会事业等方面进行了详细的报告，对2006年乡镇政府的主要任务和预期目标等进行了梳理，国民经济与社会发展主要指标、如何调整产业结构以增加农民收入、兴办哪些基础设施、如何发展乡镇经济增加税收、如何建设新农村、怎样发展社会事业以及服务型政府建设等八个方面的计划与相关措施。随后屏南乡第十届人民代表大会第六次会议通过关于政府工作报告的决议，会议认为："2005年，乡人民政府认真贯彻落实上级党委、政府的各项方针政策和乡党委的工作部署，解放思想，排难奋进，扎实工作，较好地完成了乡十届人大四次会议确定的目标，我乡改革开放和现代化建设取得新的成绩。报告对一年工作的总结是实事求是的，提出今年的工作思路、目标任务和主要措施是切实可行的。会议决定批准这个报告。"

三是乡镇人大代表向乡镇政府提出议案。乡镇人大代表在乡镇人大会议期间，5人以上联名可以依照法定程序，向乡镇人大提出其职权范围内的议案。根据屏南乡第十届人民代表大会第四次会议提出议案、建议、批评、意见办理情况的统计，乡镇人大代表向屏南乡第十届四次人大会议提出议案等24条，其中，屏南街维修和村屯道路拓宽改造的建议有6条，农田水利基础设施维修建设7条，人畜饮水建设意见7条，村（社区）办公设施维修建议1条，农电网改造遗留工作1条，农业税附加返还和乡妇联加强组织妇女开展学习活动2条，乡镇人民政府承诺将其纳入乡镇政府工作的重要议程，并表示："尽职尽责把各项议题办理好，尽可能地满足代表们的要求和建议，对不属于本级政府职权管理范围的议案、建议转交上级有关部门给予答复和办理。"其中，合寨村乡镇人大代表韦向生提出

合寨村村委会至大村屯级道路改造，乡镇政府的回复如下：由于乡财力极为薄弱，长期处于输血型乡镇，乡财政仅能够维持正常的干部职工工资，机关运转非常困难，无法安排专项资金解决工程经费，经多方努力争取市政府和上级有关部门的资助及受益群众筹资和投工投劳，合寨村委至大村道路改造已完工部分已向区财政上报立项补助资金。韦向生提出解决合寨村果作、南台、板甘自然屯渠道改造工程等，乡政府拨付维修物资水泥16吨，群众资金1.8万元，予以解决。

四是县乡两级人大代表向地方政府提出议案。在基层人大直接选举中，一些人大代表身兼多重人大代表身份，能够作为县级人大代表对地方政府提出相关议案，作为县乡两级人大代表的韦向生曾经联合其他村委会主任提出人大提案，要求增加村委会干部补贴或者维修村级道路等，具体议案和答复如下所示，在2001年宜州市十二届人大三次会议期间，韦向生共提交8件议案，其中，2件议案为单独提议，主要是涉及本村本乡镇的公共事务，6件议案为联合提议，本乡镇议案2件，临近乡镇相关议案2件，市级相关议案2件等。根据代表相关理论，不仅围绕本选举相关利益提出议案，而且超出选区外，成为更广泛意义上公共利益的代表。

表7-11　　韦向生作为市级人大代表在宜州市十二届人大三次会议期间提出的议案

时间	类型	内容	答复	备注
2001年5月20日	联合提议	建设变电站、输电线路下群众竹木和高秆作物清理	宜州市电力公司答复：积极争取尽快落实。按照《电力法》规定执行，不允许种植高秆植物，影响线路安全，建议乡镇政府做好群众工作	第40号
2001年6月11日	联合提议	要求适当提高村级干部工资建议	宜州市财政局答复村干部工资略高于临近其他县市，目前财力困难，待好转后适当增加工资待遇	第63号

续表

时间	类型	内容	答复	备注
2001年6月25日	联合提议	修筑跨龙江河公路，解决三岔镇交通死角阻碍经济发展问题	宜州市交通局答复修建公路大桥目前不具备资金条件，修建铁索桥不符合交通部规定，目前不可能解决问题	第102号
2001年6月15日	单独提议	进一步完善屏南至土博四级公路建设	宜州市交通局答复公路已完工2公里，余下正准备施工	第107号
2001年4月28日	联合提议	修整三岔镇至三岔火车站公路	宜州市公路局答复路段行车少，养护费用少，公路局将加强管护，需要当地政府和群众共同参与管护	第114号
2001年7月1日	单独提议	修建乡镇文化中心	宜州市文化局答复将逐步完善乡镇文化站等基础设施建设	第148号
2001年6月11日	联合提议	拨款修建屏南乡政府干部食堂与会议室	宜州市财政局答复已安排财政预算修缮，可向市领导汇报，争取食堂维修资金	第66号
2001年5月31日	联合提议	立项建设宜州市妇女儿童活动中心	宜州市人民政府办公室答复已开会研究，完成选址，即将动工建设	第1号

五是县乡人大代表下沉到农村基层。伴随基层民主的发展，为了改善乡镇人大代表履职困境，推动村民更广泛地参与乡镇公共事务。在宜州市人大的推动下，2011年8月合寨村正式成立宜州市首个村级人大代表小组，共有9名人大代表，其中自治区人大代表1名，河池市人大代表1名，宜州市人大代表2名，乡镇人大代表9名。人大代表小组组长韦向生，组员分别是罗凤秋、蒙振威、蒙玉妹、蒙宣利、韦友贵、韦友权、蒙振吉、黄瑞吉。黄瑞吉是屏南乡党委书记，自治区人大代表、河池市人大代表和宜州市人大代表，韦向生是宜州市人大代表、屏南乡人大代表，罗凤秋、蒙振威等都为屏南乡人大代表，在划分人大代表选区的基础上选举产生，之前常年担任村民代表。

宜州市人大还制订了小组活动计划和工作总结，以及为民办实事和联系选民的制度。人大代表小组每年代表小组活动四次，开展联系选民和听取选民意见，听取有关部门工作情况，反映群众意见和要求，协助乡政府工作，代表小组的视察调研活动可以向有关单位提出建议、批评和意见，但不直接处理问题。代表小组活动情况向乡镇人大、市人大常委会报告。并具体制定了规章制度，人大代表联系选民，代表向选民公示，发放联系卡，重点联系五位选民，对选民的意见和要求向有关部门进行反映，对重要的信访件，及时向乡镇人大汇报，由乡镇人大以代表建议、批评和意见的形式转交给有关部门处理，属市有关部门解决的，由乡镇人大以书面形式反映给市人大代表联络工委转交部门处理。也可以约见相关领导，督促其进行处理，并将处理情况反馈给选民，人大代表在任期内向选民述职，组织乡镇人大代表述职会议，代表述职包括出现人大代表会议听取和审议各项工作报告的情况，审议表决的决议和决定，参加人大的相关活动，学习和宣传党的路线方针政策，为选民办实事，做好本职工作。人大代表述职后由选区选民代表先行评议，并将乡镇人大做出报告等。合寨村建立人大代表小组的尝试为村民自治的发展提供了新的思路。除了乡镇长直选外，是否能够通过人大代表的法定路径突破村民自治发展的天花板，将村民的意见和建议纳入人大议案，最终影响到上级政府，实现基层民意的向上传导。

（二）农村基层党组织建设

党支部是村庄各项事务的领导核心，按照中国共产党的组织纪律，一方面是党支部服从上级党组织，对上负责；另一方面，支部书记是支部核心，在民主集中原则下党员对书记负责。根据合寨村党支部工作目标，主要承担以下工作：一是认真贯彻落实党的路线、方针和政策，圆满完成上级布置的各项工作任务，根据上级党组织的要求制订本支部的工作计划。二是加强支部自身建设，认真抓好党员学习、教育工作，支部每年集中党员培训四期以上，参加率达95%以上，充分发挥党员的先锋模范作用。三是认真抓好党组织发展工作和入党积极分子的培养工作，每年发展新党员一名以上，培养入党积极分子三名以上。四是按德才兼备的原则建立一支3—5名后备干部队伍，并做好培养工作。五是按照"五个好"的标准搞好基层组织建设，以支部为核心，带领群众致富奔小康。在村民自治的影响下，作为整体的党支部必须融入村级治理之中，按照群众路线的原则，密切联系群众，进一步扩大党支部的群众基础才能获得稳定的政治基础。在村民自治过程中，农村基层党组织建设同步推进。

一是服务型党组织建设。宜州市在保持党员先进性教育活动，推动无职党员设岗定责，包括公共事务类、政务监督类、思想政治类等，并具体罗列了岗位，如政策宣传、社情民意、文明新风、党务监督、计生监督、维护治安等。同时，合寨村党支部根据片区将党员责任区及联系户，上中下片区党小组将各自党员与各片的困难家庭进行结对帮扶，加强农村基层组织建设，提高党员服务人民群众本领，促进全村各项工作开展。

二是党群关系建设。党支部书记述职评议活动，包括党组织书记述职，评价党建工作责任制落实，召开座谈会听取党内外代表的意见和建议，最后评定等次。基层党组织创先争优承诺，乡党委、党支部与党小组逐级签订承诺书，在年底由党员进行承诺满意度测评。合寨村"两委"班子分析检查报告征求意见表共收集村民代表28条建议，主要的意见集中在广泛听取群众的意见，其次是村支两委工作要从本村实际出发，同时学习外地经验，最后是村支"两委"班子建设问题，加强班子团结和配合，增强信息，吸收年轻人。

三是党支部换届选举。在农村基层治理中，党支部和村委会是权力中心。"一肩挑"和交叉任职所带来的人员重合缓解了两者之间的张力，并没有改变两者权力来源的矛盾状态。村民委员会由全体村民直接选举产生，而党支部是由村内党员选举产生。根据村民口述：

> 在合寨村民看来，村委会主任是群众选出来的，而村支书是党员选出来的，群众的眼睛是雪亮的，由群众选出的村主任是公开公正。[1]

由选举产生的村民委员会给党支部巨大的压力。党支部是相对封闭的组织体系，村民只有申请入党直接参与到党支部中，或者通过与党员的个人接触，反映意见和建议，进而间接参与党支部。与村委会的开放

---

[1] 调研点：广西河池市宜州市屏南乡合寨村果地屯，受访者编号：RL20140807MGN，受访时间：2014年8月7日，调研员：任路。

性相比，党支部只是一个小圈子，加上党员老龄化和党员发展较慢，年轻村民和有能力的村民没有吸纳进党支部内，于是，村庄权力向村委会偏移。

党的领导是中国政治生活的第一原则，在农村更是如此，同时基层群众自治又是国家的基本政治制度，赋予基层民众以广泛的民主权利，包括民主选举、民主管理、民主决策和民主监督等，从而得到基层群众的认同，并逐渐视为理所当然的规则，成为亿万农民不可剥夺的权利。为了适应基层民主发展的趋势，基层党组织开始自我革新，某种意义上形成了村委会与党支部的民意竞争状态，党支部必须在权力来源和组织开放性方面做出相应的调整。为此，党的十七大提出："探索扩大党内基层民主多种实现形式"，将基层民主引入党内，加强党内基层民主建设，其中，基层党支部选举是党内基层民主的重要形式。合寨村和全国多数地方的做法一致，在2000年跨世纪的党支部换届选举中，合寨村按照宜州市统一的选举工作方案，先由党内民主选举推荐，再由村民代表测评，最后进行党内直接选举，即"两推一选"。从此以后，合寨村党支部都是按照"两推一选"的方式产生新一届支部委员。由此，村庄民意能够注入原本封闭的党支部内，推动党组织自身的开放性和责任性，党支部不仅要对上负责，更要对下负责。2000年，合寨村党支部"两推一选"，民主测评上届党支部委员会成员。由乡党委兰志强纪委书记发放测评表，由蒙国意、韦云厚收测评表，韦云厚念票，蒙振强监票，兰志强、蒙开生计票。由新支委讨论决定，根据"两推一选"的办法，村委会"一肩挑"两担，党支书兼任村委会主任。由兰志强纪委宣布选举结果，合寨村党支部书记为蒙国总。

表7-12　　　　　2000年合寨村第六届党支委测评情况

	优秀	称职	不称职
蒙国平	3	2	10
蒙国意	8	31	1
兰锦宣	8	24	8
韦焕能	11	26	3
韦春利	6	17	13

表7-13　　**2000年合寨村第六届党支部"两推一选"情况**

序号	由全体党员推荐下届支委推荐初步候选人（20名）	党员推荐得票（参会党员共有41人）	党员推荐候选人前10名中由村民代表测评（村民代表应到34人，实到21人）	从村民代表测评得票前6的候选人作为正式候选人，党员直接投票选举，正式候选人得票（参会党员共有41人）	党支部最终选举结果（6名正式候选人中选举5人组成新一届党支部）	换届前担任村支"两委"职务
1	韦向生	38	20	40	副书记	村委会副主任
2	蒙国意	30	16	37	组织委员	党支部副书记
3	韦焕能	28	19	38	宣传委员	村委会副主任、党支部委员
4	蒙国总	28	21	35	书记	村委会主任
5	蒙振强	21	17	26	纪检委员	
6	兰锦宣	18	1			党支部委员
7	罗云候	15	10			
8	韦云厚	11	12	24	落选	
9	韦绍能	6	1			
10	蒙金球	5	1			
11	韦天伦	5				
12	韦春利	4				党支部委员
13	蒙金鲜	3				
14	韦继能	2				
15	韦春意	2				
16	蒙国荣	2				
17	蒙金先	1				
18	蒙开生	1				
19	蒙振厚	1				
20	蒙国云	1				

（三）民间的老人协会

党的十七大首次关注基层社会组织，提出："发展社会组织在扩大群众参与、反映群众诉求方面的积极作用，增强社会自治功能。"一方面在村民委员会之外，发挥农村社会组织对于村庄治理的作用；另一方面农村

国家化、地方性与村民自治

社会组织为非治理精英等社会力量参与村民自治提供了平台和载体。因此，有学者认为：非治理精英的壮大和有效地公共参与也标志着在强国家治理模式未改变状况下村庄社会力量的增强。中国农村村民自治的前途也许正依赖于此。① 从村民自治的进程来看，农村社会组织有助于村民民主意识培育，随着村民民主意识的增强，村民自我组织能力也随之增强。在这种背景下，合寨村的民间组织也有所发展，其中老人协会便是一例。合寨村老年协会是合寨村的一个群众组织，有会员97人，占全屯60岁以上老人的30%，其中男性会员居多，有93人，女性会员4人，会员分布在全村12个村民小组，协会组建民事调解委员会、文艺宣传队等文体队伍，在每个自然村有老人协会小组，老人协会的成员主要是以前小乡、大队和生产队干部，有共产党员和老复员军人，不但有丰富的工作经验，而且在群众中享有较高的威信。在政府的主持下制定了老年协会规章制度，包括入会条件、会议制度、学习制度、文体活动制度、纠纷调解委员会制度、财务管理制度等。正如老人协会会员韦焕能所说：

> 一般村里有什么重要的事情大家都会坐下来一起商量，也会开村民会议大家一起讨论。只有群众都同意的事他们也才能去做。我退下来了，但是比较关心村里的事情，如果有什么好的建议我们也都会提出来，大家都是为了村子好，为群众服务。②

因此，除了文体活动外，调解纠纷是老人协会的重要内容，不过，规章制度明确规定老人协会是调解会员的家庭赡养纠纷，而会员之外的民事纠纷要当事人提议，然后收取适当的调解押金。从老人协会的制度规定来看，老人协会集中于家庭纠纷或者说私人纠纷。在具体的实践中，当村组干部遇到摆不平的村民时，一般都请本屯老人协会出面做工作，将公共纠纷化约为私人纠纷，以老人权威来促使村民在集体公益事业上作出让步或者说应有的"奉献"。老人们在屯里辈分高、资格老，与全屯村民沾亲带

---

① 戴玉琴：《村民自治的政治文化基础——苏北农村个案分析》，社会科学文献出版社2007年版，第121页。
② 调研点：广西河池市宜州市屏南乡合寨村果作屯，受访者编号：CPQ20091110WHN，受访时间：2009年11月10日，调研员：陈沛奇等。

故，也是村民们的长辈，对于长辈的劝说村民不敢驳面子。如果实在碰上不愿妥协的村民，如果老人做工作无效，村落里另一个重要的惩罚机制将会启动，那就是"隔众"，因为一个村民的不合作，而影响到整个集体的幸福，那么周围的村民就会拒绝与不合作村民的交往。如此，不合作村民俨然是村里的另类，受到村民的奚落，更麻烦的是凡是生活在村落中的村民都不可能完全脱离村落，面对重大事情的时候更需要周围村民的帮助，在一件事情上开罪全体村民往往得不偿失。最后的结局是被"隔众"的村民选择妥协，老人和干部们会给村民台阶下，赞扬村民的高尚行动，有的村民甚至会邀请村组干部和老人吃饭，表达歉意。这样一来，村民得以重新进入村落公共生活，完成"入众"的过程，成为负责任的"村落人"。通过老人权威与隔众等机制，在公益事业上保持村民行动的一致性和避免有可能出现的矛盾与纠纷。

八 基层民主过载：村民自治的发展困境

村民自治带来乡村治理的巨变，并不是说村民自治能够处理与村民相关的所有事务，更不是说有了村民自治，借助于全体村民的参与，所有问题都能够迎刃而解，实际上，在村庄中许多事务往往超出了村民自治的范畴，或者说单凭村民自治是不可能找到解决之道，由此出现所谓的"基层民主过载"，即基层民众的参与需求超过了基层民主的制度设计。对此，有学者认为：乡村民主政治的发展在相当长的时期内将是很不规范的，就眼下而言，对大部分落后乡村的民主自治制度不能估计过高"乡村民主自治已经是一个乡村政治动员令，它给乡村居民追求民主政治提供了合法基础，在这个基础上乡村居民会提出什么样的要求，我们还很难判断"[①]。

（一）农民维权上访

徐勇在《中国农村村民自治》一书中认为："村民自治只是社会形

---

① 党国英：《"村民自治"是民主政治的起点吗?》，《战略与管理》1999年第1期，第95页。

态的民主,而不是国家形态的民主。这种民主的范围只是局限于村庄。它可以通过一套民主规则和程序培育农民的现代公民意识和公民人格,让他们选举本村领导人,决定本村公共事务,但在超越社会之上的国家权力面前却往往无能为力。"①对于合寨村来说,里洞水库淹没田地赔偿问题就不是村民自治能够化解的问题,利益相关的村民最终选择维权上访。由于里洞水库建设,合寨村乾朗、肯塄、拉垒三个屯的部分耕地被淹没,人均耕地不足0.5亩,只有全村人均耕地一半,围绕被淹耕地补偿问题,曾经进行过数次上访的尝试。三屯的村民自发组织起来推选村民小组长和村民代表向村里反映诉求,但是里洞水库不归村里管辖,对于村民的诉求也没有办法解决,于是,由村民委员会协助撰写请示报告,提交给屏南乡政府。2008年7月31日乡政府收到乾朗、肯塄两屯群众的报告,一个月后收到拉垒屯的报告,在报告中提出三点要求:从2008年起恢复补给淹没补贴费。赔偿1975—2007年共30年的淹没损失(其中1992年、1993年、1994年已经领取三年水库淹没补贴)。赔偿标准参照1992—1994年拨给的每年3750元水库淹没补贴费执行,即按照每亩每年10.42元进行赔偿,共计11250元。按水库所淹没耕地面积360亩和现行可比价格测算产值,重新确定今后淹没费补偿标准(按2008年粮食价格和国家补贴,种田的耕地亩产达到1600元以上)。接到报告后屏南乡政府立即成立了工作组进村入户开始调查,经现场观察和走访群众,了解了当时的具体情况,并及时的给予了答复:1.目前国家还没有出台水库淹没农田补贴费的政策,无法给予补贴。2.至于因水库淹没农田造成生活困难,可通过村委会向我乡民政办申请救济和粮食补助。由于得不到满意答复,两屯群众又分别于2008年8月7日、2009年7月2日到市信访办、水利局等相关部门反映情况。2008年8月7日水利局作出书面答复,但结果两屯群众仍不满意,2009年3月"两会"期间,两屯代表韦文凡、蒙金纯2人经报告宜州市信访办到河池市人民政府继续反映情况。于建嵘认为:"农民维权组织的形成及其所进行的理性维权活动,不仅影响了中央的农村和农业政策,而且正在影响改变基

---

① 徐勇:《中国农村村民自治》(增订本),生活·读书·新知三联书店2018年版,第231页。

层政府的施政行为。农民维权组织的建立，意味着农民的抗争会更加理性，有利于社会的稳定。在一定的意义上，这些农民维权组织可以填补目前农村出现的民间权威的缺位，他们是农民与政府之间的中间力量，可以有效地阻止农民维权抗争活动以非理性的方式表现出来。"①

之后，河池宜州两级信访办领导到村，与乾朗、肯塄群众召开座谈会，村民的态度并没有软化。根据当时的会议记录，乾朗群众代表韦汉金坚持认为："从72年至今，水库建成已经有三十年时间，水库淹没360亩连片耕地，我们两屯村民的大部分田地都在这里，我们失去耕地，耕地面积少，生活十分困难，要求上级给予水库淹没耕地补偿。"拉垒代表蒙绍贤作出同样的表示：

> 我们里盘有200亩地，搞里洞水库后，那里的地被淹没，造成拉垒屯群众生活困难，要求上级给予补偿。

根据乾朗屯蒙金纯对这次上访的回忆：

> 后来三个屯的村民也没有再上访了。我们按照1961年四固定的文件，里洞水库里的土地是我们的，要给我们一些补贴。80年后我们就没交农业税了，之前我们2006年上访，政府说没有文件出台，也帮不了我们，2007年至2009年我们又去河池上访，政府将淹没的田地的农业补贴发给我们。2010年后就没去上访，但是去乡里反映，要给点粮食。因为里洞水库是乡里管的，所以属地解决。②

（二）流动的村民自治

费孝通认为："直接靠农业来谋生的人是粘着在土地上的""以农为生的人，世代定居是常态，迁移是变态。"③ 不过，当代中国农民的流动不是

---

① 于建嵘：《当代中国农民维权组织的发育与成长——基于衡阳农民协会的实证研究》，《中国农村观察》2005年第2期。
② 调研点：广西河池市宜州市屏南乡合寨村乾朗屯，受访者编号：RL20140812MJC，受访时间：2014年8月12日，调研员：任路。
③ 费孝通：《乡土中国 生育制度》，北京大学出版社1998年版，第7页。

失去土地后的外流，而是有一定土地又相对不足所造成的外流。① 具体来看，改革开放后农业生产力的发展，原本聚集在农业生产中的剩余劳动力显性化，同时城乡二元户籍制度逐渐解体，农村人口可以自由流动，大量的农村劳动力从农村流出，进入城市务工。此时，对于农民来说，定期的迁移是生活的常态，形成人口流动史上的"民工潮"。大体上，农民的流动经历了三个阶段，20世纪80年代中期小规模分散的本地区流动，接着是80年代后期较大规模、间歇式的本地或跨地区流动，90年代中期开始大规模、持续不断的跨地区流动。根据合寨村肯㙟屯一份2000年前后外出务工人员情况统计，整个屯共有43人外出务工，平均年龄25.6岁，年龄最小者16岁，年龄最大者49岁，男性30人，女性13人，其中外出务工地为广东21人，占比为48.8%，前往南宁打工10人，占比23.3%，前往柳州务工12人，占比27.9%。在提供相关职业信息的13位外出务工村民中，主要是汽车修理、饲料厂、砖厂、保安和餐饮等，夫妻、父子或兄弟同行外出务工。另据村中经济统计，外出务工已经成为合寨村农民收入的重要来源，越来越多的农民选择离土又离乡，由此形成半工半农的家庭经济模式。作为净人口流出的村庄的村庄治理而言，无疑是一次重要的挑战。

一是来农村人口结构的变化，农民外出务工的结果是大量的青年人口离开村庄，留下老人、妇女和儿童，而"三留守人员"本身行动能力较弱，参与村庄治理意愿较低，有可能导致村民自治"空转"，村民自治是一个公共治理活动，如果村民无法持续地输入参与和支持，那么村委会无法有效地输出决策和行动，整个村民自治系统便难以维持下去，最终只能将村庄公共事务交给少数干部来负责，村民自治也可能成为"村干部自治"。

二是村庄治理精英流失，与城市务工收入相比，村干部和村民小组长等收入偏低，有一定文化水平和组织协调能力的村庄治理精英离开农村，导致整个村庄治理出现"无人办事"的局面，不能够从村庄中选出合适的村组干部，村庄整体的治理效果下降，甚至出现村庄治理的"瘫痪"或

---

① 徐勇、徐增阳：《流动中的乡村治理——对农民流动的政治社会学分析》，中国社会科学出版社2003年版，第25页。

第七章　新世纪前后的国家化、地方性与村民自治困境

"半瘫痪"。根据村民口述：

> 选来选去但还是那几个人，他们有谁真正带领大伙致富的，无非是想从中捞点实惠，拉点关系，为自身谋利益。这样的选举没意思，还不如出去打工挣点钱实在一点。上一届的村委会不行，现在这几个候选人也不怎么样。照我看，没一个行，我知道这些都不行。但要问我哪个行，我却找不出来。①

三是由于越来越多村民常年外出务工，在城市工作和生活，主要收入也来自于城市务工，村庄承包地等已经流转出去，与村庄的联系主要是家乡情感上的，对于村委会选举投票多委托给亲友等，其他村民自治活动参与不足，对于村庄公共事务并不关注，实际上已经脱离了村庄治理的场域，但是仍然具有村民的身份，却难以有效履行村民参与的责任等。

（三）村庄内派性

村民自治作为一种公共事务的治理方式，并不能离开所处的社会文化基础。阿尔蒙德认为："一个稳定的、有效地民主政府的发展，不仅仅依赖于政府和政治的结构；它依赖于人们对政治程序的取向——依赖于政治文化。除非政治文化能够支撑一个民主的系统，不然，这个系统成功的机会是很渺茫的。"② 为此，有学者不无忧虑地认为：经济力量弱小、分散的农民无论怎么看都不会成为推动民主政治的主要动力。在传统乡村社会解体不彻底的情况下，普通农民还可能成为反对民主的力量。③ 之所以有上述担忧，实际上是因为在村落的宗族社会和熟人社会里，农民受到传统文化影响，短时间内无法摆脱血缘、地缘等传统社会关系的束缚，由此产生一些问题，始终困扰着村民自治。广西壮族自治区民政厅在一份《关于进一步严肃2014年全区村（社区）"两委"换届选举纪律的通知》文件里，

---

① 郭亮：《桂西北村寨治理与法秩序变迁——以合寨村为个案》，博士学位论文，西南政法大学，2011年，第165页。
② ［美］加布里埃尔·A.阿尔蒙德、西德尼·维巴：《公民文化——五国的政治态度和民主》，马殿君、阎华江等译，浙江人民出版社1989年版，第586页。
③ 党国英：《论乡村民主政治的发展——兼论中国乡村的民主政治改革》，《战略与管理》1999年第1期。

国家化、地方性与村民自治

指出当时村委会换届中的问题：村民民主意识不够强，不够重视和珍惜自己的民主权利，有的地方执行法律法规不够严，存在随意变动、简单操作的现象，影响党员群众的政治参与热情，个别地方宗教、宗族、家族和黑恶势力干扰操纵、破坏村"两委"选举，引发矛盾纠纷，影响城乡社会稳定，少数乡镇违反规定干预、插手村"两委"选举，拉票贿选等不正当竞争行为仍在一些地方不同程度地存在。

事实上，在合寨村的村委会选举中也存在着派性，当然并不是宗族因素，而是地缘因素，各个片之间存在着一些矛盾，在村委会换届选举中依照地缘远近关系来区分，而不是以能力素质等为标准，导致合适的人选无法进入村委会，不合适的村干部无法选下来，进一步加剧村内的派性，影响到村庄治理的效果。根据村民口述：

> 我参加六届村委会选举委员会，这届我没有参加了。说没得罪人，也得罪点。现在选举有派性，上片和下片都是一样的，有些事情不符合选举法。为什么不符合，前两届选举，我去检查票，下片不选上片，下片只填下片的，上一次村委会选举，中片的蒙桂能在上片和中片得票多，下片没有三十票，拉帮结派。现在村委会选举都是老的这帮人，没有年轻人来接班。中片几届来没有人当书记或主任，群众意见很大。中片和下片有争议，讲出来没好听。村委会危险了，没得人才，哪种人当得，哪种人当不得，没有集体观念当不得干部。当干部想着自己的荷包是不行的，一届过一届，群众会遭殃。群众没有充分考虑，谁能够当我们的家，群众认为哪个当也不影响做工。①

村庄的派性问题也延伸到自然屯内，果地下屯是合寨村人口较多的自然屯，同时屯内党员人数和老村干部较多，但是屯内的派性问题也复杂，以至于由于屯内派性问题，出现村民小组长辞职，以及屯内村民向村委会写联名信，要求重新进行村民小组选举。在合寨村第八届村委会换届选举前，果地下屯村民小组副组长蒙桂能向村委会申请辞职，从辞职信来看，

---

① 调研点：广西河池市宜州市屏南乡合寨村大村屯，受访者编号：RL20140816LBQ，受访时间：2014年8月16日，调研员：任路。

除了明面上的原因外，实际上是"感召力无能"和"公益事业改变不大"，而公益事业需要来自屯内村民的配合，而屯内的派性使得村民小组长、村民之间出现分裂，难以采取一致行动来支持庄公益事业建设等。

蒙桂能辞职信

尊敬的乡党委政府村委会领导：我是合寨村果地屯人蒙桂能向党委政府村委会领导本人辞职如下原由：我做农村人民勤务员转眼十年，十年中做群众工作，做党政桥梁顶不牢固，十年刚过做农村工作有对党政府不对的地方敬请上级领导原谅。在这十年工作中我觉得自己文化水平低，工作经验不足，感召力无能，所以在农村公益事业方面改变不大之处多。在十年当中或多或少失去家庭一切损失，我本人要求退出辞职自己的屯小组职务，现我还有点力气，要为儿子着想，弥补过去的损失，敬请各位领导给予我本人辞去果地屯村民小组副组长职务，请照准为明。

辞职人合寨村果地屯蒙桂能
2005 年 7 月 30 日

在蒙桂能辞职信半年后，新当选的果地下屯内村民小组长和村民之间派性矛盾并没有得到缓解，为此，果地下屯群众给村委会提交了三封联名信，来自果地下屯不同的生产队，村民按照以前生产队的习惯，每个生产队一封信，共三张联名信，从联名信所指出的问题主要是村民小组长内部"不能团结""心不一样齐""分山头""拉宗派""闹事多"等，82 位村民通过 3 封联民信一致要求村委会组织果地下屯改选村民小组长和村民代表等，才将屯内派性问题压下去。曾任村干部的韦春利也认为：

> 现在有点好，有点不好，群众的意见没统一，容易出现争端，有的家里人少，再选也选不上，喜欢选本屯的人，人多的屯没干部也不行，给你出难题，总的说利多弊少。[①]

[①] 调研点：广西河池市宜州市屏南乡合寨村新村屯，受访者编号：RL20140813WCL，受访时间：2014 年 8 月 13 日，调研员：任路。

总的来看，村民自治面临内在的发展困境，既有来自传统农村社会遗留的老问题，也有农村社会转型产生的新问题，既有农村社会内部的问题，又有超出农村社会之上国家权力问题，为此，未来村民自治的发展不仅需要保障农民民主权利，更需要持续推动农村经济社会转型。

小　结

徐勇认为："村民自治的最大特点就是自组织，它来自乡村社会内部，是一种群众性的自我整合。这种整合所产生的后果首先就在于建构农民的主体性，农民在自我整合中是'自治者'，而不是'他治者'。"[①] 回顾现代国家建设进程中村民自治的发展，行政力量与自治力量贯穿于始终。在人民公社解体时，国家的行政力量有一段时间的上移，表现为原有基层组织的瘫痪或半瘫痪，农民在村落内重新组织起来，出现自发的村民委员会等，这说明在行政力量短暂退出的情况下，村落自主性仍然能够成功地建构公共秩序。作为最早产生村民自治组织的地区，村落自主性的存留与地域社会相关联，因为并不是所有农村地区在经历公社体制后还保留村落的自主性。相比于传统村落的自主性，此时的村落自主性缺少稳固的基础。一是以乡绅为主体的地方精英难以为继，缺少国家权力与村落之间的中间层，既不能有效地组织农民以应对国家的行政力量，又不能代替国家权力有效地管理村落社会。二是以宗族组织等为主体的社会网络出现断裂，村落之所以能够自主源于内部控制，在土地分配、社会救助、纠纷调解等方面发挥聚合作用，在宗族等组织网络断裂后村落内部事务也不得不求助于外部的行政力量。三是外部环境发生深刻的变化，国家权力的覆盖与渗透重新定义了国家与社会的边界，矗立在农民面前的是强大的国家权力。归结起来，正因为村落自主性的存在，使得行政力量退却后生成自发秩序，村民自我组织起来，维护社会治安，兴办公益事业，最终开启村民自我管理、自我教育和自我服务的村民自治时代。这体现了自治的力量。

---

① 徐勇：《现代国家的建构与村民自治的成长——对中国村民自治发生与发展的一种解释》，《学习与探索》2006年第6期。

第七章 新世纪前后的国家化、地方性与村民自治困境

又由于村落自主性不稳定，使得自治力量仅停留在村落范围内，并没有发展成为更大范围内的村民自治，同时在国家权力下延后村民自治本身也陷入进退维谷的境地。在基层组织重建过程中，行政力量再次向农村渗透，新的基层政权组织取代瘫痪的组织。首先是撤社建乡，建立一级基层政权。初期的基层政权并不是一个完整意义上的政权，机构设置简单、权责不统一等弱化了基层政权，后来经过简政放权才充实了基层政权的行政权能。并且在市场经济背景下，为了有效地促进经济社会的发展，基层政权增设了众多的行政机构，对基层经济、社会事务进行着广泛的管理。接着在撤社建乡的同时，试点建立村民委员会，这时的村民委员会定位为基层群众自治组织，但是它已经从原来村落上升到行政村，即以前的生产大队，生产大队是人为建构出来的基层管理单位，期间依靠行政意志还进行过不同程度的调整，从国家的视角出发寻求农村管理体制的整齐划一。在这个层次上的村民委员会建立在若干村落基础之上，与其说是生活共同体，不如称其为行政共同体，是国家管理农村社会的基本单元。基于村落自主性之上的自治力量在行政村范围内面临整合的危机，地域性文化使得农民对于行政村的归属感降低，村落之间存在着潜在的竞争状况，在村落里能够形成的集体行动，却无法扩展到行政村。显然，发端于村落的自治力量也限定了自治的发展，既然行政村范围内不能形成有效的集体行动，那么行政力量的介入就顺理成章。基层政权也面临着税费征收、计划生育和调整产业结构等压力性任务，于是，村民委员会的行政化就难以避免。面对行政力量的强化，村民委员会不仅要承担行政任务，而且村民自治本身也依靠行政力量的推进，诸如选举的组织、建章立制等。之前关于乡村之间行政事务与自治事务也缺少明确的划分，即使有些事务能够通过村民自治来完成，基层政府为了追求工作效率，往往将自治事务转换为行政任务，由基层政府包办，比如产业结构调整、兴建公共设施等，村民自治由此逐渐被边缘化。

随着税费改革、农业补贴和新农村建设等一系列政策的调整，基层政权正在进行新一轮的转型，尤其是乡镇机构改革、职能转变等是与整个农村政策环境相适应。这对于行政力量与自治力量而言意味着一次新的机遇。总的来说，此阶段的行政力量对于农村的渗透越来越有限。一是税费改革后，农民不需要上交税费，乡镇政府的资源汲取能力减弱，乡镇政府

的财政吃紧，又得不到足够的转移性支付，于是，乡镇的行政力量在资源约束下趋于萎缩。另外，基层政权与村民委员会在税费征收中形成的利益共谋也不复存在。基层政权对农户的影响有限，对村委会的影响也受到挑战，呈现一种悬浮型政权的态势。二是在农民的广泛参与下，由村民选举产生的村民委员会偏向于农民一侧，各项程序性的制度得到不同程度的落实，农民的参与是对政府行政干预行为的最好约束，行政力量不能轻易地支配村民委员会。三是乡镇政府的职能转变，在农村经济社会发生深刻变化的背景下，乡镇政府从行政管理型向公共服务型转变。

乡镇政府治理变革除了自身的机构改革与职能转变之外，与村民自治关系密切的是乡镇的公共服务如何下乡，政务工作如何贯彻落实。首先，在公共服务上，基本公共服务由政府直接供给，同时，县乡政府鼓励村民自我服务，以补充政府公共服务的不足，而政府则以奖代补，对村民的公益事业进行资金扶持，具体到公益事业的建设、管理和维护交给村民委员会或其他村民组织，避免过去完全由政府包办所带来的冲突，乡镇政府只有在村委会有需要的时候，才参与到村庄事务之中。当然，各地财政能力有限，乡镇政府对于公益事业的支持和提供的公共服务因地而异，不过，乡镇政府在公共服务上实现职能的转变。其次，乡镇政府的政务工作也逐渐得到明确，哪些需要村委会协助，村委会如何协助等都有仔细的规定，并且村委会有权拒绝不属于村委会协助乡镇政府范围内的事项。乡镇政府在村级设立政务服务代办点，或者其他类型的服务窗口等，直接将乡镇的政务服务下移到村一级，以此来实现与村民自治的适当分离，让村民委员会能够专注于村庄公共事务。最后，乡镇政府的各项工作通过村民自治来实现由政府的工作任务变成村庄内部事务的转换，前提是乡镇政府的工作是与村民的利益相一致的，通过乡镇政府与村民委员会的协调与沟通，将政府工作纳入村民委员会的议事日程，并召开村民会议或村民代表会议，将政府工作转化为村庄公共事务，建立相关的章程与规约，成立相应的组织机构等，最终实现乡镇政府与村民委员会的合作共治。显然，这种乡镇治理格局是未来村民自治的发展趋势，即乡镇政府治理与村民自治的有效衔接和良性互动。

纵观村民自治中自治力量与行政力量的嬗变，源于家户传统的经济自主性改变了高度集中的公社体制，给村民自治的诞生奠定了基础，接着在

第七章 新世纪前后的国家化、地方性与村民自治困境

村落自主性之上产生的村民委员会填补了行政力量上移后基层社会的治理真空,这是自治力量第一次集中的体现,即社会失序后恢复公共秩序。其后,基层组织重建进程中,行政力量再次深入村落,建构新的组织体系,村民自治本身成为行政力量的补充。如今随着整个农村外部环境的改善,促使乡镇政府职能转变,行政力量有选择介入村庄,加上基于个人利益之上的农民参与,行政与自治趋于良性互动,乡村关系随之改善,乡镇政府自身的职能转变促使其尊重村民委员会,采取合作共治的方式来推进政务工作,将行政工作转化为自治事务,逐步实现乡村善治。

第八章 结论与讨论：国家化、地方性和乡村治理

回顾历史结构中的地方社会，同一地方社会先后经历的乡村治理形态层层累积，村民自治与村寨自治、村街自治或民主办社具有内在的延续性，因此，村民自治诞生于特定的地方社会。村民自治与村寨自治、村街自治、民主办社等又是不同历史阶段国家治理乡村社会的方式，之所以选择特定的治理形式，源于不同阶段历史结构中国家化与地方性之间互动关系，与村寨自治、村街自治和民主办社等所处历史阶段不同，村民自治是非均衡现代国家的产物，因此，村民自治出现在特定的历史时段。由于村民自治是特定地域特定阶段的产物，村民自治的发展也受到现代国家建设非均衡性影响，呈现出村民自治与政府行政之间的内在困境，困扰着村民自治的发展，只有在现代国家建设逐渐走向均衡的过程中实现国家化与地方性的良性互动，村民自治才能拥有足够的力量走出困境。

一 村寨自治、村街自治、民主办社与村民自治的纵向比较

在研究村民自治的起源和发展时，不少学者从历史的角度去梳理村民自治与前村民自治阶段乡村治理的内在相似性，试图为悄然出现的村民自治找到理性化的解释，从历史深处寻找村民自治产生的理由，有的认为村民自治是传统乡村治理在新的历史条件下的复兴，有的认为村民自治与近代的村治试验或地方自治相关，有的认为村民自治与社队体制中民主办社等原则相关，此类观点更多地是从历史延续性角度来分析村民自治与历

第八章 结论与讨论：国家化、地方性和乡村治理

史上乡村治理方式的内在相似性，对于这种相似性更多的是某些特征和某个侧面的比较，并非从整体的角度来进行纵向历史比较，于是，在本研究的前半部分着重从纵向历史比较的整体角度去分析村民自治与传统时期的乡村自治、近代社会的地方自治以及公社时期民主办社等内在结构的延续性，以村民自治为参照，反观历史上的乡村治理方式在何种意义上或何种程度上与村民自治具有关联性。

（一）村寨自治

当人们追溯历史的时候，习惯于从更加遥远的起点开始，因此，在讨论村民自治起源的时候，首先考虑的是回到当地传统村寨自治之上。村寨自治曾经在相当长的时间里存在于村民自治诞生的地方社会中，构成传统时期基层社会的主要治理形式。

村寨自治并非孤立存在的，村寨之上是保持半独立状态的世袭土官和与土官有人身依附关系的各级土目等，土目由土官所任命，并获得土官颁赐的土地，土目则为土官承担相应的职役，管辖土官属地上的村寨，以维持地方秩序、征派租税和劳役等，并不直接介入村寨内部的治理，属于"统而不治"。村寨之中的公共事务由村寨头人、寨老、都老等处理，他们并非由土官或土目直接任命，而是在村寨内逐渐形成的。由此，在土司地区逐步形成双层的治理结构，上层是依托于土地关系、人身依附和身份等级基础上的土官和土目治理体系，下层则是村寨内的自我管理体系，即村寨自治。与内地的以乡绅或族长等为主不同，村寨主要依靠的头人、寨老、都老等进行治理，他们的权威来自于组织承应土官和土目各类租税和劳役等公共责任和处理日常纠纷时等基于同意权力所形成的威望，常常将他们称之为"村寨之父"。与基于土地或暴力之上的土官和土目相比，村寨头人等更多的是一个"声望群体"，尤其是在处理村寨内部事务所积累的信任，如果处事公正，则能够赢得村民的信任，如果处事不公，则可能失去村民的信任，也就失去了村寨内的声望，被其他村寨头人所代替，甚至被村民鸣鼓而攻之。

村寨头人等要取得信任和积累声望，就不能任意妄为，必须根据村寨的乡规民约等习惯法行事，这些乡规民约一部分来自历史的传承；另一方面来自后续的议定。当然，乡规民约并非村寨头人等私下制定，而是通过

村民共同讨论决定，所议定的内容都是与村民生活相关的内容，由此形成所谓的"诸法合体"。乡规民约既然来自村民自行约定，那么也能够得到自觉遵守，而不需要过多的外在强制，乡规民约得以广泛约束村民的各类行为。当村民违反乡规民约时，必然受到相应的惩戒，此类惩戒由村寨集体讨论决定，在村寨公众舆论的压力之下，形成强大的约束力。在乡规民约之外出现的日常纠纷等则依赖于村寨头人的调解，这种调解本身依靠也是习惯法，在村寨头人的主持下纠纷双方各自陈述理由，最后由村老进行评理并给出处理意见，称为"讲筹"。当然，一些难以评断的纠纷或者纠纷事实不清则可能通过"神裁"的方式来解决，也是约定俗成的习惯法的一部分，以此来弥合村寨中出现的各种纠纷，避免出现超出村寨的争讼等，以达到"争讼不入官府"的目的，村寨内尽量通过约定俗成的规则来管理，尽可能地避免土官或土目的干预，对于村寨来说，土官和土目所代表的外在秩序意味着更多的租税和劳役等，村民更倾向于村寨内的自生秩序。

（二）村街自治

进入近代社会后，村寨自治面临着现代国家建设的冲击，随着大范围的改土归流和地方政权建设等，以往保持半独立状态的土司成为国家政权一部分，土官土目等逐渐退出历史舞台，土官之下的村寨越来越受到国家权力的影响，通过保甲等深入到村寨当中，保甲长等日益取代头人和村老等地位，以乡规民约为载体的习惯法被公共规则所代替，"村街自治"正是上述进程的一部分。

村街自治目的是将国家权力延伸到基层，为此在基层社会建立村街公所，村街公所隶属于上级的乡镇政权，村街长代替以往的乡保等成为新乡村精英，为此，在推选村街长过程中，新桂系明确提出"行新政用新人"，以地方政权选任的村街长代替以往占据基层社会的所谓"土豪劣绅"等乡村旧式人物，侧重于接受了新式教育的基层精英来充任村街长，并且将村街长与国民学校校长、民团队长等结合起来，形成"三位一体"的治理主体。村街长不仅由上级政府提供薪俸，而且接受上级政府相应的考核与培训，改变以往基层人员半公职的状态。

为了体现地方自治精神，村街公所在村街长之外设置了村街大会，作

第八章　结论与讨论：国家化、地方性和乡村治理

为民众参与村街事务的平台，详细列出应该由村街大会所讨论的各类兴革事务，并将此村街长置于村街大会之中，由村街长来组织和召集村街大会等。在纵向结构上，村街公所是乡镇政权管辖的基层政权组织，在横向结构上，村街长与村街大会构成村街公所治理结构，村街向乡镇长负责的同时也接受同级村街大会的监督，村街大会成为村街自治的核心结构，正是由于村街大会的存在，村街长之外的村民能够参与到村街事务的决策之中。

伴随村街公所的建立，与以往村寨自治相比，乡规民约逐渐被公共规则所代替，一方面是基于行政权力的公共规则，即村街公所作为基层政权所承担的相应公共责任和行政工作，服从乡镇行政指令等，各类矛盾纠纷等也需依照法律处理。另一方面是基于自治权力的公共规则，即村街大会作为民意机构所承担的公共规则，通过民众的参与来讨论相关村街公共事务，对于村街长的行为和村公所承担的公共责任进行监督。在村街大会中，讨论村街承担的各种行政任务如何完成，保持各种行政任务能够相对公正的分配，避免以往出现的负担不均和随意征派等，还可以积极兴办地方政府所倡导的各项公共建设，由此村街大会承担起公共责任，不单是征收税赋的工具，而且在兴办公共事务的过程中，村民的公共参与随之跟进。

当然，从村街自治的实际来看，村街大会的作用有限，很多地方的村街大会成为村街长分配行政任务和传达行政命令的工具，究其原因，既有民众参与不足的原因，又有村街长有意为之等原因。说到底是村街公所兴办公共事业和村街大会所议论各类公共事务并不能解决当时农村根本性问题，而且由于村街长等的薪俸和各类公共建设的资金都来自当地农村的税收或摊派，实际上是加重了农民的负担，因此，农民对所谓"村街自治"并不感兴趣，村街自治也仅仅是"挂名"而已。

（三）民主办社

村街自治虽然将行政架构延伸到基层社会，但是却无法获得民众的认同，对于广大农民而言，村街自治意味着更多的负担和外在的强制等，也无益于解决当时基层社会危机，尤其是农民的土地问题，并不能真正地将农民动员起来，重组农村基层社会，反而由于过度的资源汲取和行政控

制,逐渐走向了原有的保甲体系,加剧了农村基层政治的衰败。直到新中国成立后,通过土地改革运动和民主建政相结合,不仅实现了农民群众的广泛动员,而且将国家权力延伸到农村基层,确立了国家权力对于基层社会的支配和控制,自上而下的行政网络一直延伸到基层,完成了近代以来现代国家建设的任务。继而在互助组、合作社和人民公社中不断强调"民主管理"和"民主办社"等原则,试图让分属不同集体组织单元的农民群众在共同占有土地等生产资料基础上进一步参与整个劳动生产和经营管理过程,可以称之为"社会自治"。

在土地改革运动中,原有的旧政权的人员被逐渐取代,农民成为基层治理的主体,尤其是以前处于农村社会底层的贫雇农群体,在国家下派的工作队的领导下逐渐成长为新生政权的基层治理精英,在运动中培养积极分子,并吸收到农村基层党组织、各级基层政权组织和农业合作社当中,获得新的政治身份即"干部",由此在整个基层社会形成以阶级身份为基础所确认的"群众",以及在"群众"中所产生以政治忠诚为基础的"干部",由此出现干部和群众的身份分化,对于"干部"来说,隶属于自上而下的政权体系,负责组织、管理和领导互助组、农业社和生产大队或生产队等,按照上级要求来安排农业生产和行政管理等,在整个基层治理中处于主导地位。对于"群众"来说,基于政治身份的群众能够参与到各种类型的农村基层组织,形成一种以政治身份为基础的公共参与结构,也可以在工作队或基层干部的动员之下通过"大民主"的方式主动或被动地参与到不定期的政治运动之中。但是这个阶段的公共参与带有很明显的群众动员的特征,诸如在土地改革运动中,借助于工作队的组织和动员,在贫雇农的积极参与之下实现了农村权力结构的翻转,为新生政权建立奠定了坚实的群众基础。在集体化运动中,通过基层干部的组织和动员,农民群众将土地等生产资料等加入合作社,以及参加到农业生产中的大鸣大放整改、干部作风整顿等政治运动中。

当然,为了实现动员式参与,采取的主要方式是干部对群众进行思想教育,为此,在推动群众参与的过程中始终伴随着政治教育,借助于开会讨论、批判斗争、诉苦等不同的形式,使群众认识到自己的阶级利益所在,参与到政治运动之中。此外,依托于阶级划分和阶级身份的管理,将农民的行为贴上阶级的标签,规范和约束农民的行为,缔造一种自我监督机制和自我角色定位机制，自觉地按照干部的要求和上级安排参与到相关生产管理活动之中。

正因为群众动员贯穿于整个阶段，与村街自治相比，民主办社表现为农民的广泛参与，但是频繁的群众动员所带来的动员式参与也逐渐脱离了农民的利益需求，甚至损害了农民的直接利益，于是出现干部与群众之间明显的对立情绪，干部脱离群众，并逐步凌驾于群众之上，大大减弱了群众参与的主动性，最终陷入一种被卷入的公共参与，整个基层治理让位于干部的管理，群众越来越难以参与到具体的生产经营管理，越来越处于被支配的地位，一直所倡导的"民主办社"也不可能真正贯彻落实下去。

（四）村民自治

由于"民主办社"未能落实，无法有效调动农民的生产积极性，加之整个集体经济组织经营管理等诸多原因，导致农业生产徘徊不前，农民生活仍然处于普遍的贫困状态。面对日益严重的生存压力，农民自发进行分田到户开启了农村经济体制改革的序幕，也冲击了原本的农村政治体制，一种新的群众自治形式代替原有体制下群众动员，即"村民自治"。

改革开放后产生的村民自治主体更加强调基于集体经济成员之上的村民，而并非之前根据政治身份所确定的群众，凡是行政村的村民都属于村民自治的主体之一，村民对于村庄公共事务具有广泛的参与权力。与村民相对的干部也是从广大村民中选举产生的，受村民的委托组成村委会，具体负责村庄公共事务的管理，村委会向村民负责，并接受村民的监督。当然，根据法律规定，村委会协助乡镇政府工作，村干部不可避免地承担相应的行政工作，其行为逻辑并非全然的自治逻辑，同时受到乡镇行政的影响，因此，有关村委会角色的讨论可以看成是这一问题的集中体现。于是，以村委会为中心，从纵向结构关系上，村委会处于乡镇政府与村民之间，协助乡镇政府工作的同时向乡镇政府反映村民的意见和建议等，但是制度上规定村委会为群众自治组织，乡镇政府为基层政权，村委会与乡镇政府关系为指导与被指导，由此确立了"乡政村治"的纵向治理结构，乡镇政府不能干涉依法属于村民自治范围内的事务，从制度上明确了村民自治的范围。从横向结构关系上，为了保障村民的民主权利，围绕村民委员会设置的村民大会、村民代表会议、村务监督委员会等，为广大村民参与村庄公共事务提供了众多的渠道、载体和平台。

为了使得整个村民自治有效运转起来，公共参与是村民自治的重要机制，尤其是村民从自身利益出发的主动式参与。与之前的动员式参与相比，村民自治阶段的公共参与不是来自于外在的组织或动员，也不是基于政治身份之上的斗争与对立，而是在既定的程序基础上，有序的公共参与。村民自治不仅赋予更为广泛的参与权利，建立更为广泛的参与渠道，而且形成更为真实的公共参与，村民不仅能够选举村干部，而且能够参与到整个村庄公共事务的管理、决策和监督之中。具体来看，村民通过民主程序公开公正公平地选举产生村干部，定期的换届选举保证村民认可的候选人进入村委会，确保村干部对村民负责，并积极回应村民的需要，维护村庄的公共利益等。村民通过村民大会直接参与或选出村民代表间接参与到村庄具体公共事务的讨论和决策当中，凡是涉及村庄共同利益的事务都必须经过村民大会或村民代表大会民主决策。村民通过村民大会或村民代表会议讨论通过村民自治章程或村规民约等村庄管理制度规范，以此来约束村干部或村民的行为，保障村民参与到村庄民主管理中。村民通过村民监督委员会等对村务财务和村干部履职行为等进行监督和评议，也可以通过村民大会或村民代表会议罢免不称职的村干部等，以此实现村民的民主监督权利。

当然，村民自治从无到有的过程中，制度与实践之间存在一定的差异，外在的行政压力并没有因为制度上的规定而减弱，反而在实践中有所强化，出现村民自治行政化的趋势。村民作为村民自治的主体并没有充分体现出来，一段时间里村民自治的重点在村委会的组织建设，直到新世纪才逐渐转移到村民权利的保障。村民参与的意愿和能力制约着村民自治的有效运转。

（五）乡村治理的历史结构

综合上述分析，为了厘定村民自治与前村民自治阶段乡村治理的关系，集中对村寨自治、村街自治、民主办社和村民自治进行了纵向的历史比较，从中可以清晰呈现出村民自治与其他历史阶段乡村治理形式在主体、结构、机制和方式等方面的差异以及内在延续，并不简单地将不同乡村治理视作彼此分离的阶段，而是前后相继的，具有内在承继的发展。

第八章 结论与讨论：国家化、地方性和乡村治理

首先在治理主体上，从传统的村寨自治到如今村民自治，治理主体从村寨头人等逐渐扩大到全体村民，期间大体经历三个阶段，前一阶段主要是从村庄内传统的权威人物转移到自上而下推选的村街长，再到政治动员后从群众中吸纳的社队干部，最后到由全体村民选举产生的村委会干部，乡村治理的权力从少数治理精英转移到多数的村民手中。

其次在治理结构上，围绕治理主体的内在紧张表现得更为充分，从传统村寨时期保持半独立状态的土司治理，村寨也保持着明显自主性，除了租税和劳役外，土官土目等并不干涉村寨内部事务。到现代国家建设后，土司地区大部分改土归流，按照统一的行政建制，国家权力延伸下来，从省、县、区再到乡镇和村街等，村街之上叠加着层层行政架构，村街公所成为乡镇的下属机构。到民主办社阶段，行政组织体系进一步明显，形成高度集中的政治和行政体制，遵循着下级服从上级的隶属关系，虽然在原则上强调赋予下级单位自主权，却未能实现。直到"乡政村治"结构的出现，乡镇作为基层政权，基层政权之下设立群众自治组织，并从制度上划定乡政与村治的界限，至此，乡村治理并非一味的行政权力下移，而是出现行政与自治的衔接，并给予村庄范围内自治的空间。

再次在治理机制上，从村寨自治阶段以习惯法等村寨社会乡土规则为基础，逐渐转移到以公共规则为主，在公共规则内，从行政性公共规则，向群众动员的公共规则，再到自治性公共规则。在村寨自治中，村寨头人等主要依靠乡土社会规则来进行治理，村民更多是依循着乡土规则，有限参与到村寨自治当中。到村街自治时，村街长之外的村街大会在横向结构上有所扩展，将村寨自治时期并非制度化的参与转为正式的公共参与迭代转移，将民众的参与作为村街自治的基础。之后民主办社进一步将民众参与作为重点，却更多是动员式参与，依靠行政力量和政治身份等进行组织和动员，直到村民自治才真正确立村民广泛参与的权利，借助于村民的参与，推动村民自治的运转等。

最后在治理方式上，从村寨自治阶段乡土性的乡规民约、日常性的讲理、非理性的神裁和私力性的惩罚等，逐渐转移到依靠正式行政指令、干部的权威和村民公共参与等正式性治理方式。到民主办社阶段，政治性的群众动员构成其主要手段，政治教育、批斗以及阶级身份管理等，与之相应的是行政性的压力和超经济强制，让群众参与到政治运动中去，让政治

运动支配着基层社会生活。村民自治阶段改变了动员群众的方式，村民自发参与到村庄选举、决策、管理和监督等方面。

表8-1 村寨自治、村街自治、民主办社与村民自治的纵向比较

乡村治理	治理主体	治理结构	治理机制	治理方式
村寨自治	村寨头人、寨老、都老	土官—土目—村寨头人—土民	习惯法	乡规民约、讲理、神裁、惩罚等
村街自治	村街长	乡镇公所—村街公所—村街长—村街大会—村民	公共规则	行政指令、有限参与等
民主办社	干部、群众	乡（行政村）/社队—社员群众	政治原则	说服教育、开会、批判斗争、诉苦等
村民自治	干部、村民	乡镇政府—村委会—村民	公共参与	选举、管理、决策、监督等

当我们回顾中国乡村治理的历史结构，也许会发现历史有一定的相似性，这种相似性实际上来自历史的延续性，历史并非是断裂的，而是绵延的。不论是从中国历史本身，还是从乡村治理历史结构来说，都能够体现出历史延续性。柯文在研究中国的时候认为，不应该将某一时间作为前后截然分开的历史阶段，因为历史本身意味着延续性，所以他提出"在中国发现历史"①。张乐天在研究人民公社制度的时候认为，公社制度虽然试图与之前的村落社会传统区隔开来，但是村落传统依然隐伏在公社制度当中，而当公社制度解体之后，农村社会依然保留了公社制度的遗存，影响着改革开放之后的乡村社会。② 由此，在研究中国乡村治理的时候必须确立历史延续性的意义，那么是否意味着时间是停滞的或者历史是循环的，当然不能从历史延续性角度作出如此的假定，更不能将似曾相识的历史事件归为同一对象，有人认定原始社会的宗法聚落、古代的村社组织都是"自治"实体；有人把地主制经济时代的乡里编制当作"自治"形态，也有人把清末纸上谈兵的"改制"所绘制的"地方自治"蓝图，与当代的村民自治混为一谈；文明古国的包袱所铸造的"历史情结"，驱动人民的联

---

① 参阅［美］柯文《在中国发现历史》，中华书局2005年版。
② 参阅张乐天《告别理想——人民公社制度研究》，上海人民出版社2012年版。

第八章 结论与讨论：国家化、地方性和乡村治理

想，把村民自治说成"古已有之"，忘记了社会经济结构对社会政治结构的质的规定性。[①] 有些历史事件却惊人地相似，其实，相似的并不是历史事件本身，而是历史结构，这也是历史延续性的关键所在，历史结构本身一直延续着，由历史结构所塑造的历史事件本身便具有结构性的特征。

二 国家化与地方性塑造乡村治理历史结构

如果从历史延续性来观察乡村治理，其内在的结构性是国家化与地方性的结构，更进一步来讨论则是伴随着传统国家及其向现代国家转型的过程中，国家权力日益从中心延伸到边陲，从中央延展到地方，从国家渗透到社会，最终将边陲变为新的腹地，地方变为中央政权的部分，社会变为国家控制之下，当然，边陲、地方和社会并非被动地接受国家权力，而是与其存在内在张力，出现空间上的不平衡和时间上不均衡等，由此呈现基层社会丰富多变的乡村治理实践，为此，不同历史阶段的乡村治理是在上述结构性的延续，是在不同的国家化与地方性的组合形式所带来的结果。

（一）传统国家国家化、地方性与村寨自治

任何现代国家的建构都是在特定历史环境中发生的，必然有其特定的历史起点和发生逻辑。徐勇认为："传统国家是国家化的起点。传统国家是一个相对性概念，一般被认为是前现代，或者前资本主义的国家。在前现代化时期，人类社会主要以氏族、家族、部落、地方性族群等共同体构成，并形成相应的政治单位。这些政治单位独立存在，分散而互不联系。尽管也存在国家，但是其行政机构并没有成功地在其领土范围内垄断合法使用暴力的权力，并加以有效的统治。"[②] 正如吉登斯所说："这种权力绝不会对臣民的行为实施广泛而又名副其实的控制。传统国家的统治集团缺乏左右其臣民日常生活的固定手段。政治中心缺乏程式化地塑造其公民之日常生活的能力，从本质上正意味着，尽管阶级分化社会中的国家机器已

[①] 白钢、赵寿星：《选举与治理——中国村民自治研究》，中国社会科学出版社2001年版，第2页。
[②] 徐勇：《"回归国家"与现代国家的建构》，《东南学术》2006年第4期。

开始兴起,但社会的大量领域仍保留自己的独立性。"[①] 不过,在韦伯称为"早熟国家"的中国,传统时期便拥有了发达的官僚制,具备现代国家的某种典型特征。徐勇提出:"在秦朝统一后,建立统一的地方政府体系、统一的法律制度、统一的税收制度、统一的文字、统一的度量衡、统一的交通体系等,中国已具有现代国家的初始形式和外壳。"[②] 那么,传统时期,中国是如何实现国家化的目标,主要包括以下三种主要路径。

一是设郡置县。传统国家本质特征是裂变性,传统国家有边陲而无边界。[③] 传统国家的国家权力随着地理空间的扩展实际上是逐渐稀释的,在国家权力中心地带由中央王朝直接设置郡县加以治理。对于边陲地带,国家权力的直接影响力随着传统国家的治理能力变化而变动的,为此,传统国家的国家化,如小水漫灌一样,从国家权力中心地带逐渐向边陲地带渗入。首先中央王朝将边缘地带纳入到纳贡体系之中,作为中央王朝的藩属,逐渐接受中央王朝的经济社会文化影响。其次是中央王朝通过征伐战争等,威服四方,边陲地带纳入中央王朝之内,但是中央王朝尊重土著头领和当地的习俗等,将地方治权赋予当地的头领等,世袭其职,因俗而治。最后是改土归流,将当地头人与地方政权剥离出来,改由中央王朝委任的官员直接管理当地事务,设置与中央王朝腹地类似的行政官僚制度等,最终使得原来的旧边陲变为如今的新腹地。

二是中央集权。在传统国家中央王朝管辖的地域范围内,由于超大规模国家的现实,必须根据地域划分为不同的管理层级加以治理,否则任何一个单一的中央政府无法实现如此巨大的管理幅度,幅员辽阔的国家必须分级治理,由此带来的中央与地方的权力分割的问题,一直以来,中国历史始终存在着分久必合合久必分的历史定律,实际上是统一的中央王朝与地方权力之间的博弈,权力的天平偏向何方便意味着分与合的历史变奏,中央政府如何有效地管理地方始终是传统国家的重要议题,最终的解决办法是中央集权,将地方财政、行政、军事等权力收归中央王朝,并建立复

---

① [英] 安东尼·吉登斯:《民族—国家与暴力》,胡宗泽、赵力涛译,生活·读书·新知三联书店1998年版,第10—11、23页。
② 徐勇:《国家化、农民性与乡村整合》,江苏人民出版社2019年版,第31页。
③ [英] 安东尼·吉登斯:《民族—国家与暴力》,胡宗泽、赵力涛译,生活·读书·新知三联书店1998年版,第4页。

第八章 结论与讨论：国家化、地方性和乡村治理

杂的上下级监督和同级监督体系，不让地方权力坐大，全凭中央王朝的意志行事，中央王朝的权力也高度集中在君主手中，形成君主集权的体制。当然，这种中央与地方的关系实际上取决于中央王朝能否有效地握紧权力的缰绳，整个天下安危系于一人或小集团，只有一个精力充沛的明君贤臣才能够保证中央集权体系的有效运转，稍有疏忽则出现荒政怠政，地方的衰败和混乱便潜滋暗长，最终导致传统国家的改朝换代，陷入王朝周期率的历史旋涡。因此，传统国家声称"普天之下，莫非王土，率土之滨，莫非王臣"，国家对社会的干预不受限制的政治观念，但是事实上国家主要关注的是行政组织的权力集中，并非国家权力延伸到经济社会领域，即所谓的"政不扰民"。

三是编组保甲。传统国家对于基层社会的需求是有限的，但是并不意味着基层社会是外在于国家而存在，相比于同一时期的西方社会来说，中国很早便打破国家与农民之间的地方社群组织等，将国家权力延伸到农户当中，最为重要的制度是秦汉开始的编户齐民，以此编组保甲等基层建制体系等，与行政官僚最末端的县级政权衔接起来，虽然体制性的王权不下县，但是国家权力能够借助于编户和保甲从基层社会汲取资源和维持秩序，进而将基层社会纳入统一的国家权力体系之中。中国是世界上惟一从公元前迄至20世纪，始终直接向各个农户抽税的国家。这种税收的基础极为广泛而又非常脆弱。[①] 虽然传统国家编户与保甲体系等建立在农业国家的社会基础上，并不能如现代工业国家一样，形成强大的汲取和动员能力。但是却形成了一层外在于基层社会的行政架构，在县级衙门到农户家门口之前并非国家权力的真空地带，只是国家权力比较稀薄而已。

以此观之，传统中国虽然具有现代国家的一些特征，但是整个国家的治理结构却是传统的。徐勇认为："中央权力并不能直接抵达乡村。由此形成两个极端：一极是纵向的政治权力高度集中于中央，实行中央的绝对统治；一极是横向的实际统治乡村的权力高度分散于各个村落共同体，构成上下分立、国家统治与乡村自治分治的治理体系。"[②] 正如费孝通所说的国家权力对于基层社会"是松弛的和微弱的，是挂名的，是无为的"[③]。实

---

① 黄仁宇：《中国大历史》，生活·读书·新知三联书店1997年版，第47页。
② 徐勇：《国家化、农民性与乡村整合》，江苏人民出版社2019年版，第31页。
③ 费孝通：《乡土中国 生育制度》，北京大学1998年版，第63页。

际上，传统国家国家化受制于若干重要的因素，使得传统国家无法实现社会权力的集中，也难以将国家权力渗透到基层社会。

一是国家规模的限制。早在秦统一中国后，"海内为郡县，法令由一统"，但是超大型国家的现实客观条件，在一定程度上制约国家权力的集中化。韦伯认为："同一切处于不发达的交通技术条件下的世袭制国家组织一样，中国的行政管理的集中化程度也十分有限。"[1] 为此，无法有效集中权力的传统国家职能有限地干预基层社会，不可能深入渗透到基层社会。米格代尔认为："中央政府与农村的正规关系主要有两种，一是通过税收进行经济剥削，二是通过法律和命令来保证农业生产的正常进行。实际上，传统国家的确没有能力和意向去直接管理农村中的行政事务，农村享有不受外界干扰处理自己大部分内部事务的自由。"[2]

二是国家财政的限制。强大的国家权力在任何时候都意味着更多的捐税，但是传统国家立足于乡土农耕经济之上，不可能支持持续有为的国家政治，两千多年中国历史，大有为时代转瞬即逝，盛极而衰，原因之一便是脆弱的农业经济无法支撑庞大的行政官僚、公共工程或常备军等。费孝通认为："乡土政治视之为'无为政治'，其经济根源就在于乡土社会是个小农经济，在经济上每个农家，除了盐铁之外，必要时大可关门自给。"[3] 传统国家财政建立在小农经济基础上，有限的剩余难以供养一个庞大的官僚体系。在传统中国社会，国家的收入主要来自于土地税和土地附加提供的财政收入。[4] 有限的财政收入限制了政府的行政能力，进而制约着国家权力的集中程度。

三是国家机构的限制。正是由于传统国家行政官僚数量的限制，随着人口的增加和地域的扩大，简约的行政机构限制了国家权力的延伸。费正清认为：帝国的行政机构日趋浮在面上，并不断消减了它的地方行政职能，逐步不再"正式过问当地的事务""代之而起的是士绅和他们在当地

---

[1] [德] 马克斯·韦伯：《儒教与道教》，王荣芬译，商务印书馆1995年版，第98页。
[2] [美] 乔治·米格代尔《农民、政治与革命——第三世界政治与社会变革压力》，李亚琪、袁宁译，中央编译出版社1996年版，第39—41页。
[3] 费孝通：《乡土中国 生育制度》，北京大学出版社1998年版，第63页。
[4] [美] 吉尔伯特·罗兹曼：《中国的现代化》，国家社科基金"代化"课题组译，江苏人民出版社1998年版，第89—95页。

第八章 结论与讨论：国家化、地方性和乡村治理

的职责"①。尤其是在县以下，国权不下县，以至于费孝通认为：从县衙门口到每户的家门口之间是国家管理的真空地带。② 基于此，有学者认为传统中国的国家、民间统治阶级和民众三层结构形成两个相互分立系统。一是由皇帝、职业官僚组成的政治系统；二是由民间统治阶级和民众构成的社会系统。两个系统在结构和功能上的分化是相当清楚的，特别是在日常生活中，往往互不干涉。皇权与职业官僚系统并不鼓励甚至限制其下层官员介入乡里的日常生活，这就使得基层社会享有相当程度的自治性。③

由于传统国家在国家化上的限度，乡村治理更多地体现为"弱国家—强地方性"的结构特征，形成与传统国家的形态相适应的乡村自治，村寨自治便是其中一种特殊类型。

一是设立土司，国家权力围绕着设郡县治所的各类行政城市而展开，主要是农耕经济比较发达，深受儒家文化浸染的地带，传统国家能够进行有效的治理，并设立有完善行政系统的地方，处于传统国家统治的中心地带。与之相对的是偏远地区，称为化外之地，传统国家统治相对薄弱，或者仅仅是名义上的统治，各类地方事务仍然掌握在地方头人手中，国家权力在边缘地带采取因俗而治的统治策略，实行与内地郡县制不同的土司制。

二是地方政权。土司制的核心是由地方上的头人等充任世袭土官，由土官来治理地方，而非中央政权下派的定期轮替的流官，中央政权除了对土官进行承袭、考绩等以外，并不干预土司地方事务，土司并不需要向中央政权缴纳税赋，只需要定期上交贡赋等，土官之下的各级土目也由土官自行任命，由此形成相对独立的地方政权，土官在治理地方保持较大的自主权，土官更多取决于与土官有人身依附关系的各类土目，土目在获得土官赐予的土地的同时，承担相应的职役，负责管理村寨，土目除了租税和劳役外，并不干预村寨事务。

三是村寨共同体，土官土目等只要村寨履行相应责任和义务，并不主动介入村寨事务，而村寨本身属于某一土官、官族或土目的土地，本身是一个土地产权单位、共同劳役单位和政治责任单位，形成一个相对独立的

---

① [美] 费正清：《美国与中国》，张理京译，世界知识出版社2000年版，第38页。
② 费孝通：《乡土中国》，上海人民出版社2006年版，第148页。
③ 孙立平：《中国传统社会王朝周期中的重建机制》，《天津社会科学》1993年第6期。

共同体，在村寨中逐渐形成的基层权威，即作为"村寨之父"村寨头人依靠约定俗成的习惯法维持村寨的秩序，由此形成"村寨自治"，这种自治既体现在村寨内部不需要外在的权威和规则便能够实现内在的秩序，又体现在这种自发秩序是村寨头人与村民会众议定而成，并非村寨头人独自决定。正是从上述两个层面才确立了村寨自治的"自治性"。

（二）转型国家国家化、地方性与村街自治

进入近代，传统国家已然陷入总体性危机之中，与当时中国日臻成熟的传统国家机器相比，世界历史进入现代国家时代，吉登斯认为：民族—国家存在于由民族—国家所组成的联合体之中。① 在传统国家与现代国家竞争之中，传统国家不可避免地走向了失败，一步步沦为半殖民地半封建社会。为此，清末兴起的自强求富和变法图强等运动标志着中国现代国家的起源，与传统国家不同，现代国家是国家权力高度集中和全面渗透等过程。杜赞奇认为："国家权力在现代的扩展涉及一个双面的过程：一是渗透与扩展的过程，一是证明此种渗透与扩张过程的合法性。"② 为此，徐勇在论述国家化过程中提出：现代国家至少包括两个不可分离的部分，一是作为领土单位的民族国家；二是作为政治制度的民主国家。如果说民族—国家是现代国家组织形式，所要解决的是统治权行使范围的问题的话，那么，民主—国家则是现代国家的制度体系，所要解决的是现代国家根据什么制度规则来治理国家的问题。③ 在中国的国家建设中，民族—国家与民主—国家的进程是同时性的。毛泽东同志认为：进入半殖民地半封建社会过程中，中国多了两件东西，一件是帝国主义的压迫，一件是封建主义的压迫，另外，中国又少了两件东西：一件是独立，一件是民主，这两件东西少了一个，中国的事情就办不好，现在我们全国人民所要的东西，主要是独立和民主。④ 历史给予我们的革命任务，中心的本质的东西是争取民

---

① ［英］安东尼·吉登斯：《民族—国家与暴力》，胡宗泽、赵力涛译，生活·读书·新知三联书店1998年版，第147页。
② ［美］杜赞奇：《从民族国家拯救历史——民族主义话语与中国现代化史研究》，王宪明等译，社会科学文献出版社2003年版，第86页。
③ 徐勇：《国家化、农民性与乡村整合》，江苏人民出版社2019年版，第23页。
④ 《毛泽东选集》第2卷，人民出版社1991年版，第731—732页。

第八章 结论与讨论：国家化、地方性和乡村治理

主。[①] 在早期现代国家建设中，民族—国家与民主—国家进程又是非均衡的，最先的任务是从分散割裂的国家走向统一的民族—国家，获得国家的独立、民族解放，同时确立主权在民的观念，基于个人和地方共同体基础上的民主制度并未真正确立，更未成为国民的生活方式，民族—国家建设在位序上明显优先于民主—国家建设。

一是边陲到腹地。对于传统国家而言，有边陲而无边界，现代国家是有边界而无边陲。对于边陲的有效统治成为传统国家向现代国家转型的关键，逐渐将边陲地带转变为国家的腹地。对于地处西南边陲的广西而言，边陲包括两层内涵，一是作为国家与国家之间的边陲，与原为附属国的越南间并没有明确边界，直到中法战争之后才确立正式的边界，因此，从边界议定开始，广西不再是边陲之地，而是完整地纳入国家统治之内。二是作为国家与土司之间的边陲，大量的土司地区保持着半独立状态，在国家内部存在着国家权力的鞭长莫及之地，即内地的边陲，至清末民国时期，伴随着改土归流和县制改革等，绝大部分土州土县都改为正式的县级政权，与此同时，废除世袭土司特权，清丈土地和户口，按照内地的方式进行统治，统一的国家权力延伸到边陲，至此原先的中心与边陲关系转变为统一国家内部的中央政权与地方政权的关系。

二是地方主义。从边陲土司成为统一国家部分的地方政权后，与之叠加的是传统国家高度集权的政治体系面临着千年未有之变局。清末以来的地方政治势力的崛起导致中央政权不得不承认地方性的分权，对于传统国家来说，地方势力的兴起意味着地方的割据，意味着越来越强烈的离心，一旦中央集权无法解决这一问题，后续的结果是整个国家的崩溃，于是，帝国最终走向了分崩离析，民国取而代之，却面临双重压力。是地方军事实力人物的兴起和土匪横行，独立地对强占的地方行使统治权，国家与农民的关系被隔绝了。地方自治制度本身为地方精英占有权力提供了机会，对于那些从来就外在于政权体系的农民来说，他们既无意识也无能力参与地方政治。地方自治实际上是"新瓶装旧酒"。民国以来先后尝试过立宪君主制、武力统一和议会政治等，最后都归于失败，陷入地方军事化割据，实现形式上的统一，随即又坠入地方主义泥沼。

[①] 《毛泽东选集》第1卷，人民出版社1991年版，第274页。

● ● 国家化、地方性与村民自治

三是基层政权组织体系的破坏和废弛,国家对乡村的控制能力迅速弱化。乡村的实际统治权为各种各样的传统力量所执掌。由此形成新型的中央政权与旧式乡村统治并存的局面。乡村的传统势力不仅继续占有相当部分的统治权,而且阻隔着国家权力的渗透。士绅失去国家体制的依赖,作为一个群体而不复存在。国家与农民的关系也因此断裂了。① 传统士绅是伴随科举制而生的。功名既是他们的特权和地位,同时也意味着一种责任和规范。他们必须在国家与农民之间维持某种平衡。但是,自科举制废除以后,乡村精英没有国家功名的约制,他们的"中间人"角色开始向"经纪人"角色转换。他们不仅在代理国家行为时更多地关注自己是否得利,而且往往借助国家名义或与地方官员合伙谋取个人利益,并侵占统治权。在杜赞奇看来:"伴随国家政权深入而出现的赢利性经纪体制的再生及延伸极大地损害了政权在人们心目中的合法地位。"②

显然,转型国家的国家化面临着地方性的挑战,尤其是地方自治和基层政权建设等最终未能如设想一般实现,反而出现严重的地方权力危机,形成"弱国家化—弱地方性"的结构特征,由此塑造"村街自治"。

一是地方分权。传统国家"主权在君"演变为现代国家的"主权在民",民主政治成为现代国家立国的基础,清末新政试图让传统官治中加入民治的因素,继续维持神圣的皇权,最终走向解体,之后任何人想当皇帝都不可能,民主共和的观念已经深入人心。二是传统国家崩溃后地方势力独立性增强,如何将地方势力整合到统一的现代国家中显得日益困难,于是,作为民主政治基础的地方自治从清末新政以来在中国逐渐兴起,在地方自治的基础上,自下而上重组整个现代国家,并以此打破地方势力对于国家权力的分割,地方势力也借地方自治之名来抗衡中央政权,围绕集权与分权、官治与民治之间始终难以找到平衡点,地方自治时有停滞或停办,民治被官治所代替,全国范围内统一的地方自治也逐渐消失,但是各地地方实力派的地方自治却未曾中断,实际上是以地方自治的名义加强地方政权建设,以此来应对中央政府的集权倾向。

二是基层政权向下延伸。在中央政权和各地地方实力派所推动的地方

---

① 徐勇:《政权下乡:现代国家对乡土社会的整合》,《贵州社会科学》2007年第11期。
② [美]杜赞奇:《文化、权力与国家——1900—1942年的华北农村》,王福明译,江苏人民出版社2004年版,第52页。

第八章 结论与讨论：国家化、地方性和乡村治理

自治中，为了加强地方政权建设，都不约而同地推动所谓的乡村自治实验。李德芳对民国乡村自治系统研究后认为："南京民国政府自成立伊始就存在两种制度取向：一种是按照孙中山的三民主义原则，建构以直接民权为核心的乡村自治制度，以之作为国家改造乡村社会的工具，一种是沿用传统的社会治理模式，推行保甲制度，以国家的强力控制社会。"经过乡村自治实验，南京国民政府选择和推广的是保甲制度，"实际上就是国家行政权力不断向乡村社会深入的过程。"① 地方实力派的村治实验等大多是名为自治，实为保甲。当时，无论是中央政权，还是地方政权都以加强对基层社会的支配、渗透和控制为目标。一是维持基层社会的秩序，农村基层社会往往是动乱之源，国家权力缺乏有效的管理与控制，导致基层社会矛盾和纠纷等影响国家政权稳定，同时各类乡村社会的传统权威对于国家权力来说是潜在的竞争者，为此，将国家政权的力量延伸到乡村社会是现代国家建设的重要使命。二是动员基层社会以汲取资源，现代国家与传统国家相比需要官僚体系的合理化，同时承担众多的现代化任务，这些都需要足够的财政资源来支持，而土地之上的赋税等是国家财政的重要来源，将国家权力扩大到基层社会，最终目标是汲取农业生产的剩余，以便支撑整个现代国家建设。

三是村街自治。在此背景下，转型国家建设进入以地方国家建设为主要内容的阶段，各地方实力派在加强地方政权建设的目标下推动了各种形式的乡村自治实验，新桂系在民国中后期的村街自治便是其中典型之一。一方面重组基层政权组织，按照村街—保—甲—户的方式编组基层政权，取代原有的各种基层组织，将基层组织纳入到统一的地方政权体系。与此同时，行新政用新人，以接受新式教育的地方精英代替传统旧式的乡村权威人物，将村街长、国民学校校长和民团队长等结合在一起，实现"三位一体"，集中农村社会的权力。另一方面为了能够组织和动员民众，在延伸政权组织体系的同时，建立村街大会等为民众参与提供渠道等，兴办各种公产和公益建设等，推动农村基层社会的建设，发展农业经济，提高农民收入，改善农村破败的状况。

---

① 李德芳：《民国乡村自治问题研究》，人民出版社2001年版，第162—163页。

(三) 现代国家国家化、地方性与民主办社

清末民国时期的国家建设未能完成清末以来传统国家的现代转型的任务。一是未能将分散在地方的权力集中起来，地方势力凭借着对于地方政权的控制，形成与中央政权相对抗的一股强大力量，作为国家代表的中央政权难以有效控制地方，无法形成有力的国家政权，直到民国政权的崩溃为止，地方势力一直存在。二是未能将国家权力真正延伸到基层社会，在基层政权建设中，中央政府和地方政权将基层组织和人员下设到基层社会，但是缺乏对于基层组织和人员的监督，缺乏足够的财政资源来供养基层政权组织人员，也就无法彻底将这些人员官僚化，只得默许基层人员在征收摊派等过程中获利，不仅增加了基层社会的负担，而且带来基层政权内卷化，所付出的代价是基层政治衰败，为此整个国家政治从基层开始解体。三是未能将民主政治建立起来，暂且不论国家政治层面的民主建设，从与基层社会关系密切的地方自治来说并没有真正实现民治，即在整个现代国家建设中民主国家建设滞后于民族—国家建设，至于民族国家建设也由于未能实现国家权力的集中和国家权力对基层社会的渗透，因此，只能称为"转型国家"。迨至新中国成立，借助于革命战争的胜利，重构了整个国家权力结构，依靠中国共产党的领导改变了清末民国以来国家化所遭遇的种种问题，不仅建立了统一的政权组织，而且加强了对于基层社会的控制。

一是建立了覆盖全国的完整的统一的政权组织。经过1949年后的政权整合，在全国建立了完整统一的政权组织体系，这种政权体系一直延伸到行政村一级的行政组织和党组织，通过县乡村的管理体系，把基层农村纳入整个国家的管理体系之中。[①] 随着1958年公社体制的建立，每个农村成员无论在何地，还是在何时，都处于政权组织网络的管辖之下。与此同时，政权组织的经济社会功能得以迅速扩展，传统国家的政权组织主要是行使政治统治功能，因此外在于农村社会。20世纪以来，政权组织的功能不断扩展，除了政治统治外，经济社会功能越来越强，农民

---

① 陈吉元、胡必亮：《当代中国的村庄经济与村落文化》，山西经济出版社1996年版，第174页。

第八章 结论与讨论：国家化、地方性和乡村治理

前所未有的开始享有国家提供的教育、卫生、交通、水利等公共物品，国家开始内化于农村社会，此时政权整合的最突出特点是从经济与社会基层变革的根本上建构政权组织体系。正如费正清所说：中国共产党要建立一个完整的国家政治体系，政府以一种前所未有的方式渗入社会的各个角落。① 对于壮族地区来说，通过民族识别工作，在广西建立了民族区域自治制度，是在单一的中央政权领导下的民族区域自治，在此基础上原来的"桂省"转变为"壮乡"，中央政权尊重壮族地区的经济社会文化制度等，给予政策的自主权和照顾少数民族群众的权利，同时注重培养当地人成为民族干部，充实壮族自治区各级政权机关，充分发挥民族区域自治的作用。

二是高度集中的党政体制。在政权组织形式上，毛泽东认为："应该采取民主集中制，由各级人民代表大会决定大政方针，选举政府。它是民主的，又是集中的，就是说，在民主基础上的集中，在集中指导下的民主。只有这个制度，才既能表现广泛的民主，使各级人民代表大会有高度的权力；又能集中处理国事，使各级政府能集中地处理被各级人民代表大会所委托的一切事务，并保障人民的一切必要的民主活动。"② 在革命战争期间，中国共产党领导中国人民取得了全国的胜利，积累巨大的政治威望，并积累了国家政权建设的丰富经验，从事实上确立了中国共产党在未来国家政权体系中的绝对领导地位，因此，在中国共产党领导下，逐步建立全国统一的政权组织，也决定了自上而下的政权组织具有明显党政体制特点，具体表现在各级政权组织以及政府内部各个职能部门，乃至社会团体和组织都在中国共产党的领导之下，在原有的行政隶属关系之外，增加了党组织政治纪律的约束，地方主义倾向得到有效控制，形成高度集中的政治体制，一举解决了困扰民国国家建设中央与地方的关系问题，李侃如由此认为："由于有了中国共产党，中国保持了对于一个有着如此规模和如此多样性的发展中国家来说确实令人惊叹的强大行政能力。通过将所有政治活动整合进一个能支配一切的组织，中共遏制了在其他情况下各省和各种势力中有可能成为具有破坏作

---

① ［美］费正清、罗德里克·麦克法夸尔主编：《剑桥中华人民共和国史（1949—1965年）》，王建朗等译，上海人民出版社1990年版，第72页。
② 《毛泽东选集》第3卷，人民出版社1991年版，第1056—1057页。

用的分裂倾向等因素。"① 现代国家建设的重点转移到国家与基层社会关系问题上。

三是基层社会的国家化。从中央到地方各级政权建立后，基层建政成为新中国成立后重组农村基层社会的重点，在中国共产党下派的工作队的指导和帮助下，在基层社会展开了轰轰烈烈的土地改革运动、互助合作化运动和人民公社运动，通过广泛的群众动员，改变了农村经济结构，实现了农村权力结构的翻转，以往处于社会底层的贫雇农等不仅在经济政治上"翻身"，而且在思想意识上"翻心"，成为中国共产党的群众基础，坚定地站在中国共产党周围，支持新生国家政权，由此，国家权力顺利地延伸到基层社会，并获得巨大的政治成功。在此基础上，旨在将分散的农民组织起来的集体化运动进一步推动国家权力对基层社会的全面渗透，互助组、合作社乃至人民公社并不是单一的经济组织，而是组织农民走向社会主义道路的政治组织，逐步从经济组织和政权组织的分离，走向政治经济组织一体化，基层政权影响、控制和支配农民生产生活乃至交往等，使得国家权力获得超经济强制的力量，能够有效地组织和动员基层社会的资源，直到人民公社时期，国家权力第一次全面渗透到基层社会，实现基层社会的国家化。

首先，通过生产资料的集体所有，将分散于农民之中的经济权力集中在政权组织体系。如果说土地改革只是将乡村的政治统治权集中于国家手中，那么，经过集体化建立的公社体制，则将散落于农民社会之中的经济社会权力也高度集中在国家手中。乡村权力的集中程度达到前所未有的程度。其次，公社体制将所有的农村居民都改造为统一的公社社员。这种社员身份没有亲缘、地缘之分，也弱化了对家族和地方的认同。农民作为公社社员，不仅是生产者，同时也是政权组织体系的成员，并因此具有国家身份。公社体制实行科层制和标准化管理。公社同时属于政权组织，并统一生产、统一分配，因此按科层制和标准化加以控制和管理。最后，公社使农村基层政权的功能大大扩展。公社是一个无所不包的组织体系。公社体制的建构过程，也是政权组织功能扩展过程。除了政治统治功能以外，

---

① [美] 李侃如：《治理中国：从革命到改革》，胡国成、赵梅译，中国社会科学出版社2010年版，第246页。

第八章 结论与讨论：国家化、地方性和乡村治理

还包括组织生产、宣传教育、社会服务等功能。在公社体制下，政权组织的权力集中和渗透能力达到了前所未有的程度，国家终于将离散的乡土社会高度整合到政权体系中来。[①]

当然，国家权力并非一往无前地进渗透基层社会，而是随着集体化运动的加快，基层社会国家化程度加深，基层社会的自主性才逐步让位于国家权力的控制。在土地改革时期，国家权力的介入首先从扎根串联和访贫问苦开始，从村庄的实际情况确立划分阶级和进行斗争，但是村民并不能脱离村庄社会原有的血缘和地缘关系，村民更多的是从工作队和上级安排出发按部就班地参加到土地改革运动当中，村庄社会其内在的社会机制仍然发挥着作用，工作队走后，基层社会回归到日常生活，致力于发家致富的农民投入自己的家庭生产中。在集体化等阶段，在入组入社、农业生产和政治生活中依然可以看到基层社会内在的自主性，政治性与生活性，国家性与村落性、草根性等相互交织在一起，农民的思想和行为并未完全按照政治性的要求，更多地体现出日常生活、村落社会等特征。即便是在人民公社阶段，从劳动生产到劳动收益分配等都纳入国家的安排之下，仍然可以看到在劳动中基层社会的自主性，虽然不能直接表达这种自主性，但是却通过农民的"反行为"间接地表达了农民对于高度集中的政治经济体制的抵制，以便能够扩大自己的自主空间，导致整个公社体制的变动与调整等，如公社经营核算单位的下移，以生产队为基础，三级所有的公社体制，建立农民自留地等政策，都体现了在高度集中的人民公社体制中基层社会自主性。

由于基层社会自主性的存在，从调动农民生产积极性的角度出发，在新中国成立后的国家权力向下延伸和全面渗透的过程中，党和政府在各个时期不断强调群众自愿和参与的原则，与马克思所阐述的社会自治思想相契合，即社会自治不仅需要劳动者占有土地等生产资料，而且要让劳动者掌握整个生产过程，参与到生产管理经营当中。基于此称为"社会自治"。

一是民主建政。在土地改革中工作队组织和动员广大贫雇农建立农民协会等农民组织，使得广大底层农民参与到土地改革运动中，保证了土地

---

① 徐勇：《现代国家的建构与村民自治的成长——对中国村民自治发生与发展的一种阐释》，《学习与探索》2006年第6期。

改革运动的顺利进行。为此，土地改革成功的关键便是将广大农民发动起来，彻底改变农村的经济政治结构，因此，土地改革的政治成果是将农民动员组织起来，形成一股强大的政治力量，为民主建政创造了条件。在基层民主建政中，由于广大群众的支持和参与，打倒原有的村街长和保甲长等旧政权组织，而且建立了以农民为主体的基层政权组织，作为外在力量的工作队离开后，农民得以继续掌握和巩固基层政权组织，从而赋予了农民广泛的民主权利。

二是民主管理，土地改革后为了将农民组织起来，彻底改变贫困的根源，国家推动了互助合作化运动，早期互助合作运动中，农民能够自愿入组入社，也能够退组退社，尊重农民的自主性，并且，由于原本以家庭为单位的个体劳动转变为集体劳动和统一经营，由家庭做出的生产经营决策等转移到互助组或农业社内部，如此需要集体决策，为了能够保证农民的民主权利，互助组和合作社在内部管理上采取民主管理的方针，由组员或社员等推选互助组组长或合作社社长，在重大的经营决策和日常的生产管理中互助组组长或合作社社长都需要召开社员会议等，听取群众意见，让社员参与到管理当中。

三是民主办社，至人民公社时期，相关文件也提出"民主办社"的原则，将互助组和合作社阶段的民主管理进一步上升为办社的原则，强调社员群众的参与，为此，在劳动生产组织、管理、评工记分等方面都组织动员群众参与，并且人民公社各级管理委员会也由社员代表大会推选产生，接受社员代表大会的监督，将民主办社作为一项重要的制度安排贯彻到公社的管理当中。

然而，随着基层社会的国家化，上述方针、原则和制度等越来越难以贯彻落实。一是动员式参与，在民主建政中贫雇农民更多的是基于动员式参与，而非出在内在的利益动机，持续的组织动员之后农民陷入参与疲劳，导致农民参与的减少，或者形式化的参与。二是干部的脱草根性，逐渐形成一种新的群体，政治身份和政治表现等形成新的基层政治精英群体——干部，与群众之间的关系日益紧张，干部对上负责，越来越脱离群众，导致干群对立，干部不让群众参与管理或者对提出意见的村民进行打击报复，群众对干部独断有意见，通过不定期政治运动中大鸣大放来表达不满等。三是国家对于基层的资源汲取等，国家与农民的关系疏离，进一

第八章 结论与讨论：国家化、地方性和乡村治理

步加强了对于基层政权和干部的控制，形成高度集中政治经济体制，农民公共参与的空间相对缩减，因此，"民主办社"越来越停留着制度上，而没有持续的实践化。

正因为如此，公社体制一方面没有获得农民内心的完全认同；另一方面没有制度化途径防止新的营利型经济的出现，干部与群众之间互不信任，国家在汲取资源的同时，干部仍然以公共积累之名义提留不少资金用于不受限制的浪费性使用甚至被贪污。[①] 为此，有学者甚至认为：公社的建立并没有完成国家政权建设，或者最多可以说，只是初步完成。[②] 从实际来看，此阶段是"强国家化—弱地方性"所塑造的"民主办社"。

基于上述国家化、地方性与乡村治理形态的历史结构分析，大致可以简化为如下所述关系：在传统国家时期，之所以形成"村寨自治"，源于当时的国家化方式与地方性因素之间的相互作用，传统国家对于偏远贫瘠的边陲地带无法按照内地的郡县制进行统治，转而建立土司制度，"以土治土"，依靠土官和土目等来治理乡村社会，土官土目更多的是采取"因俗而治"，除了以职代役的土目之外，主要依靠的村寨共同体自生秩序，即村寨头人等通过乡规民约等习惯法的治理，形成与保甲制等相区别的具有自治特点乡村治理形态。

在转型国家时期，伴随国家权力对于边陲地带的延伸，原本的土司制逐渐被废除，改为中央任命的流官进行管理，土司制向郡县制转型，但是在此过程中，脆弱的传统国家并没有足够的力量来管理地方政权和基层社会，众多的地方权力分割了统一的国家权力，为此，传统国家不得不进行转型，试图以地方自治来解决地方权力危机，但是中央政权缺少足够的整合地方自治演化为地方主义，地方实力派着力于地方政权建设以抵抗中央政权的集权趋势，为了加强对基层民众的控制，地方实力派将政权组织延伸到村庄，设立村街公所等，为了顺利地组织动员民众，地方实力派以村街大会的方式赋予民众参与的权利，并以此为载体来推动村街公共事务和公共建设等，由此形成所谓的"村街自治"。

在现代国家时期，统一的中央政权有效地控制地方社会，对于少数民

[①] 张静：《基层政权——乡村制度诸问题》，浙江人民出版社2000年版，第8—40页。
[②] 龙太江：《乡村社会的国家政权建设——一个未完的历史话题》，《天津社会科学》2001年第3期。

族地区实行单一制下的民族区域自治制度，虽然具有特定的政策自主权和政策照顾等，但是隶属于中央政权领导之下，在中央政权授权之下进行民族区域自治，并非与中央政权分权的地方自治。在此基础上，少数民族地区依次进行土地改革或民主改革、互助合作化运动和人民公社运动，国家权力高度集中和全面渗透到基层社会。不过，为了广泛组织和动员农民，相继提出民主建政、民主管理和民主办社的原则，农民在不同程度上得以参与土地改革和集体化运动以及日常的生产经营管理当中，正是从这个意义上将之称为"社会自治"。

表8-2　　　　　　　　　国家化、地方性与乡村治理形态

	国家化方式			地方性因素			乡村治理形态
	中心化	中央化	社会国家化	边陲性	分权性	社会性	
传统国家	土司制	郡县制	保甲制	偏远贫瘠	土官土目	村寨共同体	村寨自治
转型国家	郡县制	地方自治	村街公所	土匪、土官	地方主义	村街大会	村街自治
现代国家	民族区域自治制	单一制	社队制	少数民族	公社	农户	民主办社

从上表的分析可以看出不同历史阶段的乡村治理均置于国家化与地方性的结构之中，由于不同阶段中国家化方式与地方性因素的不同组合形塑不同的乡村治理模式，同时，国家化和地方性本身是一个累积性的过程，随着不同历史阶段的时空转移，每一阶段所需要解决的结构问题的侧重点并不一致，随着国家化与地方性关系侧重点的转移，可以进一步分析国家化、地方性与乡村治理的关系简化为的二维结构，如果单纯从国家化与地方性本身的内在强弱区分，可以得出如下判断。

一是在传统国家时期，中心与边陲关系和中央与地方关系是整个结构中的侧重点，国家权力集中在边陲的国家化和地方的国家化，主轴是土司制到郡县制的转换，村寨自治并非国家权力有意为之，而是地方性的结果。传统国家所具有的弱国家化与强地方性形成结构塑造"村寨自治"。

二是到转型国家时期，大规模的改土归流已经结束，转型国家至少具有了现代国家的外壳，此时的关键问题是中央与地方关系以及随之而来的国家与基层社会关系，地方实力派的地方政权建设催生了村街自治，但这是与中央政权集权的反向运动，损耗了地方自治所推动的国家化的努力，

第八章 结论与讨论：国家化、地方性和乡村治理

同时也加强地方国家对于基层社会的控制，取代原来地方性之上的村寨自治，由此形成弱国家化与弱地方性的"村街自治"。

三是新中国的成立意味着转型国家的结束，借助于革命战争，扫平了之前脆弱的民国政权，连同各类地方政权等，解决了中央与地方关系等问题，历史结构的重点转移到国家与基层社会关系。在现代国家建设中，国家权力的高度集中和全面渗透，形成统一的和强有力的中央政权，以及国家权力对于基层社会的控制，此时的地方性主要集中于农户的自主性，由此形成强国家化与弱地方性之下的"民主办社"。

四是到改革开放后，现代国家建设进入新阶段，在高度集中的政治经济体制逐渐解体的过程中基层社会自主性增强，以往全面渗透的基层社会国家化有所减退，但国家仍然保持着对于基层社会的适当控制，并没有滑向弱国家化的一端，同时给予基层社会足够的自主空间，在基层政权之下设立村民委员会，赋予农民广泛的民主权利，由农民进行自主治理，形成强国家化与强地方性之下的"村民自治"。

表8-3 不同历史形态下国家化与地方性关系的侧重点

	传统国家	转型国家	现代国家
中心与边陲	+	-	-
中央与地方	+	+	-
国家与基层社会	-	+	+

表8-4 国家化与地方性所建构的二维结构

强国家化、弱地方性 （现代国家—民主办社）	强国家化、强地方性 （现代国家—村民自治）
弱国家化、弱地方性 （转型国家—村街自治）	弱国家化、强地方性 （传统国家—村寨自治）

三 国家化与地方性下村民自治的起源与发展

新中国成立后，国家权力日益集中和全面渗透乡村社会，完成了20世纪以来现代国家建设的重要任务，试图通过群众动员的方式来持续组织

和整合基层社会,开启了社会主义民主国家建设的基层实践,但是由于当时现代化建设的任务,民族国家仍然优先于民主国家建设,为了能够更为有效地动员农民和汲取资源,倾向于建立高度集中的政治经济体制,在国家治理乡村社会方面依靠政社合一的人民公社,将个体的农户组织到严密的国家权力所控制和支配的基层组织体系,农民能够切身地感受到国家的权力,农民的生产生活交往等都日益国家化,基层社会原有的村落性、生活性、自主性等受到国家权力的压制,以便将农民的思想和行为顺利导入到国家权力所安排的轨道上来。显然,农民的服从国家权力安排来自两个方面:一是农民能够从服从国家安排中获得生存和发展,满足个体或家庭的需要,不至于陷入个体或家庭的生存危机;二是外在的国家权力所代表的强制力的存在,对于农民的思想和行为进行持续的监督,将越出国家轨道的个人、群体及其行为等进行批判和纠正,以此建构公社的基本秩序等。当上述两个条件不再那么充分之时,高度集中的人民公社体制逐渐走向的松弛与解体的过程。

(一)国家化退潮、基层社会与村民自治的起源

改革开放前后正处于二元结构转型中,从经济上高度集中的计划经济体制向社会主义市场经济体制转型和政治上由权力过分集中的体制向建立民主与法制转型,社会自主性增强,基础性权力结构发生相应变化,在这种情况下,国家与社会的分离具有不可抗拒性。[①] 为此,高度集中的人民公社体制的瓦解源自整体的基层社会国家化退潮,国家权力对于基层社会的控制减弱,由此带来一系列的显著变化,深刻地改变了基层社会的状况,当外在的强制减少的时候,被压制的基层社会的自治性便以各种形式迸发出来,冲破公社体制的束缚,也影响了基层社会秩序,进而产生一种与公社体制既存在内在联系,又有显著区别的村民自治体制。

首先是在公社体制下生活的农民面临日益严重的生存压力,任何体制的存续实际上都离不开个体的生存需求,更为重要的是当初所憧憬的社会理想与现实的生存压力构成巨大的落差,这种落差不仅冲击着农民对于体

---

① 白钢、赵寿星:《选举与治理——中国村民自治研究》,中国社会科学出版社2001年版,第80页。

第八章　结论与讨论：国家化、地方性和乡村治理

制本身的信心和信任，而且实际影响着农民的行为。为此，与公社体制相伴随的是农民各类"反行为"，虽然一再被批判和打压，但是从未中断，消解了国家权力对于基层社会的控制，农民继续按照村落的生存法则来生活。久而久之，农民的行为具有更多的主动性和自主性，自发地突破原有体制的束缚。

其次是农民在生存压力的激励下，以生产队为单位自发地分田到户，分田到户是对公社体制的经济基础的冲击，将土地的使用权分配给农户，由农民家庭自主经营，改变了人民公社"一大二公"中对于集体所有和统一经营的要求，被称之为"走回头路"和"走资本主义道路"，并在不同时期受到斗争与批判，困守在公社体制中的农民缺乏主动性，从而导致农民生产积极性下滑，农业生产停滞不前，对于国家现代化建设来说带来巨大的挑战，随着国家层面的思想解放和领导人更替，国家政治生活的中心逐步转移到经济建设，农村经济体制成为重要的突破口，对于国家政治重心的转移，以及国家政权稳定来说都至关重要，为此，当自发的分田到户再次出现的时候能够最终坚持下来，既得益于上述国家政治环境的改善，也来自农民越出公社体制的主动性。为了调动农民积极性，中央鼓励实行家庭经营，最后导致人民公社体制的废除。家庭经营体制的核心是权力下放，农民成为生产经济主体。正如邓小平所说："调动积极性，权力下放是最主要的内容。我们农村改革之所以见效，就是因为给农民更多的自主权，调动了农民的积极性。"[①]

最后是公社体制的瓦解，正如之前反对分田到户者所预感到的那样，分田到户逐渐从一地的特殊安排发展为全国趋势，其间经历多次讨论后，最终确立其合法性。对公社体制带来巨大的冲击，原本高度集中的土地产权权能分离出集体所有权和使用权，农户获得了土地的使用权，虽然并没有走向个体私有，但是意味着农户具有生产经营自主权。原本统一经营和集体安排的生产经营体制被家庭生产经营所代替，农业生产安排等由农户自己做出决策和安排，不再需要集体来安排。原本承担集体经营管理责任的社队干部工作大为减少，同时缺少干预和管理社队的有力手段，工作难度增加，出现生产队躺倒不干，专注于家庭生产经营等现象，社队体制到

---

① 《邓小平文选》（第3卷），人民出版社1993年版，第242页。

了解体的边缘。

对于农民来说，家庭而非公社才是生活的中心，公社解体进一步释放了农民乃至基层社会的自主性，同时也带来了一系列的问题。

一是村落社会失序，公社体制解体之后，农村基层组织处于瘫痪或半瘫痪的状态，对于农民及其家庭的控制减弱，既不需要参加集体劳动，也不需要受社队干部管理，个体的流动性增强，基层政权缺少足够的人员和有效的手段来维持社会治安，基层社会出现盗窃、抢劫、赌博等问题，这些问题在公社时期也存在，但是处于公社的强力控制之下，能够及时地得到处理，而分田到户后农民明显感受到社会治安恶化，与公社时期形成比较明显的区别，此外，对刚刚分田到户的农户来说，以往偷盗的都是集体财产，而现在的偷盗和抢劫等直接威胁到自身生命和财产安全，为此，农民的感受更加强烈，迫切需要尽快地恢复生活秩序。

二是公共产品的短缺，公社时期，由于农业生产等由集体统一安排，所以公共产品也是由集体经济组织来供给。但是分田到户直接后果是对集体经济的瓦解，不仅将集体资产等分光，而且对集体设施也尽可能分到户，导致公共产品供给不足。分田到户初期农户与集体之间关系并没有理顺，农民对集体事业并不关心，另外，社队干部躺倒不干后，村庄兴办和修缮基础设施缺乏组织和领导，成为农村经济体制改革后出现的新问题。

三是基层社会纠纷。公社时期，土地归集体所有，各生产队归公社和大队统一领导，加上各种政治运动所形成的高压态势，公社内部的社会纠纷大体较少，农民也尽量避免出现纠纷。分田到户后，由于土地产权的分割，围绕土地分配、田土界限、田间用水等纠纷增长，家庭之间的竞争所带来的日常矛盾增多，原本为公社体制所控制的家族、宗族或村庄之间冲突增加，如此一来，进一步加剧了分田到户之后农村社会的不稳定，影响到农村社会秩序。

面对基层社会的失序以及外在建构秩序的缺失，基层社会通过自己的努力来重建社会秩序，由此诞生了所谓的"村民自治"，奠定了改革开放后国家治理乡村社会的基本形式。当然，从历史角度来看，建构基层社会秩序的方式众多，村民自治与之有何种内在联系，只能从具体的历史过程来进行分析，村民自治的产生大致可以分为三个阶段。

第八章 结论与讨论：国家化、地方性和乡村治理

一是社会治安联防队阶段。此阶段与传统村寨自治的会众议定乡规民约等有内在相似性，或者说从历史传统中汲取了治理资源，传统村寨文化对于地方社会的影响为农民提供了建构秩序的基本工具。首先在组织形式上，面对社会治安的问题，村民并不是借助于生产队组织，而是通过类似于村寨时期的"议众"，将生产队队长和老党员等发动起来，讨论决定成立治安联防组织。其次是在组织单元上，主要以自然村落为单位组织起来，村内血缘和地缘关系紧密，与外在力量所划分的生产队相比，更容易形成集体行动，再次是在组织规则上，与传统村寨的乡规民约类似，各户饮酒聚餐后签订禁盗和防盗等禁约，具体而细致地列出所禁之事，并规定了严厉的惩罚措施，实际上按照习惯法来运行。最后在组织效果上，村民相互约定遇到偷盗等，各户出人，把守路口，同时追赶偷盗者，追回赃物等，依靠上述社会治安联防组织，村落内迅速地恢复了社会秩序，此阶段所使用的方式与传统村寨自治也有明显差异，以往的村寨头人、寨老、都老等被生产队老干部老党员等代替，以往的传统国家鞭长莫及下的因俗而治被现代国家下基层社会自主治理所代替等，更为重要的是临时性非正式的治安联防组织被后面出现的长期正式的村委会组织所代替。

二是村民自治组织阶段。当治安联防队普遍建立以及跨公社的治安联防会议成立后，社会治安形势明显好转，与此同时，基层党组织在治安联防中得以重建，形成以自然村老干部和老党员为基础的党小组，以便公社党委能够加强对于基层社会的影响与控制，避免基层党组织的瘫痪与半瘫痪。在此基础上，村民仍需要解决一系列其他问题，首先是公共事业和公共建设，尤其是与农业生产相关的农田水利等，分田到户后多数农田水利失修，同时由于缺乏统一的安排和协调，由田间用水引起的矛盾纠纷不断。其次是集体资产等经营管理，一些无法分田到户的集体资产面临着资产流失，如集体山林盗砍盗伐，再次是日常纠纷矛盾的调解，比如随意放养鸡鸭损害庄稼等，最后是不文明的行为，比如赌博、唱野山歌、耍流氓、不讲卫生等情况。上述问题并非治安联防队能够有效处理，在传统村寨自治时期原本用于防盗防匪的"议团"或"议众"从对外防卫逐渐转向对内管理，村民自发成立了一种新组织，即村民自治组织。然而村民自治组织与之前村寨组织有明显的区别，又与公社时期的"民主办社"有内在的联系。村民自治组织由公社时期的生产队干部发起组织起来，但是他们

●● 国家化、地方性与村民自治

的权力并非公社授予,也不是由公社指定村民自治组织人员,而是由全体村民或家庭为单位投票选举产生,自下而上推选,由此赋予村民自治组织的合法性,当时之所以要投票选举,一方面是因为要树立村民自治组织的权威,在社会治安整治中,公社或生产大队自顾不暇,村民对公社体制失去信心,生产队干部并不因为其身份而得到村民的支持,而是需要重新建立授权机制,生产队干部以村民自治组织人员的方式建立基于民意之上的权威。另一方面是公社时期的"民主办社"等经验,各类社员会议在讨论相关事务的时候,主要是举手表决,在当时的政治形势之下,社队干部具有巨大的体制权威,社员如果不同意干部的安排,也不敢直接正面表达出来,为此,村民自治组织成立之时明确秘密投票原则,将真正的民意表达出来,选出村民信任的村民自治组织人员。正是基于上述差异,在基层社会产生了中国第一个村民委员会。

三是村委会组织阶段。村委会产生后不断发展完善,尤其是在功能上的扩展逐渐代替了生产队或生产大队的功能,与分田到户后农村经济体制改革相适应。在村委会结构上逐渐合理化,围绕村民与村委会的民意联结,村委会的组织结构进一步完善,产生了决策、管理和监督等组织和制度等,由此获得自我发展能力,形成一种独立性的存在,与传统村寨自治和公社时期民主办社的差异越来越明显。在村民委员会产生前后,周边地区也几乎同时出现类似的村民自治组织,并逐渐扩散开来。对于基层政府来说,村民委员会是公社体制解体过程中出现的新生事物,在基层社会发挥了重要的作用,基层政权积极推动村民委员会模式。虽然在政府内部依然有不少争论,甚至认为如果成立村委会,生产队往哪里摆,要求继续巩固生产队的作用,对于农民来说,并不愿意回到生产队,并且基层组织已经处于瘫痪和半瘫痪状态,为此,中央领导为了解决基层社会问题,认为村民委员会是群众自治组织,在过去一段时间存在过,有利于维护基层社会秩序和稳定,可以通过试点逐步建立起来。[①] 最终,从基层社会产生而又被国家所认可的村民委员会为改革开放后国家治理乡村社会提供了一种新方案,全国范围内地村民自治得以兴起。从全国来看,公社时期基层社会国家化造成的经济社会依附性限制着群众对农村公共事务的参与,"民

[①] 《彭真文选》,人民出版社 1991 年版,第 430—431 页。

第八章 结论与讨论：国家化、地方性和乡村治理

主办社"的理念并未能落实。与此同时，农民则由公社这种国家性的地方经济政治共同体回归到家庭组织中，农村社会面临公共事务无人管、农民无组织的离散问题。由此需要在分散经营的条件下将分散的农民整合到国家体系中来。村民自治是一种乡村内部性的自我整合，即由农民自组织并通过农民自身达成的规则进行乡村治理。它具有天然的草根性，即广泛的群众基础。这种草根性特点体现在村民自治的组织和制度架构中。首先，村民委员会是村民自我管理、自我教育、自我服务的基层群众性自治组织。这一组织性质反映的是村民群众的"自我性"，而不是政权和政党组织的"他我性"。它不是一级政府组织或者一级党组织，而是每个村民都是当然成员的群众组织。其次，村民委员会实行民主选举、民主决策、民主管理、民主监督。村民委员会的领导人由本村村民选举产生，而不能由外部性力量任命。村民自治范围的事务由村民决定，而不能由其他组织包办代替。村务管理要在全体村民讨论通过的共同规则基础上进行，不得由少数人任意决定，村务活动要接受全体村民的监督。基于此，"村民自治"与传统"村寨自治"和公社时期的"民主办社"等具有内在的联系，但是从所处的历史结构以及运行机制来看，村民自治与之有显著的区别，开启了国家治理乡村社会的新阶段。

（二）现代国家建设、基层社会与村民自治的发展

对于村民自治之所以能够成为一种国家行为，除了其本身的价值之外，得益于整个国家民主政治建设，促进了村民自治的发展。村民自治不仅仅是一种国家整合基层社会的机制，而且被看作国家民主政治的基础，村民自治与改革开放后中国现代国家建设交织在一起。在现代国家建设历程中，新中国成立后至改革开放前主要是民族国家建设为主的阶段，表现为国家权力向基层社会的全面渗透，其结果是基层社会的国家化。改革开放后产生的村民自治实际上是基层社会国家化退潮后，基层社会自主性的一种集中体现。整体来说，改革开放后国家一直强调权力下放给地方和基层社会，并在集中基础上加强民主，尤其是在基层经济生活、政治生活和社会生活中的民主参与，从某种意义上来说，意味着现代国家建设重心从民族国家向民主国家转移，国家权力以新的方式进入乡村社会。正因如此，美国学者许慧文认为："目前中国的市场化和权力下放的改革不能被

看作削弱国家权力的企图,相反,必须看作正在努力打碎地方性权力资源,摧毁农民和国家之间的干部缓冲区,从而使中央当局的权力得到扩张。"①

一是国家重组基层社会。在公社体制解体之后,基层组织陷入瘫痪或半瘫痪状态,随之而来出现一系列的基层社会失序等问题,影响到了基层稳定,如何来重组基层社会,恢复基层治理秩序成为当时国家需要解决的重要问题。一方面是加强党组织建设,但是党组织缺少基层政权组织的支持和配合,党组织对群众等缺少足够的约束仍无法有效地重组基层社会;另一方面是将基层政权延伸到下去,与改革开放后国家权力上移和权力下放的趋势不一致,当时国家也缺少足够的财政资源来支持基层组织的官僚化,最终选择以村民自治的方式来重组基层社会,之所以选择村民自治,是因为既可以有效地重组基层社会,利用村民自我管理、自我服务和自我教育,以维持基层社会秩序和提供力所能及的公共产品等,也可以节约大量的财政资源,而不必承担起官僚化所带来的财政压力等,更为重要的是通过村民的参与,可以将与群众利益相关的村庄公共事务交予村民民主讨论决定,村民也能够对选举产生的村干部进行监督等,村委会能够协助基层政权完成相应的国家任务。

二是社会主义民主政治建设所代表的民主国家建设。当然,中央政府当时倾向于村民自治,并非有意识地要通过农村基层政权建设来完成整治体制改革,也不确定村民自治对中央政府的政治支持作用。② 不过,村民自治本身代表着一种公共参与方式,仿佛公社时期未能真正贯彻落实的"民主办社"在改革开放后变成现实,并扩展到基层社会生活的各个方面,这些与当时国家所提倡的民主政治建设相契合。在国家政治层面,改革开放以后国家一直强调加强社会主义民主建设,以此改变之前高度集中的政治体制,释放更多的社会活力。一方面是党和国家领导体制的改革;另一方面是中央政府向地方和社会下放权力等放权让利的改革,因此,在国家政治中出现了一波民主建设的高潮,奠定了社会主义民主政治的基本框架。村民自治之所以能够推开,离不开1982年修订的《中华人民共和国

---

① 转引自张小劲《中国农村的村民自治再思考》,《中国书评》1998年第5期。
② 胡永佳:《村民自治、农村民主与中国政治发展》,载刘亚伟编《无声的革命:村民直选的历史、现实与未来》,西北大学出版社2002年版,第319页。

宪法》所确定的人民主权原则，以及第111条对于群众自治性组织的规定，所以村民自治是整个社会主义民主化进程中重要的一环。

三是从基层建构民主。当时有关社会主义民主政治的讨论，实际上将国家民主与基层社会民主结合起来作为民主国家建设的内在结构，因此，在推进国家民主政治建设的同时，国家尝试着从基层建构中国民主。一方面是将基层社会生活中的民主作为整个社会主义民主的基础，民主国家建设不仅是国家制度上，而且是社会基础上，为此，基层民主有助于培养民众的民主意识和民主能力，如此才能够将民众的参与与民主制度化结合起来，形成有序的政治参与和国家民主建设的稳步推进。另一方面是将基层民主作为社会主义民主政治的新增长点和突破口，由于国家民主政治遭遇了政治风波，导致一段时间内社会主义民主政治出现困境，而基层民主对于全局性的政治稳定而言影响较少，政治成本较低，同时具有基础性作用，在国家民主受阻的情况下，基层民主成为国家建构民主的重要路径。

当村民自治赋予民主政治意义，上升为国家战略之后，村民自治的发展进入一个国家建构的过程，作为国家建构基层民主的方式，主要是党领导下推动民主的法律化与制度化，为此，具有草根民主的村民自治逐渐成为具有国家性的基层民主。

一是党领导下村民自治。在政治风波中，村民自治也受到政治局势的影响，有人认为村民自治是资本主义自由化的产物，主张取消村民自治等，有的人主张坚持村民自治，进一步加强党的领导。一方面是党领导下的社会主义基层民主建设，在具体的制度建设上，党的十三大以来的报告等专门论述基层民主，提出诸如：扩大基层民主、深化基层民主等，有力地推动了基层民主政治建设。徐勇认为：村民自治能在经济社会发展较为落后的农村取得出乎意料的成就，与执政党和政府扮演的积极主动角色密切相关。[①] 另一方面是在基层民主的实践中，明确提出在村级组织建设中党支部的领导核心作用，此后始终将村委会和党支部等村支"两委"关系作为基层治理的重要维度，确立党支部领导下的村民自治。

二是村民自治立法工作。宪法和法律是国家政治生活的准绳，具有巨

---

① 徐勇：《民主化进程中的政府主动性——对四川达川村民自治示范活动的调查与思考》，《战略与管理》1997年第3期。

大的权威性，也是民主国家建设的重要保障。在宪法确立群众自治组织的原则基础上，专门性的立法将进一步巩固村民自治的地位。因此，早在村民自治试点之初就提出制定条例以规范村民自治工作，此后村民自治立法工作成为村民自治发展的一个重要标志。不过，在立法过程中，各地对于出台法律以及具体法律内容充满了争议，从国家政治角度来看，立法草案突出村委会的自治性，尤其是与乡镇政府的关系方面，明确指导关系而非领导关系，由此引发了立法的争论，如果按照村民自治原则，村委会不是基层政权的下属组织，那么基层政权在具体行政工作中缺少基层组织协助的问题，于是，双方争论的焦点便集中在如何界定乡村关系上，最终提出村委会依法协助乡镇政府相关行政工作，乡镇政府依法指导村委会开展村民自治工作，实际上是现代国家建设中民主国家与民族国家非均衡的内在张力。在中央领导的推动之下，立法工作取得阶段性进展，以试行的方式颁布施行，确立了村民自治的法律依据，是社会主义基层民主政治建设的里程碑。

三是村民自治示范活动。为了推进《村组法（试行）》的贯彻落实和村民自治的制度化，由国家推动的统一的政策示范运动将全国各地的村民自治工作纳入规范化的轨道，通过各级政府有步骤、有计划地将基层民主制度输入基层社会，很多并未成立村委会或者村委会并未按村民自治原则运行的地方都在政策示范过程中逐步规范起来，确立了民主选举、民主管理、民主决策和民主监督等制度，赋予广大村民广泛的民主权利，与其他国家的民主化进程相比，中国基层民主是一种授权式的，在此过程中，国家或政府发挥重要的促进作用，表现出民主进程中的政府主动性。在各级政府推动下，各地草根民主形式国家化，按照国家的制度规范来运转和执行。

通过立法工作和随后的政策示范，全国的村民自治进入到快速发展阶段，尤其是民主价值的体现，之前以"三个自我"为核心实体性的村民自治向"四个民主"为核心的程序性村民自治发展。然而，从立法到实践，有关村民自治的争论并未停止。民主国家也并非制度建设而已，需要在实践中真正运转起来，而现代国家本身是一体两面，一方面要推动国家权力向下延伸；另一面又需要论证这种权力延伸的合法性，为此，在现代国家建设中不得不寻求一种均衡，在国家政治层面推进基层民主法律化和制度

第八章　结论与讨论：国家化、地方性和乡村治理

化的同时，在地方政治上却按照民族国家建设所要求的惯性，致力于将国家权力延伸到基层社会，导致村民自治的体制行政化。

一是加强基层政权建设。公社体制解体后在制度上依然保留着公社作为基层政权的作用，直到撤社建乡后基层政权重建，公社制度才最终废止，当时主要目的是加强基层政权建设，对于基层政权之下的基层组织建设，实际上是与基层政权建设相配套提出来的，因此，村委会的建立和推广是作为基层政权建设的一部分，由此，不难理解村委会为何需要协助乡镇政府的行政工作。乡镇政权成立后由于人员、经费等问题，并没有发挥一级政权组织的作用，一直以来将加强基层政权建设作为乡村治理的重要途径，在经济社会发展需求增加的情况下，基层政权职能和工作越来越多，并且直接面对基层群众，为了做好相应的工作，必然寻求将村委会纳入行政体系之内。

二是与公社体制接轨，在村委会成立之初以及《村组法（试行）》有关村委会设置等都是以自然村为单位成立村委会，在自然村内村民地域相近、利益相关、文化相连等，容易形成集体行动，也有利于公共事业的兴办，所以在实践中普遍在自然村成立村委会，当村委会有计划地试点的过程中，各地普遍将村委会设立在自然村之上的生产大队一级，主要的目的是为了撤社建乡后，乡镇政权能有效地进行管理基层社会，而将村委会作为其下属组织，如果村委会设在自然村，乡镇政权要面对大量的村委会，不便于管理，增加管理难度，为此，各地普遍将村委会上移到生产大队，以便协助乡镇政府行政工作，村委会所在的村庄也被称为"行政村"，在原来生产队或自然村成立村民小组等，由此，在基层政权建设过程中村委会主要与公社体制进行接轨，与之相对应的是村委会承担越来越多的行政工作。

三是成立村公所。即便是与公社接轨之后，村委会作为群众性自治组织，按照法律规定只是承担协助乡镇政府工作，与乡镇政府的关系是指导关系，随着《村组法（试行）》颁布施行以及政策示范，一些地方的基层政权在面对村委会时仍然试图直接领导村委会，为了能够绕开法律的规定，又将村委会下移到自然村，在行政村设立乡镇政府的派出机构——村公所，规定其与乡镇政府的关系是上下级关系，承担乡镇交代的各项工作，并对乡镇负责，在整个乡村治理体制上进行了一次调整，强化了行政

权力对于基层社会的控制。

村民自治的体制行政化伴随着《村组法》的施行告一段落,大部分地区重新归入国家统一的村民自治体系,具有草根性的民主日渐国家化,按照国家统一制度安排来运行,缺少基层社会本有的自主性,对于村民自治而言意味着基层社会的探索被限定在有限的范围内。对于国家而言,基层民主建设仿佛只要输入民主制度,基层社会便能够产生民主结果,然而,事实并非如此,在《村组法》正式颁布之后,村民自治却迎来了最为困难的时期。因此,部分学者认为:"就现时中国农村政治发展的目标选择看,通过基层选举改变村庄公共权力的合法性基础,增强农村的政治稳定,完善国家对村庄的作用机制,是比民主化进程更为优先的一个任务。为此,国家不仅需要借助村庄选举改善和巩固与农民的关系,而且必须确保民选的村庄领袖对国家的忠诚,以保证国家意志的顺利贯彻。"[①]

(三) 非均衡国家化、基层社会与村民自治的困境

现代化进程中现代国家建设始终处于非均衡状态,改革开放后由于基层社会国家化退潮以及社会主义民主政治的发展,民主国家建设在现代国家建设中的位序优先于民族国家建设。当赶超现代化进程日益推进,为了能够有效地动员乡村社会的资源,完成整个现代化任务,需要国家权力向下延伸,于是,在民主国家建设过程中受到民族国家建设惯性的深刻影响,突出表现为村民自治与乡镇政府行政权力之间的内在张力,由此带来了村民自治的行政化。因此,有学者直言:"现代中国农村的村民自治绝对不是完全由农村村民自发并自理的'自治',它实质上是国家在现代化进程中必须加强政权对广大农村社会的治理,以形成国家实现现代化(当然包括农村的现代化)所必需的高度集中资源的要求的反映;国家积极地推动农村村民自治,正是国家政权要求渗透、下沉到广大农村基层的表现。"[②]

一是汲取型政权。新世纪前后中国经济社会进入快速发展时期,现代

---

① 张厚安、徐勇、项继权:《中国农村村级治理——22 个村的调查和比较》,华中师范大学出版社 2000 年版,第 122 页。

② 潘嘉玮、周日贤:《村民自治与行政权的冲突》,中国人民大学出版社 2004 年版,第 4 页。

第八章 结论与讨论：国家化、地方性和乡村治理

化进程进入关键阶段，国家在现代化建设中发挥越来越重要的作用，尤其是推动城乡社会的现代化。一方面是沿袭改革开放前农业支持工业，农村支持城市的现代化道路，国家继续从农村汲取资源输入工业和城市，以推动国家的现代化进程，承担资源汲取功能的主要是农村基层政权；另一方面为了推动农村现代化，农村基层政权承担越来越多的职能，与之相伴的是基层政权的人员和机构的膨胀，其人员经费等依赖于乡村社会，实际上是一种"以农养政"。由于上述两方面的原因，在现代化深入推进的情况下，基层政权越来越具有汲取型政权的特征，对于乡村关系带来明显的影响。

二是乡村关系结构。在汲取型政权结构之下，乡镇政府倾向于控制基层社会，更有利地征收税费的同时，也能够有力地动员基层资源，以支持基层政权的公共建设等，在分灶吃饭的财政体制下，乡镇政府有比较强烈的自利倾向。一方面是积极兴办各类乡镇企业，扩大乡镇的财税基础，增加可支配财力；另一方面是推动乡镇人员和机构的增长，以加强乡村行政体系和行政能力，应对上级政府的行政任务。由此，乡镇政府有意愿也有能力干预村委会，通过各种方式和手段将乡镇政权与村委会捆绑在一起，两者的关系趋向于利益共同体，村民自治也日渐行政化。

三是村民自治行政化。相比于以前通过体制调整的方式来影响村民自治，在《村组法》正式颁布之后，作为乡镇政府的村公所撤销，统一改为村委会，并且随着农民民主观念和意识的增强，巩固了村委会的法定地位和民意基础，乡镇政府不能直接或明显地干预村民自治，但是仍然可以通过一些间接的方式来影响和制约村委会及其村干部，如目标管理责任制、两选联动与党管干部、村财乡管与资源约束、挂点干部、乡村组条块关系、干部培训与政治教育等，不能否认的是上述措施并未从体制上改变村民自治性质与地位，但是从功能上乡镇政权已经有足够的能力来影响和支配村委会，在整个汲取型政权的结构中，村民自治的法律制度仍然难以改变基层政权的行政惯性。

直到税费改革和取消农业税等，基层政权的汲取性逐渐减弱，带来村民自治行政环境持续改善，村民自治外在行政压力减轻，改变了前阶段乡村的利益共同体，乡村关系逐渐疏离，基层政权从汲取型转向悬浮型，村委会缺少来自基层政权的资源输入，又难以有效动员村民支持公益事业，

村民自治的重心下移到村民小组或自然村范围内，通过"一事一议"等兴办小型公益事业，推动基层社会的"微自治"。

一是改变汲取型乡村关系。为了缓解汲取型政权所带来的内卷化危机，应对税费征收过程中基层社会干群关系的对立，及其所引发的农村社会不稳定，重建农民对于基层政权乃至国家政权的合法性，国家推动了税费改革，试图将汲取控制在合理范围，但是与历史上并税改革一样，税费改革并没有真正减轻农民的负担，最终以取消农业税的方式，彻底终结"以农养政"的历史，由此倒逼乡镇政权的改革。一方面是基层政权缺少自敛的渠道和途径，财政收入高度依赖于上级政府的转移支付，降低了基层政权的自主性，基层政权紧紧地纳入国家政权体系。另一方面在财税硬约束的情况下，基层政权必须走上精简机构和人员，即所谓的自我改革过程，进而缩小基层政权职能范围，减少相应的财政支出，尤其是以前通过"三提五统"等农村税费所承担的公共服务等，基层政权走向悬浮型政权。

二是悬浮型政权。汲取型乡村关系下基层政权与农民的关系体现在农民缴纳税费与基层政权提供必要的公共服务的权责对应机制上，当基层政权无法提供公共服务的时候，农民则以不缴纳税费的方式来加以制衡。当取消农业税及其他税费后，上级转移支付并未调整到位，导致基层政权缺乏财政资金，无法提供必要的公共服务，导致农村公共服务水平和能力下降。更为重要的是基层政权与农民的关系发生转变，基层政权虽然不向农民收取税费，避免与农民之间的冲突，但是也不能提供公共服务，与农民的关系日益疏远，对于农民而言，基层政权是外在于乡村社会的存在，悬浮于乡村社会之上，即悬浮型政权。与之连带的村委会也由于之前村民自治的行政化，被农民视为乡镇政府"腿脚"，取消税费后既不能取得农民的信任，也不能有效组织农民进行公共建设。

三是自治重心下移。正是在基层政权和村委会日益脱离农村社会和农民的时候，同时基层社会又面临着公共服务退化与短缺等问题，农民在自然村或村民小组围绕公共建设重新组织起来，通过"一事一议"的方式，解决影响农业生产和日常生活等农村基础设施问题，成为新世纪以来村民自治发展的一种新趋势，即村民自治重心下移，同时也预示着在外在行政环境改善的背景下，基于基层社会自主性的村民自治获得新的发展空间。

萨托利认为："民主不仅仅是一种政治形式，它首先意味着寻求更多

第八章 结论与讨论：国家化、地方性和乡村治理

的社会保障与经济福利。"① 随着现代化进程的加快，工农城乡关系发生深刻的转变，经济社会结构的变化深刻地影响着现代国家建设，现代化中后期现代国家建设的转型，从悬浮型政权向服务型政权转变，村民自治迎来了外在环境的持续改善，从以往从农村汲取资源转移到向农村赋予资源，具体表现为新农村建设和各类惠农政策的贯彻落实，村民自治迎来新的机遇和挑战。

一是新农村建设。进入现代化中后期，确立了以工支农，以城带乡的城乡协调发展机制，提出了社会主义新农村建设战略，加大公共财政对于农村基础设施和基本公共服务的支持力度，并将农民的主体性和村庄民主管理等作为新农村建设的重要内容，对于村民自治而言意味着新的发展机会，然而，在新农村建设中，却并没有出现设想的新进展。一方面是各类惠农政策的落实采取越过基层政权或村委会的方式，直接由上级政府拨付到农民，不利于重建农民对于基层政权的信任，反而淡化了基层政权的作用；另一方面是在有限公共建设中，基层政权试图主导整个过程，未能够将农民动员和组织起来，基层政权与农民之间存在着内在张力，未能从农民的需求中推动新农村建设，虽然农民能够从中获益，但是却缺乏参与。

二是服务型政府。作为农村经济社会转型的结果，基层政府的职能从管理转向服务，在服务型政府建设中，基层政权采取一种与村委会合作的方式，减少基层政权对于村委会的干预，并将政务服务等下移，同时将政务转变为村务，按照村民自治方式来解决与村民利益相关的政务工作。当然，在此过程中，由于基层政权本身财政转移支付有限，并不足以提供其他更多的公共服务，却标志着基层政权从悬浮型走向服务型趋势。

三是村民自治发展。在现代化深入推进的过程中，国家政治的现代化带来社会主义民主政治的发展，以村民自治为基础的基层民主对于基层政权、基层党组织和基层社会带来正向的民主激励，一段时间内各地尝试着将基层民主向上发展。从空间—区位的角度来看，21世纪中国村民自治民主实践的发展将面临两个比较大的"瓶颈"，一是如何将民主实践从村民自治提升到乡镇一级乃至更高的层次；二是如何使村民自治的法律在全国

---

① ［美］乔·萨托利：《民主新论》，冯克利、阎克文译，东方出版社1993年版，第396页。

范围内得到真正的落实。① 在村民自治向上发展中,与受到广泛关注的直选乡镇长不同,部分地区更多的是从既有的基层政权组织结构出发,将基层人大代表选举作为基层民主向上发展的一个重要途径,基层民主也引发了党内基层民主,比如基层党组织的"两推一选"等,还有基层民主带动基层社会组织的发展等,从中可以看到村民自治对于整个乡村治理环境的改善,这正是当初村民自治支持者和倡导者所希望看到的,村民自治如何持续改善中国民主政治的社会土壤。

四是村民自治的困境。不可否认的是村民自治也面临着转型,进入现代化中后期后,农村经济社会发生深刻的变化,农民的权利意识增强带来农民维权上访行为等,超出村民自治范围,而农民缺少向上参与的渠道。人员外出流动加快改变了村民自治的社会基础,从封闭走向开放后,以集体成员身份权为基础的村民自治面临着一个流动的社会。农村社会固有的地缘血缘关系等继续影响着村民自治,村民依循着乡土规则,而缺乏对公共规则的尊重,村民自治即公共规则的产物,只有当公共规则真正在乡村社会确立才能真正实现村民自治。

表8-5　　　　现代国家进程中村民自治的起源、发展与困境

国家形态		村民自治产生	村民自治发展	村民自治困境
非均衡现代国家	民族国家	社会国家化退潮	加强基层政权建设	赶超现代化与汲取型政权
	民主国家	基层社会自主性与草根民主	社会主义基层民主与草根民主国家化	基层政权转型与基层民主深化
		地方性	国家化	国家化与地方性

四　基于国家化与地方性基础上未来村民自治的发展

在整个村民自治发展历程来看,在强大的行政力量之下还存在自治的

---

① 景跃进:《村民自治的空间拓展及其问题》,载吴重庆、贺雪峰主编《直选与自治——当代中国农村政治生活》,羊城晚报出版社2003年版,第12页。

第八章 结论与讨论：国家化、地方性和乡村治理

力量，并且在几个关键时期发挥关键作用。除了自治本身所具有的自主、自力、自律等价值外，更重要的是自治力量的要件，为什么在某些阶段村民自治发展迅速，体现出强大的生命力，而在有些阶段却步履蹒跚，看不到自治的希望。这就需要进一步分析自治力量的必要条件，因为它们决定着自治力量的大小强弱，影响着村民自治的发展，所以，对于自治力量要件的研究，将有助于更加客观地认识村民自治发展中的困境，更加理性地看待村民自治的未来。通过对村民自治各个阶段的回顾，自治空间、自治体系、自治制度与自治人是村民自治的四大要件。

（一）自治空间

赫尔德认为："自治意味着人类自觉思考、自我反省和自我决定能力。它包括在私人和公共生活中思考、判断、选择和根据不同可能的行动路线行动的能力。"[①] 自治是自己治理自己，之所以能够称其为自治，而不是由他人来管理自己，是因为自治本身已经界定了与他治的边界。在自治空间内，人们有权决定与自己利益相关的私人或公共事务。任何时期的自治都需要自治的空间，但是不同时期的自治空间是有明显差别的。尤其是在总体性国家的背景下，村民自治的自治空间是由行政权力所界定的，属于一种可控式的自治。不从制度构造上解决现代化进程中国家权力不断向乡村渗透和国家与乡村的权力边界模糊的问题，村民自治的发展限度是可想而知的。[②] 在村民自治初期，国家放权给农村，以调动农民的积极性，农民不仅获得生产经营的自主权，自主决定个人生产生活事务，而且获得基层社会管理的自主权，自主决定村落范围内的公共事务，形成村民自治的空间。当然，此时的自治空间并不是国家主动建构出来的，而是分田到户后公社体制松弛的结果。面对公共秩序问题，村民在指望不上生产大队和生产队后才决定组织起来，自己管理自己的事务，基层社会的自治空间是国家不在场的产物。之后国家在撤社建乡中重建基层组织，将原来生产大队改为村民委员会，作为群众自治性组织，在法律制度上明确村级自治，从

---

① [英] 戴维·赫尔德：《民主的模式》，燕继荣等译，中央编译出版社1998年版，第380页。
② 徐勇：《中国农村村民自治》（增订本），生活·读书·新知三联书店2018年版，第232页。

而奠定了"乡政村治"的治理格局。中央政府试图在基层构建出村一级的自治空间，让村民自己管理自己的事务，但是压力型体制下基层政府的行政工作必然向下延伸，村委会纳入行政链条之中，原本属于村民自治范围内公共事务也由基层政府来主导，行政任务压缩了村民自治的空间。村委会的行政化说明现实中的自治空间要明显小于法律制度的规定。惟有在村民小组或自然村内，即最早产生村民委员会的地域空间内，由于科层管理的建制比较少，又有村委会应对基层政府的工作，因此，仍然保留着一定的自治空间。同时，村民小组和自然村，作为紧密的生活共同体，在小集团内村民容易形成集体行动。当村委会疲于应付行政工作的时候，村民小组或自然村范围内往往能够成功地解决一些公共问题。综合来看，村民小组和自然村是村民自治的原生空间，一方面是村民自治诞生于此空间；另一方面是在村委会行政化后村民自治仍留存在此空间。由国家建构出来的行政村属于法律规定的自治空间，也是未来村民自治的扩展空间。随着整个外部环境的改善，基层政府的行政权力正在一步步地退出农村基层社会管理，相比于从前，原生空间得到有效的扩展，直到法定自治空间的边界。未来村民自治能够继续向上发展仍然有待于原生空间的扩展能力，以及国家主导下的可控式自治的进一步发展。当时对村民自治持怀疑态度的学者认为：乡村民主政治一开始就是全社会民主政治的有机组成部分，而不可能独立存在于乡村社区内部。[1] 反过来说，未来村民自治的发展有赖于全社会民主政治的发展，让乡村社会内部的民主实践不再孤单。

（二）自治体系

任何自治都是有组织的治理活动，自治需要一定的组织载体。自从村民委员会产生后，它一直是村民自治的核心组织，并且根据法律规定，村民委员会是法定的村民自治组织。在自生自发阶段，村民自治组织是多样化，有的是维护社会治安，有的是进行公益事业，有的是维护水利设施，甚至连名称都不统一，但是它们都承担了自我管理、自我服务和自我教育的功能。其后，普遍采用功能综合的村民委员会作为村民自治组织，其本

---

[1] 党国英：《论乡村民主政治的发展——兼论中国乡村的民主政治改革》，《战略与管理》1999年第1期。

身的组织机构也比较简化，由村民会议选举产生单一的村民委员会组织，其内部并没有什么委员会，只有人员分工，没有部门分工。进入规范规制阶段后，在国家的主导下，村民自治组织统一为村民委员会，然后建立各种类型的附属组织，出现决策、管理、监督等功能分化，其内部包括了众多的功能性委员会，比如：治安保卫委员会、计划生育委员会、妇女委员会等。在村民委员会下面还设有众多的村民小组。在村民委员会外，有村民会议和村民代表会议等组织，由此形成比较完整的村民自治体系。实际上，在村民委员会周围的各类组织多数处于空置状态，按照科层管理习惯建立的组织体系，力图与上级政府职能进行对接，然而作为最基层的管理形态，垂直型的科层管理并不合适，扁平化的组织体系更适合农村实际情况。在市场化和社会化的大环境下，农村社会的分层分化日益加剧，在村民委员会之外，产生了众多的组织形态，比如专业合作社、土地股份合作社、村民理事会等新型经济组织和社会组织，这些组织或多或少地参与到村民自治当中。张鸣认为："事实已经无数次地告诉了人们，紧紧依靠行政杠杆根本不可能撬动中国农村这块巨石，不恢复其农村原有的自组织能力，农村的事情就不可能办好，而农村的自组织能力只能靠农民和农村社会自身的力量一点一滴的复原，才有可能真正具有力量。"[1] 因此，单纯依靠村民委员会来推动村民自治明显不够，未来村民自治必须适应农村社会组织分化的环境，吸纳更多的社会组织、志愿组织等，构建更加开放的自治体系。

（三）自治制度

制度化是村民自治可持续发展的保障，既有国家的意志，又保护农民的权利。村民自治的发展与制度建设息息相关，几乎每一个阶段都有标志性的制度建设。一般来说，村民自治制度包括三个层次：一是中央层面的法律法规；二是地方层面的实施方案和制度；三是村级层面的章程与规约等。中国村民自治的制度建设路径不是简单地按照中央到地方，再到村级，而是明显分为两个阶段：第一阶段是自下而上。最开始的时候，村民自治的制度停留在村级层面，针对各村实际情况制定的村规民约，从而将

---

[1] 张鸣：《热闹中的冷想》，《读书》2001年第3期。

实践形态的村民自治固定下来。其后，地方政府在试点村民委员会过程中，形成了一系列具体的措施和做法，因地制宜地推动本地村民自治的发展。第二阶段是自上而下，村民委员会试点前，国家已经决定在总结各地经验的基础上，制定组织条例，后来上升为国家基本法律。制度建设的重点转移到《村组法（试行）》的施行，列为正式法后的贯彻落实，表现为各省陆续制定的条例、方案和办法等。此外，村民自治示范活动所推动的依法建制反过来规范各地的地方制度，按照中央和地方层面的制度来改造村级层面的制度。这两个阶段的制度化形成了自治制度建设的中间隔层，即中央与地方层面的制度和村级层面的制度的衔接。在现实中，中央与地方层面的制度直接复制到村级层面，并且每一层级都相应地增加制度规定，到村级层面时，已经出现制度过密化的倾向，大多数的制度并无实际作用。如此，那些试图按照统一制度形态来规制村民自治的努力显然面临着失败的危险。另外，在村级层面制定的适合当地实际情况，发挥实际效果的制度却得不到政府的认可。当前，村民自治制度建设的重心停留在中央与地方层面上，对于未来村民自治而言，在国家基本制度确定的前提下，村级层面的制度建设才是村民自治能否有效运作的决定性的条件。

（四）自治人

在村民自治活动中始终有两个趋向：一种是制度建设为主，包括法律制度的颁布，以及各类配套措施实行，为农民的自治活动提供制度化的参与渠道；另一种是以能力建设为主，包括农民利益表达和行为合作等方面。在村民自治的前两个阶段，制度建设是主要的发展面向。在村民自治尚未成为国家基本制度之前，要确立村民自治的合法性，有序推进全国范围内的村民自治，必须把制度放在第一位。通过法律制度给予农民权利保障，这与可控型自治是一脉相承，由此村民自治带有明显的制度导向。然而，基本制度确立后，村民自治要从权利保障向能力建设过渡。村民自治的空间、体系和制度都离不开作为主体的人。具体来看，在村民自治中，政府官员、村干部、村民等都是重要的行动者，根据精英主义的观点，村民自治是从中央到村级精英推动的结果。而平民主义的观点则认为村民自治的发展取决于普通村民。如果在制度建设阶段主要依靠政治精英，那么在能力建设阶段则需要村民参与。英格尔斯认为："如果一个国家的人民

第八章 结论与讨论：国家化、地方性和乡村治理

缺乏一种能赋予这些制度以真正生命力的广泛的现代心理基础，如果执行和运行着这些现代制度的人，自身还没有从心理、思想、态度和行为方式上都经历一个向现代化的转变，失败和畸形发展的悲剧结局是不可避免的。"① 那么，村民自治的主体应该具备哪些基本的能力。一是清晰的认知，尤其是法律制度，认知是一切行动的先导，农民只有了解和熟悉这些制度，进而明确自己的权利和义务，才能够真正参与到村民自治中；二是积极的态度，关心村庄的公共事务，愿意参与村庄的选举、决策、管理和监督等；三是负责任的参与，按照村民自治制度，从公共利益出发，有序参与到村庄治理，并能够对自己的参与行为承担相应的责任。正如托克维尔所主张：一方面民主最深刻、最彻底地改变了民情；另一方面民情又反过来构成了民主最坚实、最根本的基础。②

表 8-6　　　　　基于国家化与地方性下未来村民自治的发展

走向均衡现代国家		国家化			
	民族国家	行政村	建制组织	法规条例	党员干部
	村民自治	自治空间	自治体系	自治制度	自治人
	民主国家	乡村社会	社会组织	村规民约	普通村民
		地方性			

基于对村民自治力量及其条件的分析，如上表所示，村民自治发展有赖于走向均衡的现代国家建设，村民自治内嵌于整个国家化与地方性的结构之中，村民自治也不能超脱于大环境之外。但是从现实背景出发，为了推动村民自治的发展，需要更进一步研究自治得以形成力量的诸多条件，既要在民族国家建设的意义上推动行政村自治空间、建制组织体系和法规条例等制度和党员干部主体等建设，又要从民主国家建设的角度出发，推动整个乡村社会的草根民主、社会组织等非建制组织、村规民约等非正式制度和普通村民等主体建设，未来的村民自治要从国家化与地方性相结合的实践出发，才能够真正逐步改善村民自治发展的内外环境，不断探索村民自治的有效实现形式，并与整个国家治理乡村的历史结构相契合。

---

① ［美］英格尔斯：《人的现代化》，殷陆君译，四川人民出版社 1985 年版，第 4 页。
② 参阅 ［法］托克维尔《论美国的民主》，董良果译，商务印书馆 1993 年版。

参考文献

经典著作

《马克思恩格斯选集》第1卷，人民出版社2012年版。
《马克思恩格斯选集》第3卷，人民出版社2012年版。
《马克思恩格斯选集》第4卷，人民出版社2012年版。
《列宁全集》第24卷，人民出版社1986年版。
《列宁全集》第28卷，人民出版社1986年版。
《列宁全集》第34卷，人民出版社1986年版。
《列宁全集》第37卷，人民出版社1986年版。
《毛泽东选集》第1卷，人民出版社1991年版。
《毛泽东选集》第2卷，人民出版社1991年版。
《毛泽东选集》第3卷，人民出版社1991年版。
毛泽东：《关于农业合作化问题》，人民出版社1965年版。
《邓小平文选》第2卷，人民出版社1994年版。
《邓小平文选》第3卷，人民出版社1993年版。
《彭真文选》，人民出版社1991年版。

中文著作

本书编写组：《壮族简史》，民族出版社2008年版。
白钢、赵寿星：《选举与治理——中国村民自治研究》，中国社会科学出版社2001年版。
白益华：《中国基层政权的改革与探索》，中国社会出版社1995年版。
白益华：《如何搞好农村村民自治》，中国社会出版社2006年版。
包心鉴、王振海主编：《乡村民主——中国农村自治组织形式研究》，中国广播电视出版社 1991 年版。

薄一波：《若干重大决策与事件的回顾》（下卷），中共中央党校出版社 1993 年版。

曹沛霖：《政府与市场》，浙江人民出版社 1998 年版。

曹息余主编：《农村村级组织建设研究》，广西人民出版社 1988 年版。

陈吉元、陈家骥、杨勋：《中国农村社会经济变迁 1949—1989》，山西经济出版社 1993 年版。

陈吉元、胡必亮：《当代中国的村庄经济与村落文化》，山西经济出版社 1996 年版。

陈嘉明等：《现代性与后现代性》，人民出版社 2001 年版。

陈洁莲等：《民主壮族——中国壮族乡村民主自治研究》，广西人民出版社 2009 年版。

陈锡文等：《中国农村改革 30 年的回顾与展望》，人民出版社 2008 年版。

陈益元：《革命与乡村——建国初期农村基层政权建设研究：1949—1957》，上海社会科学出版社 2006 年版。

迟福林：《把土地使用权真正交给农民》，中国经济出版社 2002 年版。

崔乃夫：《当代中国民政》（上），当代中国出版社 1994 年版。

戴玉琴：《村民自治的政治文化基础——苏北农村个案分析》，社会科学文献出版社 2007 年版。

杜润生：《杜润生自述：中国农村体制变革重大决策纪实》，人民出版社 2005 年版。

费孝通：《江村经济——中国农民的生活》，商务印书馆 2002 年版。

费孝通：《乡土中国 生育制度》，北京大学出版社 1998 年版。

费孝通：《中国绅士》，中国社会科学出版社 2006 年版

傅伯言、汤乐毅、陈小青：《中国村官》，南方日报出版社 2001 年版。

高化民：《农业合作化运动始末》，中国青年出版社 1999 年版。

高王凌：《人民公社时期中国农民"反行为"调查》，中共党史出版社 2006 年版。

葛剑雄：《普天之下——统一分裂与中国政治》，吉林教育出版社 1989 年版。

郭正林：《中国村政制度》，中国文联出版社 1999 年版。

国风：《农村税赋与农民负担》，经济日报出版社 2003 年版。
韩俊：《中国经济改革 30 年·农村经济卷》，重庆大学出版社 2008 年版。
韩茂莉：《十里八村：近代山西乡村社会地理研究》，生活·读书·新知三联书店 2017 年版。
贺雪峰：《什么农村，什么问题》，法律出版社 2008 年版。
胡惠春：《民初的地方主义与联省自治》，中国社会科学出版社 2011 年版。
黄道霞等：《建国以来农业合作社史料选编》，中共党史出版社 1992 年版。
黄海妍：《在城市与乡村之间——清代以来广州合族祠研究》，生活·读书·新知三联书店 2008 年版。
黄宗智：《华北的小农经济与社会变迁》，中华书局 2000 年版。
季啸风、沈友意编：《中华民国史史料外编——前日本某次研究所情报资料》，广西师范大学出版社 1997 年版。
金太军：《乡镇机构改革挑战与对策》，广东人民出版社 2005 年版。
金宝生：《村民委员会建设》，广西人民出版社 1988 年版。
郎友兴：《发展中的民主：政治精英与村民选举》，西北大学出版社 2009 年版。
黎莲芬、袁翔珠：《历史与实践：广西村民自治的若干法律问题研究》，广西师范大学出版社 2011 年版。
李昌平：《我向总理说实话》，光明日报出版社 2000 年版。
李德芳：《民国乡村自治问题研究》，人民出版社 2001 年版。
李德瑞：《学术与时势——1990 年代以来中国乡村政治研究的"再研究"》，社会科学文献出版社 2012 年版。
李帆、邱涛：《近代中国的民族国家建设》，商务印书馆 2015 年版
李培林：《村落的终结——羊城村的故事》，商务印书馆 2004 年版。
李学举：《中国城乡基层政权建设工作研究》，中国社会出版社 1994 年版。
梁漱溟：《梁漱溟全集》（第 5 卷），山东大学出版社 1992 年版。
梁漱溟：《梁漱溟学术论著自选集》，北京师范学院出版社 1992 年版。
林尚立：《当代中国政治形态研究》，天津人民出版社 2002 年版。
林尚立：《建构民主——中国的理论、战略与议程》，复旦大学出版社 2012 年版。
刘丹：《乡村民主之路——中国农村基层直接民主的发展及其法制化》，湖

南人民出版社 2001 年版。

刘伟：《难以产出的村落政治——对村民群体性活动的中观透视》，中国社会科学出版社 2009 年版。

刘亚伟编：《无声的革命：村民直选的历史、现实与未来》，西北大学出版社 2002 年版。

刘娅：《解体与重构：现代化进程中的"国家—乡村社会"》，中国社会科学出版社 2004 年版。

刘泽华：《专制权力与中国社会》，天津古籍出版社 2005 年版。

罗平汉：《村民自治史》，福建人民出版社 2006 年版。

罗平汉：《土地改革运动史》，福建人民出版社 2005 年版。

罗志田：《权势转移：近代中国的思想、社会与学术》，湖北人民出版社 1999 年版。

蓝志流、江书中：《民政纵横》，广西人民出版社 1992 年版。

毛丹：《一个村落共同体的变迁——关于尖山下村的单位化的观察与阐释》，学林出版社 2000 年版。

牛铭实：《中国历代乡约》，中国社会出版社 2005 年版。

潘嘉玮、周日贤：《村民自治与行政权的冲突》，中国人民大学出版社 2004 年版。

潘维：《农民与市场：中国基层政权与乡镇企业》，商务印书馆 2005 年版。

秦晖、苏文：《田园诗与狂想曲——关中模式与前近代社会的再认识》，中央编译出版社 1996 年版。

秦晖：《传统十论——本土社会的制度文化与其变革》，复旦大学出版社 2003 年版。

瞿同祖：《清代地方政府》，范忠信等译，法律出版社 2011 年版。

饶任坤、陈仁华编：《太平天国在广西调查资料全编》，广西人民出版社 1989 年版。

桑玉成：《自治政治》，生活·读书·新知三联书店 1994 年版。

覃国生、梁庭望、韦星朗：《壮族》，民族出版社 1984 年版。

田成有：《乡土社会中的民间法》，法律出版社 2005 年版。

王邦佐等：《居委会与社区治理：城市社区居民委员会组织研究》，上海人民出版社 2003 年版。

王布衣：《震惊世界的广西农民——广西农民的创举与中国村民自治》，广西人民出版社2008年版。

王沪宁：《当代中国村落家族文化——对中国社会现代化的一项探索》，上海人民出版社1991年版。

王磊编：《百年共和与中国宪政发展——纪念辛亥革命100周年学术研讨会论文集》，法律出版社2012年版。

王铭铭：《村落视野中的文化与权力》，生活·读书·新知三联书店1997年版。

王先明：《变动时代的乡绅——乡绅与乡村社会结构的变迁（1901—1945）》，人民出版社2009年版。

王先明：《近代绅士》，天津人民出版社1997年版。

王晓毅：《血缘与地缘》，浙江人民出版社1993年版。

王焱编：《宪政主义与现代国家》，生活·读书·新知三联书店2003年版。

王颖：《新集体主义：农村社会的再组织》，经济管理出版社1996年版。

王振耀、白钢、王仲田：《中国村民自治前沿》，中国社会科学出版社2000年版。

王振耀、白益华：《乡镇政权与村委会建设》，中国社会出版社1996年版。

王振耀：《中国村民自治理论与实践探索》，宗教文化出版社2000年版。

王仲田、詹成付：《乡村政治——中国村民自治的调查与思考》，江西人民出版社1999年版。

吴象：《中国农村改革实录》，浙江人民出版社2001年版。

吴毅：《村治变迁中的权威与秩序：20世纪川东双村的表达》，中国社会科学出版社2002年版。

吴重庆、贺雪峰主编：《直选与自治——当代中国农村政治生活》，羊城晚报出版社2003年版。

闻均天：《中国保甲制度》，商务印书馆1935年版。

萧公权：《中国乡村：论19世纪帝国控制》，张皓、张升译，联经出版事业（股份）公司2014年版。

肖冬连：《崛起与徘徊——十年农村的回顾与前瞻》，河南人民出版社1992年版。

肖立辉：《村民委员会选举研究》，中国社会出版社2009年版。

谢树强：《走进共和国史册的小村——广西宜州合寨村纪事》，作家出版社 2011 年版。

徐秀丽：《中国农村治理的历史与现状：以定县、邹平和江宁为例》，社会科学文献出版社 2004 年版。

徐勇：《中国农村村民自治》，华中师范大学出版社 1997 年版。

徐勇：《徐勇自选集》，华中理工大学出版社 1999 年版。

徐勇、徐增阳：《流动中的乡村治理——对农民流动的政治社会学分析》，中国社会科学出版社 2003 年版。

徐勇：《乡村治理与中国政治》，中国社会科学出版社 2003 年版。

徐勇：《中国农村村民自治》（增订本），生活·读书·新知三联书店 2018 年版。

徐勇：《国家化、农民性与乡村整合》，江苏人民出版社 2019 年版。

许崇德：《各国地方制度》，中国检察出版社 1993 年版。

许宗衡主编：《当代中国农村治理结构探究——以党支部与村委会关系为视角》，人民出版社 2001 年版。

薛暮桥：《旧中国的农村经济》，农业出版社 1980 年版。

杨懋春：《人文区位学》，台湾五南图书出版公司 1983 年版。

姚锐敏：《"行政下乡"与依法行政》，中国社会科学出版社 2009 年版。

应星：《农户、集体与国家——国家与农民关系的六十年变迁》，中国社会科学出版社 2014 年版。

于建嵘：《岳村政治：转型期中国乡村社会政治结构变迁》，商务印书馆 2001 年版。

于毓蓝：《农村基层民主的政治文化分析——苏南模式》，社会科学文献出版社 2006 年版。

余俊：《民国时期广西地方自治实施研究》，人民出版社 2015 年版。

张厚安、白益华、吴志龙编著《中国乡镇政权建设》，四川人民出版社 1994 年版。

张厚安、徐勇、项继权：《中国农村村级治理——22 个村的调查和比较》，华中师范大学出版社 2000 年版。

张静：《基层政权——乡村制度诸问题》，浙江人民出版社 2000 年版。

张乐天：《告别理想——人民公社制度研究》，上海人民出版社 2012 年版。

张明亮主编：《村民自治论丛》第1辑，中国社会出版社2001年版。

张仲礼：《中国绅士：关于其在19世纪中国社会中的作用的研究》，上海社会科学出版社1991年版。

张声震主编：《壮族通史》（中），民族出版社1997年版。

赵秀玲：《中国乡里制度》，社会科学文献出版社1998年版。

赵秀玲：《村民自治通论》，中国社会科学出版社2004年版。

周容德：《中国社会的阶层与流动——一个社区中士绅身份的研究》，学林出版社2000年版。

中国社会科学院农村发展研究所编：《大变革中的乡土中国——农村组织与制度变迁问题研究》，社会科学文献出版社1999年版。

外文译著

［德］彼得·布瑞克：《1525年革命：对德国农民战争的新透视》，陈海珠等译，广西师范大学出版社2008年版。

［德］马克斯·韦伯：《儒教与道教》，王荣芬译，商务印书馆1995年版。

［德］马克斯·韦伯：《经济与社会》（上卷），林荣远译，商务印书馆1997年版。

［德］马克斯·韦伯：《经济与社会》（下卷），林荣远译，商务印书馆1997年版。

［德］马克斯·韦伯：《儒教与道教》，洪天富译，江苏人民出版社2003年版。

［德］滕尼斯：《共同体与社会》，林荣远译，商务印书馆1999年版。

［法］安德烈·比尔基埃等主编：《家庭史》2，袁树仁等译，生活·读书·新知三联书店1998年版。

［法］勒内·达维德：《当代主要法律体系》，漆竹生译，上海译文出版社1984年版。

［法］孟德斯鸠：《孟德斯鸠论中国》，许明龙编译，商务印书馆2016年版。

［法］皮埃尔·布迪厄：《实践理论大纲》，高振华、李思宇译，中国人民大学出版社2017年版。

［法］托克维尔：《论美国的民主》，董良果译，商务印书馆1993年版。

［美］B. 盖伊·彼得斯：《政府未来的治理模式》，吴爱明、夏宏图译，张成福校，中国人民大学出版社2001年版。

［美］W.古德：《家庭》，魏章玲译，社会科学文献出版社1986年版。

［美］杜赞奇：《从民族国家拯救历史——民族主义话语与中国现代化史研究》，王宪明等译，社会科学文献出版社2003年版。

［美］杜赞奇：《文化、权力与国家——1900—1942年的华北农村》，王福明译，江苏人民出版社2004年版。

［美］费正清、刘广京：《剑桥中国晚清史1800—1911年》下卷，中国社会科学院历史研究所编译室译，中国社会科学出版社1985年版。

［美］费正清、罗德里克·麦克法夸尔主编：《剑桥中华人民共和国史（1949—1965年）》，王建朗译，上海人民出版社1990年版。

［美］费正清：《美国与中国》，张理京译，世界知识出版社1999年版。

［美］费正清：《中国：传统与变迁》，张沛译，世界知识出版社2002年版。

［美］弗里曼、毕克威、塞尔登：《中国乡村，社会主义国家》，陶鹤山译，社会科学文献出版社2002年版。

［美］黄宗智：《过去和现在：中国民事法律实践的探索》，法律出版社2009年版。

［美］吉尔伯特·罗兹曼编：《中国的现代化》，陶骅等译，江苏人民出版社1998年版。

［美］加布里埃尔·A.阿尔蒙德、西德尼·维巴：《公民文化——五国的政治态度和民主》，马殿君、阎华江等译，浙江人民出版社1989年版。

［美］贾恩弗朗哥·波齐：《国家：本质、发展与前景》，陈尧译，上海人民出版社2019年版。

［美］杰弗里·庞顿、彼得·吉尔：《政治学导论》，张定准译，社会科学文献出版社2003年版。

［美］卡尔·魏特夫：《东方专制主义：对于极权力量的比较研究》，徐式谷等译，中国社会科学出版社1989年版。

［美］柯文：《在中国发现历史》，林同奇译，中华书局2002年版。

［美］科恩：《论民主》，聂崇信、朱秀贤译，商务印书馆2007年版。

［美］克利福德·吉尔兹：《地方性知识》，王海龙、张家宣译，中央编译

出版社 2004 年版。

[美] 孔飞力：《中国现代国家的起源》，陈兼、陈之宏译，生活·读书·新知三联书店 2013 年版。

[美] 李侃如：《治理中国：从革命到改革》，胡国成、赵梅译，中国社会科学出版社 2010 年版。

[美] 齐锡生：《中国的军阀政治（1916—1928 年）》，杨云若、萧延中译，中国人民大学出版社 2010 年版。

[美] 乔·萨托利：《民主新论》，冯克利、阎克文译，东方出版社 1993 年版。

[美] 乔治·米格代尔：《农民、政治与革命——第三世界政治与社会变革压力》，李玉琪、袁宁译，中央编译出版社 1996 年版。

[美] 塞缪尔·亨廷顿、琼·纳尔逊：《难以抉择——发展中国家的政治参与》，汪晓寿等译，华夏出版社 1989 年版。

[美] 塞缪尔·亨廷顿：《变化社会中的政治秩序》，王冠华等译，生活·读书·新知三联书店 1989 年版。

[美] 塞缪尔·亨廷顿：《第三波——20 世纪后期的民主化浪潮》，刘军宁译，上海三联书店 1998 年版。

[美] 施坚雅：《中华封建社会晚期的城市研究》，叶光庭等译，中华书局 2000 年版。

[美] 西摩·马丁·李普塞特：《政治人——政治的社会基础》，张绍宗译，上海人民出版社 1997 年版。

[美] 英格尔斯：《人的现代化》，殷陆君译，四川人民出版社 1985 年版。

[美] 詹姆斯·斯科特：《农民的道义经济学：东南亚的反叛与生存》，程立显、刘建等译，译林出版社 2001 年版。

[美] 周锡瑞：《义和团运动的起源》，张俊义、王栋译，江苏人民出版社 1995 年版。

[日] 森时彦主编：《二十世纪的中国社会》上卷，袁广泉译，社会科学文献出版社 2011 年版。

[英] H. K. 科尔巴奇：《政策》，张毅译，吉林人民出版社 2005 年版。

[英] 安东·尼吉登斯：《民族—国家与暴力》，胡宗泽、赵力涛译，生活·读书·新知三联书店 1998 年版。

［英］安东尼·吉登斯：《批判社会学导论》，郭忠华译，上海人民出版社 2007 年版。

［英］安东尼·吉登斯：《社会的构成》，李康、李猛译，生活·读书·新知三联书店 1998 年版。

［英］戴维·赫尔德：《民主的模式》，燕继荣译，中央编译出版社 1998 年版。

［英］戴维·米勒、韦农·波格丹诺：《布莱克维尔政治学百科全书》，邓正来译，中国政法大学出版社 1992 年版。

［英］哈特：《法律的概念》，张文显等译，中国大百科全书出版社 1996 年版。

［英］卡尔·波兰尼：《大转型：我们时代的政治与经济起源》，刘阳、冯钢译，浙江人民出版社 2007 年版。

学术期刊

唐国军、黄秋燕：《地方自治：清末广西试验的效益与局限》，《广西社会科学》2016 年第 1 期。

唐平：《农民收入增长缓慢的分析与思考》，《中国农村经济》1992 年第 1 期。

唐兴霖、马骏：《中国农村政治民主发展的前景及困难：制度角度的分析》，《政治学研究》1999 年第 1 期。

王春娟、焦雨生：《分税制后县财政的国家化探析》，《当代经济》2007 年第 7 期。

王习明：《农村税费改革和政治发展》，《中国农村观察》2005 年第 2 期。

王晓荣：《建国以来农村社会整合模式的历史变迁及经验启示》，《东南学术》2010 年第 1 期。

王振耀：《中国的村民自治与民主化发展道路》，《战略与管理》2000 年第 2 期。

吴理财：《村民自治与国家政权建设》，《学习与探索》2002 年第 1 期。

吴理财：《农村税费改革之政治性后果：以安徽省为例》，《香港社会科学学报》2003 年第 24 期。

吴毅：《村治中的政治人——一个村庄村民公共参与和公共意识的分析》，

《战略与管理》1998 年第 1 期。

吴毅：《村民自治的成长：国家进入与社区内生——对全国村民自治示范第一村及所在县的个案分析》，《政治学研究》1999 年第 3 期。

吴毅、贺雪峰、罗兴佐、董磊明、吴理财：《村治研究的路径与主体——兼答应星先生的批评》，《开放时代》2005 年第 4 期。

吴重庆：《孙村的路："国家—社会"关系格局中的民间权威》，《开放时代》2000 年第 1 期。

武力：《1949—2006 年城乡关系演变的历史分析》，《中国经济史研究》2007 年第 1 期。

项继权：《乡村关系行政化的根源与调解对策》，《北京行政学院学报》2002 年第 4 期。

肖唐镖：《中国乡村中的选举：江西省 40 个村委会选举的一项综合调查》，《战略与管理》2001 年第 5 期。

辛秋水：《村民自治：第三次农村包围城市》，《荆门职业技术学院学报》1999 年第 5 期。

徐勇：《民主化进程中的政府主动性——对四川达川村民自治示范活动的调查与思考》，《战略与管理》1997 年第 3 期。

徐勇：《中国民主之路：从形式到实体——对村民自治价值的再发掘》，《开放时代》2000 年第 11 期。

徐勇：《村民自治、政府任务及税费改革》，《中国农村经济》2001 年第 11 期。

徐勇：《"绿色崛起"与"都市突破"——中国城市社区自治与农村村民自治的比较》，《学习与探索》2002 年第 4 期。

徐勇：《现代国家建构中的非均衡性和自主性分析》，《华中师范大学学报》（人文社会科学版）2003 年第 5 期。

徐勇：《村民自治的成长：行政放权与社会发育——20 世纪 90 年代以来中国村民自治发展困境的反思》，《华中师范大学学报》（人文社会科学版）2005 年第 2 期。

徐勇：《村民自治的深化：权利保障与社区重建——21 世纪以来中国村民自治发展的走向》，《学习与探索》2005 年第 4 期。

徐勇：《"回归国家"与现代国家的建构》，《东南学术》2006 年第 4 期。

徐勇：《现代国家的建构与村民自治的成长——对中国村民自治发生与发展的一种阐释》，《学习与探索》2006年第6期。

徐勇：《现代国家建构与土地制度变迁——写在〈物权法〉讨论通过之际》，《河北学刊》2007年第2期。

徐勇：《"行政下乡"：动员、任务与命令——现代国家向乡土社会渗透的行政机制》，《华中师范大学学报》（人文社会科学版）2007年第5期。

徐勇：《"政党下乡"：现代国家对乡土的整合》，《学术月刊》2007年第8期。

徐勇：《政权下乡：现代国家对乡土社会的整合》，《贵州社会科学》2007年第11期。

徐勇：《"法律下乡"：乡土社会的双重法律制度整合》，《东南学术》2008年第3期。

徐勇：《"政策下乡"及其乡土社会的政策整合》，《当代世界与社会主义》2008年第1期。

徐勇：《"服务下乡"：国家对乡村社会的服务性渗透》，《东南学术》2009年第1期。

徐勇：《农民改变中国：基层社会与创造性政治——对农民政治行为经典模式的超越》，《学术月刊》2009年第5期。

徐勇：《国家化与地方性背景下的双向型县域治理改革》，《探索与争鸣》2009年第11期。

徐勇：《阶级、集体、社区：国家对乡村的社会整合》，《社会科学战线》2012年第2期。

徐增阳：《村民自治的内涵、意义与发展历程》，《人口与计划生育》2005年第5期。

徐增阳：《自治：传统与现代的比较》，《经济社会体制比较》2008年第1期。

阎坤、张立承：《中国县乡财政困境分析与对策研究》，《经济研究参考》2003年第90期。

应星：《评村民自治研究的新取向——以〈选举事件与村民政治〉为例》，《社会学研究》2005年第1期。

于建嵘：《当代中国农民维权组织的发育与成长——基于衡阳农民协会的

实证研究》,《中国农村观察》2005 年第 2 期。

郁建兴、黄红华:《村民自治研究的研究》,《学术月刊》2002 年第 8 期。

张明新:《乡规民约存在形态刍议》,《南京大学学报》(哲学人文社会科学) 2004 年第 5 期。

张明新:《从乡规民约到村民自治章程——乡规民约的嬗变》,《江苏社会科学》2006 年第 4 期。

张鸣:《热闹中的冷想》,《读书》2001 年第 3 期。

张晓山:《中国农村改革 30 年:回顾与思考》,《学习与探索》2008 年第 6 期。

张星炜:《村民自治摆脱困境的关键在理顺两个关系》,《理论与改革》2011 年第 2 期。

赵晓力:《通过合同的治理——80 年代以来中国基层法院对农村承包合同的处理》,《中国社会科学》2000 年第 2 期。

张小劲:《中国农村的村民自治再思考》,《中国书评》1998 年第 5 期。

郑永年:《乡村民主和中国政治进程》,《二十一世纪》1996 年 6 月号。

周瑜泰:《论村民委员会的性质和作用》,《学术论坛》1984 年第 1 期。

周瑜泰:《论社会主义初级阶段的村民自治》,《学术论坛》1989 年第 1 期。

周瑜泰:《创举——广西村民委员会建设历程回顾》,《改革与战略》1989 年第 6 期。

周瑜泰:《关于广西试行村公所的思考》,《改革与战略》1993 年第 5 期。

学位论文

郭亮:《桂西北村寨治理与法秩序变迁——以合寨村为个案》,博士学位论文,西南政法大学,2011 年。

黄秋燕:《旧桂系广西地方自治研究》,硕士学位论文,广西民族大学,2016 年 4 月。

鄢庆丰:《中国村庄社区转变的理论脉络与经验——以 1980 年代前川西平原大成村庄社区共识的理解与复述为例》,博士学位论文,华中科技大学,2012 年 5 月。

杨乃良:《民国时期新桂系的广西经济建设研究(1925—1949)》,博士学位论文，华中师范大学，2001 年 5 月。

曾凡贞：《新桂系县政改革研究》，博士学位论文，苏州大学，2011 年 3 月。

会议论文集

黄贤：《广西河池市村民自治与农村和谐社会建设研究》，"村民自治三十周年"学术论文集，2006 年 6 月。

马宝成：《农村税费改革与基层政府能力建设》，乡镇体制改革研讨会论文集，2004 年。

《实践与思考——中国基层政权建设研究会 1991 年年会论文集》，辽宁大学出版社 1991 年版。

项继权：《农村税费改革与乡村治理的变革》，公共财政与乡村治理学术研讨会会议论文，2002 年 10 月。

外文文献

David Knoke. Political Networks: the Structural Perspective Cambridge. Cambridge University Press, 1990.

Helen. F. Siu, Agents and Victims in South China. Yale University Press. 1989.

Jean C. Oi. Economic Development, Stability and Democratic Village Self – Governance. In China Review 1996, eds. Maurice Brosseau et al Hong Kong: Chinese University of Hong Kong Press, 1996.

Jean Oi. China's Rural Politics and Political Economy. Her State and Peasant in Contemporary China. University of California Press, 1989.

Vivienne Shue. The Reach of the State: Sketches of the Chinese Body Politics. Stanford University Press. 1988.

Amy B. Epstein. Village Election in China: Experimenting with Democracy. Crisis and Reform in China, ed. E. Bliney New York: Nova Science Publisher, In, 1991.

Kevin O'Brien. Implementing Political Reform in China's Villages. The Australian Journal of Chinese Affairs 32 July, 1994.

Larry Diamond. Beyond Authoritarianism and Totalitarianism: Strategies for Democratization. Washington Quarterly, Winter 1989.

Shi Tianjian. Economic Development and Village Elections in Rural China. Journal of Contemporary China, Vol. 8, No. 22, 1999.

Terry L. Karl and Philippe C. Schmitter. Modes of Transition in Latin American, Southern and Eastern Europe. International Science Journal, No. 128, 1991.

相关史料

白崇禧:《白崇禧先生最近言论集》,创进月刊社 1936 年版。

白崇禧:《行新政用新人·白崇禧言论集》,桂林全面抗战周刊社 1935 年版。

《白副总司令演讲集》,编者和出版地点不详,广西师范大学图书馆藏, 1935 年。

陈正祥:《广西地理》,正中书局 1946 年版。

常璩:《华阳国志》(一),卷一,巴志,中华书局 1985 年版。

第四集团军政训处:《乡村工作须知》,民国二十六年。

范大成:《桂海虞衡志》,齐治平校补,广西民族出版社 1984 年版。

故宫博物院明清档案部:《清末筹备立宪档案史料》,中华书局 1979 年版。

广西民团干部学校:《军政概要》,广西民团干部学校 1937 年版。

广西民政厅秘书处:《广西民政现行法规汇编》,南宁石印本 1933 年版。

广西民族研究所编:《广西少数民族地区石刻碑文集》,广西人民出版社 1982 年版。

《广西少数民族地区碑刻、契约资料集》,广西民族出版社 1987 年版。

广西省政府建设厅统计编印:《广西省经济建设手册》,内部资料 1947 年版。

广西省政府经济委员会编:《广西各县农村经济状况》,1933 年。

广西省政府十年建设编委会:《桂政纪实》经济篇,民国三十三年。

广西省政府统计处编:《广西土地问题之症结》(油印本),1948 年 7 月,桂林图书馆藏。

广西统计局编:《广西年鉴》(第二回),1935 年版。

广西壮族自治区编辑组:《广西侗族社会历史调查》,广西民族出版社

1987年版。

广西壮族自治区编辑组《中国少数民族社会历史调查资料丛刊》修订编辑委员会：《广西壮族社会历史调查》（一），民族出版社2009年版。

广西壮族自治区编辑组《中国少数民族社会历史调查资料丛刊》修订编辑委员会：《广西壮族社会历史调查》（二），民族出版社2009年版。

广西壮族自治区编辑组《中国少数民族社会历史调查资料丛刊》修订编辑委员会：《广西壮族社会历史调查》（三），民族出版社2009年版。

广西壮族自治区编辑组《中国少数民族社会历史调查资料丛刊》修订编辑委员会：《广西壮族社会历史调查》（四），民族出版社2009年版。

广西壮族自治区编辑组《中国少数民族社会历史调查资料丛刊》修订编辑委员会：《广西壮族社会历史调查》（五），民族出版社2009年版。

广西壮族自治区编辑组《中国少数民族社会历史调查资料丛刊》修订编辑委员会：《广西壮族社会历史调查》（六），民族出版社2009年版。

广西壮族自治区编辑组《中国少数民族社会历史调查资料丛刊》修订编辑委员会：《广西壮族社会历史调查》（七），民族出版社2009年版。

广西壮族自治区地方志编纂委员会编：《广西通志·民族志》，广西人民出版社1992年版。

广西壮族自治区地方志编纂委员会编：《广西通志·政府志》，广西人民出版社1998年版。

广西壮族自治区地方志编纂委员会编：《广西通志·司法行政志》，广西人民出版社2002年版。

广西壮族自治区通志馆：《广西各市县历代水旱灾害纪实》，广西人民出版社1995年版。

黄文观纂：《凤山县志》第七编，1946年油印本。

黄旭初：《黄旭初先生演讲集》，南宁民国日报社1936年版。

黄旭初：《一年之计》，出版地不详，1948年。

黄旭初：《中国建设和广西建设·上册》，建设书店1939年版。

黄钰编：《瑶族石刻录》，云南民族出版社1993年版。

江碧秋修、潘实篆纂：《罗城县志》，台湾成文出版社1975年版。

康有为：《康南海文集》（第4册），共和编译局。

亢真化：《广西的三位一体制》，民团周刊社1940年版。

亢真化编：《黄旭初先生之广西建设论》，建设书店1938年版。
蓝鼎元：《论边省苗蛮事宜书》，《鹿州初集》卷一。
《老桂系纪实》，广西人民出版社2003年版。
《雷沛鸿文集》（下），广西教育出版社1990年版。
雷殷：《地方自治》，建设书店1939年版。
李宗仁等：《广西建设》，广西建设研究会1939年版。
李楚荣主编：《宜州碑刻集》，广西美术出版社2000年版。
《梁启超文集政闻社宣言书》，北京线装书局2009年版。
梁上燕：《民团制度与自治》，民团周刊社1939年版。
刘锡蕃：《岭表纪蛮》，商务印书馆1934年版。
陆祚蕃：《粤西偶记》，中华书局1985年版。
《民国西南边陲史料丛书》广西卷第四册，全国图书馆缩微文献复制中心2009年版。
民国重修《桂平县志》，卷二十九。
千家驹等编：《广西省经济概况》，商务印书馆1935年版。
钱之昌：《粤西诸蛮图记》。
《清会典》，中华书局1991年版。
邱渭：《广西县政》，桂林文化供应社印行1940年版。
《孙中山全集》第三卷，中华书局1981年版。
《孙中山全集》第十一卷，中华书局1981年版。
《孙中山全集》第五卷，中华书局1981年版。
《孙中山全集》第一卷，中华书局1981年版。
唐志敬编著：《清代广西历史纪事》，广西人民出版社1999年版。
田汝成：《炎檄纪闻》，卷四，蛮夷·苗人，商务印书馆1936年版。
温晋城：《地方行政与自治》，合作经济月刊社1953年版。
谢启昆等：《广西通志》，卷二七八，《诸蛮》，嘉庆五年刻本。
行政院农村复兴委员会编：《广西省农村调查》，商务印书馆1935年版。
行政院新闻局印行：《地方自治》，中华民国三十六年8月。
《宣统政纪》卷二十四。
薛雨林、刘端林：《广西农村经济调查》，《中国农村》1934年第1期。
宜州市地方志办公室：《宜山县志》（内部刊印），2006年版。

宜州市地方志编纂委员会：《宜州市志》，广西人民出版社 1998 年版。

佚名：《贺县志》，台湾成文出版社 1967 年版。

张廷玉：《明史》，卷七十六，职官志。

中国国民党广西省党务整理委员会宣传部编印：《地方自治问答》出版年月不详。

周诚之：《龙胜厅志》，台湾成文出版社 1967 年版。

周去非：《岭外代答》，杨武泉校注，中华书局 1999 年版。

周钢明：《如何充实战时村街民大会》，《建设研究月刊》1941 年第 3 期。

文件与资料汇编

中共中央书记处农村政策研究室资料室：《中国农村社会经济典型调查（1985 年）》，中国社会科学出版社 1987 年版。

中共中央文献研究室：《建国以来重要文献选编》（第二册），中央文献出版社 1992 年版。

中共中央文献研究室：《建国以来重要文献选编》（第七册），中央文献出版社 1993 年版。

中国基层政权建设研究会：《中国农村村民委员会法律制度》，中国社会出版社 1995 年版。

中华人民共和国国家农业委员会办公厅：《农业集体化重要文件汇编》（上册），中共中央党校出版社 1981 年版。

中华人民共和国国家农业委员会办公厅：《农业集体化重要文件汇编》下册，中共中央党校出版社 1981 年版。

民政部村级组织建设状况调查组：《4418 名村民回答村级组织建设有关问题调查问卷汇总》，《村级组织建设状况调查选编》，1989 年编印。

民政部村级组织建设状况赴广西调查组：《关于广西村公所试点情况的调查》，《村级组织建设状况调查选编》，1989 年编印。

《乡镇论坛》杂志社、民政部基层政权建设司农村处：《1998 年度农村基层民主政治建设资料汇编》，1999 年编印。

国家统计局农村社会经济统计司：《中国农村统计年鉴（1989）》，中国统计出版社 1990 年版。

《全国村级组织建设工作座谈会纪要》，《农村经营管理》1991 年第 4 期。

《加强村级组织建设势在必行——关于全国村级组织建设状况的调查报告》，《村级组织建设状况调查选编》，1989 年编印。

《关于退社和大社的问题》，中共中央农村工作部《简报》，1956 年 12 月 6 日。

《关于我市（宜州市）在第二届村民委员会换届选举中村党支部入选情况的汇报》，1999 年 11 月 8 日。

广西壮族自治区民政局：《关于印发〈广西壮族自治区宜山、罗城、柳城、来宾四县建立村民委员会的调查〉的函》，1983 年 3 月 15 日。

广西宜州市屏南乡合寨村党支部、村委会：《村务公开聚民心 民主管理促发展》，2004 年 12 月。

广西壮族自治区党委、河池地委联合调查组：《关于宜山、罗城两县村委会的调查报告》，1982 年 4 月 15 日。

广西壮族自治区党委农村政策研究室与民政厅联合工作组：《关于对宜山县村级组织建设的调查情况和意见》，1992 年 7 月 12 日。

广西壮族自治区民政厅：《关于撤销村公所改设村民委员会的调查报告》，1994 年 1 月 21 日。

广西壮族自治区民政厅：《关于我区村民委员会改设在自然村的情况和今后意见的报告》，桂民民字（1988）8 号，1988 年 2 月 1 日。

广西壮族自治区选举工作办公室：《一些干部群众对在自然村建立村委会的思想反映》，《选举工作情况反映》（第三期），1987 年 7 月 9 日。

民政部：《关于设立村公所问题的通知》，民政部文件（1987）民字 34 号，1987 年 8 月 29 日。

黄兴、许树侠：《宜山部分村屯成立村委会》，1981 年 12 月 11 日。

《三岔公社农村党组织建设情况统计表》，1974 年 12 月 31 日。

三岔派出所：《一九八二年工作总结》，1982 年 12 月 31 日。

三岔公社合寨大队党支部：《民主制订村规民约 共同搞好社会治安》，1982 年 12 月。

吴新华：《驻合寨村新农村建设指导员工作总结》，2009 年 1 月 15 日。

向文忠：《以中央一号文件为动力，继续抓好两个文明建设》，1984 年 3 月 23 日。

《严格程序 依法选举 扎实有效开展村级"两委"换届选举——宜州市

2005年村级"两委"换届选举经验材料》,2005年9月13日。

宜山县贫协:《关于宜山县部分农村成立村委会的情况调查》,1981年10月10日。

宜山县选举委员会办公室:《宜山县建立村委会的情况汇报》,1987年9月24日。

宜州市农村税费改革试点工作领导小组:《宜州市农村税费改革前后农民实际负担对比情况》,2003年9月15日。

《宜州市屏南乡人民政府关于对各村委会完成96年夏粮入库各项任务奖励办法规定的通知》,1996年9月1日。

《宜州市人民政府贯彻落实〈中华人民共和国村民委员会组织法〉》,1999年8月7日。

《宜州市第二届村民委员会换届选举工作总结》,1999年10月10日。

中共巴马瑶族自治县委员会办公室:《关于建立村委会的情况报告》,1981年12月7日。

中国共产党河池地区委员会文件(河地发〔1981〕26号):《转发宜山县合寨大队村委会、罗城县牛毕大队新回村委会情况调查的通知》,1981年10月31日。

中共河池地委办公室:《转发宜山县合寨大队队委会、罗城县牛毕大队新回村委会情况调查的通知》,河地发〔1981〕26号,1981年10月31日。

中共罗城县办公室调研科:《关于我县建立村委会的情况报告》,1981年12月8日。

中共宜山县委办公室:《宜山县政社分开建立乡政府的请示报告》,宜报〔1984〕27号,1984年8月1日。

报刊资料

本刊记者:《促进农村民主化建设的重要法律——顾昂然、杨景宇谈〈村民委员会组织法〉》,《瞭望周刊》1987年第51期。

《决策咨询》编辑部:《数字"三农"》,2003年第5期。

曹海涛:《防止农民负担反弹》,《经济日报》2003年3月1日。

韩俊:《构建新型工农城乡关系 破解"三农"发展难题》,《农民日报》

2013年11月20日。

《各地民政论大法 全为农民当好家——部分省、自治区、直辖市民政厅（局）基层政权建设处关于〈中华人民共和国村民委员会组织法（修订草案）〉的修改意见》，《中国社会报》1998年7月22日。

蒙增隆：《金宝生：农村改革的引路人》，《河池日报》2009年1月8日第5版。

王维博：《合寨："中国自治第一村"的故事》，《中国新闻周刊》2009年第33期。

王维博：《中国第一个村民委员会诞生记》，《村委会主任》2010年第6期。

王振耀：《中国农村社区自治基础》，《乡镇论坛》1989年第9期。

韦晓：《历代县行政长官在广西设置简况》，《广西地方志》2007年第4期。

向济萍：《河池地区农村改革的初步探索——原区党委副书记金宝生访谈录》，《广西党史》1998年第6期。

后 记

在个人的学术生涯中，博士论文无疑是具有标志性意义的。既是以往求学生活的一个阶段性总结，又是未来学术之路的一个梦想起航地。回顾自己的学生时代，与学术结缘开始于自己的本科学位论文，大学期间除了按时上课外，并没有看多少学术专著，更不知道学术为何物，只有到撰写学位论文的时候才理解什么是学术研究，在心底埋下了从事学术研究的念头。大学毕业之后我选择了继续深造，来到中国农村研究的学术重镇华中师范大学中国农村研究院，在徐勇老师的指导下，一方面阅读经典著作，读殿堂有字之书；另一方面下乡调研，读田野无字之书，方才接受比较系统的学术训练，知道怎么做学术研究。于是，硕士论文成为我第一次正式的学术操练，循着老一辈"中农人"留下来的学术传统，我们这些后辈深入希望的田野中，挖掘带有泥土味的学问，写就了具有实证特点的硕士论文，也坚定了自己从事农村研究的信心。硕士毕业后，蒙恩师不弃，我得以在徐门继续攻读博士学位。与硕士不同，徐勇老师对博士论文提出更高的学术要求，不仅要能下实践的田野，更要能上理论的殿堂。我这才明了什么是好的学术研究，怎样做出好的研究来。

不过，在很长一段时间里，由于自己学术兴趣的游移不定，导致论文选题难以确定，在困顿中徘徊了许久。在平常学习和调研中，自己经常将实地调查和阅读等情况向徐勇老师做汇报，徐勇老师也会及时给予指导，并一再强调做"实证研究"。到选题的时候依然没有合适的选题，刚开始准备继续硕士阶段研究方向，即关注农民的集体行动，当时广东出现"乌坎村事件"，与徐勇老师交流后，徐老师认为可以从"事件村治理"来进行思考，在基层治理中具有标志性的一些事件村是如何影响和改变基层治理，但是由于话题本身有一些敏感，难以进入事件现场，实地调查的难度极大，所以在综合考虑之后决定另选其他选题。在自己踌躇之际，徐勇老师提议从"事件村"转移到"典型村"，因此，我们那些年有不少同学都是典型村研究，如吴记峰博士研究村民自治"重心下移"试点的广东省大田村、张茜博士研究"人民公社好"的河南省刘庄村和"率先分田到户"的浙江省燎原社等，杨海龙博士研究"海选第一村"吉林北老壕村等。我则前往"村民自治第一村"广西合寨村进行有关村民自治起源和发展的研究，当时一听感觉各方面都不错，村民自治相关研究比较成熟，有不少研究成果，更重要的是导师是最早系统从事村民自治研究的学者之一，也是徐勇老师学术研究的一个标志。进入村庄比较方便，自从事村民自治研究后，徐勇老师去得最多的村庄就是合寨村。每次提到合寨村，徐勇老师都会想起第一次到合寨村调查村民自治发源地时，热情的壮族乡亲唱着动情的山歌送别的情形，此后多次前往合寨村，经常关注合寨村的发展等，与合寨村的中国第一位村委会主任韦焕能等父老乡亲以及合寨村所在的广西宜州民政局蓝建恒等干部都是好朋友，村里的干部大都也知道徐勇老师及其追记村民自治发源地的文章。有了上面的机缘后，我在2014年7月进入合寨村，同时承担了合寨村的百村观察问卷调查，刚进入村庄的时候有些不知所措，进村那天是下午，旁听了村委会的会议，一听村民讨论就傻眼了，村民们说的是桂柳话，与硕士时在广育村村民说的客家话一样难懂，年纪大一点的村民说的是村民都不一定懂的"壮话"，短时间内没有办法克服语言障碍。本想住在农户家，村干部觉得不太方便，就让住在村部计划生育室，只有那个地方有床，村部后厨有简易灶台和锅碗瓢盆等，自己动手才能丰衣足食，比较费时间，开始一周以泡面为主。洗澡的话就只能站在水龙头旁边，或者到村头小溪里。幸亏有个师弟余浏是柳州人，找地方调研写硕士论文，所以邀请师弟一起合作，他给我做翻译，我帮他收集选题资料等，顺道搭伙做饭，如此，实地调查才逐渐走上正轨。根据前期收集的介绍资料和村委会档案室找到的档案资料，拟定了与村民自治有关的访谈名单和非结构性的访谈提纲，按着名单逐个访谈，先从最早村委会组织成员开始，逐渐扩大到历任生产大队干部、现任村委会干部等，以及各屯的村民小组长等，全部访谈一遍之后，又重点访谈了一些干部等，返回宜州市里，在蓝建恒股长的帮助下在市档案局、中国村民自治展示中心等收集了一些原始档案资料等，再回到村里进行了一段时间的调

后　记

研。之后返校集中时间写作论文初稿。沿着徐勇老师在《找回自治：探索村民自治的有效实现形式》一文中所总结的村民自治起源和发展的"三波段"理论，从合寨村的实践出发，将整个论文的主体结构和内容串联起来，完成《自治的力量：中国农村村民自治的起源与发展——以"村民自治第一村"为例》的博士学位论文。其后顺利提交外审，并通过论文答辩。在这个过程中也暴露出论文在回应理论命题上的短板，即田野调查资料如何与政治学理论研究命题结合起来，从对村民自治起源和发展的过程研究上升到政治学的理论问题，虽然通过了博士论文答辩，却始终无法突破已有的村民自治研究结论等。当初未能完全理解徐勇老师所主张从国家与社会关系以及国家建构等角度去思考村民自治起源和发展，村民自治为什么诞生于广西合寨村等问题，不过，徐勇老师继续鼓励我坚持村民自治的相关研究，作为自己学术研究的"自留地"。

　　经过博士论文写作的学术训练之后才有一些学术的积累和思考，尤其是从实证研究角度来进行学术思考，博士毕业后，由于以往在学院平台工作的经验，得以留校任教，慢慢开始田野政治学研究的"学步之旅"。

　　第一次真正的学术试炼是从博士毕业之际的村民自治有效实现形式研究开始的，在广东云浮、湖北秭归、广东清远、广东蕉岭等地方研究项目过程中，发现基层治理新的变化，在推进新农村建设和美丽乡村建设过程中，一些地方针对农民居住分散的特点，将村民自治的重心下移，在原有的村委会基础上，有的在自然村或村民小组成立村民议事组织，有的甚至直接将村委会下移到自然村一级，对整个村民自治体系进行重构。针对以上新的村民自治形式，中央"一号文件"提出了在自然村或集体土地在村民小组探索村民自治有效实现形式的问题。在基层实践新发展的情况下，村民自治研究需要作出回应，当时村民自治实践和理论研究都陷入了困境。村民自治的实践为村民自治的发展开辟了新的道路。我们也在广东清远、湖北秭归等地实地调查基础上进一步思考为什么自然村或村民小组有利于村民自治，其内在的条件是什么，其具体形式又是如何，与既有的村委会组织体系的衔接等。从实地调查中发现，自然村或村民小组具有地域相近、利益相关、文化相连、参与方便等特点，之后徐勇老师提出村民自治研究从以往的价值—制度范式向条件—形式范式的转变。在村民自治研究过程中，随着研究的深入，为什么自然村或村民小组能够具有相应的条件，这些条件是否是内生于农村社会的基本单元等。学术团队从条件-形式的研究发展为对农村社会基本单元的研究，即徐勇老师提出：我们在研究村民自治过程中一步步走向历史深处，并进行传统农村社会形态调查。社会形态调查最重要的是了解社会特性。这种社会特性通过社会基本单元的特性表现出来。正如摩尔根所说："基本单元的性质决定了它所组成的上层体系的性质，只有通过基本单元的性质，才能阐明整个的社会体系。"

开启深度中国调查的时候，我便参与村庄调查访谈提纲的设计以及调研培训组织工作，协助调研员入村等，等各项工作差不多完成后，才和最后一批调研员一起下乡。来到了广东省最为偏远的梅州市平远县八尺镇角坑村，在广东、福建、江西三省交界处，紧靠江西寻乌县，当年毛泽东同志进行《寻乌调查》的时候，谈到寻乌地区贸易往来时，八尺圩是一个重要的贸易点，整个暑假都在村里访谈，与村里不少老人混成老熟人，逐渐摸索着进行农村社会形态的调查，但是也面临着诸多的困难。徐勇老师亲自到各调研点进行指导，那个夏天跑了多个省，与我们调研员一道进村入户。其间，我也陪同徐勇老师在江西省进行调研，先后在赣州、吉安等地进行调研，从赣南寻乌一直到赣北南昌，在徐勇老师调研指导过程中，关心调研员的食宿和安全等，及时解答调研中的困惑，并鼓励和支持调研员深入进行调查、研究和理论思考。对于调研一线的博士生来说，确实有很大的帮助。我从陪同徐勇老师调研过程中也逐渐了解了徐勇老师推动"深度中国调查"的学术目标等，之后我重新返回村庄，按照徐勇老师所作指导继续进行实地调查，与之前相比，目标更加明确，效果也更加明显。自2015年开始，按照区域性调查的安排，我先后参加了华南宗族型村庄、长江小农户村庄、华北小农村庄和东南工商型村庄等的"深度中国调查"，主要是从历史角度来调查村庄的社会形态等，加深了对中国传统农村的认识和理解。

得益于"深度中国调查"实践，以及徐勇老师提出一系列基于田野调查的原创性学术概念，学界对于"田野政治学"有一定的学术关注度，为此，徐勇老师亲自指导学术团队进行基于"深度中国调查"之上的深度学术开发。当时我主要是从农村社会的"行政权力支配社会"的角度出发去思考，后来在徐勇老师点拨之下，从家户角度去思考国家治理结构。在具体的写作过程中，徐勇老师曾前后三次对于论文主题和主线进行了方向性

后　记

的指导，每次遇到难题或者准备放弃的时候徐老师都给予及时的指导，最后确定的整体思路如下：从历史上看，"家国同构"是中国国家治理的基本底色与特性。这一国家治理特性之所以长期延续，重要原因在于国家治理深刻根植于家户治理之中，有着极为深厚的社会土壤。由此，家户构成国家治理的根基，也成为国家治理内生性演化的微观基础。

在确定切入点之后，便是大规模反复阅读自己的实地调查资料和其他村庄调查报告，读了一遍又一遍，从深厚的具有质感的实地调查资料中抽离出一些核心的观点和材料，写了一稿又一稿，从最开始的生搬硬套，到后来逐渐成型，再到仔细打磨，最后终于悟透徐勇老师所设想的理论目标，大约经历了一年多的时间，这一年也是我"学步之旅"的"关键一步"。自从入职之后，频繁的实地调查和地方研究等让自己的研究问题并不聚焦，一时间也没有努力的方向，整体忙忙碌碌却迷失了方向感。正如这篇论文的写作一样，从开始的迷茫不知所措，到沉下心来阅读文献，一点一滴地进行积累和思考，每句话每个观点每个案例等都仔细推敲，在苦修中逐渐有所顿悟，在顿悟中又有反思，这种"学步之旅"很是难得，于我来说非常重要。记得将最后修改稿发给徐老师之时，忐忑地等待徐勇老师的回复，当时徐勇老师在斯坦福大学进行学术访问，他立即回复说论文修改得很不错，可以提交给编辑部，那时一切都如释重负，一切的努力都没有白费。至今仍然保留了每一次徐勇老师发给我的邮件或面谈时的要点记录，反复地去阅读和理解导师的学术思想和理论观点，哪些方面未能做到，哪些方面还可以继续拓展，同时在参加青年政治学论坛和人大政治学论坛过程中进一步拓宽思路，接受学界前辈和同辈同仁的批评指正，触发自己进一步的理论思考。之后陆续发表了一系列相关论文。事实上，都来自于那年的学术思考。

在《田野政治学的构建》一书中，徐勇老师对于家户制度与国家治理的系列论文有如下评价：以上论文的共同特点，便是将家户制度带入中国的国家进程研究。在中国，家与国联系紧密。"家国情怀""家是国的缩小，国是家的放大""齐家治国平天下"等话语耳熟能详。但是相关的政治学理论研究却相当少。以上论文的重要贡献：一是将"家"与"户"联为一体性的家户制度；二是基于实地调查材料，从多个方面发现家户与国家的连接机制；三是将家户制作为理解中国国家进程的重要基础和视角。

正是由于其独创性贡献,任路的《"家"与"户":中国国家纵横治理结构的社会基础——基于"深度中国调查"材料的认识》一文获得首届中国政治学会"青年政治学优秀成果奖"。

在家户研究之后,徐勇老师以现代国家建构为主题的《国家化、农民性与乡村整合》正式出版,是十多年学术成果的积累,部分成果已经发表,同时也增加了其他章节,并对全书进行了系统的梳理。田野政治学一直以来的问题是如何从田野走进殿堂,特别是从偏重农村社会性质和农民行动逻辑的研究,回到政治学学科知识体系,其关键的衔接点便是从国家理论入手,阐述现代国家与乡村社会的关系。为此,徐勇老师认为:没有国家关联的田野很难称之为田野政治学。田野政治学的贡献之一便是将国家带入农村农民研究领域,发现农村农民的国家化进程,并通过建构"国家化"的概念,认识国家形态演化的关系叠加机制。徐勇老师系统回顾了"国家化"概念的产生及其最初的意义。将之前现代国家建构的理论进一步系统化,置于中国乡村政治整合情境中,主要是现代国家如何进入并渗透到农村社会生活的方方面面。

不过,最初更多是从现代国家意义上来使用"国家化",近期提出的作为理论与方法的"国家化"又有新的进展,此时的"国家化"已经超出了以往现代国家,将其通约为一个国家成长过程,从传统国家诞生以来,整个国家历史发展过程,尤其是在针对"早熟国家"的中国国家建设历程。为了对整个中国国家成长历程有一个历史性、贯通性的研究和分析,徐勇老师从马克思主义国家理论的角度出发,来自社会,又超越于社会之上的国家是如何在中国历史中逐渐形成的,简化为血缘关系和地缘关系叠加塑造国家形态。于是,徐勇老师展开了五卷本的国家理论著作《关系中的国家》之旅。

在深度中国调查的基础上,受到作为理论与方法的"国家化"的启发,结合自己以博士论文为基础申报成功的国家社科基金后期项目,对原有的缺乏理论性的博士论文进行了重新写作,主要有如下几点:一是增加了理论框架,将国家化与地方性作为分析框架,并贯穿于全书,书名修改为《国家化、地方性与村民自治——中国农村村民自治起源和发展的政治社会学考察》;二是增加了全书篇幅,将叙述的起点迁移至传统国家时期的乡村治理,一直延续到改革开放之前,与原有的以改革开放后村民自治

后　记

为主体内容的博士论文接续起来，以便更加清晰地展现"国家化"与"地方性"影响之下乡村治理的历史变迁，在原有字数基础上增加了一倍，几乎又写了一遍；三是补充了相关调查资料，如少数民族社会历史调查、民国时期档案文书、建国之后的农民口述史以及其他大量的有关村民自治的文件资料。其中包括徐勇老师转给我的村民自治资料。在《国家化、农民性与乡村整合》后记中，徐勇老师说道：本人30年前涉足乡村治理研究，前十年关注较多的是村民自治，于21年前出版了《中国农村村民自治》一书。当时收集了大量村民自治起源的资料，并计划撰写《国家化、地方性与草根民主——1980—2000：广西的村民自治进程》一书，与《国家化、农民性与乡村整合》构成系列（现在看来已难以完成，而寄希望于我曾经指导的博士生，相关资料也转赠于他）。

当《国家化、地方性与村民自治》完成后，交给徐勇老师审阅，徐勇老师给予了肯定，终于完成博士论文未完成的任务，在之前的基础上有了一定的进步。之后围绕此书，徐勇老师亲自组织参与第四期"田野政治学论坛"，并邀请了史卫民老师和郎友兴老师做点评嘉宾，三位老师是最早从事村民自治研究的学者，对于学术努力进行了肯定，并提出了各自的建议和意见，虽然现在村民自治研究遇冷，但是也是重新审视村民自治的历史的好机会，尤其是在徐勇老师开拓了的村民自治研究基础上有新的努力。徐勇老师评价道：20年后，曾经是我的博士生的任路讲师撰写了《国家化、地方性与乡村治理》一书，将"国家化"和"地方性"两个变量引入村民自治，便在我的基础上前进了一大步。

对于我来说，我实在不敢当，更多的是从修改博士论文和写作专著的过程中，又向前走了一步，但仍然处在田野政治学的"学步"阶段，这一点自己非常清楚，也希望自己能够继续向前迈步，走到田野政治学的道路之上，在徐勇老师所建立的理论命题和原创概念基础上更进一步。

回首过往，对于我们青年人来说，原创实在太难，很多时候只能跟风式研究，或者引介海外理论资源，或者紧跟政策热点，很多时候都有些身不由己，毕竟理想不能当饭吃，但也不能把吃饭当理想。为此，徐勇老师一再强调原创性理论和概念等，他本人确实是如此一路走来，很多时候被导师训斥，有些人很年轻但是思想已老旧，可能就是缺乏原创性的表现，人云亦云，归于一般化的论述，没有自己的理论贡献和知识增长。徐勇老师在"田野政治学"工作坊第一次会议时对于田野政治学核心标示进行了概括:"有学术关怀的田野调查,以田野调查为基础的原创性理论"。如何来理解这句话,其实,田野政治学并非排斥理论,不论是本土理论成果还是国外理论资源等,这也是以往对于田野政治学的一些误解,好像只有田野而没有政治学,只有故事而没有理论,实际上,徐勇老师在田野政治学研究中始终将理论贯穿于其中,只是理论本身是一个看问题的视角,在理论的指引下进行田野调查,但是要时刻警惕理论对于事实的裁剪,尽量扎进田野调查当中来检视既有的理论。再在具有历史深度、地域广度和细节深度的田野调查基础上提出具有创见性的理论命题等,而不是注解式的或者套用式的。当然,要做到这点并不容易,也非常艰难,理论的冥思和田野的艰辛都在其中,反复好几个来回也许才有片刻的惊喜,一旦将田野调查和理论研究融会贯通,那么就意味着一种难得的通透,在理论与田野之中自由穿行,在此基础上,必然能够产生原创性的理论。徐勇老师主张继续走在田野政治学道路之上,并对未来田野调查有新的期待。未来的田野政治学的田野调查可以更精致一些,更具有学理性一些。田野政治学开启的田野调查可能是崭新的思路。

个人的学术成长离不开学术共同体。徐勇老师一直致力于将田野政治学打造为一个学术共同体。每次外出参加学术会议都会介绍来自徐勇教授团队,很多并非来自桂子山的学者也自认为受到徐勇老师的影响,尤其是从事城乡基层治理研究的学者,自称为"编外弟子",他们从徐勇老师的学术论文、专著上得到了启发,在自己的研究中自觉地融入田野调查,很多老师现在都已经成为有一定影响力的学者。即便是与徐勇老师观点不同的学者也佩服坚持下田野的毅力和扎扎实实从土里刨学问的精神,以及对学术后辈的鼓励和提携。徐勇老师曾经谈道:田野政治学作为一种研究路径,作为一个因为这一路径形成的学术共同体,是开放的动态的,是以志业型师生为基础构成的。

对此,徐勇老师从个人求学期间的师生关系谈起,阐释了什么是志业型师生。中国数千年遵循的"一日为师,终身为父"的观念早已为"文革"所荡涤。改革后,市场经济蕴含的个体化和功利化更是使得"师父"传统遭受根本性的颠覆。以前流行的是"我爱我师,我更爱真理"。这一理念现在不太流行了,反倒出现了"我爱我师,我更爱自己"。徐勇老师提出：所谓来不及毕业，难道因为来自边区的就成了成胎的关系。这种关系不是因为组织上的你叫我叫而组合的，而是因为来自同志之间的理智和既密。并建于共同奋斗和献身的"门"。由我名的。对接来说，这更重要而既然时难忘与亲切来之不易。

八年师生之以来，毛泽东等党领导人才从师、刘裕征等老师、那东东老师、师，更是永不忘老师。

刘少奇老师、刘少强来老师、李海各老师、孙亚夫来老师、王梯来春来老师对于我们这些专修师生来说了不仅的关系与师，让我们及有的方才面都受得到家庭的温暖。更特别各老师、杨婷婆老师，张问来老师，宋毅东来师等老师来对我们、与我们及共进业来来开，让我们以及再把的事用在亲身上都看看到同志师，与他们家亲热戎拉在我签见爱见多。忘记等、刘毅师师，军打国老师，李松国老师，像月本师师、刘守师师，的谁雄，我和刘、张祖训、李晓雄、徐鹏来、张王村、章佩来、付华作、莱春敏来，田霍帮各国等同学一起交戏，并同在左，日重来。他们都，刘毅，亚小飞，孔原，像月来、黄型三、李鹤、刘源、杨寒来、李龙柱、胡乔来、沈宇、赵健民，黄豆来、许光达来、许建国家及老师等共同散在古蚕粮。被毅得请来和他的手的伴母。其中，余辅助来与我们一同捧往古蚕村，便是自已家的之多的暖啊，为英借，回国情情。

在这些田地工作的任候，我得到了润沙府组织和亚洲区首其他民民群众的关心。在他的精帮助下，我看到了构建了一个温馨的大集体。

政局的支持，尤其是古亚洲区首其民民群众事业也支持，她所困难图难以谁以，说水之
其政区东索局，并且自其他中心组区民居首素素相关资料。他的们觉
进入合县林，没有他的积梯助，我们的合作业和制措者了许多便利。毛向之
后，霍霍之派古和合县林妻开方奔遍调度便了许多便利。毛向之
的这，若本县林，毛向东，他的们等家开了开来紧紧化的作之名，都相当
排性质，简单都感觉，你助比合县，沿有他们的辰样，我难以在如何目
阳入合县林。对于那些比较家庭，助心向向北联样的林民来说，他们不
是你支的工作来，他们目有自己的人年已亲员与生的活奔建成养了一处人一个
数门。据俗都是水块，亲国感，书阿林，亲国感，书嘴耶，书熟悉，亲国挟，亲国
水。亲各养，书发如，书如细绳，书日明，兼正明，亲被星，沙锅木，亲相叫，书敏

国家化、地方性与村医自洽

间，蔡药房、三棱针、拿推拿、拿拔罐子、牵春秋、牵刈等带给我们的田野惊喜。

人也以后，感谢宗医院院长、张剑圆书记，他们是我工作中的支持和精神鼓励，感谢陈老亚老师、张月春老师、陆潇娜老师、李市鹏老师、靳艳艳老师，唐丹霞娟老师、刘晓咪老师、刀临佳老师、李苏阆老师、李苏闲老师、李苏闲老师、牛苇荣老师、金江雄老师和李医蕈老师等临床与同事的关心和帮助。

本书得以出版，感谢中国社会科学院社会学研究所老师们所做的大量细致的工作，学期匈牙利，精益求精，让我见识了预案流程的认真与勤勉，有一种"匠人精神"，感谢为本书出版所辛勤奉献、书为作者所做所未能署名的所有人。

在此，向朱继胜、王继班、赵晨、张淞、李王波等回访村与调研接助的组织工作，在此一并致谢。

一个研究的开展顺利，就像以前，飞得更远，总是离不开家。我的祖父祖母和父亲母亲都是我坚强的后盾，他们知道读书对于本村人的意义。从小等开始，他爷爷就是开黑田，他我家书，二十多年来，家人为我付出了许多，现在父母亲都快八十多岁，没有了，回家看看和其它是我们在家与工作、时刻感到对不起家人了。在自己组建了家的同时，伉俪家庭的兼任，照顾兼于与小女儿的照顾陪伴与支持，你们总是不懈旅行的巨大动力。

伉俪
2022年2月15日于样子山